dtv

David C. Lindberg verfolgt die Anfänge der abendländischen Wissenschaftstradition von der babylonischen Mathematik und Astronomie um
2000 v. Chr. bis hin zu den zoologischen Kompendien aus Fakten und
Fabeln des Hohen Mittelalters. Er beleuchtet die Kontinuität und weist auf
die Problematik der Überlieferung von Wissen hin. Wie wurden in der
Mathematik, Astronomie, Mechanik, Optik, Alchemie, Naturgeschichte
und Medizin neue Erkenntnisse gewonnen? Welche Bildungseinrichtungen gab es? Wie wurde das Wissen weitergegeben von den alten Griechen
an den mittelalterlichen Islam und dann an Europa? Welche Bedeutung
hatten Übersetzungen? Wie war das Verhältnis zwischen Naturwissenschaft und Theologie? Sehr genau beobachtet der Autor, in welchem kulturellen und institutionellen Kontext wissenschaftliches Wissen entstand und
verbreitet wurde und wie Philosophie und Religion Inhalt und Praktiken
der Wissenschaften beeinflußten. Vor dem Hintergrund einer eindrucksvollen Materialfülle liefert Lindberg neue Interpretationen und neue
Urteile in alten Streitfragen.

*David C. Lindberg* ist Hilldale Professor für Geschichte der Naturwissenschaften an der University of Wisconsin in Madison, Fellow an der Medieval Academy of America, Mitglied der Académie internationale d'histoire
des sciences. Veröffentlichungen u. a. zu Bacons Naturphilosophie, zur
Optik im Mittelalter und zur Wissenschaftsgeschichte.

David C. Lindberg

# Die Anfänge
# des abendländischen Wissens

Aus dem Amerikanischen
von Bettina Obrecht

Deutscher Taschenbuch Verlag

Januar 2000
Deutscher Taschenbuch Verlag GmbH & Co. KG,
München
© 1994 J.B. Metzlersche Verlagsbuchhandlung und
Carl Ernst Poeschel Verlag GmbH in Stuttgart
Die deutsche Originalausgabe ist unter dem Titel
›Von Babylon bis Bestiarium. Die Anfänge des
abendländischen Wissens‹ erschienen.
(ISBN 3-476-00958-0)
© 1992 der amerikanischen Originalausgabe University of Chicago
Titel des amerikanischen Originals:
›The Beginnings of Western Science. The European
Tradition in Philosophical, Religious and Institutional
Context, 600 B.C. to A.D. 1450‹
Umschlagkonzept: Balk & Brumshagen
Umschlagbild: ›Ein Besuch Miltons bei Galilei‹ (1880) von Lessi
(© AKG, Berlin)
Satz: Typomedia Satztechnik GmbH, Ostfildern
Druck und Bindung: Kösel, Kempten
Gedruckt auf säurefreiem, chlorfrei gebleichtem Papier
Printed in Germany · ISBN 3-423-30752-8

# INHALT

# VORWORT

In der Zeit seit Ende des Zweiten Weltkrieges hat die Forschung im Bereich der Geschichte der antiken und mittelalterlichen Naturwissenschaften einen rasanten Aufschwung erlebt. Die Ergebnisse dieser Untersuchungen sind größtenteils von erstaunlicher Qualität und haben dazu geführt, daß unser Verständnis für die Geschichte der Naturwissenschaften im antiken und mittelalterlichen Westen heute erheblich größer ist als früher. Allerdings ist überraschend selten der Versuch unternommen worden, die Früchte dieser Forschungstätigkeit auf einer allgemeineren Ebene zusammenzufassen und auszulegen und sie dadurch einer breiteren Leserschaft zugänglich zu machen. Ja, während einerseits die Zahl wissenschaftlicher Fachpublikationen ständig ansteigt, werden andererseits immer seltener Sachbücher veröffentlicht, die allgemeinere Themen in einfacherer Form behandeln: einer Form, die sich an einen Leser richtet, der über eine durchschnittliche Allgemeinbildung verfügt, oder an einen Wissenschaftler, der sich auf ein anderes Fachgebiet spezialisiert hat.

Diese Aussage läßt sich untermauern, wenn wir uns einen kurzen Überblick über die verfügbare Literatur zum Thema der antiken und mittelalterlichen Wissenschaften verschaffen. Die erste Veröffentlichung der Nachkriegszeit, in der das Thema der Wissenschaften im Altertum und im Mittelalter ausführlich und auf anspruchsvollem Niveau behandelt wurde, war ein Buch von E.J. Dijksterhuis. Es erschien ursprünglich in holländischer Sprache unter dem Titel *Mechanisiering van het Wereldbeeld* (1950) und wurde später als *The Mechanization of the World Picture* (1961) ins Englische und ins Deutsche *(Die Mechanisierung des Weltbildes,* 1956) übersetzt. Als die englische Übersetzung von Dijksterhuis auf den Markt kam, lag Alistair Crombies *Augustine to Galileo* (1952) bereits seit fast einem Jahrzehnt vor und hatte in dieser Zeit der Arbeit der Mediävisten neue Inhalte und frische Motivation verliehen. Möglicherweise ließen sich eventuelle Konkurrenten auf diesem Gebiet von Crombies Erfolg einschüchtern. Jedenfalls vergingen beinahe zwanzig Jahre, bis ein weiterer Überblick über die Wissenschaften des Mittelalters erschien: Eward Grants kurze *Physical Science in the Middle Ages* (1971); drei Jahre später folgte *Early Physics and Astronomy: A Historical Introduction* (1974) von Olaf Pedersen und Mogens Pihl. Wie aus den jeweiligen Titeln hervorgeht, beschäftigen sich beide Bücher ausschließlich mit dem Bereich der Physik. Seit dem Werk von Pedersen und

Pihl ist nichts Vergleichbares mehr erschienen, abgesehen von einer Textsammlung, die ich selbst herausgegeben habe und die den Titel *Science in the Middle Ages* trägt (1978). In diesem Buch berichten sechzehn angesehene Mediävisten über den derzeitigen Stand der Forschung; angesprochen wird dabei eine Leserschaft, die bereits über eine beträchtliche Vorbildung verfügt. Zwar haben viele der in *Science in the Middle Ages* enthaltenen Aufsätze ihre Gültigkeit bewahrt, doch insgesamt ist das Werk zu wenig einheitlich, läßt zu viele Themen außer acht und ist außerdem (zunehmend) veraltet.

Von den bisher erwähnten Werken befassen sich nur Dijksterhuis und Pedersen/Pihl mehr als nur oberflächlich mit der Wissenschaft im Altertum. Ob das nun sinnvoll war oder nicht – die Geschichte der Wissenschaft im Altertum bzw. die der Wissenschaft des Mittelalters entwickelten ihr Eigenleben, und zu beiden Bereichen entstand auch jeweils eine eigenständige Literatur. Das wegweisende Buch zum Thema der Geschichte der griechischen Naturwissenschaften war Benjamin Farringtons *Greek Science* (in zwei Bänden, die jeweils 1944 und 1949 erschienen). Verdrängt wurde es bald darauf von Marshall Clagetts souveränem Werk *Greek Science in Antiquity* (1957). Im Jahre 1961 folgte Giorgio de Santillanas *The Origins of Scientific Thought.* Die Geschichte der römischen Wissenschaften wurde in William H. Stahls Werk *Roman Science* (1962) getrennt abgehandelt. Und Anfang der 70er Jahre veröffentlichte G. E. R. Lloyd zwei hochgepriesene Bände: *Early Greek Science: Thales to Aristotle* (1970) und *Greek Science after Aristotle* (1973). In den vergangenen zwei Jahrzehnten haben diese beiden Bücher das Feld unangefochten beherrscht.

Zwanzig Jahre nach Lloyd und vierzig Jahre nach Crombie (dem letzten Autor, der die mittelalterliche Naturwissenschaft auf einer allgemeineren Ebene behandelt hat) scheint der richtige Zeitpunkt für einen neuen Versuch gekommen. In dieser Überzeugung habe ich das vorliegende Buch geschrieben. Es ist nicht mein Anliegen, mit diesem Werk jene meiner Vorgänger zu verdrängen – schon gar nicht Lloyds zwei herausragende Bände; vielmehr verfolge ich damit verschiedene Ziele, die von denen meiner Vorgänger abweichen. Zunächst einmal habe ich versucht, einen umfangreichen Fundus an Forschungsergebnissen, die meinen Vorgängern noch nicht zur Verfügung standen, mit einzubeziehen. (So lag Lloyd und Grant beispielsweise Anfang der 70er Jahre erst etwa ein Drittel der in der Bibliographie aufgeführten Titel vor). Zweitens habe ich antike und mittelalterliche Naturwissenschaft in einem einzigen Band abgehandelt und hatte dadurch die Möglichkeit, auch Fragen der Kontinuität zwischen der Naturwissenschaft des Altertums und der des Mittelalters anzusprechen – Fragen, die sich aufgrund der bisherigen Aufteilung des Themas in zwei getrennte Bereiche zuvor nie gestellt hatten; außerdem läßt sich durch diese Zusammenfassung die Problematik der Überlieferung aufgreifen, die ansonsten gar nicht erst auftauchen würde.

Und drittens bin ich – wie der Untertitel des Buches andeutet – der Ansicht, daß ich die Naturwissenschaft der Antike und des Mittelalters konsequenter im Hinblick auf ihr philosophisches, religiöses und (insbesondere bildungs-) institutionelles Umfeld dargestellt habe als frühere Autoren. Ich kann sicherlich nicht behaupten, ich sei der erste, der das philosophische Umfeld der Wissenschaften berücksichtigt hat. Aber es liegt, soviel ich weiß, keine andere moderne Abhandlung vor, die näher auf das religiöse Umfeld eingeht, und dies völlig unbefangen und ohne jede apologetische oder politische Absicht. Wenn ich wirklich meinen ganz eigenen Beitrag zur Diskussion geleistet habe, dann beruht er wohl genau auf diesem Punkt.

Ich bemühe mich in diesem Buch mehr um zusammenhängende Darstellung als um enzyklopädische Vollständigkeit. Ich versuche, die Problematik auf möglichst breiter Basis anzugehen, und spreche die wichtigsten Themen aus der Geschichte der antiken und mittelalterlichen Wissenschaft an; dazu liefere ich so viel zuverlässige Sachinformation, daß auch jener Leser folgen kann, der von sich aus keinerlei Vorkenntnisse zum Thema mitbringt. Natürlich habe ich die umfangreichen bereits vorhandenen Forschungsergebnisse verwendet, doch ich habe ohne zu zögern alte Streitpunkte der Geschichtswissenschaft neu interpretiert und ein eigenständiges Urteil abgegeben. Im Bereich der Naturwissenschaft des Altertums (um ehrlich zu sein bin ich hinsichtlich dieses Themas eher ein interessierter Außenstehender) war ich zweifellos in stärkerem Maße auf bereits vorhandene Auslegungen angewiesen als im Bereich der mittelalterlichen Naturwissenschaft (hier befinde ich mich auf vertrautem Boden). Und selbstverständlich behaupte ich nicht – und das bezieht sich sowohl auf die antike wie auch auf die mittelalterliche Naturwissenschaft, daß ich alles »richtig« sehe – noch nicht einmal. daß ich immer die richtigen Fragen gestellt habe. Dieses Buch soll einfach als Beitrag zu einer weiterhin andauernden Diskussion über dieses Thema verstanden werden.

Beim Schreiben habe ich an ganz unterschiedliche Leser gedacht. Jene Absätze, in denen ich dem Leser Vorträge darüber halte, wie auf korrekte Weise Geschichtswissenschaft betrieben werden kann und welche Gefahren dabei lauern (einer der Leser des Manuskripts hat mich wegen meiner häufigen »antiliberalen Äußerungen« aufgezogen) entstanden, wie unschwer zu erkennen, aus der Erfahrung meiner langjährigen Lehrtätigkeit heraus. Ja, ich hoffe, daß dieses Buch sich tatsächlich als für den Unterricht geeignet erweisen wird. Ich gehe auch davon aus, daß das Buch dem gebildeten Leser im allgemeinen und insbesondere jenem Geschichtswissenschaftler, der sich nicht auf die Geschichte der antiken und mittelalterlichen Naturwissenschaft spezialisiert hat, von Nutzen sein wird.

Abschließend zwei Hinweise zu den Anmerkungen und zur Bibliographie. Erstens habe ich die Anmerkungen nicht rein zum Nachweis und zur Danksagung an andere Wissenschaftler verwendet, sondern darin auch durchgehend bibliographische Hinweise eingeflochten. Ich gebe dabei Quellen an (sie befinden sich zumeist auf fortgeschrittenerem fachlichem Niveau), die weiteren Aufschluß über das jeweils behandelte Thema geben. Zweitens habe ich sowohl in den Anmerkungen wie auch in der Bibliographie die englischsprachige Literatur stark in den Vordergrund gestellt. Anderssprachige Quellen habe ich nur dann erwähnt, wenn ich der Meinung war, es gäbe kein vergleichbares englischsprachiges Werk. Ich möchte mich bei Prof. Hünemörder von der Universität Hamburg dafür bedanken, daß er die Bibliographie auf den neuesten Stand gebracht und für den deutschen Leser überarbeitet hat.

Niemand kann ein so umfassendes Thema abhandeln, wenn er nicht von vielen Seiten unterstützt wird. Jenen Freunden und Kollegen, die sich die Mühe gegeben haben, mich in die Geheimnisse ihrer jeweiligen Fachgebiete einzuweihen und mich vor Verwirrung und Irrtum zu bewahren, bin ich zu tiefem Dank verpflichtet. Ich war nicht immer ein sehr gelehriger Schüler, und manche meiner Helfer lesen in diesem Buch wahrscheinlich immer noch Interpretationen, mit denen sie selbst nicht einverstanden sind.

Jedes Kapitel hat ein Kollege, der sich im jeweils behandelten Fachgebiet auskennt, gelesen und kommentiert. Den tiefsten Dank schulde ich jenen vier Personen, die das Manuskript von der ersten bis zur letzten Seite gelesen und mich auf seine gröbsten Mängel aufmerksam gemacht haben. Es sind Michael H. Shank, Bruce S. Eastwood, Robert J. Richards und Albert Van Helden. Ein oder mehrere Kapitel aus ihrem jeweiligen Fachgebiet haben gelesen: Thomas H. Broman, Frank M. Clover, Harold J. Cook, William J. Courtenay, Faye M. Getz, Owen Gingerich, Edward Grant, R. Stephen Humphreys, James Lattis, Fannie J. LeMoine, James Longrigg, Peter Losin, A. G. Molland, William R. Newman, Franz Rosenthal, A. I. Sabra, George Saliba, John Scarborough, Margaret Schabas, Nancy G. Siraisi, Peter Sobol, Edith D. Sylla, der verstorbene Victor E. Thoren, Sabetai Unguru, Heinrich von Staden und David A. Woodward. Einige Wissenschaftler haben das Manuskript auf seine Verwendbarkeit im Unterricht geprüft und es schließlich auch in der Praxis getestet. Für ihre Rückmeldung danke ich Edward B. Davis, Frederick Gregory, Edward J. Larson, Alan J. Rocke und Peter Ramberg. Für die Hilfe bei der Auswahl und der Auffindung von Illustrationen bin ich Bruce S. Eastwood, Owen Gingerich, Edward Grant, John E. Murdoch und David A. Woodward verpflichtet. Das Kartenmaterial verdanke ich dem kartographischen Labor der University of Wisconsin. Diese Liste erscheint vielleicht sehr lang, aber dazu kann ich nur sagen, daß ich für jede Hilfe dankbar war, die sich mir bot.

Die Idee zu diesem Buch kam auf, als im Frühjahr 1986 an der University of Florida über ein Projekt gesprochen wurde, das die Entwicklung eines neuen Lehrbuches für das Fach Wissenschaftsgeschichte zum Ziel hatte. Für ihre Unterstützung und Ermutigung danke ich Frederick Gregory (der treibenden Kraft hinter dem Projekt) und anderen, die an der Diskussion beteiligt waren, unter anderem William B. Ashworth, Richard Burkhardt, Thomas L. Hankins und Frederic L. Holmes. Ich schrieb das Buch während der Zeit, die ich als Leiter des geisteswissenschaftlichen Forschungsinstitutes an der University of Wisconsin verbrachte. Wahrscheinlich wäre das Projekt ohne die zuverlässige Unterstützung durch meine Verwaltungsassistentin Loretta Freiling und ohne die ständige Hilfe und Ermutigung durch meine Kollegen aus der geisteswissenschaftlichen und aus der geschichtswissenschaftlichen Fakultät nicht zustandegekommen. Abgeschlossen habe ich das Buch während eines einmonatigen Aufenthaltes im Bellagio Study and Conference Center der Rockefeller-Stiftung. Ich danke der Stiftung und den Leitern des Bellagio Centers, Francis und Jackie Sutton dafür, daß mir zum Lesen und Schreiben eine so einzigartige Umgebung zur Verfügung gestellt wurde. Tiefen Dank aussprechen möchte ich auch meiner Frau Greta für ihre Geduld sowie meinem Sohn Erik; beide haben mir bei Fragen zu meinem Prosastil als unbezahlte Berater gedient; sie kennen die einzelnen Teile dieses Buches nicht in ihrer endgültigen Abfolge, sondern nur in Form einer Reihe von unzusammenhängenden Fragmenten.

Und schließlich bedanke ich mich herzlich bei Bettina Obrecht für ihre gelungene Übersetzung ins Deutsche und bei Gisela Höcherl und Prof. Hünemörder für sachkundige Verbesserungen.

# KAPITEL I

# DER URSPRUNG
# DER NATURWISSENSCHAFTEN

## *Was ist Wissenschaft?*

Was Wissenschaft überhaupt ist – darüber sind jahrhundertelang heftige Diskussionen geführt worden. An dieser Diskussion beteiligten sich Naturwissenschaftler, Philosophen, Historiker und andere Betroffene. Zwar ist man zu keiner allgemeinen Übereinstimmung gekommen, doch gibt es eine Anzahl von Definitionen, die besonders kräftige Unterstützung gefunden haben: (1) Einer dieser Theorien zufolge handelt es sich bei der Naturwissenschaft um die Gesamtheit jener Verhaltensmuster, durch welche der Mensch sich seine Umwelt unterworfen hat. Wissenschaft wird hier gleichgesetzt mit handwerklichen Traditionen und Technik; die Menschen der Vorgeschichte haben so gesehen zur Entwicklung der Wissenschaft beigetragen, indem sie lernten, Metall zu bearbeiten oder ihre landwirtschaftlichen Tätigkeiten ertragreicher zu gestalten. (2) Eine andere Theorie *unterscheidet* zwischen Wissenschaft und Technik; sie betrachtet die Wissenschaft als die Gesamtheit theroretischer Kenntnisse, Technik dagegen als die Anwendung dieser theoretischen Kenntnisse bei der Lösung praktischer Probleme. Dieser Definition zufolge muß man die Technik des Kraftfahrzeugdesigns und -baus von der theoretischen Mechanik, der Aerodynamik und den anderen ihnen zugrundeliegenden theoretischen Fächern trennen; dabei gelten nur die theoretischen Fächer als »Wissenschaften«.

Die Anhänger dieser letzteren Theorie, welche Wissenschaft mit theoretischer Kenntnis gleichsetzt, wollen auch nicht zugeben, daß allgemein jede Theorie, ungeachtet ihres Ansatzes oder ihres Inhaltes, als wissenschaftlich gelten soll. Damit stellt sich den Vertretern dieser Theorie überhaupt erst die Aufgabe, den Begriff Wissenschaft konkret zu definieren. Wenn sie bestimmte Theorien ausschließen wollen, müssen sie erst Kriterien vorschlagen, aufgrund derer sich eine Theorie als »wissenschaftlich«, eine andere als »unwissenschaftlich« einstufen läßt. (3) Daher ist es inzwischen weit verbreitet, eine Naturwissenschaft anhand der äußeren Form ihrer Aussagen zu definieren – es soll sich dabei um allgemeine, gesetzesähnliche Aussagen handeln, vorzugsweise sollten sie sich in der Formelsprache der Mathematik ausdrücken lassen. Das Boylesche Gesetz beispielsweise (Robert Boyle formulierte es im 17. Jahrhundert) sagt aus, daß der Druck eines Gases sich umgekehrt proportional zu seinem Volumen verhält, wenn alle anderen Bedingungen konstant bleiben. (4) Jenen, die ein solches Kriterium als zu einschränkend empfinden, bietet sich die Alternative, die Wissenschaft auf der Grundlage ihrer Methodologie zu definieren. In diesem Fall ist Wissenschaft mit einer Reihe spezieller Vorgehensweisen verbunden, normalerweise experimenteller Art, mit deren Hilfe die Geheimnisse der Natur erforscht und Theorien zu ihrem Verhalten bestätigt oder widerlegt werden können. Eine Behauptung gilt als wissenschaftlich dann, und nur dann, wenn sie auf experimenteller Grundlage entstanden ist. (5) Diese Definition wiederum gerät sofort ins Wanken, wenn der Versuch gemacht wird, Wissenschaft über ihren erkenntnistheoretischen Status (also die Grundlage ihres Wahrheitsanspruchs) zu definieren oder gar aufgrund der Hartnäckigkeit, mit der die jeweiligen praktizierenden Wissenschaftler ihre Lehren verteidigen. Bertrand Russell sagt dazu: »Den Wissenschaftler erkennt man nicht daran, *welche* Ansichten er vertritt, sondern daran, *wie* und *warum* er sie vertritt. Seine Ansichten sind Annäherungen, keine Dogmen; ihnen liegen Indizien zugrunde, nicht Autorität oder Intuition.«[1] So gesehen handelt es sich bei der Wissenschaft um eine privilegierte Form der Erkenntnisgewinnung und die Fähigkeit, diese Erkenntnisse zu vertreten.

(6) Häufig wird Wissenschaft nicht auf der Grundlage ihrer Methodologie oder ihres erkenntnistheoretischen Status definiert, sondern auf der Grundlage ihres Inhalts. In diesem Fall wäre Naturwissenschaft ein bestimmtes System von Denkweisen in bezug auf die Natur – es handelt sich dabei mehr oder weniger um die gängigen Lehren der Physik, Chemie, Biologie, Geologie usw. Unter diesem Gesichtspunkt ist es unwissenschaftlich, an Alchimie, Astrologie und Parapsychologie zu glauben. (7) Die Bezeichnungen »Wissenschaft« und »wissenschaftlich« werden häufig auf Vorgehensweisen oder Annahmen angewendet, die sich durch Strenge, Präzision und Sachlichkeit auszeichnen. So gesehen ging Sherlock Holmes bei der Aufklärung von Verbrechen wissenschaftlich vor. (8) Schließlich soll mit den Bezeichnungen »Wissenschaft« und »wissenschaftlich« häufig lediglich Zustimmung ausgedrückt werden – es sind Attribute, die wir immer dann verleihen, wenn wir einer Sache Beifall zollen möchten.

Diese knappe und unvollständige Übersicht verdeutlicht eine Tatsache, die man vielleicht auch als selbstverständlich hätte voraussetzen können – daß nämlich viele Wörter (und dies schließt fast alle interessanten Wörter ein) mehrere Bedeutungen haben, die sich je nach ihrem sprachlichen Zusammenhang unterscheiden. Manchmal sind diese Bedeutungen miteinander vereinbar und ergänzen sich gegenseitig, manchmal auch nicht. Außerdem – warum sollte man überhaupt versuchen, diese Vielfalt des Sprachgebrauchs auszumerzen? Schließlich ist Sprache kein auf der Natur des Universums basierendes Regelwerk, sondern ein Gebäude aus Konventionen, die von einer bestimmten Gemeinschaft anerkannt werden; so wird jede der oben angeführten Bedeutungen des Begriffes »Wissenschaft« von einer ansehnlichen Gemeinschaft anerkannt, welche den jeweils in ihren Reihen bevorzugten Sprachgebrauch wahrscheinlich nicht kampflos aufgeben wird. Oder um es noch etwas anders auszudrücken: Man sollte die Lexikographie als eine beschreibende, nicht als eine *vor*schreibende Wissenschaft verstehen. Somit müssen wir anerkennen, daß der Begriff »Wissenschaft« verschiedene Bedeutungen besitzt, von denen jede einzelne ihre Berechtigung hat.

Selbst wenn es uns gelingen würde, eine Definition der modernen Naturwissenschaft aufzustellen, mit der alle Seiten zufrieden wären, stünde der Historiker noch immer vor einem schwierigen Problem. Wenn der Naturwissenschaftshistoriker Verfahren und Annahmen nur insoweit untersuchen würde, als sie dem modernen Begriff der Naturwissenschaft entsprechen, würde sich daraus ein verzerrtes Bild ergeben. Eine solche Verzerrung wäre deswegen unvermeidlich, weil die Naturwissenschaft sich in bezug auf ihre Inhalte, Formen, Methoden und ihre Funktion verändert hat; so gesehen würde der Historiker nicht auf eine Vergangenheit eingehen, die tatsächlich so existiert hat, sondern die Vergangenheit durch ein Raster betrachten, das nicht wirklich auf sie paßt. Wenn wir geschichtlich korrekt vorgehen wollen, müssen wir die Vergangenheit so nehmen, wie sie war. Und das bedeutet, daß wir der Versuchung widerstehen müssen, die Vergangenheit auf Beispiele oder Vorläufer unserer modernen Naturwissenschaft hin zu untersuchen. Wir müssen die Ansätze früherer Generationen bei ihrer Naturbetrachtung respektieren und anerkennen, daß sie sich zwar von modernen Methoden unterscheiden, trotzdem jedoch als Teil unseres intellektuellen Erbes von Interesse sind. Nur auf diese Weise können wir verstehen, wie wir das geworden sind, was wir sind. Das heißt, daß der Historiker von einem sehr allgemeinen Wissenschaftsbegriff ausgehen muß – allgemein genug, um die Erforschung eines breiten Spektrums von Verfahrensweisen und den dahinterstehenden Annahmen zu ermöglichen und uns gleichzeitig zu einem besseren Verständnis der heutigen wissenschaftlichen Arbeit zu verhelfen. Was wir brauchen, ist ein breiter, umfassender, nicht ein enger, ausgrenzender Ansatz; und wir sollten davon ausgehen, daß dieser Ansatz umso breiter sein muß, je weiter wir in die Vergangenheit zurückgehen.[2]

Diese Mahnung ist besonders an all jene gerichtet, die sich auf eine Untersuchung der Antike und des Mittelalters einlassen wollen. Wenn wir unser Augenmerk ausschließlich auf die Vorboten der modernen Naturwissenschaft richten, konzentrieren wir uns auf ein sehr enges Tätigkeitsfeld, werden es zweifellos falsch einschätzen und oft gerade jene Annahmen und Verfahrensweisen der antiken und mittelalterlichen Kulturen übersehen, die unser eigentliches Studienobjekt sein sollten – jene, die uns helfen werden, zu verstehen, wie sich sehr viel später die modernen Naturwissenschaften entwickelt haben.

Ich werde mir im Folgenden Mühe geben, mir meinen eigenen Rat zu Herzen zu nehmen, indem ich von einem Wissenschaftsbegriff ausgehe, der so allgemein sein soll wie jener der historischen Gestalten, deren geistige Leistungen wir zu verstehen versuchen. Das heißt natürlich nicht, daß überhaupt kein Unterschied mehr gemacht werden soll. Ich werde zwischen der handwerklichen und der theoretischen Seite der Naturwissenschaft unterscheiden – auf dieser Unterscheidung hätten viele Gelehrte der Antike und des Mittelalters selbst bestanden – und werde den Schwerpunkt meiner Aufmerksamkeit dabei auf die Theorie legen.[3] Wenn ich in dieser Darstellung Technik und Handwerk übergehe, so möchte ich damit keinesfalls deren Bedeutung abwerten, sondern lediglich der Tatsache Rechnung tragen, daß die die Geschichte der Technik eine Vielzahl von Problemen aufweist und daß es für diesen Teilbereich der Geschichte eigene kompetente Fachleute gibt. Ich möchte mich mit der Entstehung des wissenschaftlichen *Denkens* beschäftigen, und das ist, wie sich zeigen wird, Herausforderung genug.

Zuletzt noch ein Wort zur Terminologie. Bis jetzt habe ich auschließlich den Begriff »Naturwissenschaft« verwendet. Zu diesem Zeitpunkt möchte ich jedoch zusätzlich den Begriff »Naturphilosophie« einführen, der in diesem Buch ebenfalls häufig auftauchen wird. Wozu brauchen wir diesen zusätzlichen Begriff, was soll er vermitteln? Der Begriff »Naturwissenschaft« ist sowohl in geschichtlichem wie im modernen Kontext mit Assoziationen verbunden, durch die er sich zuweilen und in bestimmten Zusammenhängen vom Objekt unserer Untersuchungen unterscheidet. Der moderne Begriff enthält die ganze Vieldeutigkeit, die wir oben kurz beschrieben haben, und die alten Begriffe (*scientia* im Lateinischen, ἐπιστήμη im Griechischen) bezogen sich auf sämtliche Glaubenssysteme, die sich durch Strenge und Überzeugung auszeichneten, gleichgültig, ob sie mit Natur zu tun hatten oder nicht. Es war im Mittelalter beispielsweise üblich, die Theologie als Wissenschaft (*scientia*) zu bezeichnen. Im vorliegenden Buch werden die Bemühungen der Antike und des Mittelalters untersucht, Erkenntnisse über die *Natur* zu gewinnen, und der neutralste Begriff für ein solches Unterfangen war und ist »Naturphilosophie«.

Es ist wichtig, die Verwendung dieses letzteren Begriffs nicht als Abwertung der mittelalterlichen Naturforschung zu deuten, sie ist durchaus nicht »unwissenschaftlich« oder »minderwertig«. Wir sollten nicht vergessen, daß es sich bei der Naturphilosophie um jene intellektuelle Disziplin handelt, unter deren Banner ein so bedeutender Wissenschaftler wie Isaac Newton (Ende des siebzehnten Jahrhunderts) seine eigene Arbeit erstellt hatte. Sein hervorragendes Buch über Mechanik und die Theorie der

Schwerkraft trägt den Titel *Philosophia naturalis Principia Mathematica* (»Die mathematischen Prinzipien der Naturphilosophie«). In Übereinstimmung mit seinen Vorgängern in der Antike und im Mittelalter betrachtete Newton die Naturphilosophie, also die Erforschung der Natur, als einen wesentlichen Bestandteil jeder umfassenderen philosophischen Untersuchung der gesamten den Menschen umgebenden Realität.

In diesem Buch verwende ich unterschiedliche Bezeichnungen und mache dabei praktische Zugeständnisse an den recht unterschiedlichen Sprachgebrauch. Den Begriff »Naturphilosophie« werde ich immer dann verwenden, wenn ich die wissenschaftliche Arbeit in ihrer Gesamtheit bezeichnen oder ihre vorwiegend philosophische Seite hervorheben möchte. Ich verwende auch das Wort »Naturwissenschaft«, und zwar zumeist als Synonym für »Naturphilosophie«, manchmal jedoch auch, wenn ich mich auf die eher technischen Aspekte der Naturphilosophie beziehe, und von Zeit zu Zeit auch nur deswegen, weil es der Sprachgebrauch in bestimmten Zusammenhängen erfordert. Ich werde ausführlich über »Philosophie« sprechen, und zwar ganz einfach deswegen, weil es sinnlos ist, die Naturphilosophie verstehen zu wollen, wenn wir dabei die größeren geistigen Zusammenhänge, in denen sie steht, vernachlässigen. Und natürlich werde ich häufig die einzelnen Disziplinen der Naturphilosophie erwähnen, die einzelnen Wissenschaftszweige: Mathematik, Astronomie, Physik, Optik, Medizin, Naturgeschichte usw. Im Einzelfall geht die Bedeutung des jeweiligen Begriffs sicherlich aus dem Kontext hervor.


## Die Einstellung zur Natur in der Vorgeschichte

Von Anfang an hing das Überleben des Menschen davon ab, wie gut er sich in seiner natürlichen Umgebung zurechtfand. Der Mensch der Vorgeschichte entwickelte eindrucksvolle Technologien, mit deren Hilfe er sein Überleben sicherte. Er lernte, Werkzeuge anzufertigen, Feuer zu entfachen, sich vor der Witterung zu schützen, zu jagen und zu fischen und Früchte und Kräuter zu sammeln. Um beim Jagen und Sammeln (und nach ca. 7000 oder 8000 v. Chr. auch in der Landwirtschaft) erfolgreich zu sein, waren fundierte Kenntnisse über das Verhalten von Tieren und die Eigenschaften von Pflanzen erforderlich. Auf einer höheren Stufe lernten die Menschen, zwischen Gift- und Heilpflanzen zu unterscheiden. Sie entwickelten verschiedene handwerkliche Fähigkeiten, beispielsweise das Töpfern und Weben und die Metallbearbeitung. Um 3500 v. Chr. hatten sie das Rad bereits erfunden. Sie waren sich der Jahreszeiten bewußt und brachten diese mit bestimmten atmosphärischen Erscheinungen in Verbindung. Kurz, sie wußten schon eine ganze Menge über ihre Umwelt.

Doch das auf den ersten Blick so klare und einfache Wort »wissen« erweist sich als beinahe ebenso trügerisch wie der Begriff »Wissenschaft«, und wir müssen hier noch einmal auf die oben angesprochene Unterscheidung zwischen Technik und theoretischer Wissenschaft zurückkommen. Es ist ein Unterschied, ob man weiß, wie man etwas machen muß, oder ob man weiß, *warum* etwas so und nicht anders gemacht werden muß. Man kann als Schreiner durchaus erfolgreiche und hochwertige Arbeit leisten, ohne etwas über die Spannungen in den jeweils verwendeten Hölzern zu wissen. Ein Elektriker kann mit den rudimentärsten Kenntnissen der Elektrizitätstheorie ein ganzes Haus erfolgreich verkabeln. Zur Unterscheidung von Giftpflanzen und Heilkräutern sind keinerlei Biochemiekenntnisse erforderlich, aufgrund derer sich giftige oder heilende Eigenschaften erklären ließen. Ich will damit nur sagen, daß praktische Faustregeln auch dann funktionieren, wenn dahinter eine völlige Unkenntnis der ihnen zugrundeliegenden theoretischen Prinzipien steht. »Knowhow« ist nicht an theoretisches Wissen gebunden.

Wir möchten also klarstellen, daß das Wissen des vorgeschichtlichen Menschen in praktischen und technischen Belangen groß war und ständig wuchs. Doch wie stand es mit den theoretischen Kenntnissen? Was »wußten« oder glaubten die Menschen der Vorgeschichte hinsichtlich der Entstehung der Welt, in der sie lebten, der Natur dieser Welt und der Ursachen der so zahlreichen und unterschiedlichen Naturerscheinungen? Hatten sie irgendeine Vorstellung von den dem Einzelfall zugrundeliegenden allgemeingültigen Regeln oder Prinzipien? Stellten sie sich solche Fragen überhaupt? Über all das wissen wir sehr wenig. Die Kultur der Vorgeschichte ist *per definitionem* eine mündliche Kultur, und mündliche Kulturen hinterlassen, sofern sie nicht über die mündliche Stufe hinausgelangen, keine schriftlichen Zeugnisse. Doch mithilfe der Forschungsergebnisse von Anthropologen, die im 19. und 20. Jahrhundert schriftlose Naturvölker untersuchten, sowie unter aufmerksamer Betrachtung jener Überbleibsel prähistorischen Denkens, wie sie in den ersten schriftlichen Aufzeichnungen noch erkennbar sind, werden wir versuchen, einige allgemeingültige Aussagen zu formulieren.

Voraussetzung für die Untersuchung des geistigen Lebens einer schriftlosen Gesellschaft ist ein Verständnis des jeweiligen Kommunikationsprozesses. Wo es kein Schrifttum gibt, besteht die einzige Form der verbalen Kommunikation aus dem gesprochenen Wort, und gespeichert wird das Wissen ausschließlich im Gedächtnis der einzelnen Mitglieder der Gemeinschaft. Die Vermittlung von Gedanken und Vorstellungen kann in einer solchen Kultur nur im Rahmen einer persönlichen Begegnung stattfinden, und zwar über einen Prozeß, der als »eine lange Kette ineinandergreifender Gespräche« zwischen ihren Mitgliedern bezeichnet worden ist. Jener Anteil dieser Gespräche, der für so wichtig erachtet wird, daß er im

Gedächtnis behalten und an nachfolgende Generationen weitergegeben werden sollte, stellt die Grundlage einer mündlichen Überlieferung dar. Sie bildet das Archiv der kollektiven Erfahrungen und der gemeinschaftlichen Glaubensgrundlagen, Ansichten und Wertvorstellungen.[4]

Die mündliche Überlieferung besitzt eine wichtige Eigenschaft, auf die wir unser Augenmerk richten müssen: sie verändert sich ständig. Typisch für die mündliche Überlieferung ist, daß sie sich kontinuierlich weiterentwickelt, denn sie nimmt neue Erfahrungen auf und paßt sich an neue Gegebenheiten und Erfordernisse innerhalb der Gemeinschaft an. Nun wäre dieser fließende Charakter der mündlichen Überlieferung natürlich äußerst verwirrend, wenn man ihre Aufgabe in der Mitteilung abstrakter geschichtlicher oder wissenschaftlicher Daten sehen würde, als eine Art mündliches Gegenstück zu einem geschichtlichen Archiv oder einer wissenschaftlichen Abhandlung. Aber eine mündliche Kultur kann keine Archive anlegen und keine Abhandlungen verfassen. Einer mündlichen Gesellschaft fehlt nämlich von vorneherein die *Vorstellung* von so etwas wie Schrift, und so besitzt sie auch keine *Vorstellung* von so etwas wie einem historischen Archiv oder einer wissenschaftlichen Abhandlung.[5] Die vorrangige Aufgabe der mündlichen Überlieferung ist vollkommen praktischer Natur: Sie soll die momentan herrschenden Bedingungen und sozialen Strukturen erklären und somit rechtfertigen. Damit verfügt die Gemeinschaft über eine sich ständig weiterentwickelnde »Sozial-Charta«. Beispielsweise kann eine Erzählung aus vergangenen Zeiten dazu verwendet werden, gegenwärtige Herrschaftsstrukturen, Besitzverhältnisse oder die Verteilung von Privilegien und Pflichten zu legitimieren. Und um diese Funktion möglichst wirksam zu erfüllen, muß die mündliche Überlieferung in der Lage sein, sich möglichst rasch an Veränderungen der Sozialstruktur anzupassen.[6]

An dieser Stelle jedoch sind wir in erster Linie an den *Inhalten* der mündlichen Überlieferungen interessiert, insbesondere an jenen Teilen, die sich mit der Beschaffenheit des Universums beschäftigen – also jene, die man als die Bestandteile eines Weltbilds oder einer Kosmologie betrachten könnte. Solche Elemente tauchen in jeder mündlichen Überlieferung auf, häufig jedoch verdeckt, selten ausdrücklich und fast niemals zu einem zusammenhängenden Ganzen zusammengefaßt. Dies bedeutet, daß wir sehr vorsichtig sein müssen, wenn wir das Weltbild eines schriftlosen Volkes gleichsam stellvertretend in Worte fassen wollen, denn so etwas ist nur möglich, wenn *wir* die Grundlagen von Zusammenhang und System beisteuern, und dabei verfälschen wir eben jene Konzepte, die wir eigentlich beleuchten wollen. Dennoch können wir einige Schlußfolgerungen über die Bestandteile oder Grundlagen des Weltbilds in der mündlichen Überlieferung schriftloser Gesellschaften formulieren. (Das diesen Aussagen zugrundeliegende Forschungsmaterial bezieht sich zum Teil auf Kul-

7

turen der Vorgeschichte, zum Teil auf heutige schriftlose Gesellschaften, und wenn nicht ausdrücklich anders vermerkt, gelten sie für beide Fälle).

Es liegt auf der Hand, daß ein schriftloses Volk ebenso wie wir, die wir in einer modernen, aufgeklärten Kultur leben, das Bedürfnis verspürt nach erklärenden Prinzipien, die in die scheinbar planlose und chaotische Abfolge der Ereignisse Ordnung, Einheit und vor allem Sinn zu bringen vermögen. Aber wir dürfen nicht erwarten, daß die von den schriftlosen Menschen vertretenen Erklärungsmechanismen den unseren gleichen: Da diese Menschen keinerlei Vorstellung von »Naturgesetzen« oder deterministischen kausalen Mechanismen besitzen, liegen ihre Vorstellungen von Kausalität weit jenseits der Physik und Mechanik, wie sie unsere moderne Wissenschaft vertritt. Es ist nur natürlich, daß sie sich auf ihrer Suche nach einem Sinn innerhalb der Grenzen ihres eigenen Erfahrungsbereiches bewegen und dabei Gegenständen und Ereignissen, die uns weder menschlich noch überhaupt lebendig erscheinen, menschliche oder biologische Eigenschaften zusprechen. So ist es für solche Völker beispielsweise typisch, die Entstehung des Universums in Begriffen aus dem Wortfeld der Geburt zu beschreiben, und ein kosmisches Ereignis wird vielleicht als der Ausgang eines Kampfes zwischen zwei gegnerischen Mächten, einer guten und einer bösen, interpretiert. Die schriftlosen Völker neigen nicht nur zur Personifizierung, sondern auch zur Individualisierung von Ursachen, d.h. sie gehen davon aus, daß die Dinge so und nicht anders geschehen, weil dahinter ein Wille steckt. Bei H. und H. A. Frankfort findet sich folgende Beschreibung dieser Tendenz[7]:

Unser Begriff der Kausalität ... würde einen Naturmenschen nicht zufriedenstellen, weil eine solche Erklärung völlig unpersönlich ist. Er würde ihn auch deswegen nicht zufriedenstellen, weil er allgemeingültig ist. Unser Verständnis von natürlichen Erscheinungen basiert nicht auf deren Individualität, sondern darauf, daß sich in ihnen allgemeingültige Regeln äußern. Doch ein solches allgemeingültiges Gesetz kann den individuellen Charakter eines Einzelereignisses nicht erklären. Und der Mensch der Frühzeit empfindet gerade diesen individuellen Charakter eines Ereignisses am stärksten. Wir können den Tod eines Menschen mit bestimmten physiologischen Vorgängen erklären. Der Naturmensch fragt: Warum muß *dieser* Mensch gerade in *diesem* Augenblick *auf diese Weise* sterben? Wir können nur sagen, daß unter den gleichen Umständen immer der Tod eintreten wird. Er dagegen sucht nach einer Erklärung, die ebenso spezifisch und individuell ist wie das Ereignis, das sie erklären muß. Das Ereignis wird ... in seiner ganzen Komplexität und Individualität empfunden, und daher wird ihm eine ebenso individuelle Ursache zugeordnet.

In mündlichen Überlieferungen setzt sich das Bild des Universums normalerweise aus Himmel und Erde zusammen, manchmal kommt eine Unterwelt dazu. Ein afrikanischer Mythos beschreibt die Erde als eine Matte, die zwar ausgerollt, aber noch gewellt ist; dadurch erklärt sich, daß Wasser stromabwärts oder stromaufwärts fließt – ein Beispiel für die allgemeine Tendenz, das Universum durch Bezugnahme auf vertraute Gegenstände und Vorgänge zu erklären. Die Gottheit ist in der Welt der mündlichen Überlieferung allgegenwärtig, allerdings wird selten eine klare Trennlinie zwischen dem Natürlichen, dem Übernatürlichen und dem Menschlichen gezogen. Die Gottheiten verlassen das Universum nicht, sie sind fest darin verwurzelt und seinen Prinzipien unterworfen. Auch der Glaube an Geister von Toten, an Gespenster und eine Vielfalt unsichtbarer Mächte, die sich mithilfe magischer Rituale beeinflussen lassen, ist allen mündlichen Überlieferungen gemeinsam. Der Glaube an Reinkarnation (die Vorstellung, daß die Seele nach dem Tod in einem anderen menschlichen oder tierischen Körper zurückkehrt) ist weit verbreitet. Raum und Zeit sind nicht (wie in der modernen Physik) abstrakte und mathematische Begriffe, sondern mit Sinn und Werten versehen, die der Erfahrung der Gemeinschaft entstammen. So sind die Himmelsrichtungen für eine Gesellschaft, deren Existenz eng an einen Fluß gebunden ist, unter Umständen »Stromaufwärts« und »Stromabwärts«, nicht Norden, Süden, Osten und Westen. Manche mündlichen Kulturen haben nur eine sehr verschwommene Vorstellung von der Vergangenheit: Die Tio, ein afrikanischer Stamm, beispielsweise, können sich nicht konkret auf jemanden beziehen, der vor mehr als zwei Generationen gelebt hat.[8]

Die mündliche Überlieferung tendiert dazu, Ursachen mit Anfängen gleichzusetzen, d.h. wenn sie eine Erklärung gibt, verweist sie dabei gleichzeitig auf den geschichtlichen Ursprung. Innerhalb eines solchen Denkschemas läßt sich die uns vertraute Trennlinie zwischen wissenschaftlichem und geschichtlichem Denken nicht eindeutig ziehen, ja, vielleicht existiert sie überhaupt nicht. Das bedeutet, daß wir auf der Suche nach Inhalten der mündlichen Überlieferung, die über ein Weltbild oder eine Kosmologie Aufschluß geben, fast immer auf einen Bericht über die Entstehung der Welt stoßen werden: der Ursprung der Welt, das Auftreten der ersten Menschen, die Entstehung von Tieren, Pflanzen und anderen wichtigen Dingen, und schließlich die Herausbildung der jeweiligen Sozialgemeinschaft. Zu diesem Bericht gehört häufig eine Genealogie der Götter, Könige und weiterer heroischer Gestalten aus der Vergangenheit der Gesellschaft, die von Erzählungen ihrer Heldentaten begleitet wird. Es sei darauf hingewiesen, daß solche geschichtlichen Berichte die Vergangenheit nicht als eine von Ursache und Wirkung bestimmte Kette darstellen, aufgrund derer eine allmähliche Veränderung vor sich geht, sondern als eine Abfolge einschneidender Einzelereignisse, die zur Entstehung der herrschenden Ordnung geführt haben.[9]

Für diese Tendenzen gibt es Beispiele aus mündlichen Kulturen sowohl der Vorzeit wie der Gegenwart. Im zwanzigsten Jahrhundert erzählen die Kuba aus Äquatorialafrika[10]:

Mbuum, oder das Urwasser, bekam neun Kinder, von denen jedes Wuut hieß, und diese wiederum schufen die Welt. Dabei handelte es sich, offenbar in der Reihenfolge ihres Auftretens: Wuut der Ozean; Wuut der Gräber, der Flußbetten und Gräben aushob und Hügel aufwarf; Wuut der Fließende, der die Flüsse fließen ließ; Wuut, der die Wälder und Savannen schuf; Wuut, der die Blätter schuf; Wuut, der die Steine schuf; Wuut der Bildhauer, der aus hölzernen Kugeln die Menschen schuf; Wuut, der Erfinder der spitz zulaufenden Dinge wie Fische, Dornen und Paddel; und Wuut, der Schärfende, der als erster spitz zulaufenden Dingen eine Schneide gab. Der Tod kam auf die Welt, als die beiden letzteren Wuuts in Streit gerieten, wobei einer von ihnen durch den Einsatz einer scharfen Spitze umkam.

Es ist auffallend, daß dieser Bericht nicht nur den Ursprung der Menschheit und der wichtigsten topographischen Elemente der Welt der Kuba erklärt, sondern auch die Erfindung eines für die Kuba offensichtlich lebensnotwendigen Werkzeugs – der scharfen Schneide.

Frühe ägyptische und babylonische Schöpfungsmythen weisen häufig eine ähnliche Thematik auf. Einer ägyptischen Erzählung zufolge, war zu Beginn der Sonnengott Atum; dieser spie Shu aus, den Gott der Lüfte, und Tefnut, die Göttin der Feuchtigkeit. Danach[11]

gebaren Shu und Tefnut, Luft und Feuchtigkeit, Erde und Himmel, den Erdgott Geb und die Himmelsgöttin Nut … dann wiederum vereinigten sich Geb und Nut, Himmel und Erde, und aus ihnen gingen zwei Götterpaare hervor, der Gott Osiris und seine Gefährtin Isis, der Got Seth und seine Gefährtin Nephthys. Diese stehen für die Wesen dieser Welt, gleichgültig ob menschlicher, göttlicher oder kosmischer Natur.

Ein babylonischer Mythos führt die Entstehung der Welt auf das Geschlechtsleben des Wassergottes Enki zurück. Enki schwängerte die Erd- oder Bodengöttin Ninhursag. Aus dieser Vereinigung von Wasser und Erde entstand die Vegetation, dargestellt durch die Geburt der Pflanzengöttin Ninsar. Daraufhin vereinigte sich Enki zunächst mit seiner Tochter, dann mit seiner Enkelin, woraus jeweils bestimmte Pflanzen und pflanzliche Erzeugnisse hervorgingen. Ninhursag war erzürnt, weil Enki acht der neuen Pflanzen verschlang, bevor sie Zeit gehabt hatte, ihnen einen Namen zu geben, und sprach einen Fluch über ihn aus. Die anderen Götter fürchteten die Folgen von Enkis Tod (offensichtlich das Austrocknen der Gewässer) und überredeten Ninhursag dazu, den Fluch von Enki zu nehmen und die verschiedenen Leiden, die ihn aufgrund des Fluches befallen hatten, zu heilen. Dazu gebar sie acht heilende Gottheiten, eine jede für einen bestimmten Körperbereich – dies illustriert die Entstehung der Heilkunde.[12]

Wir sollten einen Moment lang bei der Heilkunde bleiben, denn anhand dieses Beispiels lassen sich einige Eigenheiten der mündlichen Kulturen darstellen. Zweifellos waren Heilmethoden für alte mündliche Kulturen von hoher Bedeutung, denn aufgrund der primitiven Lebensbedingungen gehörten Krankheiten und Verletzungen zum Alltag.¹³ Unbedeutendere Gesundheitsprobleme, Wunden und kleine Verletzungen beispielsweise, wurden zweifellos von Familienmitgliedern behandelt. Schlimmere Fälle – tiefere Wunden, Knochenbrüche, schwere und unerwartet auftretende Krankheiten – erforderten vermutlich die Hilfe eines Menschen, der über mehr Erfahrung und Geschick verfügte. So kam es zu einer gewissen medizinischen Spezialisierung: einige Mitglieder des Stammes oder des Dorfes erwarben sich einen Ruf als Kräutersammler, aufgrund ihrer Geschicklichkeit beim Richten von Knochenbrüchen oder ihrer Erfahrung in der Geburtshilfe.

Das klingt so, als handele es sich bei der in schriftlosen Gesellschaften praktizierten primitiven Medizin um einen erstaunlich direkten Vorläufer der modernen Medizin. Doch wenn man die Heilkunde der mündlichen Kulturen näher betrachtet, stellt man fest, daß sie von Religion und Zauberkunst weder zu trennen noch zu unterscheiden sind. Die weise Frau oder der »Medizinmann« wurden nicht allein aufgrund ihrer pharmazeutischen Sachkenntnis oder ihres chirurgischen Geschicks geschätzt, sondern auch deswegen, weil sie die auf Götter und Dämonen zurückgehenden Ursachen der Krankheiten und die magischen und religiösen Rituale, mit denen diese sich behandeln ließen, kannten. Wenn es sich um einen Holzsplitter handelte, eine kleine Wunde, einen bekannten Ausschlag, Verdauungsbeschwerden, einen Knochenbruch, dann tat der Heiler das Offensichtliche – er entfernte den Splitter, verband die Wunde, trug (soweit bekannt) eine Substanz auf, die den Ausschlag linderte, untersagte den Genuß bestimmter Nahrungsmittel, richtete und schiente das gebrochene Glied. Doch wenn ein Familienmitglied eine geheimnisvolle und schwere Krankheit befiel, konnte man dahinter Hexerei vermuten oder einen fremden Geist, der sich des Körpers bemächtigt hatte. In solchen Fällen mußte man zu drastischeren Maßnahmen greifen – zu Exorzismus, Weissagungen, Reinigung, Gesängen, Zaubersprüchen und anderen rituellen Handlungen.

Es gibt noch eine letzte Eigenheit im Glauben der mündlichen Kulturen (sowohl in der Vorzeit wie in der Gegenwart), auf die wir achten müssen: ihre Mitglieder akzeptieren gleichzeitig verschiedene Alternativen, die uns unvereinbar erscheinen, offensichtlich ohne überhaupt auf die Idee zu kommen, daß sich daraus ein Problem ergeben könnte. Dafür gibt es zahllose Beispiele, aber ich möchte hier nur anführen, daß die oben erzählte Geschichte der neun Wuuts nur einer von (mindestens) sieben Mythen ist, die unter den Kuba kursieren; auch die Ägypter verfügten über zahlreiche Versionen der Geschichte von Atum, Shu, Tefnut und ihrer Nachkommenschaft. Das scheint (oder schien) niemandem aufgefallen zu sein, jedenfalls hat sich niemand daran gestoßen, daß nicht alle Versionen gleichzeitig wahr sein konnten. Wenn man den sehr »fantasievollen« Charakter vieler der oben beschriebenen Annahmen dazurechnet, stellt sich unweigerlich die Frage, ob es so etwas gibt wie eine »primitive Mentalität«: besitzen die Mitglieder einer schriftlosen Gesellschaft eine Vorstufe von Logik oder eine mystische oder auf irgendeine andere Art von der unseren abweichende Mentalität? Und wenn das der Fall ist, wie soll man eine solche Mentalität beschreiben und erklären?[14]

Das ist ein äußerst komplexes und schwieriges Problem, über das sich unter anderem die Anthropologen bis tief ins zwanzigste Jahrhundert hinein erbitterte Diskussionen geliefert haben, und es ist nicht anzunehmen, daß ich es an dieser Stelle lösen werde. Was ich jedoch anbieten kann, ist ein guter Rat zum Thema Methodologie. Es ist nämlich vergebliche Mühe und bringt uns im Verständnis keinen Schritt weiter, wenn wir unsere Zeit damit vergeuden, uns zu wünschen, daß die schriftlosen Völker nach einem Begriff und Kriterien des Wissens handeln würden (oder gehandelt hätten), auf die sie nie gestoßen sind – ein Begriff, im Fall der vorgeschichtlichen Völker, der erst Jahrhunderte später erfunden wurde. Es führt nirgendwohin, wenn wir davon ausgehen, daß die schriftlosen Völker nach *unseren* Begriffen von Wissen und Wahrheit zu leben versuchten und dabei gescheitert sind. Wenn man nur einen Moment darüber nachdenkt, wird einem klar, daß sie in einer ganz anderen Sprach- und Begriffswelt gedacht haben müssen und auch ganz andere Ziele verfolgten. Und eben im Hinblick auf diese Ziele muß man ihre Errungenschaften bewerten.

Die in der mündlichen Überlieferung enthaltenen Geschichten sollen die Wertvorstellungen und Ansichten einer Gemeinschaft festigen, zufriedenstellende Erklärungen für die wichtigsten Erscheinungen der Welt liefern, wie sie die Gemeinschaft erlebte, und die herrschenden Sozialstrukturen legitimieren. Wenn neue Geschichten in die mündliche Überlieferung (das kollektive Gedächtnis) aufgenommen werden, dann deswegen, weil sie eben diesen Zeck wirksam erfüllen, und solange dem so ist, gibt es keinen Grund, sie in Frage zu stellen. Ein solches soziales Umfeld fördert keine Skepsis und läßt kaum Raum für Herausforderungen Wir müssen bedenken, daß unsere hochentwickelte Vorstellung von der Wahrheit und den Kriterien, die eine Behauptung erfüllen muß, um als wahr zu gelten (innere Logik, beispielsweise, oder Übereinstimmung mit der äußeren Realität) in mündlichen Kulturen normalerweise nicht existiert. Würde man sie dem Angehörigen einer mündlichen Kultur erklären, wären sie ihm wahrscheinlich kaum von Nutzen. Statt dessen richten sich die schriftlosen Völker nach dem Prinzip des allgemein anerkannten Glaubens – und diese Anerkennung erfolgt durch gemeinschaftliche Zustimmung.[15]

Wenn wir die Entwicklung der Wissenschaft in der Antike und im Mittelalter verstehen wollen, müssen wir schließlich fragen, wie es kam, daß die oben untersuchten Glaubensmuster der schriftlosen Völker neuen Vorstellungen von Wissen und Wahrheit (wie sie sich besonders deutlich in der aristotelischen Logik und der auf sie gründenden philosophischen

Tradition zeigen) wichen oder sich mit ihnen verbanden. Entscheidend war offensichtlich die Erfindung der Schrift, die in einer Reihe von Einzelschritten vor sich ging. Zunächst entstand die Bilderschrift. Dabei stand das geschriebene Zeichen, das Piktogramm, direkt für den bezeichneten Gegenstand. Etwa um 3000 v. Chr. entstand ein System aus Wortsymbolen (oder Logogrammen). Darin wurden für wichtige Wörter Zeichen geschaffen. Ein Beispiel dafür sind die ägyptischen Hieroglyphen. Doch in der Hieroglyphenschrift konnten Zeichen auch für Laute oder Silben stehen – das waren die Anfänge der Silbenschrift. Die Entwicklung vollständig syllabischer Systeme (also Systeme, die vollständig ohne nichtsyllabische Zeichen auskamen) um das Jahr 1500 v. Chr. ermöglichte es dem Menschen, alles aufzuschreiben, was er auch sagen konnte, und das sogar auf relativ unkomplizierte Weise. Und schließlich entstand, etwa um 800 v. Chr., in Griechenland die vollständig alphabetische Schrift, in der es für jeden Laut (Konsonant wie Vokal) ein Zeichen gibt. Im sechsten und fünften Jahrhundert setzte sie sich in der griechischen Kultur weitgehend durch.[16]

Mit der Entstehung der Schrift, insbesondere der alphabetischen Schrift, trat eine entscheidende Wendung ein, denn sie lieferte ein Mittel zur Aufzeichnung der mündlichen Überlieferung; sie fror ein, was zuvor fließend gewesen war, übersetzte die ursprünglich flüchtigen akustischen Signale in dauerhafte sichtbare Objekte.[17] Die Schrift übernahm damit eine Speicherfunktion und ersetzte das Gedächtnis als wichtigstes Wissensarchiv. Damit war es zum erstenmal möglich, aufgestellte Behauptungen zu untersuchen, miteinander zu vergleichen und in Frage zu stellen. Wenn uns ein schriftlicher Bericht zu bestimmten Ereignissen vorliegt, können wir ihn mit anderen, auch älteren schriftlichen Berichten zum gleichen Thema vergleichen, und das in einem Maße, das für ausschließlich mündliche Kulturen undenkbar war. Ein solcher Vergleich fördert die Skepsis und trug in der Antike dazu bei, daß es zu einer Trennung der Bereiche von Wahrheit auf der einen und von Mythos oder Legende auf der anderen Seite kam. Um zu einer solchen Unterscheidung zu kommen, mußten nun wiederum Kriterien formuliert werden, aufgrund derer sich der Wahrheitsgehalt einer Aussage bestimmen ließ. Aus diesen Bemühungen um die Aufstellung geeigneter Kriterien heraus entstanden Beurteilungsregeln, auf deren Grundlage überhaupt erst ernsthafte Philosophie betrieben werden konnte.[18]

Doch indem man dem gesprochenen Wort eine feste Form zuweist, fordert man nicht nur Überprüfung und Kritik heraus, es können auch neue Formen geistiger Aktivität entstehen, die in einer mündlichen Kultur gar nicht (oder nur sehr schwach) vorkommen. Jack Goody hat das überzeugende Argument ins Feld geführt, daß frühe Schriftvölker in großem Umfang schriftliche Bestandslisten und andere Verzeichnisse anfertigten (in erster Linie aus verwaltungstechnischen Gründen), die weit genauer waren als alles, was eine mündliche Kultur jemals leisten könnte; dazu kam, daß diese Listen ganz neue Methoden der Überprüfung ermöglichten und damit auch ganz neue Denkschemata oder Formen von Denkstrukturen erforderten. Zum einen sind die auf einer Liste aufgeführten Gegenstände aus dem Zusammenhang, der ihnen im Bereich der mündlichen Rede Bedeutung verleiht, herausgerissen, sie sind sozusagen abstrahiert worden. Und in dieser abstrakten Form lassen sie sich nun nach ganz unterschiedlichen Kriterien trennen, sortieren und klassifizieren; dies wirft eine Unzahl von Fragen auf, die in einer mündlichen Kultur wahrscheinlich nie gestellt wurden. Nur ein Beispiel dafür ist die Liste der genauen Himmelsbeobachtungen der frühen Babylonier, die in mündlicher Form niemals so hätten zusammengestellt und weitergegeben werden können. Doch da sie schriftlich vorlagen, konnte man sie genau untersuchen und vergleichen, und so kam es zur Entdeckung komplizierter Regelmäßigkeiten in den Bewegungen der Himmelskörper, die wir als die Anfänge der mathematischen Astronomie und Astrologie betrachten können.[19]

Aus diesen Ausführungen können wir zwei Schlußfolgerungen ziehen. Zum einen war die Erfindung der Schrift Voraussetzung für die Entwicklung der Philosophie und der Wissenschaft im Altertum. Zum zweiten ist die Tatsache, daß Philosophie und Naturwissenschaft in der Antike eine so hohe Stufe erreichten, in beträchtlichem Maße auf die hohe Leistungsfähigkeit des Schriftsystems (die alphabetische Schrift war allen anderen Systemen weit überlegen) und seinen hohen Verbreitungsgrad in der Bevölkerung zurückzuführen. Die ersten positiven Auswirkungen der Verwendung von Wortsymbolen oder Logogrammen sehen wir etwa vom Jahr 3000 v. Chr. an in Ägypten und Mesopotamien. Doch das logographische Schriftsystem war so kompliziert und schwerfällig, daß sein Verbreitungsgrad sich unweigerlich in Grenzen hielt und es nur einer kleinen Elite von Gelehrten zugänglich war. Im Griechenland des sechsten und fünften Jahrhunderts v. Chr. dagegen fand die alphabetische Schrift weite Verbreitung, und dies führte zu einer erstaunlichen Blüte von Philosophie und Naturwissenschaft. Natürlich dürfen wir jetzt nicht glauben, daß allein die Kenntnis des Lesens und Schreibens das »griechische Wunder« des fünften und sechsten Jahrhunderts hervorbrachte; ohne Zweifel haben noch andere Faktoren eine Rolle gespielt, beispielsweise der Wohlstand, die neuen Formen der sozialen und politischen Organisation, der Kontakt mit den Kulturen des Ostens und die Einführung einer auf den Wettbewerb ausgerichteten Tendenz im intellektuellen Leben der Griechen. Doch mit Sicherheit der wichtigste Faktor in dieser Mischung war die Tatsache, daß sich in Griechenland die weltweit erste weitgehend alphabetisierte Kultur entwickelte.[20]

## Die Anfänge der Naturwissenschaft in Ägypten und Mesopotamien

Mit der Welt der Griechen werden wir uns im nächsten Kapitel beschäftigen. Doch zuvor möchte ich kurz auf die vorgriechischen Entwicklungen in Ägypten und Mesopotamien (der Region zwischen den Flüssen Euphrat und Tigris, dem früheren Babylon und Assyrien und heutigen Irak, s. Karte 2) eingehen. Über Schöpfungsmythen habe ich im vorhergehenden Abschnitt so viel gesagt, daß die Schlüsselelemente der ägyptischen und mesopotamischen Kosmologie und Kosmogonie bekannt sind. An dieser Stelle möchte ich mich auf jenen Beitrag beschränken, den Ägypten und Mesopotamien zu weiteren Fächern oder Disziplinen leisteten, welche später ihren Platz in der griechischen oder mittelalterlich-europäischen Naturwissenschaft einnahmen: Mathematik, Astronomie und Medizin. Wir verfügen nur über wenig Material, doch was wir wissen reicht aus, um ein ungefähres Bild zu vermitteln.

Die Griechen selbst gingen davon aus, daß die Mathematik in Ägypten und Mesopotamien entstanden war. Herodot (5.Jh. v.Chr.) berichtet, daß Pythagoras nach Ägypten reiste und dort von Priestern in die Geheimnisse der ägyptischen Mathematik eingeweiht wurde. Alter Überlieferung zufolge wurde er von dort aus als Gefangener nach Babylon gebracht und lernte dort die babylonische Mathematik kennen. Schließlich gelangte er zurück auf seine Heimatinsel Samos und brachte so den Griechen einen Schatz der Ägypter und Babylonier, die Mathematik. Ob diese und ähnliche Geschichten über andere Mathematiker geschichtlich zutreffen oder ob es sich um reine Legenden handelt, das sei dahingestellt – wichtig ist die übergreifende Aussage, die dahintersteht, nämlich, daß die Griechen ihr mathematisches Wissen von den Ägyptern und Babyloniern übernommen hatten und sich dessen vollkommen bewußt waren.

Um das Jahr 3000 v. Chr. entwickelten die Ägypter ein dezimales Zahlensystem, das für jede Zehnerpotenz (1, 10, 100 usw.) ein eigenes Symbol verwendete. Diese Symbole konnte man wie römische Zahlen aneinanderreihen und auf diese Weise jede gewünschte Zahl darstellen. Wenn also | eine 1 darstellte und **ᴨ** eine 10, dann konnte man die Zahl 34 als | | | | **ᴨ ᴨ ᴨ** darstellen. Etwa um 1800 v. Chr. verfügte man über zusätzliche Symbole für andere Zahlen, beispielsweise stellte man die Sieben nun mit einer Sichel (ᒣ), nicht mehr mit sieben senkrechten Strichen dar. Addition und Substraktion waren in der ägyptischen Arithmetik einfache Rechenarten, die Methode entsprach dabei jener, die bei römischen Zahlen angewendet wird, doch Multiplikation und Division waren äußerst umständlich, und das verallgemeinerte Konzept eines Bruchs war unbekannt: Die allgemeine Regel ließ nur Stammbrüche (Brüche mit einer 1 im Zähler) zu. Elementare Rechenaufgaben wie die folgende ließen sich lösen: Wenn man zu einer

Menge ein Siebtel derselben Menge hinzuzählt und die Summe daraus ergibt 16, wie groß ist dann die Ausgangsmenge?[21]

Die Geometriekenntnisse der Ägypter scheinen auf praktische Probleme ausgerichtet gewesen zu sein, wie sie beispielweise bei der Landvermessung oder im Bauwesen anfielen. Die Ägypter waren in der Lage, die Flächeninhalte einfacher zweidimensionaler Figuren wie die eines Dreiecks oder Rechtecks zu berechnen, ebenso das Volumen einfacher Körper, beispielsweise der Pyramide. Um zum Beispiel die Fläche eines Dreiecks zu errechnen, multiplizierten sie die Hälfte seiner Grundseite mit seiner Höhe; um zum Inhalt einer Pyramide zu kommen, multiplizierten sie ein Drittel der Grundfläche mit der Höhe. Zur Berechnung der Kreisfläche entwickelten die Ägypter Regeln, die einem π-Wert von ungefähr 3,17 entsprechen. Und schließlich legten die Ägypter – ein besonders naheliegenden Bereich der angewandten Mathematik – einen offiziellen Kalender an, der aus zwölf Monaten zu je 30 Tagen zuzüglich fünf Tagen am Jahresende bestand. Dieser Kalender ist durch seine Festlegung erheblich leichter zu handhaben als babylonische Kalender aus der gleichen Zeit und die Kalender der ersten griechischen Stadtstaaten. Dort wurde nämlich der Versuch unternommen, gleichzeitig den Mondkreislauf und den Sonnenkreislauf zu berücksichtigen.[22]

Die Errungenschaften der Mesopotamier im Bereich der Mathematik waren zur gleichen Zeit denen der Ägypter um ein Vielfaches überlegen. Tontafeln (siehe Abb. 1.1), die man in großen Mengen gefunden hat, geben Einblick in das um das Jahr 2000 v. Chr. vollständig entwickelte Zahlensystem der Babylonier, das gleichzeitig dezimal (auf der 10 basierend) und sexagesimal (auf der sechzig basierend) funktionierte. Die sexagesimalen Zahlen verwenden wir heute noch in der Zeitmessung (sechzig Minuten in einer Stunde) und in der Winkelmessung (sechzig Minuten in einem Grad und 360 Grad im Kreis). Die Babylonier verfügten über eigene Symbole für die 1 ($\nabla$) und für die 10 ($\triangleleft$). Wenn man sie wie römische Zahlen kombinierte, konnte man aus diesen Symbolen Zahlen bis 59 darstellen. Beispielsweise ließ sich die Zahl 32 durch drei Zehnersymbole plus zwei Einersymbole darstellen, wie in Tabelle 1.1.

Doch bei Zahlen, die höher sind als 59, zeigt sich ein wesentlicher Unterschied. Anstatt die Zahl sechzig durch Aneinanderreihung von sechs Zehnersymbolen darzustellen, verwendeten die Babylonier ein Stellensystem, das dem unseren ähnlich ist. Wenn wir die Zahl 234 schreiben, bedeutet die Ziffer 4 (die in der Einerkolonne steht) ganz einfach die Zahl 4; die Ziffer 3, die in der Zehnerkolonne steht, bedeutet die Zahl 30, und die Ziffer 2 in der Hunderterkolonne steht für die Zahl 200. 234 setzt sich also zusammen aus 200 + 30 + 4. Das babylonische Stellensystem funktioniert nach einem ähnlichen Prinzip, nur daß die aufeinanderfolgenden Kolonnen nicht für Zehnerpotenzen, sondern für Sechzigerpotenzen

Abb. 1.1: Eine babylonische Tontafel (ca. 1900–1600 v. Chr.). Notiert ist darauf eine mathematische Textaufgabe, in der es um Ziegel, ihr Volumen und die von ihnen bedeckte Fläche geht. Babylonische Sammlung Yale, YBC 4607. Übersetzt und besprochen wurde der Text in O. Neugebauer und A. Sachs, Hrsg.: Mathematical Cuneiform Texts, S. 91–97.

| | $60^3$ | $60^2$ | 60 | 1 | $\frac{1}{60}$ | $\frac{1}{60}^2$ | Moderne indo-arabische Entsprechung |
|---|---|---|---|---|---|---|---|
| (1) | | | | ◀◀◀▼▼ | | | 32 |
| (2) | | | ▼▼ | ◀▼▼▼ | | | $2\times60 + 16 = 136$ |
| (3) | | ▼ | ◀▼▼▼ | ◀◀▼▼▼ | | | $1\times3600 + 12\times60$ $+ 23 = 4.343$ |
| (4) | ▼▼ | ◀◀▼▼ | | | | | $2\times216000 + 22\times$ $3600 = 511.200$ |
| (5) | | | | | ◀◀ | ◀▼▼ | $2\times1/60 + 12\times1/3600$ $= 1/30 + 1/300$ $= 11/300$ |

▼ = 1    ◀ = 10

Tab. 1.1: Fünf babylonische Sexagesimalzahlen und ihre Entsprechungen in indo-arabischen Zahlen.

stehen. So bedeuten im zweiten Beispiel der Tabelle 1.1 die beiden Einheitssymbole in der Sechzigerkolonne nicht 2, sondern 2 x 60 = 120; und im dritten Beispiel bedeutet das Einheitssymbol in der $60^2$-Kolonne nicht 1, sondern 1 x $60^2$ = 3600. Es gab kein dem Dezimalkomma entsprechendes Zeichen, aus dem die Position der jeweiligen Kolonnen hervorging, so daß man diese Information nur aus dem Kontext gewinnen konnte. Die Babylonier benutzten Multiplikationstabellen, Kehrwerttabellen sowie Potenz- und Wurzeltabellen zur Erleichterung des Rechenprozesses. Das Sexagesimalsystem hatte den großen Vorteil, daß man darin mithilfe von Bruchrechnungen das Rechnen insgesamt leichter gestalten konnte.[23]

Wie weit die Mathematik in Babylon jener der Ägypter überlegen war, wird offensichtlich, wenn wir uns schwierigeren Rechenaufgaben zuwenden, die wir heute algebraisch lösen würden. Mathematikhistoriker bezeichnen solche Aufgaben mitunter als »Algebra« – das ist zwar ein nützliches Kürzel für diesen Aspekt der babylonischen Mathematik, aber es ist dann trügerisch, wenn man aus ihm schließt, daß die Babylonier echte Algebra kannten – das heißt, daß sie einen allgemeinen Begriff oder ein Verständnis hatten für das, was wir die Regeln der Algebra nennen. Mit Sicherheit können wir immerhin sagen, daß die babylonischen Mathematiker die Grundrechenarten zur Lösung von Aufgaben verwendeten, für die *wir* eine quadratische Gleichung benutzen würden. Beispielsweise liegen uns viele babylonischen Tontafeln vor, sogar Lehrtexte, die erklären, wie etwa folgende Aufgabe zu lösen ist: Errechne aus dem Produkt zweier Zahlen und ihrer Summe oder Differenz die Werte der beiden Zahlen.[24]

Einer der Bereiche, in denen die Babylonier ihre mathematischen Kenntnisse anwendeten, war die Astronomie. Schon zu frühesten Zeiten forderten die Gestirne den Forscherdrang und die Fantasie der Menschen heraus. Einige der ältesten uns vorliegenden Aufzeichnungen, die mehr als 4000 Jahre alt sind, beziehen sich auf astronomische Themen. Für dieses Interesse am Firmament gab es verschiedene Gründe. Einen davon lieferte die Landwirtschaft; denn schon der recht oberflächliche Beobachter konnte nicht übersehen, daß die landwirtschaftlichen Jahreszeiten – die Zeitpunkte der Aussaat und der Ernte – mit der Wanderung der Sonne und der Stellung verschiedener Sterne und Sternbilder in bezug auf die Sonne zusammenhingen. Ein zweiter Grund war religiöser Natur, denn das Firmament, insbesondere Sonne und Mond, wurde häufig mit Gottheit in Verbindung gebracht. Ein drittes Motiv war die Astrologie. Und ein viertes der Kalender.

Erste Bemühungen kreisten teilweise um die Kartierung des Firmaments – die Identifizierung und Benennung besonders auffälliger Sterne und Sternbilder, die Beobachtung ihrer Beziehungen untereinander und die Verbindung ihres Sichtbarwerdens mit den Jahreszeiten. In den Tempeln Mesopotamiens wurde zu religiösen, astrologischen und kalendarischen

Zwecken systematisch astronomische Beobachtung betrieben. Die Tempel-priester kartierten nicht nur die Fixsterne, sondern identifizierten auch die »Wandersterne« oder Planeten – jene Planeten, die heute Merkur, Venus, Mars, Jupiter und Saturn heißen (Sonne und Mond galten ebenfalls als Planeten, weil auch sie sich in bezug auf die Fixsterne bewegten). Die Beobachtungen zeigten, daß sich diese sieben Planeten langsam und inner-halb des schmalen Bereichs des Tierkreises über das Firmament bewegten. Etwa um 500 v. Chr. hatten babylonische Priester diesen Bereich definiert und die Sternbilder, von denen er gebildet wird, in zwölf Segmente von jeweils 30° eingeteilt; so entstanden unsere heutigen Tierkreiszeichen. Anhand des einmal festgelegten Tierkreises ließen sich nun die Bewegun-gen von Sonne, Mond und den übrigen Planeten genau aufzeichnen und astrologische Vorhersagen gewinnen.[25]

Auf die astrologische Seite der babylonischen Astronomie sollten wir kurz eingehen (zur Astrologie siehe auch unten, Kap. 11). Es ist bekannt, daß die Entwicklung der mathematischen Astronomie in Babylon zu einem beträchtlichen Teil auf die Bedürfnisse der Sterndeuter zurückging. Die Babylonier waren Anhänger einer Astralreligion, d. h. sie hielten einzelne Sterne (vor allem die Wandersterne) für Götter. Dazuhin war es offensicht-lich, daß Himmelserscheinungen sich mit den Jahreszeiten und dem Wetter änderten. Vor diesem Hintergrund entwickelte sich ein System der urtei-lenden Astrologie, ein Versuch, auf der Grundlage der augenblicklichen Sternkonstellationen kurzfristige Vorhersagen zu treffen, die den König und das Königreich betrafen. Es ist auch möglich, daß sich das Horoskop, in dem der Verlauf eines Menschenlebens auf der Grundlage der Stellung der Planeten zum Zeitpunkt seiner Geburt vorausberechnet wird, in der spät-babylonischen Epoche entstand. Wichtig ist, daß beide Ausprägungen der Astrologie detaillierte Kenntnisse der Bahnen von Sonne, Mond und der anderen Planeten voraussetzten. Die Griechen übernahmen die babyloni-sche Astrologie, entwickelten sie weiter, und sie überdauerte bis ins Mittel-alter, die frühe Neuzeit und schließlich das zwanzigste Jahrhundert. Es ist bemerkenswert, daß astronomische und astrologische Traditionen im Laufe ihrer langen Geschichte fast stets eng miteinander verknüpft waren.[26]

Uns fehlt hier der Raum, um näher auf die Entwicklung der mathemati-schen Astronomie in Babylon einzugehen. Wichtig ist, daß in der Zeit von 500 bis 300 v. Chr. der babylonische Sterndeuter-Priester seine Kunst so weit entwickelte, daß er mit großen Mengen astronomischer Daten hantie-ren und eine Vielzahl astronomischer Vorhersagen liefern konnte. Er ver-fügte über numerische Modelle in Form arithmetischer Reihen, die es ihm ermöglichten, die tägliche Wanderung von Sonne und Mond durch den Tierkreis aufzuzeichnen. Auf der Grundlage dieser Daten konnte er den ersten Tag des Neumondes errechnen (dies war wichtig für die Erstellung des Kalenders, denn der Neumond stand für den Beginn eines neuen

Monats); er konnte Mondfinsternisse und die Möglichkeit oder Unmöglichkeit von Sonnenfinsternissen vorhersagen. Es sei darauf hingewiesen, daß er dies nicht wie die griechischen Astronomen vermittels geometrischer Modelle vermochte, sondern durch die Anwendung numerischer Rechenmethoden, welche Beobachtungen der Vergangenheit auf die Zukunft übertrugen.[27]

Zuletzt wollen wir uns den Errungenschaften Ägyptens und Mesopotamiens im Bereich der Medizin zuwenden. Mehrere ägyptische Papyrusrollen zum Thema Medizin (aus der Zeit zwischen 2500 und 1200 v. Chr.) sind erhalten, und diese vermitteln uns ein bruchstückhaftes Bild der Heilkunde im alten Ägypten. Als eine der häufigsten Krankheitsursachen, so entnehmen wir einigen der Papyrusrollen, galt das Besessensein des Körpers von bösen Mächten oder Geistern. Abhilfe konnte man schaffen, indem man die Geister durch rituelle Handlungen – Exorzismus, Beschwörung, Reinigung oder durch das Tragen eines entsprechenden Amuletts – versöhnte oder abschreckte. Man konnte die Götter um Schutz anrufen. In einem Gebet an den Gott Horus, das im Leydener Papyrus enthalten ist, steht: »Heil dir Horus … Ich komme zu dir, ich preise deine Schönheit: zerstöre du das Übel, das in meinen Gliedern steckt«.[28] Einigen Göttern kam bei Heilfunktionen und Heilritualen besondere Bedeutung zu: Thoth, Horus, Isis und Imhotep. Wie es scheint, war der Glaube weit verbreitet, daß für jedes Körperorgan ein bestimmter Gott zuständig war, den man anrufen konnte, wenn es um die Heilung dieses Organs ging. Und natürlich war für all diese rituellen Handlungen die Unterstützung eines Experten erforderlich, dessen Reinheit unbestritten war, der die nötigen Beschwörungsformeln kannte, und der sicherstellen konnte, daß das Ritual bis ins kleinste Detail korrekt ablief: Dies war der Priester-Heiler.

Doch die Heilmethoden beschränkten sich im alten Ägypten durchaus nicht auf Gebet, Beschwörung und Ritual. Auch pharmazeutische Arzneien, die auf der Grundlage tierischer, pflanzlicher oder mineralischer Substanzen zubereitet wurden, waren weit verbreitet – allerdings glaubte man, daß sie nur dann wirksam waren, wenn sie unter Einhaltung bestimmter ritueller Vorgaben hergestellt und verabreicht wurden. Der Papyrus Ebers (er entstand etwa um 1600 v. Chr., enthält jedoch auch Material, das aus weitaus älteren Texten kopiert ist) umfaßt Arzneirezepte zur Anwendung bei Erkrankungen der Haut, der Augen, des Mundes, der Extremitäten, des Verdauungs- und Fortpflanzungssystems sowie anderer innerer Organe; zur Behandlung von Wunden, Verbrennungen, Abszessen, Geschwüren, Tumoren, Kopfschmerzen, Drüsenschwellungen und Mundgeruch.[29]

Um chirurgische Eingriffe geht es in einem anderen Papyrus, dem sogenannten Papyrus Edwin Smith, der etwa zur gleichen Zeit entstand wie der Papyrus Ebers. Er enthält Anweisungen für Chirurgen, in denen die

Behandlung von Wunden, Knochenbrüchen und Verrenkungen systematisch beschrieben wird.³⁰ Bemerkenswert an dem Ebers- und Edwin Smith-Papyrus ist unter anderem die wohldurchdachte Anordnung der Krankengeschichten; diese beginnen jeweils mit einer Beschreibung des Falles, schreiten dann zu Diagnose, Beurteilung (ob eine Behandlung des Leidens möglich ist oder nicht) und Behandlung.

Die mesopotamische Medizin gleicht in vielen Punkten den ägyptischen Heilmethoden. Ebenso wie die ägyptischen Papyri enthalten babylonische Tontafeln Fallstudien, die systematisch nach Krankheitstyp angeordnet sind. Viele von ihnen lassen auf sorgfältige Beobachtung der Symptome und eine einsichtige Diagnose schließen. Die mesopotamischen Heiler zeigten sich ebenso geschickt, wenn es um chirurgische Eingriffe und die Zubereitung von Arzneien ging. Wie in Ägypten fand eine gewisse medizinische Spezialisierung statt – verschiedenen Sparten von Heilern fielen ziemlich unterschiedliche Fachbereiche und Funktionen zu. Und wiederum stellen wir fest, daß Heilung eng mit Religion verbunden war, und mit Methoden, die wir heute als »magisch« bezeichnen würden. Man glaubte, daß eine Krankheit deswegen auftrat, weil ein böser Geist den Körper befallen hatte (mögliche Gründe dafür waren Schicksal, Unachtsamkeit, Sünde oder Hexerei). In der Therapie versuchte der Heiler durch Wahrsagung (unter anderem der Deutung astrologischer Vorzeichen), Opfer, Gebet und magische Rituale den eingedrungenen Geist zu bannen.³¹

Durch diesen kurzen Abriß zu den Beiträgen Ägyptens und Mesopotamiens zu Mathematik, Astronomie und Heilkunde erhalten wir einen Einblick in die Anfänge der westlichen Wissenschaftstradition. Außerdem liefert er den Hintergrund, vor dem wir die Leistungen der Griechen betrachten müssen. Zweifellos waren sich die Griechen der Errungenschaften ihrer ägyptischen und mesopotamischen Vorgänger bewußt, und sie machten sich diese zunutze. In den folgenden Kapiteln werden wir sehen, wie diese Ergebnisse ägyptischen und mesopotamischen Denkens in die griechische Naturphilosophie eingingen und ihr Profil mitgestalteten.

# KAPITEL 2

# DIE GRIECHEN UND DER KOSMOS

## *Die Welt von Homer und Hesiod*

Über Homer wissen wir nichts, außer daß er die beiden berühmten Epen *Ilias* und *Odyssee* verfaßt hat. Bei diesen Dichtungen, in denen von Heldentaten aus der Zeit gegen Ende des Trojanischen Krieges zwischen den Griechen und Trojanern und kurz danach erzählt wird, handelt es sich eindeutig um die Aufzeichnung älterer mündlicher Überlieferungen. Ihre Wurzeln reichen weit in die griechische Geschichte zurück, bis ins mykenische Zeitalter (vor 1200 v. Chr.). Auch der Einfluß nichtgriechischer epischer Traditionen aus dem Nahen Osten macht sich bemerkbar. Wahrscheinlich wurden diese Epen im achten Jahrhundert schriftlich festgehalten, aber ob ein einzelner Autor (Homer) oder mehrere dahinterstehen, ist bis heute umstritten. Doch wie auch immer der genaue Ursprung der *Ilias* und der *Odyssee* sein mag – die beiden Epen entwickelten sich zur Grundlage griechischer Bildung und Kultur, und bis heute erlauben sie uns wichtige Einblicke in formale und inhaltliche Aspekte des griechischen Denkens in der Antike.[1]

In einem Atemzug mit Homer müssen wir Hesiod erwähnen, der Ende des achten Jahrhunderts lebte. Dem Bauernsohn Hesiod werden zwei bedeutende dichterische Werke zugeschrieben: *Werke und Tage* (das unter anderem Anweisungen für die Landarbeit enthält) und die *Theogonie*, die vom Ursprung der Götter und der Welt erzählt.[2] Hesiod stellte eine Genealogie der Götter auf, und gemeinsam mit Homer definierte er ihren Charakter und ihre jeweiligen Aufgaben. Der Einfluß der beiden Dichter Homer und Hesiod war ausschlaggebend, als die Griechen aus einer Fülle von Lokalgottheiten die zwölf Götter des Olymp zu ihren Göttern erwählten.

Unter diesen Göttern des Olymp befand sich Zeus, den Homer und Hesiod als den größten und mächtigsten Gott darstellten, den Gott des Himmels, Gott des Wetters, der Blitze schleuderte, Recht und Moral aufrechterhielt und Vater aller anderen Götter war. Hera, seine Schwester und Gattin, war für Hochzeit und Ehe zuständig. Poseidon, der Bruder des Zeus, war See- und Erdgott, er schickte Sturm und Erdbeben. Hades, ein weiterer Bruder, war Herr der Unterwelt und Totengott. Athene, die Tochter des Zeus, war Göttin der Kriegslist und Schutzgöttin der Städte, der Zeussohn Ares dagegen rücksichtsloser Gott des Krieges.

Homer zeichnet ein Bild von Göttern, die eng mit den Angelegenheiten der Menschen befaßt waren; sie bestimmten über deren Sieg oder Niederlage, Unglück und Schicksal. In der *Odyssee* mischen sich die Götter mehrmals ins Geschehen ein. Der Held Odysseus erleidet Schiffbruch, weil er den Zorn der Götter geweckt hat, und ist acht Jahre lang auf der Insel der Nymphe Kalypso gefangen. Schließlich erhält er auf Befehl des Zeus die Freiheit und segelt nach Ithaka. Doch Poseidon, den bei der Entscheidung über die Freilassung des Odysseus niemand um seine Zustimmung gebeten hat, entdeckt ihn auf seinem Floß und beschließt einzugreifen.

Also sprach er, versammelte Wolken und regte das Meer auf
mit dem erhobenen Dreizack, entbot jetzt alle Orkane,
aller Enden zu toben, verhüllte in dicke Gewölke
Meer und Erde zugleich, und dem düsteren Himmel entsank Nacht
…
Siehe, da sandte Poseidon, der Erdumstürmer ein hohes,
steiles, schreckliches Wassergebirg', und es stürzt auf ihn nieder.

Und so gelangt Odysseus nach Hause – einmal von den Göttern unterstützt, ein andermal von ihnen aufgehalten.[3]

Die *Theogonie* Hesiods enthält eine kurze Geschichte der Welt, angefangen mit dem ursprünglichen Chaos bis hin zur von Zeus kontrollierten Ordnung. Dem Chaos entsprangen Gaia (die »breitbrüstige Erde«) und verschiedene andere Nachkommen, darunter Eros (die Liebe), Erebos (Teil der Unterwelt) und die dunkelste Nacht. Erebos und die Nacht vereinigten sich und zeugten Tag und Äther (oder Himmel). Gaia gebar zuerst den Sternenhimmel (Uranus)[4], »daß er sie überall einhülle, auf daß er sei den seligen Göttern fort und fort Sitz ohne Wanken. Und sie gebar die weiten Berge, der Göttinnen reizvolle Behausungen, der Nymphen, die in den schluchtenreichen Bergen wohnen. Sie gebar auch das unfruchtbare breite Wasser, das im Wogenschwall stürmt, das Meer (Pontos), ohne verlangende Liebe.« Dann vereinigte sich Gaia (Mutter Erde) mit ihrem Sohn Uranus (Vater Himmel), und aus dieser Verbindung gingen Okeanos (der die Erde umgebende Weltstrom, Vater aller anderen Flüsse), die zwölf Titanen und eine ganze Anzahl von Ungeheuern hervor. Nach einiger Zeit kastrierte Kronos, einer der Titanen, seinen Vater Uranus und stürzte ihn von seinem Thron. Kronos wiederum wurde von seinem Sohn Zeus abgesetzt. Zeus erhielt von den Zyklopen den Blitz, mit dessen Hilfe er die Titanen besiegte und im Olymp sein eigenes Reich errichtete.

Schon diese kurze Schilderung läßt den Abgrund zwischen der Welt von Homer und Hesiod und der modernen Wissenschaft erahnen. In der Welt der griechischen Dichter mischten sich antropomorphe Götter in die Angelegenheiten des Menschen ein und benutzten ihn als Marionette im Dienste ihrer eigenen Plänen und Intrigen. So eine Welt war natürlich völlig unberechenbar, und nichts konnte mit Sicherheit vorhergesagt werden, weil sich die Götter jederzeit einmischen konnten. Naturerscheinungen wurden personifiziert und vergöttlicht. Sonne und Mond galten als Gottheiten, die aus der Verbindung von Theia und Hyperion hervorgegangen waren. Stürme, Blitze und Erdbeben hielt man nicht für eine zwangsläufige Folge des Wirkens natürlicher, unpersönlicher Kräfte, sondern für mächtige, willkürliche Taten der Götter.

Was soll man nun daraus folgern? Nahmen die alten Griechen diese Geschichte, die wir heute als »griechische Mythologie« bezeichnen, für bare Münze? Glaubten sie tatsächlich an göttliche Wesen, die auf dem Olymp oder an irgendeinem anderen geheimnisvollen Ort lebten, sich gegenseitig verführten und die Menschen, die ihren Weg kreuzten, ins Verderben stürzten? Zweifelte nie jemand daran, daß Stürme und Erdbeben aus göttlichen Launen heraus entstanden? Im vorhergehenden Kapitel, bei der Behandlung des Denkens in der schriftlosen Gesellschaft, haben wir gesehen, wie schwierig es ist, solche Fragen zu beantworten.[5]

Sicher ist, daß jeder Versuch, solche Ansichten mit modernen Kriterien der wissenschaftlichen Wahrheit zu messen, nur zu Mißverständnissen führen kann. Doch wir können mehr erfahren, wenn wir einen kurzen Blick auf Glaubensgrundsätze aus jener Zeit werfen, die nicht wissenschaftlichen Inhalts sind. Wenn ein politischer Kandidat, ein militärischer Befehlshaber oder Sportler Gott für einen Sieg dankte, glaubte er dann tatsächlich daran, daß er diesen Sieg dank übernatürlicher Einflüsse errungen hatte? Darauf gibt es keine eindeutige Antwort, wahrscheinlich ist sie von Fall zu Fall verschieden. Doch wir können wohl mit Sicherheit sagen, daß solche prominenten Gestalten nicht danach trachteten, derartige kausale Fragen auf philosophische oder wissenschaftliche Weise zu beantworten; wahrscheinlich sind sie nie auf die Idee gekommen, daß man ihre Aussagen nach philosophischen oder wissenschaftlichen Kriterien bewerten könnte. Ebenso gilt, daß die Werke von Homer und Hesiod zwar scheinbar nach Ursachen fragen, wir uns aber darüber im Klaren sein müssen, daß sie keineswegs als wissenschaftliche oder philosophische Abhandlungen geschrieben waren. Homer und Hesiod – und jene Barden, deren epische Gesänge die Grundlage ihrer Werke darstellten – zeichneten Heldentaten auf, die zur Belehrung und Unterhaltung dienen sollten. Wenn wir die beiden als gescheiterte Philosophen behandeln, führt das nur zu einer Fehleinschätzung ihrer Leistung.

Dennoch sollten wir diese alten Quellen nicht ganz außer Acht lassen. Immerhin zählen die Werke Homers und Hesiods zu den wenigen verfügbaren Quellen, die überhaupt etwas über altgriechisches Denken verraten. Und selbst wenn man sie nicht als die Anfänge einer griechischen

Philosophie bewerten darf, so waren sie doch jahrhundertelang ein wichtiges Element in der griechischen Bildung und Kultur und können deswegen nicht völlig ohne Einfluß auf die Geisteswelt der Griechen geblieben sein. Es steht außer Frage, daß Sprache und Bilder eines Volkes seine Wahrnehmung der Realität beeinflussen. Selbst wenn Homers und Hesiods Gesänge nicht in dem Sinne »geglaubt« wurden, wie wir an die Lehren der modernen Physik glauben, so war die Mythologie der Götter des Olymp (ganz zu schweigen von den örtlichen Gottheiten) dennoch ein Kernstück der griechischen Kultur und beeinflußte Denken, Sprache und Verhalten der Griechen.

## Die ersten griechischen Philosophen

Zu Beginn des sechsten Jahrhunderts trat die griechische Philosophie erstmals in Erscheinung. Damit wurde nicht, wie es manchmal dargestellt wird, Mythologie durch Philosophie ersetzt. Die griechische Mythologie ging keineswegs unter, sie behauptete sich noch jahrhundertelang. Statt dessen entstanden neue philosophische Denkweisen, die neben der Mythologie existierten und sich manchmal mit ihr mischten. Einfach ausgedrückt: Homer und Hesiod waren keine Philosophen und praktizierten keine Philosophie. Thales, Pythagoras und Heraklit lebten in einer noch von Mythologie geprägten Kultur und entwickelten darin eine neue Form der intellektuellen Fragestellung, die wir durchaus schon als »Philosophie« bezeichnen können.

Aber worum handelte es sich bei diesen neuen Denkweisen, die wir als Philosophie bezeichnen?

Eine Gruppe von Denkern begann erstmals im sechsten Jahrhundert v. Chr., das Wesen der sie umgebenden Welt ernsthaft und kritisch in Frage zu stellen – eine Problematik, welche die Philosophen bis heute beschäftigt. Sie fragten nach den einzelnen Elementen dieser Welt, ihrer Zusammensetzung und den Vorgängen, die sich in dieser Welt abspielen. Sie fragten, ob sie aus Einem oder aus Vielerlei gemacht sei. Sie fragten nach ihrer Gestalt, ihrem Ort, und sie stellten Vermutungen über ihren Ursprung an. Sie versuchten, die Veränderungsprozesse zu verstehen, durch die Dinge entstehen oder ein Ding sich in ein anderes zu verwandeln scheint. Sie beschäftigten sich mit außergewöhnlichen Naturerscheinungen wie beispielsweise Erdbeben oder Finsternissen, und dabei suchten sie nach übergreifenden Erklärungen, die nicht nur für spezielle Erdbeben oder Finsternisse, sondern für Erdbeben und Finsternisse im allgemeinen galten. Und sie begannen, über die Regeln der Argumentation und Beweisführung nachzudenken.

Die frühen Philosophen stellten nicht nur eine ganze Reihe neuer Fragen, sie suchten auch nach einer neuen Art von Antworten. Die Personifizierung der Natur verlor in ihren Abhandlungen zunehmend an Bedeutung, und die Götter verschwanden aus ihren Erklärungen für Naturerscheinungen. Den mythologischen Ansatz Homers und Hesiods haben wir uns bereits angesehen: Hesiods *Theogonie* betrachtet Himmel und Erde als Nachkommen der Götter. Bei Leukippos und Demokrit dagegen entstehen die Welt und ihre einzelnen Elemente aus der mechanischen Trennung von Atomen im Urwirbel. Noch im fünften Jahrhundert hielt der Historiker Herodot zum großen Teil an der alten Mythologie fest, seine *Historien* sind durchzogen von Geschichten über göttliche Eingriffe. Er berichtet, daß Poseidon eine Springflut einsetzte, um einen Sumpf zu überfluten, den die Perser gerade durchquerten. Und er hält eine Finsternis, die mit dem Aufbruch der persischen Armee nach Griechenland zusammenfällt, für ein übernatürliches Vorzeichen. Die Philosophen berichteten ganz anders über Fluten und Finsternisse, mit keinem Wort erwähnten sie irgendeinen übernatürlichen Einfluß. Anaximander hielt Finsternisse für die Folge verstopfter Öffnungen der himmlischen Feuerringe. Heraklit zufolge handelt es sich bei Himmelskörpern um feuergefüllte Schalen; eine Finsternis kommt dieser Theorie zufolge immer dann vor, wenn eine dieser Schalen sich von uns abwendet. Diese Theorien von Anaximander und Heraklit machen keinen besonders wohldurchdachten Eindruck (fünfzig Jahre nach Heraklit erkannten die beiden Philosophen Empedokles und Anaxagoras, daß Finsternisse ganz einfach von Schattenwurf im Kosmos ausgelöst wurden), von Bedeutung ist aber, daß sie die Götter aus ihren Erklärungen heraushalten. Sie liefern vollständig naturbezogene Erklärungen; Finsternisse entstehen nicht aus einer persönlichen Laune oder einem willkürlichen Einfall der Götter heraus, sondern hängen lediglich mit den Eigenschaften von Feuerringen bzw. Himmelsschalen und deren feurigem Inhalt zusammen.[6]

Kurzum, bei der Welt der Philosophen handelte es sich um eine geregelte, berechenbare Welt, in der die Dinge sich ihrer Natur entsprechend verhielten. Die griechische Bezeichnung für diese geregelte Welt war *Kosmos*; daraus leiten wir das Wort »Kosmologie« ab. Die unberechenbare Welt der göttlichen Intervention wich einem geordneten, regelmäßigen System; der *Kosmos* ersetzte das *Chaos*. Eine Unterscheidung zwischen dem Natürlichen und dem Übernatürlichen zeichnete sich ab; und man war sich weitgehend darüber einig, daß Ursachen (wenn man sich philosophisch mit ihnen auseinandersetzen wollte) nur in der Natur der Dinge zu suchen seien. Jene Philosophen, die diese neuen Denkweisen einführten, nannte Aristoteles *Physikoi* oder *Physiologoi*, weil sie sich mit der *Physis*, der Natur der Dinge, beschäftigten.

## Die Milesier und die Frage nach der letzten Realität

Vermutlich ging diese philosophische Entwicklung ursprünglich vom an der Westküste Kleinasiens gelegenen Ionien (der heutigen Türkei, vom griechischen Festland aus genau auf der gegenüberliegenden Seite des Ägäischen Meers; siehe Karte 1) aus. Dort hatten griechische Kolonisten florierende Städte gegründet, beispielsweise Ephesus, Milet, Pergamon und Smyrna, deren Wohlstand auf der Ausbeutung von und dem Handel mit örtlichen Rohstoffen basierte. Ähnlich wie viele andere Pioniergesellschaften mußten die Ionier wahrscheinlich hart und selbstgenügsam arbeiten, hatten zum Ausgleich jedoch die Chance, zu Wohlstand und Ansehen zu gelangen. Über Ionien kam Griechenland auch in Kontakt mit Kunst, Religion und Wissen des Nahen Ostens, mit dem die Kolonie kulturelle, wirtschaftliche, diplomatische und militärische Beziehungen unterhielt. Bestimmt waren diese Einflüsse von Bedeutung, ausschlaggebend jedoch wirkte sicherlich das Vorhandensein einer vollständig alphabetischen Schrift und die Alphabetisierung breiter Schichten der griechischen Bevölkerung. Das Ergebnis war, daß lyrische Dichtung und Philosophie einen jähen Aufschwung erlebten.

Die ersten uns bekannten Philosophen wirkten in Milet, einer Stadt an der Küste Südioniens. Aus dem sechsten Jahrhundert kennen wir die Namen Thales, Anaximander und Anaximenes; aus dem fünften Jahrhundert den des Leukippos. Aus den erhaltenen Fragmenten ihres Schaffens geht hervor, daß es sich bei Thales, dem ersten milesischen Philosophen, um einen Fachmann für Geometrie, Astronomie und Ingenieurwesen handelte. Er soll die Sonnenfinsternis des Jahres 585 v. Chr. korrekt vorausgesagt haben; die Quellen dieser Legende wirken aber nicht sonderlich zuverlässig, und es ist eher unwahrscheinlich, daß die griechische Astronomie bereits zu Lebzeiten des Thales auf einem Stand war, der solche Vorhersagen ermöglichte. Andere Fragmente bezeichnen ihn als Urheber einer Theorie, der zufolge die Erde (eine flache Scheibe) auf dem Wasser trieb – ein Gedanke, der vielleicht einen genaueren Maßstab für seinen astronomischen und kosmologischen Kenntnisstand wiedergibt.[7]

Im Falle sämtlicher Milesier haben wir das Problem, daß unser Wissen auf fragwürdigen und bruchstückhaften Quellen basiert. Jeder Behauptung über die frühen griechischen Philosophen müssen wir mit gesunder Skepsis begegnen. Immerhin ist wohl nicht zu leugnen, daß sie Interesse an der Frage der grundlegenden Realität bezeugten, am Urstoff, aus dem das Universum geschaffen ist oder aus dem es entstand. Im vierten Jahrhundert v. Chr. schreibt Aristoteles (nicht frei von Eigeninteresse und auch nur auf der Basis von bruchstückhafter und indirekter Information) das Folgende[8]:

*Karte 1: Die Welt der Griechen um 450 v. Chr.*

Die erste Quelle aller Dinge die da sind, jene, aus der heraus ein Ding ursprünglich entsteht und zu dem es nach seiner Zerstörung wieder wird, jene Substanz, die immer fortbesteht und sich doch in ihren Eigenschaften ändert, diese [so erklärten die ersten Philosophen] ist das Element und das erste Prinzip der seienden Dinge, und aus diesem Grunde sind sie der Ansicht, daß es so etwas wie ein absolutes Entstehen oder ein absolutes Untergehen nicht gibt, und zwar deswegen, weil eine solche Natur immer weiterbesteht.

Aristoteles zufolge hielt Thales das Wasser für diesen Grundstoff aller Dinge; allerdings konnte auch Aristoteles nur Vermutungen anstellen, aufgrund welcher Überlegung Thales gerade diese Wahl getroffen hatte.

29

Andere Milesier des sechsten Jahrhunderts, vermutlich Schüler oder Anhänger des Thales, über deren Leben wir nichts Konkretes wissen, sind in dieser Frage zu unterschiedlichen Ergebnissen gekommen. Anaximander (um 550 v. Chr.) glaubte einer Anzahl von jüngeren Berichten zufolge, daß der Ursprung der Dinge im *Apeiron* liege, dem Unendlichen oder Unbegrenzten, – »einer riesigen, unerschöpflichen Masse, die sich endlos in alle Richtungen erstreckt«, wie eine moderne Auslegung es ausdrückt.[9] Anaximenes (um 545 v. Chr.) dagegen behauptete offenbar, das Grundelement sei die Luft, aus der durch Verdünnung oder Verdichtung jene Vielfalt von Substanzen entstehe, auf die wir in der uns umgebenden Welt stoßen. Man muß hinzufügen, daß die Milesier Materialisten und Monisten waren: das heißt, sie gingen davon aus, daß es sich beim Urstoff um etwas Materielles handeln mußte, und daß es nur einen einzigen solchen Urstoff gab.

Diese Theorien mögen uns sehr naiv erscheinen, und das sind sie vielleicht in gewisser Hinsicht; sie lassen sich weder mit modernen wissenschaftlichen Theorien gleichsetzen, noch greifen sie solchen vor. Aber ein Vergleich zwischen Vergangenheit und Gegenwart kann die Leistungen der Vergangenheit nur ins falsche Licht rücken. Wenn man die Milesier mit ihren direkten Vorgängern vergleicht, wird ihre Bedeutung unmittelbar deutlich. Zunächst einmal stellten die Milesier ganz neue Fragen: Welches ist der Ursprung der Dinge bzw. welche einfache Grundrealität kann so verschiedene Ausprägungen annehmen, daß die uns umgebende Vielfalt der Substanzen entsteht? Es ist eine Suche nach Einheit in der Vielfalt, nach Regelmäßigkeit in der Veränderung. Zum zweiten geben die Milesier Antworten, in denen die Natur nicht personifiziert oder vergöttlicht wird, wie wir das noch von Homer und Hesiod kennen. Die Milesier ließen die Götter aus dem Spiel. Was sie über die Götter des Olymp wohl dachten, wissen wir (in den meisten Fällen) nicht; jedenfalls bemühten sie nicht die Götter, wenn es darum ging, Ursprung und Wesen der Dinge zu erklären. Drittens waren sich die Milesier offensichtlich der Notwendigkeit bewußt, Theorien nicht nur aufzustellen, sondern sie auch gegen Kritiker und Konkurrenten zu verteidigen. Hier entdecken wir die Anfänge einer Tradition der kritische Bewertung.[10]

Die Spekulationen der Milesier über das Grundelement standen ganz am Anfang einer Suche, die bis heute andauert. Im Altertum folgten auf die Milesier verschiedene Denkschulen. Fünfzig Jahre später brachte Heraklit (um 500 v. Chr.) aus Ephesus (einer ionischen Stadt in der Nähe von Milet) den Ursprung der Dinge mit Feuer in Verbindung[11]: »Diese Weltordnung ist von keinem Gott oder Menschen geschaffen, denn sie war und ist und wird sein: ein ewiges Feuer, das nach Maßen entflammt, nach Maßen erlischt.«

In der zweiten Hälfte des fünften Jahrhunderts wurde der Materialismus des sechsten Jahrhunderts von den Atomisten Leukippos von Milet (um 440) und Demokrit von Abdera (um 410) übernommen und weiter ausge-

*Abb. 2.1: Ruine der Celsus-Bibliothek an der Kuretenstraße im antiken Ephesus (um 135 n. Chr.). Nach einem Farbdia von Hünemörder (Juli 1986)*

baut. Leukippos und Demokrit stellten die Theorie auf, daß die Welt aus einer unendlichen Zahl winziger Atome bestehe, die ziellos durch eine unendliche Leere irren. Die Atome, Masseteilchen, die so klein sind, daß man sie nicht sehen kann, nehmen unendlich viele verschiedene Formen an. Indem sie sich bewegen, kollidieren und vorübergehend bestimmte Konstellationen bilden, schaffen sie jene Vielfalt von Substanzen und jene komplexen Naturerscheinungen, die wir wahrnehmen. Leukippos und Demokrit versuchten sogar, die Entstehung von Welten durch Atomwirbel oder -strudel zu erklären.[12]

Die Atomisten fanden raffinierte Erklärungen für viele andere Naturerscheinungen, aber wir dürfen uns nicht vom wichtigsten Punkt ablenken lassen: Wichtig an den Atomisten ist, daß sie die Realität als eine unbelebte Maschinerie darstellen. Alles, was darin geschieht, ist die zwangsläufige Folge der natürlichen Bewegung von trägen, materiellen Atomen. Weder Geist noch Gottheit haben Einfluß auf diese Welt. Das Leben selbst wird zurückgeführt auf die Bewegungen träger Teilchen. Absicht oder Freiheit haben keinen Platz; allein das eiserne Gesetz der Notwendigkeit regiert. Unter Platon und Aristoteles wie auch deren Anhängern verlor dieses mechanistische Weltbild an Einfluß; aber im siebzehnten Jahrhundert kehrte es mit fliegenden Fahnen (und leicht verändert) zurück und ist seither ein wichtiges Element in der wissenschaftlichen Diskussion.

Nicht alle der nach einem Urstoff fahndenden Philosophen waren Monisten oder Materialisten. Auch hielten sie die Götter nicht unbedingt ganz aus ihren Erklärungen heraus. Empedokles aus Agrigent (um 450 v. Chr.), in etwa ein Zeitgenosse des Leukippos in der zweiten Hälfte des fünften Jahrhunderts, nahm vier Elemente oder »Wurzeln« (wie er es nannte) aller materiellen Dinge an: Feuer, Luft, Erde und Wasser (die er in mythologischem Gewand als Zeus, Hera, Aidoneus und Nestis einführt). Diesen vier Wurzeln, schreibt Empedokles[13], »entsprangen alle Dinge, die da waren und sind und sein werden, Bäume und Männer und Frauen, Tiere und Vögel und Fische im Wasser, und auch die langlebigen Götter, welche in ihren Vorrechten am mächtigsten sind. Denn es gibt nur diese Dinge, und und wenn sie sich gegenseitig durchdringen, nehmen sie eine Vielfalt von Formen an.« Aber die materiellen Elemente allein reichen nicht aus, um Bewegung und Veränderung zu erklären. Daher nimmt Empedokles zusätzlich zwei immaterielle Prinzipien auf: Liebe und Haß, welche die vier Wurzeln dazu veranlassen, sich zu vermischen oder zu trennen.

Empedokles war nicht der einzige Philosoph des Altertums, der in die Gruppe der Grundelemente immaterielle Prinzipien aufnahm. Die Pythagoreer des sechsten und fünften Jahrhunderts (die sich in den griechischen Kolonien Süditaliens konzentrierten und uns nicht einzeln, sondern lediglich als »Denkschule« bekannt sind) nahmen, wenn wir ihre Doktrin richtig verstehen, an, daß die letzte Realität nicht materieller, sondern numerischer Natur sei – nicht Materie, sondern Zahl. Aristoteles berichtet, die Pythagoreer seien in Laufe ihrer mathematischen Studien von der Macht der Zahlen überrascht worden, durch die sich Phänomene wie beispielsweise die Tonleiter erklären ließen. Aristoteles schrieb[14]: »weil es ihnen also schien, als gleiche sich alles übrige seiner Natur nach den Zahlen an, als seien also die Zahlen in allem Wesen das erste, so nahmen sie an, daß die Elemente der Zahlen auch die Elemente aller andern Dinge seien und also der ganze Himmel Zusammenklang sei und Zahl.« Diese Passage ist recht undurchsichtig, und unser Mißtrauen ist umso berechtigter, als wir davon ausgehen müssen, daß Aristoteles die Lehren der Pythagoreer wahrscheinlich gar nicht richtig verstand oder sie nicht ganz fair behandelte. Meinten es die Pythagoreer wörtlich, wenn sie glaubten, daß die materiellen Dinge aus Zahlen bestanden? Oder wollten sie damit lediglich sagen, daß materielle Dinge grundlegende numerische Eigenschaften besitzen und daß solche Eigenschaften einen Einblick in die Natur der Dinge geben? Wir werden es nie mit Sicherheit wissen. Eine glaubwürdige Interpretation des pythagoreischen Denkens ist, daß in gewissem Sinn die Zahl zuerst kommt, und daß sich alles weitere von ihr ableitet; in diesem Sinn ist die Zahl die Grundrealität, und die Existenz, oder zumindest die Eigenschaften der materiellen Dinge leiten sich aus der Zahl ab. Wenn wir das etwas vorsichtiger ausdrücken wollen, können wir sagen, daß die Pythagoreer in jedem Fall die Zahl zumindest als einen grundlegenden Aspekt der Realität betrachteten und die Mathematik für das wichtigste Handwerkszeug bei der Erforschung dieser Realität hielten.[15]

## *Das Problem der Veränderung*

Im sechsten Jahrhundert v. Chr. hatten die Philosophen ihr Hauptaugenmerk auf die Frage nach dem Ursprung und den Grundelementen der Welt gerichtet. Im fünften Jahrhundert dominierte eine ähnlich gelagerte Fragestellung die Philosophie. Angenommen, die Grundelemente der Welt sind einmal erkannt – kann es einen Zweifel daran geben, daß sich diese als unveränderlich erweisen? Eigentlich nicht. Könnte denn etwas, was für die letzte Realität gehalten wird, wirklich als »letzte« gelten, wenn es seine Form verändern oder abwechselnd auftauchen und wieder verschwinden könnte? Würden wir dann nicht darauf bestehen, eine Veränderung auf dieser Ebene auf etwas zurückzuführen, was noch tiefer zugrundeliegend wäre? Am Ende dieser ganzen Erklärungen muß doch etwas Festes und Unveränderliches stehen. Wenn wir dann davon ausgehen, daß diese letzte Realität unveränderlich sein muß, kann man dann die Realität von Veränderung erklären oder auch nur annehmen? Läßt es sich miteinander vereinbaren, daß die letzte Realität stabil ist, während auf einer anderen Ebene eine echte Veränderung stattfindet? Wie kann die Welt gleichzeitig stabil und veränderlich sein?

Als einer der ersten Philosophen ging Heraklit dieses Problem an, und er lieferte eine einleuchtende Erklärung für die Realität der Veränderung. Heraklit soll behauptet haben, daß niemand seinen Fuß zweimal in den gleichen Fluß setzen kann (weil es sich beim zweitenmal nicht mehr um genau denselben Fluß handelt), und aufgrund dieses Aphorismus' erhob man ihn schon im Altertum zur Symbolfigur für die Aussage »Alles fließt«. Heraklit führte auch an, daß sich hinter einem Zustand vollkommenen Gleichgewichts oder vollkommener Stabilität möglicherweise eine Veränderung in Form von sich gegenseitig ausgleichenden Kräften oder dem Kampf zwischen Gegensätzen verberge. Zum Beispiel herrscht ein ständiger Kampf zwischen den Stoffen Erde, Wasser und Feuer; jedes Element versucht, die anderen zu vernichten; doch durch einen Ausgleich insgesamt und durch Gegenseitigkeit kommt es zu einem dynamischen Gleichgewicht.[16]

Diese Theorie des Heraklit stieß bei Parmenides (um 480 v. Chr., aus dem griechischen Stadtstaat Elea in Süditalien stammend) auf Ablehnung. Parmenides schrieb ein langes philosophisches Gedicht (die Philosophie hatte sich noch nicht auf die Prosa als ausschließliche Ausdrucksform festgelegt), von dem lange Abschnitte überliefert sind. Parmenides vertritt darin die radikale Position, daß die Veränderung – jede Veränderung – eine logische Unmöglichkeit sei. Parmenides begann, indem er aus verschiedenen logischen Gründen die Möglichkeit ausschloß, daß ein Ding aus dem Nicht-Sein ins Sein eintreten könne. Denn wenn etwas entstehen sollte, warum beispielsweise in einem ganz bestimmten und keinem anderen Moment, und wodurch? Seine Schlußfolgerung war, daß aus nichts nichts kommen kann. »Denn dies wird nie bewiesen werden:« schrieb er[17], »daß Dinge, die nicht sind, sind.« Auf der Grundlage einer ähnlichen Argumentation verwarf Parmenides danach alle anderen Formen der Veränderung. Er lehnte auch die Existenz der Zeit und der Pluralität ab; für ihn existierte nur das Eine und das Jetzt.

Der Parmenides-Schüler Zenon (um 450 v. Chr.) erweiterte und verteidigte die Doktrin des Parmenides, indem er in einer Reihe von Beweisen widerlegte, daß eine bestimmte Art der Veränderung möglich sei – die Bewegung oder Ortsveränderung. Einer dieser Beweise, das Paradoxon vom Läufer im Stadion, soll Zenons Ansatz verdeutlichen. Es ist unmöglich, so behauptete Zenon, jemals ein Stadion zu durchqueren, denn bevor man die ganze Strecke gelaufen ist, muß man erst die Hälfte des Weges zurücklegen; bevor man die Hälfte zurückgelegt hat, muß man ein Viertel zurücklegen; vor dem Viertel ein Achtel, und so unendlich weiter. Ein Stadion zu durchqueren heißt also, eine endlose Folge von Weghälften zurückzulegen, und es ist unmöglich, in einer endlichen Zeit eine endlose Folge von Intervallen zu durchqueren oder »mit ihr in Berührung zu kommen« (wie es Aristoteles in seiner Diskussion dieses Paradoxons nannte). Diese Beweisführung läßt sich auf jedes andere mögliche Raumintervall übertragen – woraus hervorgeht, daß jede Bewegung unmöglich ist.[18]

Dies mag nun alles erst einmal unsinnig klingen. Mit ein wenig gutem Willen hätten doch Parmenides und Zenon einfach die Augen aufmachen und die vielen Veränderungen um sie herum wahrnehmen können. Standen sie etwa nicht morgens auf, genossen ein gutes Frühstück und machten sich auf den Weg zur Agora (dem öffentlichen Platz), um dort dem harten Tagwerk des Philosophierens nachzugehen? Und fiel ihnen etwa nicht auf, daß sie sich zu diesem Zwecke fortbewegen mußten? Zweifellos fiel ihnen das auf. Parmenides und Zenon waren sich dessen ganz genau bewußt, was die Erfahrung lehrte, aber die Frage war, ob man dem, was man erlebte, trauen konnte. Was soll man damit anfangen, wenn die Erfahrung einem die Realität von Bewegung vorgaukelt, während die sorgfältige Argumentation (nach allen Regeln der Logik) unmißverständlich ihre Unmöglichkeit beweist? Für Parmenides und Zenon war die Antwort eindeutig: Der rationale Prozeß mußte zum richtigen Ergebnis führen. Parmenides unterschied zwischen der »Scheinwelt«, wie wir sie beobachten, und der »wirklichen Welt«, zu der wir durch die Vernunft finden. In seinem Lehrgedicht warnte er[19]: » ... Du aber halte den Gedanken von diesem Weg des Suchens fern, / und laß die Gewohnheit der vielen Erfahrung dich nicht auf diesen Weg nötigen, / das ziellose Auge umherzulenken und das widerhallende Gehör / und die Zunge; sondern beurteile mit dem Denken die hart bestreitende Widerlegung, / die von mir vorgebracht worden ist.« Parmenides und Zenon gaben also durchaus zu, daß die Erfahrung die Realität von Veränderung lehrt. Aber aus Gründen der Vernunft wußten sie, daß es sich dabei lediglich um eine Illusion handelte – eine angenehme und starke Illusion vielleicht, aber nichtsdestotrotz eine Illusion.

Parmenides' Widerlegung der Realität von Veränderung hatte nachhaltige Wirkung. Sie bot eine Herausforderung, der sich Generationen von Philosophen immer wieder stellen mußten. Empedokles reagierte darauf mit seiner Theorie der vier materiellen »Wurzeln« oder Elemente zuzüglich Liebe und Haß. Diese Elemente entstehen nicht und verschwinden nicht, und damit ist die grundlegende Forderung des Parmenides erfüllt. Allerdings verbinden, trennen und vermischen sie sich in unterschiedlichen Anteilen, und so findet doch eine wirkliche Veränderung statt. Die Atomisten Leukippos und Demokrit beriefen sich darauf, daß das einzelne Atom absolut unveränderlich sei, so daß auf der Ebene der Atome keinerlei Zeugung, Verfall oder Veränderung stattfinden kann. Allerdings sind die Atome ständig in Bewegung, kollidieren und verbinden sich; und durch diese Bewegungen und Konstellationen der Atome entsteht die endlose Vielfalt in der Welt des sinnlichen Erlebens. Die Atomisten gehen davon aus, daß sich unter oberflächlicher Veränderung eine Grundstabilität verbirgt; beides ist vorhanden und beides ist real.[20]

## Das Problem der Erkenntnis

Hinter solchen Erörterungen einer Grundrealität und der Frage nach Veränderung und Stabilität steht auch noch ein dritter Problemkreis, dem sich die frühen griechischen Philosophen ebenfalls stellten, nämlich der Frage nach der Erkenntnis (in der Fachsprache als Epistemologie oder Erkenntnistheorie bekannt). Diese Frage ist untrennbar verbunden mit der Suche nach einer Grundrealität, auf der sich die von uns sinnlich wahrgenommene Vielfalt der Stoffe aufbaut: Wenn wir mit unseren Sinnen die Einheit der Dinge nicht erkennen, dann muß es andere Wege der Erkenntnisgewinnung geben. Im fünften Jahrhundert wird bei Diskussionen über Veränderung und Stabilität das Erkenntnisproblem direkt angesprochen. Die radikale Haltung des Parmenides zur Frage der Veränderung hatte eindeutige Auswirkungen auf die Epistemologie: Wenn die Sinne uns Veränderung vorgaukeln, ist damit ihre Unzuverlässigkeit erwiesen; zur Wahrheit gelangt man nur, indem man seinen Verstand gebraucht. Auch die Atomisten neigten dazu, die sinnliche Wahrnehmung abzuurteilen. Schließlich gaben die Sinne Aufschluß über die »sekundären« Eigenschaften – Farbe, Geschmack, Geruch und durch den Tastsinn erkennbare Eigenschaften – während man mithilfe des Verstandes erkannte, daß nur die Atome und die Leere wirklich existieren. In einem uns erhaltenen Fragment unterscheidet Demokrit[21] »zwei Formen der Erkenntnis, die eigentliche und die dunkle: Zur dunklen gehört alles folgende: Sehen, hören, riechen, schmecken, tasten.« Das Fragment bricht ab, bevor der Gedanke zu Ende geführt ist, aber wir können davon ausgehen, daß nach Demokrits Meinung nur rationale Erkenntnis echte Erkenntnis ist.

Zwar neigten die frühen Philosophen dazu, dem Verstand Vorrang vor den Sinnen zuzumessen, doch diese Tendenz war nicht allgemeingültig, und es gab durchaus auch Vorbehalte. Empedokles verteidigte die Sinne gegen die Angriffe des Parmenides. Sinneseindrücke mögen nicht perfekt sein, so argumentierte er, können aber als nützliche Wegweiser dienen, wenn man differenziert mit ihnen umgeht. »Aber komm, ergründe mit all deinen Fähigkeiten, wie jedes Ding beschaffen ist«, schrieb er[22], »und wenn du weder dem Augensinn mehr Vertrauen schenkst als dem Gehör, noch dem lautstark gehörten mehr als dem, was deine Zunge dir deutlich sagt, und wenn du auch die Hinweise all deiner anderen Körperorgane nicht außer acht läßt, dann ist es irgendwie möglich, zu Erkenntnis zu gelangen.« Und Anaxagoras (um 450 v. Chr.) aus Klazomenai (einer weiteren ionischen Küstenstadt) führte in einem kurzen Fragment an, daß die Sinne »einen flüchtigen Blick auf das Dunkle« erlauben.

Eine der positiven Folgen dieser Auseinandersetzung der Griechen mit der Erkenntnistheorie (insbesondere mit dem griechischen Rationalismus) war, daß die Aufmerksamkeit der Philosophen auf die Regeln des logischen Denkens, der Argumentation und der Formulierung einer Theorie gelenkt wurde. Die formelle Logik begründete erst Aristoteles, aber seine Vorgänger im 6. und 5. Jahrhundert v. Chr. erkannten allmählich, daß es wichtig war, ein Argument auf seine Stichhaltigkeit zu prüfen und Begründungen für eine Theorie anzugeben. Die Argumentationen von Parmenides und Zenon sind bereits ausgefeilt, beachten beispielsweise genau die Regeln der Schlußfolgerung und die Kriterien der Beweisführung. Sie beweisen, welche Höhen die griechische Philosophie im Laufe von anderthalb Jahrhunderten erreicht hatte.

36

## Platons Welt der Formen

Da der Tod des Sokrates auf das Jahr 399 v. Chr. und damit ungefähr auf die Jahrhundertwende (natürlich nicht nach dem damaligen, sondern nach unserem heutigen Kalender) fiel, verwendet man ihn gerne als Wendepunkt in der Geschichte der griechischen Philosophie. Die Vorgänger des Sokrates aus dem sechsten und fünften Jahrhundert (also jene Philosophen, mit denen wir uns in diesem Kapitel bisher beschäftigt haben) werden üblicherweise als die »Vorsokratiker« bezeichnet. Aber die hohe Bedeutung von Sokrates ist durchaus nicht allein auf einen kalendarischen Zufall zurückzuführen, vielmehr steht er für eine Akzentverlagerung in der griechischen Philosophie. Diese entfernte sich von den im sechsten und fünften Jahrhundert vorrangigen Fragen der Kosmologie und wandte sich politischen und ethischen Problemen zu. Allerdings war diese Verschiebung nicht so stark, daß die weitere Beschäftigung mit den großen Fragen der vorsokratischen Philosophie ausgeschlossen gewesen wäre. Sowohl alte als auch neue Themen finden sich im Werk von Sokrates' jüngerem Freund und Schüler Platon.

Platon (427–348/47 v. Chr.) war der Abkömmling einer angesehenen Athener Familie, die aktiv am politischen Leben beteiligt war. Platon verfolgte sicherlich genau die politischen Ereignisse, die zur Hinrichtung von Sokrates führten. Nach Sokrates' Tod verließ Platon Athen und reiste durch Italien und Sizilien, wo er vermutlich mit den Pythagoreern in Berührung kam. Im Jahre 388 v. Chr. kehrte er nach Athen zurück und gründete seine eigene Schule, die Akademie. Dort konnten junge Männer weiterführende Studien betreiben (s. Abb. 4.1). Offensichtlich hat Platon fast ausschließlich Dialoge geschrieben, von denen die meisten erhalten sind. Wir müssen uns bei der Betrachtung von Platons Philosophie auf eine sehr kleine Auswahl beschränken. Beginnen wir mit seiner Suche nach der zugrundeliegenden Realität.[23]

In einem Abschnitt einer seiner Dialoge, dem *Staat*, setzt sich Platon mit dem Verhältnis zwischen einem wirklichen, von einem Schreiner angefertigten Tisch und der Idee oder Definition eines Tisches im Geiste des Schreiners auseinander. Mit jedem Tisch versucht der Schreiner, die geistige Vorstellung davon möglichst genau zu kopieren, aber das Ergebnis ist immer mangelhaft. Keine zwei handgearbeiteten Tische sind bis ins kleinste Detail gleich, und materialbedingte Einschränkungen (ein Astloch hier, ein verzogenes Brett dort) sorgen dafür, daß mit Sicherheit keiner dem geistigen Ideal vollkommen entspricht.

Platon stellte nun die Behauptung auf, es gebe einen göttlichen Handwerker, der zum Kosmos im gleichen Verhältnis stehe wie der Schreiner zu seinen Tischen. Dieser göttliche Bildner (der Demiurg) erschuf den Kosmos gemäß einer Vorstellung oder eines Plans, so daß der Kosmos und alles

*Abb. 2.2: Platon (1. Jh. n. Chr., Kopie), Museo Vaticano,
Vatikanstadt, Alinari/Art Resource New York.*

darin Enthaltene eine Kopie unvergänglicher Ideen oder Formen darstelle,
und zwar aufgrund der von der Materie vorgegebenen Einschränkungen
stets unvollkommene Kopien. Kurzum: es gibt zwei Bereiche, nämlich den
Bereich der Formen oder Ideen, in der die Idealvorstellung jedes einzelnen
Dings enthalten ist, und den materiellen Bereich der unvollkommenen
Kopien solcher Formen oder Ideen.

Platons Vorstellung zweier verschiedener Bereiche mag manchen
befremden, und deswegen müssen wir auf verschiedene wichtige Punkte
hinweisen. Die Formen sind körperlos, unberührbar und nicht wahrnehmbar; sie waren immer vorhanden und teilen die Eigenschaft der Unvergänglichkeit mit dem Demiurgen, und sie sind völlig unveränderlich. Dieser
Bereich enthält die Form bzw. die Idealvorstellung von allen Dingen der
materiellen Welt. Sie lassen sich nicht lokalisieren, denn sie sind körperlos
und deswegen nicht räumlich. Obwohl sie körperlos und sinnlich nicht
wahrnehmbar sind, besitzen sie eine objektive Existenz – ja, die wahre
Realität (nämlich die vollkommene Realität) liegt ausschließlich in der
Welt der Formen. Die greifbare körperliche Welt dagegen ist unvollkommen und vergänglich. Sie ist weniger real in dem Sinn, daß das körperliche Objekt eine Kopie der Form ist und in ihrer Existenz daher von ihr

abhängt. Körperliche Objekte existieren nur sekundär, die Formen dagegen primär.

Platon illustrierte diesen Realitätsbegriff in seinem berühmten »Höhlengleichnis« im 7. Buch des *Staats* folgendermaßen: Männer sind in einer tiefen Höhle gefangen; sie sind so gefesselt, daß sie ihre Köpfe nicht bewegen können. Hinter ihnen befindet sich eine Mauer, und hinter dieser Mauer ein Feuer. Hinter der Mauer gehen Menschen auf und ab, die verschiedene Objekte über den Rand halten, unter anderem Statuen von Menschen und Tieren, welche für die Gefangenen sichtbare Schatten auf die Höhlenwand werfen. Die Gefangenen sehen nur die von diesen Statuen und anderen Gegenständen geworfenen Schatten; und weil sie seit ihrer Kindheit in dieser Höhle gefangen sind, erinnern sie sich nicht mehr an irgendeine andere Realität. Sie kommen gar nicht auf die Idee, daß es sich bei den Schatten nur um unvollkommene Kopien von Objekten handelt, die sie nicht sehen können; und somit halten sie irrtümlicherweise die Schatten für die Realität.

So geht es uns allen, sagt Platon. Wir sind Seelen, die in Körpern gefangen sind. Die Schatten in der Allegorie stehen für die Welt der Sinneswahrnehmung. Die aus ihrem Gefängnis hervorspähende Seele kann nur diese zuckenden Schatten erkennen, und die Unwissenden behaupten, daß die Schatten die ganze Realität seien. Aber in Wirklichkeit existieren die Statuen und die anderen Gegenstände, und ihre Schatten sind nur ihre sehr unvollkommenen Abbildungen, und es gibt auch die Menschen und Tiere, welche wiederum die Statuen nur unzulänglich abbilden. Um Zugang zu dieser höheren Realität zu erlangen, müssen wir uns aus dem Gefängnis unserer Sinneswahrnehmung befreien und aus der Höhle kriechen, so daß wir schließlich in der Lage sind, die unvergänglichen Realitäten zu betrachten und dabei den Bereich wahrer Erkenntnis zu betreten.[24]

Was für Schlußfolgerungen zogen die Vorsokratiker nun aus dieser Theorie? Zunächst einmal setzte Platon seine Formen mit der zugrundeliegenden Realität gleich, gestand dagegen der körperlichen Welt wahrnehmbarer Dinge nur eine abgeleitete oder sekundäre Existenz zu. Zweitens schuf Platon Raum sowohl für Veränderung wie für Stabilität, indem er beiden Realitäten jeweils eine eigene Realitätsebene zuordnete. In der körperlichen Welt herrscht Unvollkommenheit und Veränderung, die Formenwelt dagegen ist der Bereich der unvergänglichen, unveränderlichen Perfektion. Damit sind sowohl Veränderung wie auch Stabilität Wirklichkeit; beides charakterisiert jeweils eine Ebene, aber die Stabilität gehört zu den Formen und damit teilt somit ihre übergeordnete Realität.

Drittens wandte sich Platon, wie wir gesehen haben, auch erkenntnistheoretischen Fragen zu und setzte dabei Beobachtung und wahre Erkenntnis (oder Verstehen) gegeneinander. Es ist sinnlos, über unsere Sinne zu Wissen und Verständnis gelangen zu wollen, denn gerade sie sind die

Ketten, die uns fesseln. Wissen erlangt man nur auf dem Wege der philosophischen Betrachtung. Im *Phaidon* wird dies deutlich, wenn Platon behauptet, daß die Sinne für die Wahrheitsfindung unbrauchbar seien, und darauf hinweist, daß die Seele unweigerlich getäuscht werde, wenn sie den Versuch macht, sich der Sinne zu bedienen.

An dieser Stelle endet der kurze Bericht über Platons Erkenntnistheorie häufig; es gibt aber wichtige Ausführungen, die zu übergehen ein grober Fehler wäre. Platon verwarf die Sinne nämlich nicht wie Parmenides vollständig, wie man aus dem Auszug aus dem *Phaidon* vielleicht schließen könnte. Die Sinneswahrnehmung hatte nach Platons Ansicht verschiedene wichtige Aufgaben. Zum einen kann die Sinneswahrnehmung sehr erholsam sein. Zweitens kann die Betrachtung wahrnehmbarer Dinge (insbesondere solcher mit geometrischen Eigenschaften) unter Umständen dazu dienen, die Seele auf höhere Ziele in der Formenwelt zu lenken. Platon rechtfertigte mit diesem Argument die Beschäftigung mit der Astronomie. Drittens führte Platon (in seiner Theorie der Wiedererinnerung) an, daß die Sinneswahrnehmung möglicherweise sogar das Gedächtnis anregen und der Seele Formen in Erinnerung rufen kann, die ihr in einer früheren Existenz vertraut waren. Auf diese Weise könnte ein Reflektionsprozeß in Gang geraten, durch den man zu einer tatsächlichen Erkenntnis der Formen gelangt. Und schließlich ging Platon zwar davon aus, daß man nur auf dem Wege der Vernunft zu einer Erkenntnis der unvergänglichen Formen kommen kann (also zur höchsten und vielleicht einzig wahren Form des Wissens), räumte aber ein, daß auch der Bereich der veränderlichen Materie ein lohnendes Studienobjekt sei. Solche Studien sind deswegen hilfreich, weil sie Beispiele für die Vorgehensweise der Vernunft im Kosmos liefern. Wenn wir uns dafür interessieren (wie Platon selbst es manchmal tat), ist die beste Forschungsmethode sicherlich die Beobachtung. Daß die Sinneswahrnehmung ihre Berechtigung und ihren Sinn hat, ist auch dem *Staat* zu entnehmen: Platon räumt darin ein, daß ein aus der Höhle kriechender Gefangener zunächst seinen Gesichtssinn einsetzt, um Lebewesen, Sterne und schließlich das edelste aller sichtbaren (materiellen) Dinge, die Sonne, wahrzunehmen. Wenn er danach« strebt, den »Kern der Wirklichkeit« zu erfassen, dann muß er durch »logischen Diskurs ohne Hilfe irgendeines seiner Sinne« vorgehen. Sowohl die Vernunft wie auch die Sinne sind also nützliche Instrumente; welches davon wir in einer bestimmten Situation einsetzen, das hängt jeweils vom Studienobjekt ab.[25]

Dies alles läßt sich auch noch auf eine andere Art ausdrücken, welche Licht auf Platons Leistung werfen könnte. Wenn Platon den Formen Realität zusprach, setzte er eigentlich die Realität mit den Eigenschaften gleich, die Klassen von Dingen gemeinsam haben. Die eigentliche Realität besitzt (beispielsweise) nicht jener Hund mit dem geknickten linken Ohr oder jener andere, der so bedrohlich bellt, sondern die idealisierte Form des

Hundes, an der jeder einzelne Hund (natürlich auf unvollkommene Weise) Anteil hat – die Idealform, dank derer wir in der Lage sind, all diese Wesen als Hunde einzuordnen. Also müssen wir, wenn wir wahre Erkenntnis erlangen wollen, alle für ein bestimmtes Individuum charakteristischen Eigenschaften vernachlässigen und statt dessen nach jenen gemeinsamen Eigenschaften suchen, auf deren Grundlage wir die Dinge in Klassen einteilen können. Wenn man das in so einfachen Worten ausdrückt, klingt Platons Theorie sehr modern: Idealisierung ist ein wichtiger Aspekt in vielen Bereichen der modernen Forschung. Wir entwickeln Modelle oder Gesetze, die das Zufällige zugunsten des Wesentlichen vernachlässigen (bei Galileis Trägheitsprinzip handelte es sich beispielsweise um den Versuch, die Bewegung unter idealen Bedingungen zu beschreiben, die jeden Widerstand und jede Störung ausschloß). Aber Platon ging noch weiter, denn er behauptete nicht nur, daß die eigentliche Realität in den gemeinsamen Eigenschaften der Stoffklassen zu finden sei, sondern daß diese gemeinsame Eigenschaft (die Idee oder Form) objektiv, eigenständig und sogar bereits im Vorfeld existiert.

## Platons Kosmologie

Bei den bisher behandelten Doktrinen – Platons Erwiderung auf die Vorsokratiker, wie wir sie im *Staat,* im *Phaidon* und in verschiedenen anderen Dialogen finden, handelt es sich nur um einen Bruchteil seiner gesamten Philosophie. Platon schrieb auch einen Dialog, den *Timaios,* aus dem sein Interesse an der Natur hervorgeht. Darin finden wir seine Theorien zur Astronomie, Kosmologie, zu Licht und Farbe, den Elementen und der menschlichen Physiologie. Weil der *Timaios* die einzige dem frühen Mittelalter (vor dem 12. Jh.) übermittelte zusammenhängende Naturphilosophie war, stellt dieses Werk ein wichtiges Erbe Platons dar, und daher müssen wir näher darauf eingehen.

Platon beschrieb den Inhalt des *Timaios* als »wahrscheinliche Geschichte«, und einige Leser halten ihn deswegen irrtümlicherweise für einen Mythos, auf den Platon selbst nicht viel gab. In Wirklichkeit äußerte Platon ganz eindeutig, daß dies die bestmögliche Erklärung sei, und daß es in der Natur des Forschungsgegenstandes liege, daß alles, was über eine wahrscheinliche Geschichte hinausginge, unmöglich sei. Gewißheit ist nur dann zu erlangen, wenn wir eine Erklärung für die unvergänglichen und unveränderlichen Formen abgeben; solange wir das unvollkommene und veränderliche beschreiben, wird unsere Beschreibung unweigerlich ebenso unvollkommen und veränderlich sein wie der Gegenstand der Untersuchung – die Theorie kann daher bestenfalls als »wahrscheinlich« gelten.

41

Was lesen wir im *Timaios*? Einer der interessantesten darin enthaltenen Punkte ist Platons heftige Ablehnung gewisser Züge des vorsokratischen Denkens. Die *Physikoi* hatten die Gottheit aus der Welt verbannt; dabei hatten sie ihr gleichzeitig auch jeden Plan und jeden Zweck abgesprochen. Nach Meinung dieser Philosophen verhalten sich die Dinge ihrem natürlichen Wesen entsprechend, und nur daraus erklärt sich Ordnung und Regelmäßigkeit im Kosmos. Ordnung ist also ein innerlicher, kein äußerlicher Aspekt; sie ist nicht die Folge eines Eingriffs von außen, sondern kommt von innen.

Platon hielt eine solche Theorie nicht nur für töricht, sondern sogar für gefährlich. Er hatte keineswegs die Absicht, die Götter des Olymp wiedereinzusetzen, die dann in das tagtägliche Geschehen im Universum eingreifen würden, aber er war davon überzeugt, daß sich das Vorhandensein von Ordnung und Rationalität des Kosmos nur dadurch erklären ließ, daß ein übergeordneter Geist sie eingesetzt hatte. Während die *Physikoi* die Quelle der Ordnung in der *Physis* (der Natur) suchten, lokalisierte Platon sie in der *Psyche* (dem Geist).[26]

Platon zeichnete den Kosmos als das Werk eines göttlichen Bildners, des Demiurgen. Bei diesem Demiurgen handelt es sich Platon zufolge um einen wohlmeinenden Bildner, einen rationalen Gott (genaugenommen die Personifizierung der Ratio), der gegen die Einschränkungen ankämpft, die ihm von der Materie, mit der er arbeiten muß, vorgegebenen sind. Sein Ziel ist die Schaffung eines möglichst guten, schönen und intellektuell befriedigenden Kosmos. Der Demiurg geht von einem primitiven Chaos aus, das mit jenem ungeformten Material angefüllt ist, aus dem der Kosmos entstehen soll. In dieses Chaos bringt er Ordnung, und zwar nach einem rationalen Plan. Es findet also keine Schöpfung aus dem Nichts statt, wie sie im jüdisch-christlichen Schöpfungsbericht steht, denn das Rohmaterial ist bereits vorhanden und besitzt Eigenschaften, auf die der Demiurg keinen Einfluß hat. Der Demiurg ist auch keineswegs allmächtig, da ihm die Materie, mit der er arbeitet, Grenzen und Einschränkungen auferlegt. Dennoch zeichnete Platon mit dem Demiurgen ganz deutlich das Bild eines übernatürlichen Wesens, das sich außerhalb des von ihm geschaffenen Kosmos befindet und sich von ihm unterscheidet. Ob die Leser diesen Demiurgen wörtlich nehmen sollten, ist eine andere Frage; sie ist bis heute Thema zahlreicher Diskussionen und wird sich vielleicht niemals endgültig beantworten lassen. Dagegen ist eine andere Absicht Platons unbestritten: er wollte sagen, daß es sich beim Kosmos um ein Produkt vernünftigen und geplanten Vorgehens handelt, daß die Ordnung im Kosmos eine rationale, der widerspenstigen Materie von außen aufgezwungene Ordnung ist.

Der Demiurg ist nicht nur rationaler Bildner, sondern auch Mathematiker, denn er baut den Kosmos nach geometrischen Grundsätzen auf. Platon übernahm die vier Wurzeln oder Elemente des Empedokles: Erde,

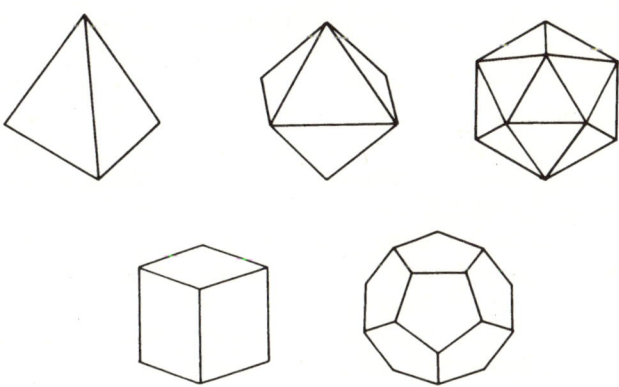

*Abb. 2.3: Die fünf platonischen Körper: Tetraeder, Oktaeder, Ikosaeder, Würfel und Dodekaeder. Mit freundlicher Genehmigung v. J. V. Field.*

Wasser, Luft und Feuer. Aber unter dem Einfluß der Pythagoreer führte er sie auf ein einfacheres, grundlegenderes Schema zurück: Dreiecke. So formulierte er einen »geometrischen Atomismus«. Da es sich bei Dreiecken um zweidimensionale Figuren handelt, sind sie natürlich körperlos. Wenn man sie jedoch richtig zusammensetzt, können aus ihnen dreidimensionale Körper entstehen, und dabei entsprechen die unterschiedlichen entstehenden Formen jeweils einem Element. Zu Platons Zeit war es bereits bekannt, daß es nur fünf und nicht mehr gleichmäßige geometrische Körper gibt (d. h. symmetrische Körper, deren Seiten von lauter identischen Flächen gebildet werden). Dies sind das Tetraeder (aus vier gleichseitigen Dreiecken), der Würfel (aus sechs Quadraten), das Oktaeder (aus acht gleichseitigen Dreiecken), das Dodekaeder (aus zwölf Fünfecken) und das Ikosaeder (aus zwanzig gleichseitigen Dreiecken) (s. Abb. 2.3). Platon ordnete jedem Element einen dieser Körper zu – dem Feuer das Tetraeder (der kleinste, scharfkantigste und beweglichste regelmäßige Körper), der Luft den Oktaeder, dem Wasser den Ikosaeder und der Erde den stabilsten und regelmäßigsten Körper, nämlich den Würfel. Zuletzt fand Platon auch eine Funktion für das Dodekaeder (den Körper, der sich am weitesten der Kugel annähert): er setzte ihn gleich mit dem Kosmos als ganzem.[27]

Drei Aspekte dieser Theorie sind einer näheren Betrachtung wert. Zunächst einmal erklärt sie Veränderung und Vielfalt auf die gleiche Weise wie die Theorie des Empedokles: die Elemente können sich in unterschiedlichen Anteilen verbinden und dadurch die Vielfalt der materiellen Welt erzeugen. Zweitens ist eine Verwandlung des einen Elementes in das andere möglich; somit ergibt sich eine weitere Erklärung für die Veränderung. So läßt sich etwa ein einzelnes Wasserpartikel (also ein Ikosaeder) wieder in die zwanzig gleichseitigen Dreiecke zerlegen, die es gebildet haben, und diese können sich nun beispielsweise zu zwei Luftteilchen (Oktaedern) und einem Feuerteilchen (dem Tetraeder) verbinden. Nur die Erde, die sich aus Quadraten zusammensetzt (und ein diagonal geteiltes Quadrat ergibt keine gleichseitigen Dreiecke) ist aus diesem Verwandlungsprozess ausgeschlossen. Drittens stellen Platons geometrische Körper einen wichtigen Schritt in Richtung Mathematisierung der Natur dar. Ja, wir müssen uns klarmachen, wie bedeutend dieser Schritt tatsächlich ist. Bei Platons Elementen handelt es sich nicht um materielle Stoffe, die als regelmäßige Körper verpackt sind; in einem solchen System wäre die Materie immer noch der Ausgangsstoff. Für Platon jedoch gibt es nur die Gestalt; Massenteilchen sind nichts anderes als regelmäßige Körper, und diese wiederum lassen sich restlos auf zweidimensionale geometrische Figuren zurückführen: Wasser, Luft und Feuer sind also nicht *dreieckig*; sie sind einfach *Dreiecke*. Damit ist die Forderung der Pythagoreer nach einer grundlegend mathematischen Erklärung für die Dinge erfüllt.

Platon beschreibt weiterhin viele Aspekte des Kosmos, und einige davon wollen wir uns näher ansehen. Er erwies sich als äußerst geschickter Kosmologe und Astronom. Die Erde beschrieb er als eine von einer Himmelssphäre umgebene Kugel. Auf dieser Himmelssphäre definierte er verschiedene Kreise, die Bahnen von Sonne, Mond und den anderen Planeten. Er ging davon aus, daß sich die Sonne in einem Jahr in einem Kreis (den wir die Ekliptik nennen) über die Himmelssphäre bewegt, und daß dieser Kreis in bezug zum Himmelsäquator schräg steht (s. Abb. 2.4). Er wußte, daß der Mond im Laufe eines Monats über fast die gleiche Bahn wandert. Er wußte, daß Merkur, Venus, Mars, Jupiter und Saturn sich ebenso verhalten, jeder in seinem eigenen Tempo und mit gelegentlichen Wendungen, und daß Merkur und Venus sich niemals weit von der Sonne entfernen. Ihm war sogar bekannt, daß die Bewegung der Planeten insgesamt (wenn wir ihre langsame Wanderung über die Sonnenbahn mit der täglichen Drehung der Himmelssphäre zusammenrechnen) spiralförmig ist. Und was vielleicht am allerwichtigsten ist: Offenbar hatte Platon verstanden, daß die Unregelmäßigkeiten in den Planetenbewegungen sich durch die Addition verschiedener gleichmäßiger Kreisbewegungen aufschlüsseln lassen.[28]

Als Platon sich von den Höhen des Kosmos herab zu den Umständen des menschlichen Daseins begab, lieferte er eine Erklärung für Atmung, Verdauung, Gefühl und Sinneswahrnehmung. In seiner Theorie des Sehens beispielsweise geht vom Auge ein Sehfeuer aus, das sich mit dem Außenlicht zu einer Sehbahn verbindet. Über diese Bahn können Bewegungen des sichtbaren Objekts zur Seele des Beobachters gelangen. Im *Timaios* lieferte er eine Theorie zur Krankheit und skizzierte eine Lebensweise, mit der diese zu vermeiden war.

Einen eindrucksvollen Kosmos hat Platon da gezeichnet. Und welche Aspekte dieses Kosmos sind die bedeutendsten? Aus Dreiecken und regel-

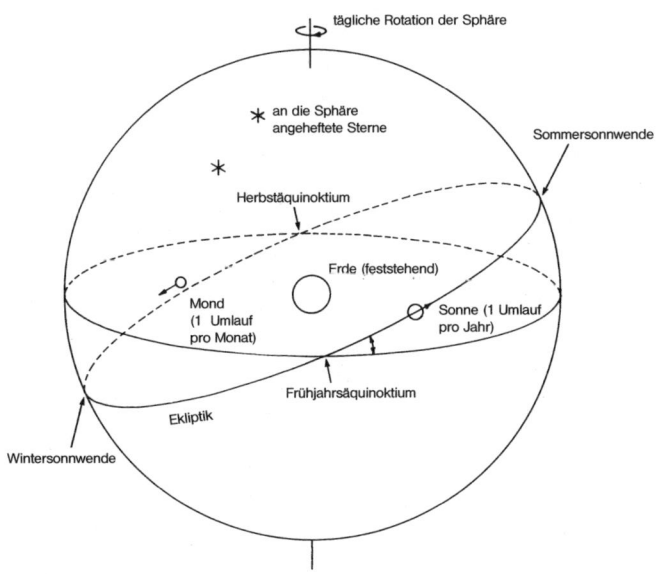

*Abb. 2.4: Die Himmelssphäre nach Platon.*

mäßigen Körpern fertigte der Demiurg ein Endprodukt von höchster Rationalität und Schönheit an; und das bedeutet Platon zufolge, daß es sich beim Kosmos um ein lebendiges Wesen handeln muß. Denn Wille des Demiurgen war es, so lesen wir im *Timaios* , »die Welt dem Schönsten und in jeder Beziehung Vollkommenen unter allem was die Vernunft sich denken kann so ähnlich wie möglich zu machen und so bildete er sie als ein einziges sichtbares lebendes Wesen ...« Aber wenn die Welt ein Lebewesen ist, muß sie auch eine Seele besitzen. Und die hat sie: »Der Seele aber gab er ihren Sitz in der Mitte der Welt, streckte sie durch das Ganze, ja umhüllte den Körper auch noch von außen mit ihr. Und im kreisförmigen Umschwung sich drehend ward er so hingestellt als das eine und ganz auf sich beschränkte Weltall, durch seine Vortrefflichkeit imstande an dem Umgange mit sich selbst Genüge zu finden und niemandes anderen zu bedürfen, in ausreichendem Maße mit sich selbst bekannt und befreundet.« Diese Weltseele ist letztendlich für alle Bewegungen im Kosmos verantwortlich, ebenso wie die menschliche Seele für alle Bewegungen des menschlichen Körpers verantwortlich ist. Hier erkennen wir die Ursprünge jenes animistischen Denkens, das sich als wichtiges Element der platonischen Lehre erhalten sollte. Platon, der sich von der leblosen Zwangsläufigkeit der atomistischen Welt abgestoßen fühlte, beschrieb einen lebendigen Kosmos, der von Rationalität durchdrungen ist und sich streng nach Zweck und Plan richtet .[29]

Und auch die Gottheit fehlt nicht. Da gibt es natürlich den Demiurgen; aber darüber hinaus schrieb Platon auch der Weltseele göttliche Eigenschaften zu und betrachtete die Planeten und Fixsterne als eine Schar von Himmelsgöttern. Allerdings unterscheiden sich Platons Gottheiten dadurch von den Göttern der traditionellen griechischen Religion, daß sie sich niemals in die Vorgänge der Natur einmischen. Ganz im Gegenteil: gerade die Beständigkeit der Götter garantiert nach Platons Ansicht die Regelhaftigkeit der Natur. Sonne, Mond und die anderen Planeten *müssen* sich eben deswegen in einer Kombination gleichmäßiger Kreisbahnen bewegen, weil eine solche Bewegung die vollkommenste und rationalste ist und ein göttliches Wesen daher nur eine solche Bewegung ersinnen kann. Das heißt, daß Platon durch seine Wiedereinführung der Gottheit keinesfalls zu der Unberechenbarkeit der homerischen Welt zurückkehrt. Genau das Gegenteil ist der Fall, denn für Platon bestand die Funktion der Gottheit gerade darin, Ordnung und Rationalität des Kosmos zu festigen und zu erklären. Platon setzte die Götter wieder ein, um eben jene Aspekte des Kosmos zu erklären, deretwegen man die Götter nach Ansicht der *Physikoi* hatte verbannen müssen.[30]

## Die Leistungen der frühgriechischen Philosophie

Wenn wir die frühgriechische Philosophie mit den Augen des modernen Wissenschaftlers betrachten, kommt uns einiges bekannt vor. Die von den Vorsokratikern gestellte Frage nach Form und Anordnung des Kosmos, seinem Ursprung oder seinen Grundbestandteilen erinnert uns an Probleme, die in der modernen Astrophysik, Kosmologie und Teilchenphysik noch immer anstehen. Andere Teile der frühen Philosophie sind uns sehr viel fremder. Praktizierende Naturwissenschaftler fragen sich heute nicht, ob Veränderung logischerweise möglich ist oder wo die wahre Realität liegt, und es wäre ziemlich schwierig, beispielsweise einen Physiker oder Chemiker aufzutreiben, der sich darüber Gedanken macht, wie die jeweiligen aus Logik bzw. Beobachtung gewonnenen Ergebnisse miteinander zu vereinbaren sind. Mit solchen Themen befassen sich die Naturwissenschaftler nicht mehr. Kann man daraus schließen, daß die frühen Philosophen, die ihr Leben solchen Fragen widmeten, unwissenschaftlich vorgingen, irregeleitet oder gar dumm waren?

An diese Frage muß man ziemlich vorsichtig herangehen. Selbstverständlich bedeutet die Tatsache, daß die *Physikoi* sich mit inzwischen uninteressanten Themen beschäftigten, nicht, daß ihre Bemühungen verfehlt waren. Es ist normal, daß im Verlauf einer wissenschaftlichen Entwicklung manche Fragen beantwortet werden, während das Interesse an anderen einfach abflaut. Aber der Einwand geht vielleicht darüber hinaus: Gibt es von vorneherein unangemessene und unberechtigte Fragen, Fragen, die von Anfang an unwichtig waren? Und haben Platon und die *Physikoi* ihre Zeit vergeudet, wenn sie sich mit solchen Fragen auseinandersetzten? Vielleicht können wir darauf folgendermaßen antworten: Themen wie etwa die Suche nach der letzten Realität, die Unterscheidung zwischen dem Natürlichen und dem Übernatürlichen, die Quelle der Ordnung im Universum, die Natur der Veränderungen und die Grundlagen des Wissens sind völlig andersgeartet als die Erklärung von kleineren aus Beobachtung gewonnenen Informationen (beispielsweise das Herabfallen eines schweren Körpers, eine chemische Reaktion oder ein physiologischer Prozeß), mit denen sich die Wissenschaftler während der vergangenen Jahrhunderte befaßt haben. Aber andersartig heißt nicht unbedeutend. Zumindest bis zu Zeiten Isaac Newtons widmete der Naturforscher solchen Fragen mindestens ebensoviel Aufmerksamkeit wie jenen Themen, die heutzutage den Hörsaal einer wissenschaftlichen Hochschule füllen. Diese Fragen waren gerade deswegen wesentlich und von Interesse, weil sie zum Entwurf eines für die Erforschung der Welt erforderlichen begrifflichen Rahmens und Wortschatzes dazugehörten. Es waren grundlegende Fragen; und grundlegende Fragen erscheinen späteren Generationen, welche ganz selbstverständlich von diesen Grundlagen ausgehen, oft sinnlos. Heute erscheint uns beispielsweise die Unterscheidung zwischen Natürlichem und Übernatürlichem selbstverständlich; aber bevor eine solche Trennlinie nicht sorgfältig gezogen war, konnte man eine Erforschung der Natur gar nicht richtig in Angriff nehmen.

Die frühen Philosophen fingen also an genau der richtigen Stelle an: am Anfang nämlich. Sie schufen einen Naturbegriff, der über die Jahrhunderte hinweg als Grundlage wissenschaftlichen Denkens und Forschens diente – den Naturbegriff, von dem die moderne Wissenschaft mehr oder weniger ausgeht. Inzwischen sind viele der damals von den Philosophen gestellten Fragen beantwortet – manchmal sind die Lösungen eher zusammengepfuscht als endgültig, aber immerhin reichen sie aus, um das Thema aus dem Vordergrund des wissenschaftlichen Interesses zu verdrängen. Nachdem sie außer Sichtweite geraten waren, nahm eine Reihe weit eher zielgerichteter Forschungsbemühungen ihren Platz ein. Wenn wir das Anliegen der Wissenschaft in seiner gesamten Vielfalt und Komplexität verstehen würden, dann würden wir erkennen, daß ihre beiden Bestandteile – die Grundlage und der Überbau – einander ergänzen und sich gegenseitig bedingen. Die moderne Laborforschung spielt sich in einem breiten begrifflichen Rahmen ab und kann ohne Vorstellungen von der Natur und der zugrundeliegenden Realität gar nicht anfangen; die Ergebnisse der Laborforschung wiederum schlagen sich auf diese ganz grundlegenden Begriffe nieder; diese werden aufgrund der Ergebnisse verfeinert oder (gelegentlich) verworfen. Aufgabe des Historikers ist es, die Naturwissenschaft in ihrer ganzen Vielfalt darzustellen. Wenn der Garten der *Physikoi* ganz am Anfang des Weges zur modernen Naturwissenschaft liegt, dann schadet es dem Naturwissenschaftshistoriker gar nicht, wenn er einige Zeit in seinen schattigen Winkeln verweilt, bevor er sich auf die Reise macht.

# KAPITEL 3

# DIE NATURPHILOSOPHIE
# DES ARISTOTELES

## *Leben und Werk*

Aristoteles wurde im Jahre 384 v. Chr. in der nordgriechischen Stadt Stageira als Sohn einer wohlhabenden Familie geboren. Sein Vater war Leibarzt des mazedonischen Königs Amyntas II. (des Großvaters Alexanders des Großen). Aristoteles genoß das Privileg einer außergewöhnlichen Bildung: Mit siebzehn Jahren wurde er nach Athen geschickt, wo er bei Platon studieren sollte. Er blieb zwanzig Jahre an der Akademie, bis zum Tod Platons um das Jahr 347. Danach ging Aristoteles für einige Jahre auf Studienreise; er überquerte das Ägäische Meer und gelangte nach Kleinasien (der heutigen Türkei) und den ihm vorgelagerten Inseln. Während dieser Zeit widmete er sich dem Studium der Biologie, außerdem lernte er Theophrast kennen, der ihn ein Leben lang zunächst als Schüler, später als Kollege begleiten sollte. Dann kehrte er nach Mazedonien zurück und unterrichtete dort den jungen Alexander (der später »der Große« werden sollte). Als Athen im Jahre 335 v. Chr. unter mazedonische Herrschaft geriet, kehrte Aristoteles in diese Stadt zurück und begann im Lykeion, einem öffentlichen Garten und Treffpunkt der Lehrer, zu unterrichten. Er baute eine lose Schule auf und blieb bis kurz vor seinem Tod im Jahre 322 v. Chr. in Athen.[1]

In den langen Jahren seiner Laufbahn als Studierender und Lehrer nahm sich Aristoteles systematisch und umfassend der wichtigsten philosophischen Themen seiner Zeit an. Er soll mehr als 150 Abhandlungen verfaßt haben, davon sind uns knapp dreißig erhalten. Beim uns vorliegenden Teil seines Werkes scheint es sich hauptsächlich um Notizen für Vorlesungen oder um unvollendete Aufsätze zu handeln, die in dieser Form wohl keine weitere Verbreitung finden sollten. Doch gleichgültig, wie sie entstanden sind – ganz offensichtlich waren sie für fortgeschrittene Studenten der Philosophie oder Kollegen gedacht. In der modernen Übersetzung nehmen sie fast einen halben Meter Bücherregal ein, und das in ihnen enthaltene philosophische System wirkt durch seine Aussagekraft und sein breites Spektrum überwältigend. Wir können hier unmöglich auf die gesamte aristotelische Philosophie eingehen und müssen uns damit begnügen, die

*Abb. 3.1: Aristoteles. Museo Nazionale, Rom.*
*Alinari/Art Resource New York.*

Grundlagen seiner Naturphilosophie aufzuzeigen, und zwar ausgehend von seiner Erwiderung auf die Theorien der Vorsokratiker und Platons.[2]

## Metaphysik und Erkenntnistheorie

Aufgrund seiner langjährigen Verbindung zu Platon kannte Aristoteles natürlich Platons Formentheorie in- und auswendig. Platon hatte den Realitätswert der materiellen Welt, wie wir sie mit unseren Sinnen wahrnehmen, drastisch reduziert (ohne ihn völlig zu leugnen). Vollkommene Realität, so hatte Platon argumentiert, besitzen nur jene unvergänglichen Formen, deren Existenz sich von nichts Anderem herleitet. Die Objekte dagegen, aus denen die wahrnehmbare Welt besteht, leiten ihre Eigenschaften und ihre Existenz an sich von den Formen ab; daraus folgt, daß wahrnehmbare Gegenstände nur in abgeleiteter oder abhängiger Weise existieren.

Aristoteles wies Platons Theorie von der abhängigen Natur der wahrnehmbaren Gegenstände zurück. Die Dinge mußten eigenständig existieren, denn seiner Ansicht nach waren sie das, woraus sich die materielle Welt zusammensetzte. Außerdem, so Aristoteles, führen jene Eigenschaften, welche einem individuellen Gegenstand seinen spezifischen Charakter verleihen, keine frühere und getrennte Existenz in der Formenwelt, sondern gehören zum Gegenstand selbst. Beispielsweise gibt es keine vollkommene Form eines Hundes, die eigenständig existiert, in einzelnen Hunden unvollkommen kopiert ist und diesen ihre Merkmale verleiht. Für Aristoteles gab es nur einzelne Hunde. Sicherlich weisen diese Hunde eine Reihe von gemeinsamen Merkmalen auf – sonst könnten wir sie nicht »Hunde« nennen – aber diese Merkmale existieren in den einzelnen Hunden und gehören zu ihnen.

Ein solches Weltbild klingt für uns vielleicht vertraut. Den meisten Lesern dieses Buches mag es sehr vernünftig erscheinen, die wahrnehmbaren Gegenstände als primäre Realitäten (Aristoteles nannte sie »Substanzen«) einzustufen, und die Zeitgenossen des Aristoteles empfanden vermutlich ebenso. Aber wenn es sehr vernünftig ist, kann es dann auch gute Philosophie sein? Das heißt, kann man damit die von den Vorsokratikern und von Platon aufgeworfenen schwierigen Fragen – nach der Natur der grundlegenden Realität, Fragen der Erkenntnistheorie und den Problemkreis Veränderung/Stabilität erfolgreich oder zumindest glaubwürdig angehen? Wir möchten nacheinander auf diese einzelnen Probleme eingehen.[3]

Wenn man beschließt, die Realität in wahrnehmbaren, körperlichen Gegenständen zu lokalisieren, sagt das noch nicht viel über diese Realität aus – lediglich, daß wir sie in der wahrnehmbaren Welt suchen sollen. Schon zu Zeiten des Aristoteles hätte jeder Philosoph nähere Angaben verlangt. Er würde einmal die Frage stellen, ob körperliche Gegenstände nicht weiter reduzierbar sind oder als Verbindungen grundlegenderer Bestandteile betrachtet werden müssen. Aristoteles beantwortete diese Frage, indem er eine Trennlinie zog zwischen den Eigenschaften und ihren Subjekten (Wärme und der warme Gegenstand beispielsweise). Er stellte fest (wie fast jeder von uns es tun würde), daß eine Eigenschaft die Eigenschaft *von* etwas sein muß; dieses Etwas nennen wir »Subjekt«. Eine Eigenschaft sein heißt: zu einem Subjekt gehören; Eigenschaften können nicht eigenständig existieren.

Individuelle körperliche Objekte bestehen also einerseits aus Eigenschaften (Farbe, Gewicht, Struktur usw.) und andererseits aus etwas anderem als Eigenschaften, das als deren Subjekt dient. Diese beiden Rollen spielen Form bzw. Materie (Fachbegriffe, deren Bedeutung bei Aristoteles nicht genau der uns vertrauten Bedeutung entspricht). Bei körperlichen Dingen handelt es sich um »Verbindungen« von Form und Materie – die Form besteht aus den Eigenschaften, die einen Gegenstand zu dem machen, was er ist, während die Materie der Form als Subjekt oder Substrat dient. Ein weißer Steinbrocken beispielsweise ist weiß, hart, schwer usw. aufgrund seiner Form; es muß aber auch Materie vorhanden sein, die der Form als Subjekt dient; diese Materie bringt in ihre Verbindung mit der Form keine eigenen Eigenschaften ein.[4] (Ausführlich diskutieren wir diese Lehrmeinung des Aristoteles weiter unten, Kap. 12, in Verbindung mit den im Mittelalter angestellten Bemühungen, sie zu verdeutlichen und zu erweitern).

In der Wirklichkeit können wir Form und Materie nie trennen; sie stellen sich uns als einheitliches Ganzes dar. Wären sie voneinander zu trennen, könnten wir die Eigenschaften (die dann nicht mehr die Eigenschaften *von* etwas wären) auf eine Seite, die Materie (die völlig frei von Eigenschaften wäre) auf die andere Seite legen, und das ist natürlich unmöglich. Aber wenn sich doch Form und Materie niemals trennen lassen, ist es dann nicht sinnlos, sie als die *realen* Bestandteile der Dinge zu bezeichnen? Handelt es sich nicht um eine rein logische Unterscheidung, die zwar in unserem Denken, nicht aber in der Außenwelt existiert? Sicherlich gilt das nicht für Aristoteles, und vielleicht auch nicht für uns. Die meisten von uns würden es sich gut überlegen, bevor sie die Realität von »kalt« oder »rot« leugneten, obwohl wir weder das eine noch das andere in Eimern sammeln können. Kurz, Aristoteles überrascht uns erneut damit, daß er von der Vernunft nachvollziehbare Begriffe zur Errichtung eines überzeugenden philosophischen Gebäudes verwendet.

Aristoteles' Behauptung, daß die primäre Realität im konkreten Einzelnen liege, hat sicherlich Folgen für die Erkenntnistheorie, denn wahre Erkenntnis kann sich nur auf das wirklich Reale beziehen. Davon ausgehend richtete Platon seine Aufmerksamkeit zwangsläufig auf die unvergänglichen Formen, die man über den Verstand oder durch philosophische Betrachtung erkennen kann. Aristoteles dagegen bezog sich in seiner Metaphysik der konkreten Individuen auf die Welt der Individuen, der Natur und der Veränderung – eine Welt, wie wir sie mit unseren Sinnen wahrnehmen.

Die Erkenntnistheorie des Aristoteles ist umfangreich und kompliziert. Wir müssen uns hier mit dem Hinweis begnügen, daß der Prozeß der Erkenntnisgewinnung mit der sinnlichen Wahrnehmung anfängt. Was wiederholt mit den Sinnen wahrgenommen wurde, setzt sich in der Erinnerung fest; und aus dieser Erinnerung heraus wird der erfahrene Forscher durch einen Prozeß der »Intuition« oder Einsicht in die Lage versetzt, die allgemeingültigen Merkmale der Dinge zu erkennen. Beispielsweise gelangt der erfahrene Hundezüchter durch wiederholte Beobachtung von Hunden zu der Erkenntnis, was ein Hund überhaupt ist; das heißt, er stößt irgendwann auf die Form oder Definition eines Hundes, die entscheidenden Merkmale, ohne die ein Tier kein Hund sein kann. Es sei darauf hingewiesen, daß Aristoteles ebenso wie Platon das Allgemeingültige zu erfassen trachtete; aber im Gegensatz zu seinem Lehrer ging Aristoteles davon aus, daß man dabei beim Einzelwesen anfangen muß. Sobald wir im Besitz einer allgemeingültigen Definition sind, können wir sie als Prämisse für die deduktive Beweisführung verwenden.[5]

Erkenntnis ist also durch einen Prozeß zu gewinnen, der mit der Erfahrung anfängt (ein Begriff, der so breit gefaßt ist, daß er unter Umständen auch Allgemeinwissen oder den Bericht weit entfernter Beobachter einschließen kann). In diesem Sinn ist die Erkenntnis empirischer Natur; ohne Erfahrung kann es kein Wissen geben. Aber was wir aus diesem »induktiven« Prozess lernen, erhält erst dann den Status wahren Wissens, wenn es in deduktive Form gebracht ist; Endprodukt ist der deduktive Nachweis (wie ihn der Euklidische Beweis anschaulich darstellt), der mit der allgemeingültigen Definition anfängt. Aristoteles behandelte zwar sowohl die induktive als auch die deduktive Phase (wobei er sich mehr auf letztere konzentrierte) der Erkenntnisgewinnung, blieb aber insbesondere bei der Analyse der Induktion weit hinter späteren Methodologen zurück.

Das ist die von Aristoteles in abstrakter Form entworfene Erkenntnistheorie. Wendet Aristoteles diese Methode auch tatsächlich selbst bei seinen wissenschaftlichen Forschungen an? Wahrscheinlich nicht – vielleicht mit der einen oder anderen Ausnahme. Wie der moderne Wissenschaftler ging Aristoteles nicht nach den Vorgaben eines methodologischen Rezeptbuchs vor, sondern mehr mit provisorischen Methoden, vertrauten Vorgehensweisen, die sich bereits praktisch bewährt hatten. Irgendjemand hat gesagt, die Arbeit des Wissenschaftlers bestehe darin, »das Beste zu tun, ohne Rücksicht auf Verluste«. Bei seinen ausführlichen biologischen Forschungen, um ein Beispiel zu nennen, tat Aristoteles zweifellos genau das. Es ist nicht überraschend und muß sicherlich nicht als Charakterfehler gewertet werden, daß Aristoteles im Laufe seiner Studien über die Natur und die Grundlagen der Erkenntnis ein Theoriengebäude (eine Epistemologie) formulierte, an das er sich bei seiner praktischen wissenschaftlichen Arbeit nicht konsequent hielt.[6]

# Natur und Veränderung

Das Problem der Veränderung hatte sich im fünften Jahrhundert v. Chr. zu einem häufig angesprochenen Thema in der Philosophie entwickelt. Im vierten Jahrhundert v. Chr. war Platon darauf eingegangen, indem er die Existenz der Veränderung auf die unvollkommene materielle Kopie der unveränderlichen Formenwelt beschränkte. Für Aristoteles, einen hervorragenden Naturkenner, der in seiner Philosophie die vollkommene Realität der veränderlichen Individuen, aus denen die wahrnehmbare Welt besteht, postulierte, stellte sich das Problem der Veränderung am drängendsten.[7]

Ausgangspunkt der Überlegungen von Aristoteles war die naheliegende Annahme, daß Veränderung existiert. Aber das an sich bringt uns nicht weiter; es muß trotzdem erst der Nachweis erbracht werden, daß das Konzept der Veränderung einer philosophischen Überprüfung standhalten kann, und es muß aufgezeigt werden, wodurch sich die Veränderung erklären läßt. Aristoteles hatte noch verschiedene Geheimwaffen in seinem Arsenal, mit deren Hilfe ihm dies gelingen konnte. Die erste bestand aus seiner Lehre über Form und Materie. Wenn jeder Gegenstand sich aus Form und Materie zusammensetzt, dann konnte Aristoteles sowohl für Veränderung als auch für Stabilität Raum schaffen, indem er anführte, daß ein Gegenstand sich verändert, wenn sich seine Form ändert (durch einen Vorgang, in dessen Verlauf eine neue Form die alte ersetzt), während die Materie erhalten bleibt. Aristoteles argumentierte weiterhin, daß Veränderung der Form im Austausch zwischen Gegensatzpaaren stattfindet, die sich aus der angestrebten Form einerseits, dem Verlust oder der Abwesenheit einer Form andererseits zusammensetzen. Wenn Trockenes naß wird oder Kaltes heiß, dann ist das eine Veränderung vom Mangel (trocken oder kalt) hin zur angestrebten Form (naß oder heiß). Eine Veränderung führt Aristoteles zufolge also niemals in eine beliebige Richtung, sondern spielt sich nur in jenem engen Bereich ab, der Paare gegensätzlicher Eigenschaften verbindet; daher ist Ordnung selbst inmitten von Veränderung zu erkennen.

Parmenides hatte die Wirklichkeit von Veränderung deswegen geleugnet, weil dabei zwangsläufig aus dem Nichts etwas entstehen muß. Seine treuen Anhänger werden jetzt vielleicht einwenden, daß die Analyse von Aristoteles diesem Argument bis dahin nichts entgegenzusetzen hat. Aristoteles' Antwort darauf findet sich in der Lehre von Potentialität und Aktualität. Sicherlich hätte Aristoteles eingestanden, daß der Übergang von nicht heiß nach heiß tatsächlich eine Entstehung von etwas aus nichts wäre (die Entstehung des Heißseins aus dem Nichtheißsein), *falls* es nur die beiden Möglichkeit des Seins und Nichtseins gäbe – das heißt, wenn die Dinge entweder existieren oder nicht existieren. In diesem Fall wäre der Einwand von Parmenides berechtigt. Aber Aristoteles ging davon aus, daß man diesen Einwand entkräften konnte, indem man drei Kategorien des Seins annahm: (1) Nichtsein, (2) potentielles Sein und (3) aktuelles Sein. Wenn man von einem solchen Sachverhalt ausgeht, dann kann ein Wechsel zwischen potentiellem Sein und aktuellem Sein stattfinden, wobei ein Nichtsein gar nicht erst auftritt. Ein Samen ist beispielsweise potentiell, aber nicht aktuell, ein Baum. Wenn er zum Baum wird, wird er aktuell das, was er zuvor bereits potentiell war. Veränderung bedeutet also Übergang vom Potentiellen zum Aktuellen – also nicht vom Nichtsein ins Sein, sondern von einer Form des Seins in eine andere Form des Seins. Diese Lehrmeinung ist vielleicht am deutlichsten im Bereich der Biologie darzustellen, aber sie ist allgemein anwendbar. Ein hochgehobener schwerer Gegenstand erfüllt im Fallen sein Potential (nämlich das Potential, sich wie andere schwere Dingen möglichst nahe zum Zentrum der Erde nieder-zulassen); und in einem Marmorblock steckt das Potential, jede vom Bild-hauer gewählte Form anzunehmen.

Durch diese Argumente können wir zwar das vom Begriff der Verände-rung ausgehende logische Dilemma vermeiden und daher an die Möglich-keit der Veränderung glauben, sie sagen aber nichts aus über die Ursache einer Veränderung. Was veranlaßt den Samen, sich von einem potentiellen Baum in einen aktuellen Baum zu verwandeln, oder einen schwarzen Gegenstand, weiß zu werden, anstatt seine ursprüngliche Farbe beizube-halten? Damit kommen wir zur aristotelischen Lehre von der Natur und den Ursachen.

In der Welt, in der wir leben, herrscht Ordnung, und das Verhalten der in ihr enthaltenen Dinge ist normalerweise vorhersagbar, so sagte Aristoteles, denn jedes natürliche Objekt besitzt eine »Natur«, ein Merkmal (das in erster Linie mit seiner Form verknüpft ist), welches das Objekt veranlaßt, sich in gewohnter Weise zu verhalten, vorausgesetzt es kommt kein unüberwindliches Hindernis dazwischen. Aristoteles, der ein hervorragen-der Zoologe war, konnte Wachstum und Entwicklung biologischer Orga-nismen ohne weiteres mit der Aussage erklären, daß diese Vorgänge von einer Art innerer Triebfeder ausgelöst werden. Eine Eichel wird zur Eiche, weil das ihre Natur ist. Aber diese Theorie ließ sich auf mehr anwenden als auf biologisches Wachstum, ja, auf ganz andere Bereiche als die Biologie. Hunde bellen, Felsen fallen herab, und Marmor gibt unter Hammer und Meißel des Bildhauers nach, und dies alles aufgrund der jeweiligen Natur dieser Dinge. Letztendlich, so behauptete Aristoteles, läßt sich jede Verän-derung und jede Bewegung im Universum auf die Natur der Dinge zurückführen. Der Naturphilosoph, der sich per definitionem für Verände-rung und sich verändernde Dinge interessiert, muß sich also bei seiner Forschung auf diese »Natur« der Dinge konzentrieren. Zur Ergänzung dieses Überblicks über die »Natur«-Theorie des Aristoteles müssen wir noch auf zwei Punkte hinweisen: Erstens, daß sie nicht für künstlich hergestellte Gegenstände gilt, weil solche Dinge keinen inneren Antrieb zur Veränderung besitzen, sondern nur von äußeren Einflüssen gesteuert werden. Zweitens, daß die Natur eines komplexen Organismus nicht durch Addition oder Mischung der Einzelnaturen seiner Bestandteile entsteht, sondern eine einzigartige Natur ist, welche den Organismus in seiner Gesamtheit kennzeichnet.[8]

Wenn wir von dieser Naturvorstellung ausgehen, können wir einen Aspekt der wissenschaftlichen Praxis von Aristoteles verstehen, der moderne Kommentatoren und Kritiker immer wieder verwirrt und verär-gert hat – nämlich die Tatsache, daß in seiner Arbeit so etwas wie ein kontrolliertes Experiment vollkommen fehlt. Wer eine solche Kritik äußert, hat leider übersehen, welche Ziele Aristoteles anstrebte – Ziele nämlich, die seine methodologischen Möglichkeiten drastisch einschränkten. Wenn, wovon Aristoteles ausging, die Natur eines Dings nur aufgrund seines Verhaltens im natürlichen und freien Zustand zu erkennen war, dann stellten künstliche Einschränkungen lediglich eine Einmischung dar. Wenn die Objekte sich trotz unseres Eingriffs so verhalten wie immer, dann hätten wir uns den Aufwand sparen können. Wenn wir Bedingungen stellen, unter denen ein Objekt seine Natur nicht mehr zu erkennen gibt, lernen wir daraus nur, daß man es durch künstliche Eingriffe dazu bringen kann, sich entgegen seiner Natur zu verhalten. Ein Experiment verrät also nichts über die Natur eines Objekts, was wir auf andere Weise nicht genauer erfahren würden. Das wissenschaftliche Vorgehen von Aristoteles läßt sich also nicht auf Dummheit oder Unwissenheit zurückführen – darauf, daß er nicht auf eine ganz offensichtlich bessere Vorgehensweise gekommen wäre; es ist vielmehr eine Methode, die mit seinem Weltbild in Einklang stand und den Fragen, die ihn interessierten, durchaus angemessen war. Die experimentelle Wissenschaft entstand nicht, als die Menschheit endlich einen Abkömmling hervorbrachte, der erkannte, daß künstlich geschaffene Bedingungen bei der Erforschung der Natur hilfreich sein konnten, sondern zu dem Zeitpunkt, als die Naturphilosophen mit einemmal Fragen stellten, zu deren Beantwortung sich eine solche Vorgehensweise anbot.[9]

Zum Abschluß unserer Analyse der Theorie der Veränderung von Aristoteles müssen wir kurz auf die vier berühmten aristotelischen Ursachen eingehen. Eine Veränderung oder die Herstellung eines Artefakts verstehen heißt, die Ursachen erkennen (wobei mit Ursachen hier so etwas wie »erklärende Bedingungen und Faktoren« gemeint ist). Es gibt vier davon: die Form, die einem Ding gegeben ist; die Materie, die dieser Form zugrunde liegt und die im Veränderungsprozeß erhalten bleibt; die Tätigkeit, durch die die Veränderung zustandekommt, und der Zweck, dem die Veränderung dient. Man nennt diese jeweils formale Ursache, materielle Ursache, hervorbringende Ursache und Endursache. Nehmen wir ein ganz einfaches Beispiel, die Anfertigung einer Statue. Die formale Ursache ist die dem Marmor verliehene Gestalt, die materielle Ursache ist der Marmor, dem diese Gestalt verliehen wird, die hervorbringende Ursache ist der Bildhauer, und die Endursache ist der Zweck, zu dem die Statue hergestellt wird (zum Beispiel zur Verschönerung Athens oder zum Ruhm eines seiner Helden). Es gibt Fälle, in denen sich die eine oder andere Ursache schwer bezeichnen lassen oder in denen mehrere Ursachen miteinander verschmelzen, aber Aristoteles war davon überzeugt, daß seine vier Ursachen ein universell anwendbares analytisches System darstellten.

Über die Unterscheidung Form/Materie haben wir so viel gesagt, daß wir die formale und die materielle Ursache nicht weiter erklären müssen, und die hervorbringende Ursache ähnelt dem modernen Ursachenbegriff so sehr, daß dazu auch kein weiterer Kommentar erforderlich ist. Aber zur Endursache müssen wir doch noch einiges sagen. Der lateinische Begriff dafür, *causa finalis*, geht zurück auf das lateinische Wort *finis*, das soviel wie »Ziel«, »Zweck« oder »Absicht« bedeutet. Die Vorsilbe »End-« hat nichts damit zu tun, daß diese Ursache auf der Liste der aristotelischen Ursachen oft ganz hinten steht. Aristoteles hatte ganz recht mit seiner Feststellung, daß man viele Dinge ohne Kenntnis ihres Zwecks oder ihrer Funktion nicht verstehen kann. Um beispielsweise die Anordung der Zähne im Mund zu verstehen, müssen wir ihre jeweilige Funktion kennen (Schneidezähne vorne zum Abbeißen, Backenzähne hinten zum Zermahlen der Nahrung). Oder, um ein Beispiel aus dem anorganischen Bereich zu nennen: Es ist nicht möglich, zu verstehen, warum eine Säge so aussieht wie sie aussieht, wenn man nicht weiß, wozu eine Säge dient. Aristoteles ging so weit, der Endursache Vorrang vor der materiellen Ursache einzuräumen; er wies darauf hin, daß der Zweck der Säge ihr Material (Eisen) bestimmt, wogegen die Tatsache, daß wir ein Stück Eisen besitzen, noch lange nicht bedeutet, daß wir daraus unbedingt eine Säge anfertigen müssen.[10]

Aber die wichtigste Anmerkung zur Endursache ist die folgende: Sie zeigt ganz deutlich, welche Rolle die Zweckgerichtetheit (der Fachbegriff dafür ist »Teleologie«) im Universum von Aristoteles spielt. Die Welt des Aristoteles ist eine ganz andere als die träge, mechanistische Welt der Atomisten, in der das einzelne Atom ohne Rücksicht auf alle anderen Atome seiner Bahn folgt. In der Welt von Aristoteles herrscht nicht der Zufall, vielmehr handelt es sich um eine geregelte, organisierte Welt, eine von Zweckbestimmtheit regierte Welt, deren Dinge sich auf ein durch ihre jeweilige Natur vorgegebenes Ziel hin entwickeln. Es wäre genauso ungerecht wie sinnlos, die Leistung von Aristoteles daran zu messen, inwieweit er der modernen Wissenschaft vorgegriffen hat (als ob er die Absicht gehabt hätte, unsere Fragen zu beantworten, und nicht seine eigenen Fragen). Dennoch ist es bemerkenswert, daß die auf der Teleologie von Aristoteles basierende funktionsbetonte Erklärung sich als von hoher Bedeutung für alle Naturwissenschaften erweisen sollte und in der Biologie bis heute eine wichtiges erklärendes Element darstellt.

## Kosmologie

Aristoteles entwarf nicht nur Methoden und Prinzipien, die zur Erforschung und zum Verständnis der Welt dienten (Form und Materie, Natur, Potentialität und Aktualität sowie die vier Ursachen). Gleichzeitig ent-

57

wickelte er auch detaillierte und richtungsweisende Theorien zu einem breiten Spektrum von Naturerscheinungen, angefangen vom Himmel über uns bis hinab zur Erde und ihren Bewohnern.[11]

Beginnen wir mit der Frage nach den Ursprüngen. Aristoteles beharrte unerschütterlich darauf, daß es keinen Anfang geben könne und das Universum daher ewig sein müsse. Die andere Möglichkeit – daß nämlich das Universum irgendwann einmal entstanden war, hielt er für undenkbar, weil sie (unter anderem) gegen den Kritikpunkt von Parmenides, daß nicht etwas aus dem Nichts entstehen könnte, verstieß. Die Haltung von Aristoteles zu dieser Frage sollte sich für seine Kommentatoren im Mittelalter als äußerst lästig erweisen.

Aristoteles zeichnete dieses ewige Universum als große Kugel, die durch die runde Schale, in welcher sich der Mond befindet, in eine obere und eine untere Region aufgeteilt ist. Über dem Mond befindet sich die Himmelsregion, darunter die Erdregion. Der Mond liegt räumlich in der Mitte, und auch seine Natur liegt zwischen der der beiden Regionen. Die Erd- oder sublunare Region ist von Geburt, Tod und allen möglichen Veränderungsprozessen gekennzeichnet. Die Himmels- oder supralunare Region dagegen stellt einen Ort der ewig unveränderlichen Kreisläufe dar. Es ist unmittelbar einsichtig, daß dieses Schema auf Beobachtung beruhte: In seinem Werk *Über den Himmel* erklärt Aristoteles[12]: »In der ganzen vergangenen Zeit hat sich, soweit die Erinnerung reicht, der oberste Himmel weder im Ganzen noch in irgendeinem seiner ihm eigentümlichen Teile verändert.« Wenn wir am Himmel ewig unveränderliche Kreisbewegungen beobachten, so fährt er fort, können wir daraus schließen, daß der Himmel nicht aus den irdischen Elementen besteht, da es, wie aus Beobachtungen hervorgeht, deren Natur ist, in vergänglichen geradlinigen Bewegungen zu entstehen und wieder zu vergehen. Der Himmel muß aus einem unzerstörbaren fünften Element bestehen (es gibt vier irdische Elemente): der Quintessenz (wörtlich: der fünften Substanz) oder dem Äther. Die Himmelsregion ist vollständig mit Äther angefüllt (also kein leerer Raum) und, wie wir sehen werden, in konzentrische Kugelschalen eingeteilt, welche die Planeten tragen. Sie hatte für Aristoteles eine übergeordnete, gottähnliche Stellung.[13]

In der sublunaren Region herrschen Zeugung, Verfall und Unbeständigkeit. Wie seine Vorgänger suchte Aristoteles nach dem Urstoff, oder den Urstoffen, auf welche sich die Vielfalt der in der Erdregion anzutreffenden Substanzen zurückführen läßt. Er akzeptierte die ursprünglich von Empedokles vorgeschlagenen und später von Platon übernommenen vier Elemente Erde, Wasser, Luft und Feuer. Er war sich mit Platon darüber einig, daß sich diese vier Elemente tatsächlich auf etwas noch Grundlegenderes reduzieren lassen, aber Platons Hang zur Mathematik teilte er nicht, und so lehnte er dessen regelmäßige Polyeder und die ihnen zugrundeliegenden

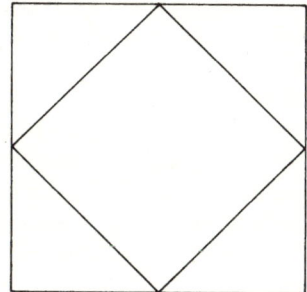

kalt und trocken = Erde
kalt und naß = Wasser
heiß und naß = Luft
heiß und trocken = Feuer

*Abb. 3.2: Quadratschema zur Darstellung der Gegensatzpaare der aristotelischen Elemente und Qualitäten. Eine mittelalterliche Fassung dieses Diagramms (9. Jh.) findet sich bei John E. Murdoch: Album of Science: Antiquity and the Middle Ages, S. 352.*

Dreiecke ab. Statt dessen blieb er bei seinem Weltbild, in dem der Sinneswahrnehmung Wirklichkeitswert zugesprochen wird, und entschied sich dafür, den *wahrnehmbaren Eigenschaften* die Rolle von Grundbausteinen zuzusprechen. Zwei Eigenschaftspaare sind dabei von entscheidender Bedeutung: heiß/kalt und naß/trocken. Diese Eigenschaften verbinden sich zu vier Paaren, von denen jedes jeweils ein Element erzeugt (s. Abb. 3.2)

Es sei darauf hingewiesen, daß hier erneut Gegensatzpaare verwendet werden. Es gibt keinen Grund, warum irgendeine der vier Eigenschaften (aufgrund äußerer Einflüsse) nicht von ihrem Gegenteil abgelöst werden sollte. Wenn Wasser erhitzt wird, so daß die Kälte des Wassers der Hitze weicht, verwandelt sich das Wasser in Luft. Durch einen solchen Prozeß läßt sich der Übergang von einem Aggregatzustand in den anderen leicht erklären (von fest zu flüssig zu gasförmig und umgekehrt), er kann aber auch allgemeiner für die Verwandlung einer Substanz in eine andere gelten. Eine derartige Theorie bot der Alchimie einen geeigneten Nährboden.[14]

Die verschiedenen Substanzen, aus denen der Kosmos besteht, füllen diesen vollkommen aus, es bleibt kein leerer Raum übrig. Um der Theorie von Aristoteles gerecht zu werden, dürfen wir einmal nicht unserem schon fast automatischen Hang zum atomistischen Denken nachgeben. Wir dürfen uns ein materielles Ding nicht als eine Gruppierung winziger Teilchen vorstellen, sondern als einheitliches Ganzes. Es ist zwar eine naheliegende Vorstellung, daß ein Brotlaib sich aus Krümeln zusammensetzt, zwischen denen jeweils kleine Räume freibleiben, aber es gibt keinen Grund, nicht anzunehmen, daß diese Zwischenräume mit einer anderen Substanz angefüllt sind, beispielsweise mit Luft oder Wasser. Und es läßt sich nur sehr schwer beweisen, (ja, es gibt keinen offensichtlichen Grund, überhaupt so etwas anzunehmen), daß Wasser und Luft nicht beständig sind. Aristoteles übertrug einen ähnlichen Denkprozeß auf das gesamte Universum, und dies führte ihn zu der Schlußfolgerung, daß das Universum ausgefüllt ist, ein *Plenum*, in dem es keinen leeren Raum gibt.

Aristoteles fuhr ein ganzes Arsenal von Argumenten zur Verteidigung dieser Theorie auf, beispielsweise das folgende: Zwischen zwei Bewegungen muß es immer einen Quotienten geben (der sich aus den Zeiten errechnet, die jeweils zur Überwindung einer Strecke benötigt wird). Wenn diese Zeitdifferenz sich aus der unterschiedlichen Dichte zweier Medien ergibt, dann sind Zeitquotient und Dichtequotient identisch. Wenn es sich aber bei einem dieser Medien um leeren Raum handeln würde, hätte dessen Dichte (Null) keinen Quotienten zur Dichte des anderen Mediums, und daher hätte eine Zeit keinen Quotienten zur anderen, und damit wäre die Prämisse, die am Anfang dieser Herleitung steht, verletzt. Heute könnten wir denselben Inhalt folgendermaßen ausdrücken: Wenn die Geschwindigkeit eines sich bewegenden Körpers durch den Widerstand gebremst wird, dann würde sich ein Köper ohne jeden Widerstand mit unendlicher Geschwindigkeit bewegen – eine unsinnige Vorstellung. Kritiker wiesen immer wieder darauf hin, daß dieses Argument ebenso als Beweis dafür dienen kann, daß fehlender Widerstand nicht unendliche Geschwindigkeit nach sich zieht, wie dafür, daß es keinen leeren Raum geben kann. Das ist natürlich ein schlagkräftiges Argument. Wir müssen aber auch sehen, daß Aristoteles' Ablehnung der Leere nicht auf diesem einen Argument basierte. Tatsächlich handelte es sich nur um einen kleinen Teil einer ausführlichen gegen die Atomisten gerichteten Kampagne, in der Aristoteles das Konzept eines leeren Raumes (oder leeren Ortes) bekämpfte. Dazu führt er ganz verschiedene Argumente von unterschiedlicher Überzeugungskraft an.[15]

Jedes Element ist nicht nur heiß oder kalt, naß oder trocken, sondern auch schwer oder leicht. Erde und Wasser sind schwer, aber Erde ist schwerer. Luft und Feuer sind leicht, Feuer ist leichter. Indem Aristoteles zweien der Elemente Leichtigkeit zuordnete, wollte er nicht einfach sagen (wie es vielleicht der Fall wäre, wenn wir so etwas sagen würden), daß sie weniger schwer waren, sondern daß sie im absoluten Sinne leicht waren. Leichtigkeit ist keine Abschwächung von Schwere, sondern ihr Gegenteil. Weil Erde und Wasser schwer sind, liegt es in ihrer Natur, sich zum Zentrum des Universums zu bewegen. Weil Luft und Feuer leicht sind, ist es ihre Natur, in die Peripherie aufzusteigen (d. h. in die Peripherie der Erdregion, also der Kugelschale, die den Mond enthält). Wenn sie nicht aufgehalten würden, würden Erde und Wasser also zum Zentrum hinabsinken; aufgrund ihrer größeren Schwere würde sich die Erde ganz im Zentrum sammeln, und das Wasser würde sich in einer konzentrischen

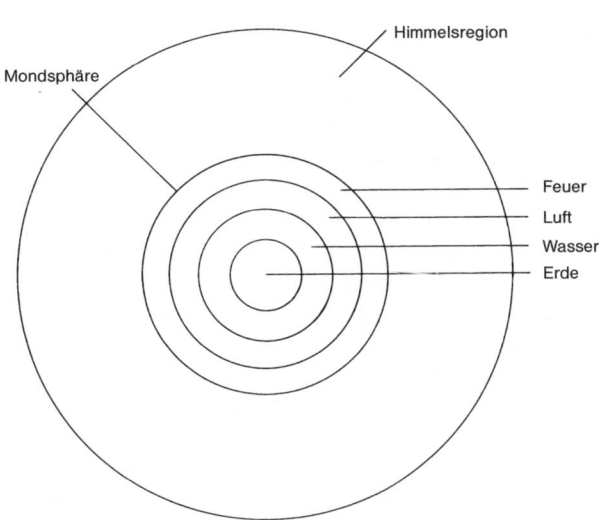

*Abb. 3.3: Der aristotelische Kosmos.*

Sphäre um sie herum verteilen. Luft und Feuer steigen auf, aber weil Feuer leichter ist, nimmt es die äußerste Region ein, während die Luft als konzentrische Sphäre dicht unter ihm liegt. Im Idealfall (in dem es keine gemischten Körper gibt und nichts die vier Elemente daran hindert, sich ihrer Natur entsprechend zu verhalten), würden die Elemente ein System konzentrischer Sphären bilden: Feuer ganz außen, danach Luft und Wasser, und zuletzt die Erde im Zentrum (s. Abb. 3.3). Aber in Wirklichkeit besteht die Welt zum größten Teil aus gemischten Körpern, die einander ständig in die Quere kommen, und der Idealzustand läßt sich niemals erreichen. Dennoch bestimmt die ideale Anordnung den natürlichen Ort der vier Elemente: der natürliche Ort der Erde ist das Zentrum des Universums, der des Feuers dicht unter der Mondsphäre, und so weiter.[16]

Wir möchten noch einmal betonen, daß die Anordnung der Elemente sphärischen Charakter hat. Die Erde sammelt sich im Zentrum und bildet *die Erde*, und auch sie ist kugelförmig. Diese Meinung verteidigte Aristoteles mit einer Reihe von Argumenten. Von seiner Naturphilosophie ausgehend weist er darauf hin, daß es die Natur der Erde sei, zum Zentrum des Universum hinzustreben, und daher mußte sie sich konzentrisch um diesen Punkt verteilen. Er wies jedoch auch auf Beobachtungsergebnisse hin, beispielsweise den runden Schatten, den die Erde bei einer Mondfinsternis wirft, sowie die Tatsache, daß sich die scheinbare Position der Sterne verändert, wenn sich ein Beobachter auf der Erdoberfläche von Norden nach Süden begibt. Aristoteles vermerkte sogar eine Schätzung, die Mathematiker zum Erdumfang getroffen hatten (400 000 Stadien = ungefähr 72 000 km, also ungefähr 1,8 mal der heute bekannte Wert). Die von Aristoteles mit diesen Argumenten vertretene Meinung, die Erde sei kugelförmig, geriet nie mehr in Vergessenheit, noch wurde sie ernsthaft in Frage gestellt. Der weitverbreitete Mythos, dem zufolge die Menschen der Antike glaubten, die Erde sei eine Scheibe, ist erst in neuerer Zeit entstanden.[17]

Zum Schluß müssen wir noch einmal auf einen Aspekt hinweisen, den diese Kosmologie mit sich bringt: daß nämlich der Raum keinen neutralen, homogenen Hintergrund darstellt (analog zu unserem heutigen Begriff des geometrischen Raumes), vor dem sich irgendwelche Ereignisse abspielen, sondern selbst Eigenschaften besitzt. Oder um es präziser auszudrücken: Unsere Welt ist eine Welt des *Raums*, die Welt des Aristoteles dagegen war eine Welt des *Ortes*. Schwere Körper streben an ihren Ort im Zentrum des Universums, und dies nicht aufgrund ihrer Tendenz, sich mit anderen dort befindlichen schweren Körpern zusammenzutun, sondern einfach deswegen, weil es ihre Natur ist, diesen zentralen Ort anzustreben. Wenn durch irgendein Wunder dieses Zentrum leer wäre (in Aristoteles' Universum eine physikalische Unmöglichkeit, aber eine interessante Vorstellung), so bliebe er doch immer noch das Ziel der schweren Körper.[18]

# Bewegungen von Erde und Himmel

Die Bewegungstheorie von Aristoteles läßt sich am besten ausgehend von ihren zwei wichtigsten Grundprinzipien verstehen. Das erste Prinzip heißt: Eine Bewegung entsteht niemals von selbst; es gibt keine Bewegung ohne Beweger. Das zweite besteht in der Unterscheidung zwischen zwei Bewegungstypen. Bewegung in Richtung des natürlichen Ortes des sich bewegenden Körpers ist »natürliche Bewegung«; Bewegung in irgendeine andere Richtung ist »erzwungene oder gewaltsame Bewegung«.

Beweger im Fall der natürlichen Bewegung ist die Natur des Körpers, welche verantwortlich ist für dessen Tendenz, sich in Richtung seines natürlichen Ortes zu bewegen, der durch die ideale sphärische Anordnung der Elemente vorgegeben ist. Die Bewegungsrichtung gemischter Körper hängt ab vom Mengenverhältnis der verschiedenen Elemente, aus denen es sich zusammensetzt. Wenn ein sich natürlich bewegender Körper seinen natürlichen Ort erreicht, endet seine Bewegung. Beweger im Fall der erzwungenen Bewegung ist eine äußere Kraft, die den Körper dazu zwingt, gegen sein natürliches Bestreben zu verstoßen und sich in eine andere Richtung als zu seinem natürlichen Ort zu bewegen. Eine solche Bewegung endet dann, wenn die äußerliche Kraft nicht mehr wirkt.[19]

Soweit klingt das vernünftig. Es stellt sich jedoch ein naheliegendes Problem: wie läßt es sich erklären, daß ein in horizontale Richtung geschleudertes, sich also erzwungen bewegendes Wurfgeschoß, nicht sofort stillsteht, wenn es sich nicht mehr in direktem Kontakt mit dem Auslöser dieser Bewegung befindet? Die Antwort von Aristoteles lautete, daß das Medium die Rolle des Bewegers übernimmt. Wenn wir ein Objekt werfen, wirken wir gleichzeitig auf das das Objekt umgebende Medium (die Luft zum Beispiel) ein und verleihen ihm die Kraft, Objekte zu bewegen. Diese Kraft pflanzt sich immer weiter fort, so daß das Wurfgeschoß ständig mit einem Teil des Mediums in Kontakt bleibt, der seine Bewegung aufrechterhalten kann. Dies mag unwahrscheinlich klingen, man muß aber bedenken, daß (vom Standpunkt des Aristoteles aus) die andere Alternative noch weit unwahrscheinlicher ist – nämlich, daß ein Wurfgeschoß, in dessen Natur es liegt, zum Zentrum des Universums zu streben, sich waagerecht oder aufwärts bewegt, obwohl keine unmittelbare Ursache es mehr zu einer solchen Bewegung veranlaßt.

Nicht allein Kraft bestimmt die Bewegung. In allen auf der Erde tatsächlich auftretenden Fällen von Bewegung tritt auch ein Widerstand oder eine Gegenkraft auf. Und Aristoteles ging davon aus, daß die Bewegungsgeschwindigkeit von diesen beiden bestimmenden Faktoren – Antriebskraft und Widerstand – abhängt. Es stellte sich die Frage: in welchem Verhältnis stehen Kraft, Widerstand und Geschwindigkeit zueinander? Aristoteles kam zwar nicht auf den Gedanken, daß ein universell anwendbares quantitativ formulierbares Gesetz existiert, aber das Problem interessierte ihn, und er machte mehrere Vorstöße ins Gebiet der quantitativen Theorie. In bezug auf die natürliche Bewegung stellte Aristoteles in *Über den Himmel* und später noch einmal in seiner *Physik* fest: Wenn zwei unterschiedlich schwere Körper herabfallen, verhält sich die Zeit, die sie zum Zurücklegen einer bestimmten Entfernung benötigen, umgekehrt proportional zu ihrem Gewicht (d. h. ein doppelt so schwerer Körper benötigt die halbe Zeit). Im selben Kapitel der *Physik* führt Aristoteles den Widerstand in die Analyse der natürlichen Bewegung ein und stellt fest: Wenn gleich schwere Körper sich durch Medien mit verschiedenen Dichten hindurchbewegen, ist die zum Zurücklegen einer bestimmten Entfernung benötigte Zeit proportional zur Dichte des jeweiligen Mediums. Das heißt, je größer der Widerstand, desto langsamer bewegt sich der Körper. Und schließlich beschäftigte sich Aristoteles in der *Physik* auch mit der erzwungenen Bewegung und stellte folgende Behauptung auf: Wenn eine bestimmte Kraft ein bestimmtes Gewicht (gegen dessen Natur) in einer bestimmten Zeit über eine bestimmte Entfernung bewegt, wird dieselbe Kraft das halbe Gewicht in der gleichen Zeit über die doppelte Entfernung bewegen (oder die gleiche Entfernung in der halben Zeit); oder aber die halbe Kraft bewegt das halbe Gewicht in der gleichen Zeit über die gleiche Entfernung.[20]

Von solchen Behauptungen angespornt, haben sich einige Nachfolger von Aristoteles angestrengt bemüht, ein allgemeingültiges Gesetz aufzustellen. Dieses Gesetz wird üblicherweise folgendermaßen ausgedrückt:

$$V \propto F/R$$

Das heißt, die Geschwindigkeit (V) ist proportional zur Antriebskraft (F) und umgekehrt proportional zum Widerstand (R). Für den Spezialfall des natürlichen Herabfallens eines schweren Körpers stellt das Gewicht (W) des Körpers diese Antriebskraft dar, das Verhältnis sieht dann so aus:

$$V \propto W/R$$

Wahrscheinlich verstoßen solche Formeln in den meisten Fällen von Bewegungen nicht maßgeblich gegen das Denken von Aristoteles. Allerdings bedeutet ihre oben gezeigte Umsetzung in eine mathematische Formel, daß sie für alle Werte von V, F und R gelten – ein Anspruch, den Aristoteles sicherlich geleugnet hätte. So stellte er z.B. ausdrücklich fest, daß überhaupt keine Bewegung möglich ist, wenn der Widerstand genauso groß ist wie die Antriebskraft – über die oben aufgeführte Formel kommen wir nicht zu einem solchen Ergebnis. Außerdem verfälscht die Einbeziehung der Geschwindigkeit in diese Gleichungen ernsthaft den von Aristoteles verwendeten Begriffsrahmen, in dem die Geschwindigkeit als meßbare Größe der Bewegung gar nicht vorkam – es beschrieb die Bewegung nur in den Begriffen Weg und Zeit. Die Geschwindigkeit als wissenschaftlicher Fachbegriff, dem sich numerische Werte zuordnen ließen, entstand erst im Mittelalter.

Aristoteles ist mit seiner Bewegungstheorie auf ernsthafte Kritik gestoßen. Es wird immer wieder angeführt, jeder halbwegs vernünftige Mensch hätte den schwerwiegenden Fehler darin erkennen müssen. Ist so eine Kritik gerechtfertigt? Nun, zunächst einmal halten nur wenige Historiker die Erteilung von Lob und Tadel für ihre vordringliche Aufgabe – es ist doch offensichtlich viel wichtiger, die Vergangenheit überhaupt zu verstehen. Zweitens bezieht sich ein Teil der Kritik auf eine Theorie, die erst Nachfolger oder Kritiker von Aristoteles diesem untergeschoben haben, nicht auf seine eigene. Drittens ist die Theorie in ihrer rein aristotelischen Fassung durchaus vernünftig. Beispielsweise haben mehrere Tests ergeben, daß die Mehrzahl der modernen Menschen mit Hochschulbildung viele Grundlagen der aristotelischen Bewegungstheorie bereitwillig annehmen. Viertens läßt sich die verhältnismäßig geringe quantitative Aussage in der Theorie von Aristoteles leicht als Folge seiner breiteren Naturphilosophie erklären. Sein eigentliches Ziel lag im Verständnis des inneren Wesens der Dinge, nicht in der Erforschung quantitativ formulierbarer Verhältnisse zwischen so zufälligen Faktoren wie die einem sich bewegenden Körper zugeordneten Raum-Zeit (oder Ort-Zeit) Koordinate. Selbst eine ausführliche Erforschung der Koordinaten liefert uns keine nützliche Information über die Natur (ein wichtiger Aspekt der modernen Mechanik ist gerade das Bestreben, alle Körper nach den gleichen Regeln zu behandeln, ohne Unterschiede ihres inneren Wesens anzuerkennen: Gleichgültig woraus die einzelnen Körper bestehen, es gelten für alle die gleichen Gesetze und alle verhalten sich identisch.) Wir können Aristoteles höchstens dafür kritisieren, daß er sich nicht für das interessierte, was uns interessiert, aber das führt zu keinen wichtigen Erkenntnissen über Aristoteles.

Bei der Bewegung am Himmel handelt es sich um ein ganz andersgeartetes Phänomen. Der Himmel besteht aus der Quintessenz, einer unzerstörbaren Substanz, in der es keine gegensätzlichen Eigenschaften gibt und die sich deswegen nicht in ihren Eigenschaften verändern kann. Eigentlich wäre für einen solchen Ort absolute Bewegungslosigkeit angemessen, aber dagegen spricht schon eine ganz oberflächliche Beobachtung des Himmels. Daher ordnete Aristoteles dem Himmel die vollkommenste aller Bewegungen zu: die stetige, gleichförmige Kreisbewegung. Bei der gleichförmigen Kreisbewegung handelt es sich nicht nur um die vollkommenste aller Bewegungen, durch sie lassen sich auch die beobachteten Kreisläufe am Himmel erklären.

Zu Lebzeiten von Aristoteles waren diese Kreisläufe schon jahrhundertelang vorher untersucht worden. Man ging davon aus, daß sich die »Fix«-sterne vollkommen gleichförmig bewegten, als wären sie an eine gleichförmig rotierende Kugelschale geheftet, die sich ungefähr einmal im Laufe eines Tages um sich selbst drehte. Aber da gab es sieben Sterne, die Wandersterne oder Planeten, die eine kompliziertere Bewegung ausführten. Bei diesen sieben handelte es sich um Sonne, Mond, Merkur, Venus, Mars, Jupiter und Saturn. Die Sonne bewegt sich mit leicht variierender Geschwindigkeit langsam (ungefähr 1°/Tag) von Westen nach Osten über die Fixsternsphäre. Dabei folgt sie der sogenannten Ekliptik, welche durch das Zentrum des Tierkreises führt (s. Abb. 2.4). Der Mond wandert annähernd über die gleiche Bahn, aber mit höherer Geschwindigkeit (ungefähr 12°/Tag). Auch die anderen Planeten bewegen sich entlang der Sonnenbahn, dabei variiert ihre Geschwindigkeit und von Zeit zu Zeit ändern sie ihre Richtung.

Lassen sich so komplizierte Bewegungen mit der Forderung nach einer gleichförmigen Bewegung am Himmel vereinbaren? Eine Generation vor Aristoteles hatte Eudoxos bereits gezeigt, daß dies möglich ist. Auf dieses Thema werde ich im 5. Kapitel zurückkommen, aber vorerst soll der Hinweis genügen, daß Eudoxos jede komplizierte Planetenbewegung als Zusammensetzung einer Reihe gleichförmiger Kreisbewegungen behandelte. Dies gelang ihm dadurch, daß er jedem Planeten eine Reihe konzentrischer Sphären zuordnete, und wiederum jede dieser Sphären für ein Element der komplexen Planetenbewegung verantwortlich machte. Aristoteles übernahm dieses Eudoxossche System mit leichten Abwandlungen.

Zum Schluß hatte er eine komplizierte Himmelsmaschinerie erdacht, die aus fünfundfünfzig Planetensphären zuzüglich der Fixsternsphären bestand.

Welche Ursache liegt der Bewegung am Himmel zugrunde? In der Naturphilosophie von Aristoteles konnte eine solche Frage nicht ungestellt bleiben. Die Himmelssphären bestehen natürlich aus der Quintessenz; da ihre Bewegung ewig ist, kann sie nur natürlich sein, nicht erzwungen. Die Ursache dieser ewigen Bewegung muß selbst unbewegt bleiben, denn wenn wir nicht von einem unbewegten Beweger ausgehen, beißt sich die Katze ganz schnell in den Schwanz: Ein sich bewegender Beweger muß wiederum von einem anderen sich bewegenden Beweger in Bewegung gesetzt worden sein, und so weiter. Aristoteles bezeichnete den unbewegten Beweger der Planetensphären als den »Ersten Beweger«: eine lebendige Gottheit, die für die höchste Güte steht, vollkommen aktualisiert, vollkommen in Selbstbetrachtung vertieft, nicht räumlich, getrennt von den Sphären, die er bewegt, und ganz anders als die traditionellen antropomorphen griechischen Götter. Aber wie verursacht nun dieser Erste Beweger oder Unbewegte Beweger die Bewegung am Himmel? Er ist keine hervorbringende Ursache (dazu wäre ein Kontakt zwischen dem Beweger und dem Bewegten erforderlich), sondern eine Endursache. Das heißt: Die Himmelssphären streben zu ihm, streben danach, den Ersten Beweger in seiner unveränderlichen Vollkommenheit zu imitieren, indem sie unvergängliche, gleichförmige Kreisbewegungen ausführen. Jeder Leser, der die Argumentation des Aristoteles so weit verfolgt hat, würde nun logischerweise davon ausgehen, daß es einen einzigen Unbewegten Beweger für den gesamten Kosmos gibt. Daher wirkt es etwas überraschend, wenn Aristoteles verkündet, daß tatsächlich jede der Himmelssphären ihren eigenen Unbewegten Beweger hat, der das Objekt ihrer Zuneigung und die Endursache ihrer Bewegung darstellt.[21]

## Aristoteles als Biologe

Es läßt sich nicht feststellen, wann oder wie Aristoteles dazu kam, sich für Biologie zu interessieren. Die Tatsache, daß er der Sohn eines Arztes war, spielt sicherlich eine Rolle. Aristoteles betrieb seine Studien im Bereich der Biologie zweifellos über einen längeren Zeitraum hinweg, aber während der Jahre, die er auf der Insel Lesbos verbrachte (vor der Küste Kleinasiens), war die Gelegenheit für meeresbiologische Studien besonders günstig. Wahrscheinlich waren ihm seine Studenten bei der Sammlung biologischer Informationen behilflich, und sicherlich berief er sich auch auf die Berichte anderer Beobachter, beispielsweise von Ärzten, Fischern und Bauern. Auf der Grundlage dieser Forschungsbemühungen entstanden eine Reihe von Abhandlungen über Zoologie und kürzere Aufsätze über die menschliche Physiologie und Psychologie, die in ihrer modernen Übersetzung insgesamt weit mehr als 400 Seiten einnehmen. Auf diesem Werk gründet die systematische Zoologie, und seit mehr als zweitausend Jahren hat sie entscheidenden Einfluß auf das humanbiologische Denken.[22]

Zu Zeiten von Aristoteles hatte die Beschäftigung mit der menschlichen Anatomie und Physiologie bereits eine lange Geschichte, denn diese Themen waren im Bereich der Medizin von Bedeutung. Vermutlich reichte das als Motivation. Dagegen hatte Aristoteles das Gefühl, sich für seine zoologische Forschung rechtfertigen zu müssen. In *Über die Teile der Tiere* gestand er ein, daß Tiere im Vergleich zum Himmel auf einer niedrigen Stufe stünden, und er nahm zur Kenntnis, daß es vielen widerstrebte, sich mit Zoologie zu beschäftigen. Doch diesen Widerwillen hielt er für kindisch, und er führte an, daß beim Studium der Zoologie der hohe Umfang und die Vielzahl der vorhandenen Informationen für den niedrigen Status des Studienobjekts entschädige. Außerdem, so argumentierte Aristoteles, trügen zoologische Studien zum besseren Verständnis des menschlichen Daseins bei, denn zwischen der Natur von Mensch und Tier bestünde große Ähnlichkeit. Er wies darauf hin, was für eine Freude es bereite, im Reich der Zoologie auf Ursachen zu stoßen, und er führte an, daß im Tierreich Ordnung und Zweckmäßigkeit besonders deutlich zu erkennen sei, so daß sich anhand solcher Studien wunderbar die Vorstellung bekämpfen lasse, bei den »Werken der Natur« handle es sich um reine Zufallsprodukte.[23]

Aristoteles erkannte, daß die Biologie sich in einen deskriptiven und einen erklärenden Bereich aufteilen läßt. Die Erklärung biologischer Erscheinungen betrachtete er als Endziel, hielt aber das Sammeln von biologischen Daten für den ersten notwendigen Schritt. Bei seinem Werk *Tierkunde,* mit dem er diese grundlegende Forderung erfüllen wollte, handelt es sich um eine wahre Fundgrube biologischer Information. Aristoteles begann mit dem menschlichen Körper, der als Vergleichsgrundlage dem Verständnis aller anderen Tiere dienen sollte. Er unterteilte den menschlichen Körper in Kopf, Hals, Brustkorb, Arme und Beine; weiterhin besprach er innere und äußere Organe, unter anderem das Gehirn, das Verdauungssystem, die Geschlechtsorgane, Lunge, Herz und Blutgefäße.

Den wichtigsten Beitrag leistete Aristoteles jedoch nicht im Bereich der menschlichen Anatomie, sondern in der Zoologie. In seiner *Tierkunde* erwähnt er mehr als 500 Tierarten. Körperbau und Verhalten vieler Spezies werden ausführlich beschrieben; die dazu notwendigen Kenntnisse beschaffte er sich häufig durch sorgfältige Sektion. Zwar beschäftigte Aristoteles sich eingehend mit den theoretischen Fragen der Klassifizierung, in der Praxis jedoch übernahm er »natürliche« oder volkstümliche Einteilungen, wie sie sich aufgrund vieler körperlicher Merkmale anboten: Er unterteilte das Tierreich in zwei Hauptkategorien – »Bluttiere« (das heißt mit rotem Blut) und »blutlose Tiere«. Die erstere Kategorie teilte er wiederum ein in lebendgebärende Vierbeiner (vierbeinige Säugetiere, die lebende Junge gebären), eierlegende Vierbeiner, Meeressäugetiere, Vögel und Fische; letztere wiederum in Weichtiere (wie Krake oder Tintenfisch), Krustentiere (beispielsweise Krabben und Krebse), Schalentiere (wie Schnecke und Auster) und Insekten. Aristoteles ordnete diese Hauptkategorien aufgrund ihrer Körpertemperatur in verschiedene Daseinsstufen.[24]

Aristoteles beschäftigte sich zwar mit dem gesamten Tierreich, aber sein Hauptinteresse galt zweifellos den Meerestieren; aus eigener Erfahrung besaß er in diesem Bereich genaue Kenntnisse. Es wurde beispielsweise immer wieder darauf hingewiesen, daß er die Plazenta des Hundshais (*Mustelus laevis*) in Einzelheiten beschrieb, die sich erst im 19. Jahrhundert bestätigen ließen. Aber auch in anderen Bereichen der Tierwelt macht er eindrucksvolle Beobachtungen. Seine Beschreibung des bebrüteten Vogeleis beispielsweise ist ein glänzendes Beispiel für seine gewissenhafte Beobachtung[25]:

Die Entwicklung aus dem Ei verläuft bei allen Vögeln auf die gleiche Art, nur die Reifezeiten sind verschieden … Bei den Hühnern zeigt sich die erste Spur, wenn drei Tage und Nächte vergangen sind … In dieser Zeit wandert bereits das Eigelb nach oben zur Spitze hin, die den Ursprung des Eis bedeutet und wo auch das Küken auskriecht, und es zeigt sich als eine Art blutiger Punkt im Eiweiß das Herz. Dieser Punkt pulst und bewegt sich, als sei er belebt. Von ihm aus winden sich zwei gewundene adrige Gefäße, die Blut führen, zu jeder der beiden einschließenden Hüllen. Um diese Zeit umgibt bereits das Weiße ein Häutchen mit blutigen Fasern. Etwas später sondert sich der Körper bereits ab, zunächst noch winzig und hell. Man erkennt den Kopf, und in diesem sind die Augen besonders aufgeblasen.

Die Abfassung einer Naturgeschichte, in der die Bewohner des Universums aufgezählt und beschrieben werden, ist sicherlich eine reizvolle Aufgabe, und manchen würde so eine Zielsetzung an sich durchaus genügen. Aber für Aristoteles war sie nur das Mittel zu einem höheren Zweck – er wollte eine Sammlung von Tatsachen und Daten zusammentragen, auf deren Grundlage er die Physiologie verstehen und ursächliche Erklärungen finden konnte. Und wahres Wissen war für ihn stets untrennbar mit der Kenntnis der Ursachen verbunden.

Aristoteles wandte bei der Erforschung der Physiologie die gleichen Prinzipien an, wie sie für andere Bereiche seiner Naturphilosophie galten (In Gelehrtenkreisen ist es noch immer umstritten, ob er diese Prinzipien zuerst im Bereich der Biologie entwickelte und sie dann auf Metaphysik, Physik und Kosmologie übertrug oder umgekehrt).[26] Jedenfalls nehmen Form und Materie, Aktualität und Potentialität, die vier Ursachen und insbesondere die Zweckmäßigkeit oder Funktion, wie sie sich von der

Endursache herleitet, in seiner Biologie eine zentrale Stellung ein. Die Elemente einer angemessenen biologischen Erklärung faßt Aristoteles in seinem Werk *Über die Zeugung der Tiere* geschickt in Worte[27]: »Alles, was wird, muß ja aus etwas entstehen und durch etwas und zu etwas werden.« Die materielle Ursache eines Organismus ist natürlich das, woraus er besteht; die Kraft, durch die er entstanden ist, ist die formale oder die hervorbringende Ursache (in Aristoteles' Biologie verschmelzen diese Ursachen immer wieder); und das, wozu er wird, das Ziel seiner Entwicklung, ist seine Endursache.

So setzt sich also jeder Organismus aus Materie und Form zusammen: die Materie stellen die verschiedenen Organe dar, die zusammen den Körper bilden; die Form ist das Organisationsprinzip, das diese Organe zu einem einheitlichen organischen Ganzen zusammenfügt. Aristoteles setzte Form mit Seele gleich und ordnete ihr die Verantwortlichkeit für die Kennzeichen des Lebens zu – Nahrungsaufnahme, Fortpflanzung, Wachstum, Empfindung, Bewegung usw. Tatsächlich stufte Aristoteles die Lebewesen danach ein, welche Arten von Seelen sie besaßen – jede Seele hatte dabei bestimmte Funktionen. Pflanzen besitzen eine nährende Seele, die es ihnen ermöglicht, Nahrung aufzunehmen, zu wachsen und sich fortzupflanzen. Tiere besitzen zusätzlich eine wahrnehmende Seele, die für Sinneswahrnehmung und (indirekt) Bewegung zuständig ist. Beim Menschen schließlich findet sich darüberhinaus noch eine rationale Seele, auf die sich die höheren Fähigkeiten des Verstandes zurückführen lassen. Wenn die Seele, wie Aristoteles es beschreibt, nur die Form des Lebewesens ist, dann ist es klar, daß die Seele (auch die menschliche Seele) nicht unsterblich sein kann; nach dem Tod zerfällt der Organismus, und seine Form vergeht zum Nichtseienden.[28]

Wie überträgt sich die Seele, die Form des Lebewesens, von den Eltern auf den Nachwuchs? Damit kommen wir zu einer zentralen Frage der aristotelischen Physiologie – der Frage der organischen Zeugung. Zunächst führt Aristoteles an, daß die Existenz zweier Geschlechter – männlich und weiblich – den Unterschied zwischen formaler oder hervorbringender Ursache (hier zu einem verschmolzen) und der Materie, auf die diese Ursache wirkt, widerspiegelt. Beim Menschen und bei höheren Tieren liefert das Weibchen die Materie in Form von Menstrualblut. Der männliche Samen enthält die Form und überträgt diese auf das Menstrualblut; daraus entsteht ein neuer Organismus. Höhere Tiere mit höherer Körpertemperatur bringen ihre Jungen lebendig und als vollkommen entwickelte Vertreter ihrer Spezies zur Welt. Tiere mit einer etwas geringeren Körpertemperatur schlüpfen aus im Körperinneren bebrüteten Eiern; wenn wir auf der Vollkommenheitsskala weiter hinuntergehen, kommen wir zu Tieren, die äußerlich bebrütete Eier legen; diese Eier sind in Abhängigkeit von der genauen Körpertemperatur mehr oder weniger vollkommen. Ganz unten auf der Skala rangieren die blutlosen Tiere, die eine Larve oder Made hervorbringen[29]:

Zuvor muß man bedenken, wie sinnreich und folgerichtig die Natur die Zeugung gestaltet hat. Die vollkommeneren und wärmeren Tiere bringen auch vollendete Junge hervor, jedenfalls in der Art; denn in der Größe tut dies kein Geschöpf, weil alle Jungen erst wachsen müssen. Die zweitvollkommenen bringen nicht von vornherein in sich vollendete Junge hervor, aber doch nach außen, nachdem sie zunächst Eier ausgebildet hatten. Die nächsten Tiere gebären kein vollendetes Junge, aber doch ein Ei, das wenigstens vollendet ist. Tiere, die noch kälter sind, bringen ein Ei hervor, aber ein unvollendetes, das erst draußen sich entwickelt, wie die Gattung der schuppigen Fische und die Krustentiere und die Weichtiere. Die fünfte und kälteste Gattung bringt aus sich kein Ei hervor, aber draußen kommt es auch hier zu dieser Entwicklungsstufe, wie gesagt wurde. Die Kerbtiere werfen nämlich zunächst die Maden aus, aber diese Made wird im Laufe ihrer Entwicklung eiähnlich ...

Der Vollkommenheitsgedanke, auf den Aristoteles in seiner Theorie der Zeugung so viel Wert legt, führt uns zum dritten und letzten Element seiner biologischen Analyse – die Endursache, bzw., wie Aristoteles es in der oben zitierten Passage formulierte, das, wozu ein biologischer Organismus im Begriff ist zu werden. Der Biologe muß nach Aristoteles' Ansicht immer die vollständige, ausgereifte Form oder Natur eines Organismus kennen. Nur aufgrund dieser Kenntnis kann er den Aufbau des Lebewesens und das Vorhandensein und das Zusammenwirken seiner Teile verstehen. Beispielsweise erklärte Aristoteles das Vorhandensein einer Lunge bei Landbewohnern durch die Bedürfnisse des Organismus' insgesamt. Bluttiere, so argumentierte er, benötigen aufgrund ihrer Wärme ein Kühlmittel von außen. Im Fall von Fischen ist dieses Mittel Wasser, und daher haben Fische Kiemen anstelle einer Lunge. Atmende Tiere dagegen werden durch die Luft gekühlt, und aus diesem Grund sind sie mit Lungen ausgestattet.[30] Wenn man die ausgereifte Form eines Lebewesens kennt, läßt sich auch seine Entwicklung besser begreifen, denn typisch für den organischen Bereich ist die Bewegung in Richtung einer höheren Entwicklung, und zwar in dem Maße wie die Organismen danach streben, die ihnen innewohnenden Potentiale zu aktualisieren. Wir können beispielsweise die Veränderungen, die in einer Eichel vor sich gehen, nicht verstehen, solange wir die am Ziel der Entwicklung stehende Eiche nicht verstehen. Schließlich führt Aristoteles Zweck und Funktion nicht nur als Erklärung von Form oder Entwicklung von Individuum oder Spezies ein, sondern auf einer universalen oder kosmischen Ebene, um auf diese Weise die gegenseitige Abhängigkeit und das Verhältnis der Spezies untereinander in der natürlichen Ordnung zu erklären.

Natürlich enthält das biologische System von Aristoteles noch viel mehr.

Er erklärt Nahrungsaufnahme, Wachstum, Fortbewegung und Empfindung. Er betrachtet die Funktionen der wichtigsten Organe, darunter Gehirn, Herz, Lunge, Leber und Fortpflanzungsorgane. Wichtig ist der Hinweis, daß er das Herz zum zentralen Organ des Körpers erklärte, den Sitz von Gefühl und und Wahrnehmung sowie der Körperwärme. Von ihm stammt die Vorstellung eines hierarchisch abgestuften Tier- und Pflanzenreiches: Form, so glaubte er, ist der Materie überlegen, Leben dem Nichtleben, das Männliche dem Weiblichen, das Reife dem Unreifen. Ja, er stellte eine einzige hierarchische Stufenleiter aller Lebewesen auf, auf deren oberster Sprosse der Erste Beweger stand; sie führt über die Menschheit und die lebendgebärenden, eierlegenden und wurmgebärenden Tiere hinunter bis zu den Pflanzen.

Wir wollen diese Abhandlung mit einer kurzen Analyse der Methode, die den biologischen Schriften des Aristoteles zugrundeliegt, abschließen. Wenn es überhaupt einen Wissenschaftszweig gibt, der Beobachtung erfordert, dann ist das sicherlich die Biologie (und darin insbesondere die Naturgeschichte). Es ist nicht denkbar, daß Aristoteles versucht hätte, Körperbau und Gewohnheiten der Tiere auf irgendeiner anderen Grundlage zu beschreiben. Häufig machte er selbst diese in Frage kommenden Beobachtungen; in seinem Werk finden sich zahlreiche Beispiele für empirische Methoden, die auch die Sektion einschließen. Andererseits wäre es keinem Naturwissenschaftler möglich, ganz allein eine solche Menge von Daten zusammentragen, wie sie die biologischen Schriften des Aristoteles enthalten – es ist ganz offensichtlich, daß er auf die Berichte von Reisenden, Bauern und Fischern, die Hilfe von Assistenten und die Schriften seiner Vorgänger zurückgriff. Aristoteles ging normalerweise sehr kritisch an diese Quellen heran und bewies selbst seinen eigenen Beobachtungen gegenüber eine gesunde Skepsis. Und doch war diese Skepsis mitunter nicht groß genug, und es gibt in seinen biologischen Werken zahlreiche Beispiele für falsche Darstellungen. Zur Aufstellung biologischer Theorien mußte Aristoteles (wie jeder Theoretiker) Folgerungen aus seinen Beobachtungsdaten ziehen. Wenn das auch nicht immer dieselben Folgerungen waren, die wir heute ziehen würden, so zeigt sich in ihnen doch die Einsicht eines der hervorragendsten Biologen, die jemals gelebt haben. Natürlich schlägt sich in ihnen auch der mächtige Einfluß von Aristoteles' umfassenderem philosophischem System nieder; dieses System bestimmte die Fragen, die er stellte, die Einzelheiten, die er wahrnahm, und ihre theoretische Interpretation.[31]

# Die Leistung von Aristoteles

Ein philosophisches System läßt sich nicht daran messen, bis zu welchem Grad es dem heutigen Denken vorgreift, sondern daran, bis zu welchem Grad es die Fragen der Zeit, in der es entstanden ist, zufriedenstellend löst. Wenn man hier einen Vergleich anstellen muß, dann zwischen Aristoteles und seinen Vorgängern, nicht zwischen Aristoteles und der Gegenwart. So betrachtet erweist sich die Philosophie von Aristoteles als erstaunliche Leistung. Im Bereich der Naturphilosophie ging er die wichtigsten der von den Vorsokratikern und Platon gestellten Fragen umsichtig und geschickt an, nämlich Fragen wie die nach der Natur des Grundstoffes, den richtigen Mitteln zur Erkenntnis desselben, Fragen im Zusammenhang mit Wechsel und Ursache, der Grundstruktur des Kosmos und der Natur der Gottheit sowie deren Verhältnis zu den materiellen Dingen.

Aber Aristoteles ging auch bei der Analyse spezifischer natürlicher Erscheinungen sehr viel weiter als seine Vorgänger. Es ist nicht übertrieben, wenn man sagt, daß er fast völlig selbständig vollkommen neue wissenschaftliche Disziplinen begründete. Seine *Physik* enthält eine detaillierte Abhandlung der Erddynamik. Einen großen Teil seiner *Meteorologie* widmete er Erscheinungen der oberen Atmosphäre, beispielsweise Kometen, Sternschnuppen, Regen und Regenbogen, Donner und Blitz. In *Über den Himmel* baute er das Werk bestimmter Vorgänger zu einer bahnbrechenden Abhandlung über die Planetenastronomie aus. Er sprach geologische Erscheinungen an, etwa Erdbeben und Fragen der Mineralogie. Er unterzog die Sinnesorgane, insbesondere den Gesichtssinn und das Auge, einer genauen Analyse und entwickelte eine Theorie zu Licht und Sehen, die bis ins siebzehnte Jahrhundert hinein grundlegend bleiben sollte. Er beschäftigte sich mit den von heute aus gesehen grundlegenden chemischen Prozessen – Mischungen und Verbindungen von Substanzen. Er schrieb ein Buch über die Seele und ihr Vermögen. Und wie wir gesehen haben trug er maßgeblich zur Entwicklung der Biologie bei.

Wir werden uns in den folgenden Kapiteln noch mit dem Erbe von Aristoteles befassen. Schließen wir mit folgender Feststellung: sein mächtiger Einfluß auf die Spätantike und seine Dominanz vom dreizehnten Jahrhundert an bis zur Renaissance läßt sich nicht darauf zurückführen, daß die Gelehrten ihm in dieser Zeit blind nachfolgten oder daß die Kirche sich für seine Theorien starkmachte, sondern durch die so überwältigend einleuchtende Kraft seines philosophischen und wissenschaftlichen Systems. Wenn Aristoteles sich durchsetzte, dann durch Überzeugung, nicht durch Zwang.

# KAPITEL 4

# DIE HELLENISTISCHE NATURPHILOSOPHIE

Der Tod von Aristoteles im Jahre 322 v. Chr. fiel zeitlich annähernd mit dem Ende jener Feldzüge zusammen, durch die Alexander der Große (334–323 v. Chr.) ein ausgedehntes griechisches Reich begründet und den Untergang der selbständigen griechischen Stadtstaaten eingeläutet hatte. Alexander erweiterte das griechische Hoheitsgebiet drastisch, und so gelangte griechische Sprache und Kultur im Osten bis nach Baktrien (das heute zu Afghanistan gehört) und an den Indus, im Süden bis Ägypten (s. Karte Nr. 2). Andererseits machten Alexander und seine Nachfolger auch wieder Anleihen bei den eroberten Völkern, und auf diese Weise fügten sich Elemente aus Griechenland und aus anderen Ländern zu einer Gesamtkultur zusammen, die mit dem Adjektiv »hellenistisch« bezeichnet wird (mit Griechenland verbunden). Zwar spielten die griechischen Elemente weitaus die bedeutendste Rolle, doch die Historiker, die diesen Begriff prägten, wollten die hellenistische Epoche von der, von ihnen aus betrachtet, unverfälschten griechischen Kultur der früheren »hellenischen« Epoche abgrenzen. Die Bezeichnung »hellenistische Naturphilosophie« bezieht sich somit auf die im gesamten griechischen Reich von Gelehrten und gebildeten Menschen angestellten Überlegungen zum Thema Natur. Kurzfristig hielt sich der Schwerpunkt im herkömmlichen griechischen Staatsgebiet; auf Dauer jedoch verschob sich diese Vorreiterposition südwärts nach Alexandria in Ägypten und dann westwärts nach Rom.

## *Schule und Erziehung*

Bevor wir die Inhalte der hellenistischen Naturphilosophie näher betrachten, müssen wir uns ihren gesellschaftlichen Unterbau ansehen – d. h. die sozialen Mechanismen und Bildungseinrichtungen, über die Wissen im allgemeinen und Naturphilosophie im besonderen vermittelt wurden. Wissen kann natürlich ganz individuell von Eltern an Kinder, unter Freunden

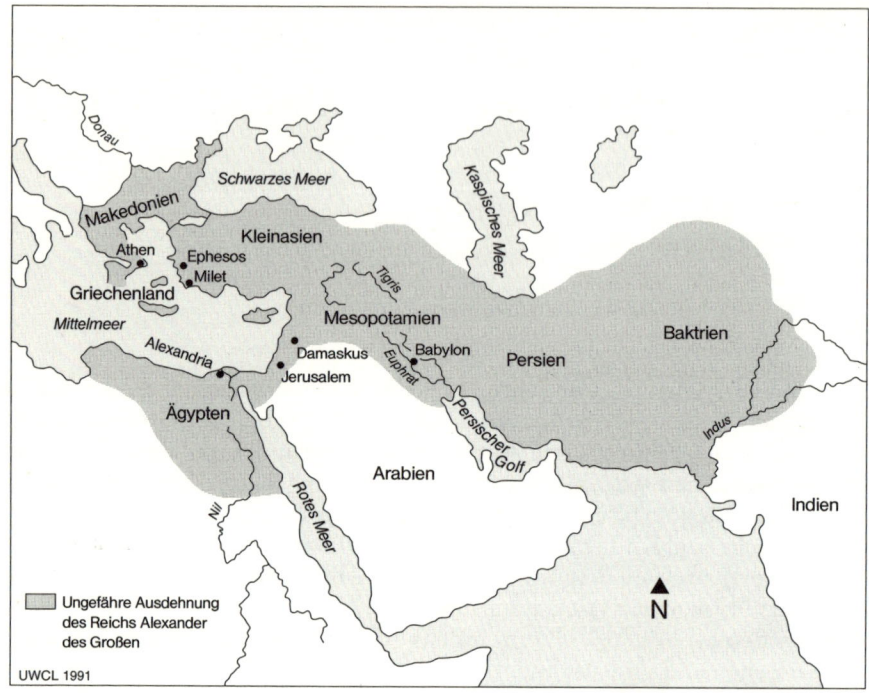

*Karte 2: Das Reich Alexanders des Großen.*

oder vom Meister an den Lehrling weitergegeben werden. Doch je umfangreicher und spezialisierter dieses Wissen wird, desto mehr wächst sicherlich das Bedürfnis nach einem genormten, kollektiven Bildungssystem. Gab es dieses Bedürfnis im antiken Griechenland? Wenn ja, wie sah das Bildungssystem aus, das aus diesem Bedürfnis heraus entstand?[1]

Es gab in keiner Gesellschaft des Altertums so etwas wie eine formelle Schulpflicht, aber unter den Mitgliedern der frühen griechischen Aristokratie war es üblich, mehrere Jahre lang eine Art Grundschule zu besuchen. Weil diese Art der Erziehung auf Kinder vor der Pubertät (*Paides*) abzielte, bezeichnete man sie als *paideia*. Herkömmlicherweise bestand *Paideia* aus zwei Sparten: *gymnastike* für den Körper und *Mousike* für den Verstand oder den Geist. *Gymnastike* umfaßte Körperpflege und Leichtathletik. Unter *Mousike* fielen alle den Musen unterstehenden Künste, insbesondere Musik und Dichtung. Doch neue gesellschaftliche Bedürfnisse entstanden, denen dieses zweigeteilte System nicht genügen konnte. Zu Anfang des fünften Jahrhunderts v. Chr. gab es auch Schulen, an denen man Lesen und Schreiben lernen konnte.

74

Der Unterricht in *Gymnastike* wurde zumeist auf einem Sportplatz oder in einer Ringkampfschule, möglicherweise auch in einem öffentlichen Gymnasion gehalten. Die Unterweisung in *Mousike* und Literatur konnte fast überall stattfinden, etwa in einem öffentlichen Gebäude oder im Privathaus eines Lehrers. Es ist festzuhalten, daß es nichts gab, was mit unserer modernen Schulpflicht, der Erziehung der Massen, vergleichbar gewesen wäre. Lehrer übernahmen aus freien Stücken und in Eigeninitiative den Unterricht, und die Mitglieder der Aristokratie bedienten sich dieses Lehrangebots entsprechend ihrer jeweiligen Bedürfnisse bzw. Neigungen.

Einen Umbruch erlebte das Bildungssystem im 5. Jh. v. Chr. mit dem Auftreten der Sophisten. Bis zu diesem Zeitpunkt hatte man sich mit einer elementaren Bildung begnügt, deren Ziele hauptsächlich im sportlichen und künstlerischen Bereich lagen. Doch etwa in der Mitte des fünften Jahrhunderts tauchten wandernde Lehrer, die man als Sophisten bezeichnete, in Athen auf und boten etwas ganz Neues. Zunächst einmal boten sie Unterricht auf einem fortgeschritteneren Niveau. Zweitens hatten sie das Ziel, Bürger und Staatsmänner auszubilden, und damit mußten sich die inhaltlichen Schwerpunkte zugunsten intellektueller und vor allem politischer Fächer verschieben. Die Sophisten boten eine Unterrichtsform an, die wir heute als Gruppenseminare bezeichnen würden. Es gab keinen festen Stundenplan, keine einheitliche Struktur und mit Sicherheit kein sämtlichen Sophisten gemeinsames philosophisches System, und die Unterrichtsdauer wurde unter den Beteiligten abgesprochen (Historiker sprechen oft von einem Zeitraum von drei bis vier Jahren, aber in jüngster Zeit ist auch die Rede davon, daß der Unterricht in manchen Fällen vielleicht »lediglich eine Woche oder eine Stunde« gedauert haben mag).[2] Um potentielle Kunden auf sich aufmerksam zu machen, mußten die sophistischen Lehrer sich zeigen, und so machten sie es sich zur Gewohnheit, an einem öffentlichen Ort, beispielsweise der Agora (dem öffentlichen Marktplatz) oder in einem großen öffentlichen Gymnasion (Athen verfügte zu jener Zeit über mindestens drei davon) zu unterrichten. Wenn dem Lehrer die Schüler ausgingen oder wenn er begann, der Stadt zur Last zu fallen, zog er weiter.

Vor einem solchen Hintergrund betrachtet, können wir die Lehrtätigkeit von Sokrates und Platon ansatzweise verstehen. Sokrates und Platon unterschieden sich zweifellos in mancherlei Hinsicht von den Sophisten – sie zogen nicht durch die Lande, sondern verweilten in Athen, und ihre Lehrmethoden wichen von jenen der Sophisten ab. Aber den damaligen Einwohnern Athens entgingen diese Unterschiede wahrscheinlich vollkommen; sicherlich hielten sie beide Männer für typische Vertreter der sophistischen Bewegung. Als Platon nach seiner Italienreise im Jahr 388 v. Chr. nach Athen zurückkehrte, gründete er eine Schule in der Akademie – einem gewaltigen öffentlichen Gymnasion vor den Toren Athens, das bereits seit längerer Zeit zu Bildungszwecken genutzt worden war. Dieses Projekt war eigentlich nur in einer Hinsicht außergewöhnlich, nämlich darin, daß die Schule zu einer ständigen Einrichtung wurde, die den Tod Platons noch um viele Jahre überdauerte.[3]

Platons Schule bestand aus einer Gemeinschaft von Philosophen; dabei handelte es sich um Gelehrte, die in ihrem Wissen unterschiedlich weit fortgeschritten waren und einander als Gleichgestellte behandelten. Platon war zweifellos die treibende Kraft; er motivierte seine Kollegen durch sein Beispiel und stand den weniger fortgeschrittenen Schülern als Kritiker zur Seite. Andererseits war auch er selbst für Kritik empfänglich und hat (wie der Leiter eines heutigen Graduiertenseminars) vielleicht im selben Maße gelernt wie gelehrt.[4] Sicherlich hatte diese Unternehmung auch eine religiöse Komponente. Die Akademie war dem Dienst an den Musen geweiht, und möglicherweise fanden dort eine Art religiöser Zeremonien statt. Doch gab es sicherlich keine orthodoxe Glaubensdoktrin, und die Schule stand (zumindest prinzipiell) Studenten aller Glaubensrichtungen offen. Es wurden keine Studiengebühren erhoben, und ein Schüler konnte an den Aktivitäten der Akademie so lange teilnehmen, bis er ihrer überdrüssig wurde oder bis er seinen Lebensunterhalt nicht mehr bestreiten konnte. Irgendwann erwarb Platon ein Stück Land in der Nähe der Akademie, das als Schauplatz einiger der Aktivitäten der Akademie dienen konnte. Dieses Privateigentum in Verbindung mit Platons hinsichtlich eines Nachfolgers getroffenen Vorkehrungen trug sicherlich zum langen Bestehen der Schule bei.

Zwanzig Jahre lang, bis zum Tode Platons im Jahre 348 oder 347 v. Chr., war Aristoteles Mitglied der Akademie. Als er nach der Unterwerfung Athens unter die Herrschaft der Makedonen im Jahre 335 v. Chr. in die Stadt zurückkehrte, wurde Aristoteles nicht wieder Mitglied der Akademie, was absolut im Bereich des Möglichen gelegen hätte, sondern gründete statt dessen eine konkurrierende Schule in einem anderen Athener Gymnasion, dem Lykeion. Ebenso wie die Akademie hatte auch das Lykeion schon seit langem zu allgemeinen Bildungszwecken gedient. Aristoteles und seine Schüler trafen sich gewöhnlich in einem Säulengang (*Peripatos*) des Lykeions. Von diesem Säulengang leitet sich die ihnen zugewiesene oder von ihnen selbst angenommene Bezeichnung »Peripatetiker« her, unter der sie seither bekannt sind. Aristoteles' Lykeion und Platons Akademie ähnelten sich in vielerlei Hinsicht, sie unterschieden sich jedoch hinsichtlich ihrer Methode und ihrer Schwerpunkte. Was die Methode betrifft, so führte Aristoteles die kooperative Forschung ein, wie sie sich bei der Erstellung seiner Naturgeschichte und ebenso bei der systematischen Sammlung älterer philosophischer Schriften bereits darstellt. Den Schwerpunkt legte Aristoteles mehr auf die Biologie, was in deutlichem Gegensatz zu den eher auf die Mathematik gerichteten Interessen Platons stand. Dazu

O                                                                                                S

N                                                                                                W

*Abb. 4.1: Die Schulen des hellenistischen Athen: © Candace H. Smith.*
*Erstveröffentl. in A. A. Long und D. N. Sedley:*
*The Hellenistic Philosophers, Bd. 1*
*(leicht verändert)*
*Entfernungen: Lykeion–Stoa poikile = 1000 m*
*Stoa poikile–Dipylon Tor = 500 m*
*Akademie–Dipylon Tor = 1100 m*

kommt die unübersehbare Kluft zwischen der aristotelischen und der platonischen Metaphysik.[5]

Zu diesem Zeitpunkt war Athen bereits zum Bildungszentrum der griechischen Welt aufgestiegen, und bald traten andere Lehrer in Erscheinung, welche die vorhandenen Möglichkeiten nutzen wollten. Etwa im Jahre 312 v. Chr. kam Zenon aus Kition nach Athen und begann, in der *Stoa poikile* (der bunten Halle) in einer Ecke der Athener Agora zu unterrichten. Daraus begründete sich die Schule der später als »Stoiker« bezeichneten Philosophen. Der auf der Insel Samos geborene Athener Bürger Epikur kehrte um das Jahr 307 v. Chr. nach Athen zurück, erwarb dort ein Haus und einen Garten und gründete die philosophische Schule der Epikureer, welche sich bis über die Zeitenwende hinaus erhielt.

Jede der vier führenden Schulen Athens – die Akademie, das Lykeion, die Stoa und der Garten Epikurs – entwickelte eine eigene institutionelle Identität, aufgrund derer sie den Tod ihrer Begründer überdauern konnte. Man geht davon aus, daß die Akademie und das Lykeion durchgehend bis Anfang des ersten Jahrhunderts v. Chr. (möglicherweise bis zur Plünderung Athens durch den römischen General Sulla im Jahre 86 v. Chr.) existierten. Es wird oft behauptet, daß die Akademie erst im Jahre 529 n. Chr. von Kaiser Justinian geschlossen wurde. In Wirklichkeit haben wahrscheinlich Neuplatoniker im 5. Jh. n. Chr. die Akademie *neugegründet* und sie bis 560 oder später am Leben erhalten; es besteht jedoch kein institutioneller Zusammenhang zwischen dieser Schule und Platons Akademie. Die Stoa erhielt sich bis ins zweite Jahrhundert n. Chr., und die Schule der Epikureer bis ins Jahrhundert darauf.[6]

In der Zwischenzeit war man in anderen Teilen der griechischen Welt, insbesondere im ägyptischen Alexandria, dem Vorbild Athens gefolgt. Nach dem Tod Alexanders des Großen teilten dessen Generäle das Reich untereinander auf. Ägypten und Palästina fielen an Ptolemaios. Zur Hauptstadt seines Reiches machte er Alexandria. Unter der Herrschaft von Ptolemais und seinen Nachfolgern wuchs die Stadt, wurde immer prachtvoller und nahm schließlich eine führende Stellung im Bildungswesen ein. Als der Athener Diktator Demetrios von Phaleron, ein früheres Mitglied des aristotelischen Lykeion, im Jahre 307 v. Chr. gestürzt wurde, lud ihn Ptolemaios nach Alexandria ein; dort nahm er vermutlich Einfluß auf die Entscheidung seines Herren, das Museum zu gründen – dabei handelte es sich nicht um ein Gebäude, in dem Kunstwerke ausgestellt werden konnten, sondern vielmehr um einen Tempel der Musen; also gleichzeitig um ein Heiligtum und eine Lehranstalt. Weitere Verbindungen zwischen Museum und Lykeion ergeben sich daraus, daß Straton, der dritte Lykeionsdirektor, einige Zeit am Hof des Ptolemaios verbrachte und dort dessen Kinder unterrichtete. Vermutlich bestand das Museum aus einigen im Königsviertel gelegenen Gebäuden, und da es sich um einen Tempel handelte, unterstand es wohl der Leitung durch einen Priester. Ihm war eine Bibliothek angegliedert (die nach zeitgenössischen Schätzungen fast eine halbe Million Schriftrollen beherbergte), und aufgrund der großzügigen Gönnerschaft der ptolemäischen Könige sowie angesichts des allmählichen Niedergangs der Athener Schulen, entwickelte es sich zur bedeutendsten Forschungsanstalt der hellenistischen Epoche – und damit zu einem der wichtigsten Verbindungsglieder zwischen frühgriechischem Denken, der Römerzeit und dem Mittelalter.[7]

Die Gründung des Museums ist nicht nur deswegen von Bedeutung, weil dort richtungsweisende Forschung betrieben wurde. Sie ist auch das erste Beispiel dafür, daß ein Staat oder ein König weiterführende Studien förderten. Weiter ausgebaut wurde dieses System in der Epoche von 140 n. Chr. bis 180 n. Chr. von den römischen Kaisern Antoninus Pius und Markus Aurelius, die in Athen und anderswo kaiserlich geförderte Lehrstühle für Lehrer der Rhetorik und der Philosophie schufen. Markus Aurelius sorgte dafür, daß in Athen Lehrstühle für alle wichtigen philosophischen Richtungen – Platoniker, Peripatetiker, Stoiker und Epikureer – eingerichtet wurden. Diesem Vorbild folgte man innerhalb kurzer Zeit auch in anderen Teilen der griechischen Welt. Langfristig sollte diese Struktur sich ausschlaggebend auf das römische und christliche Bildungswesen auswirken.

## Das Lykeion nach Aristoteles

Auf seinen Reisen durch Kleinasien in den vierziger Jahren des 4. Jahrhunderts v. Chr. lernte Aristoteles Theophrast (ca. 371 – ca. 286) kennen. Vermutlich geschah dies während seines Aufenthalts auf Theophrasts Heimatinsel Lesbos. Zwischen den beiden entwickelte sich eine enge Freundschaft, und als Aristoteles im Jahre 335 nach Athen zurückkehrte, begleitete ihn Theophrast und nahm während der nächsten dreizehn Jahre aktiv am Leben des Lykeions teil. Als Aristoteles starb, wurde Theophrast Leiter des Lykeions. Diese Stellung behielt er sechsunddreißig Jahre lang.

Offensichtlich teilte Theophrast im großen und ganzen die philosophischen Ansichten, methodologischen Ansätze und das Interessensspektrum von Aristoteles. Theophrast führte die Lehrtätigkeit sowie die zu Aristoteles' Lebzeiten in Zusammenarbeit in Angriff genommenen Forschungsprojekte im Bereich von Naturgeschichte und Philosophiegeschichte weiter. Er faßte das Gedankengut der vorsokratischen Philosophen in einem Buch zusammen. Daraus entstand die heute als »doxographisch« bezeichnete Tradition – eine Reihe von Handbüchern, in denen die philosophischen Ansichten zu einem breiten Themenspektrum zusammengefaßt und bewahrt wurden. Die meisten Schriften Theophrasts sind heute verloren, aber unter den erhaltenen Werken befinden sich zwei Abhandlungen über Botanik sowie ein Aufsatz über Mineralien, aus denen seine enge Verbundenheit mit dem Forschungsprogramm von Aristoteles hervorgeht. Wie die Schriften von Aristoteles im Bereich der Zoologie enthalten sie ausführliche Beschreibungen des pflanzlichen Lebens (mehr als 500 Arten werden aufgeführt), gut durchdachte Ansätze zur Klassifizierung und einsichtige Versuche, zu einer physiologischen Theorienbildung zu gelangen. Theophrast übernahm viele Erklärungsprinzipien von Aristoteles (z. B. den Zusammenhang zwischen Körperwärme und Leben) und betonte die Notwendigkeit der Anwendung einer strengen empirischen Methode. In seinem Werk *Über die Steine* übernahm er die von Aristoteles aufgestellte Unterteilung der Mineralien in Metalle (in denen das Element Wasser überwiegt) und »Erden« (in denen das Element Erde überwiegt). Darüberhinaus lieferte er eine systematische Beschreibung einer Vielzahl verschiedener Gesteine und Mineralien.

Einerseits führte Theophrast das von Aristoteles aufgestellte Forschungsprogramm weiter, andererseits jedoch war er durchaus dazu bereit, verschiedene Aspekte der aristotelischen Naturphilosophie in Frage zu stellen oder abzulehnen. Diese Tatsache möchten wir anhand von drei Beispielen aufzeigen. Theophrast äußerte Vorbehalte gegenüber der aristotelischen Teleologie und wies darauf hin, daß nicht alle Bestandteile des Universums irgendeinem erkennbaren Zweck dienen, und daß das Zufallsprinzip in der Welt eine bedeutende Rolle spielt. Er überdachte die von Aristoteles übernommene Theorie der vier Elemente und stellte das Feuer als Element in Frage. Und auch was Licht und Sehen anging, war er sich nicht mit Aristoteles einig. Er zweifelte dessen Theorie an, daß es sich beim Licht um die Aktualisierung der Transparenz des Mediums handle, und äußerte die Ansicht, die Augen der Tiere enthielten eine Art Feuer, durch dessen Licht sich ihre Fähigkeit, im Dunkeln zu sehen, erklären ließe.[8]

Eine gänzlich andersgeartete Leistung Theophrasts war die, für das Lykeion Grundeigentum zu erwerben. Theophrast war zwar kein Bürger Athens, aber er erhielt eine Sondergenehmigung für den Ankauf eines Grundstücks in der Nähe des Gymnasions. Dort waren in mehreren Gebäuden vermutlich die Schulbibliothek und einige Arbeitsräume untergebracht. In seinem Testament vermachte Theophrast seinen gelehrten Kollegen diesen Besitz[9]: »Den Garten, den *Peripatos* und alle Häuser am Rand des Gartens übergebe ich den hier benannten Freunden, deren Wunsch es ist, dort zusammen Erziehung und Philosophie fortzuführen...; ich stelle die Bedingung, daß niemand diesen Besitz veräußern oder ihn privater Nutzung zuführen darf, statt dessen soll alles zusammen wie ein Heiligtum in gemeinschaftlichem Besitz verbleiben.«

Das Schicksal der Bibliothek der Peripatetiker folgte verschlungeneren

Pfaden. In seinem Testament vermachte Theophrast die Bibliothek (die nicht nur seine eigenen Bücher, sondern auch die von Aristoteles enthielt) dem Neleus, den er vielleicht als seinen Nachfolger vorgesehen hatte. Als die Gemeinschaftsältesten statt seiner Straton zum neuen Leiter wählten, kehrte Neleus ins kleinasiatische Skepsis zurück und nahm die Bücher (oder zumindest einen großen Teil davon) mit. Dadurch verlor das Lykeion einen lebenswichtigen Teil seiner Ausstattung. In Neleus' Besitz blieb die Bibliothek fast vollständig erhalten, bis sie im ersten Jahrhundert v. Chr. (nach Angaben des Historikers Strabon – nicht zu verwechseln mit Straton) den Erben des Neleus wieder abgekauft und der Schule der Peripatetiker in Athen zurückgegeben wurde. Kurz darauf fiel Athen an Sulla, der die Bücher nach Rom verfrachtete. Dort gelangten sie in die Hände des Andronikos von Rhodos, der sie geordnet und überarbeitet in weiteren Umlauf brachte.[10]

Währenddessen hatte Straton (aus Lampsakos in Kleinasien) die Leitung des Lykeions übernommen; er behielt diese Stellung achtzehn Jahre lang (von 286–268 v. Chr.). Das Interessenspektrum Stratons scheint in seiner Breite jenem von Aristoteles und Theophrast in nichts nachgestanden zu haben. Doch keines seiner Werke ist vollständig erhalten, und wir müssen uns mit einem eher bruchstückhaften Bild seiner philosophischen und wissenschaftlichen Tätigkeit begnügen, wie es sich aus vereinzelten Zitaten und Paraphrasierungen in den Werken späterer Autoren erstellen läßt. Es sieht so aus, als hätte sich Straton um die Verbesserung und Erweiterung der Werke von Aristoteles und Theophrast zu einer Vielzahl von Themen bemüht. Sicherlich hatte er keine Hemmungen, wenn es darum ging, ihre Ansichten in Frage zu stellen oder Elemente aus anderen philosophischen Traditionen zu übernehmen, sobald er einen Anlaß dazu sah.

Seinen bedeutendsten Beitrag (aus dem zu schließen, was uns überliefert ist) leistete Straton auf dem Gebiet der Bewegungstheorie und der der physikalischen Welt zugrundeliegenden Struktur. Eine grundlegende Korrektur der aristotelischen Bewegungstheorie lieferte er, indem er eine Unterscheidung zwischen leichten und schweren Körpern ablehnte und dazu anführte, jeder Körper besitze in geringerem oder höherem Maße Gewicht. Somit steigen Feuer und Luft nicht deswegen auf, weil sie absolut leicht sind, sondern deswegen, weil sie von schwereren Körpern bewegt werden. Straton stellte sich auch gegen die aristotelische Theorie von Raum und Ort. Und er machte Beobachtungsergebnisse bekannt, anhand derer sich zeigen ließ, daß schwere Körper im Fall beschleunigen (ein Aspekt des freien Falls, den Aristoteles nicht berücksichtigt hatte). Straton wies darauf hin, daß ein aus der Höhe hinunterstürzender Wasserfall oben noch ein durchgehender Strom, unten jedoch unterbrochen ist – eine Tatsache, die sich durch seine ständig wachsende Geschwindigkeit erklären läßt. Zur Stützung derselben Behauptung vermerkte er, daß die Stärke des Aufpralls eines fallenden Körpers sich nicht nur nach dessen Gewicht, sondern auch nach dessen Fallhöhe richtet.[11]

Zwar besteht kein Zweifel daran, daß Straton in seiner Sichtweise der Struktur, die der körperlichen Welt zugrundeliegt, Aristoteles im großen und ganzen zustimmte, aber es steht auch fest, daß er es war, der in die Naturphilosophie der Peripatetiker die Teilchentheorie einführte. Den Anstoß dazu erhielt er vermutlich von Epikur, der einige Zeit in Stratons Heimatstadt Lampsakos unterrichtete und sich teilweise auch gleichzeitig mit Straton in Athen aufhielt. Am deutlichsten ersichtlich ist das Teilchenbild aus Stratons Überzeugung, daß es sich beim Licht um eine Ausströmung von Materie handelt, und daß Körper nicht durchgehend seien, sondern zwischen den Teilchen angesiedelte leere Räume enthielten. Mithilfe des Konzepts eines leeren Raumes erklärte Straton verschiedene Eigenschaften der Materie, darunter Verdichtung, Verdünnung und Elastizität. Zwar nahm Straton die Existenz von in der Materie verteilten winzigen Leerräumen an, leugnete jedoch die natürliche Existenz eines durchgehenden leeren Raumes. Wir müssen darauf achten, daß wir Straton nicht zum ausgewachsenen Atomisten erklären – er behielt nämlich offenbar die Überzeugung bei, daß jede körperliche Substanz unendlich teilbar sei, und damit lehnte er gerade die unbedingt wesentliche Theorie jeder atomistischen Philosophie ab, nämlich den Glauben an die Existenz unteilbarer Atome.

Einige der Nachfolger Stratons in der Leitung des Lykeions bis Ende des 2. Jh. v. Chr. sind uns namentlich bekannt. Zweifellos fanden in der Schule regelmäßig Vorlesungen über die peripatetische Philosophie statt, und es wurde ständig versucht, die Philosophie von Aristoteles weiter zu erläutern und das von ihm hinterlassene Material zu sortieren. Allerdings sind uns bis zur Schließung des Lykeions keine Aufzeichnungen erhalten, die neue Beiträge zur Naturphilosophie leisten, und ebensowenig kritische und aussagekräftige Kritiken der traditionellen peripatetischen Philosophie. Dennoch wurden die Werke von Aristoteles auch weiterhin gelesen und kommentiert, insbesondere nachdem Andronikos von Rhodos seine neue Ausgabe des aristotelischen Korpus erarbeitet hatte. Mitte des ersten Jahrhunderts v. Chr. finden wir Kommentare von Boethos von Sidon (einem Schüler von Andronikos) und Nikolaus von Damaskus (einem Historiker am Hofe von König Herodes). Etwa im Jahre 200 n. Chr. hielt Alexander von Aphrodisias in Athen Vorlesungen über die peripatetische Philosophie und verfaßte bedeutende und richtungsweisende Kommentare zu einer Reihe von Werken des Aristoteles. Und schließlich zeugen auch die Kommentare der Neuplatoniker Simplikios und Johannes Philoponos davon, daß die aristotelische Tradition noch im sechsten Jahrhundert n. Chr. von Bedeutung war. In der islamischen und christlichen Welt des Mittelalters sollte dieser Tradition erneute Aufmerksamkeit zuteil werden, ja, die aristotelische Philosophie sollte noch einmal eine führende Stellung einnehmen.[12]

## Epikureer und Stoiker

Während der hellenistischen Epoche diskutierten die Anhänger Platons und Aristoteles weiterhin die platonische und aristotelische Philosophie, erläuterten und veränderten sie. Gleichzeitig entstanden alternative philosophische Systeme, von denen zwei sich zu ernsthaften Konkurrenten entwickelten. Beide enthielten bereits vertraute Elemente, aber was an beiden neu war, war die Betonung der ethischen Problematik. Ja, beide zeichnen sich dadurch aus, daß sie entschlossen waren, alle anderen Aspekte der Philosophie ethischen Kriterien unterzuordnen.

Das Ziel der Philosophie ist nach Ansicht Epikurs (341–270 v. Chr.) das Erlangen von Glückseligkeit. »Wer da sagt, die Stunde zum Philosophieren sei für ihn noch nicht erschienen oder bereits entschwunden«, so schrieb er an Menoikeus, »der gleicht dem, der behauptet, die Zeit für die Glückseligkeit sei noch nicht da oder nicht mehr da.« Glückseligkeit, so glaubte Epikur, ließ sich durch das Besiegen der Angst vor dem Unbekannten und vor dem Übernatürlichen erringen, und um dieses Ziel zu erreichen, bot sich die Naturphilosophie als Instrumentarium geradezu an. Eine Epikur zugeschriebene Maxime lautet folgendermaßen: »Wenn uns nicht die Angst vor den himmlischen Erscheinungen quälte und vor dem Tode als einer vielleicht doch für uns bedeutungsvollen Sache sowie weiter der Umstand, daß wir die Grenzen des Schmerzes und der Begierden nicht kennen, dann bedürften wir keiner Naturlehre.« Die Naturphilosophie dient nicht nur als bloßes Hilfsmittel zur Erlangung von Glückseligkeit – das ist sogar ihre einzige Funktion.[13]

Die Naturphilosophie Epikurs übernahm viele Elemente aus dem Atomismus des Altertums. Nach seiner Vorstellung war das Universum unvergänglich und bestand aus einer unendlichen Leere, in der sich eine unendliche Zahl von Atomen ununterbrochen bewegen: »Du wirst dann in dem Strahl unzählige, winzige Stäubchen wimmeln sehn, die im Leeren sich mannigfach kreuzend vermischen, die wie in ewigem Kriege sich Schlachten und Kämpfe zu liefern rottenweise bemühen und keinen Moment sich verschnaufen.« Alle Dinge und alle Erscheinungen dieser Welt (und der unendlichen Zahl weiterer existierender Welten) lassen sich auf Atome und die Leere zurückführen. Die Götter selbst müssen sich aus Atomen zusammensetzen. Die wahrnehmbaren Qualitäten der Dinge (wir nennen sie jetzt »sekundäre Qualitäten«) wie Geschmack, Farbe und Wärme existieren im einzelnen Atom nicht; dessen einzige genuine Attribute sind Gestalt, Größe und Gewicht. Es ist eine passive, mechanistische Welt, in der (mit einer unten ausgeführten Ausnahme) alles aufgrund mechanischer Ursachen geschieht. Es existiert kein alles regierender Verstand, keine göttliche Vorsehung, kein Schicksal, kein Leben nach dem Tod. Und es gibt keine Endursachen: Lukrez († ca. 55 v. Chr.) faßte das später in seiner

*Abb. 4.2: Epikur. Museo Vaticano, Rom, Vatikanstadt.
Alinari/Art Resource New York.*

Darstellung der epikureischen Philosophie folgendermaßen in Worte[14]:
»kurzum, für sämtliche Glieder, so mein ich, gilt's, daß sie früher vorhanden, bevor ihr Gebrauch ward gefunden.«

Aber Epikur und seine Anhänger verbreiteten nicht nur das philosophische System der alten Atomisten. Sie mußten die atomistische Philosophie
außerdem so verändern, daß sie auch auf ethische Fragen angewendet
werden konnte. Und sie veränderten ihren Inhalt, um Probleme lösen,
Einwänden begegnen und ihre Plausibilität erhöhen zu können. Beispielsweise lehnte Epikur Demokrits Rationalismus ab und behauptete, jede
Empfindung sei grundlegend zuverlässig.[15] Daraus schien zu folgen, daß
wahrnehmbare oder sekundäre Eigenschaften auf makroskopischer Ebene
Wirklichkeitswert besitzen, wenn sie auch (wie Demokrit dargelegt hat)
auf atomarer Ebene nicht existieren.

Eine folgenschwerere Änderung des Inhalts der atomistischen Naturphilosophie stellte Epikurs Theorie der Abweichung dar. Er entwarf sie
nicht nur, um die atomistische Kosmologie gegen vernichtende Einwände
abzusichern, sondern auch, um die in der epikureischen Ethik lauernde
deterministische Bedrohung zu bannen. Epikur zufolge besitzen Atome

Gestalt und Größe (wie bereits bei Leukipp und Demokrit), außerdem jedoch Gewicht. Ihr Gewicht ist dafür verantwortlich, daß sie in die unendliche Leere fallen, wodurch eine Erscheinung entsteht, die man als kosmischen Urregen betrachten könnte. Weil keines der Atome auf Widerstand stößt, fallen alle mit der gleichen Geschwindigkeit, und keines wird jemals von einem anderen überholt. Das ist eine völlig unzufriedenstellende Kosmologie, denn sie scheint eben jene Kollisionen auszuschließen, mit denen der Atomismus den Kosmos erklärt. Epikur löste dieses Problem, indem er eine unendlich kleine Abweichung postulierte: ein Atom weicht in geringstmöglichem Maße von seiner Fallstrecke ab und löst damit eine Kettenreaktion von Kollisionen aus. Der schwierigste Aspekt dieser Theorie ist der, daß es sich bei der Abweichung um ein nicht verursachtes Ereignis handeln muß, denn gäbe es eine Ursache dafür, könnte diese nur in der Kollision mit einem anderen Atom liegen, und gerade der Unmöglichkeit einer solchen Kollision versuchen wir durch diese Theorie ja zu entrinnen.[16]

Vielleicht sind wir versucht, wegen der Erfindung unverursachter Ereignisse (diese bringen die Philosophen bis heute in Verlegenheit, obwohl sie in manchen Interpretationen der modernen Quantenmechanik auftauchen) ein hartes Urteil über Epikur zu fällen. Wir dürfen aber nicht übersehen, daß diese Abweichung nicht nur den Ursprung des Atomwirbels erklärt, auf den wir wiederum die Welt, in der wir leben, zurückführen; er entrinnt damit auch der deterministischen Verkettung, welche den Menschen von jeder Verantwortung freisprechen und damit Epikurs ethisches System vernichten würde. Wenn alle Vorgänge der Welt auf streng mechanistischen Ursachen basieren, dann kann der Mensch keine Handlungsfreiheit besitzen; und wenn der Mensch sich nicht frei entscheiden kann, hat er keinerlei Verantwortung. Durch die Abweichung wird ein indeterministisches Element ins Universum eingeführt. Zwar reicht diese Theorie nicht aus, um zu erklären, wie eine freie Entscheidung tatsächlich zustandekommt (eine Frage, die bis heute unbeantwortet ist), aber indem sie eine Lücke in der Verkettung streng kausaler Notwendigkeiten aufdeckt, schafft sie immerhin Raum für die *Möglichkeit* eines freien menschlichen Willens. Sicherlich ist diese Lösung nicht restlos befriedigend, aber die Tatsache an sich, daß Epikur (als erster Philosoph) in einem mechanistischen Universum die Willensfreiheit als Problem erkannt hat, verdient bereits unsere Beachtung.

Der Begründer der stoischen Philosophie war Zenon aus Kition auf Zypern (ca. 333–262 v. Chr.). Dieser Zenon, nicht zu verwechseln mit dem gleichnamigen Schüler von Parmenides, kam nach Athen und studierte dort etwa zehn Jahre lang an verschiedenen Schulen, unter anderem an der Akademie. Um das Jahr 300 v. Chr. herum begründete er in der *Stoa poikile* seine eigene Schule. Nachfolger Zenons waren Kleanthes aus Assos

85

(331–232 v. Chr.) und Chrysippos aus Soloi (ca. 280–207 v. Chr.). Beide waren große und selbständige Denker, die im gleichen Maße wie Zenon dazu beitrugen, daß sich der Stoizismus zu einem philosophischen System entwickelte. Als lebendige Wissenschaftstradition wurde die stoische Philosophie bis ins zweite Jahrhundert n. Chr. gepflegt; ihr Einfluß läßt sich aber noch bis ins siebzehnte Jahrhundert nachweisen.[17]

Stoiker und Epikureer hatten zu den meisten Themen völlig gegensätzliche Ansichten, aber über verschiedene Punkte waren sie sich auch einig. Vor allem waren sie sich darüber einig, daß die Naturphilosophie der Ethik unterzuordnen sei. Beide philosophischen Schulen erklärten die Erlangung der Glückseligkeit zum Lebensziel des Menschen. Die Stoiker gingen davon aus, daß sich diese Glückseligkeit nur durch ein Leben im Einklang mit der Natur und den Naturgesetzen erreichen ließ; und um im Einklang mit der Natur zu leben zu können, waren naturphilosophische Kenntnisse erforderlich. Zum zweiten waren die Mitglieder beider philosophischen Schulen überzeugte Materialisten, die steif und fest behaupteten, es existiere nichts außer der Materie.

Mit dieser Anerkennung des Materialismus besaßen die beiden philosophischen Richtungen einen wichtigen gemeinsamen Ausgangspunkt. Das hatte zur Folge, daß Stoiker und Epikureer sich im Kampf gegen Vertreter einer nichtmaterialistischen Philosophie, Platon und seine Anhänger etwa, verbünden konnten. Wenn wir allerdings über dieses Grundeinverständnis hinausgehen, stellen wir fest, daß Stoiker und Epikureer von Grund auf verschiedene Vorstellungen vom Universum hatten. Die Epikureer hielten die Materie für unzusammenhängend und passiv – ihrer Meinung nach bestand sie aus einzelnen, unteilbaren, unbelebten Atomen, die ziellos durch einen unendlichen leeren Raum irrten. Das epikureische Universum hatte mechanistischen Charakter. Die Stoiker dagegen entwarfen ein organisches Universum, das von Beständigkeit und Aktivität gekennzeichnet war. Ausgehend von diesen Gegensatzpaaren (Beständigkeit/Unbeständigkeit sowie Aktivität/Passivität) wollen wir uns nun die stoische Naturphilosophie näher ansehen.[18]

Die Materie, so glaubten die Stoiker, erscheint nicht in Form von Atomen, von denen jedes eine dauerhafte Identität besitzt, sondern als ein unendlich teilbares Kontinuum, das keine natürlichen Lücken und keine leeren Räume aufweist. Größe und Gestalt sind also keine festen Attribute der Materie, denn die Materie läßt sich in Teile jeder beliebigen Größe und Gestalt zerteilen. Die Stoiker lehnten zwar die Existenz von Leere in der Welt ab, nahmen jedoch eine außerkosmische Leere an: Sie betrachteten den Kosmos als eine Insel aus durchgehender Materie, die von einem endlosen leeren Raum umgeben ist.

Wie die Epikureer ordneten die Stoiker den materiellen Dingen eine passive Seite zu, aber sie waren davon überzeugt, daß das noch nicht alles sein konnte. Dem folgenden Einwand hatte die epikureische Position nichts entgegenzusetzen: Wenn ein individuelles Objekt all seine Eigenschaften aus einer zufälligen Gruppierung winziger, unbelebter Materieteilchen herleitet, kann es keine zufriedenstellende Erklärung für viele Eigenschaften des Gesamtobjektes geben. Die epikureischen Atome besitzen nur Größe, Gestalt und Gewicht. Wie jedoch konnte ein Epikureer eine so einfache und grundlegende Erscheinung wie die Kohäsionskraft erklären – die Tatsache also, daß ein Stein Stein bleibt und nicht in seine winzigen Bestandteile zerfällt? Woher kommt die Kälte eines Eisblocks, wo doch Kälte keine Eigenschaft seiner Bestandteile ist? Und wie lassen sich Farbe, Geschmack und Struktur erklären? Oder, um ein schwierigeres Beispiel zu nennen, woher kommen die Eigenschaften der Lebewesen – der Lebenszyklus einer Pflanze, das Fortpflanzungsverhalten eines Insekts, die Persönlichkeit eines Menschen? Wenn unser Familienhund nur das Produkt einer zufälligen Gruppierung träger Materieteilchen ist, wie läßt sich dann erklären, daß er ausgerechnet mit Vorliebe Briefträger anfällt? Es sieht so aus, als müßte hinter der passiven Materie ein aktives, wirkendes Prinzip stehen, das die Fähigkeit besitzt, passive Materie zu einer organischen Einheit zusammenzufügen, und das für deren Charakter verantwortlich ist. Es muß etwas vorhanden sein, auf das eingewirkt wird; aber es muß auch etwas da sein, das von selbst wirkt, und in einer materialistischen Welt muß dieses Etwas materieller Natur sein.

Dieses wirkende Prinzip setzten die Stoiker mit dem Atem oder Pneuma gleich, der feinsten Substanz, die alles vollkommen durchdringt, die empfangende passive Materie zu einheitlichen Objekten zusammenfügt und diesen Objekten ihre charakteristischen Eigenschaften verleiht. Aber man darf keinesfalls vergessen, daß Pneuma mehr ist als eine feine, alles durchdringende Substanz. Es ist auch eine wirkende und rationale Substanz, die Quelle der Lebenskraft und der Vernunft im Kosmos. Tatsächlich setzten die Stoiker das Pneuma mit der göttlichen Vernunft und mit der Gottheit selbst gleich. Von unserem heutigen Standpunkt aus mag uns die Gleichung Pneuma = Vernunft = Gott merkwürdig erscheinen, vom jüdisch-christlichen Standpunkt aus sogar als eindeutig falsch, aber sie war eine Grundlage der stoischen Kosmologie. Die Stoiker hatten die Gottheit vom Himmel herabgeholt, materialisiert und sie für Wirken und Ordnung im Kosmos verantwortlich gemacht.

Wir wollen dieses Pneuma näher untersuchen: welche Struktur hat es (wenn überhaupt), woher kommt seine Fähigkeit zur Organisation, in welchem Verhältnis steht es zur passiven Materie? Die Stoiker übernahmen die vier aristotelischen Elemente, unterteilten sie jedoch auf der Grundlage ihres Wirkens in zwei Gruppen. Erde und Wasser, die Hauptbestandteile greifbarer Objekte, hielten sie für passive, Luft und Feuer für aktive Elemente. Luft und Feuer vermischen sich in unterschiedlichen Anteilen (den

Stoikern schwebte eine vollkommen homogene Mischung vor), aus denen eine Vielzahl von Pneumata entsteht. Luft und Feuer wirken also selbst, während auf Wasser und Erde eingewirkt wird.

Pneuma tritt in unterschiedlichen Abstufungen auf. Auf der untersten Stufe befindet sich das Pneuma, das für die Kohäsion der von heute aus betrachtet anorganischen Körper wie beispielsweise Gesteine und Mineralien verantwortlich ist. Man bezeichnet es als *Hexis*. Das Pneuma, das Pflanzen und Tieren ihre lebenswichtigen Eigenschaften verleiht, ist die *Physis*. Und auf der obersten Stufe steht das Pneuma des Menschen, auf das seine Rationalität zurückgeht, die *Psyche*. Die Stoiker setzten nun das Pneuma eines Objekts mit seiner Seele gleich. Daraus folgt, daß jedes einzelne Ding von Seele durchdrungen ist, und diese Seele wirkt als sein Organisationsprinzip. Es muß sogar ein kosmisches Pneuma geben, eine Weltseele, denn auch der Kosmos ist eine organische Einheit, die über Eigenschaften verfügt, die sich nur durch wirkende Prinzipien erklären lassen. Der tiefgehend vitalistische Ansatz der stoischen Naturphilosophie ist somit wohl ausreichend klargeworden.

Pneumata existieren in einem Zustand der Spannung oder Elastizität. Auf diese Spannung läßt sich die grundlegendste Eigenschaft aller Objekte, ihre Kohäsion, zurückführen. Auf höheren Ebenen erklären unterschiedliche Spannungen die Vielzahl der auf der Welt zu beobachtenden Eigenschaften und Persönlichkeiten. Und schließlich sei noch einmal darauf hingewiesen, daß das Verhältnis des Pneumas zu dem ihm als »Wirt« dienenden Körper in einer totalen Vermischung oder Durchdringung desselben besteht, so daß beide Substanzen denselben Raum einnehmen.

Die stoische Kosmologie war ebenso wie jene Platons und Aristoteles' geozentrisch ausgerichtet. Doch hielten sich die Stoiker an die Atomisten und wichen von den Ansichten des Aristoteles entscheidend ab, indem sie jede klare Trennung von irdischer und himmlischer Region ablehnten. In bezug auf so grundlegende Themen wie den Aufbau und die Gesetze der Natur, war der stoische Kosmos homogen. Die Stoiker stimmten mit Aristoteles darin überein, daß das Universum unvergänglich sei, aber seinen Glauben an die Stabilität des Kosmos ersetzten sie durch eine Kreislauftheorie, wie sie die Vorsokratiker angeregt hatten. Verschiedene stoische Denker waren der Ansicht, daß es einen ewigen kosmischen Kreislauf gab, ein ständiges Ausdehnen und Zusammenziehen, Verglühen und Wiederentstehen. In der Expansionsphase geht die Welt in Feuer auf, in der Kontraktionsphase wird das Feuer von den anderen Elementen besiegt, und die Welt, wie wir sie kennen, entsteht neu. Dieser Kreislauf wiederholt sich unendlich oft, so daß eine endlose Folge immer gleicher Welten entsteht.[19]

Schließlich müssen wir uns vor Augen halten, daß das stoische Universum sowohl zweckgerichtet wie deterministisch gedacht war. Da Vernunft und Gottheit es vollkommen durchdrangen, ertrank der Kosmos geradezu in Zweckmäßigkeit, Rationalität und Vorsehung. Gleichzeitig waren alle Abläufe streng vorgegeben. Die Stoiker stellten fest, es gebe ursächliche Verkettungen (selbst aus der göttlichen Vernunft heraus entstanden), die sich nicht unterbrechen lassen und die Abfolge der Ereignisse vollkommen vorherbestimmen. Cicero formulierte das in *De divinatione* folgendermaßen: »Es geschieht nichts, was nicht so sein sollte, und ebenso wird nichts sein, wenn nicht in der Natur liegende Ursachen daran arbeiten, eben ein solches Geschehen hervorzubringen. Daraus geht eindeutig hervor, daß es Schicksal geben muß, und zwar nicht das ›Schicksal‹, wie der Aberglaube es sieht, sondern ein Schicksal der Physik.«[20]

Wir haben festgestellt, daß die Naturphilosophie von Stoikern und Epikureern in vielerlei Hinsicht gegensätzlich war. Ein wichtiges Ziel der epikureischen Philosophie war die Bekämpfung der platonischen und aristotelischen Teleologie; die Stoiker dagegen strebten nach der Erkenntnis des Zwecks und verteidigten die Teleologie. Während die Epikureer ein mechanistisches Weltbild zeichneten, entwarfen die Stoiker ein organisches Universum. Während Epikur sich darum bemühte, ein Element der Unbestimmtheit in seinem ansonsten mechanistischen Weltbild unterzubringen, begnügten sich die Stoiker mit einem organischen, von striktem Determinismus beherrschten Universum. Kurzfristig erschien die stoische Vision des Kosmos eher plausibel, und in der Spätantike kam dieser philosophischen Denkweise hohe Bedeutung zu. Auf lange Sicht sollten sowohl die stoische wie die epikureische Philosophie wieder zum Leben erwachen – nämlich in der frühen Neuzeit. In dieser Epoche galten sie als Alternativen zum platonischen und aristotelischen Weltbild. Beide philosophischen Richtungen waren an der Gestaltung der neuen Philosophie des siebzehnten Jahrhunderts beteiligt.

# KAPITEL 5

# DIE MATHEMATIK IN DER ANTIKE

## *Die Anwendung der Mathematik auf die Natur*

Innerhalb der westlichen Wissenschaftstradition war es lange Zeit ein Diskussionsthema, ob sich die Natur mithilfe mathematischer Prinzipien erklären ließ oder nicht. Die Frage ist, ob die Welt insgesamt auf mathematischen Regeln beruht – wenn ja, dann wäre die mathematische Analyse der sichere Weg zur Gewinnung tieferer Erkenntnisse – oder ob sich Mathematik nur auf oberflächliche, meßbare Eigenschaften der Dinge anwenden läßt, die grundlegenden Realitäten aber nicht berührt. Zweifellos sind die Naturwissenschaftler heutzutage zunehmend geneigt, diese Frage zugunsten des mathematischen Ansatzes zu beantworten. Es gibt jedoch auch Befürworter der Alternative, und unter Sozialwissenschaftlern und Historikern ist die Diskussion noch in vollem Gange.

Die Pythagoreer der Antike scheinen behauptet zu haben, daß die Natur durch und durch mathematisch ist. Wenn man Aristoteles Glauben schenken darf, gingen die Pythagoreer bis zum Äußersten: sie behaupteten, die letzte Realität sei die Zahl (zu einer näheren Besprechung dieser Frage s. Kap. 2). In seiner Theorie der Materie nahm Platon das Programm der Pythagoreer mit offenen Armen auf und erklärte, die vier Elemente ließen sich auf gleichmäßige geometrische Körper zurückführen, welche wiederum auf lauter Dreiecken basierten. Nach Platons Ansicht waren also die Grundbausteine der sichtbaren Welt nicht materieller, sondern geometrischer Natur. Darüber hinaus argumentierte Platon, nicht eine physikalische oder mechanische Kraft halte alles in einem einheitlichen Kosmos zusammen, sondern lediglich die geometrische Proportion.[1]

Zweifellos kannte sich Aristoteles im Bereich der Mathematik gut aus. Seine Erkenntnislehre basierte auf einem mathematischen Modell, er verwendete Geometrie in seiner Theorie über den Regenbogen und er setzte die Proportionenlehre in seiner Bewegungsanalyse ein. Aber Aristoteles war überzeugt davon, daß ein Unterschied bestand zwischen Mathematik und Naturwissenschaft oder Physik. Die Physik, so definiert er, betrachtet die natürlichen Dinge in ihrer Gesamtheit als wahrnehmbare und veränderliche Körper. Die Mathematik dagegen läßt alle wahrnehmbaren Eigenschaften der Körper außer acht und konzentriert sich auf ihren mathematischen Kern[2]:

Wie nun der Mathematiker seine Untersuchungen an abgezogenen Gegenständen anstellt, d.h. erst einmal alles Sinnliche beiseite läßt, wie Schwere und Leichtigkeit, Härte und das Gegenteil, dazu auch Wärme und Kälte und die andern sinnlichen Gegensätze, und nur Menge und Stetigkeit übrig läßt, hier in einer Ausdehnung, dort in zweien, dort in dreien ...

Der Mathematiker beschäftigt sich lediglich mit den geometrischen Eigenschaften der Dinge, und darin erschöpft sich die Realität noch lange nicht. Werden Gewicht, Härte, Wärme, Farbe oder andere in der wirklichen Welt existierende Eigenschaften wieder dazugenommen, dann hat man den Bereich der Mathematik bereits verlassen und sich wieder in die Physik begeben.

Aristoteles wählte also einen Mittelweg, wenn es um die Frage ging, ob sich die Mathematik auf die Natur anwenden lasse. Er war überzeugt von der Nützlichkeit sowohl der Physik wie der Mathematik, aber für ihn stand fest, daß es sich dabei um zwei verschiedene Bereiche handelte. Der Mathematiker und der Physiker können das gleiche Objekt untersuchen, aber sie konzentrieren sich dabei auf unterschiedliche Aspekte. Allerdings gibt es bestimmte Disziplinen – Astronomie, Optik und Harmonik –, die im Grenzbereich zwischen Mathematik und Physik angesiedelt sind. Unter Umständen kann der Mathematiker in diesen Fächern, die man die »mittleren« oder »gemischten« Fächer nennt, Ursachen oder Erklärungen anbieten, welche die Erkenntnisse des Physikers ergänzen.

Platon und Aristoteles lieferten somit zwei unterschiedliche *Theorien* zum Verhältnis zwischen Mathematik und Natur, und zwischen diesen beiden Polen pendeln die Naturwissenschaftler seit der Antike und bis in die heutige Zeit hinein hin und her. Aber wir interessieren uns hier nicht nur für die Theorien zur Anwendbarkeit der Mathematik auf die Natur, sondern auch dafür, wie diese Theorien *in die Praxis umgesetzt* wurden. Wir werden uns die Griechen direkt bei ihrer Arbeit ansehen und untersuchen, auf welche Weise sie mathematische Kenntnisse anwendeten. Wir werden die Fächer Astronomie, Optik und den Waagbalken oder Hebel untersuchen. Um das in Angriff nehmen zu können, müssen wir uns zunächst ansehen, was die Griechen auf dem Gebiet der reinen Mathematik erreicht hatten.

# Die Mathematik der Griechen

Über die Ursprünge der griechischen Mathematik wissen wir wenig. Zweifellos hatten die frühgriechischen Mathematiker Zugang zu den mathematischen Kenntnissen der Ägypter und vor allem der Babylonier (s. Kap. 1). Aber die griechische Mathematik unterschied sich von Anfang an von jener der anderen Völker, und der Unterschied lag hauptsächlich in der griechischen Geometrie, die abstrakte geometrische Erkenntnisse und die Erarbeitung formaler Methoden zu dessen Herleitung und Beweis anstrebte. Ein Grund dafür, daß die Griechen einen Schwerpunkt auf die Geometrie legten, war möglicherweise die vielleicht in der Pythagoreischen Schule gewonnene Erkenntnis, daß sich das Verhältnis zwischen der Seite und der Diagonalen eines Quadrates unmöglich durch ein Paar ganzer Zahlen darstellen läßt. Um dies fachmännischer auszudrücken: wir bezeichnen dies als die Inkommensurabilität von Seite und Diagonale. Ein anderer Ausdruck für denselben Sachverhalt ist die Irrationalität von 2 (die Länge der Diagonale eines Quadrats, dessen Seite die Strecke 1 besitzt, s. Abb. 5.1). Möglicherweise überzeugte diese Irrationalität die griechischen Mathematiker davon, daß sich die Realität nicht durch Zahlen ( d. h. aus der Sicht der Griechen positive ganze Zahlen) darstellen ließ – eine Motivation für die Entwicklung der Geometrie.[3]

Wir verfügen nur über bruchstückhafte Informationen zu spezifisch mathematischen Entwicklungen aus der voreuklidischen Zeit (der Höhepunkt von Euklids Schaffen lag etwa im Jahr 300 v. Chr.), aber man ist sich allgemein darüber einig, daß Euklid diese Kenntnisse in seinem Lehrbuch der Mathematik mit dem Titel *Elemente* niedergeschrieben hat.[4] Bei der darin beschriebenen Mathematik handelt es sich um ein hochentwickeltes, axiomatisches, deduktives System. Die *Elemente* beginnen mit einer Reihe von Definitionen: die des Punktes (»das, was keine Teile hat«) der Linie (»Länge ohne Breite«), der Geraden, der Fläche, der Ebene, des ebenen

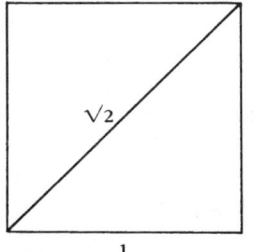

*Abb. 5.1: Die Inkommensurabilität zwischen der Seite eines Quadrats und seiner Diagonale.*

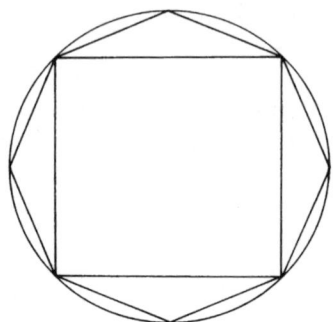

*Abb. 5.2: Die Berechnung der Fläche eines Kreises
mithilfe der Exhaustionsmethode.*

Winkels, des rechten, spitzen und stumpfen Winkels, verschiedener Flächen, Parallelen etc. Auf die Definitionen folgen fünf Postulate: daß eine
Linie immer nur von einem Punkt zum anderen Punkt gezogen werden
darf, daß eine Gerade stetig gerade fort zu verlängern sei, daß ein Kreis mit
jedem beliebigen Radius um jeden beliebigen Punkt gezeichnet werden
kann, daß alle rechten Winkel gleich sind, sowie eine Aufzählung der
Bedingungen, unter denen Geraden sich schneiden. Auf die Postulate folgen fünf »Grundsätze« oder Axiome – eigentlich selbstverständliche Voraussetzungen für folgerichtiges Denken im allgemeinen und insbesondere
in der Mathematik. Unter anderem enthalten diese die Feststellung, daß
Dinge, die einem anderen Ding gleich sind, auch untereinander gleich sind;
daß aus der Addition von Gleichen auch gleiche Summen hervorgehen
müssen, und daß das Ganze größer ist als sein Teil. Diese Vorbemerkungen
schufen die Grundlage für diese Lehrsätze, welche die folgenden dreizehn
Bücher füllen. Ein typischer Lehrsatz beginnt mit einer Aussage, darauf
folgt ein Beispiel, eine nähere Definition oder Spezifizierung der Aussage
und eine Auslegung. Am Ende stehen ein Beweis und eine Folgerung.
Wichtig daran ist, daß die Folgerung stets auf Definitionen, Postulaten,
Axiomen und vorher bewiesenen Aussagen basiert. Euklid war so geschickt
in der Handhabung dieser Methode, daß sie durch seinen Einfluß – und
jenen des Aristoteles, dessen Methode der euklidischen in verschiedenen
ausschlaggebenden Punkten entspricht – bis ins siebzehnte Jahrhundert
Standard für den wissenschaftlichen Nachweis blieb.

Mit dem Inhalt von Euklids *Elementen* brauchen wir uns nicht lange
aufzuhalten, denn dieser entspricht fast völlig der Geometrie, wie sie heute
in weiterführenden Schulen gelehrt wird. In den Büchern I-VI entwickelt
er die Elemente der Flächengeometrie; Buch X ist der Klassifizierung
inkommensurabler Größen gewidmet, und in den Büchern XI – XIII wird

die Stereometrie behandelt. In den Büchern VII – IX beschäftigt sich Euklid mit Themen aus der Arithmetik, unter anderem mit der Zahlentheorie und der Proportionenlehre. Einen wichtigen Punkt in den *Elementen* müssen wir noch erwähnen, weil er zukunftsweisend war: die Entwicklung der Exhaustionsmethode. Er hat diese Methode vermutlich von seinem Vorgänger Eudoxos übernommen, und sie sollte hohen Einfluß auf eine Anzahl seiner Nachfolger, unter anderem auf Archimedes, haben. Euklid zeigt (XII, 2), wie sich die Fläche eines Kreises vermittels eines darin eingetragenen Vielecks errechnen läßt. Wenn wir die Seitenzahl des Vielecks stetig verdoppeln, wird sich der Unterschied zwischen der (unbekannten) Kreisfläche und der (bekannten) Fläche des Vielecks bis zu einem Punkt verkleinern, an dem er kleiner ist als jede von uns gewählte Größe (s. Abb. 5.2). Diese Methode ermöglichte die Berechnung einer Kreisfläche bis zu jedem beliebigen Präzisionsgrad. Es bedurfte nur geringer Weiterentwicklungen, bis auch die Fläche zwischen (oder unter) anderen Kurven berechenbar waren. Ein weiteres wichtiges Kapitel der *Elemente* ist die Untersuchung der Eigenschaften der fünf gleichmäßigen geometrischen Polyeder, die manchmal als »platonische Körper« bezeichnet werden, und der Nachweis (XIII, 18), daß es keine anderen regelmäßigen geometrischen Körper gibt außer diesen fünfen.[5]

Auf Euklid folgte eine Reihe hervorragender hellenistischer Mathematiker. Der bedeutendste unter ihnen war sicherlich Archimedes (ca. 287–212 v. Chr.) Archimedes lieferte Beiträge sowohl zur theoretischen wie auch zur angewandten Mathematik, aber besonderen Ruhm erwarb er sich aufgrund seiner eleganten mathematischen Beweise. In einigen seiner wichtigsten Schriften entwickelte Archimedes die Exhaustionsmethode weiter und wandte sie auf die Berechnung von Flächen und Rauminhalten an, darunter die im Segment einer Parabel eingeschlossene Fläche, die von bestimmten Spiralen begrenzten Flächen sowie die Oberfläche und das Volumen einer Kugel. Er berechnete einen genaueren Wert von π (den Quotienten aus dem Umfang eines Kreises und seinem Durchmesser) und bewies, daß dieser zwischen 3 10/71 und 3 1/7 betragen muß. Archimedes hatte großen Einfluß auf die weitere Entwicklung der Mathematik und der mathematischen Physik, insbesondere, nachdem seine Werke in der Renaissance wiederentdeckt und neu herausgegeben worden waren. Weiter unten werden wir uns mit seinen Beiträgen zur Physik beschäftigen.[6]

Noch eine letzte Leistung der Griechen auf dem Gebiet der Mathematik müssen wir erwähnen: die Schriften von Apollonios von Perge (um 210 v. Chr.) über Kegelschnitte. Er betrachtete die Ellipse, die Parabel und die Hyperbel – also jene Flächen, die entstehen, wenn ein Kreiskegel in verschiedenen Winkeln von einer Fläche geschnitten wird – und entwarf einen neuen Ansatz zu ihrer Definition und die Methoden, mit denen sich diese erzeugen lassen. Sein Werk über Kegelschnitte sollte sich ebenso wie

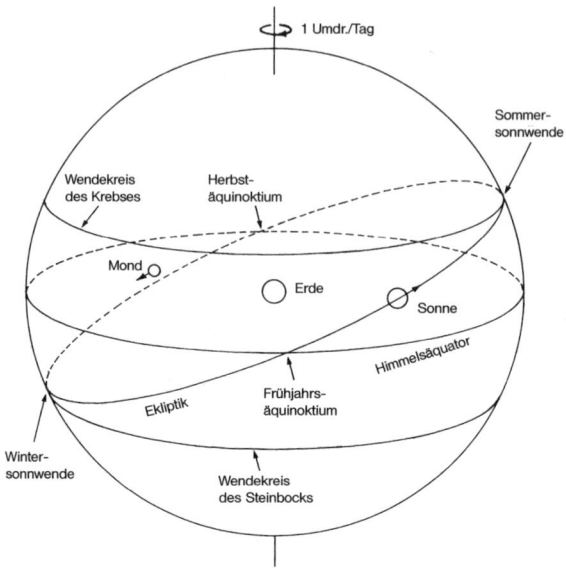

*Abb. 5.3: Zweisphärenmodell des Kosmos.*

die Werke von Archimedes als von hohem Einfluß auf die frühe Neuzeit erweisen.

## Frühgriechische Astronomie

Die frühgriechischen Astronomen befaßten sich in erster Linie mit der Beobachtung und Kartierung der Gestirne, mit dem Kalender und den Sonnen- und Mondbahnen, deren Aufzeichnung Grundvoraussetzung war für die Erstellung eines brauchbaren Kalenders. Die Hauptschwierigkeit bei der Erstellung des Kalenders bestand darin, daß es sich beim Sonnenjahr nicht um ein ganzes Vielfaches des Mondmonates handelt. Das heißt, in der Zeit, in der die Sonne den Tierkreis umläuft, vollendet der Mond zwölf Kreisläufe plus den Bruchteil eines Kreislaufs. Demzufolge ist ein Kalender mit zwölf Monaten zu je neunundzwanzig oder dreißig Tagen ungefähr um elf Tage zu kurz, und so läßt sich der Kalender nicht mit den Jahreszeiten gleichschalten. Es wurden unterschiedliche Systeme zur Einfügung eines zusätzlichen Monats im Bedarfsfall entwickelt, mit deren Hilfe der Kalender wieder in Einklang mit den Jahreszeiten gebracht werden sollte. Diese Bemühungen führten zum Metonischen Kreislauf, den Meton (um 425 v. Chr.) vorlegte: Er gründete sich auf die Feststellung, daß neunzehn Jahre fast genau 235 Monate enthalten. In einem Zyklus von neunzehn Jahren gibt es daher zwölf Jahre zu je zwölf Monaten und sieben Jahre zu je dreizehn Monaten. Vermutlich war dieser Kalender mehr für astronomische als für bürgerliche Belange angelegt, und mehrere Jahrhunderte lang wurde er von Astronomen verwendet.[7]

Im vierten Jahrhundert v. Chr. kam es in der griechischen Astronomie mit Platon (427–348/47 v. Chr.) und seinem jüngeren Zeitgenossen Eudoxos von Knidos (ca. 390 – ca. 337 v. Chr.) zu einer entscheidenden Wendung. In ihrem Werk findet sich (1) eine Abwendung von den Sternen hin zu den Planeten, (2) die Erstellung eines geometrischen Modells, des sogenannten »Zweisphärenmodells«, mit dem sich stellare und planetarische Erscheinungen darstellen lassen, und (3) die Bestimmung von Kriterien zur Beurteilung von Theorien zum Thema der Planetenbahnen. Diese Neuerungen wollen wir uns ein bißchen näher ansehen.

Das von Platon und Eudoxos entworfene Zweisphärenmodell beschreibt Himmel und Erde als ein Paar konzentrischer Kugeln. An der Himmelssphäre sind die Sterne befestigt, und über ihre Oberfläche bewegen sich Sonne, Mond und die restlichen fünf Planeten. Die tägliche Umdrehung der Himmelssphäre ist für den zu beobachtenden täglichen Aufgang und Untergang aller Himmelskörper verantwortlich. Entsprechende Kreise auf den beiden Sphären teilen diese in Zonen ein und kennzeichnen die Bahnen der Wandelsterne. In Abb. 5.3 ist in etwa dargestellt, wie sich Platon und Eudoxos das vorstellten. Die Erdkugel ist in der Mitte befestigt, die Himmelskugel dagegen dreht sich täglich um eine senkrechte Achse. Der auf die Himmelskugel projizierte Äquator der Erdkugel definiert den Himmelsäquator. Die Bahn, auf der Sonne, Mond und Planeten auf ihrem Weg über die Himmelssphäre wandern – eine in bezug auf den Äquator um ca. 23° geneigte Kreisbahn, die durch das Zentrum des Tierkreises verläuft – ist die Ekliptik. Ekliptik und Himmelsäquator schneiden sich an den Äquinoktial-Punkten. Wenn die Sonne auf ihrem jährlichen Umlauf um die Sonnenbahn den Herbst-Punkt erreicht (ungefähr am 21. September), ist Herbstanfang. Wenn sie den Frühlings-Punkt erreicht, ist Frühlingsanfang. Die Punkte, an denen die Sonnenbahn sich am weitesten vom Äquator entfernt, sind die Solstitien. Wenn die Sonne den Sommersonnwendepunkt erreicht (ungefähr am 21. Juni), ist Sommeranfang. Die parallel zum Äquator durch Sommer- und Wintersolstitie gezogenen Kreise bezeichnen den Wendekreis des Krebses bzw. des Steinbocks.[8]

Im vierten Jahrhundert existierten bereits genaue Beobachtungen und Aufzeichnungen der Bahnen von Sonne, Mond und Planeten. Nach dem Modell von Platon und Eudoxos läuft die Sonne in einem Jahr um die Ekliptik, der Mond dagegen vollendet seine Kreisbahn in einem Monat. Beide bewegen sich mit annähernd gleicher Geschwindigkeit von Westen nach Osten. Die anderen Planeten – Merkur, Venus, Mars, Jupiter und

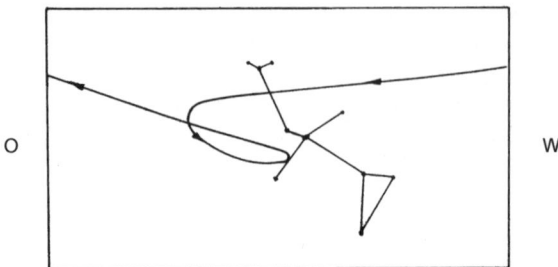

*Abb. 5.4: Die zu beobachtende rückläufige Bewegung des Mars nahe des Sternbildes Schütze, 1986. Angaben von Jeffrey W. Percival.*

Saturn – folgen ebenfalls der Ekliptik (mit Abweichungen von nur wenigen Graden). Sie wandern in gleicher Richtung wie Sonne und Mond, aber ihre Geschwindigkeit ist dabei sehr unterschiedlich. Der Mars zum Beispiel umwandert die Ekliptik einmal in ungefähr 22 Monaten (687 Tagen); etwa einmal in jeweils 26 Monaten bremst er ab, steht still, kehrt um (wandert also nun von Osten nach Westen), hält wieder an und nimmt schließlich seine gewohnte Wanderung von Westen nach Osten wieder auf. Die Umkehr der Richtung wird als »rückläufige Bewegung« bezeichnet, auch alle anderen Planeten weisen sie auf, Sonne und Mond jedoch nicht. In Abb. 5.4 ist die beobachtete rückläufige Bewegung des Mars dargestellt.

Ein weiterer verblüffender Aspekt der Platon und Eudoxos bekannten Planetenbewegungen war der, daß Merkur und Venus sich nie weit von der Sonne entfernen (bei Merkur beträgt die weiteste Entfernung 23°, bei Venus 44°). Wie Hunde an der Leine eilen sie der Sonne entweder voraus oder zotteln ihr hinterher, aber sie können sich nie weiter von ihr entfernen, als es die festgelegte Länge der Leine erlaubt. Und schließlich können wir die Leistung des Zweisphärenmodells nur dann richtig einschätzen, wenn wir uns klarmachen, daß all diese Bewegungen sich auf der Oberfläche der Himmelssphäre abspielen, während diese Sphäre sich selbst täglich um die Erde dreht. Die sich daraus ergebende Bewegung, die von der feststehenden Erde aus beobachtet wird, ist eine Kombination der unregelmäßigen Bewegung des Planeten um die Ekliptik und der gleichförmigen täglichen Achsdrehung der Himmelssphäre. Das Zweisphärenmodell ist so angelegt, daß es die verwirrende Komplexität der beobachteten Planetenpositionen erklärt und ermöglicht es, in geometrischen Begriffen über Planetenerscheinungen nachzudenken und zu sprechen.

Es ist eine feine Sache, wenn man geometrische Begriffe für die Diskussion von Planetenbewegungen schafft, und es ist ein lobenswertes Unterfangen, die Wanderung der Planeten um die Ekliptik grob zu beschreiben.

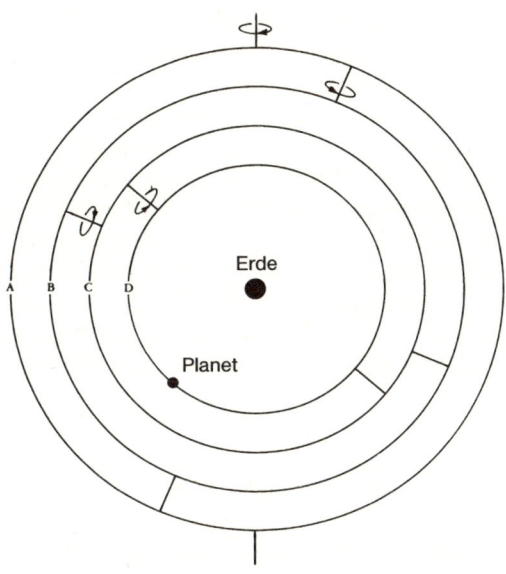

*Abb. 5.5: Die Eudoxosschen Sphären eines der Planeten.*

Aber vielleicht liegen unsere Ziele doch noch höher: wenn wir in der »verwirrenden Komplexität« am Himmel wirklich für Ordnung und Verständlichkeit sorgen wollen, dann müssen wir die komplizierte, veränderliche Bahn jedes Planeten auf eine Kombination gleichförmiger Bewegungen zurückführen. Das heißt, wir müssen davon ausgehen, daß sich unter der Unordnung eine Ordnung verbirgt, unter der Unregelmäßigkeit eine Regelmäßigkeit, und daß sich diese zugrundeliegende Ordnung oder Regelmäßigkeit enthüllen läßt. Einem jüngeren und möglicherweise unzuverlässigen Bericht zufolge war es Platon, der auf diese Annahme ein Forschungsprogramm gründete und Astronomen und Mathematiker damit beauftragte, jene Kombination gleichförmiger Kreisbewegungen ausfindig zu machen, welche für diese scheinbar unregelmäßigen Planetenbahnen verantwortlich sein konnte.[9]

Ob wirklich gerade Platon zum erstenmal diese Frage aufwarf, das sei dahingestellt. Sicher ist, daß Eudoxos als erster eine Lösung vorschlug. Der Gedanke von Eudoxos war raffiniert, aber im Grunde simpel. Sein Ziel war es, jede unregelmäßige Planetenbahn als Zusammensetzung einer Reihe von einfachen Kreisbewegungen zu behandeln. Um dies zu erreichen, ordnete Eudoxos jedem Planeten eine Reihe von ineinandergelagerten konzentrischen Kreissphären zu, und jeder dieser Sphären wiederum eine Komponente der komplexen Planetenbahn (s. Abb. 5.5). Dieser Theorie zufolge dreht sich beispielsweise die äußerste Sphäre des Planeten Mars gleichmäßig einmal am Tag um sich selbst und ist damit für das tägliche Auf- und Untergehen des Mars verantwortlich. Auch die zweite Sphäre dreht sich gleichförmig um ihre Achse (die in bezug auf die Achse der äußersten Sphäre geneigt ist), aber in Gegenrichtung und nur einmal in 687 Tagen; daraus ergibt sich die langsame West-Ost-Wanderung des Mars um die Ekliptik; auf den beiden inneren Sphären beruhen Veränderungen der Geschwindigkeit und Breite sowie die rückläufige Bewegung. Der Mars befindet sich somit am Äquator der innersten Sphäre und macht nicht nur deren spezifische Bewegung mit, sondern auch jene Bewegungen, die von den drei äußeren Sphären an ihn weitergegeben werden. Für Merkur, Venus, Jupiter und Saturn gilt jeweils ein ähnliches Prinzip. Da Sonne und Mond keine rückläufige Bewegung aufweisen, benötigen sie nur jeweils drei Sphären.[10]

## *Die inneren Eudoxosschen Sphären und die rückläufige Bewegung*

Wenn wir der Einfachheit halber die gegenseitigen Wirkungen der Sphären C und D isoliert vom Gesamtsystem betrachten (Abb. 5.5), stellen wir folgendes fest: Ordnen wir ihnen gleich schnelle und in der Richtung entgegengesetzte Rotationsbewegungen um zueinander geneigte Achsen zu, dann bewegt sich der Planet (auf dem Äquator von D) entlang einer Bahn, die einem Hippopeden (einer Pferdefessel) oder einer Acht gleicht. Die von den vier Eudoxosschen Sphären hervorgerufene Bewegung können wir also dadurch darstellen, daß wir C und D durch einen am Äquator der Sphäre befestigten Hippopeden ersetzen (Abb. 5.6). Die Sphäre A vollendet einmal am Tag eine gleichförmige Rotationsbewegung und trägt dabei die Achse von B mit sich. Gleichzeitig dreht sich B während der siderischen Periode dieses bestimmten Planeten (also der Zeit, die er für eine Umkreisung der gesamten Himmelssphäre benötigt) gleichförmig um diese Achse und trägt den Hippopeden um die Ekliptik. Währenddessen bewegt sich der Planet stetig in Pfeilrichtung um die Hippopede.[11]

Damit schuf Eudoxos das erste ernstzunehmende geometrische Modell der Planetenbahnen. Zwei Fragen dazu drängen sich in diesem Zusammenhang auf: Erstens, nahm Eudoxos an, daß dieses Modell genau so in der physikalischen Wirklichkeit vorhanden war? Das heißt, hielt er die Sphären für physikalische Objekte? Die Antwort darauf ist wohl ein eindeutiges Nein. Es gibt allen Grund zur Annahme, daß die konzentrischen Sphären bei Eudoxos rein als mathematisches Modell gedacht waren und dieser nicht den Anspruch erhob, sie seien in der physikalischen Wirklichkeit vorhanden. Soweit wir das beurteilen können, ging Eudoxos nicht davon aus, daß der Kosmos aus physikalisch trennbaren und mechanisch ineinandergefügten Sphären bestünde. Statt dessen versuchte er vermittels eines

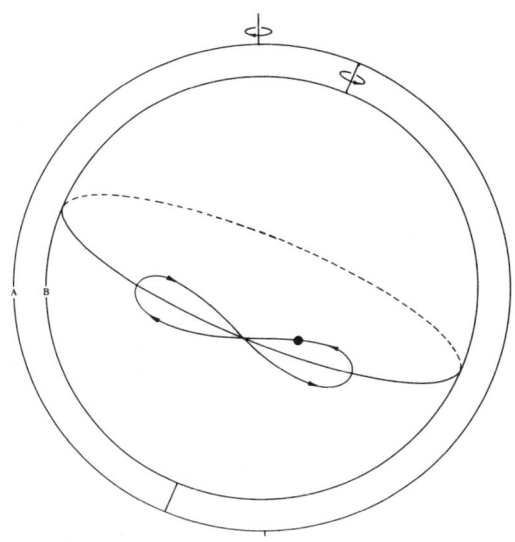

*Abb. 5.6: Die Eudoxosschen Sphären und die Hippopede.*

geometrischen Modells, die Einzelkomponenten einer gleichmäßigen Bewegung herauszuschälen, die den komplizierten Planetenbahnen zugrundeliegen und ihnen eine Logik geben. Er suchte nicht nach einer logischen Erklärung der physikalischen Struktur, sondern nach mathematischer Ordnung.

Zweitens: funktionierte das Modell? Da uns keine Schrift von Eudoxos erhalten ist, sind uns die geometrischen Einzelheiten des Systems unbekannt. Einige Punkte kann man aber festhalten. Das Modell von Eudoxos ist zwar eindeutig mathematisch gedacht, es ist aber unwahrscheinlich, daß es dazu dienen sollte, konkrete Vorhersagen zu treffen. Es ist sogar sehr unwahrscheinlich, daß der Begriff einer genauen, quantitativen Vorhersage überhaupt schon Teil der griechischen Astronomie oder irgendeiner anderen griechischen Wissenschaft war. Niemand erwartete mehr als eine grobe qualitative Übereinstimmung zwischen der Theorie und den beobachteten Erscheinungen. Wenn wir wollen, können wir vom Potential des Eudoxosschen Modells sprechen, unter der Annahme, daß in jedem Fall die besten Werte gewählt wurden. In diesem Fall hätte das System (mit ein oder zwei Ausnahmen) Ergebnisse geliefert, die den uns heute bekannten astronomischen Kenntnissen qualitativ in etwa entsprechen, jedoch keinerlei quantitative Präzision liefern. Angesichts des beschränkten astronomischen Wissens und der bescheidenen Ziele der theoretischen Astronomie im vierten Jahrhundert muß man dies jedoch als enormen Fortschritt werten.

Eine Generation nach Eudoxos verbesserte Kallippos aus Kyzikos (*ca.

370 v. Chr.) das System, indem er Sonne und Mond eine vierte, Merkur, Venus und Mars eine fünfte Sphäre zuordnete. Durch die zusätzlichen Sphären von Sonne und Mond sollten die während des Umlaufs um die Ekliptik auftretenden Geschwindigkeitsveränderungen dieser beiden Himmelskörper berücksichtigt werden – beispielsweise die Tatsache, daß die Zeit, in der die Sonne vom Sommersonnwendepunkt zum Herbstäquinoktialpunkt wandert, sich um mehrere Tage von der Zeitspanne unterscheiden kann, in der sie vom Herbstäquinoktialpunkt zum Wintersonnwendepunkt wandert (s. Abb. 5.3 oben).[12]

Weitere Verbesserungen an dem System konzentrischer Sphären nahm Aristoteles (384–322 v. Chr.) vor. Aristoteles übernahm das von Kallippos veränderte Eudoxossche Modell, jedoch mit einem bedeutenden Unterschied: Während Eudoxos die konzentrischen Sphären wohl als rein geometrische Konstruktionen gedacht hatte, hielt Aristoteles das System offenbar für eine physikalische Realität, und dies veranlaßte ihn, ernsthaft über die Übertragung von Bewegung von einer Sphäre auf die nächste nachzudenken. Dadurch war er gezwungen, sich über die Verbindungsglieder der Sphären untereinander Gedanken zu machen. Er kam zu folgender Erkenntnis: Wenn alle sieben Planeten, jeder jeweils mit seinen verschiedenen Sphären, in konzentrischer Weise ineinander angeordnet sind, müßte die innerste Sphäre eines Planeten (beispielsweise des Saturn) zwangsläufig seine komplizierte Bewegung auf die äußerste Sphäre des in der Reihe darunterliegenden Planeten (Jupiter) übertragen. Würde man die zusätzliche Wirkung von Jupiters eigenen Sphären dazurechnen, dann würde das System unüberschaubar und unhaltbar kompliziert – und würde obendrein mit den Beobachtungsdaten nicht mehr übereinstimmen. Aristoteles begegnete diesem Problem dadurch, daß er einen Satz von entgegenwirkenden Sphären zwischen die innerste Sphäre des Saturn und die äußerste Sphäre des Jupiter, und einen ähnlichen Satz rückläufiger Sphären zwischen den primären Sphären jedes Paars nebeneinanderliegender Planeten einfügte. Diese rückläufigen Sphären – ihre Zahl ist jeweils um eins geringer als die der Primärsphären des gerade darüberliegenden Planeten – sollten dem System entgegenwirken, es aufrollen, wie Aristoteles es ausdrückte, und die einfache tägliche Bewegung der äußersten Sphäre des jeweils nächsten Planeten in der Reihe wiederherstellen. Aristoteles ließ viele Detailfragen unbeantwortet. Seine Diskussion des Eudoxosschen Systems und dessen Weiterentwicklungen füllt nur ein oder zwei Seiten in seinem Werk und endet mit dem Eingeständnis der Ungewißheit. Wichtig ist, daß Aristoteles seinen Nachfolgern eine äußerst komplizierte Himmelsmaschinerie, bestehend aus fünfundfünfzig Planetensphären zuzüglich des Fixsternhimmels, hinterließ.

Und er hinterließ ihnen auch eine wichtige Frage: In welchem Verhältnis stehen in der Astronomie Mathematik und Physik zueinander? Handelt es sich bei der Astronomie in erster Linie um eine mathematische Disziplin, wie Eudoxos sie offenbar begriff? Oder muß sich der Astronom auch mit der wirklichen Struktur der Dinge befassen, wie die astronomische Theorie von Aristoteles es nahelegt? Im Verlauf der nächsten zweitausend Jahre sollten sich die Astronomen immer wieder diese Frage stellen.[13]

## Entwicklungen in der Kosmologie

Zu Lebzeiten von Aristoteles und im Jahrhundert danach gab es einige Entwicklungen im Bereich der Kosmologie, die für Astronomen von Bedeutung waren. Zum einen behauptete Herakleides Pontikos (ca. 390 – nach 339 v. Chr.), ein Mitglied der platonischen Akademie unter Platon selbst und Platons Nachfolger, daß die Erde sich einmal innerhalb von vierundzwanzig Stunden um ihre Achse drehe. Diese Theorie, die weite Kreise zog (jedoch selten für wahr gehalten wurde) erklärte den täglichen Auf- und Untergang aller Himmelskörper. Häufig wird Herakleides auch die Behauptung zugeschrieben, daß sich Merkur und Venus um die Sonne bewegen, aber die neuere Forschung hat ergeben, daß diese Interpretation seiner Schriften nicht haltbar ist.[14]

Ein oder zwei Generationen nach Herakleides entwarf Aristarch von Samos (ca. 310–230 v. Chr.) ein heliozentrisches System. Darin steht die Sonne unbeweglich im Zentrum des Kosmos, während die Erde als Planet die Sonne umwandert. Man geht normalerweise davon aus, daß Aristarch auch den anderen Planeten Umlaufbahnen um die Sonne zuordnete, obwohl in den uns vorliegenden historischen Dokumenten dieser Punkt nie angesprochen wird. Aller Wahrscheinlichkeit nach war es die Absicht von Aristarch, die Pythagoreische Kosmologie weiterzuentwickeln, welche die Erde bereits aus dem Zentrum des Universums verbannt hatte und sie statt dessen um das »zentrale Feuer« kreisen ließ.[15] Man hat Aristarch dafür gerühmt, daß er Kopernikus vorgriff, und seine Nachfolger dafür verurteilt, daß sie seine Theorie nicht übernahmen. Wer jedoch nur einen Augenblick lang darüber nachdenkt, wird feststellen, daß wir der tatsächlichen Situation im dritten Jahrhundert v. Chr. nicht gerecht werden, wenn wir die Hypothese von Aristarch auf der Basis der Kenntnisse beurteilen, über die wir im zwanzigsten Jahrhundert verfügen. Die Frage ist nicht, ob *wir* gute Gründe dafür haben, ein heliozentrisches Weltbild anzunehmen, sondern ob *sie* damals Gründe dafür hatten. Die Antwort darauf lautet natürlich: Sie hatten sie nicht. Indem man die Erde in Bewegung versetzte und sie als Planeten einordnete, stellte man sich gegen althergebrachte Autorität, den gesunden Menschenverstand, religiöse Glaubensgrundsätze und die Physik von Aristoteles. Außerdem mußte es aufgrund dieser Theorie auch eine

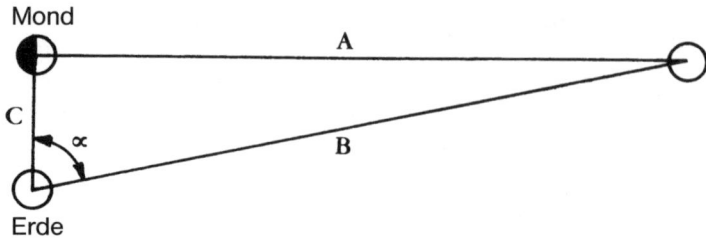

Mond

C

Erde

A

α

B

*Abb. 5.7: Aristarchs Methode zur Berechnung des Quotienten zwischen dem Abstand von Sonne und Mond zur Erde. Der Winkel alpha, der zwischen den beiden Beobachtungslinien liegt, wird gemessen, wenn der Mond sich in einer Viertelphase befindet (man weiß, daß sich A und C dann in rechtem Winkel schneiden). Daraus kann der Quotient von B zu C berechnet werden. Diese Methode hat jedoch einige Nachteile. Zunächst einmal läßt sich der Moment, in dem die Mondscheibe genau zur Hälfte beleuchtet ist, nicht exakt bestimmen. Zweitens führt ein geringer Fehler bei der Messung des Winkels alpha (Aristarch bestimmte ihn auf 87°, der wirkliche Wert ist jedoch 89°52') einen sehr großen Fehler im Quotienten von B zu C nach sich.*

Sternenparallaxe geben (d.h. Abweichungen im geometrischen Verhältnis eines Sternenpaars, wenn der Beobachter sich nähert, entfernt oder seine Position anderweitig verändert); so etwas ließ sich jedoch nicht beobachten. Andererseits bot es Erklärungen für beobachtete Phänomene (beispielsweise die veränderliche Helligkeit der Planeten), die sich durch andere Theorien, welche der traditionellen Kosmologie nicht entgegenstanden, ebenso gut erklären ließen.

In der frühhellenistischen Epoche wurde mehrmals der Versuch unternommen, verschiedene kosmologische Konstanten zu berechnen. Aristarch selbst verglich den Abstand der Erde zur Sonne mit dem Abstand der Erde zum Mond; seinen Berechnungen zufolge betrug ersterer ein Zwanzigfaches des letzteren (in Wirklichkeit beträgt das Verhältnis etwa 400:1). Der Rechenansatz von Aristarch läßt sich Abb. 5.7 entnehmen. Hipparchos († nach 127 v. Chr.) errechnete auf der Grundlage des Nichtvorhandenseins einer Sonnenparallaxe[16] und aus Datenmaterial über Sonnen- und Mondfinsternisse absolute Werte für die Entfernungen von Sonne und Mond. Die Annahme, daß die Sonnenparallaxe sich dicht unter der Wahrnehmungsgrenze befand, führte ihn zu einem Wert für die Sonnenentfernung, der ein 490-faches des Erddurchmessers betrug. Aus den Daten über Finsternisse errechnete er daraufhin, daß der Abstand vom Mond zur Erde zwischen 59 und 67 Erddurchmesser betragen müßte. Was die Erde selbst anging, so hatte Eratosthenes (um 235 v. Chr.), der Direktor der Bibliothek von Alexandria, bereits ein Jahrhundert zuvor ihren Umfang berechnet.

Sein Ergebnis (252 000 Stadien) weicht nur um 20% von den heute bekannten Werten ab, wurde allgemein bekannt und geriet nie mehr in Vergessenheit.[17]

## Hellenistische Planetenastronomie

Offensichtlich wurde in der hellenistischen Epoche fleißig Planetenastronomie betrieben, wir kennen jedoch wenige Einzelheiten, weil Claudius Ptolemaios (gegen Ende der hellenistischen Epoche) die Ergebnisse seiner Vorgänger so übersichtlich zusammenfaßte, daß deren Werke selbst in Vergessenheit gerieten. Wir wissen, weil Ptolemaios dies erwähnt, daß Apollonius von Perge im dritten Jahrhundert v. Chr. ein neues mathematisches Modell für die Planetenbahnen entwickelte. Und ebenso sicher ist – auch das erwähnt Ptolemaios, es existieren aber auch fragmentarische Reste der Schriften – daß Hipparchos einer der bedeutendsten Astronomen des Altertums war. In erster Linie hinterließ Hipparchos in der beobachtenden Astronomie seine Spuren: Er entwarf eine neue und verbesserte Sternenkarte, entdeckte die Präzession der Äquinoktien, entwickelte ein neues astronomisches Beobachtungsinstrument, den Diopter, und kritisierte die bisherige Planetentheorie. Wir wissen auch, daß Hipparchos Zugriff auf astronomische Daten der Babylonier hatte, unter anderem auf Informationen über Planetenbewegungen und Mondfinsternisse. Und was am wichtigsten ist: Durch seinen Kontakt mit der babylonischen Astronomie machte sich Hipparchos das Ziel zu eigen, genaue quantitative Voraussagen zu treffen. Er war es, der als erster geometrischen Modellen numerische Werte zuordnete, und seinem Einfluß war es zu verdanken, daß die Forderung nach einer Übereinstimmung von Beobachtung und Theorie Eingang in die griechische Astronomie fand und diese radikal veränderte.[18] Um die Folgen dieser Veränderung abschätzen zu können, müssen wir uns der Arbeit von Ptolemaios zuwenden.

Claudius Ptolemaios (um 150 n. Chr.) arbeitete mit dem Museum in Alexandria und der ihm angegliederten Bibliothek zusammen (der Name »Ptolemaios« ist irreführend. Er steht nicht für eine Abstammung von der alten ptolemäischen Herrscherdynastie, sondern vermutlich für ein bestimmtes Stadtviertel von Alexandria, welches dessen Bewohner als »Stammes«-namen verwendeten. Wichtig für uns ist, daß es sich bei Ptolemaios also nicht um einen Einwanderer handelt, wie es bei vielen anderen Intellektuellen Alexandrias der Fall war, sondern daß er seine Abstammung direkt von Bürgern der Stadt herleitete.) Damit wir die Zeitverhältnisse nicht falsch einschätzen, wie es aus der zeitlichen Entfernung leicht passiert, müssen wir uns noch einmal vor Augen halten, daß Ptolemaios ungefähr

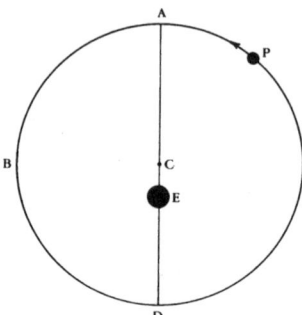

*Abb. 5.8: Das Exzentermodell des Ptolemaios.*

dreihundert Jahre nach Hipparchos und fünfhundert Jahre nach Eudoxos lebte. Das bedeutet nicht nur, daß er von den im Laufe dieser Jahrhunderte in der Theorie erzielten Fortschritten profitieren konnte, sondern auch, daß er sich auf jahrhundertelange astronomische Beobachtungen sowohl der Babylonier wie der Griechen berufen konnte. Und selbst aus relativ groben Beobachtungsdaten lassen sich erstaunlich genaue theoretische Schlußfolgerungen ziehen, wenn die Zeitspanne dieser Beobachtung nur lang genug ist. Beispielsweise verwendete Hipparchos das im zweiten Jahrhundert v. Chr. vorhandene Datenmaterial zur Berechnung der durchschnittlichen Länge eines Mondmonats und verrechnete sich dabei nur um eine Sekunde gegenüber dem heute bekannten Wert.[19]

Es wäre merkwürdig, wenn das hohe Niveau der hellenistischen Mathematik sich nicht in der mathematischen Astronomie des Hellenismus widerspiegeln würde. Ptolemaios konnte bei seiner Planetenastronomie gegen Ende der hellenistischen Epoche von mathematischen Grundlagen ausgehen, von denen Eudoxos fünfhundert Jahre zuvor nicht einmal hatte träumen können. Die Modelle von Ptolemaios waren auf das gleiche Ziel ausgerichtet wie jene von Eudoxos – auf die Entdeckung einer Kombination gleichförmiger Kreisbewegungen, durch die sich die beobachteten Planetenpositionen (d.h. die scheinbaren Geschwindigkeits- und Richtungsverschiebungen) erklären ließen. Darüberhinaus waren aufgrund der ptolemäischen Modelle genaue quantitative Voraussagen zukünftiger Planetenpositionen möglich. Die mathematischen Methoden, die er anwendete, waren jedoch sehr unterschiedlich.

Zunächst einmal bediente er sich der Kreise anstelle der Sphären. Wir wollen uns ansehen, wie gleichförmige Bewegungen im Kreis zu scheinbarer Ungleichmäßigkeit führen können. Der Kreis ABD (Abb. 5.8) sei die Umlaufbahn des Planeten, und der Planet P bewege sich gleichförmig auf dieser Umlaufbahn. Wenn die Bewegung von P gleichförmig ist, wird er in

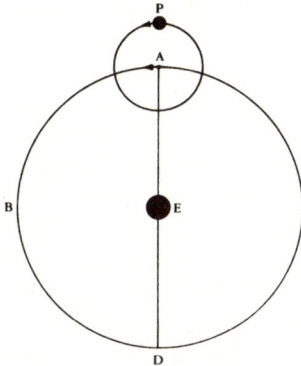

*Abb. 5. 9: Die Epizykel-
theorie des Ptolemaios.*

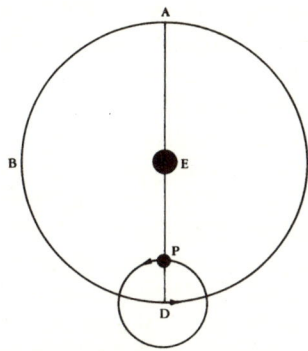

*Abb. 5.10: Die Epizykeltheorie
des Ptolemaios, wenn sich
der Planet auf der Innenseite
des Epizykels befindet.*

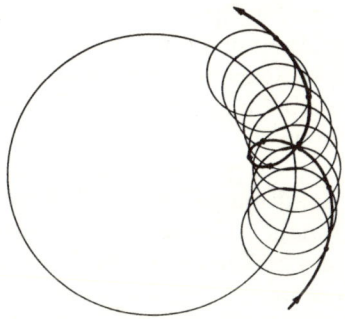

*Abb. 5. 11: Die rückläufige Bewegung eines Planeten, erklärt mit-
hilfe der Epizykeltheorie. Während sich der Epizykel gegen den
Uhrzeigersinn auf dem Deferenten bewegt, bewegt sich der Planet
gegen den Uhrzeigersinn auf dem Epizykel. Die fettgedruckte Linie
zeigt die tatsächliche Bahn des Planeten.*

gleichen Zeitabständen gleiche Winkel um das Zentrum Z durchmessen.
Wenn nun das Zentrum der gleichförmigen Rotation Z mit dem Blickpunkt des Beobachters zusammenfällt – das heißt, wenn sich die Erde am
Punkt Z befindet – dann wird die Bewegung von P nicht nur gleichförmig
*sein* sondern auch gleichförmig *erscheinen*. Wenn dagegen das Zentrum der
gleichförmigen Bewegung und der Blickpunkt des Beobachters nicht
zusammenfallen – wenn die Erde sich beispielsweise am Punkt E befindet –
dann wird die Planetenbewegung nicht gleichförmig erscheinen. Scheinbar

bremst er ab, während er sich A nähert und beschleunigt, während er sich D nähert. So weit die Exzenter-Theorie.

Mithilfe des exzentrischen Modells lassen sich einfache Fälle der ungleichförmigen Bewegung erklären, beispielsweise jene der Sonne um die Ekliptik, und die sich daraus ergebende Ungleichmäßigkeit der Jahreszeiten. Für kompliziertere Fälle entwickelte Ptolemaios die Epizykeltheorie (Abb. 5.9). ABD sei ein Deferenten- oder Trägerkreis; man zeichne einen kleinen Kreis (einen Epizykel) mit Zentrum auf dem Deferenten. Der Planet P bewegt sich gleichmäßig um den Epizykel, das Zentrum des Epizykels dagegen bewegt sich gleichmäßig um den Trägerkreis. Der Beobachter am Punkt E nimmt die Zusammensetzung zweier gleichförmiger Kreisbewegungen wahr. Die genauen Eigenschaften dieser zusammengesetzten Bewegung hängen dabei von den gewählten Werten ab – dem Größenverhältnis der beiden Kreise sowie Bewegungsgeschwindigkeit bzw. -richtung, aber in jedem Fall eröffnet ein solches Modell vielgestaltige Möglichkeiten. Wenn sich P auf der Außenseite des Epizykels befindet, wie in Abb. 5.9, ist die Bewegung des Planeten (von der Erde aus) als die Summe aus seiner Bewegung um den Epizykel und der Bewegung des Epizykels um den Deferenten wahrnehmbar, und an diesem Punkt wird der Planet seine scheinbare Höchstgeschwindigkeit erreichen. Wenn sich P auf der Innenseite des Epizykels befindet, wie in Abb. 5.10 dargestellt, sind seine Bewegung auf dem Epizykel und die Bewegung des Epizykels auf dem Deferenten (von der Erde aus gesehen) einander entgegengesetzt, und die scheinbare Bewegung des Planeten hängt von ihrer Differenz ab; wenn die Bewegung von P die schnellere der beiden ist, sieht es so aus, als würde der Planet kehrtmachen und sich eine Zeitlang rückwärts bewegen. Diese rückläufige Bewegung ist in Abb. 5.11 dargestellt.

Grundvoraussetzung beider Bewegungssysteme ist, daß die wirklichen Planetenbewegungen – also die einzelnen Bewegungskomponenten – gleichmäßig und kreisförmig sind. Häufig hat man die griechischen Astronomen wegen ihres »dogmatischen« Festhaltens an der gleich- und kreisförmigen Bewegung angegriffen und argumentiert, daß ein Wissenschaftler nicht von vorneherein von bestimmten Voraussetzungen (dieser oder jeglicher Art) ausgehen darf oder zumindest nicht ausgehen sollte. Ist eine solche Kritik berechtigt? Eigentlich ist es doch so, daß jeder Wissenschaftler, im Altertum ebenso wie in der Neuzeit, bei *jeder* Forschung zunächst einmal von festen Annahmen bezüglich der Struktur des Universums und von ganz klaren Vorstellungen davon ausgeht, welche Modelle er bei seiner Arbeit verwenden kann. Was Ptolemaios betrifft, so war eine Festlegung auf die gleichförmige Kreisbewegung vor allen Dingen durch den Charakter seiner Untersuchungen gerechtfertigt. Sein Ziel war es nicht nur, weitere wichtige Beobachtungsdaten zu sammeln und durch sie die Planetenbewegung in ihrer ganzen Komplexität zu beschreiben, er wollte die komplexen Planetenbewegungen außerdem auf möglichst einfache Komponenten zurückführen – d.h., die Ordnung aufdecken, die in Wirklichkeit unter der scheinbaren Unordnung verborgen liegt. Und diese einfachste Bewegung, die für die letzte Ordnung steht, kann nur die gleichförmige Kreisbewegung sein.

Aber es gab noch mehr Gründe für eine Beschränkung auf von gleichförmigen Kreisbewegungen ausgehende Modelle: den gesunden Menschenverstand und die Vorgaben der Tradition – der zyklische und repetitive Charakter der Himmelserscheinungen hatte schon immer nahegelegt, daß die Himmelsbewegung grundlegend gleich- und kreisförmig sein muß. Außerdem wären quantitative Voraussagen ohne die gleichförmige Kreisbewegung unmöglich gewesen, denn die Ptolemaios zur Verfügung stehenden »trigonometrischen« Rechenarten ließen sich nicht ohne weiteres auf andere Bewegungsformen übertragen. Darüberhinaus gab es auch ästhetische, philosophische und religiöse Argumente: Da der Himmel ein ganz besonderer Ort war, mußten die dort angesiedelten Naturkörper und Bewegungen ebenfalls absolut vollkommen sein. Schließlich ist es auch aufschlußreich, daß Kopernikus 1400 Jahre später nicht etwa deswegen mit Ptolemaios brach, weil er selbst sich gegen die Bindung an die gleichförmige Kreisbewegung auflehnte, sondern (zum Teil) weil er der Meinung war, daß sich Ptolemaios nicht konsequent an diese Vorgabe gehalten hatte.

Wie dem auch sei, die Exzentertheorie und die Epizykeltheorie, die auf gleichförmiger Kreisbewegung basierten, erwiesen sich als äußerst funktionell. Aber sie hatten ihre Grenzen, und weil sie bestimmte Planetenbewegungen noch immer nicht befriedigend erklären konnten, wurde ein drittes Modell erforderlich. Es wurde als die sogenannte Äquantentheorie bekannt. AFB (Abb. 5.12) sei ein exzentrischer Kreis um das Zentrum C; die Erde befinde sich am Punkt E. Wenn sich nun der Planet entlang dieses

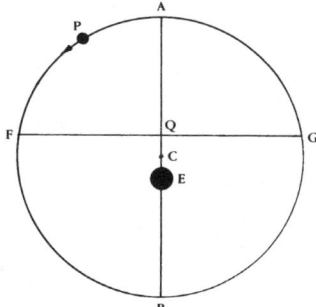

*Abb. 5.12: Das Äquantenmodell des Ptolemaios.*

Kreises bewegt, besteht Ptolemaios nicht mehr darauf, daß er in gleichen Zeitabständen, vom Zentrum aus betrachtet, gleiche Winkel durchmißt (wie es die übliche Definition der gleichförmigen Bewegung fordert), sondern postuliert eine Bewegung, in der der Planet vom Ausgleichspunkt betrachten, aus gemessen in gleichen Zeitabständen gleiche Winkel durchmißt. Bei diesem Ausgleichspunkt handelt es sich um einen nichtzentralen, in Q gelegenen Punkt (er ist so gewählt, daß die Strecke QC gleich ist der Strecke CE). Wenn der Planet sich über den Bogen AF bewegt, durchmißt er den Winkel AQF. Gehen wir beispielsweise davon aus, daß der Planet diesen Winkel und Bogen in drei Jahren zurücklegt, dann muß der Planet innerhalb der nächsten drei Jahre wieder einen rechten Winkel durchmessen, FQB, und muß sich daher über den entsprechenden Bogen FB fortbewegen. In weiteren drei Jahren bewegt sich der Planet durch den rechten Winkel BQG von B nach G usw. Wenn wir die zurückgelegten Bogenstrecken vergleichen, stellt sich heraus, daß der Planet über FB eine höhere lineare Geschwindigkeit besitzt als über AF; der Planet wird allmählich schneller, während er sich von A nach B bewegt, dann bremst er ab, während er von B nach A wandert. Wenn wir diese variable Bewegung von E auf der anderen Seite des Zentrums gegenüber dem Ausgleichspunkt betrachten, kann die scheinbare Veränderlichkeit nur noch größer werden. Man muß es sich bewußt machen, daß Ptolemaios in diesem Äquantenmodell die Gleichförmigkeit der Winkelbewegung – wenn auch nicht um das Zentrum – beibehielt, die Gleichförmigkeit der linearen Bewegung am Umfang entlang jedoch endgültig aufgab. Ob ein so aufgeweichtes Konzept der Gleichförmigkeit noch ausreichte – diese Frage stellte Kopernikus im sechzehnten Jahrhundert. Aber Ptolemaios konnte damit die Entwicklung funktionierender Planetenmodelle vorerst abschließen. Es ließen sich nun so korrekte Voraussagen treffen, daß dieser Erfolg alle Einwände derer zerstreute, die sich vielleicht für ein strengeres Festhalten an der Gleichförmigkeit ausgesprochen hätten.

In allen drei Theorien – der Exzentertheorie, der Epizykeltheorie und der Äquantentheorie – wurde die gleichförmige Kreisbewegung (ob es sich nun um Gleichförmigkeit im strengeren oder weniger strengen Sinne handelte) erfolgreich für die Erklärung scheinbarer Unregelmäßigkeiten am Himmel herangezogen. Aber erst in ihrer Kombination entwickelten die Theorien ihr gesamtes Potential. Exzenter und Epizykel lassen sich leicht kombinieren, wenn man einen Deferenten definiert, der von der Erde exzentrisch liegt. Dann konnte man einen Ausgleichspunkt so definieren, daß das Zentrum des Epizykels von einem nichtzentralen Punkt aus gemessen in gleichen Zeiträumen gleiche Winkel durchmißt. Es war sogar möglich, das Zentrum des Exzenters in einem kleinen Kreis die Erde umlaufen zu lassen – und genau das mußte Ptolemaios tun, damit seine Mondtheorie funktionieren konnte.[20] Die auf die meisten Planeten (Venus,

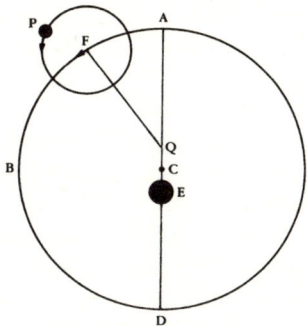

*Abb. 5.13: Ptolemaios' Modell für die äußeren Plane-*
*ten. Die Linie QF durchmißt in gleichen Zeitabstän-*
*den über dem Äquantenpunkt Q gleiche Winkel.*

Mars, Jupiter und Saturn) anwendbare Theorie ist in Abb. 5.13 dargestellt;
ABD ist darin ein exzentrischer Deferent, dessen Zentrum am Punkt C
liegt; die Erde befindet sich am Punkt E und der Ausgleichspunkt am Punkt
Q. Der Planet bewegt sich gleichförmig um den Epizykel; das Zentrum des
Epizykels bewegt sich (wenn man den durchmessenen Winkel berechnet)
gleichförmig um den Ausgleichspunkt Q. Die daraus entstehende Bewegung wird von der Erde E aus beobachtet. Mit entsprechenden Abweichungen galten solche Theorien für alle übrigen Planeten und erwiesen sich bei
der Vorhersage zu beobachtender Planetenpositionen als vollkommen
geeignet. Ja, gerade, weil sie sich so gut eigneten, konnten sie sich so lang
halten und ließen sich nur so schwer verdrängen.

Vielleicht macht das den Eindruck, als ob es sich bei den Bemühungen
von Ptolemaios um rein mathematische Spielereien gehandelt hätte.
Der Abhandlung, in der Ptolemaios diese mathematischen Theorien vorstellte, gab er den Titel *Mathematische Syntaxis* (oder *Mathematisches System*).
Im Vorwort äußerte er außerdem, daß sich nur Vermutungen darüber
anstellen lassen, ob eine göttliche Macht die Bewegung am Himmel verursacht, oder ob die Dinge rein materieller Natur sind, und der einzige Weg
zur Gewißheit über diese Frage sei die Mathematik. Und an verschiedenen
Stellen in seinem Buch fordert er, daß für die Erstellung von Planetentheo-
rien mathematische Einfachheit ausschlaggebend sein sollte – offenbar
ohne Rücksicht auf physikalische Plausibilität.

Bei näherem Hinsehen stellen wir allerdings fest, daß in Wirklichkeit
doch auch nichtmathematische Aspekte die Analyse beeinflußten. Ptolemaios führte Argumente dafür an, daß die Erde unbeweglich im Mittelpunkt des Universums stehe – dies war für ihn nicht nur eine mathematische Hypothese, sondern eine wichtige physikalische Überzeugung. Er

stellte Behauptungen über die Natur des Himmels auf und bemerkte, daß dieser im Gegensatz zu irdischen Substanzen Bewegung nicht aufhielt. Und in einer weiteren Abhandlung, den *Hypotheses Planetarum*, machte er den Versuch, seine mathematischen Modelle konkret umzusetzen.[21] Obwohl Ptolemaios überzeugt war vom mathematischen Ansatz, schloß er Fragen aus dem Bereich der Physik aus seiner mathematischen Analyse nicht aus, sondern hielt sich an den Rahmen der traditionellen Naturphilosophie.

Zwar interessierte sich Ptolemaios für die kosmische Physik, der Schwerpunkt seines astronomischen Werks lag jedoch auf der mathematischen Analyse. Und als Himmelsmathematiker, dessen Engagement darauf gerichtet war, durch die Mittel der Mathematik »die Phänomene als solche zu bewahren«, beeinflußte er das Mittelalter und die Renaissance. Ja, Aristoteles und Ptolemaios standen lange Zeit stellvertretend für die beiden Pole in der Astronomie – ersterer hatte sich vor allem mit der physikalischen Struktur beschäftigt, letzterer hatte hervorragende mathematische Theorien aufgestellt.

## Die Optik

Ein weiteres Fachgebiet, auf das die Mathematik im Altertum erfolgreich angewendet wurde, war die Optik. Unter Optik fällt die Untersuchung von Licht und Sehen. Mit diesen Themen hatte die Menschheit sich von alters her beschäftigt, und es entstanden immer neue Theorien. Fast überall galt das Sehen als jene Sinnesleistung, durch die wir am meisten über unsere Umwelt erfahren, und eine der bedeutendsten und angenehmsten Erscheinungen in dieser Umwelt ist das Licht – es ist nicht nur verantwortlich für das Sehen, sondern in Form des Sonnenlichts für Wärme und Leben überhaupt.

Jede hochentwickelte Naturphilosophie beschäftigt sich zwangsläufig mit dem Sehen. Die Atomisten stellten die Theorie auf, das Auge empfange eine dünne Schicht von Atomen (ein *Simulacrum*), das von der Oberfläche des sichtbaren Objekts ausgeht. Platon behauptet (im *Timaios*), daß das Auge des Beobachters Feuer ausstrahle und dieses mit dem Sonnenlicht zu einem Medium verschmelze, welches wiederum eine Verbindung herstelle zwischem dem sichtbaren Objekt und dem Auge. Dieses Medium übermittelt dem Auge und schließlich der Seele die vom sichtbaren Objekt ausgehenden »Bewegungen«. Und Aristoteles behauptete, daß ein potentiell durchsichtiges Medium in dem Augenblick durchsichtig wird, wenn es von einer Lichtquelle, beispielsweise der Sonne, beleuchtet wird; Licht ist nichts anderes als dieser Zustand des Mediums. Farbige Objekte lösen demzufolge im Kontakt mit dem durchsichtigen Medium weitere Verände-

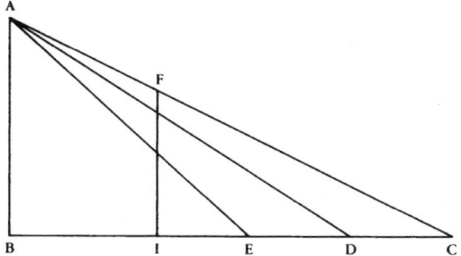

*Abb. 5.14: Die Geometrie des Sehens nach Euklid. A bezeichnet das
Auge des Beobachters, AEC den vom Auge ausgehenden Sehkegel.
C, der entfernteste der beobachteten Punkte, wird vom Strahl AC
betrachtet, der innerhalb des Sehkegels eine höhere Position einnimmt (man beachte, an welcher Stelle er durch die Schnittebene FI
dringt) als der Strahl AD, von dem Punkt D betrachtet wird.*

rungen des Mediums aus – Veränderungen, die dem Auge des Beobachters
übermittelt werden und zur optischen Wahrnehmung dieser Objekte führen.[22]

Erst die Generation nach Aristoteles machte den Versuch, eine mathema-
tische Theorie des Sehens aufzustellen. Euklid (um 300 v. Chr.) schrieb ein
Buch mit dem Titel *Optik*, in dem er den Sehakt definierte und eine
Theorie der Sehperspektive aufstellte. Er behauptete, daß vom Auge des
Beobachters kegelförmig rechtlinige Strahlen ausgehen. Die Spitze des
Kegels liegt im Auge, die Grundfläche auf dem sichtbaren Objekt. Sichtbar
sind jene Dinge, auf welche die Strahlen fallen. Nachdem er den Sehkegel
definiert hatte, verwendete Euklid diesen geometrischen Körper zur Entwicklung einer geometrischen Wahrnehmungstheorie. Eines der Postulate
der *Optik* hat zum Inhalt, daß die scheinbare Größe eines beobachteten
Objekts direkt von dem Winkel abhängt, unter dem er wahrgenommen
wird (Dinge, die von im Kegel höher liegenden Strahlen erfaßt werden,
erscheinen dem Beobachter höher). Im weiteren analysiert das Buch das
Erscheinungsbild eines Objekts auf der Grundlage seines räumlichen Verhältnisses zum Beobachter. Abb. 5.14 zeigt, wie beispielsweise ein weiter
entferntes Objekt einen höheren Strahl im Sichtkegel abfängt und deswegen höher erscheint. Dabei handelt es sich um ein äußerst interessantes
und eindrucksvolles Beispiel für eine mathematische Analyse, und es sollte
weite Kreise ziehen. Wir sollten uns aber nicht lediglich von der Mathematik beeindrucken lassen – es ist auch bemerkenswert, daß diese Theorie
viele Aspekte des Sehens außer acht läßt, denen Wissenschaftler wie Aristoteles noch grundlegende Bedeutung zumaßen – nämlich das Medium,
also die physikalische Verbindung zwischen dem Objekt und dem Auge,

und den eigentlichen Wahrnehmungsakt. Kurz – wenn man sich nur für das interessiert, was sich mit geometrischen Methoden erfassen läßt, dann kann man die Theorie von Euklid als eine großartige Errungenschaft bezeichnen. Wenn man dagegen etwas über die nichtgeometrischen Aspekte des Sehens erfahren wollte, war die Theorie von Euklid völlig nutzlos.[23]

Die beste hellenistische Schrift zur geometrischen Optik schrieb Ptolemaios 450 Jahre nach Euklid. Ptolemaios ist in erster Linie für seine astronomische Forschung bekannt, er schrieb jedoch auch eines der bedeutendsten Werke zur Optik aus der Zeit vor Newton. Die *Optik* von Ptolemaios ist nur in einer unvollständigen Fassung erhalten, aber schon in dieser Fassung erweist sich Ptolemaios als hervorragender Wissenschaftler.[24]

Ptolemaios hielt sich in der Optik nicht an den von Euklid vorgegebenen engen geometrischen Ansatz. Statt dessen versuchte er, eine umfassende Theorie aufzustellen, welche die geometrische Sehtheorie mit einer gründlichen Analyse der physikalischen und psychologischen Aspekte des Sehaktes verband. Ptolemaios nutzte als Gerüst dafür die Theorie des Sehkegels (der sich sowohl auf das einäugige wie auf das beidäugige Sehen anwenden ließ), überzog dieses Gerüst jedoch mit einer Analyse der vom Auge ausgehenden Strahlung und deren Wechselwirkung mit dem sichtbaren Objekt. Diese physikalischen Aspekte der ptolemäischen Theorie tun jedoch seinen Errungenschaften auf dem Gebiet der Geometrie keinen Abbruch: Der dem Bereich der Geometrie gewidmete Teil seines Textes erwies sich als höchst bedeutend, denn er zeigt, wie man an die Themen Sehen und Licht mit geometrischen Begriffen herangehen konnte.

Doch am eindrucksvollsten in Ptolemaios' *Optik* waren vom Standpunkt der Geometrie aus gesehen seine Reflexions- und Brechungstheorien. Andere Mathematiker, darunter Euklid und Heron, hatten bereits über Spiegel geschrieben, und Ptolemaios benutzte ihre Ergebnisse als Grundlage. Er verfaßte eine umfassende Erklärung der Reflexion, die sich am besten unter Bezugnahme auf Abb. 5.15 erklären läßt. ABC sei eine ebene, reflektierende Fläche, O der Standpunkt des Beobachters und E das Auge. Ptolemaios führte an, daß der einfallende Strahl EB (denn der Strahl verläuft ja *vom* Auge des Beobachters *zum* beobachteten Punkt) und der reflektierte Strahl BO eine Ebene beschreiben, die senkrecht auf der Spiegelebene steht. Zweitens ist der Einfallswinkel *i* gleich dem Ausfallswinkel *r*; und drittens befindet sich das Abbild von O am Punkt I, an dem der vom Auge ausgehende Strahl die vom Standpunkt des Beobachters auf die reflektierende Oberfläche gezogene Senkrechte schneidet. (Tatsächlich »weiß« der Beobachter nicht, daß sein Sehstrahl durch Reflexion am Spiegel gebrochen worden ist, und daher glaubt er, das Objekt befinde sich auf der geradlinigen Fortführung dieses Strahls). Ähnliche Theorien wandte Ptolemaios auf die Reflexion von sphärischen und zylindrischen

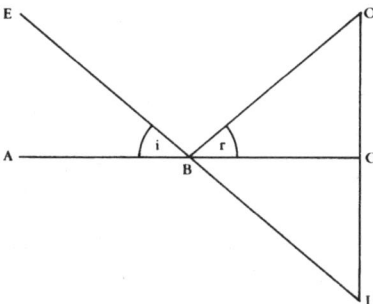

*Abb. 5.15: Sehen durch die Reflexion von Strahlen, nach Ptolemaios.*

(konkaven oder konvexen) Spiegeln an. Er formulierte eine eindrucksvolle Reihe von Lehrsätzen zu Lage, Größe und Form von durch Reflexion erzeugten Abbildungen. Wichtig und interessant ist, daß er sich Experimente ausdachte, mit deren Hilfe sich seine Theorie testen ließ.

Die Reflexionstheorie von Ptolemaios basierte also auf den Werken von Euklid und Heron; mit seiner Brechungstheorie aber begab er sich auf unerforschtes Gebiet. Die Grunderscheinung der Brechung – beispielsweise, daß ein zur Hälfte ins Wasser getauchter Stock »geknickt« aussieht – war seit langem bekannt. Aber Ptolemaios führte eine gründliche mathematische Analyse der Brechung durch, die er mit experimenteller Forschung verband. Wenn ein Strahl schräg von einem durchsichtigen Medium in ein anderes fällt und diese beiden Medien unterschiedliche optische Dichten aufweisen, dann wird er an der Grenzfläche so gebrochen, daß er näher an der Senkrechten im dichteren Medium liegt. Wenn also wie in Abb. 5.16 ABC eine ebene Fläche zwischen Luft (oben) und Wasser (unten) ist, DBF eine Senkrechte auf diese Grenzfläche, E das Auge das Beobachters und O der wahrgenommene Punkt, dann ist der Einfallswinkel EBD immer größer als der Brechungswinkel OBF. Und die Abbildung von O befindet sich am Punkt I, an dem die geradlinige Fortführung des einfallenden Strahls EB die Senkrechte OG schneidet, die vom wahrgenommenen Punkt auf die Brechungsfläche gezogen ist.

Existiert ein fester mathematischer Quotient aus Einfallswinkel und Brechungswinkel? Ptolemaios ging davon aus, daß das der Fall sein mußte, und er versuchte, ihn durch geschickte experimentelle Forschung herauszufinden. Dazu verwendete er eine Bronzescheibe, deren Rand in Grade eingeteilt war, so daß man Einfallswinkel und die entsprechenden Brechungswinkel in drei verschiedenen Medienpaaren messen konnte (Luft und Wasser, Luft und Glas, Wasser und Glas) (s. Abb. 5.17). Er konnte den angestrebten Quotienten nicht finden, und er entdeckte schon gar nicht unser heutiges Sinusgesetz, aber immerhin fand er in den Werten eine

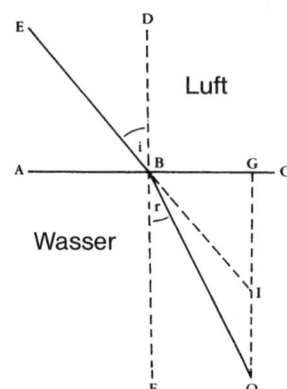

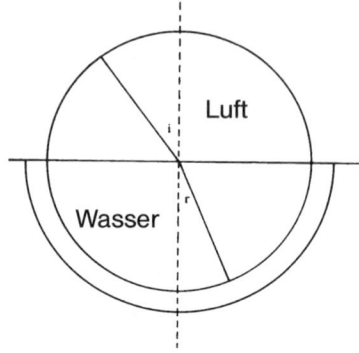

*Abb. 5.16: Die Brechungstheorie nach Ptolemaios.*

*Abb. 5.17: Ptolemaios' Versuchsanordnung zur Messung von Einfalls- und Brechungswinkeln.*

mathematische Regelmäßigkeit – oder vielleicht wählte oder veränderte er die Werte so, daß sie sich an ein einleuchtendes mathematisches Muster hielten.[25] Außerdem gab er an kommende Generationen ein tiefgründiges Verständnis der Grundprinzipien der Brechung, ein klares und überzeugendes Beispiel für experimentelle Forschung und einen bedeutenden Korpus von quantitativen Werten weiter.

## Das Heben von Gewichten

Die Wissenschaft vom Hebel und vom Waagbalken war ein dritter Bereich, der in der hellenistischen Epoche mit den Mitteln der Mathematik analysiert wurde. Tatsächlich eignete er sich für eine solche Analyse besser als die beiden bisher erwähnten Bereiche. Sowohl in der Astronomie wie in der Optik errang die Mathematik hohe Bedeutung, aber in beiden Fächern blieben wichtige physikalische Fragen zurück, auf welche die Mathematik keine Antwort gab. In der wissenschaftlichen Betrachtung des Waagbalkens dagegen schien sich das physikalische Problem fast vollständig auf Mathematik reduzieren zu lassen.[26]

Zentrales Anliegen war es, das Verhalten des Waagbalkens oder Hebels zu erklären – nämlich die Tatsache, daß der Balken sich im Gleichgewicht befindet, wenn die an seinen Enden aufgehängten Gewichte sich umgekehrt proportional verhalten zu ihrer Entfernung (hier zählt nur die waagrechte Entfernung) zum Stütz- oder Rotationspunkt. So gleicht ein

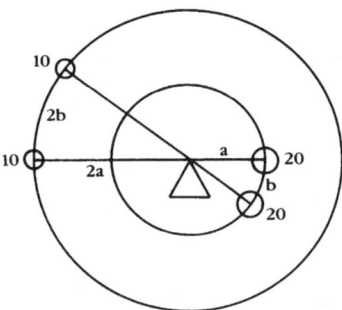

*Abb. 5.18: Der Waagbalken im
Zustand des Gleichgewichts.*

*Abb. 5.19: Die dynamische
Erklärung zum Waagbalken.*

Gewicht von 10 (Abb. 5.18) an einem Ende des Balkens ein Gewicht von 20 am anderen Ende aus, wenn das erstere zweimal so weit wie das letztere vom Stützpunkt entfernt ist. Eine der frühesten uns erhaltenen Theorien findet sich in den *Mechanischen Problemen*, einem Aristoteles zugeschriebenen Buch, das in Wirklichkeit aber später in der peripatetischen Schule entstanden ist. Es enthält eine »dynamische« Erklärung für dieses statische Phänomen: Der Verfasser behauptet, wenn ein im Gleichgewicht befindlicher Balken in Rotationsbewegung versetzt werde, verhalten sich die Geschwindigkeiten der sich bewegenden Gewichte umgekehrt proportional zur Größe dieser Gewichte. In Abb. 5.19 bewegt sich ein Gewicht von 20 über die Entfernung *b* in der gleichen Zeit, in der das Gewicht von 10 die Entfernung *2b* zurücklegt. Die Erklärung beruht darauf, daß die höhere Geschwindigkeit des einen sich bewegenden Körpers exakt das höhere Gewicht des anderen Körpers ausgleicht.

Einen »statischen« Beweis des Hebelgesetzes lieferte zunächst eine Euklid zugeschriebene Abhandlung, und später auf weit elegantere Weise Archimedes in seiner Schrift *Das Gleichgewicht ebener Flächen*. Archimedes führte das Problem auf geometrische Prinzipien zurück. Der einzige physikalische Aspekt in seiner Theorie ist der, daß er den Gewichten Gewicht zuschreibt. Der Waagbalken ist nur eine selbst gewichtslose Linie; die Reibung wird vernachlässigt; die Gewichte wirken nur jeweils auf einen einzigen Punkt des Balkens, und zwar in eine zum Balken senkrecht stehende Richtung. Darüberhinaus hält sich der auf der Grundlage dieser Annahmen erbrachte Nachweis an die von Euklid geforderte Form. Zwei Prämissen liefern die Grundlage für den Beweis: zum einen, daß gleiche Gewichte, die vom Stützpunkt (zu beiden Seiten) gleich weit entfernt sind, sich im Gleichgewicht halten; zum anderen, daß gleiche Gewichte, die irgendwo am Hebelarm befestigt sind, einander durch ein doppelt so hohes Gewicht genau in der Mitte zwischen ihnen (also an ihrem Schwerpunkt)

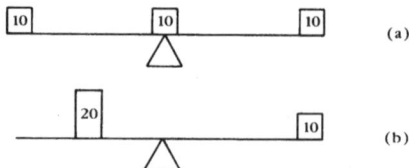

Abb. 5.20: Der von Archimedes erbrachte statische
Beweis des Hebelgesetzes.

ersetzen lassen. Diese beiden Prämissen werden unter Berufung auf geometrische Symmetrie und auf Erfahrungswerte aufgestellt. In seiner einfachsten Form enthält der Beweis die Aussage, daß der Balken in Abb. 5.20 a, auf den drei Gewichte jeweils der Größe 10 wirken, sich aus Gründen der Symmetrie im Gleichgewicht befindet. Wir sind jedoch davon ausgegangen, daß sich zwei der Gewichte durch ein einziges Gewicht der Größe 20 ersetzen lassen, wenn dies wie in Abb. 5.20b auf den Punkt in der Mitte zwischen den beiden Gewichten wirkt. Daraus folgt, daß ein Gewicht von 20 sich mit einem Gewicht von 10 im Gleichgewicht befindet, wenn das größere Gewicht nur halb so weit vom Stützpunkt entfernt ansetzt wie das kleinere. Durch Verallgemeinerung läßt sich aus diesem Ergebnis unmittelbar das Hebelgesetz herleiten.

Archimedes' *Gleichgewicht ebener Flächen* enthält noch viel mehr; und dazu kommen noch andere seiner Werke, beispielsweise *Über schwimmende Körper*, die sich ebenfalls mit der Lösung von Problemen aus dem Bereich der Mathematik beschäftigt. Aber gerade sein Beweis des Hebelgesetzes zeigt, wie sorgfältig und mit welchem Geschick er die Geometrie auf die Natur anwendete. Viele wissenschaftliche Fragen ließen sich mithilfe der Mathematik noch immer nicht lösen, aber dennoch wurde Archimedes zum Symbol für die Möglichkeiten der Mathematik und zur Quelle der Inspiration für jene, die daran glaubten, daß die Mathematik sich immer mehr durchsetzen würde. Im Mittelalter fanden seine Werke nur beschränkte Beachtung, aber die Renaissance erhob sie zur Grundlage einer mächtigen Tradition der mathematischen Wissenschaften.[27]

# KAPITEL 6

# DIE MEDIZIN DER GRIECHEN UND RÖMER

## *Frühgriechische Medizin*

Die uns vorliegenden Informationen über die Medizin der Griechen sind unzusammenhängend, und viele Einzelheiten ihrer praktischen Heilmethoden werden nie geklärt werden. Literarische Quellen stehen uns nur aus der Zeit vor dem fünften Jahrhundert zur Verfügung. Von diesem Zeitpunkt an besitzen wir nur noch verschiedene Schriftensammlungen – zwar speziell zum Thema Medizin, jedoch mit großen zeitlichen Einschränkungen – die uns Aufschluß geben über theoretische und praktische Medizin in der klassischen und hellenistischen Periode. In diesen medizinischen Abhandlungen spiegeln sich offenbar die Ansichten und Meinungen gelehrter Ärzte wider, von denen sich viele für theoretische Aspekte wie beispielsweise die Verbindung zwischen Medizin und Philosophie interessierten. An manchen Stellen erlauben sie aber auch einen tiefen Einblick in das, was der Medizin als Nährboden diente: Volksglauben und Heilmethoden, auf die sich sicherlich die Mehrheit der Bevölkerung beriefen. Im folgenden Kapitel über die Heilkunde werden wir versuchen, diese beiden Seiten der Medaille im Visier zu behalten.

Man kann mit Sicherheit davon ausgehen, daß in der griechischen Kultur der Bronzezeit, also 3000–1000 v. Chr., sehr ähnliche traditionelle Heilmethoden anzutreffen waren, wie wir sie im Falle des zeitgenössischen Ägyptens und Mesopotamiens beschrieben haben (Kap. 1). Es steht außer Frage, daß diese ersten Griechen Kontakte mit ihren Nachbarn im Nahen Osten pflegten, und uns liegen gesicherte Hinweise auf den Einfluß ägyptischer Heilkunde in Theorie und Praxis vor. Es muß also ein breites Spektrum von Heilmethoden gegeben haben, angefangen bei einfachen chirurgischen Eingriffen und der innerlichen Anwendung von Arzneien bis hin zu religiösen Beschwörungen und Traumheilung. Und Heiler unterschiedlichster Qualifikation müssen auf den verschiedenen Ebenen, für ganz unterschiedliche Patienten und unter Zuhilfenahme des gesamten Sortiments vorhandener Arzneien und Techniken tätig gewesen sein.[1]

Den Werken der alten griechischen Dichter Homer und Hesiod können wir vereinzelte Informationen darüber entnehmen, wie die praktische

*Abb. 6.1: Relief des Asklepios, Gott der Heilkunde. Nationales Archäologisches Museum Athen. Alinari/Art Resource New York.*

Medizin gegen Ende ihrer Epoche aussah. In Homers Epen *Ilias* und *Odyssee* sind die Götter für das Ausbrechen einer Seuche verantwortlich, und man kann sie um Heilung anrufen. Auch Hesiod geht davon aus, daß Krankheit von den Göttern kommt.[2] Homer erwähnt heilende Beschwörungsformeln und Arzneien – in manchen Fällen erwähnt er ausdrücklich, daß diese aus Ägypten stammen. Er beschreibt eine Vielzahl von Wunden und gibt manchmal auch an, wie diese behandelt werden. Und er macht deutlich, daß Heiler als Vertreter eines ganz besonderen Handwerks, als Fachleute angesehen wurden – Fachleute in dem Sinn, daß sie über besondere Kenntnisse verfügten, deren Anwendung eine Vollzeitbeschäftigung darstellte.

Die religiöse Seite des Heilens zeigt sich am deutlichsten im Asklepi-oskult. Schon Homer erwähnte den großen Arzt Asklepios. Dieser wurde später zum Gott erhoben, und im vierten und dritten Jahrhundert v. Chr. rankte sich um seine Figur ein volkstümlicher Heilkult. Vielerorts wurden Asklepiostempel errichtet – Hunderte davon sind entdeckt worden – und zu ihnen strömten die auf Heilung hoffenden Kranken in Scharen. Kernpunkt der Therapie war die Heilvision, der Traum, der sich einstellen sollte, während der Kranke in einem speziellen Ruheraum schlief. Die Heilung konnte schon während des Traums eintreten, oder aber der Kranke erhielt im Traum einen Ratschlag, dessen Befolgung später zur Gesundung führte. Darüberhinaus erwarteten einen Besucher des Asklepiostempels Bäder, Gebete und Opfer, außerdem Abführmittel, Diätpläne, Leibesübungen und Zerstreuung. Und natürlich mußte er den Göttern anschließend mit einem angemessenen Opfer danken. In Epidauros, dem Zentrum dieses Kults, fand man eine ganze Anzahl von Tontafeln, die von Heilungen zeugen, welche dort stattgefunden haben sollen. Eine dieser Tontafeln berichtet, daß ein gewisser Antikrates aus Knidos, dem ein Speer die Sehkraft zerstört hatte, in Epidauros Heilung suchte[3]: »Im Schlaf hatte er eine Vision. Ihm schien, der Gott ziehe das Wurfgeschoß heraus und füge die sogenannten Pupillen wieder in seine Augenlider. Als es Tag wurde, stand er auf und war geheilt.« Solche religiösen Praktiken spielten bis in die römische Epoche hinein eine wichtige Rolle in der antiken Medizin.

## Hippokratische Medizin

Im fünften und vierten Jahrhundert v. Chr. entstand parallel zu den traditionellen Heilpraktiken eine weltlichere, aufgeklärtere medizinische Tradition, die von den zeitgenössischen Entwicklungen in der Philosophie beeinflußt wurde. Diese Tradition ist eng mit dem Namen des Hippokrates von Kos (ca. 460 – ca. 370 v. Chr.) verbunden. Es ist nicht sicher, ob auch nur irgendeine der sechzig bis siebzig Schriften, die als die »hippokratischen Schriften« oder das »hippokratische Korpus« bezeichnet werden, tatsächlich von Hippokrates verfaßt wurde. Wir können lediglich sagen, daß es sich um eine lose zusammenhängende Sammlung medizinischer Schriften handelt, die zum größten Teil zwischen 430 und 330 v. Chr. entstanden sind, später zusammengefaßt und Hippokrates zugeschrieben wurden, weil ihnen sogenannte »hippokratische« Merkmale gemeinsam waren. Worin bestanden nun diese Merkmale?[4]

In erster Linie standen die hippokratischen Schriften für eine wissenschaftlich geprägte Medizin. Allein die Tatsache, daß es sich um »Schriften« handelt, weist darauf hin: Die Verfasser waren gebildete Menschen. In

*Abb. 6.2: Das Theater in Epidauros (4. Jh. v. Chr.), einem Zentrum des Asklepios-Heilkultes. In diesem Theater fanden 14 000 Besucher Platz.*
*Foto Marburg/Art Resource New York.*

ihren Werken präsentieren sie die Ergebnisse einer Erkenntnissuche. Viele der hippokratischen Autoren vertraten den Standpunkt, daß es sich bei der Medizin um eine Kunst oder eine Wissenschaft handle; sie äußerten sich über das Wesen und die Ursachen von Krankheit, über die allgemeineren Zusammenhänge zwischen menschlichem Dasein und Universum und über die Behandlungs- und Heilprinzipien. Sie beschäftigten sich mit Naturphilosophie im weitesten Sinne – entweder als selbständige Denker, als Philosophen, die sich der Frage der letzten Ursachen von Gesundheit und Krankheit widmeten, oder als praktizierende Ärzte, die Anleihen bei der philosophischen Tradition tätigten. Sie standen am Schnittpunkt von Heilkunde und Philosophie. Vielleicht haben sich die hippokratischen Ärzte in keiner dieser grundlegenden Fragen geeinigt, aber gemeinsam war ihnen das entschlossen wissenschaftliche Vorgehen. Selbst jene hippokratischen Autoren, welche das Vordringen der Philosophie in die Medizin eher bedauerten, konnten ihrem Einfluß nicht völlig entgehen.[5]

Welchen Standpunkt vertreten die hippokratischen Schriften hinsichtlich des Ärzteberufs? Wir müssen uns in Erinnerung rufen, daß die medizinische Praxis im Altertum völlig ungeregelt war. Heiler unterschiedlichster Couleur konkurrierten um Anerkennung und Prestige – und natürlich um Patienten. Den Medizinerberuf konnte man nicht an offiziellen Schulen

*Abb. 6.3: Hippokrates (römische Kopie eines griechi-
schen Originals). Museo di Ostia Antica.*

erlernen, statt dessen war es üblich, bei einem praktizierenden Arzt in die
Lehre zu gehen. Unter anderem bemühten sich die hippokratischen Schriften um die Erstellung von Richtlinien, die Ausklammerung von Scharla-
tanen und die Schaffung einer der wissenschaftlichen Medizin gewogenen
öffentlichen Meinung. Wenn sie die Bedeutung einer korrekten Prognose
betonen, dann nicht nur deswegen, weil diese den Heilerfolg des Arztes
steigert, sondern auch, weil der Arzt durch sie sein Image verbessern und
damit seine Karriere fördern kann. Schließlich handelt es sich auch beim
Hippokratischen Eid um einen Versuch, die praktizierenden Heiler einer
Selbstkontrolle zu unterwerfen.

Herausragende Bedeutung haben in einer ganzen Reihe hippokratischer
Schriften die Theorien über Gesundheit und Krankheit. Allgemein ist
besonders auffällig, wie deutlich sich der Anteil theoretischer Elemente aus
dem Bereich des Übernatürlichen und der Magie verringert hat (entgegen
anderslautenden Behauptungen sind diese Elemente jedoch nicht vollständig verschwunden). Natürlich gibt es die Götter, und die Natur selbst
wird vielleicht als göttlich betrachtet, aber ein Einwirken der Götter wird
als direkte Ursache von Gesundheit und Krankheit ausgeschlossen. Dies

geht aus verschiedenen hippokratischen Werken hervor, unter anderem aus dem Aufsatz *Über die Heilige Krankheit* (diese entspricht nicht genau irgendeinem modernen Leiden, enthält aber Elemente der Epilepsie und vielleicht auch des Schlaganfalls und der Zentrallähmung). Darin äußert der Verfasser die Meinung[6]:

Ich meine nun: Diejenigen, die als erste diese Krankheit für heilig erklärt haben, waren Leute von dem Schlage, wie es auch jetzt Zauberer, Entsühner, Bettelpriester und Aufschneider gibt, die alle beanspruchen, besonders gottesfürchtig zu sein und mehr als andere zu wissen. Diese Menschen wählten die Gottheit als Deckmantel für ihre Hilflosigkeit; denn sie hatten nichts, mit dessen Anwendung sie helfen konnten; und damit ihre Unwissenheit nicht entdeckt würde, brachten sie auf, daß diese Krankheit heilig sei.

Im weiteren Verlauf liefert der Autor seine eigene, naturalistische Erklärung, der zufolge Schleim aus dem Gehirn die »Venen« verstopfe. Wichtig ist dabei, daß die Natur gleichmäßig verfährt; was auch immer die Gründe sein mögen, sicher ist, diese Gründe sind nicht willkürlich, sondern gleichmäßig und allgemeingültig.

In den hippokratischen Aufsätzen wird Krankheit oft auf ein im menschlichen Körper herrschendes Ungleichgewicht oder einen Konflikt mit dem natürlichen Zustand zurückgeführt. In einigen Abhandlungen wird Krankheit mit den Körperflüssigkeiten in Verbindung gebracht. Eine Version dieser Theorie ist in *Über die Natur des Menschen* enthalten. Darin ist zu lesen, daß vier Flüssigkeiten – Blut, Schleim, gelbe Galle und schwarze Galle – die Grundbausteine des Körpers seien, und daß Krankheiten dann entstehen, wenn diese Flüssigkeiten ins Ungleichgewicht geraten[7]:

Der Körper des Menschen hat in sich Blut, Schleim und zweierlei Galle, die gelbe und die schwarze. Diese Qualitäten sind die Natur seines Körpers, und durch sie wird er krank und gesund. Am gesündesten aber ist er, wenn diese Qualitäten in Bezug auf Mischung, Wirkung und Menge in einem angemessenen gegenseitigen Verhältnisse stehen und am innigsten mit einander vermengt sind, krank hingegen, wenn eines von diesen in geringerer oder grösserer Menge vorhanden ist oder sich im Körper absondert und nicht mit der Gesammtheit der übrigen vermischt ist.

Jeder dieser Substanzen wurden ein Paar der Grundeigenschaften zugeordnet: warm und kalt, naß und trocken. Dieser Theorie zufolge trat Krankheit dann auf, wenn Wärme oder Nässe im Übermaß oder nicht ausreichend vorhanden waren. Je nach Jahreszeit sollten verschiedene Substanzen vorherrschen. Im Winter bespielsweise ist vermehrt Schleim, also eine kalte Substanz, vorhanden; und daher treten im Winter besonders häufig mit Verschleimung verbundene Krankheiten auf. Im Frühling ist das Blut vorherrschend, im Sommer die gelbe Galle und im Herbst die schwarze Galle. Natürlich haben Krankheiten nicht nur jahreszeitlich bedingte Ursachen: Ernährung, Wasser, Luft und körperliche Bewegung haben ebenfalls Einfluß auf den Gesundheitszustand des Menschen.

Wenn Krankheit mit Ungleichgewichtheit zusammenhängt, dann muß eine Therapie die Wiederherstellung dieses Gleichgewichts zum Ziel haben. Zu den häufigsten Behandlungsmethoden gehörten das Verordnen von Schonkost und Bewegung (aus diesen Elementen setzt sich die sogenannte »Diätetik« zusammen). Eine andere Möglichkeit zur Behebung des Ungleichgewichts der Körpersäfte war die Reinigung des Körpers – durch Aderlaß, Brechmittel, Abführmittel, harntreibende Mittel und Einläufe. Zu einer erfolgreichen Behandlung gehörte eine aufmerksame Beachtung der jahreszeitlichen und klimatischen Faktoren sowie der natürlichen Veranlagungen des Patienten. Währenddessen durfte der Arzt nicht vergessen, daß die Natur selbst über Heilkräfte verfügt und die Aufgabe des Arztes in erster Linie darin besteht, den natürlichen Heilprozeß zu unterstützen. Einen beträchtlichen Teil des ärztlichen Arbeitsbereiches machte die Vorsorge aus. Er erteilte Ratschläge zur richtigen Ernährung, zu Bewegung, Bädern, Geschlechtsleben und anderen Faktoren, die den Gesundheitszustand des Patienten beeinflußten.

Aber der ausgebildete Mediziner beschränkte sich nicht auf das Erteilen von Ratschlägen. Er beschäftigte sich auch mit dem, was wir heute »klinische« Medizin nennen würden. In verschiedenen Abhandlungen finden sich Anweisungen für Untersuchungen, Diagnose und Prognose (also die Aussage über einen voraussichtlichen weiteren Verlauf der Krankheit). Wir erfahren, auf welche Symptome wir achten und wie wir sie auslegen müssen. Der Arzt soll das Gesicht des Patienten, seine Augen, Hände, seine Haltung, seinen Atem, Schlaf, Stuhl, Harn, sein Erbrochenes und seinen Speichel untersuchen. Besonders achten sollte er auf Husten, Niesen, Schluckauf, Blähungen, Fieber, Krämpfe, Pusteln, Tumore und Verletzungen. Angefügt sind Krankengeschichten, die Auskunft geben über den typischen Verlauf einer bestimmten Krankheit. Viele davon sind bemerkenswert präzise und eindeutig, wie es das folgende Beispiel (ein Bericht über eine Mumpsepidemie) zeigt[8]:

Anschwellungen neben den Ohren aber entstanden bei vielen, entweder an einer Seite oder an beiden Seiten, bei den meisten verliefen sie ohne Fieber, und sie brauchten das Bett nicht zu hüten, bei einigen stellte sich aber auch ein wenig Hitzegefühl ein. Bei allen liessen sie nach, ohne irgend welchen Schaden anzurichten, auch bildete sich bei keinem Eiter, wie es bei Schwellungen, welche aus anderen Veranlassungen entstanden sind, vorkommt. Der Art nach waren sie weich, gross, diffus, frei von Entzündung und Schmerz; bei allen verschwanden sie, ohne eine Spur zu hinterlassen. Das trat ein bei Knaben, Jünglingen und Leuten in der Blüte der Jahre, zumal bei denjenigen von ihnen, welche sich auf dem Ringplatze oder in dem Gymnasion übten.

Auf der Grundlage der beobachteten Symptome stellte der Arzt die Diagnose und die Prognose. Und wenn sich der Fall behandeln ließ, verschrieb er schließlich eine Behandlung. Diese Behandlung spielte sich, wie wir bereits erwähnt haben, oft im Rahmen von Diätvorschriften oder Ratschlägen hinsichtlich der Regelung von Bewegung und Schlaf ab. Unter Umständen verordnete er auch Bäder und Massagen. Aber es gab auch viele spezifische Leiden, von denen die Ärzte annahmen, sie sprächen auf bestimmte innerlich oder äußerlich angewendete Arzneien an. Das Corpus Hippocraticum erwähnt Hunderte von Medikamenten, die gewöhnlich auf der Grundlage von Kräutern hergestellt wurden: Abführmittel, Brechmittel, Schlafmittel, schleimlösende Mittel, Salben, Umschläge und Pulver. Und schließlich beschäftigte sich das Corpus auch mit der Behandlung von Wunden, Knochenbrüchen und Verrenkungen – und die Kenntnisse, die dabei an den Tag gelegt werden, setzen noch heute in Erstaunen.

Zuletzt wollen wir auf die dieser medizinischen Literatur zugrundeliegenden Forschungsprinzipien eingehen. Zu diesen gehören, darüber ist man sich einig, eine kritische Haltung gegenüber der allgemeinen Heilkunst und die Entschlossenheit, natürliche Erklärungsprinzipien und Behandlungsmethoden anzuwenden. Danach gehen die Meinungen aber schon auseinander. In einigen der Abhandlungen zeigt sich ein deutlicher Hang zur philosophischen Spekulation. Der Verfasser von *Die Natur des Menschen* beispielsweise legt eine spekulative Theorie zur Natur des Menschen und zu Gesundheit und Krankheit vor, und aus dieser Theorie leitet er verschiedene Behandlungsprinzipien ab. Andere Aufsätze aus dem Corpus Hippocraticum dagegen wenden sich gegen einen solchen spekulativen Ansatz. Der Verfasser von *Über die alte Medizin* äußert sich skeptisch über die Verwendung von Hypothesen in der Medizin, insbesondere der Hypothese, daß Krankheit auf das Ungleichgewicht der vier Grundeigenschaften zurückzuführen sei. Er stellt fest, daß diese Theorie nicht zur Anwendung von Heilmitteln führt, die sich wesentlich von den von anderen Ärzten verordneten unterscheiden, sondern dieselben Mittel lediglich mit einem Nebel von »Fachchinesisch« umgibt.[9] Wie andere eher skeptische hippokratische Autoren befürwortete er ein vorsichtiges Vorgehen der Ärzte auf der Grundlage ihrer Erfahrung. Ursächliche Erklärung sollten sie nur dann annehmen, wenn die Indizien überwältigend waren. Wie wir bereits festgestellt haben, verhallte dieser Appell an die Erfahrung nicht ungehört; sie führte zu so umsichtigen Diagnoseverfahren und zur Aufzeichnung so eindrucksvoller Krankengeschichten, wie wir sie im Corpus Hippocraticum finden. Gelegentlich taucht sogar eine Bemerkung auf, die sich speziell auf eine theoretische Behauptung bezieht und diese bestätigt – beispielsweise im Aufsatz *Über die heilige Krankheit*: Darin führt der Autor das Ergebnis der Sektion einer Ziege an, die unter dieser Krankheit litt. Diese Sektion ergab, daß das Leiden durch eine Ansammlung von Schleim im Gehirn bedingt war.[10]

Abschließen möchten wir die Beschreibung der hippokratischen Medizin mit zwei Mahnungen zur Vorsicht. Erstens: Als die wissenschaftliche

Medizin entstand, verdrängte sie ihre Konkurrenz nicht völlig. Die wissenschaftliche Medizin stand nie allein, war noch nicht einmal die wichtigste Form der Medizin, sondern existierte parallel zur traditionellen Formen von Heilglauben und Praxis. Während der gesamten hellenistischen Epoche (vom fünften Jahrhundert vor Chr. an) konnte der Kranke Hilfe bei gelernten Ärzten suchen, bei Priesterheilern in den Asklepiostempeln, bei Hebammen, Kräutersammlern und Knocheneinrenkern. Es kommt dazu, daß die Trennlinien zwischen diesen einzelnen Heilertypen nur sehr unscharf waren – so konnte beispielsweise die Tempelheilung in enger Verbindung mit der wissenschaftlichen Medizin existieren. Außerdem besteht kein Zweifel daran, daß die Kranken zuweilen die verschiedenen Formen der Heilkunst ausprobierten – gleichzeitig oder nacheinander.

Zweitens: Die traditionelle Medizin existierte nicht nur parallel zur wissenschaftlichen Medizin, sie war sogar bis zu einem gewissen Grad in diese eingebunden. Das heißt, wir dürfen die griechische Medizin nicht zu einer Frühstufe der wissenschaftlichen Medizin aufblähen. Die griechische Medizin war ... nunja, eben griechisch. Sie mußte sich in das Weltbild und die philosophischen Ansichten der alten Griechen einfügen, und das bedeutet, daß sie nicht alle theoretischen und praktischen medizinischen Kenntnisse ausschloß, die der moderne westliche Arzt heute als grotesk oder abstoßend empfinden würde. Beispielsweise war die Traumheilung während des gesamten Altertums, auch in der hippokratischen Medizin, ein wichtiges Element der Heilkunst.[11] Und wenn ein direktes Eingreifen der Götter auch ausgeschlossen wurde, so war das nicht gleichbedeutend mit dem vollständigen Ausschluß aller religiösen Elemente aus der Medizin. Um das nächstliegende Beispiel zu nennen: In den Anfangszeiten des Hippokratischen Eides schwört der Arzt bei Apoll und Asklepios und ruft die Götter und Göttinnen zu Zeugen seines Eides auf. Mancher mag dazu neigen, dieses Beispiel mit dem Argument zu verwerfen, daß es sich um ein leeres Ritual handelt (etwa so, wie wenn ein Atheist oder Agnostiker im Gerichtssaal auf die Bibel schwört). Aber wir können auch überzeugendere Beispiele anführen: Einer der hippokratischen Autoren verordnet gleichzeitig Gebet und gesunde Lebensführung.[12] Oder, um ein Beispiel für einen eher unterschwelligen Einfluß der Religion zu geben: Wenn der Verfasser von *Über die heilige Krankheit* leugnet, daß es sich bei der Krankheit um die Folge eines göttlichen Eingriffs handelt, behauptet er lediglich, daß jede Krankheit eine natürliche Ursache hat. Er widerspricht damit nicht der Ansicht, daß diese natürliche Ursache an sich bereits ein Aspekt oder eine Manifestation göttlichen Wirkens ist. Die meisten hippokratischen Ärzte gingen zweifellos weiterhin davon aus, daß die natürlichen Dinge an der Göttlichkeit teilhaben, und daß die Krankheit gleichzeitig natürlicher und göttlicher Natur ist.

## Anatomie und Physiologie im Hellenismus

Die uns vorliegenden Quellen zur griechischen Medizin sind merkwürdig zweigeteilt. Da sind die hippokratischen Schriften, aus denen wir so viel über die frühgriechische Medizin erfahren; und da ist eine Anzahl verschiedener Quellen aus der frühchristlichen Epoche, die uns ein aufschlußreiches Bild von der Medizin im römischen Reich vermitteln. Aber dazwischen liegt ein Zeitraum von vier- bis fünfhundert Jahren, aus dem uns nur bruchstückhafte Reste medizinischer Schriften erhalten sind. Das läßt sich nicht damit erklären, daß während dieser Zeit keine Medizin mehr praktiziert oder keine medizinischen Abhandlungen entstanden (obwohl kein Zweifel daran besteht, daß einmal mehr, einmal weniger über Medizin geschrieben wurde). Vielmehr ist es so, daß die medizinischen Schriften aus jener Zeit aus uns unbekannten Gründen verlorengingen. Der medizinische Fortschritt dieser Zeit läßt sich daher nur aus den bruchstückhaft überlieferten Beschreibungen in den Werken späterer Autoren rekonstruieren.[13]

Offensichtlich wußten die hippokratischen Ärzte nur wenig über die menschliche Anatomie und Physiologie. Es gibt kaum Hinweise darauf, daß in der Zeit vor oder während der Niederschrift des Corpus Hippocraticum Leichen systematisch seziert wurden. Die Gründe dafür lagen sicherlich in einer althergebrachten Tabuisierung – die Toten mußten in aller Form beerdigt werden –, vielleicht gab es auch keinen vernünftigen Grund zu der Annahme, daß die Sektion eines Menschen zu irgendwelchen nützlichen Ergebnissen führen konnte. Was an anatomischen Kenntnissen vorhanden war, stammte zweifellos aus der Chirurgie oder der Behandlung von Wunden, oder aus dem Vergleich mit der tierischen Anatomie (letzteres war, nicht zu vergessen, das Verdienst von Aristoteles).

Es war daher von hoher Bedeutung, daß im dritten Jahrhundert v. Chr. in Alexandria die Sektion von Menschen aufgenommen wurde.[14] Wie es zu dieser revolutionären Neuerung kam, wissen wir nicht genau. Zweifellos war die ptolemäische Dynastie diesem Unternehmen gewogen – sie war mächtig genug, um die traditionellen Begräbnisriten brechen zu können, wenn sie es wollte. Vielleicht spielten auch medizinische Entwicklungen eine Rolle, die anatomische Kenntnisse erforderlich machten, oder vielleicht lag der Grund darin, daß die griechische Medizin in ein ganz neues gesellschaftliches und religiöses Umfeld umgepflanzt wurde. Zu dieser Neuerung kam es scheinbar in einem philosophischen Kontext, in welchem neue Fragen in den Vordergrund rückten und neue Forschungsmethoden erforderlich machten. Doch was immer die Gründe gewesen sein mögen, zeitgenössische Berichte sagen praktisch einstimmig aus, daß Herophilos von Chalkedon und Erasistratos von Keos erstmals eine systematische Sektion des menschlichen Körpers vornahmen. Wenn wir dem römischen Enzyklopädisten Celsus und dem Kirchenvater Tertullian Glauben schenken, dann führten diese beiden Ärzte sogar Vivisektionen an Gefangenen durch.

Und was lernten sie daraus? Der aus Kleinasien stammende Herophilos († ca. 260 oder 250 v. Chr.) studierte unter Praxagoras von Kos Medizin und wanderte dann nach Alexandria aus. Dort arbeitete er unter der Schirmherrschaft der ersten beiden ptolemäischen Herrscher. So weit wir das beurteilen können, orientierte er sich in seiner Theorie der Pathologie und seinen Behandlungsmethoden an der hippokratischen Medizin. Erst in seiner Arbeit als Anatom betrat er Neuland.[15] Herophilos untersuchte die Anatomie des Gehirns und des Nervensystems und entdeckte zwei der Hirnhäute (die harte Hirnhaut und die weiche Hirnhaut), und er fand die Verbindung zwischen Nerven, Rückenmark und Gehirn. Die Tatsache, daß er zwischen Sinnesnerven und Bewegungsnerven unterschied, zeigt, daß er die Funktionen des Nervensystems erkannte. Er untersuchte sehr sorgfältig das Auge und entdeckte seine wichtigsten Flüssigkeiten und Häute; und er schuf eine medizinische Fachterminologie, die heute noch verwendet wird. Er verfolgte den Weg des Sehnervs vom Auge bis zum Gehirn und behauptete, er sei mit feinem Pneuma angefüllt.

Herophilos erforschte auch die Organe der Bauchhöhle. Er lieferte präzise Beschreibungen der Leber, der Bauchspeicheldrüse, der Därme, der Fortpflanzungsorgane und des Herzens. Er unterschied Venen von Arterien anhand der Wanddicke der jeweiligen Gefäße. Er untersuchte die Herzklappen. Er studierte den arteriellen Puls – allerdings erkannte er darin nicht die einfache mechanische Reaktion auf die Pumpbewegung des Herzens – und verwendete die Unterschiede im Rhythmus des Pulsschlags bei Diagnose und Prognose. Er beschrieb die Eierstöcke und die Eileiter und schrieb eine Abhandlung über Geburtshilfe. Schon diese kurze Übersicht zeigt, zu welch bemerkenswerten Ergebnissen Herophilos' Erforschung der menschlichen Anatomie und Physiologie führte.

Erasistratos, in etwa ein Zeitgenosse von Herophilos, setzte dessen Werk fort. Er wurde ca. 304 v. Chr auf der Insel Keos geboren, studierte Medizin in der peripatetischen Schule Athens und in Kos.[16] Erasistratos führte Herophilos' Untersuchung der Strukturen von Gehirn und Herz weiter und erzielte neue Ergebnisse. Er verfaßte eine hervorragende (uns von Galen überlieferte) Beschreibung der Mitral- und Trikuspidalklappen und ihrer Funktion, den Blutstrom nur in eine Richtung durch das Herz zu lenken. Nach Ansicht des Erasistratos funktionierte das Herz wie eine Pumpe, die sich ausdehnt und damit Blut oder Pneuma in sich hineinsaugt, sich dann wieder zusammenzieht und Blut in die Venen, Pneuma in die Arterien stößt. Ausdehnung und Zusammenziehung des Herzens, so behauptete Erasistratos, entstanden aufgrund einer dem Herzen innewohnenden angeborenen Fähigkeit. Ganz richtig nahm er an, daß es sich bei der

Ausdehnung der Arterie beim Arterienpuls lediglich um eine passive Folge von Ausdehnungs- und Kontraktionsbewegung des Herzens handelt.

Zwar liefert uns Herophilos wichtige Beiträge zur theoretischen Physiologie (beispielsweise seine Pulslehre), aber offenbar war er doch mehr an Struktur als an Funktion interessiert. Sehr viel mehr Raum nimmt die Physiologie im Werk des Erasistratos ein. Vermutlich unter dem Einfluß der peripatetischen Schule, insbesondere Stratons, nahm Erasistratos an, daß die Materie aus kleinen, durch winzige Leerräume voneinander getrennten Teilchen bestehe. Diese Teilchenlehre verband er mit der Pneumalehre und erklärte auf diese Weise eine ganze Reihe physiologischer Vorgänge. Darstellen möchten wir sein Vorgehen an dieser Stelle anhand seiner Beschreibung der Verdauung, Atmung und des Gefäßsystems (diese Elemente sind deswegen von Bedeutung, weil sie später die Arbeit von Galen beeinflussen sollten).

Erasistratos glaubte, daß jedes Körpergewebe Venen, Arterien und Nerven enthält, und daß diese Gefäße als Kanäle dienen, über welche die verschiedenen für die Körperfunktionen verantwortlichen Substanzen den verschiedenen Organen zugeführt werden. Nahrung gelangt in den Magen und wird dort mechanisch zu einer Flüssigkeit verarbeitet, die durch die winzigen Poren in den Magen- und Darmwänden an die Leber weitergegeben und dort in Blut verwandelt wird. Dieses Blut fließt dann durch die Venen in alle Körperteile, versorgt diese mit Nahrung und fördert so ihr Wachstum. Die Arterien dagegen enthalten nur Pneuma, das über die Atmung aus der Atmosphäre aufgenommen wird und durch die »Venenarterie« oder Lungenvene in die linke Seite des Herzens hinabgelangt; vom Herzen aus wird das Pneuma über die Arterien im ganzen Körper verteilt und sorgt für dessen Lebensfähigkeit. Die Nerven schließlich enthalten eine feinere Form von Pneuma, das »psychische« Pneuma – dieses entsteht aus Arterienpneuma, das im Gehirn weiterverarbeitet wird, und ist verantwortlich für Empfindung und Bewegung. Die Wanderung dieser Substanzen durch den Körper erklärt Erasistratos damit, daß die Natur leere Räume vermeidet: die Pumpbewegung des Herzens sowie Verbrauch oder Ausscheidung von Materie in einem Organ machen erforderlich, daß die neugeschaffenen oder freigewordenen Räume sofort wieder belegt werden.

Diese Theorie ist äußerst eindrucksvoll. Teile davon hielten sich in den Lehren der westlichen Physiologie über zweitausend Jahre lang. Aber schon zu Zeiten des Erasistratos wurde ein offenbar vernichtender Einwand erhoben: Wenn man eine Arterie durchschneidet, also einen Kanal, über den eigentlich *Pneuma* in die einzelnen Körperbereiche fließen sollte, dann strömt *Blut* heraus. Erasistratos hielt dagegen, daß Venen und Arterien normalerweise nicht miteinander verbunden seien; wenn jedoch eine Arterie durchgeschnitten werde, schaffe das entweichende Pneuma ein Vakuum bzw. drohe, eines zu schaffen; durch dieses potentielle Vakuum wiederum

*Abb. 6.4: Griechischer Arzt, Grabrelief, 480 v. Chr.*
*Antikenmuseum Basel, Inv. Nr. BS 236.*

öffnen sich winzige Kanäle (Anastomosen) zwischen Venen und Arterien, über die kurzfristig Blut aus den Venen in die Arterien gelangt und, dem entweichenden Pneuma nachfolgend, aus der Wunde fließt.

Auf der Grundlage der Stoffwechsel- und Gefäßtheorie von Erasistratos ließ sich leicht eine Krankheitstheorie aufbauen. Erasistratos behauptete, eine Krankheit entstehe vor allem dann, wenn die Venen von überschüssigem Blut überflutet werden, was aufgrund von Überernährung geschieht. Wenn beispielsweise in den Venen schon genügend Blut vorhanden ist, können sich die normalerweise verschlossenen Kanäle zwischen venösem und arteriellem System öffnen. Dann kann Blut in die Arterien gelangen und durch das Arteriennetz in die Extremitäten fließen, wo es Entzündungen und Fieber auslöst. Aus einer solchen Krankheitstheorie ergibt es sich, daß eine Behandlung auf die Reduzierung der vorhandenen Blutmenge abzielen muß. Dies wird durch eine Verringerung der Nahrungsaufnahme oder (seltener) durch Aderlaß erreicht.

## Medizinische Sekten im Hellenismus

Herophilos und Erasistratos zogen in hohem Maße die Aufmerksamkeit der Medizinerkreise auf sich, und führende Ärzte und Medizintheoretiker schlossen sich ihnen an. Die Männer, die ihre Arbeit studierten und beobachteten, fühlten sich zwar offenbar von ihren Werken und Lehren inspiriert, empfanden sich jedoch keineswegs als an irgendeine orthodoxe Doktrin gebunden. Herophilos und Erasistratos waren sich ja selbst in vielen Punkten uneinig gewesen. Philinos aus Kos, ein Schüler von Herophilos, schrieb ein Buch, in dem er sich gegen einige der Lehren von Herophilos und der Herophileer wandte, und läutete damit eine Kampfrunde ein, in der auf jeden Angriff ein Gegenangriff folgte. Im Laufe der folgenden Jahrhunderte schrieben die Herophileer und ihre Kritiker (die als »Empiriker« bekannt wurden) einen ganzen Berg von Streitschriften. Damit begann der Zerfall der hellenistischen Medizin in miteinander konkurrierende medizinische Sekten, die jede ihre eigene Medizintheorie und ihr eigenes methodologisches Programm aufstellten.

Im Laufe der Zeit entstanden verschiedene Gruppierungen.[17] Eine Gruppe von Sekten, die ihr Programm teilweise von den Herophileern und Erasistrateern ableitete, wurde schon im Altertum unter dem Oberbegriff »Rationalisten« oder »Dogmatiker« zusammengefaßt. Es sei darauf hingewiesen, daß es sich bei den »Rationalisten« oder »Dogmatikern« nicht um eine einheitliche oder zusammenhängende Bewegung handelte, statt dessen gingen ihre Ansichten in vielen Punkten auseinander. Wenn sie sich überhaupt in irgendeinem Punkt einig waren, dann darin, daß sie alle sich der spekulativen theoretischen Medizin verschrieben hatten – d.h. sie versuchten, die uns aus den wichtigsten philosophischen Schulen bekannten naturphilosphischen Methoden auf den Bereich der Medizin zu übertragen. *Einige* »Rationalisten« rechtfertigten weiterhin die Sektion von Menschen. Sie waren der Ansicht, diese stellte einen wichtige methodologischen Ansatz dar, von dem ausgehend sich Hypothesen zu den verborgenen Ursachen von Krankheiten formulieren ließen. Dagegen hätten *alle* darin übereingestimmt, daß die theoretische Physiologie für die medizinische Theorie von hohem Wert war.

Ihre wichtigsten Konkurrenten und Gegner, die »Empiriker«, vertraten genau die entgegengesetzte Ansicht: Theoretische Spekulation, Streben nach physiologischen Kenntnissen und die Suche nach den verborgenen

Ursachen der Krankheiten sei die reine Zeitverschwendung, und die Sektion von Menschen könne schon gar keine für die Medizin nützlichen Ergebnisse liefern und sollte verboten werden. Kurzgefaßt erklärten die »Empiriker«, daß die von Herophilos und Erasistratos und den Vertretern ihrer Theorien begründete anatomische und physiologische Tradition die Medizin in eine Sackgasse führe, die es unbedingt zu umgehen galt. Ein guter Arzt sollte sich auf die sichtbaren Symptome und sichtbaren Ursachen beschränken und auf der Grundlage von Erfahrungswerten (seinen eigenen wie jenen seiner Vorgänger) hinsichtlich der Wirksamkeit verschiedener Arzneien eine bestimmte Behandlung vornehmen.

Im ersten Jahrhundert n. Chr. entstand in Rom eine dritte Ärztegruppierung, die »Methodiker«. Sie vertraten grundsätzlich die Ansicht, daß »Rationalisten« und »Empiriker« die Medizin unnötig kompliziert hatten – daß man ohne weiteres auf die Spielereien der akademischen Medizin, einschließlich der Anatomie und Physiologie und die Suche nach den (verborgenen wie sichtbaren) Ursachen der Krankheit verzichten konnte. Der Kern der »methodischen« Lehre bestand darin, daß Krankheit von Anspannung oder Entspanntheit des Körpers abhängt, und die jeweils empfohlene Behandlung leitet sich direkt und »methodisch« von diesen Bedingungen ab. Bei den römischen Aristokraten fand diese Lehre viel Zuspruch, und mit ihrer Unterstützung entwickelte sich der »Methodismus« in Rom und in der gesamten hellenistischen Welt zu einer einflußreichen medizinischen Kraft. Eine vierte doktrinäre Schule stellten die »Pneumatiker« dar. Diese bauten ihre medizinische Lehre auf den Prinzipien der Stoiker auf. Und schließlich müssen wir an dieser Stelle noch Asklepiades von Bithynien (um 90–75 v. Chr) erwähnen, einen einflußreichen römischen Arzt, der die Säftelehre verwarf und statt dessen atomistische Doktrinen vertrat.

## Galen und der Höhepunkt der Hellenistischen Medizin

In dieses medizinische Umfeld begab sich Galen, als er sich im Alter von sechzehn Jahren für den Arztberuf entschied. Galen wurde im Jahr 129 n. Chr. in Pergamon (einem führenden intellektuellen Zentrum Kleinasiens und der gesamten hellenistischen Welt) geboren. Er studierte Philosophie und Mathematik und wandte sich danach der Medizin zu.[18] Die Reisen, die er zunächst zu Studienzwecken und später auf der Suche nach einer Anstellung unternahm, zeigen, wie mobil die Gelehrten des Altertums waren. Seine medizinischen Studien führten Galen nach Pergamon und Smyrna (beides Städte in Kleinasien), später nach Korinth auf dem griechischen Festland und schließlich nach Alexandria. Von Alexandria aus kehrte er als

Gladiatorenarzt nach Pergamon zurück, begab sich dann auf der Suche nach einem neuen Dienstherrn nach Rom, kehrte wieder nach Pergamon zurück, ging wieder nach Italien und ließ sich schließlich in Rom nieder. Als Arzt diente er dort den Reichen und Mächtigen, darunter den Kaisern Mark Aurel, Kommodus und Septimius Severus, und genoß deren Freundschaft. Er starb nach dem Jahr 210 n. Chr. Galen verfaßte ein umfangreiches Werk – was davon erhalten ist, füllt zweiundzwanzig Bände in der Standardausgabe des neunzehnten Jahrhunderts. Durch diese Schriften, in denen Galen die Kenntnisse und die wichtigsten Streitfragen der alten Traditionen in der akademischen Medizin zusammenfaßte, zeichnet er sich als der führende Autor der Medizin im Altertum aus – nur Hippokrates ist mit ihm vergleichbar. Weit bis in die Neuzeit hinein war sein Einfluß ausschlaggebend.

Galen verfügte über breite Kenntnisse der Philosophie und wußte über alle philosophischen Streitfragen des Altertums Bescheid. Sein Interesse galt der Integration von Medizin und Philosophie. Stark beeinflußt war er vom Corpus Hippocraticum, von Platon, Aristoteles und den Stoikern, von den Werken von Herophilos und Erasistratos zu Anatomie und Physiologie und den medizinischen Kontroversen der hellenistischen Epoche. Man hat ihn als eklektischen Rationalisten beschrieben[19], der sich mehr für die Krankheit als für den Patienten interessierte und letzteren lediglich als ein Medium betrachtete, das ihm zum Verständnis des ersteren verhelfen konnte. Kernziel seiner medizinischen Bemühungen war die Klassifizierung von Krankheiten, also die Entdeckung des Allgemeingültigen hinter dem Einzelnen, und die Suche nach verborgenen Ursachen. Er war davon überzeugt, daß Kenntnisse im Bereich von Anatomie und Physiologie für den Erfolg seiner Bemühungen entscheidend waren.

Der Einfluß der Hippokratiker war ausschlaggebend für Galens medizinische Philosophie (allerdings zögerte er auch nicht, bei anderen Autoren Anleihen zu tätigen, und er war dann sehr großzügig in der Interpretation solcher geborgter Elemente). Von Hippokrates stammten Galens Lehren über das menschliche Dasein und seine allgemeinen Behandlungsmethoden, und ebenso wie sein Vorgänger maß er der klinischen Beobachtung und der Auswertung von Fallstudien hohe Bedeutung zu und befaßte sich mit Diagnose und Prognose und seinen allgemeinen therapeutischen Vorstellungen. Aus der hippokratischen Abhandlung *Über die Natur des Menschen* übernahm Galen die Lehre der vier Säfte, die Überzeugung also, daß die Grundbestandteile des menschlichen Körpers Blut, Schleim, gelbe Galle und schwarze Galle sind, die sich wiederum auf die vier Grundeigenschaften warm, kalt, feucht und trocken reduzieren lassen. Die vier Säfte, so Galen, fügen sich zu Gewebe zusammen, einzelne Gewebe verbinden sich zu Organen; die Organe schließlich bilden in ihrer Gesamtheit den Körper.

Eine Krankheit entsteht entweder aufgrund eines Ungleichgewichts der Säfte und ihrer Grundeigenschaften oder aufgrund des jeweiligen Zustands bestimmter Organe. Eine von Galens Hauptneuerungen in der Kunst der Diagnose war die Lokalisierung der Krankheit durch die Feststellung, welche Organe betroffen waren. In seiner Besprechung des Fiebers geht Galen auf beide Aspekte seiner Krankheitstheorie ein. Fieber im allgemeinen, so stellt er fest, entsteht im ganzen Körper durch die von faulenden Säften abgegebene Wärme; zu lokalem Fieber kommt es, wenn schädliche oder giftige Säfte in ein spezielles Organ eindringen und zu Veränderungen desselben, beispielsweise Verhärtungen oder Schwellungen, und zu Schmerzen führen. Bei seiner Diagnose stützte sich Galen insbesondere auf den Puls und eine Harnuntersuchung. Er hielt es aber auch für notwendig, alle anderen im Corpus Hippocraticum erwähnten Symptome zu untersuchen. In seiner Schrift *Über die Kunst der Heilung* äußert er sich folgendermaßen[20]:

Wenn man zu einem Patienten kommt, untersucht man die auffälligsten Symptome, ohne das unscheinbarste zu übersehen. Was das auffälligste uns sagt, wird von den anderen bestätigt. Bei Fieber entnimmt man im allgemeinen die wichtigsten Hinweise dem Puls und dem Harn. Wie Hippokrates uns lehrte, ist es von wesentlicher Bedeutung, daß man andere Anzeichen mit hinzunimmt, beispielsweise solche, die im Gesicht auftreten, die Stellung, die der Patient im Bett einnimmt, sein Atem, das Erscheinungsbild der oberen und unteren Ausscheidungen.. hat der Patient Kopfschmerzen oder nicht – ist er erschöpft oder guter Stimmung….[und] das Erscheinungsbild des Körpers.

Ausschlaggebend für eine erfolgreiche Ausübung des Medizinerberufs, so glaubte Galen, war die Kenntnis des Baus und der Funktionen der einzelnen Organe. Er beharrte darauf, daß Anatomiekenntnisse wichtig seien, erkannte aber an, daß zu seiner Zeit die Sektion von Menschen nicht mehr möglich war. Seine Leser mahnte er, aufmerksam darauf zu achten, wo sich anatomische Studien anboten; solche Möglichkeiten konnten sich zufällig ergeben, wenn beispielsweise ein Grab einstürzte oder am Wegesrand ein Skelett gefunden wurde. Jenen, die es sich leisten konnten, empfahl er eine Reise nach Alexandria, wo immer noch Skelette für Untersuchungen zur Verfügung standen. Er erkannte jedoch an, daß sich Kenntnisse in der menschlichen Anatomie nun vor allem über die Annahme einer Analogie bei der Sektion von menschenähnlichen Tieren gewinnen lassen konnten. Galen selbst sezierte verschiedene Tiere, unter anderem auch einen kleinen braunen Berberaffen (oder Makaken). Was für ein geschickter Anatom er war, zeigt sich in seinen verschiedenen Anatomieschriften, darunter ein Handbuch für die Sektion, *Über die Verfahrensweise beim Sezieren*. Er lieferte hervorragende Beschreibungen der Knochen, der Muskeln, des Gehirns und des Nervensystems, der Augen, Venen und Arterien und des Herzens. Natürlich übernahm er Informationen von Herophilos und Erasistratos, aber er zögerte nicht, seine Vorgänger zu korrigieren, wenn er glaubte, daß sie sich irrten. Unglücklicherweise führten Galens Tiersektionen dazu, daß er bestimmte nur bei Tieren vorhandene Körpermerkmale auf den Menschen übertrug. Besonders hervorstechend ist dabei das Wundernetz, auf das wir noch zurückkommen werden. Trotzdem wurden die Werke von Galen, und nicht die von Herophilos und Erasistratos, der Nachwelt überliefert, und damit stammte bis in die Zeit der Renaissance die einzige in Europa vorhandene systematische Anatomie von Galen.

Die Ursprünge von Galens physiologischem System sind noch schwieriger zu orten. Platon hatte eine dreigeteilte Seele postuliert, die aus einem übergeordneten (»rationalen«) Teil und zwei (mit den Leidenschaften und Trieben verbundenen) untergeordneten Teilen besteht. Sitz dieser drei Seelen waren jeweils das Gehirn, die Brust und die Bauchhöhle. Galen übernahm dieses System und erweiterte es, indem er die von Platon postulierten drei Bereiche der Seele mit den von Erasistratos definierten drei physiologischen Funktionen verband; daraus entstand ein dreigeteiltes Organisationssystem der Physiologie. Er erkannte, daß die Nerven vom Gehirn (dem Sitz der »rationalen« Seele) ausgehen. Ebenso wie Erasistratos behauptete Galen, daß die Nerven psychisches Pneuma enthielten, das für Empfindung und Bewegung verantwortlich war. Im Herz (dem Sitz der Leidenschaften) entsprangen nach Ansicht Galens die Arterien, die allen Körperteilen lebensspendendes Arterienblut (und Lebenspneuma) zuführten. Und die Leber (den Sitz von Begehren oder Appetit) erklärte er zum Ausgangspunkt der Venen, welche den Körper mit venösem Blut ernähren.[21]

Diese drei von Galen entwickelten physiologischen Systeme waren nicht völlig unabhängig voneinander, sondern miteinander verbunden. Daher ist es vielleicht am einfachsten, wenn wir uns von vorne beginnend durch sie durcharbeiten – also von der am Anfang stehenden Nahrungsaufnahme bis zur am Ende stehenden Verteilung von Seelenpneuma über die Nerven. Nahrung gelangt in den Magen und wird dort zu Saft (der griechische Begriff ist *Chylos*) verarbeitet, nicht nur durch mechanische Vorgänge, wie Erasistratos glaubte, sondern durch das Verkochen der Nahrung durch die eingepflanzte Wärme. Der *Chylos* dringt durch die Magen- und Darmwände in die umliegenden Dünndarmvenen, die ihn zur Leber befördern. In der Leber wird der *Chylos* weiterverarbeitet und verkocht und ergibt venöses Blut. Dieses venöse Blut, das den Körper ernährt, fließt langsam durch die Venen zu den verschiedenen Geweben und Organen und wird dort verbraucht. Somit entspringt das Venensystem in der Leber; es liefert venöses Blut in alle Teile des Körpers und ist für ihre Ernährung zuständig.[22]

Venöses Blut gelangt über die Hohlvene (*Vena cava*) in die rechte Herzkammer. Ein großes Blutgefäß (Galens Arterienvene, unsere Lungenarterie) befördert einen Teil dieses venösen Blutes in die Lungen, denen ebenso wie allen anderen Organen Nahrung zugeführt werden muß. Das restliche venöse Blut sickert langsam durch die winzigen Poren des schweren Muskels (der Herzscheidewand), der die rechte Herzkammer von der linken trennt. Galen zufolge waren diese Poren zu klein, als daß man sie hätte sehen können, seine Argumentation war aber, daß die zum Herzen hinleitende *Vena cava* größer ist als die ableitende Arterienvene und daher ein Teil des venösen Blutes woandershin gelangen muß. Dazuhin ist dieser Größenunterschied so bedeutend, daß er sich nicht durch die Tatsache erklären läßt, daß das Herz (wie jedes andere Organ auch) einen bestimmten Anteil des venösen Blutes zu seiner eigenen Ernährung selbst verbraucht; und schließlich führt das Prinzip, daß in der Natur nichts ohne Sinn ist, zu der sicheren Annahme, daß die kleinen Vertiefungen in der Oberfläche der Herzscheidewand irgendwohin führen müssen. Daraus folgt[23]:

Ebenso wird auch am Herzen selbst aus der rechten Kammer der feinste Teil des Blutes in die linke gezogen, da die Trennungswand in der Mitte einige Löcher hat, die man meist erkennen kann, die wie manche Gruben aus einer Öffnung immer mehr in eine engere auslaufen. Es ist nun freilich nicht möglich, ihr äußerstes Ende zu erkennen, sowohl wegen seiner Kleinheit, als auch deshalb, weil das Tier bereits tot ist und alles abgekühlt und verdichtet ist.

Was geschieht, wenn venöses Blut die linke Herzkammer erreicht? An dieser Stelle müssen wir Galens Theorie über Lebenskraft und Atmung einführen.[24] Ebenso wie Platon, Aristoteles und der anonyme Verfasser des Aufsatzes *Über das Herz* (eine ursprünglich als hippokratisch eingestufte, in Wirklichkeit jedoch wahrscheinlich hellenistische Schrift) identifizierte Galen das Leben mit der »eingepflanzten Wärme«. Auch teilte er ihre Ansicht, daß der eigentliche Sitz der lebensspendenden Wärme das Herz ist. Es ist natürlich entscheidend, daß die Körperwärme auf einer bestimmten Höhe gehalten wird, und dafür sind Lunge und Atmung zuständig. Zum einen umhüllt die Lunge das Herz und mindert oder mäßigt seinen Wärmegrad. Zum anderen nährt sie das »Feuer« im Inneren des Herzens, indem sie ihm durch die Venenarterie (unsere Lungenvene) Luft zuführt; über denselben Weg kann das Herz die Abfallprodukte des Verbrennungsprozesses loswerden. Wenn sich das Herz ausdehnt, wird Luft aus der Lunge in die linke Herzkammer gesogen; wenn sich das Herz zusammenzieht, werden Ruß und rauchiger Dampf in die Gegenrichtung gepreßt und in die Atmosphäre ausgeatmet. Die während der Ausdehnungsphase in die linke Herzkammer eingedrungene Luft vermischt sich mit dem durch die Herzscheidewand eingesickerten venösen Blut – Blut, das von der angeborenen Wärme im Herzen aufgeheizt und so in seiner Wirkung intensiviert worden ist. Es entsteht feineres, reineres und wärmeres Arterienblut, das nun den Lebensgeist, das Pneuma, trägt und dieses über die Arterien im ganzen Körper verteilt. Bei der Verteidigung dieser Theorie legte Galen großen Wert auf den Beweis, daß die Arterien entgegen der Ansicht des Erasistratos tatsächlich Blut enthalten. Damit liegt uns das zweite physiologische System von Galen vor – das im Herzen entspringende Arteriensystem nämlich, das über die Arterien arterielles Blut verteilt und die Gewebe und Organe des Körpers am Leben erhält.

Wie jedem anderen Organ auch wird dem Gehirn arterielles Blut zugeführt. Ein Teil dieses Blutes gelangt in das Wundernetz – ein Netz feiner Arterien, über das verschiedene Huftiere verfügen (diesen dient es zur Kühlung) und das Galen irrtümlicherweise auch beim Menschen vermutete. Wenn das Blut durch die Arterien des Wundernetzes strömt, wird es dabei verfeinert und zu der feinsten Form von Geist oder Pneuma verarbeitet – dem Seelenpneuma. Dieses Pneuma gelangt über die Nerven in alle Teile des Körpers und ist für Empfindung und Bewegung zuständig. Damit kennen wir auch das dritte der drei von Galen postulierten wichtigsten physiologischen Systeme.

Zum Schluß unserer Abhandlung über Galens Physiologie müssen wir noch auf einen weiteren Punkt eingehen. Galen hielt den Versuch des Erasistratos, die Physiologie zu mechanisieren, nicht für überzeugend. Insbesondere hielt er es nicht für eine befriedigende Erklärung, daß eine Pumpbewegung und die in der Natur liegende Vermeidung von Leere für die Bewegung der Säfte durch den Körper verantwortlich sei. Er ging jedoch davon aus, daß das Herz wie ein Blasebalg funktionierte, d.h. während der Ausdehnungsphase Luft aus den Lungen sog und während der Kontraktionsphase arterielles Blut in die Arterien stieß, und daß die Arterien Flüssigkeiten durch ihre Eigenbewegung vorwärtsbewegten. Darüberhinaus glaubte er jedoch, daß alle Organe auch nichtmechanische Eigenschaften besaßen und je nach Bedarf Flüssigkeiten anziehen, zurückhalten oder abstoßen konnten. Die Leber beispielsweise besitzt die Fähigkeit, sich soviel *Chyle* wie nötig zu besorgen. Auf ähnliche Weise bewegt sich das Blut durch den Körper: nicht, weil es hindurchgepumpt wird, sondern weil die Körperorgane es entsprechend ihres jeweiligen Nahrungsbedarfs anziehen, zurückhalten oder abstoßen.

Das medizinische System von Galen erwies sich als äußerst einflußreich und bestimmte während des gesamten Mittelalters und bis in die frühe Neuzeit hinein das Denken der Mediziner. Dieser Erfolg lag teilweise in seinem Charakter begründet. Galen setzte sich mit allen damals aktuellen medizinischen Themen auseinander. Praktische Themen, beispielsweise die Pharmazie, ging er ebenso an wie theoretische, etwa die Physiologie. Er kannte sich in der Philosophie aus und seine Methodologie war ausgefeilt.[25] In seinem Werk verband sich das Beste, was in Griechenland in den Bereichen Pathologie und Behandlungstheorie zu finden war. Es enthielt eine eindrucksvolle Beschreibung der menschlichen Anatomie und eine hervorragende Zusammenfassung des physiologischen Denkens der Griechen. Kurz, Galen schuf eine vollständige medizinische Philosophie, die in Verbindung mit Gesundheit, Krankheit und Heilung auftretende Erscheinungen vollkommen einleuchtend erklärte.

Aber es gab noch einen weiteren Grund dafür, daß Galen so viel Erfolg beschieden war. Galen ließ in seine Anatomie und Physiologie eine hohe Dosis Teleologie einfließen – damit machte er sich bei christlichen und islamischen Lesern beliebt. Galen war selbst kein Christ, und sein teleologischer Ansatz hat keinen christlichen Ursprung, sondern orientiert sich an Platons *Timaios* und Aristoteles' *Über die Teile der Tiere* sowie an der stoischen Lehre. Wie Aristoteles – oder eigentlich mehr noch als Aristoteles – erkannte Galen, daß dem menschlichen und tierischen Leben ein einsichtiger Plan zugrundelag, und seine Schrift *Über den Nutzen der Körperteile* ist eine einzige Lobeshymne auf die Weisheit und Voraussicht des Demiurgen (den Begriff und die Vorstellung übernahm er offensichtlich von Platon). In seinem Buch schrieb Galen[26]:

Und ich glaube nicht, daß es wirklich Frömmigkeit ist, wenn ich ihm (dem Demiurgen) sehr viele Hekatomben von Stieren opfere und zehntausende Talente von Weihrauch verbrenne, sondern wenn ich selber zuerst erkenne und danach anderen erkläre, von welcher Art seine Weisheit, Macht und Güte ist. Denn daß er alles mit der bestmöglichen Ordnung einrichten und niemandem Gutes vorenthalten wollte, halte es für den Beweis vollkommenster Güte, und deshalb ist er von uns als Wohltäter zu preisen. Herausgefunden zu haben, wie alles am besten eingerichtet würde, ist der Gipfel der Weisheit. Dies aber auch alles durchgeführt zu haben, was er sich vorgenommen hatte, ist der Gipfel unüberwindbarer Macht.

Galen behauptete, daß die Natur (oder der Demiurg) nichts vergeblich tue; daß der Bau des menschlichen Körpers dessen Aufgaben vollkommen angepaßt und eine weitere Verbesserung nicht denkbar sei. Galen schuf sogar den Ansatz einer Naturtheologie – d.h. einer Theorie, der zufolge Gott oder die Götter sich in der Natur offenbaren. Im Schlußteil von *Über den Nutzen der Körperteile* macht er darauf aufmerksam, daß das Studium der tierischen Anatomie Aufschlüsse über die Weltseele erlaubt[27]:

Denn da in Moder und Schlamm, in Pfützen, faulenden Pflanzen und Früchten Lebewesen entstehen, die dennoch den wunderbaren Beweis darstellen für den Geist, der sie so eingerichtet hat, was soll man dann von den Körpern darüber (d.h. den Himmelskörpern) annehmen? ... Wer daher mit freiem Sinn die Tatsachen betrachtet und beobachtet, daß in einem solchen Schlamm von Fleisch und Flüssigkeit dennoch Verstand wohnt, und außerdem den Bau eines beliebigen Lebewesens ansieht – denn alles ist Beweis für den weisen Demiurgen –, der wird die Macht des Geistes im Himmel verstehen.

Der Leser wird sich leicht vorstellen können, daß moderne Gelehrte mit Galens Teleologie und seinem Bedürfnis, den Menschen und seine Krankheiten in eine umfassende und einleuchtende (sowie natürlich althergebrachte) Weltanschauung einzugliedern, nicht immer einverstanden waren.

Vielmehr wurde Galen immer wieder zur Zielscheibe der Kritik von Medizinhistorikern, die auf seine unmodernen Ansichten verärgert reagierten.[28] Aber Galen lebte nun einmal im zweiten Jahrhundert, also in der griechisch-römischen Zeit; und wenn wir uns darauf konzentrieren, was er vom heutigen Standpunkt aus falsch machte, dann können wir aus seinem Leben und Denken bestimmt nichts darüber erfahren, was es bedeutete, in den Jahren des Niedergangs der griechisch-römischen Zivilisation als Arzt zu arbeiten. Galen verflocht unterschiedliche Stränge altüberlieferten Denkens: Er faßte mehr als sechshundert Jahre griechischer und römischer Medizin zusammen; gleichzeitig fügte er diese Medizin in den Rahmen des bestehenden philosophischen und theologischen Denkens ein. Die Tatsache, daß Galens Werk von teleologischem Denken geprägt ist, dient uns zur Erinnerung daran, daß die Frage nach der im Universum herrschenden Ordnung und Organisation noch immer ein grundlegendes Problem darstellte, mit dem sich jeder bedeutende Denker jener Zeit zwangsläufig auseinandersetzen mußte, und in dem man noch zu keinem endgültigen Ergebnis gekommen war – vielmehr, ein Problem, in dem man bis heute zu keinem endgültigen Ergebnis gekommen ist. Wenn die Götter in Galens Weltbild und gar in seinem medizinischen System auftreten, dann sollte man das nicht bedauern, sondern es als typische Erscheinung der Medizin und Philosophie im Altertum begreifen. Galen unterschied sich in seinem Verständnis der Götter nicht wesentlich von den Verfassern des *Corpus Hippocraticum* oder von seinen wichtigsten Vorbildern aus dem Bereich der Philosophie. Zwar ließ er göttliche Erscheinungen in der Medizin zu, erkannte beispielsweise die Heilkräfte von Asklepios an[29], vermied jedoch jeden Einfluß dieses Glaubens auf die Formulierung seiner auf natürlichen Ursachen basierenden Medizinphilosophie. Galen ging sicherlich davon aus, daß der wunderbare Plan, der jedem Lebewesen zugrundelag, auf ein planendes Wesen zurückzuführen war. Diese Überzeugung hatte jedoch auf seine Analyse der Krankheit ebensowenig Einfluß wie auf seine diagnostischen und therapeutischen Ansätze.

# KAPITEL 7

# NATURWISSENSCHAFT IN ROM UND IM FRÜHMITTELALTER

## Griechen und Römer

An der (im Kapitel zuvor dargestellten) Laufbahn Galens zeigt sich deutlich, wie das geistige Leben der Griechen und Römer sich allmählich miteinander verflocht. Geboren und aufgewachsen im kleinasiatischen Pergamon – also noch weit innerhalb der Grenzen des römischen Reiches, jedoch in einer Hochburg der griechischen Kultur –, studierte er in Korinth (auf dem griechischen Festland) und in Alexandria. Seine Bildung war griechisch geprägt – sie fand in griechischer Sprache und auf der Grundlage der griechischen Klassiker statt – und somit fügte er sich in die griechische Geistestradition ein. Aber seine weitere Laufbahn führte Galen nach Rom; er diente römischen Kaisern und dozierte vor römischem Publikum. Bei der Betrachtung dieser Biographie stellt sich also bereits die Frage, der wir uns in den einleitenden Abschnitten dieses Kapitels zuwenden wollen: Wie sah das Verhältnis zwischen Griechenland und Rom in den Bereichen Politik, Kultur, Geistesleben und insbesondere in der Wissenschaft aus?

Die Autonomie und politische Dynamik der griechischen Stadtstaaten endete mit den Eroberungszügen von Alexander dem Großen (334–323 v. Chr.) und der Errichtung eines griechischen Weltreiches. Nach der Aufteilung von Alexanders Reich unter seine Generäle erfuhr das geistige Leben in den Nachfolgerstaaten immer wieder sporadische und manchmal auch großzügige Förderung und blieb somit zumindest noch einige Zeit sehr lebendig. Gleichzeitig entwickelte sich Rom von einer unbedeutenden etruskischen Stadt des siebten Jahrhunderts v. Chr. zu der florierenden Republik des fünften und vierten Jahrhunderts v. Chr. Um das Jahr 265 v. Chr. beherrschte Rom bereits die italienische Halbinsel, und Ende desselben Jahrhunderts besaß es schon so hohen politischen und militärischen Einfluß, daß es sich im Zweiten Makedonischen Krieg (200–197 v. Chr.) bereits in die Angelegenheiten der Griechen einmischen konnte. Im Laufe der folgenden 150 Jahre weitete Rom seinen Einfluß auf griechische Territorien allmählich aus. Beim Tode Julius Cäsars im Jahre 44 v. Chr. beherrschte Rom praktisch den gesamten Mittelmeerraum einschließlich Griechenlands, Kleinasiens und Nordafrikas (s. Karte 3).

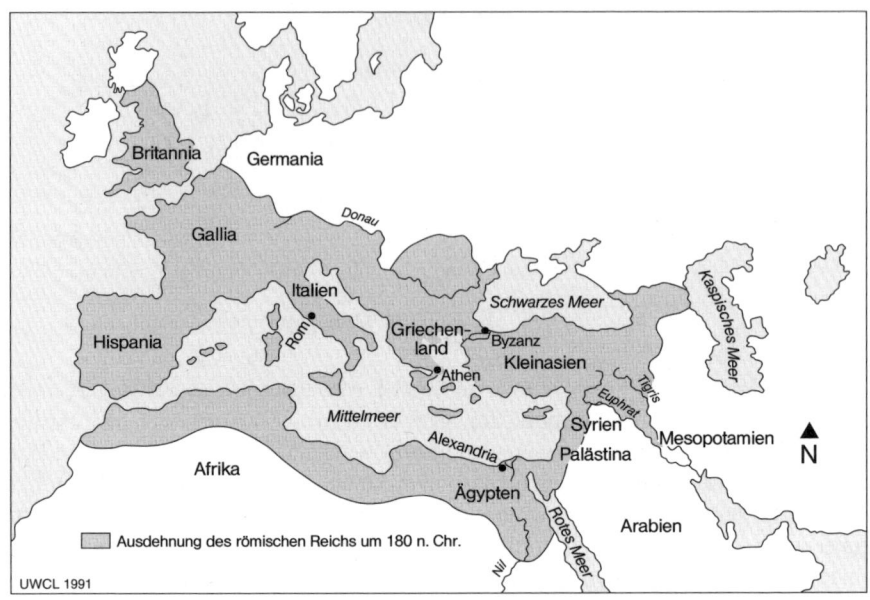

*Karte 3: Das römische Weltreich*

In den griechischen Provinzen führte die Herrschaft Roms nicht zum Zusammenbruch von Kultur und Bildung. Ganz im Gegenteil, wie es ein berühmtes Zitat des römischen Autors Horaz († 8 v. Chr.) ausdrückt: Zwar eroberte Rom Griechenland militärisch und politisch; den künstlerischen und intellektuellen Eroberungszug traten jedoch die Griechen an.[1] In dem Maße, wie Macht und Wohlstand der Römer wuchsen, begann sich dort die wohlhabende Schicht für die literarischen, philosophischen, politischen und künstlerischen Errungenschaften der Griechen zu interessieren. Wenn ein Römer es in diesen Bereichen zu etwas bringen wollte, dann mußte er danach streben, es den Griechen gleichzutun – d.h. er mußte sich an jener Kultur orientieren, die in diesen Bereichen das höchste Niveau erreicht hatte.

Sprachbarrieren und geographische Entfernungen erwiesen sich dabei in den ersten Jahren des kulturellen Kontakts als weniger hinderlich, als vielleicht zu erwarten gewesen wäre. In Italien, wo es jahrhundertealte griechische Kolonien gab, konnten viele Griechisch lesen und sprechen: erinnert sei hier nur an Parmenides und Zenon aus der Stadt Elea oder die süditalienischen Pythagoreer, die Platon besucht hatte. In Rom selbst gab es im zweiten Jahrhundert v. Chr. eine griechische Gemeinde, und unter der römischen Oberschicht galt (bis zu einem bestimmten Niveau) Zweisprachigkeit als modern. Immer häufiger gelangten griechische Gelehrte –

freiwillig oder als Sklaven – nach Rom, und es war auch leicht, griechische Lehrer zu finden, die bereitwillig über griechische Literatur und Philosophie dozierten. Eine weitere Möglichkeit war ein Studienaufenthalt in den griechischen Provinzen. Für einen jungen Römer, der ernsthafte intellektuelle Ambitionen hegte, wurde eine solche Reise beinahe obligatorisch. Über derartige Wege bildete sich in Rom ein bedeutender Kreis griechischer und römischer Gelehrter – und sie alle hatten Verbindung zur wissenschaftlichen Tradition der Griechen. Allmählich begannen die römischen Gelehrten, bestimmte Inhalte des griechischen Geisteslebens einer lateinsprachigen Leserschaft zugänglich zu machen. In manchen Fällen, wurden Texte sogar vom Griechischen ins Lateinische übersetzt.[2]

Anhand der Laufbahn von Marcus Tullius Cicero (106–43 v. Chr.), einem hochgebildeten römischen Staatsmann und Literaten, lassen sich einige dieser Gegebenheiten aufzeigen. Cicero studierte zunächst in Rom, später in Athen und auf Rhodos bei griechischen Lehrern. Er lernte natürlich Griechisch und beherrschte auch einen großen Teil der griechischen Philosophie. Hohen Einfluß auf Cicero hatten die Stoiker und die innerhalb der platonischen Schule im dritten Jahrhundert v. Chr. entwickelten erkenntnistheoretischen Vorstellungen.[3] Cicero schrieb in lateinischer Sprache Traktate zu einer Vielzahl von Themen und fertigte eine Übersetzung von Platons *Timaios* an (sie ist nicht erhalten).

Ein Studium war zu Anfang nur auf der Basis privater Finanzierung möglich. Ein Mitglied der Oberschicht mochte einen Teil seiner Freizeit auf Lektüre und auf wissenschaftliche Gespräche verwenden. Vielleicht verfügte er über eine Bibliothek, möglicherweise sogar über eine sehr umfangreiche. Aber jeder, der nicht selbst die nötigen Mittel aufbrachte, war auf einen Mäzen angewiesen. Dadurch kam es zu ganz verschiedenartigen Konstellationen – angefangen beim renommierten Gelehrten, der sich in einem wohlhabenden Haushalt dem Unterricht der griechischsprachigen Sklaven widmete. Zu den Pflichten des Gelehrten, der es bis ganz nach oben geschafft hatte, gehörte es, seinen Dienstherrn zu beraten oder ihm als Gesprächspartner in intellektuellen Fragen zur Seite zu stehen. Hatte er weniger Glück oder geringere Fähigkeiten, dann war es sehr wahrscheinlich, daß man ihn mit dem Unterrichten der Kinder des Dienstherren beauftragte und ihm außerdem noch untergeordnete Aufgaben zuteilte.

Wissenschaftliche Diskussionen spielten sich je nach Umgebung auf unterschiedlichen Ebenen ab. Jener römische Gelehrte, der auf höchster Ebene zu diskutieren wünschte, tat das auf Griechisch. Daraus folgt, daß jede wissenschaftliche Abhandlung in lateinischer Sprache (ob mündlich oder schriftlich) unterhalb jener höchsten Ebenen des griechischen Gelehrtentums stand, mit denen wir uns bis jetzt beschäftigt haben. Latein wurde dann verwendet, wenn die begrenzten Sprachkenntnisse der Zuhörerschaft es erforderlich machten. Daraus entstand eine leichtere, verständlichere Version der griechischen Lehren, die beim Publikum gut ankam. Einige führende Wissenschaftshistoriker schauen verächtlich auf diese Popularisierung, als wäre nur die »vorderste Front« der Wissenschaft von Bedeutung, und sie sind mit den Griechen hart ins Gericht gegangen, weil sie in der Wissenschaft ein populäres Niveau einführten, und mit den Römern deswegen, weil sie sich daran orientierten.[4] Aber das verrät einen sehr eingeengten Blickwinkel. Eigentlich muß es doch innerhalb jeder Gelehrtentradition verschiedene Ebenen von Erkenntnis und Wissenschaftlichkeit geben. Für jeden Aristoteles, der verwirrende Probleme der Philosophie oder Wissenschaft auf neuartige Weise angehen konnte, gab es tausende von gebildeten Griechen und Römern, deren Ambitionen nicht über ein Verständnis des aristotelischen Denkens und die Herstellung einer Verbindung zwischen diesem Denken und den Ansichten anderer anerkannter Kapazitäten hinausgingen und auch nicht hinausgehen konnten. Jedes schöpferische Forschungsprogramm geht zwangsläufig mit anderen Bewegungen einher, die auf Erhaltung, Kommentierung, Unterricht, Verbreitung und Überlieferung abzielen. Das können wir an unserem eigenen Schulsystem sehen.

Unter diesen Umständen war es nur natürlich, daß jene Gelehrten, die sich anschickten, die intellektuellen Errungenschaften der Griechen für ein römisches Publikum zusammenzufassen, sich dabei auf das konzentrierten, was für ihre römischen Dienstherren von Interesse war – also nicht auf die Feinheiten der griechischen Metaphysik und Erkenntnistheorie, auch nicht auf die technischen Details der griechischen Mathematik, Astronomie und Anatomie, sondern auf Themen von praktischem Wert und bestechender Anziehungskraft. Bestimmte Teilbereiche der Mathematik wurden aus praktischen Gründen oder als Denksportaufgaben aufgenommen. Die Medizin bedurfte kaum einer Rechtfertigung; allerdings standen die Römer manchen Elementen der griechischen Medizin zunächst mit Mißtrauen gegenüber. An den Gerichtshöfen und in der politischen Arena waren Logik und Rhetorik gefragt. Die epikureische und stoische Philosophie beschäftigte sich mit drängenden ethischen und religiösen Fragen. Aber über diese Grundlage hinaus erfuhr die Naturwissenschaft selten irgendeine Wertschätzung, galt lediglich als unterhaltsam. Das sieht man deutlich daran, daß für die Römer der berühmteste Astronom Aratos aus Soloi († 240 v. Chr.) war – sein Lehrgedicht über die Sternbilder und die Wettervorhersage (*Himmelserscheinungen*) wurde mindestens viermal ins Lateinische übersetzt – die Fachschriften von Eudoxos und Hipparchos dagegen blieben unzugänglich oder unbekannt.[5]

Bei der von den Römern betriebenen Naturwissenschaft oder Naturphilosophie handelt es sich also eher um eine begrenzte und popularisierte Version der griechischen Vorbilder. Generationen von Historikern haben

Erklärungen dafür gesucht, daß es den Römern nicht gelang, die komplizierteren oder fachlicheren Elemente des griechischen Wissens zu beherrschen, und sie haben dabei geistige Unterlegenheit, tiefere Moral oder Charakterschwäche der Römer angeführt. Es heißt oft, die Römer hätten einfach nicht theoretisch denken können – allerdings fügt man dieser Feststellung hastig hinzu (denn jeder muß doch irgendetwas besonders gut können), daß sie diesen Mangel durch ihr Talent in Verwaltung und Ingenieurwesen wettmachten.[6] Aber eigentlich gibt es gar kein Geheimnis um den Stand oder das Niveau des römischen Geisteslebens, und schon gar keinen Anlaß zu Überraschung oder Kritik. Wir dürfen nicht vergessen, daß die römische Aristokratie das Lernen (außer wenn es direkte praktische Gründe dafür gab) für eine Freizeitbeschäftigung hielt. Deswegen taten die Römer das Naheliegende: Sie übernahmen das, was ihnen interessant oder nützlich erschien. Wenn einige Griechen ihr Leben mit dem Studium abstrakter, technischer, unpraktischer und (wie manche es zweifellos empfanden) langweiliger Themen zugebracht hatten, dann war das noch kein Grund dafür, daß eine große Zahl von Römern unbedingt denselben Fehler machen mußte. Ein Mitglied der römischen Oberschicht brachte etwa im gleichen Maße Interesse für die Feinheiten der griechischen Naturphilosophie auf wie ein durchschnittlicher amerikanischer Politiker für Metaphysik und Erkenntnistheorie. Bestenfalls wünschte er, wie der römische Dramatiker Ennius (239–169 v. Chr.) es ausdrückte[7], »zu philosophieren, aber nur ein wenig.« Überraschend ist eigentlich nur, daß die Historiker etwas anderes von ihm erwarteten.

## Popularisierungsbewegung und Enzyklopädisten

Nun habe ich die Bedingungen, unter denen die Mitglieder der römischen Oberschicht Wissenschaft und Naturphilosophie betrieben und die Motive für ihr Vorgehen beschrieben. Als nächstes möchte ich aufzeigen, welche intellektuelle Tradition daraus entstand. Dabei werde ich bestimmte Gattungen der lateinischen Literatur untersuchen, die sich mit wissenschaftlichen Themen beschäftigten oder das intellektelle Umfeld prägten, in dem Wissenschaft betrieben wurde, und dann einige der bedeutendsten Werke kurz beschreiben.

Einer der bekanntesten und vielleicht der bedeutendste Vertreter der frühen Popularisierungsbewegung war der Stoiker Poseidonios (ca. 135–51 v. Chr.). Er wurde als Sohn griechischer Eltern in Syrien geboren, studierte in Athen und wurde später Leiter der stoischen Schule auf Rhodos. Durch seine zahlreichen Schüler (darunter Cicero) übte er auf das römische Geistesleben starken, wenn auch nur indirekten Einfluß aus. Er reiste aber auch selbst nach Rom und hinterließ bei den Römern einen persönlichen Eindruck. Poseidonios war im ersten Jahrhundert v. Chr. noch am ehesten das, was wir einen Universalgelehrten nennen würden. Er interessierte sich für Geschichte, Geographie, Moral- und Naturphilosophie und schrieb umfangreiche Werke über all diese Themen. Unter seinen (sämtlich in griechischer Sprache verfaßten) Schriften befanden sich Kommentare zu Platons *Timaios* und Aristoteles' *Meteorologie*. Aus dem letzteren übernahm Lukrez vieles in sein Werk *Über die Natur der Dinge*.

Die Werke von Poseidonios sind uns nicht erhalten, und daher stammt alles, was wir wissen, aus zweiter Hand, aber es sieht so aus, als habe sich eines seiner bedeutendsten Forschungsprojekte mit der Bestimmung des Erdumfangs beschäftigt. Zunächst gab er ihn mit 240 000 Stadien an (also leicht unter dem von Eratosthenes geschätzten Wert), später dann mit 180 000 Stadien. Bedeutend ist dieser kleinere Wert deswegen, weil Ptolemaios ihn aufnahm und ihn an die Leser seiner *Geographie* weitergab, woraufhin er im fünfzehnten Jahrhundert Christoph Kolumbus als Grundlage seiner Berechnung der Entfernung zwischen Spanien und Indien diente.

Poseidonios übte auf die lateinischen Autoren, beispielsweise auf Varro (116–27 v. Chr.) hohen Einfluß aus, und so trug er zur Gestaltung und zum Inhalt des Lateinunterrichts und -studiums bei. Varro, den seine römischen Anhänger für einen phänomenalen Gelehrten hielten, studierte in Rom und Athen. Er erwies sich als produktiver Autor und verfaßte lateinische Werke zu einer Vielzahl von Themen (etwa fünfundsiebzig Titel, die fast alle verloren sind). Am bedeutendsten war seine Enzyklopädie, die neuen Bücher über *Wissenschaften*, die allen späteren römischen Enzyklopädisten als Vorbild und Quelle dienen sollte. Bemerkenswert an den *Wissenschaften* war, daß Varro darin die freien Künste (also jene Themen, die der Erziehung feiner Herren in Rom angemessen erschienen) als Organisationsprinzip einsetzte. Varro nannte neun solche Künste und beschrieb diese in ihren Grundzügen: Grammatik, Rhetorik, Logik, Arithmetik, Geometrie, Astronomie, Musiktheorie, Medizin und Architektur. Aus Varros Aufstellung, welche von späteren Autoren um die letzten beiden Fächer gekürzt wurde, ergaben sich die sieben klassischen freien Künste der mittelalterlichen Schulen – dabei wurden die drei ersteren Künste als Trivium , die vier letzteren als das Quadrivium bekannt.[8]

Cicero, Varros Zeitgenosse und Freund, verfügte über recht genaue Kenntnisse der griechischen Philosophie – er hatte bei dem Stoiker Poseidonios, dem Epikureer Phaidros von Athen (ca. 138–70)und den Platonikern Philon von Larisa (1. Jh. v. Chr.) und Antiochos von Askalon (1. Jh. v. Chr.) studiert.[9] In seinem Denken war Cicero stark von den skeptischen Tendenzen beeinflußt, die sich in der platonischen Schule herausgebildet hatten; insbesondere kam er zu der Überzeugung, daß niemand im philosophi-

*Abb. 7.1: Cicero. Museo Vaticano, Vatikanstadt.
Alinari/Art Resource New York.*

schen Bereich weiter gelangen konnte als bis zu einer gewissen Wahrscheinlichkeit, und daß man daher noch am ehesten zur Erkenntnis der
Wahrheit kommen konnte, wenn man die bereits vorhandenen Theorien
kritisch durcharbeitete. Aus dieser Überzeugung heraus schuf er eine
Anzahl von Dialogen, in denen er die Meinungen seiner Lehrer, Freunde
und früherer Autoren zu einer Vielzahl philosophischer Themen wiedergab. Was die Ansichten seiner Vorgänger betraf, insbesondere jener aus der
weiteren Vergangenheit, griff Cicero auf die vorhandenen Handbücher
zurück, einschließlich jener der von Theophrast eingeleiteten »doxographischen« Tradition.

Somit profitierte Cicero einerseits von der Popularisierungsbewegung,
trug andererseits jedoch auch wieder zu ihr bei. Er lieferte seinen Lesern
einen Bericht über ältere und zeitgenössische Auseinandersetzungen um
wichtige philosophische Themen, einschließlich einiger der Fragen, mit
denen wir uns in den vorhergehenden Kapiteln beschäftigt haben: dem
Wesen der letzten Realität, der Quelle der Ordnung im Universum, der
Rolle der Götter, dem Wesen der Seele und dem Erkenntnisprozeß. Sein
eigenes Weltbild setzte sich aus platonischen und stoischen Elementen
zusammen, und Cicero entwickelte sich zu einer der wichtigsten Quellen
stoischer Philosophie, auf die im Mittelalter und in der frühen Neuzeit
zurückgegriffen wurden. Er setzte Gott mit der Natur gleich, die Natur mit

dem Feuer, und alle drei (Gott, Natur und Feuer) mit der aktiven Kraft, die für die Existenz, Aktivität und Rationalität des Universums verantwortlich ist. Er beschrieb den von den Stoikern postulierten kosmologischen Kreislauf, in dem Verglühen und Wiedergeburt des Universums einander abwechseln. Und er vertrat die Ansicht, daß zwischen dem Makrokosmos (Gott und dem Universum) und dem Mikrokosmos (dem einzelnen Menschen) enge Parallelen bestehen – so entspricht dem Verhältnis von Gott zu Materie im Universum das Verhältnis der menschlichen Seele zum menschlichen Körper. Diese Analogie zwischen Makrokosmos und Mikrokosmos sollte im Mittelalter und in der Renaissance Kernstück des Denkens und ein zentrales Thema der astronomischen Literatur werden. Cicero brachte kaum Interesse für Mathematik auf; er sah ihren Wert hauptsächlich darin, daß junge Männer an ihren Aufgaben ihren Geist schärfen konnten. Allerdings läßt seine Abhandlung über die Planetenbahnen und seine Übersetzung des astronomischen Lehrgedichts von Aratos (*Himmelserscheinungen*) darauf schließen, daß er diesen Themen nicht gänzlich desinteressiert oder unwissend gegenüberstand.

Einer der Zeitgenossen von Varro und Cicero, Lukrez († 55 v. Chr.), schrieb ein langes philosophisches Lehrgedicht mit dem Titel *Über die Natur der Dinge*. Einerseits verteidigt er mit diesem Werk die Naturphilosophie der Epikureer, die auf eine Überwindung der Todesangst abzielten, indem sie die Lehre von den Atomen und vom Vakuum einsetzten. Doch innerhalb dieses grundlegend epikureischen Rahmens ist *Über die Natur der Dinge* im Umfang enzyklopädisch und vom Niveau und der Auswahl der Details her eher populärwissenschaftlich. Lukrez beschäftigt sich mit der unendlichen Zahl der Welten, ihrer Erschaffung und Zerstörung und so grundlegenden astronomischen Daten wie der Bahn der Sonne um den Tierkreis, der daraus entstehenden Ungleichmäßigkeit der Tage und den Mondphasen; der Sterblichkeit der Seele; der Sinneswahrnehmung einschließlich der Sinnestäuschungen; dem Schlaf, den Träumen und der Liebe; dem Spiegel und der Reflexion des Lichts; dem Ursprung des pflanzlichen und tierischen Lebens einschließlich eines Angriffs auf den teleologischen Ansatz in der Biologie; dem Ursprung und der Geschichte der Menschheit; und schließlich außergewöhnlichen meteorologischen und geologischen Erscheinungen wie etwa Blitz, Donner, Erdbeben, Regenbogen, Vulkanismus und magnetische Anziehungskraft. Lukrez schließt mit einem Bericht über die große Seuche in Athen.[10]

Varro, Cicero und Lukrez stehen für die Blüte des römischen Geisteslebens in der Endzeit der römischen Republik. Es gab noch Andere, die zum intellektuellen Leben beitrugen, beispielsweise Vitruvius († 25 v. Chr.), ein Zeitgenosse, der über Architektur schrieb, und verschiedene Autoren aus der frühen Kaiserzeit: Celsus (um 25 n. Chr.), Verfasser einer bedeutenden medizinischen Enzyklopädie, und der Stoiker Seneca († 65 n. Chr.), der eine Naturphilosophie schrieb, die auch Meteorologie umfaßte (wobei dieser Teil des Werkes zum großen Teil von Poseidonios übernommen war).[11]

Der Mann jedoch, der allgemein als die Symbolfigur der Popularisierungsbewegung betrachtet wird, ist Plinius der Ältere (23/24–79 n. Chr.). Plinius steht im Zentrum fast sämtlicher Berichte über die Wissenschaft in Rom, und auch wir müssen hier kurz auf sein Werk eingehen. Er wurde in Norditalien als Abkömmling des dortigen Landadels geboren und studierte in Rom. Nach erfolgreicher Militärlaufbahn (nur auf diesem Weg konnte ein Mann seiner sozialen Herkunft nach oben kommen) wandte er sich der Literatur zu und arbeitete schließlich für die Kaiser Vespasian und Titus. Er schrieb verschiedene Bücher über die Geschichte Roms und seine Kriege, ein Buch über Grammatik, und das Werk, für das er noch heute berühmt ist: die Kaiser Titus gewidmete *Naturkunde*.

Bei der *Naturkunde* handelt es sich um ein erstaunliches Werk, das nicht leicht einzuordnen ist und das man wirklich lesen muß, um seinen Wert richtig einschätzen zu können.[12] In seiner Gier nach Informationen war Plinius unersättlich. Im Vorwort der *Naturkunde* gibt Plinius an, daß er und seine Assistenten zweitausend Bände von einigen hundert Autoren durchgingen und daraus etwa zwanzigtausend Fakten gewannen. Offenbar entwickelte Plinius eine Art Karteikartensystem, so daß er diese zwanzigtausend Informationen von Hand sortieren konnte. Die Karten waren nach Themen geordnet, und Plinius fügte sie zur *Naturkunde* zusammen.[13] Es ist erstaunlich, wieviel Energie Plinius für diese Aufgabe aufbrachte. Von seinem Neffen wissen wir, daß er schon um Mitternacht aufstand und manchmal rund um die Uhr arbeitete, las oder sich vorlesen ließ, Notizen machte oder diktierte. Wenn wir seine Leistung richtig einschätzen wollen, dann müssen wir zunächst einmal begreifen, welche Faszination faktische Informationen auf ihn ausübten. Zwar enthält die *Naturkunde* mitunter auch Erklärungen für Naturerscheinungen, ihr Ziel war jedoch nicht die Erstellung einer umfassenden und sorgfältig durchdachten Naturphilosophie, sondern die Schaffung eines umfangreichen Sammelwerkes, in dem man interessante und unterhaltsame Informationen nachlesen konnte – ein Buch, wie sein Neffe es sagt, »nicht weniger abwechslungsreich als die Natur selbst.«[14]

Plinius' Absicht war es also, das Universum und die Naturdinge, die es bevölkern, zu beschreiben. Viele Seiten widmete er allein dem Inhaltsverzeichnis der *Naturkunde* und einer Aufzählung der von ihm befragten Fachleute. Zu den behandelten Themen gehören Kosmologie, Astronomie, Geographie, Anthropologie, Zoologie, Botanik und Mineralogie. Plinius hatte eine Vorliebe für besonders spektakuläre Fakten, und darum hat man ihn oft als reinen Märchenerzähler bezeichnet; und tatsächlich wimmelt es in seiner *Naturkunde* von Naturwundern. Plinius berichtet über eine Reihe von ominösen Himmelserscheinungen (darunter mehrfache Sonnen oder Monde), von Gebeten und Ritualen hervorgerufene Blitzschläge, das größte Erdbeben in der Erinnerung der Menschheit (es zerstörte zwölf asiatische Städte), Menschenopfer bei Volksstämmen jenseits der Alpen, einen Jungen, den ein Delphin regelmäßig auf seinem Rücken zur Schule und wieder nach Hause trug, und merkwürdige Ungeheuer (beispielsweise die Arimaspi, die nur ein Auge in der Mitte der Stirn tragen, die Illyrer, die mit dem bösen Blick töten können, und die Monocoli, die nur ein Bein besitzen, sich damit jedoch springend mit erstaunlicher Geschwindigkeit fortbewegen können).[15]

Es wäre zwar falsch, über dieses eher fabulierende Element in Plinius' *Naturkunde* hinwegzusehen, aber genauso falsch wäre es, die eher prosaischen und gewöhnlicheren Inhalte zu ignorieren. Plinius' Bericht über Astronomie und Kosmologie ist ein Beispiel für Letztere.[16] Er beschreibt darin himmlische und irdische Sphären und die zu ihrer Abbildung verwendeten Kreise. Es ist ihm bekannt, daß die Planeten sich von Westen nach Osten über den Tierkreis bewegen, und er weiß, wie lange sie ungefähr für diese Bewegung brauchen. Er schildert die rückläufigen Bewegungen der Planeten und berichtet, daß Merkur und Venus sich nie weiter als 22° bzw. 46° von der Sonne entfernen. Er beschreibt Mondbahn, Mondphasen und Mondfinsternisse. Er erkannte, daß Sonnen- und Mondfinsternisse in Abhängigkeit von den Größenverhältnissen der beteiligten Körper und den deswegen von ihnen geworfenen Schatten auftreten. Was die Dimension der Erde angeht, so zitiert Plinius den von Eratosthenes berechneten Umfang von 252 000 Stadien. Plinius vermittelt also recht wertvolle Informationen zu Kosmologie und Astronomie, wenn diese auch nicht immer zuverlässig sind und ganz sicher nicht dem bereits erreichten Niveau der mathematischen Astronomie entsprachen. Weder orientierte er sich an der Tradition der mathematischen Astronomie (jenem Teil seiner *Naturkunde*, welcher der Astronomie gewidmet ist, läßt zum Beispiel keinerlei Einfluß von Hipparchos erkennen), noch schreibt er für ein auf Astronomie spezialisiertes Publikum. Er machte lediglich den Versuch, einem Publikum, das sich nicht für komplexe mathematische Fakten und Beobachtungen interessierte oder diese gar nicht verstehen konnte, die wesentlichen Grundzüge nahezubringen.

Plinius war nicht der typische römische Gelehrte. Zunächst einmal konnte es kein Anderer mit seinem Engagement und seiner Begeisterung für die Aufgabe der Informationssammlung aufnehmen. Außerdem umfaßte seine Arbeit ein viel breiteres Gebiet als die irgendeines seiner römischen Vorgänger (selbst Varro hatte sich ja auf die neun Künste beschränkt). Im Vorwort zur *Naturkunde* weist Plinius ganz richtig darauf hin, daß er als erster den Versuch unternimmt, die gesamte natürliche Welt in einem einzigen Werk abzuhandeln. Und schließlich übertraf Plinius in seiner

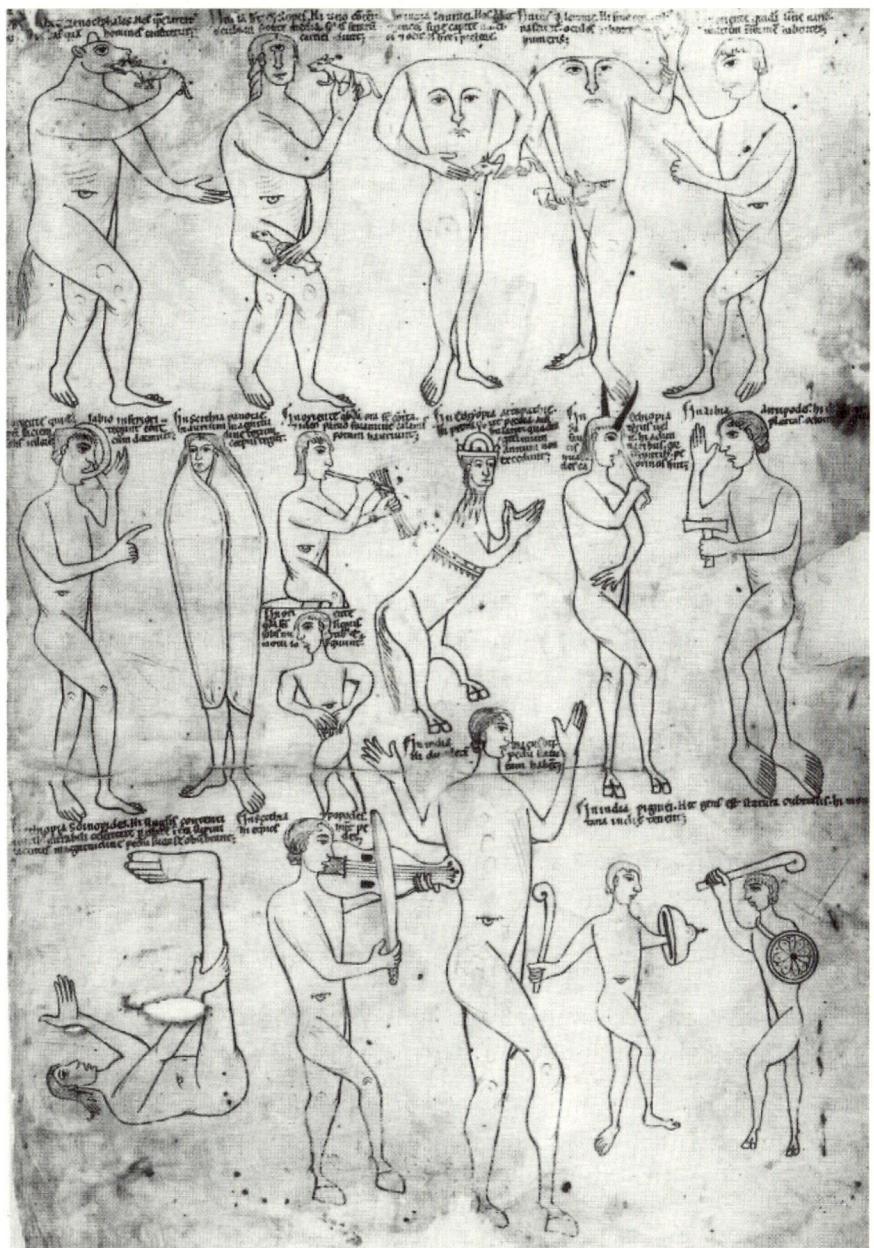

*Abb. 7.2: Die Ungeheuer des Plinius. British Library, MS Harley 2799, Fol. 243r (12. Jh.). Mit Genehmigung der British Library.*

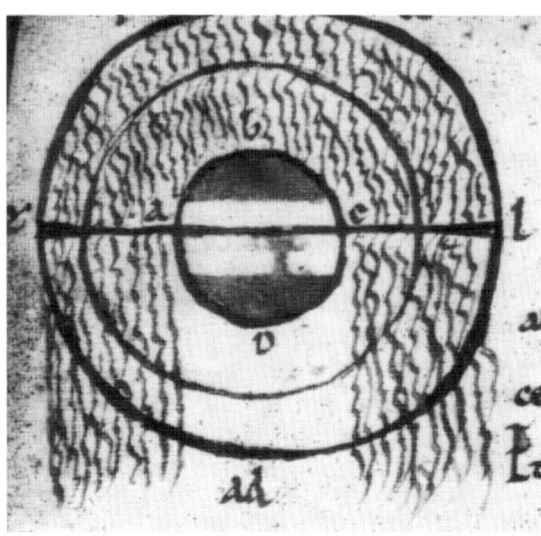

*Abb. 7.3: Macrobius über den Regen. Ein Schreiber des 13. Jh. hat versucht, die Argumentation des Macrobius zu illustrieren. Sie lautet: Wenn wir nicht davon ausgehen, daß der Regen radial in Richtung des Erdmittelpunktes fällt, müssen wir die lächerliche Schlußfolgerung in Kauf nehmen, daß jener Teil des Regens, der die Erde verfehlt, in die entgegengesetzte Hemisphäre des Himmels aufsteigen müßte. British Library, MS Egerton 2976, Fol. 49v. (13. Jh). Mit Genehmigung d. British Library. Zu dieser Illustration und der dazugehörigen Argumentation s. John E. Murdoch: Album of Science: Antiquity and the Middle Ages, S. 282 f.*

Abhandlung dieser Themen fast alle seine Vorgänger und Zeitgenossen an Oberflächlichkeit. Nichtsdestoweniger ist uns sein Werk äußerst dienlich, wenn wir erfahren wollen, welches Wissen von einem gebildeten Römer erwartet wurde – nach Plinius, wenn nicht schon vorher. Und die Tatsache, daß die *Naturkunde* erhalten blieb, während viele andere populärwissenschaftliche Werke verlorengingen, hatte hohen Einfluß auf die Festlegung des Niveaus und der Inhalte der frühmittelalterlichen Bildung.

Bis jetzt haben wir uns auf die eher enzyklopädisch angelegte römische Literatur beschränkt – also auf Versuche, eine große Menge von Informationen aus ganz unterschiedlichen Quellen in einem einzigen Werk zusammenzufassen. Aber in Rom entwickelte sich auch eine Tradition des Kommentars – dann bezog sich der Autor in der Struktur seines Werks und einem großen Teil seines Inhalts auf einen einzigen vorgegebenen Text. Diese Tradition macht deutlich, daß es im Altertum üblich war, bestimmte hochgeschätzte oder bevorzugte Texte als Quelle des Wissens zu behandeln und Bildung daran zu messen, welche Kompetenz jemand bei der

Lektüre und der Interpretation eines solchen Textes bewies. Ein wichtiges Beispiel für diese Tradition des Kommentars ist der *Kommentar zu Scipios Traum* von Macrobius (der in der ersten Hälfte des fünften Jahrhunderts, also etwa 350 Jahre nach Plinius, wirkte). Dieses Werk baut auf der Grundlage von Ciceros *Scipios Traum* eine Darstellung der neuplatonischen Philosophie auf. Es fand im Frühmittelalter äußerst weite Verbreitung. Auf seinen Inhalt werden wir hier nicht eingehen; es soll lediglich erwähnt werden, daß Macrobius versuchte, eine neue, hauptsächlich an Platon orientierte Naturphilosophie aufzubauen, die umfangreiche Kapitel über Arithmetik, Astronomie und Kosmologie enthielt.[17]

Auf einen letzten Kompilator müssen wir eingehen, weil er uns einen Blick auf die höchste Stufe der in den Schulen des späten römischen Reichs praktizierten Mathematik ermöglicht – und auch deswegen, weil sein Werk eines der verbreitetsten Lehrbücher des Mittelalters werden sollte. Bei Martianus Capella handelte es sich wahrscheinlich um einen aus Karthago stammenden Nordafrikaner – das heißt, dieser Mann bringt uns gleichzeitig auch in Erinnerung, wie lebendig die Bildungstradition gegen Ende der Kaiserzeit in den römischen Provinzen, vor allem in den nordafrikanischen, noch war. Martianus wird üblicherweise zeitlich in die Jahre zwischen 410 und 439 n. Chr. eingeordnet, aber es gibt dafür wenige Anhaltspunkte. Bei seinem Werk, dem so viel Erfolg beschieden war, handelt es sich um eine Allegorie mit dem Titel *Über die Hochzeit Merkurs und der Philologie*. Darin berichten sieben Brautjungfern den Festgästen einer himmlischen Hochzeitszeremonie über die jeweils von ihnen vertretenen freien Künste.[18]

Von den Teilbereichen der mathematischen Kunst wird zuerst die Geometrie präsentiert. Durch den Mund der Brautjungfer Geometrie beschreibt Martianus zunächst die wichtigsten Punkte von Euklids *Elementen*, einschließlich der meisten Definitionen, aller Postulate und dreier der fünf Axiome, die am Anfang des Werkes stehen (s. o. Kap. 5). Er beschreibt und kategorisiert Flächen und Körper einschließlich der fünf platonischen regelmäßigen Körper. Er definiert rechte, spitze und stumpfe Winkel und geht kurz auf Proportionalität, Kommensurabilität und Inkommensurabilität ein. Aber den meisten Raum in diesem Kapitel nimmt eine Rede über Geographie ein, die sich an Plinius und andere Autoren anlehnt. Zunächst beweist Martianus die Kugelgestalt der Erde; er gibt Eratosthenes' Wert für den Erdumfang wieder und liefert einen fehlerhaften Bericht über Eratosthenes' Rechenmethode; es folgen Argumente für die Zentralstellung der Erde im Universum. Er behandelt die fünf Klimazonen und die Einteilung der bewohnbaren Welt in drei Kontinente (Europa, Asien und Afrika) und begibt sich dann auf eine äußerst schnelle Reise durch die bekannte Welt (dabei handelt es sich im Grunde um die verdichtete Version einer ähnlichen Darstellung von Plinius).

Als nächstes folgt die Arithmetik. Martianus beginnt mit einer stark pythagoreisch geprägten Abhandlung über die Zahlen eins bis zehn; er erklärt, welche Eigenschaften sie haben und in welchen Zusammenhängen sie stehen, nennt die Gottheiten, mit denen sie verbunden sind, und beschreibt ihre Beziehungen untereinander. Beispielsweise erläutert er zur Zahl »Drei«[19]:

Die Drei ist die erste ungerade Zahl [Die Eins gilt bei Martianus nicht als ungerade] und kann daher als vollkommen betrachtet werden. Sie ist die erste Zahl, die einen Anfang, eine Mitte und ein Ende aufweist, und sie verbindet ein Zentrum mit einem Anfangs- und einem Endpunkt, von denen das Zentrum jeweils gleich weit entfernt ist. Die Zahl Drei steht für die drei Parzen, die verschwisterten Grazien, und eine gewisse Jungfrau, von der man sagt, sie herrsche über Himmel und Hölle ist mit dieser Zahl verbunden. Ein weiterer Beweis für die Vollkommenheit dieser Zahl ist die Tatsache, daß die vollkommenen Zahlen sechs und neun aus ihr hervorgehen. Außerdem spricht es für die Bedeutung dieser Zahl, daß Gebete und Trankopfer dreifach dargeboten werden. Der Zeitbegriff weist drei Aspekte auf; daher werden auch Weissagungen in Dreifachform ausgesprochen. Die Zahl Drei steht auch für die Vollkommenheit des Universums ...

Danach klassifiziert Martianus die Zahlen und gibt ihre – wie wir heute sagen würden – rein mathematischen Eigenschaften an. Er definiert die Primzahl (die als ganze Zahl durch keine andere Zahl teilbar ist als die Zahl eins) oder Nichtprimzahl; gerade oder ungerade Zahlen; Quadrat- und Kubikzahlen; vollkommene, unvollkommene oder transzendente Zahlen. Vollkommene Zahlen sind beispielsweise solche, die sich auch aus der Summe ihrer Faktoren ergeben (1+2+3 = 6); unvollkommene Zahlen sind solche, deren Faktorsumme kleiner ist als die Zahl selbst (1+2+7<14). Außerdem definiert und klassifiziert Martianus auch verschiedene Quotienten oder Proportionen. Beispielsweise ist der Quotient von 8 zu 6 *supertertius*, denn die erste Zahl ist um ein Drittel größer als die zweite; der Quotient 6 zu 8 ist analog dazu *subtertius* .

Martianus beginnt seine Darstellung der Astronomie mit einer Bezugnahme auf Eratosthenes, Hipparchos und Ptolemaios – Männer, von deren Bedeutung er gehört hatte, deren Werke er aber zweifellos niemals zu Gesicht bekommen hatte. Dieses Kapitel enthält grundlegende Angaben über die Kosmologie und Astronomie, die er vermutlich Varro, Plinius und anderen Quellen entnommen hat.[20] Er definiert die Himmelssphäre und die wichtigsten Kreise darauf. Er beschreibt den Tierkreis und unterteilt ihn in zwölf Zeichen von je 30°. Er benennt und katalogisiert die wichtigsten Sternbilder. Er zählt die traditionellen sieben Planeten auf und beschreibt ihre Hauptbahnen sorgfältiger, als dies in Handbüchern sonst üblich war. Beispielsweise beweist er korrekte Kenntnisse der ungefähren Dauer der West-Ost-Bewegung um die Ekliptik und ein gutes Verständnis für die rückläufigen Bewegungen der äußeren Planeten. Einer der inter-

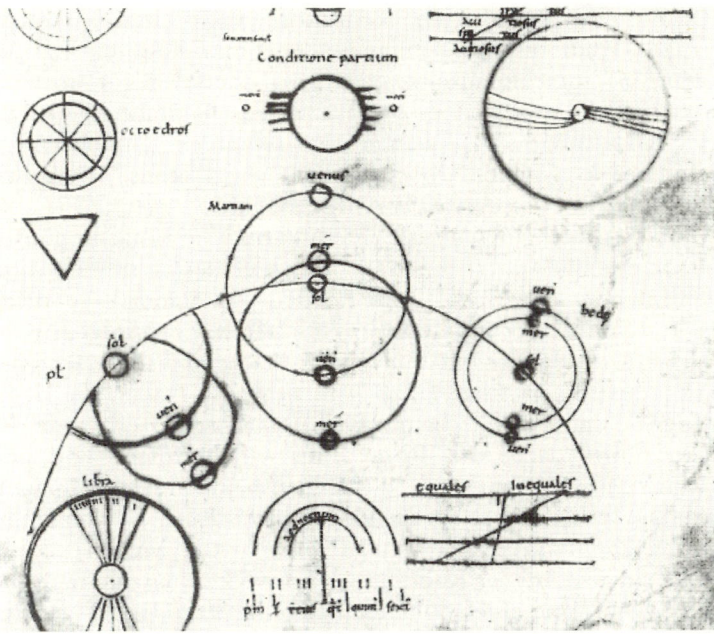

*Abb. 7.4: Martianus Capella über die Bewegung von Venus und Merkur. Verschiedene Versuche, Martianus' Theorie zur Bewegung von Venus und Merkur in bezug auf die Bewegung der Sonne darzustellen. Auf der Zeichnung Mitte rechts befinden sich Venus und Merkur auf Umlaufbahnen um die Sonne. Aus einer im 9. Jh. entstandenen Kopie von Martianus' Hochzeit Merkurs und der Philologie, Paris, Bibliothèque Nationale, MS Lat. 8671, Fol. 84r.*

essantesten und bedeutendsten Inhalte dieses Kapitels ist die Abhandlung über die inneren Planeten Merkur und Venus; er glaubte, daß diese sich auf ihren Umlaufbahnen um die Sonne bewegten (s. Abb. 7.4). Elfhundert Jahre später dann bezog sich Kopernikus auf Martianus, um diesen Aspekt seines eigenen Systems zu stützen.[21]

## Übersetzungen

In den ersten Jahren des kulturellen Kontakts zwischen Rom und seinen griechischen Nachbarn (die kurze Zeit später römische Untertanen werden sollten) bereitete der Zugang zu den Lehren der Griechen keine Schwierigkeiten. Zweisprachigkeit war weit verbreitet, es bot sich hinreichend Gelegenheit zu Auslandsreisen und -studien, und es gab genügend griechische

Lehrer, welche den Römern jene Kenntnisse vermittelten, durch die sie an der geistigen Tradition Griechenlands teilnehmen konnten. Für jene, die über geringere Sprachkenntnisse verfügten oder weniger hochgesteckte Ambitionen verfolgten, gab es populärwissenschaftliche Werke in lateinischer Sprache sowie einige wenige Übersetzungen. Unter den letzteren haben wir bereits Ciceros Übersetzungen von Platons *Timaios* und den *Himmelserscheinungen* von Aratos hervorgehoben.

So waren die Bedingungen für Lehre und Bildung zunächst günstig, aber gegen Ende des zweiten Jahrhunderts verschlechterten sie sich allmählich. Zwei Jahrhunderte lang hatte Rom Frieden und Stabilität genossen, aber auf den Tod von Kaiser Marcus Aurelius (180 n. Chr.) folgten politischer Aufruhr, Bürgerkrieg, der Niedergang der Städte und schließlich der wirtschaftliche Zusammenbruch. Dazu kam nach 250 n. Chr. die Bedrohung durch Angriffe und Einmärsche der Barbaren an den Grenzen des Reiches. Dies alles führte dazu, daß Rom seine wirtschaftliche und politische Lebenskraft einbüßte und sich die Lebensbedingungen allgemein verschlechterten, insbesondere für die Oberschicht. Auch die von einer unangemessenen Zahl von Arbeitssklaven verschärften wirtschaftlichen Probleme und ein allgemeiner Rückgang der Bevölkerungszahl (aufgrund von Seuchen, Kriegen und einer sinkenden Geburtenrate) trugen dazu bei, daß die Römer weniger Muße hatten – und Muße war die unbedingte Voraussetzung für ein ernsthaftes Bildungsstreben. Ein weiteres Problem für die Bildung im Westen lag darin, daß der Informationsaustausch mit den Griechen im Osten allmählich versiegte. Gegen Ende des dritten Jahrhunderts und erneut im vierten Jahrhundert wurde das Reich in einen östlichen und einen westlichen Verwaltungsbereich unterteilt. Im Laufe der Zeit gingen diese beiden Teile immer deutlicher ihre eigenen Wege, und der lateinische Westen verlor allmählich den für ihn lebenswichtigen Kontakt zu den Griechen im Osten.

Unter solchen Umständen kam es zu einer Unterbrechung der geistigen Kontinuität zwischen Osten und Westen. Die Zweisprachigkeit in den westlichen Regionen des römischen Reiches ging zurück, ebenso die Alphabetisierung überhaupt, und allmählich machte sich der fehlende Zugang zum Wissen der Griechen bemerkbar. Das soll nicht heißen, daß es zu einem vollständigen Bruch kam, sondern nur, daß die Verbindung brüchiger und anfälliger wurde. Verschiedene Gelehrte waren sich dieser wachsenden Bedrohung in den Spätjahren des römischen Reiches bewußt und versuchten, sie durch die Übersetzung der wichtigsten griechischen Philosophen ins Lateinische zu dämpfen. Zwei dieser Männer sind für die Geschichte der Wissenschaften von besonderer Bedeutung.[22]

Über Calcidius, den ersten der beiden, wissen wir so gut wie gar nichts. Selbst seine Lebenszeit ist ungewiß, allerdings deutet einiges darauf hin, daß er gegen Ende des vierten Jahrhunderts gelebt hat.[23] Auf jeden Fall übersetzte er Platons *Timaios* aus dem Griechischen ins Lateinische; und diese Übersetzung war es, nicht die von Cicero, die sich bis ins Mittelalter erhielt und auf den sich die mittelalterlichen Platoniker beriefen. Der Übersetzung fügte Calcidius einen langen Kommentar an; unter Berufung auf die doxographische Tradition und eine Reihe von Philosophen des späten Altertums erklärte er Platons kosmologisches System und baute es weiter aus.

Boethius (480–524 n. Chr.), der andere Übersetzer, lebte mehr als ein Jahrhundert später, als Rom bereits von den Barbaren beherrscht wurde. Er war Abkömmling des römischen Adels und wurde Staatsmann; unter der Herrschaft des Ostgoten Theoderich erhielt er ein hohes politisches Amt. Später wurde er des Verrats bezichtigt und hingerichtet. Über den Bildungsweg von Boethius wissen wir nichts, aber seine Laufbahn zeugt davon, daß zumindest Bruchteile der griechischen Geistestradition in der römischen Senatorenschicht weiterhin lebendig waren. Boethius machte sich daran, wie er sagte, den lateinsprachigen Menschen alle Werke von Platon und Aristoteles zugänglich zu machen, die er nur auftreiben konnte; darüberhinaus wollte er zwischen diesen beiden philosophischen Systemen eine Verbindung schaffen. Es gelang ihm, eine Anzahl von Aristoteles' Werken über die Logik zu übersetzen (die in ihrer Gesamtheit als die »alte Logik« bekannt wurden); außerdem Euklids *Elemente* und die *Einführung in die aristotelische Logik* von Porphyrios (ca. 234–301/5 n. Chr.). Außerdem schrieb Boethius Handbücher zu verschiedenen freien Künsten, einschließlich der Arithmetik und der Musik; dabei stützte er sich auf griechische Quellen.[24]

Zum Zeitpunkt von Boethius' Hinrichtung im Jahre 524 n. Chr. war der Westen weitgehend von der ursprünglichen griechischen Wissenschaft und Naturphilosophie abgeschnitten. Platons *Timaios*, einige der logischen Werke von Aristoteles und dazu verschiedene Bruchstücke von diesem und jenem standen zur Verfügung – und was vorhanden war, fand vermutlich keine weite Verbreitung. Darüberhinaus beschränkte sich die Kenntnis des griechischen Wissensgutes auf Kommentare, Handbücher, Kompendien und Enzyklopädien. Die Geistestradition der Griechen konnte Rom nur in einer dünnen und eingeschränkten Fassung erhalten und vermitteln.

## Die Rolle des Christentums

Einen Aspekt des Gesamtbildes haben wir bis jetzt vernachlässigt. Von einer kleinen jüdischen Sekte in einem entfernten Winkel des römischen Reiches entwickelte sich das Christentum zu einer der bedeutenden religiösen Kräfte des dritten Jahrhunderts und bis zum Ende des vierten Jahrhunderts sogar zur Staatsreligion. An dieser Stelle können und wollen wir nicht auf Einzelheiten dieser erstaunlichen Entwicklung eingehen. Für unsere Zwecke ist die Tatsache von Bedeutung, daß das Christentum im religiösen Leben des späten römischen Reichs eine wichtige Rolle spielte. Aus dieser Tatsache folgt die Frage, die wir nun stellen müssen: Welchen Einfluß hatte die Vorherrschaft des Christentums auf das Wissen über die Natur und die Haltung gegenüber der Natur? Die übliche Antwort auf diese Frage entwickelte sich im achtzehnten und neunzehnten Jahrhundert und fand im zwanzigsten Jahrhundert weite Verbreitung. Sie lautet, daß das Christentum die Weiterentwicklung der Wissenschaft ernstlich behinderte, ja, sie sogar so sehr ins Trudeln brachte, daß sie mehr als ein Jahrtausend brauchte, um sich wieder zu fangen. Aber die Wirklichkeit sieht ganz anders aus, wie wir gleich feststellen werden; sie ist weitaus komplizierter.[25]

Ein Vorwurf, welcher der Kirche immer wieder gemacht wird, lautet, daß sie weitgehend bildungsfeindlich sei – daß die Kirchenführer Glauben dem Wissen, Unwissenheit der Bildung vorzögen. Aber dabei handelt es sich um eine grobe Entstellung der Tatsachen. Zwar sprach das Christentum zunächst die Armen und Entrechteten an, erreichte aber nach kurzer Zeit die Oberschicht, die auch gebildete Menschen umfaßte. Die Christen erkannten bald, daß die Bibel nur gelesen werden konnte, wenn man die Alphabetisierung vorantrieb; und langfristig sollte sich die christliche Kirche als wichtigste bildungsfördernde Kraft in Europa erweisen; dabei übernahm sie viele wichtige Elemente aus der klassischen Geistestradition. Es war ganz natürlich, daß sich die Erziehungs- und Bildungsbemühungen der Kirchenväter auf solche Bereiche konzentrierten, die der kirchlichen Mission in ihrem Verständnis dienten.

Wenn die Kirche beispielsweise im zweiten und dritten Jahrhundert eine ernstzunehmende geistige Tradition entwickelte, dann war die Motivation dahinter die Verteidigung des christlichen Glaubens gegen gebildete Gegner (ein Unterfangen, das als »Apologetik« bezeichnet wird); gleichzeitig mußte eine christliche Doktrin entwickelt werden. Dies konnte nur durch die Anwendung jener Gesetze der Logik gelingen, welche in der griechischen Philosophie entwickelt worden waren. Darüberhinaus schienen sich manche Elemente der platonischen Philosophie nahtlos in die christliche Lehre einzufügen und sie durch diese zu stützen. Beispielsweise hatte Platon hartnäckig die göttliche Vorsehung und die Unsterblichkeit der Seele verteidigt. Und was noch viel besser war: Platons Demiurg bot sich als monotheistische Antwort auf die zahlreichen Götter der polytheistischen Heiden an. Diesen Demiurgen konnte man bei einer etwas großzügigeren Auslegung mit dem christlichen Schöpfergott gleichsetzen. So stoßen wir im zweiten und dritten Jahrhundert auf eine Reihe von christlichen Apologeten, welche die griechische Philosophie, insbesondere den Platonismus, in den Dienst des Christentums stellten.[26]

Aber über diese Entwicklung waren nicht alle glücklich. Einige Christen sahen in der philosophischen Tradition der Griechen eher eine Quelle des Irrtums als der Erkenntnis. Für jeden Platon, dessen Philosophie sich mit der christlichen Theologie vereinbaren ließ, gab es einen Aristoteles und einen Epikur, deren Weltbilder der christlichen Doktrin in entscheidenden Punkten kraß entgegenstanden. Der in Karthago, also im römischen Afrika, geborene Tertullianus (ca. 155 – ca. 230 n. Chr.) bezeichnete die Philosophie als eine Quelle der Ketzerei; er warnte vor jenen, welche die christliche Doktrin aus stoischen und platonischen Bausteinen aufbauen wollten. Allerdings war die Haltung von Augustinus (354–430 n. Chr.), einem weiteren Nordafrikaner, eher repräsentativ. Dieser bediente sich der griechischen Philosophie als eines nützlichen, wenn nicht sogar vollkommen zuverlässigen Instruments. Nach Augustinus' vielbeachteter Ansicht war die Philosophie die Magd der Religion – man sollte sie nicht ausmerzen, sondern sie vielmehr pflegen, einer gewissen Disziplin unterwerfen und sie sich zu Nutzen machen.

Die Naturphilosophie ließ sich natürlich nicht von der übrigen Philosophie abtrennen, und daher teilte sie das Schicksal des größeren Ganzen, dessen Teil sie nun einmal war. Ebenso wie auf die Philosophie im Allgemeinen reagierten die geistigen Führer der Urkirche auch auf die Naturphilosophie ganz unterschiedlich; das Spektrum reichte dabei von Mißtrauen und Ablehnung bis zu Würdigung und gar Begeisterung – glich also dem in heidnischen Kreisen anzutreffenden Spektrum unterschiedlicher Meinungen. Augustinus, der das Weltbild des Mittelalters so entscheidend prägte, riet seinen Lesern, ihr Herz nicht an Irdisches und Vergängliches zu hängen, sondern nach dem Himmlischen und Ewigen zu streben. Er erkannte allerdings an, daß das Vergängliche dem Ewigen dienen konnte, wenn es zu Erkenntnissen über die Natur führte, auf deren Grundlage man wiederum die Heilige Schrift korrekt interpretieren und die christliche Doktrin weiter ausbauen konnte. Und in seinen eigenen, auch den theologischen Werken, verriet Augustinus genaue Kenntnis der griechischen Naturphilosophie. Wie die Philosophie im allgemeinen, so sollte auch die Naturphilosophie als Magd fungieren.[27]

Ob man dies nun als Schlag gegen die Wissenschaft oder als bescheidene, doch willkommene, Unterstützung derselben wertet, hängt weitgehend davon ab, mit welcher Erwartungshaltung man an die Frage herangeht. Wenn wir die Urkirche mit einer modernen wissenschaftlichen Hochschule oder der Nationalen Wissenschaftsstiftung vergleichen, dann wird deutlich, daß die Kirche unendlich weit von einer angemessenen Behandlung von Wissenschaft und Naturphilosophie entfernt war. Aber natürlich ist ein solcher Vergleich ungerecht. Wenn wir dagegen die von der Urkirche praktizierte Förderung des Studiums der Natur mit den Bemühungen anderer zeitgenössischer gesellschaftlicher Institutionen vergleichen, dann sehen wir, daß die Kirche einer der wichtigsten Förderer wissenschaftlicher Bildung war – wenn nicht *der* wichtige Förderer überhaupt. Sie förderte vielleicht nur beschränkt und selektiv – aber eine beschränkte und selektive Förderung ist immer noch besser als überhaupt keine.

Aber ein Kritiker, der entschlossen ist, die Frühkirche als gegen den wissenschaftlichen Fortschritt wirkende hinderliche Kraft zu betrachten, wird vielleicht argumentieren, daß es keine wirkliche Wissenschaft geben kann, wenn der Naturphilosophie nur eine dienende Funktion zugestanden wird. Ein solcher Kritiker würde behaupten, daß wahre Wissenschaft niemals irgendjemandem dienen kann, sondern vollkommen eigenständig sein muß. Demzufolge wäre die von Augustinus geforderte »einer Disziplin unterworfene« Wissenschaft überhaupt keine Wissenschaft. Die richtige Erwiderung auf diese Kritik ist die folgende: eine völlig eigenständige Wissenschaft wäre ein erstrebenswertes Ideal, aber wir leben nun einmal nicht in einer idealen Welt. Viele der bedeutendsten wissenschaftlichen Entwicklungen in der Wissenschaftsgeschichte gehen auf Menschen zurück, die sich keiner unabhängigen Wissenschaft gewidmet haben, sondern der Wissenschaft zugunsten irgendeiner Ideologie, irgendeines Sozialprogramms oder eines praktischen Zieles. Die Frage war im Verlauf der Geschichte fast durchgehend nicht die, *ob* die Wissenschaft als Magd fungierte, sondern *welchem* Herrn sie diente.

## Das Bildungswesen in Rom und im frühen Mittelalter

Eine Form der Bildungsförderung von Seiten der Kirche war die Gründung und Unterhaltung von Schulen. Das römische Bildungswesen haben wir uns schon kurz angesehen. Jetzt wollen wir die römischen Schulen näher betrachten und dann die frühmittelalterlichen Schulen, von denen sie abgelöst wurden.[28]

Seine Grundbildung erhielt der Römer normalerweise vom siebten Lebensjahr an zu Hause durch ein Elternteil oder einen Hauslehrer; der Unterricht umfaßte Lesen, Schreiben und Rechnen. Für jene, die das nötig hatten oder es vorzogen, existierten auch richtige Grundschulen. Der Bildungsweg der Mädchen war damit bereits abgeschlossen; wenn ein Junge eine zusätzliche Ausbildung erhalten sollte, wurde er etwa im Alter von zwölf Jahren zu einem Grammatiker geschickt, der ihn in lateinischer Grammatik und Literatur (vornehmlich Dichtung) unterrichtete. Das Studium der Literatur vermittelte nicht nur Schreibfähigkeiten und Kenntnis der literarischen Formen, sondern aufgrund der ganz unterschiedlichen Inhalte der behandelten Texte auch eine breite kulturelle Allgemeinbildung. Wenn der Schüler etwa fünfzehn Jahre alt war, war der Unterricht durch einen Redner an einer Rednerschule gefragt. Indem der Schüler sich Theorie und Technik der öffentlichen Rede aneignete, bereitete er sich auf einen Beruf im politischen oder rechtlichen Bereich vor. Wenn er sich darüber hinaus noch weiter fortbilden wollte, mußte er bei einem Philosophen weiterführende Studien betreiben. Wer über die nötigen Mittel und den nötigen Ehrgeiz verfügte, konnte das tun, aber ein solcher Unterricht wurde ausschließlich in griechischer Sprache gehalten. Der Naturphilosophie und der Mathematik wurde in diesem Bildungssystem wenig Platz eingeräumt. Wahrscheinlich tauchten diese Fächer im Unterricht des Grammatikers oder des Rhetors irgendwann kurz auf. Der Philosoph ging dann vielleicht ein bißchen genauer auf diese Themen ein. Doch das Wissen, das auf diese Weise vermittelt wurde, ging selten über das Niveau von Martianus Capellas *Über die Hochzeit Merkurs und der Philologie* hinaus.

Zu Anfang handelte es sich beim römischen Bildungssystem um eine rein private Einrichtung, die vom Engagement der Eltern oder Lehrer abhängig war. Der Unterricht fand an ganz unterschiedlichen Schauplätzen statt, beispielsweise in Privathäusern, gemieteten Läden, öffentlichen Gebäuden oder unter freiem Himmel. Mit der Zeit entwickelte sich ein System der städtischen und staatlichen Förderung; in den meisten Städten Italiens, aber auch in Provinzen wie etwa Spanien, Gallien und Nordafrika wurden feste Stellen für Lehrer eingerichtet. Solche besoldeten Stellen wurden für Grammatiker und Rhetoren geschaffen, manchmal auch für Philosophen. Auf dem Höhepunkt seiner Macht konnte sich Rom eines Bildungssystems rühmen, das Mitgliedern der Oberschicht in allen Teilen des Reiches eindrucksvolle Bildungschancen bot.

Aber gleichzeitig mit dem Niedergang des Reiches zerfiel auch dieses Bildungsprogramm. Invasionen, Aufstände der Bevölkerung und wirtschaftlicher Zusammenbruch führten zu einer Verschlechterung jener Bedingungen, die Schule und Bildung zuvor begünstigt hatten. Besonders verhängnisvoll waren die schwindende Lebenskraft der Städte sowie die Tatsache, daß die Oberschicht schrumpfte, verarmte und ihren Einfluß verlor – eben jene Oberschicht, welche die Schulen stets am Leben gehalten hatte. Die germanischen Stämme, die im vierten und fünften Jahrhundert das Römische Reich überrannten, trugen mit ihrem Desinteresse und ihrer Nachlässigkeit ebenfalls zum Niedergang des Bildungswesens bei. Dennoch verlor sich diese Kultur nicht plötzlich, sondern ganz allmählich, insbesondere in den Anliegerregionen des Mittelmeers. Das römische Britannien und Nordgallien verloren ganz schnell ihren Kontakt zur klassischen Tradition, aber in Rom, Norditalien, Südgallien, Spanien und Nordafrika ging das geistige Leben weiter, es gedieh in manchen Fällen sogar üppig.

Welcher Zusammenhang zwischen Christentum und dem Niedergang der klassischen Bildung besteht, ist eine äußerst schwierig zu beantwortende und komplexe Frage. Wir haben gesehen, daß es Kirchenführer gab, welchen die heidnischen Inhalte der klassischen Bildung schwere Sorgen bereiteten und welche die Schule als eine Bedrohung bezeichneten. Die in diesen Schulen behandelte Literatur war oft polytheistisch geprägt und vom christlichen Standpunkt aus unmoralisch. Sicherlich wirkte sie nicht so erbaulich wie beispielsweise die Psalmen oder die Bergpredigt. Folgerichtig hätte das Christentum ganz schnell ein alternatives, christlich geprägtes Bildungssystem schaffen müssen; andernfalls hätten zumindest die heidnischen Schulen, als das Christentum Staatsreligion geworden war, völlig umgekrempelt und in christliche Einrichtungen verwandelt werden müssen. Aber weder das eine noch das andere geschah. Tatsächlich maßen die meisten frühen Kirchenväter ihrer eigenen klassischen Erziehung hohen Wert bei, und obwohl sie ihre Mängel und Gefahren erkannten, konnten sie sich keine brauchbare Alternative dazu vorstellen. Anstatt die klassische Bildung abzulehnen, versuchten sie folglich, sich diese zu eigen zu machen und darauf aufzubauen. Zahlreiche Christen sandten ihre Kinder weiterhin auf die römischen Schulen; und gebildete Christen arbeiteten dort als Lehrer für Grammatik, Rhetorik und Philosophie (ebenso wie auch heute Personen aus dem geistlichen Leben im weltlichen Bildungswesen tätig sind). Sicherlich ließen sie ihre christlichen Überzeugungen und Gefühle bis zu einem gewissen Grad in ihren Unterricht einfließen, aber sie wandten sich nicht grundsätzlich von der klassischen Tradition ab. Die Geistlichen absolvierten zunächst einmal ein Grammatik- und vielleicht auch ein Rhetorikstudium; ihr religiöses und doktrinäres Wissen erwarben sie sich danach informell durch eine Art Lehre, vielleicht auch in einer Episkopalschule, wo unter der Leitung eines Bischofs Bekehrte und künftige Geistliche ausgebildet wurden.

Aber daß sich die Kirche an diesem Schulsystem beteiligte, hieß noch lange nicht, daß sie sich bedingungslos dafür begeisterte oder es mit allen Mitteln unterstützte. Die Haltung der Kirche hinsichtlich des Werts und der Eignung der klassischen Bildung blieb widersprüchlich, die Ansichten waren geteilt. Sie war zwar bereit, die Schule für ihre Zwecke zu nutzen, hätte aber auch keine größeren Anstrengungen unternommen, um sie vor den verschiedenen Kräften zu schützen, die ihren Untergang heraufbeschworen – schon gar nicht, wenn sich eine günstigere Alternative bot. Und diese Alternative entstand im fünften Jahrhundert im Zuge des sich entwickelnden Mönchtums.

Das christliche Mönchtum trat im Westen im vierten Jahrhundert in Erscheinung. Überall entstanden Klöster; sie boten jenen Christen Zuflucht, die sich in ihrem Streben nach Verklärung von der Welt zurückziehen wollten. Im sechsten Jahrhundert gründete der Heilige Benedikt († ca. 550) ein Kloster auf dem südlich von Rom gelegenen Monte Cassino und stellte Regeln auf, nach denen die Mönche, die sich dort niederließen,

*Abb. 7.5: Ein Mönch in seiner Studierstube.*
*Florenz, Biblioteca Medicea Laurenziana,*
*Codex Amiatinus (7. – 8. Jh.).*

leben sollten – Regeln, die im Laufe der Zeit im gesamten westlichen
Mönchtum weitgehend anerkannt wurden. Die Benediktinische Regel
bestimmte alle Aspekte des Lebens von Mönchen und Nonnen und verpflichtete sie, den größten Teil ihres Tages dem Gebet, der Kontemplation
und der körperlichen Arbeit zu widmen. Zum Gebet gehörte die Lektüre
der Bibel und religiöser Literatur, und dazu war Schriftkenntnis erforderlich. Die Benediktinische Regel verlangte auch Bücher, Schreibtafeln und
Schreibgeräte für jeden Mönch und jede Nonne. Da das Kloster kleine
Kinder aufnahm (die von ihren Eltern dem Klosterleben überantwortet
wurden), waren Mönche oder Nonnen auch verpflichtet, diesen das Lesen
beizubringen – was allerdings in den ersten Jahrhunderten des Klosterlebens selten, wenn überhaupt, in einer richtigen Klosterschule geschah.

Klöster mußten auch Bibliotheken und Skriptorien (Räume, in denen von der Klostergemeinschaft benötigte Bücher von Kopisten abgeschrieben wurden) einrichten.[29]

Ursprünglich war die Erziehung innerhalb der Klostermauern nur so angelegt, daß sie internen Bedürfnissen der Klostergemeinschaft diente. Sie unterstand der Leitung eines Abtes bzw. einer Äbtissin oder aber eines gebildeten Mönches bzw. einer gebildeten Nonne, und ihr Ziel lag darin, die für das religiöse Leben notwendigen Schriftkenntnisse zu vermitteln und damit letztlich das geistige Leben zu fördern. Es wird häufig behauptet, daß mit dem Verschwinden der klassischen Schulen der ansässige Adel zunehmend Druck auf die Klöster ausübte: Diese sollten die Erziehung ihrer Kinder übernehmen – also auch von Kindern, die nicht Mönche oder Nonnen werden sollten. Es heißt, aus diesem Grund hätten die Klöster »externe Schulen« eingerichtet. Aus der Zeit vor dem neunten Jahrhundert gibt es keinerlei Hinweis auf die Existenz externer Klosterschulen. Auch danach waren sie äußerst selten. Wenn wir auf den kirchlichen und staatlichen Verwaltungsposten Männer mit Klostererziehung antreffen, dann nicht deswegen, weil die Klöster dazu übergegangen waren, die weltliche Öffentlichkeit in externen Schulen zu erziehen; der Grund liegt darin, daß Laienschüler mitunter in den internen Klosterschulen zugelassen wurden, und, was noch wichtiger ist: in den Klöstern konzentrierten sich (für das Klosterleben ausgebildete) fähige Menschen, die bei Bedarf für eine Aufgabe außerhalb des Klosters abgerufen wurden.[30]

Unter den Historikern herrscht Uneinigkeit darüber, inwieweit die klassischen Lehren Eingang ins Kloster fanden. Diese Uneinigkeit beruht möglicherweise auf Unterschieden zwischen den Klöstern oder zwischen mittelalterlichen Autoren, die sich mit dem Thema der Bildung im Kloster auseinandersetzten. Sicher ist, daß der Schwerpunkt auf der geistigen Weiterentwicklung lag und auf allem, was man für dieser Weiterentwicklung zuträglich hielt. Die Bibel stand im Mittelpunkt des Bildungsprogramms: Bibelkommentare und fromme Schriften ergänzten den Bibeltext. Die klassische heidnische Literatur, die größtenteils als unbedeutend oder gefährlich eingestuft wurde, nahm keinen hohen Rang ein. Aber es gab auch viele Ausnahmen: tatsächlich kam es oft vor, daß genau jene Personen sich auf die heidnischen Quellen beriefen, die diese Quellen auch verurteilten. Offensichtlich hielt man sich oft an die Weisung des Augustinus, der zufolge der Christ das Wahre und Nützliche aus der heidnischen Literatur herausfiltern sollte. Eine Untersuchung der in den Klöstern verfaßten Schriften ergibt, daß die Autoren über eine erstaunlich umfassende, wenn vielleicht auch selektive Kenntnis der alten Quellen verfügten. In den mathematischen Bereichen des Quadrivium ging diese selten über die absoluten Grundkenntnisse hinaus, aber auch zu dieser allgemeinen Aussage gibt es Ausnahmen.

Ein gutes Beispiel dafür, wie weit die klassische Bildung in die Klöster vordrang, findet sich vom sechsten Jahrhundert an in Irland (warum gerade dort, dafür gibt es bis heute noch keine zufriedenstellende geschichtliche Erklärung). Wir stellen fest, daß dort den klassischen heidnischen Autoren besondere Aufmerksamkeit geschenkt wurde. Es wurde ein bißchen Griechisch gesprochen, und die mathematischen Künste des Quadrivium (insbesondere soweit sie mit dem Kalender zu tun hatten) waren hochentwickelt.[31]

Eine weitere eindrucksvolle Ausnahme von der gleichgültigen Haltung gegenüber der klassischen Bildung war das Kloster von Vivarium, das ein Mitglied der römischen Senatorenschicht namens Cassiodorus (ca. 480 – ca. 575 n. Chr.) nach seinem Rückzug aus dem öffentlichen Leben gegründet hatte. Cassiodorus richtete in seinem Kloster ein Skriptorium ein, veranlaßte die Übersetzung griechischer Werke ins Lateinische und räumte dem Studium im täglichen Leben seiner Mönche einen hohen Stellenwert ein. Er schrieb auch ein Handbuch der klösterlichen Studien, in dem er eine überraschend hohe Zahl heidnischer Autoren empfiehlt. In diesem Handbuch geht er kurz auf jede der sieben freien Künste ein. Daß es sich dabei um mehr handelt als um ein Lippenbekenntnis, beweist ein (noch erhaltener) Traktat über den Kalender, der offenbar noch zu Lebzeiten des Cassiodorus in Vivarium verfaßt worden war. Zweifellos stimmte Cassiodorus mit der allgemein in den Klöstern vertretenen Ansicht überein, daß weltliche Studien nur insoweit verfolgt werden durften, wie sie geistigen Zielen dienten. Von anderen führenden Persönlichkeiten des Klosterlebens unterschied er sich durch das breitere Spektrum jener weltlichen Studien, die er in dieser Hinsicht für nutzbringend hielt.[32]

Diese Ausnahmen sind wichtig; sie ändern aber nichts an der allgemeinen Aussage, daß die Klöster der geistlichen Aktivität geweiht waren. Bildung wurde gefördert, aber nur insoweit, wie sie religiösen Zielen diente. Wissenschaft und Naturphilosophie kamen dabei nur am Rande vor, fehlten aber nicht ganz. Welche Bedeutung hat nun das Mönchswesen für die Wissenschaftsgeschichte, und warum erwähnen wir es in diesem Buch überhaupt? Handelt es sich hier nicht um das »dunkle Zeitalter« der Wissenschaftsgeschichte – ein Zeitalter, in dem nichts Nennenswertes vorgefallen ist?

Zweifellos war es mit dem Wissen über griechische Naturphilosophie und Mathematik rapide bergab gegangen, und die ersten Jahrhunderte des Mittelalters (etwa 400–1000 n. Chr.) steuerten kaum etwas Neues bei. Wenn wir nach neuen Beobachtungen oder weiterführender Kritik der bestehenden Theorie Ausschau halten, werden wir hier kaum fündig werden. Es fehlte nicht an Kreativität, aber diese wurde in ganz andere Bahnen gelenkt – pures Überleben, die Pflege religiöser Wertvorstellungen in einem rohen, unfreundlichen Umfeld, und (gelegentlich) auch die Über-

*Abb. 7.6: Ein Schreiber im Mittelalter. Oxford,
Bodleian Library, MS Bodley 602, Fol. 36r (13. Jh.)*

legung, bis zu welchem Grad welche Kenntnisse der Natur auf die Bibelstudien und das religiöse Leben anwendbar waren. Der Beitrag der religiösen Kultur des frühen Mittelalters zur Wissenschaftsentwicklung bestand
somit in der Bewahrung und Weitergabe von vorhandenen Kenntnissen.
Die Klöster dienten als Vermittler der Schriftkenntnis und einer bescheidenen Version der klassischen Traditionen (einschließlich der Wissenschaft
oder Naturphilosophie) in einer Zeit, in der Schriftwesen und Bildung
ernsthaft gefährdet waren. Ohne sie hätte es in Europa nicht mehr Wissenschaft gegeben, sondern weniger.

## Zwei frühmittelalterliche Naturphilosophen

Vielleicht ist es angebracht, mit zwei Beispielen für frühmittelalterliche
Leistungen im Bereich von Wissenschaft und Naturphilosophie zu schließen – oder genauer gesagt, die Namen zweier Männer zu nennen; Namen,
die untrennbar mit der frühmittelalterlichen Naturphilosophie und dem
mittelalterlichen Weltbild verbunden sind.

Isidor von Sevilla (ca. 560–636 n. Chr.) wuchs im damals von den West-
goten regierten Spanien auf und wurde von seinem älteren Bruder unterrichtet, vielleicht in einer Kloster- oder bischöflichen Schule). Im Jahre 600
folgte er seinem Bruder im Amt des Erzbischofs von Sevilla nach. Er war
der führende Gelehrte des späten sechsten und frühen siebten Jahrhunderts, und an ihm zeigt sich, daß zu seinen Lebzeiten im westgotischen
Spanien ein relativ hohes Niveau an Kultur und Bildung erreichbar (wenn
auch nicht verbreitet) war. Isidors Werk befaßt sich in erster Linie mit
biblischen Studien, Theologie, Liturgie und Geschichte. Er verfaßte zwei
für den Naturwissenschaftshistoriker besonders interessante Bücher: *De
natura rerum* und *Etymologiae*. Beide Werke stützen sich auf heidnische und
christliche Quellen (unter anderem Lukrez, Martianus Capella und Cassiodorus). Es handelt sich dabei um eine kurze, oberflächliche Zusammenfassung der griechischen Naturphilosophie. Von den *Etymologien* existieren
mehr als tausend Manuskripte (es war also eines der verbreitetsten Bücher
des ganzen Mittelalters); in diesem Werk wird in enzyklopädischer Form
über die Naturdinge berichtet, und zwar auf der Grundlage einer etymologischen Analyse ihrer Benennungen. Abgehandelt werden die sieben freien
Künste, Medizin, Recht, Zeitrechnung und Kalender, Theologie, Anthropologie (dazu gehören auch monströse Menschenrassen), Zoologie, Geographie, Kosmologie, Mineralogie und Landwirtschaft. Isidors Kosmos ist
geozentrisch und besteht aus den vier Elementen. Er glaubt an die Kugelgestalt der Erde und beweist ein Grundverständnis der Planetenbewegungen.
Er liefert einen Bericht über die Einteilung der Himmelssphäre, die Jahreszeiten, das Wesen und die Größe von Sonne und Mond und über die
Entstehung von Finsternissen. Bemerkenswert an seiner Naturphilosophie
ist unter anderem sein energischer Angriff gegen die Astrologie.[33]

Während über den Bildungsweg Isidors eine gewisse Unklarheit
herrscht, sind über jenen des Beda »Venerabilis« († 735 n. Chr.) sehr viele
Einzelheiten bekannt. Im Alter von sieben Jahren trat Beda in das Kloster
von Wearmouth in Northumbrien (im Nordosten Englands nahe dem
heutigen Newcastle) ein. Dort verbrachte er sein ganzes Leben mit Studium und Unterricht – zuerst als Schüler, später als Lehrer der Klosterschule. Die Klöster Northumbriens leiteten sich direkt vom irischen
Mönchswesen ab, und so übernahmen sie von den Iren auch das Interesse
an den Studienfächern des Quadrivium und den Klassikern. Sie hatten
jedoch auch Kontakt zu den führenden zeitgenössischen Gelehrten auf
dem europäischen Kontinent. Beda, zweifellos der bedeutendste Gelehrte
des achten Jahrhunderts, schrieb über eine ganze Reihe von klösterlichen
Themen, unter anderem auch eine Folge von Lehrbüchern für Mönche.
Am bekanntesten ist seine *Kirchengeschichte des englischen Volkes*. Er schrieb
ebenfalls ein Buch *De natura rerum* (in dem er sich insbesondere auf Plinius
und Isidor stützte) und zwei Lehrbücher zur Zeitrechnung und zum Kalen-

der. Letzteres ist dazu gedacht, den Tagesablauf der Mönche zu regeln und ihnen zu zeigen, wie sie den religiösen Kalender festlegen konnten. Unter Verwendung des gesamten (bescheidenen) ihm zur Verfügung stehenden Wissens und der vorhandenen Abhandlungen über den Kalender schuf Beda die stabile Grundlage dessen, was später die Wissenschaft des »computus« genannt wurde; er stellte Prinzipien der Zeitrechnung und Kalenderführung auf, die im Laufe der Zeit vom gesamten Christentum übernommen wurden.[34]

Isidor und Beda sind passende Vertreter jener Tradition der Popularisierung und Erhaltung, auf die wir in diesem Kapitel eingegangen sind – sie kämpften um die Erhaltung der noch vorhandenen klassischen Lehren und um ihre Weitergabe an die christliche Welt des Mittelalters. Aber verdient diese Tradition so viel Aufmerksamkeit? Lohnt es sich, ihr ein ganzes Kapitel in diesem Buch über die Geschichte der frühen Naturwissenschaften einzuräumen? Wenn eine Wissenschaftsgeschichte sich auf die chronologische Aufzählung großer wissenschaftlicher Entdeckungen oder revolutionärer Gedanken beschränken würde, dann hätten Isidor und Beda darin keinen Platz. Mit ihren Namen verbinden sich keine heute bekannten wissenschaftlichen Prinzipien. Aber wenn es das Ziel der Wissenschaftsgeschichte ist, die geschichtlichen Stränge zu untersuchen, die in ihrem Zusammenspiel zur jetzigen Situation der Wissenschaft geführt haben – jene Stränge, die wir aufdröseln müssen, wenn wir verstehen wollen, woher wir kamen und wie wir dahin gekommen sind, wo wir uns befinden – dann gehört das Schaffen von Isidor und Beda unbedingt dazu. Weder Isidor noch Beda haben neue wissenschaftliche Kenntnisse aufgebracht, aber beide formulierten bereits vorhandenes Wissen neu, und das in einer Zeit, in der das Studium der Natur nur eine unbedeutende Rolle spielte. Sie sorgten für Kontinuität in einer gefährlichen und schwierigen Epoche; dadurch beeinflußten sie auf Jahrhunderte hinaus das in Europa vorhandene Wissen über die Natur und die Haltung Europas zur Natur. Diese Leistung ist vielleicht nicht so spannend wie etwa die Entdeckung des Gesetzes der Schwerkraft oder die Entwicklung der Selektionstheorie, aber durch ihren Einfluß auf das Schicksal der späteren europäischen Geschichte, haben auch sie einen nicht zu unterschätzenden Beitrag geleistet.

# KAPITEL 8

# NATURWISSENSCHAFT IM ISLAM

## *Bildung und Naturwissenschaft in Byzanz*

Im lateinischen Westen ging die klassische Tradition allmählich verloren, und die Naturphilosophie sah sich zur Magd von Theologie und Religion degradiert. Was aber geschah in dieser Zeit im griechischsprachigen Osten? Zwar traf den Osten ein ähnlich schweres Schicksal wie den Westen – Invasion, wirtschaftlicher Niedergang und gesellschaftliche Aufruhr –, die Folgen waren hier jedoch weniger dramatisch. Die politische Lage blieb stabiler, während sich der Ostteil des Römischen Reichs allmählich vom Westen löste und jenes Reich entstand, das wir heute Byzanz oder Byzantinisches Reich nennen. Seine Hauptstadt war Konstantinopel (das heutige Istanbul). Daß Konstantinopel erstmals im Jahre 1203 von feindlichen Truppen eingenommen wurde, während Rom schon im fünften Jahrhundert Plünderern zum Opfer fiel, sagt einiges aus über den Grad relativer politischer Stabilität. Eine höhere soziale und politische Stabilität war gleichbedeutend mit größerer Kontinuität an den Schulen; die Tradition der klassischen Bildung verlor sich in Byzanz langsamer und ging nie vollkommen unter. Und natürlich sah sich Byzanz niemals durch eine Sprachbarriere von den Originalquellen der griechischen Lehren getrennt.[1]

Das hatte jedoch nicht automatisch eine Blüte von Naturphilosophie und Mathematik zur Folge. Die Bedingungen für ein Studium der Natur waren im Osten genauso ungünstig wie im Westen. Die Haltung der griechischen Kirchenväter gegenüber der Wissenschaft war ebenso zwiespältig wie jene ihrer Kollegen im Westen, und sie waren ebenso entschlossen, sie der Theologie und dem religiösen Leben unterzuordnen. Östliche Gelehrte beschäftigten sich in erster Linie mit Theologie oder Literatur. Die Autoren fühlten sich verpflichtet, sich auf die Struktur und die Terminologie der klassischen Epoche zu beschränken. So kam es zu einer Tendenz der Nachahmung, die (wie oft behauptet wird) jede Kreativität im Keim erstickte. Wenn überhaupt Philosophie betrieben wurde, dann beschränkte sie sich auf die Kommentierung der klassischen Autoren. Solche Kommentare umfaßten unweigerlich auch ein gewisses Maß an Naturphilosophie, Mathematik und Medizin.

Das ist jetzt natürlich eine grobe Verallgemeinerung, und wir müssen darauf achten, daß nicht der Eindruck entsteht, es habe überhaupt keine oder kaum wissenschaftliche Leistungen gegeben. Eine Anzahl hervorragender Gelehrter vertrat die platonische Tradition (die Bezeichnung »Neuplatonische Tradition« ist korrekter, da sie in vielen wichtigen Punkten von Platons Lehren abwich). Die peripatetische Tradition hatte sich zwar nicht erhalten, aber immerhin wurden Versuche unternommen, die aristotelische Philosophie mit der platonischen zu vereinbaren. Verschiedene Philosophen der byzantinischen Epoche schrieben aussagekräftige Kommentare zu Aristoteles, in denen sie dessen Naturphilosophie erklärten, ausschmückten oder kritisierten. Wenn sie sich mit den aristotelischen Texten beschäftigten, bewiesen sie dabei eine Sachkenntnis, mit der es keiner ihrer lateinischsprachigen Zeitgenossen aufnehmen konnte.

Themistios († ca. 385), der in Konstantinopel Philosophie lehrte und dem kaiserlichen Nachwuchs als Hauslehrer diente, schrieb bedeutende Paraphrasierungen und Zusammenfassungen zu einer ganzen Anzahl von aristotelischen Texten, unter anderem der *Physik, Über den Himmel,* und *Über die Seele.* Der athenische Neuplatoniker Simplikios († nach 533) war entschlossen, Platonismus und Aristotelismus miteinander zu verbinden, und er schrieb zu diesem Zweck einsichtige Kommentare über eben diese drei Werke. Und der christliche Neuplatoniker Johannes Philoponos († ca. 570), der in Alexandria lehrte, verfaßte Kommentare zu Aristoteles' *Physik, Meteorologie, Über Werden und Vergehen* und *Über die Seele.* Indem er sich bewußt gegen Simplikios wandte, versuchte er in diesen Kommentaren, Aristoteles' grobe Irrtümer offenzulegen – beispielsweise die Zweiteilung Himmel/Erde und die Vorstellung von einem unvergänglichen Universum. Er widerlegte auch systematisch und auf originelle Weise die aristotelische Bewegungstheorie; dabei widersprach er Aristoteles' Erklärung für die Geschoßbewegung sowie der Behauptung, daß die Fallgeschwindigkeit schwerer Körper durch ein Medium sich proportional verhalte zu ihrem Gewicht. Da ihre Werke ins Arabische und Lateinische übersetzt wurden, nahmen alle drei Männer – Themistios, Simplikios und Philoponos – Einfluß auf das weitere Schicksal der aristotelischen Naturphilosophie.[2]

Tatsache ist also, daß das Geistesleben der Byzantiner zwar ebenso verfiel wie das des Abendlandes, dieser Prozeß spielte sich jedoch sehr viel langsamer ab. Wir finden Beispiele für hochentwickeltes Gelehrtentum im Byzantinischen Reich, denen die lateinischsprachige Welt nichts entgegenzusetzen hatte. Aber das war nicht der einzige Unterschied. Der Osten hatte auch Anteil an einem entscheidenden kulturellen Verbreitungsprozeß, in dessen Verlauf das Wissen der Griechen bis in entlegene Gegenden Asiens und Nordafrikas gelangte, wo es daraufhin von Nichtgriechen übernommen wurde. Dieser Verbreitungs- und Assimilationsprozeß ist das eigentliche Thema dieses Kapitels.

# Die östliche Ausbreitung der griechischen Wissenschaft

Zwar hatte sich der Einfluß der Griechen schon lange über die Grenzen des Ursprungslandes hinaus verbreitet, bewußt und als politische Maßnahme wurde die Verbreitung der Kultur aber erstmals mit den Feldzügen Alexanders des Großen betrieben.[3] Mit der Eroberung Asiens und Nordafrikas (334–323 v. Chr.) erwarb Alexander nicht nur neue Gebiete, sondern errichtete gleichzeitig auch Bastionen der griechischen Zivilisation. Seine Feldzüge führten ihn im Süden bis nach Ägypten, im Osten bis nach Baktrien (in Zentralasien nahe der heutigen tadschikisch-afghanischen Grenze) und noch weiter bis über den Indus in der nordwestlichen Ecke Indiens (s. Karte 2). Er hinterließ Garnisonen und eine Reihe von Städten, die alle Alexandria hießen (es waren mindestens elf). Durch erfolgreiche Kolonialisierungsprogramme verstärkte sich der Einfluß der Griechen, und langfristig entwickelten sich diese griechischen Städte zu Hochburgen der griechischen Kultur. Sie gaben den Hellenismus an ihre Umgebung weiter. Am bedeutendsten unter den so entstandenen Zentren griechischer Kultur waren das ägyptische Alexandria und das zentralasiatische Königreich Baktrien.

Aber eine Verbreitung der Kultur fand nicht nur auf dem Wege der Eroberung und Kolonialisierung statt. Auch die Religion spielte bei der Weitergabe des griechischen Bildungsgutes eine entscheidende Rolle. Über viele Einzelheiten herrscht noch Unklarheit, aber für unsere Zwecke mag eine grobe Skizze genügen. Die von Alexander eroberten asiatischen Gebiete (insbesondere das heutige Syrien, Irak und Iran) erwiesen sich im folgenden Jahrtausend als fruchtbarer Boden, von dem verschiedene bedeutende religiöse Bewegungen ausgingen. Zu unterschiedlichen Zeitpunkten konkurrierten Zoroastrismus, Christentum und Manichäismus um Anhänger. Alle drei beriefen sich auf heilige Bücher und waren deshalb darauf angewiesen, Bildung bis zu einem gewissen Grad zu fördern. Vor allem das Christentum und der Manichäismus stützten sich auf die griechische Philosophie, und damit trugen sie zur Hellenisierung der Region bei. Wir wollen uns zunächst einmal auf den Beitrag der Christen konzentrieren.

In Syrien waren die Christen von Anfang an zahlreich vertreten; und während der ersten Jahrhunderte der christlichen Zeit führte ihre Missionstätigkeit zur Gründung christlicher Kirchen in weiten Gebieten Westasiens. Im fünften und sechsten Jahrhundert erhielten sie Verstärkung, als andersdenkende christliche Sekten in dieser Region Zuflucht vor Verfolgung suchten. Die Christianisierung des Byzantinischen Reiches hatte im vierten Jahrhundert zu einer Reihe von erbitterten theologischen Auseinandersetzungen und Spaltungen in der byzantinischen Kirche geführt. Für unsere Arbeit am bedeutungsvollsten war die Auseinandersetzung um das Wesen von Christus – insbesondere um das ihm innewohnende Verhältnis von

Menschlichkeit und Göttlichkeit. Zwei jeweils in den Jahren 431 bzw. 451 v. Chr. abgehaltene Kirchenkonzile verdammten die extremen Positionen, nämlich jene der Nestorianer, welche der Menschlichkeit Christi im Verhältnis zu seiner Göttlichkeit höhere Bedeutung zumaßen, einerseits und andererseits die der Monophysiten, die zur entgegengesetzten Meinung tendierten.[4] Während des daraus folgenden Konflikts etablierten sich die Führer der nestorianischen Bewegung in der Schule von Edessa in Syrien (damals die Ostgrenze des Byzantinischen Reiches). Nachdem Streitigkeiten mit den (in Syrien zahlreich vertretenen) Monophysiten ausgebrochen waren und die Schule auf Anordnung des Kaisers im Jahre 489 n. Chr. geschlossen worden war, suchten die Nestorianer in Nisibis Zuflucht, einer Stadt im Osten, direkt jenseits der persischen Grenze. Mit Unterstützung des örtlichen Bischofs errichteten sie dort eine nestorianisch geprägte höhere Schule. Bibelstudium und Theologie standen natürlich im Zentrum ihrer Bemühungen, aber es wurde auch aristotelische Logik gelehrt (die für das Betreiben ernsthafter Theologie unabdingbar ist). Dazu kamen auch andere Elemente der griechischen Philosophie. Möglicherweise entstand in Nisibis auch eine Ärzteschule.

Von diesem Ausgangspunkt in Persien aus nahmen die Nestorianer im folgenden Jahrhundert erfolgreich Einfluß auf das persische Christentum; und nicht nur das, sondern sie wirkten auch bestimmend auf das intellektuelle Leben Persiens ein. Auf Wegen, die wir uns nur ungefähr vorstellen können, gelang es den Nestorianern, sich Positionen von Macht und Einfluß zu sichern und ihre Vorliebe für griechische Kultur an die herrschende Schicht der Perser weiterzugeben. Wie erfolgreich sie waren, zeigt sich darin, daß der persische König Chosrau I. um das Jahr 531 n. Chr. die Philosophen der Athener Akademie (die aufgrund eines vom byzantinischen Kaiser Justinian erlassenen Dekrets ausgewiesen worden waren) einlud, sich in Persien niederzulassen. Derselbe Chosrau soll über ein umfangreiches Wissen über die platonische und aristotelische Philosophie verfügt und die Übersetzung der philosophischen Werke der Griechen für seinen persönlichen Gebrauch veranlaßt haben. Daß er Beziehungen zu den Nestorianern pflegte, zeigt sich daran, daß sein Leibarzt Nestorianer war. Chosrau II. (590–628 v. Chr.) hatte zwei christliche Frauen – mindestens eine davon war vor ihrer Bekehrung zum Monophysitentum Nestorianerin – und einen einflußreichen Arzt und Berater, der ebenfalls einmal zur nestorianischen, einmal zur monophysitischen Sekte tendierte.[5]

Um die Aktivitäten der Nestorianer in Gondischapur, einer Stadt im Südwesten Persiens, ranken sich eindrucksvolle Legenden. Eine vielzitierte Legende berichtet, daß die Nestorianer Gondischapur bis zum sechsten Jahrhundert in ein wichtiges Zentrum des intellektuellen Lebens verwandelten und dort eine Einrichtung schufen, die manche als Universität bezeichnen wollen. Dort konnte man sich in allen Fächern der Griechen unterrichten lassen. Es soll auch eine Ärzteschule gegeben haben, deren Unterrichtsplan sich nach Lehrbüchern aus Alexandria richtete, und ein Krankenhaus nach dem Vorbild jener Einrichtungen, die im Byzantinischen Reich entstanden waren. So soll diese Stadt das ganze Reich mit Ärzten versorgt haben, die in griechischer Medizin ausgebildet waren. Darüberhinaus soll Gondischapur eine entscheidende Rolle bei der Übersetzung der griechischen Lehren in nahöstliche Sprachen gespielt haben – ja, sie soll überhaupt *die* wichtige Drehscheibe gewesen sein, über welche die griechische Kultur zu den Arabern gelangte.[6]

Neuere Forschungen haben gezeigt, daß die Wirklichkeit weit weniger dramatisch war. Es gibt keinen überzeugenden Beweis für die Existenz einer Ärzteschule oder eines Krankenhauses in Gondischapur; allerdings existierte wahrscheinlich eine theologische Schule, an die möglicherweise eine Krankenstube angeschlossen war. Sicherlich war Gondischapur Schauplatz ehrgeiziger intellektueller Bemühungen und einer gewissen medizinischen Praxis – mehrere der im 8. Jahrhundert am islamischen Hof von Bagdad wirkenden Ärzte stammten aus Gondischapur – aber es ist zweifelhaft, ob die Stadt jemals ein wichtiges Zentrum der medizinischen Ausbildung oder der Übersetzertätigkeit war. Zwar herrscht Ungewißheit über die Einzelheiten der Geschichte von Gondischapur, aber dennoch läßt sich aus ihr eine wichtige Erkenntnis gewinnen. Zwar war Gondischapur kein Zentrum der Nestorianer, doch ihr Einfluß spielte bei der Weiterleitung des griechischen Wissens an Persien und später an die Araber eine wichtige Rolle. Zweifellos standen die Nestorianer an der Spitze der frühen Übersetzer; und noch im neunten Jahrhundert, also lange nach der Eroberung Persiens durch die islamische Armee, scheint in Bagdad die Medizin ein Monopol der christlichen (vermutlich nestorianischen) Ärzte geblieben zu sein.[7]

Aber da gibt es auch noch eine Sprachverschiebung, die wir berücksichtigen müssen. Zwar war der Inhalt der in Nisibis, Gondischapur und anderen nestorianischen Zentren vermittelten Bildung griechischer Herkunft, aber die Unterrichtssprache war nicht Griechisch. Der Unterricht wurde auf Syrisch gehalten, einer semitischen Sprache (und ein aramäischer Dialekt), die im Nahen Osten weit verbreitet war. Damit war Syrisch zusammen mit Griechisch die Sprache der persischen Kultur, und die Nestorianer übernahmen sie für ihre Literatur und Liturgie. Das Lehrprogramm erforderte also die Übersetzung griechischer Texte ins Syrische. Schon um 450 n.Chr. wurden in Nisibis und andernorts Übersetzungen angefertigt. Wiederum kennen wir keine Einzelheiten, aber es sieht so aus, als hätten sich unter den ersten Übersetzungen die Logikwerke von Aristoteles und Porphyrios befunden. Im Laufe der Zeit wurden auch medizinische Literatur, Werke über Mathematik und Astronomie und verschiedene philosophische Traktate übertragen.

Auf verschiedene Aspekte sollten wir genauer eingehen. Zunächst einmal müssen wir uns klarmachen, daß es sich hier um die *Weitergabe* von Wissen handelt. Unser Thema (zu Beginn dieses Kapitels) sind nicht neue Beiträge zur Naturphilosophie, sondern die Erhaltung des griechischen Erbes und seine Weiterverbreitung nach Osten, d.h. nach Asien, wo es anschließend einen Platz in der islamischen Kultur fand. Zweitens ging diese kulturelle Verbreitung sehr langsam vor sich und dauerte sehr lange – sie zog sich hin über eine Zeitspanne von fast tausend Jahren, von den Eroberungszügen Alexanders des Großen in Asien (um 325 v. Chr.) bis zur Begründung der islamischen Religion im siebten Jahrhundert n. Chr. Drittens darf diese Geschichte nicht dahingehend vereinfacht werden, daß die Verbreitung des griechischen Wissens an einem so dünnen Faden hing, wie es die Tätigkeit der Nestorianer in Gondischapur oder an einem sonstigen bestimmten Ort nur sein konnte. Statt dessen müssen wir das Ganze als umfassenden Prozeß der kulturellen Verbreitung verstehen, durch den die Aristokratien Westasiens die Früchte der griechischen Kultur für sich vereinnahmten, und zwar in ihrer ganzen Breite und Tiefe und über ganz verschiedene Wege. Als nächstes müssen wir uns ansehen, auf welchem Wege diese Früchte an den Islam weitergegeben wurden.

## Entstehung, Ausbreitung und Hellenisierung des Islam

Die arabische Halbinsel lag eingekeilt zwischen Persien im Norden und Osten und Ägypten im Westen. Alexander hatte sie bei seinen Feldzügen verschont, und auch die byzantinischen Eroberungen waren fast spurlos an ihr vorübergegangen. Im Süden hatte es eine Zeitlang blühende jüdische und christliche Gemeinden gegeben, aber im siebten Jahrhundert war ihr Einfluß nur mehr bescheiden. Von den südlichen und östlichen Randgebieten abgesehen, lebte die Bevölkerung hauptsächlich nomadisch; allerdings waren in der Umgebung von Wallfahrtsorten und entlang der wichtigsten Handelsstraßen auch Städte entstanden. Und eben in einer dieser Städte, nämlich in Mekka, wurde gegen Ende des sechsten Jahrhunderts Mohammed geboren, und von dort aus predigte er die neue islamische Religion. Mohammed hatte verschiedene Offenbarungen, während derer ihm der Erzengel Gabriel den Koran (oder Qur'an, das heilige Buch des Islam) diktierte. Zentrale Botschaft dieser Offenbarungen war die Existenz eines einzigen, allmächtigen, allwissenden Gottes, Allah, dem Schöpfer des Universums, dem sich die Gläubigen (die »Moslems« oder »Mohammedaner«) unterwerfen müssen. Dieses Buch ging auf alle Aspekte des islamischen Glaubens und der religiösen Praxis ein; es war die Quelle der islamischen Theologie und Moral, des Rechtswesens und der Kosmologie,

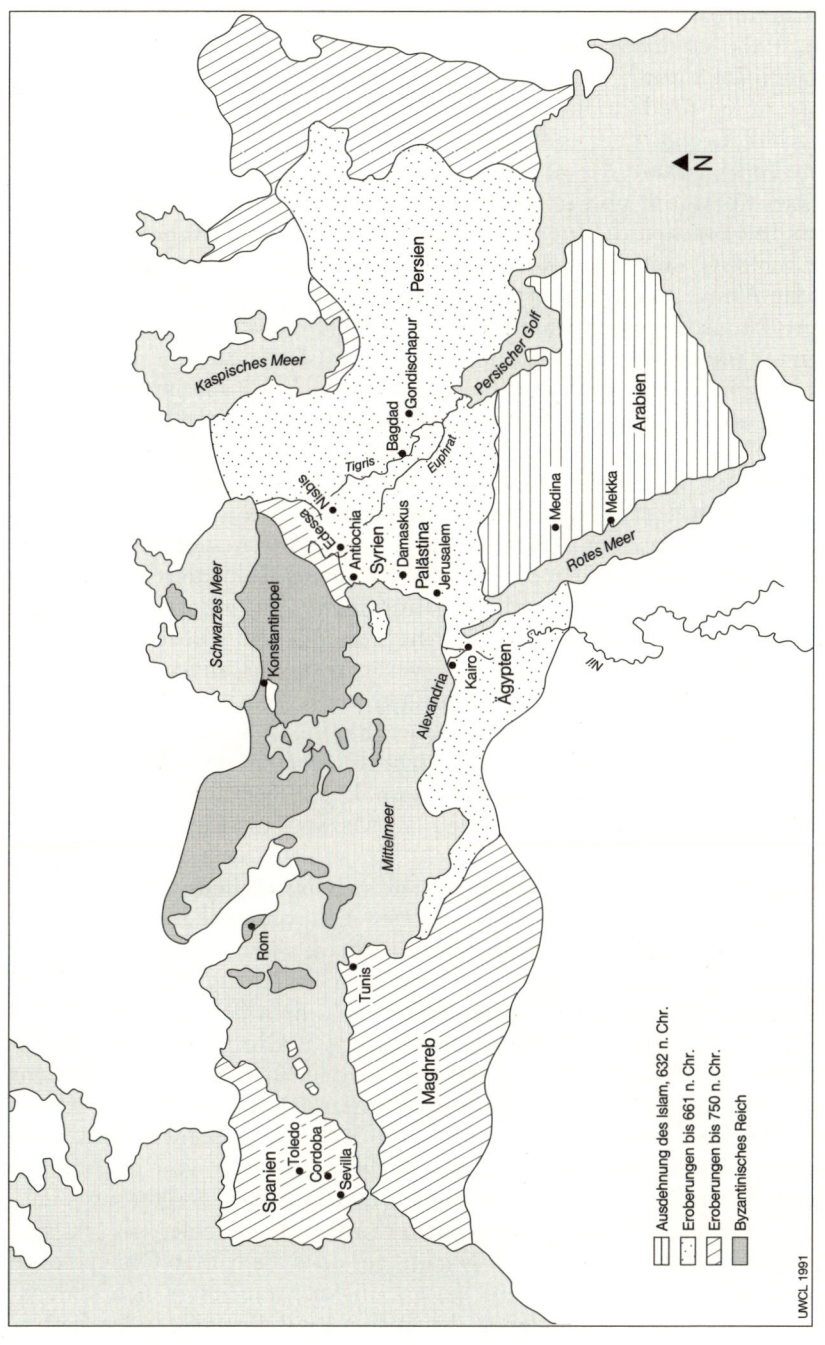

Karte 4: Die Verbreitung des Islam.

Ausdehnung des Islam, 632 n. Chr.
Eroberungen bis 661 n. Chr.
Eroberungen bis 750 n. Chr.
Byzantinisches Reich

UWCL 1991

kurz, das Kernstück der islamischen Bildung. Mit dem Koran etablierte sich Arabisch als Schriftsprache, und er ist bis heute stilistisches Vorbild der arabischen Literatur.[8]

Mohammed predigte die Notwendigkeit des Heiligen Krieges und der Zwangsbekehrung, und nach diesen Maximen handelte er auch. Bis zu seinem Tod im Jahre 632 n. Chr. hatte seine Anhängerschar die arabische Halbinsel überrannt und im Norden erfolgreiche Überfälle verübt. Nach seinem Tod brachen die moslemischen Truppen aus ihrem Herkunftsland aus und schlugen innerhalb kürzester Zeit sowohl die byzantinische wie die persische Armee in die Flucht. Damit sicherten sie sich weite Gebiete dess Nahen Ostens. In einer fünfundzwanzig Jahre andauerndern Serie ver- blüffender militärischer Erfolge unterwarf der Islam fast sämtliche Besitz- tümer Alexanders in Asien und Nordafrika, einschließlich Syriens, Palästi- nas, Persiens und Ägyptens. Im weiteren Verlauf des Jahrhunderts fielen das restliche Nordafrika sowie fast ganz Spanien an die Moslems.

Mohammed hinterließ weder einen männlichen Erben, noch benannte er einen Nachfolger. Folgerichtig entwickelte sich um die Führung des wachsenden islamischen Reiches eine blutige Auseinandersetzung. Die ersten Kalifen (»Nachfolger« von Mohammed) rekrutierten sich aus Mohammeds ersten Anhängern. Im Jahre 644 n. Chr. wurde Uthman aus der Familie der Omajjaden Kalif, und im Jahre 661 sein Cousin Muawiyah, der zuvor Gouverneur von Syrien gewesen war. Aus Sicherheitsgründen regierten Muawiyah und seine Nachfolger vom syrischen Damaskus aus; dort konzentrierten sich die omajjadischen Kräfte. In Syrien kam die omaj- jadische Dynastie, die mehr als ein Jahrhundert an der Macht war, in Kontakt mit gebildeten Syrern und Persern. Diese dienten ihr als Sekretäre und Beamten. Und so begann in kleinem Maßstab die Hellenisierung des Islam.

Nach dem Jahr 749 n. Chr. beschleunigte sich der Hellenisierungsprozeß. In jenem Jahr kam eine neue Dynastie, die von Mohammeds Onkel al-Abbas abstammende Abbasidenfamilie, an die Macht. Die Abbasiden hatten nicht die Absicht, so wie die Omajjaden ein Jahrhundert zuvor nach Damaskus zu gehen. Ihre Hauptstadt sollte in einem befreundeten Gebiet stehen. Im Jahre 762 baute Almansor (754–775 n. Chr.) eine neue Haupt- stadt: Bagdad am Tigris. Almansors Hof in Bagdad war nicht gerade für seine Frömmigkeit berühmt; statt dessen entstand dort ein religiöses Klima, in dem Intellekt, weltliches Denken und Toleranz gediehen. Was noch wichtiger war: Das islamische Reich verwandelte sich von einer Feld- herrnaristokratie in einen zentralisierten Staat, dessen Regierung einen umfangreicheren Verwaltungsapparat erforderlich machte, als es sich Mohammed, seine unmittelbaren Nachfolger oder die frühen Omajjaden je hätten träumen lassen. In diesem Verwaltungsapparat ließen sich schlecht jene Krieger einsetzen, aus denen die Eroberungsheere bestanden hatten, und den Kalifen blieb kaum eine andere Wahl als die Einstellung gebildeter Perser (die sich meistens gerade hatten zum Islam bekehren lassen; es befanden sich aber auch Christen darunter).

Der Einfluß der Perser zeigt sich besonders deutlich an den mächtigen königlichen Beratern der Barmak-Familie. Diese stammte aus der Provinz Baktrien und hatte sich eben erst zum Islam bekehren lassen. Khalid ibn Barmak diente Almansor; und sein Sohn Yahya wurde Wesir (d.h. oberster Berater und Lehrer der Erben des Kalifen) unter Almansors Enkel Harun al-Raschid (786–809 n. Chr.) Der christliche Einfluß macht sich am deutlichsten in der am Hofe praktizierten Medizin bemerkbar. Im Jahre 765 n. Chr. ließ sich Almansor von Jurjis ibn Bakhtyashu, einem nestorianischen Arzt aus Gondischapur, behandeln. Jurjis muß erfolgreich gewesen sein, denn als Leibarzt des Kalifen blieb er am Bagdader Hof und gewann dort großen Einfluß. Sein Sohn trat seine Nachfolge an, und über mehrere Generationen hinweg stellte die Familie Bakhtyashu den jeweiligen Leibarzt. Abschließend sei noch darauf hingewiesen, daß es auch indische Einflüsse gab; bei manchen dieser Elemente handelte es sich um Ausläufer der früheren Hellenisierung Indiens.

## Die Übersetzung der griechischen Wissenschaft ins Arabische

Die Übersetzung der griechischen und syrischen Werke ins Arabische begann unter der Herrschaft Almansors; ernstgenommen wurde diese Aufgabe jedoch erst unter Harun-al Raschid. Dieser schickte Gesandte nach Byzanz, die dort nach Manuskripten Ausschau halten sollten. Haruns Sohn Al-Mamun (813–833 n. Chr.) gründete ein Forschungsinstitut, das Haus der Weisheit, in Bagdad; und dort kam es zu einer Blüte der Übersetzungsarbeit. Leiter des Hauses der Weisheit war Hunain ibn Ishaq (808–873 n. Chr.), ein nestorianischer arabischer Christ, Abkömmling eines arabischen Stammes, der lange vor der Entstehung des Islams christianisiert worden war. Hunain, ein Schüler des berühmten Arztes Ibn Masawaih, war zweisprachig aufgewachsen, nämlich mit Arabisch und Syrisch. Als junger Mann begab er sich »ins Land der Griechen« (vielleicht nach Alexandria) und erwarb dort gründliche Kenntnisse der griechischen Sprache. Nach Bagdad zurückgekehrt, zog er die Aufmerksamkeit eines Mitgliedes der Familie Bakhtyashu und einiger wohlhabender Brüder (die »Söhne Musas«) auf sich. Diese Gönner führten ihn bei Al-Mamun ein. Irgendwann begleitete er eine Expedition, die in Byzanz nach Manuskripten suchen sollte. Er diente als Übersetzer unter mehreren Kalifen und war am Ende seiner Laufbahn oberster königlicher Leibarzt – damit trat er an die Stelle eines Mitgliedes der Familie Bakhtyashu.[9]

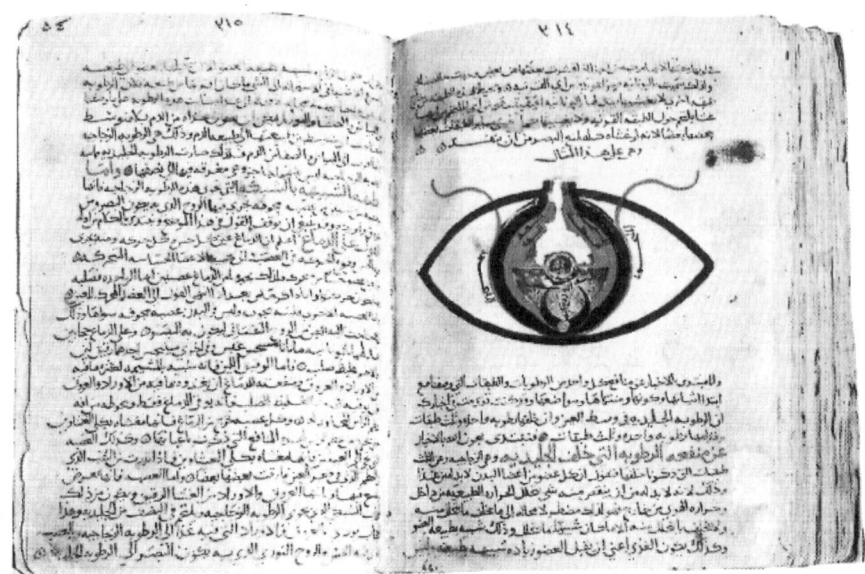

*Abb. 8.1: Hunain ibn Ishaq zur Anatomie des Auges. Aus einer Kopie von Hunains Buch der zehn Traktate über das Auge, 13. Jh. Kairo, Nationalbibliothek.*

Hunains Übersetzertätigkeit ist von so hoher Bedeutung, daß wir näher darauf eingehen sollten. Unter anderem waren Hunains Sohn Ishaq ibn Hunain und sein Neffe Hubaish ihm behilflich. Viele ihrer Übersetzungen entstanden in Gemeinschaftsarbeit. So mochte Hunain beispielsweise ein Werk aus dem Griechischen ins Syrische übersetzen, woraufhin sein Neffe den syrischen Text ins Arabische übertrug. Hunains Sohn Ishaq übersetzte sowohl aus dem Griechischen wie aus dem Syrischen ins Arabische und korrigierte außerdem die Übersetzungen seiner Kollegen. Und Hunain selbst fertigte nicht nur seine eigenen Übersetzungen aus dem Griechischen ins Syrische oder Arabische an, sondern bestand offensichtlich auch darauf, die Übersetzungen seiner Assistenten zu kontrollieren. Die Arbeitsmethode Hunains und seiner Mitarbeiter war hochentwickelt. Sie waren sich dessen bewußt, daß es nötig war, Manuskripte immer wieder miteinander abzugleichen, damit Fehler ausgemerzt werden konnten. Sie hielten sich nicht an die übliche Praxis des mechanischen Austausches von Wörtern aus der einen Sprache durch Wörter aus der anderen (diese hat den schwerwiegenden Nachteil, daß es nicht für jedes griechische Wort eine Entsprechung im Arabischen oder Syrischen gibt, und außerdem vernachlässigt sie die Unterschiede im Satzbau der einzelnen Sprachen). Hunain suchte nach der Bedeutung eines Satzes im griechischen Ausgangstext und gab ihn durch einen Satz mit der gleichen Bedeutung in arabischer oder syrischer Sprache wieder.

Der Schwerpunkt von Hunains Übersetzungen lag auf dem Bereich der Medizin, besondere Beachtung fanden dabei die Schriften von Galen und Hippokrates. Er übertrug etwa neunzig Schriften Galens aus dem Griechischen ins Syrische und etwa vierzig aus dem Griechischen ins Arabische. Er übersetzte ungefähr fünfzehn hippokratische Werke. Hunain übersetzte (oder korrigierte) auch drei von Platons Dialogen, unter anderem den *Timaios*; er übertrug verschiedene Werke von Aristoteles (in den meisten Fällen vom Griechischen ins Syrische), darunter auch die *Metaphysik, Über die Seele, Über Werden und Vergehen* und Teile der *Physik*. Er übertrug auch eine Reihe anderer Werke zu Logik, Mathematik und Astrologie und fertigte eine syrische Ausgabe des Alten Testamentes an. Hunains Sohn Ishaq übersetzte weitere Werke von Aristoteles sowie Euklids *Elemente* und Ptolemaios' *Almagest*. Ihre Mitarbeiter in Bagdad und ihre Zeitgenossen anderswo leisteten ebenfalls ihren Beitrag zur Übersetzungsarbeit. Der dreisprachige Heide (d.h. weder Christ noch Moslem) Thabit ibn Qurra (836–901 n. Chr.) beispielsweise, der den größten Teil seines Berufslebens in Bagdad verbrachte, übersetzte Abhandlungen über Mathematik und Astronomie, unter anderem auch Werke von Archimedes. Noch im Laufe eines ganzen Jahrhunderts nach Hunain und Thabit stößt man auf diese intensive Übersetzungsarbeit. Bis zum Jahr 1000 n. Chr. lag fast der gesamte Korpus der griechischen Medizin, Naturphilosophie und Mathematik in einer brauchbaren arabischen Übersetzung vor.

## Die islamische Antwort auf die griechische Naturwissenschaft

Aber nun stellt sich die Frage: brauchbar wofür? Was sahen die Mitglieder der moslemischen Herrscherkaste in der griechischen Naturwissenschaft, was bewegte sie dazu, Übersetzungen zu finanzieren und die Ausbildung in den wissenschaftlichen Fächern der Griechen zu fördern? Wie wurden diese übersetzten Werke von den Auftraggebern aufgenommen und wie von gebildeten Moslems allgemein? Welchen Zweck erfüllte die griechische Wissenschaft in der islamischen Welt und wie gut ließ sie sich mit anderen Elementen der islamischen Kultur vereinbaren? Vor allem: Mußten im Bereich der Religion erst Abstriche gemacht werden, damit die griechische Wissenschaft angenommen werden konnte?

Wir wissen in groben Zügen, was übersetzt wurde, und in vielen Fällen wissen wir, wem wir die jeweiligen Übersetzungen zu verdanken haben. Aber nur ganz selten kennen wir Einzelheiten über die Motive, die zur Übersetzung eines bestimmten Werkes führten. Ein Faktor, der wahrscheinlich fast immer eine Rolle spielte, war, daß die Auftraggeber der Übersetzer gebildet waren oder sich bilden wollten, oder zumindest für gebildet gehalten werden wollten (auch wenn es ihnen dabei vielleicht nur um das damit verbundene Prestige ging). Es waren Menschen, die auf irgendeine Weise an der zu ihrer Zeit am weitesten fortgeschrittenen Kultur teilhaben wollten. Aber diese Erklärung, daß nämlich die Dienstherren und Kunden der Übersetzer ein bestimmtes Bildungsniveau besaßen, reicht bestimmt nicht aus. Diese gebildeten Moslems waren deswegen bereit, in die griechische Wissenschaft zu investieren, weil sie (berechtigter- oder fälschlicherweise) glaubten, daß diese einen Wert besaß – daß sie dem Erreichen eines praktischen Zweckes diente. Weder durch die religiöse Ideologie des Islam, noch durch irgendein anderes Element im kulturellen Geflecht wurde jemals die Erkenntnissuche als Selbstzweck gefördert. Ebenso wie im Christentum des Mittelalters rechtfertigte sich im Islam die Wissenschaft allein durch ihre Nützlichkeit.[10]

Der Nutzen der Medizin ist offensichtlich, und möglicherweise war sie die erste Wissenschaft, welche die Unterstützung der moslemischen Herrscher fand. Für das Studium der Medizin war wiederum ein gewisses philosophisches Instrumentarium erforderlich – jedenfalls könnte man bei der Lektüre Galens auf diesen Gedanken kommen. Tatsächlich hatte Galen selbst über Logik geschrieben und in seinen Schriften naturphilosophische Erkenntnisse angewandt. Die Übersetzer und ihre Auftraggeber waren sich sicherlich darüber im Klaren, daß zum vollen Verständnis von Galens Medizinphilosophie ein tieferes Verständnis des griechischen Denkens einschließlich der Philosophie Platons und Aristoteles' erforderlich war.[11] Auch der Nutzen von Astronomie, Astrologie, Mathematik, Alchimie und Teilbereichen der Naturgeschichte lag sicherlich auf der Hand. Und schließlich wurde im Islam auch der Versuch unternommen, eine wissenschaftliche Theologie zu schaffen, die sich an der griechischen Logik und Metaphysik orientierte. Es sieht also so aus, als hätte die Übersetzung fast jedes griechischen Werkes über Medizin, Mathematik oder Philosophie sich (bei ein wenig großzügiger Auslegung) aus praktischen Gründen rechtfertigen lassen. Einige waren von entscheidender Wichtigkeit, die restlichen müssen den Moslems wohl zumindest in irgendeiner Weise nützlich erschienen sein.

Die Übersetzung eines Buches ins Arabische führte nicht zwangsläufig zu seiner weiteren Verbreitung in der islamischen Welt oder zur Assimilierung seines Inhalts an die islamische Kultur. Schließlich sind für eine Übersetzung nur ein Übersetzer und unter Umständen ein Auftraggeber erforderlich. Weiterverbreitung und Assimilation sind dagegen nur in breiterem kulturellem Rahmen möglich. Auch wenn die Sprachbarriere durch Übersetzung überwunden war, blieben noch gewaltige Hindernisse bestehen. Eines davon war die stets im Hintergrund vorhandene Frage nach dem Nutzen, die nicht für eine Kultur insgesamt, nur für einen einzelnen Auftraggeber ohne weiteres zu beantworten war. Für den strengen Moslem war Wissen stets mehr Mittel als Zweck, sie war dem Streben nach dem persönlichen Heil und dem Erlangen von Weisheit (im religiösen Sinne), der Regierung des islamischen Reiches oder irgendeinem anderen klaren praktischen Zweck untergeordnet.

Ein weiteres Hindernis für die Verbreitung der griechischen Wissenschaft waren ihre fremdländische Herkunft und ihr rationaler Charakter. Die Moslems selbst unterteilten Bildung in zwei Kategorien: eine traditionelle einerseits, eine ausländische oder rationale andererseits. »Traditionell« waren jene Fächer, die sich auf den Koran bezogen: Grammatik, Poesie, Geschichte, Theologie und Recht. Hinter diesen Fächern stand göttliche Autorität, und sie wurden oft in mündlicher Form unterrichtet (dies ging auf den mündlichen Charakter von Mohammeds Offenbarung und seinen eigenen Lehren zurück). Wer solche Fächer unterrichtete, der war zu vollständiger und getreulicher Wiedergabe verpflichtet. Die von den Griechen übernommenen fremdländischen Fächer dagegen waren menschlichen, nicht göttlichen Ursprungs; sie ließen sich mit dem Verstand erlernen und wurden nicht einfach auf der Grundlage von Autorität und Tradition akzeptiert; sie wurden über das geschriebene Wort vermittelt und durften kritisch kommentiert oder korrigiert werden. Jeder Versuch, die Methodologie der ausländischen Wissenschaften auf traditionelle Fächer zu übertragen, stellte ein offensichtliches Risiko dar; und daher war es unvermeidlich, daß eher konservativ eingestellte Menschen diese fremden Wissenschaften als Bedrohung empfanden.

Welches Schicksal also erfuhren die fremdländischen Wissenschaften im Islam? Darauf gibt es keine einfache, für alle Zeitpunkte und Orte gültige Antwort. Tatsächlich war die geschichtliche Situation so kompliziert, daß auf den Islam spezialisierte Historiker sich nicht darauf einigen können, wie sie zu charakterisieren sei. Momentan sind zwei ganz unterschiedliche Interpretationen im Umlauf. Die erste sagt aus, daß die fremdländischen Wissenschaften von der großen Mehrheit der Moslems durchgehend als nutzlos, fremdartig und möglicherweise gefährlich angesehen wurde. Sie richteten sich gegen den Kern des orthodoxen Denkens, stillten kein Grundbedürfnis und waren vom gerade entstehenden Bildungssystem ausgeschlossen. Aus diesen Gründen wurden die ausländischen Wissenschaften niemals tief in die islamische Kultur integriert, sondern überdauerten nur in ihrer Randzone. Es ist nicht zu leugnen, daß islamische Wissenschaftler und Naturphilosophen hohe Leistungen erbrachten, aber diese müssen demzufolge in isolierten Enklaven entstanden sei, in denen Gelehrte vor dem Druck des orthodoxen Denkens sicher waren (wie beispielsweise in einer Epoche außergewöhnlicher Toleranz an einem Königshof); oder sie waren aus Gründen, die nur sie selbst kannten, dazu bereit, gegen den kulturellen Strom anzuschwimmen. Diese Ansicht wird als die »Marginalisierungstheorie« bezeichnet, weil sie die Behauptung aufstellt, daß die Wissenschaft im Islam nie mehr war als eine bloße Randerscheinung.[12]

Die Alternative zu dieser Theorie zeigt die Begegnung des Islams mit den griechischen Lehren in einem ganz anderen Licht. Diese Theorie räumt zwar ein, daß es Mißtrauen und Feindseligkeit gab, sagt jedoch aus, daß der Islam im großen und ganzen die griechische Wissenschaft und Naturphilosophie recht wohlwollend aufnahm. Schließlich lehnte der Islam trotz der Bedenken der Konservativen die Früchte fremdländischen Denkens nicht ab, sondern leitete ein bemerkenswertes Programm zu ihrer Neuentdeckung und Pflege ein. Darüberhinaus lassen sich zahlreiche Beispiele für eine Integration der griechischen Fächer in die traditionelle Bildung und die islamische Kultur im allgemeineren anführen. Beispielsweise ging die Logik in Theologie und Recht ein; die Astronomie entwickelte sich zum unverzichtbaren Handwerkszeug des *muwaqqit*, der für die Festlegung der täglichen Gebetszeiten an seinem Ort verantwortlich war; und die Mathematik war grundlegend für eine Reihe von Bereichen in Handel, Recht und Regierung. Die Tatsache, daß an den höchsten moslemischen Schulen, den *madrasahs* oder Rechtsinstituten, gelegentlich Mathematik und Astronomie gelehrt wurden, bezeugt, wie groß Akzeptanz und Integration waren. Dieser Interpretation zufolge eignete sich der Islam trotz gegnerischer Strömungen erfolgreich beträchtliche Teile des ausländischen Bildungsgutes an; nennen wir dies die »Aneignungstheorie«. Nach dieser Theorie gewannen die ausländischen Wissenschaften nicht die Oberhand über die traditionellen Disziplinen, statt dessen kam es zu einem friedlichen Zusammenschluß, indem die griechische Wissenschaft der anderen Seite ihre Dienste anbot.[13]

Zwischen diesen beiden Interpretationen klafft ein breiter Graben, und angesichts des gegenwärtigen Standes der Forschung im Bereich der Geschichte der islamischen Wissenschaft ist es unwahrscheinlich, daß es bald zu einer Lösung des Konfliktes kommen wird. Aber es gibt einige Anmerkungen, die vielleicht zwischen den beiden Positionen vermitteln können. Zunächst einmal muß man einfach anerkennen, daß die Marginalisierungstheorie in ihrer strengen Form nicht haltbar ist. Griechische Naturphilosophie und Mathematik wurden auf so breiter Basis und so erfolgreich betrieben, daß es sich dabei nicht um eine Randerscheinung der islamischen Kultur handeln kann. Aber selbst wenn wir den Vertretern der Aneignungstheorie diese Tatsache zugute halten, müssen wir im weiteren darauf hinweisen, daß die Wissenschaft ganz und gar nicht im Zentrum der islamischen Kultur stand, und daß es im Islam durchaus Strömungen gab, die auf eine Marginalisierung der fremdländischen Wissenschaft drängten – das heißt, daß die »Marginalisten« ihre Theorie auf einem tatsächlich vorhandenen Aspekt der islamischen Kultur aufbauen. Genaugenommen hat der Islam der fremdländischen Wissenschaft nie einen festen, institutionalisierten Platz zugewiesen, wie sie ihn im Laufe der Zeit an den Universitäten des christlichen Mittelalters finden sollte. Ein Grund dafür ist, daß die islamischen Schulen insbesondere auf höherem Niveau nicht so durchstrukturiert und gleichgeschaltet waren wie die Schulen des Westens, insbesondere die weiterführenden Schulen.[14] Das Fehlen einer solchen Struktur ermöglichte es dem einzelnen Studenten, sich nach eigenen Vorlieben zu spezialisieren. Eine solche Freiheit garantierte ein breites Wissensspektrum und schuf Raum für jene, die sich der griechischen Philosophie und Wissenschaft widmen wollten; sie hatte jedoch auch zur Folge, daß sich in den islamischen Schulen niemals ein Lehrplan entwickelte, in dem die ausländische Wissenschaft ihren festen Platz hatte. Kurz, das islamische Bildungswesen versuchte keineswegs, die ausländischen Wissenschaften zu verbieten; aber andererseits wurde auch kaum etwas unternommen, um sie zu unterstützen. Im Bewußtsein dieser Tatsache ist es vielleicht leichter, den Niedergang der islamischen Wissenschaft im dreizehnten und vierzehnten Jahrhundert zu verstehen.

## Die wissenschaftlichen Leistungen des Islam

Schon zu Beginn des zwanzigsten Jahrhunderts forderte der namhafte Arzt, Philosoph und Historiker Pierre Duhem die Historiker heraus, die sich mit der islamischen Wissenschaft beschäftigten, indem er schrieb[15]: »Es gibt keine arabische [sprich: islamische] Wissenschaft. Bei den Weisen unter den Mohammedanern handelte es sich durchgehend um mehr oder weniger treue Schüler der Griechen; sie selbst jedoch bewiesen keinerlei Originalität.« Duhem lag eindeutig falsch, aber dennoch ist seine Aussage von Nutzen, wenn wir uns auf die entscheidende Frage konzentrieren wollen: Indem wir genau festmachen, worin Duhems Aussage irrt, können wir daraus etwas Wichtiges darüber erfahren, welche wissenschaftlichen Leistungen im Islam erbracht wurden.

Es ist einfach nicht wahr, daß die moslemischen Anhänger der griechischen Wissenschaft »keinerlei Originalität« bewiesen; man könnte Duhem also beispielsweise widerlegen, indem man die vielen Originalbeiträge der islamischen Ärzte, Mathematiker und Naturphilosophen aufzählte. Um nur ein einziges Beispiel zu nennen: Der im elften Jahrhundert lebende Moslem Ibn al-Haitham setzte sich kritisch mit fast sämtlichen Errungenschaften der griechischen Wissenschaft auseinander und lieferte äußerst wichtige und innovative Beiträge in den Bereichen Astronomie, Mathematik und Optik. Leider würde die Aufzählung aller Beiträge der Moslems zu den verschiedenen Wissenschaften ganze Bände füllen, und darum müssen wir uns ein bescheideneres Ziel setzen – allerdings werden wir uns weiter unten und in den folgenden Kapiteln noch mit islamischen Beiträgen zu verschiedenen Fachbereichen der wissenschaftlichen Diskussion beschäftigen.[16]

Aber die Behauptung von Duhem öffnet uns einen anderen Zugang zu der Problematik, durch den wir an ihren Kernpunkt gelangen. Duhem meint, die an den ausländischen Wissenschaften interessierten Moslems seien immer »mehr oder weniger treue Schüler der Griechen« gewesen. Er sagt das in abwertendem Tonfall, um damit die Aussage zu stützen, daß die Moslems keine richtigen Wissenschaftler waren. Das heißt, er setzt Schülertum mit Unwissenschaftlichkeit gleich (was Einiges über seine Definition der Wissenschaft aussagt). Wir können Duhems Argumentation jedoch auch umdrehen und sagen, daß Moslems gerade auf dem Weg des Studiums der westlichen Wissenschaftstradition der Griechen Wissenschaftler oder Naturphilosophen wurden. So gesehen dient die Schülerschaft der Wissenschaft und verhindert sie nicht. Und wenn Moslems Wissenschaftler wurden, dann nicht deswegen, weil sie die existierende wissenschaftliche Tradition ablehnten, sondern weil sie sich ihr anschlossen – indem sie Schüler der fortschrittlichsten wissenschaftlichen Tradition wurden, die es je gegeben hatte.

Was heißt das, Schüler sein? Für angehende moslemische Wissenschaftler bedeutete es, daß sie Methodologie und Inhalt der griechischen Wissenschaft übernahmen. Im großen und ganzen baute die islamische Wissenschaft auf der von den Griechen geschaffenen Grundlage auf und richtete sich in ihrer Vorgehensweise nach den griechischen Vorgaben. Die Moslems machten nicht den Versuch, das von den Griechen errichtete Gebäude niederzureißen und auf den Grundfesten neu zu erbauen, sondern widmeten sich statt dessen der Aufgabe, das Werk der Griechen zu vollenden. Das heißt aber nicht, daß es an Originalität und Innovation fehlte; es bedeutet vielmehr, daß die islamischen Wissenschaftler ihre Originalität und ihre Innovationsfähigkeit zur Korrektur, Ausweitung, Gliederung und Anwendung des bestehenden Gerüsts nutzten, nicht zur Schaffung eines neuen. Falls das wie ein negatives Urteil klingt: es sei daran erinnert, daß der größte Teil der modernen Wissenschaft darin besteht, übernommene wissenschaftliche Prinzipien zu verbessern, auszuweiten und anzuwenden. Ein grundlegender Bruch mit der Vergangenheit kommt heute ungefähr ebenso selten vor wie im mittelalterlichen Islam.

Die moslemischen Wissenschaftler waren sich dieser Beziehung zur Vergangenheit bewußt. Der frühe moslemische Wissenschaftler al-Kindi († ca. 866), der unter verschiedenen frühen Kalifen der Abbasidendynastie in Bagdad als Mathematiker tätig war, erkannte an, daß er seinen Vorgängern im Altertum und einer bereits bestehenden Tradition, der er nachfolgen konnte, viel zu verdanken hatte. Wären die Alten nicht gewesen, so schrieb al-Kindi,

wäre es uns trotz all unseres Eifers und im Laufe unseres gesamten Lebens unmöglich gewesen, diese Wahrheitsprinzipien zusammenzufügen, auf denen die Schlußfolgerungen aus unserer Forschung beruhen. Das Zusammenfügen all dieser Elemente ist über Jahrhunderte hinweg geschehen, von alter Vergangenheit an bis zum heutigen Tag.

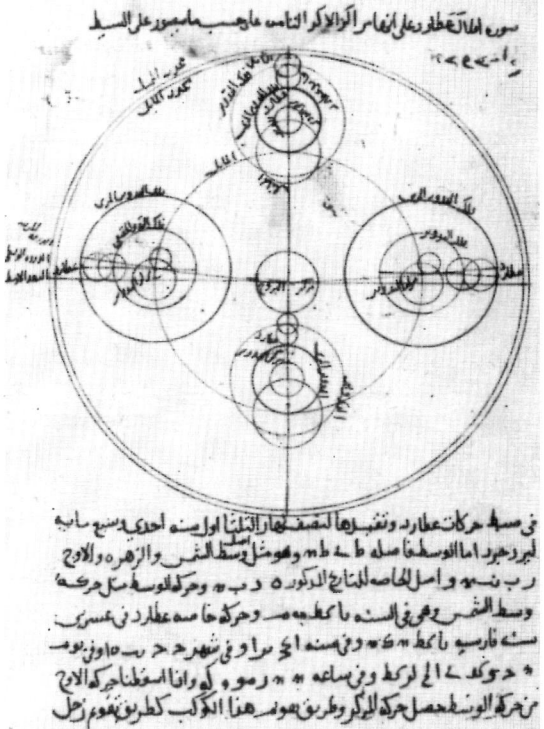

*Abb. 8.2: Die Bewegung des Merkur nach Ibn ash-Shatir (14. Jh.). Oxford, Bodleian Library, MS Marsh 139, Fol. 29r.*

Al-Kindi erkannte, daß seine Aufgabe in der Vervollständigung, Verbesserung und Weitergabe dieses altüberlieferten Korpus bestand. Er fährt fort:

Daher ist es angemessen, daß wir dem Prinzip treu bleiben, nach dem wir immer gearbeitet haben. Dieses besteht darin, zuerst in vollständigen Zitaten alles niederzuschreiben, was die Alten zum Thema geäußert haben, zweitens das zu ergänzen, was die Alten nicht vollständig gesagt haben, und dies in Übereinstimmung mit der Ausdrucksweise unserer arabischen Sprache, den Gebräuchlichkeiten unserer Zeit und unseren eigenen Möglichkeiten.

Zwei Jahrhunderte später vertrat al-Biruni († nach 1050) noch immer die Ansicht, daß es die Aufgabe der moslemischen Wissenschaftler sei,[17] »uns auf das zu beschränken, womit sich bereits die Alten beschäftigt haben, und die Vervollkommnung dessen, was vervollkommnet werden kann, anzustreben.«

Die islamische Astronomie ist ein anschauliches Beispiel für das Verhältnis zwischen der islamischen und der griechischen Wissenschaft. Die moslemischen Astronomen lieferten umfangreiche und hochwertige Arbeit. Diese Arbeit hielt sich größtenteils an den von Ptolemaios vorgegebenen Rahmen (obwohl man nicht übersehen darf, daß es auch frühe hinduistische Einflüsse auf die islamische Astronomie gab, die erst später durch den Zugang zu Ptolemaios' *Almagest* und anderen astronomischen Werken der Griechen verdrängt wurden). Die moslemischen Astronomen strebten eine Gliederung und Korrektur des ptolemäischen Systems an; sie wollten die Messung der ptolemäischen Konstanten verbessern, auf der Grundlage der ptolemäischen Modelle Planetentabellen aufstellen und ein Instrumentarium schaffen, mithilfe dessen sich die ptolemäische Astronomie insgesamt verbessern ließ.

Wir wollen nur ein paar Beispiele nennen: Al-Fargani († nach 861 n. Chr.), ein am Hofe al-Mamuns angestellter Astronom, schrieb ein elementares, nichtmathematisches Lehrbuch der ptolemäischen Astronomie, das im Islam und (nach seiner Übersetzung ins Lateinische) im Christentum des Mittelalters weite Verbreitung fand. Thabit ibn Qurra († 901 n. Chr.), ein weiterer Hofastronom in Bagdad, beschäftigte sich unter Zuhilfenahme der ptolemäischen Prinzipien mit den scheinbaren Sonnen- und Mondbewegungen. Er kam zu dem Schluß, daß die Präzession der Tag- und Nachtgleichen nicht gleichmäßig ist und entwickelte eine Theorie der wandelbaren Präzession (sie wird »Trepidation« genannt), welche diese Tatsache erklärte. Al-Battani († 929 n. Chr.) führte in die ptolemäische Astronomie mathematische Verbesserungen ein, studierte die Sonnen- und Mondbahnen, errechnete neue Werte für die Sonnen- und Mondbewegung und die Neigung der Ekliptik, entdeckte die Bewegung der Apsidenlinie der Sonne (die Verschiebung des Perigäums der Sonne, d.h. ihre größte Erdnähe), entwarf einen berichtigten Sternenkatalog und gab Anweisungen für den Bau astronomischer Instrumente, unter anderem einer kleinen Sonnenuhr und eines Mauerquadranten. Die Tatsache, daß al-Battani noch im sechzehnten und siebzehnten Jahrhundert (unter anderem von Kopernikus und Kepler) zitiert wurde, zeugt von der Qualität seiner astronomischen Arbeit. Und schließlich kam es im Islam zu einer Diskussion zwischen Vertretern der von Aristoteles postulierten physikalisch orientierten konzentrischen Sphären und des von Ptolemaios entwickelten mathematisch orientierten Systems. Diese Diskussion, die am intensivsten im Spanien des zwölften Jahrhunderts geführt wurde, endete unentschieden.[18]

Die Optik ist ein weiteres Beispiel für bemerkenswerte wissenschaftliche Leistung im Islam. Hier stoßen wir auf Innovationen, die mindestens ebenso grundlegend sind wie jene im astronomischen Bereich – Innovationen allerdings, die aus der Verschmelzung und Festigung einer Reihe verschiedener Traditionen aus dem Altertum heraus entstanden. So folgte Ibn al-Haitham († ca. 1040), der am Kairoer Hof diente (dort hatte eine separatistische moslemische Dynastie ihr eigenes Kalifat eingerichtet) den

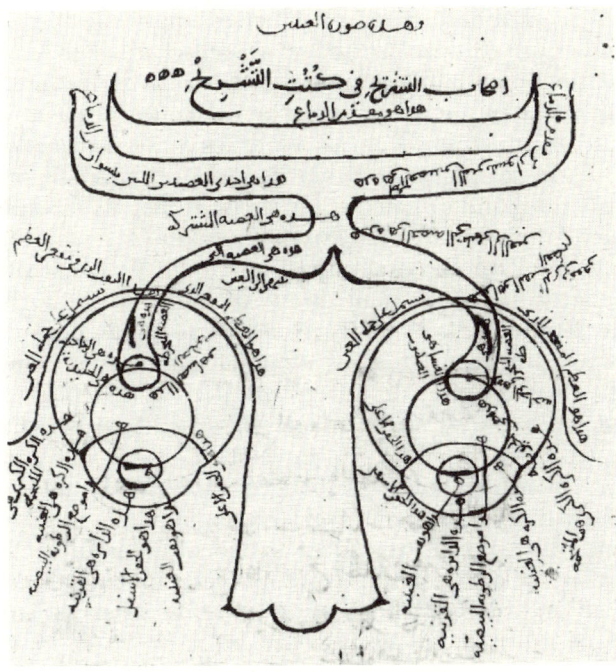

*Abb. 8.3: Augen und Sehapparat nach Ibn al-Haitham. Aus einer im Jahre 1083 n. Chr. angefertigten Kopie von al-Haithams Buch der Optik. Istanbul, Süleimaniye-Bibliothek, MS Fatih 3212, Bd. 1, Fol. 81v.*

ptolemäischen Vorgaben und verband ursprünglich voneinander unabhängige griechische Ansätze zu optischen Phänomenen – mathematischer, physikalischer und medizinischer Natur – miteinander. Ibn al-Haitham etnwickelte aus dieser Synthese eine ganz neue Sehtheorie. Sie basiert auf dem Gedanken, daß vom sichtbaren Objekt Licht an das Auge gesendet wird. Diese Theorie setzte sich zunächst im Islam, später auch im Westen durch (s. Kap. 12) und blieb vorherrschend, bis Kepler im siebzehnten Jahrhundert seine Theorie des Netzhautbildes entwickelte.[19]

## Der Niedergang der islamischen Wissenschaft

Die Wissenschaftsbewegung im Islam war ebenso qualitativ hochwertig wie dauerhaft. Die Übersetzung griechischer Werke ins Arabische nahm in der zweiten Hälfte des achten Jahrhunderts ihren Anfang. Bis zum Ende des neunten Jahrhunderts hatte die Übersetzungswelle ihren Höhepunkt erreicht, und es gab Ansätze ernsthafter wissenschaftlicher Aktivitäten. Von der Mitte des neunten Jahrhunderts an bis weit ins dreizehnte Jahrhundert hinein stoßen wir in allen Fachbereichen der griechischen Wissenschaft überall in der islamischen Welt auf eindrucksvolle wissenschaftliche Leistungen. Die Zeitspanne, in welcher der Islam die Wissenschaft beherrschte, umfaßt fünfhundert Jahre – d.h. sie ist größer als die Zeitspanne, die zwischen der Arbeit von Kopernikus und unserer Gegenwart liegt.

Auf praktische Zwecke ausgerichtet, nahm die Wissenschaftsbewegung in Bagdad unter den Abbasiden ihren Anfang; obwohl auch im Nahen Osten später zahlreiche weitere Zentren entstanden, in denen die Wissenschaft gefördert wurde. Anfang des elften Jahrhunderts entstand eine Rivalität zwischen Kairo (unter der Herrschaft der Fatimiden )und Bagdad. In der Zwischenzeit waren die fremden Wissenschaften bis nach Spanien gelangt; in Cordoba richteten die im Nahen Osten von den Abbasiden abgesetzten Omajjaden einen prächtigen Hof ein. Unter omajjadischer Schirmherrschaft erlebten die Wissenschaften im elften und zwölften Jahrhundert eine Blüte. Von entscheidender Bedeutung in dieser Entwicklung war al-Hakam († 976), der in Cordoba eine umfangreiche Bibliothek errichten ließ und sie bestückte. Eine weitere umfassende Sammlung wissenschaftlicher Schriften fand sich in Toledo.

Aber während des dreizehnten und vierzehnten Jahrhunderts ging es mit der islamischen Wissenschaft bergab; im fünfzehnten Jahrhundert war sie kaum noch erwähnenswert. Wie konnte das geschehen? Es liegen noch keine ausreichenden Forschungsergebnisse vor, aufgrund derer wir uns erlauben könnten, diese Entwicklung mit Gewißheit nachzuvollziehen oder eine zufriedenstellende Erklärung anzubieten, aber es lassen sich mehrere verursachende Faktoren erkennen. Zunächst einmal gewannen konservative religiöse Strömungen an Einfluß. Dies äußerte sich mitunter im offener Opposition, wie beispielsweise im berühmten Fall der Verbrennung ausländischer wissenschaftlicher Schriften in Cordoba im späten zehnten Jahrhundert. Häufiger jedoch waren die Auswirkungen viel subtiler – die wissenschaftlichen Aktivitäten wurden nicht eingestellt, sondern ihr Charakter durch die Einführung einer sehr engen Definition von Nützlichkeit verändert. Oder um es anders auszudrücken: Die Wissenschaft wurde dem Islam einverleibt, sie verlor die Verbindung zu ihrem ausländischen Ursprung und verwandelte sich von einer auf islamischem Boden praktizierten griechischen Wissenschaft in eine eigenständige islamische Wissenschaft. Damit übernahm sie eine sehr eingeschränkte dienende Funktion. Dies führte dazu, daß viele ursprünglich wichtig erscheinende Fragen in den Hintergrund traten.

Zum zweiten kann Wissenschaft nur gedeihen, wenn Frieden und Wohlstand herrschen und Mäzene vorhanden sind. Alle drei Voraussetzungen schwanden im spätmittelalterlichen Islam infolge ständiger, verheerender Kriege zwischen islamischen Splittergruppen und Kleinstaaten sowie Angriffen von außen dahin. Im Westen machte die christliche Rückeroberung Spaniens nach dem Jahre 1065 zwar sporadische, aber ernstzunehmende Fortschritte und hielt an, bis sich die gesamte iberische Halbinsel zwei Jahrhunderte später wieder in der Hand der Christen befand. Toledo fiel im Jahre 1085 n. Chr. an die Christen, Cordoba im Jahre 1236 und Sevilla im Jahre 1248. Im Osten begannen Anfang des dreizehnten Jahrhunderts die Mongolen, die islamischen Grenzen zu bedrängen. Im Jahre 1258 nahmen sie Bagdad ein und bereiteten damit dem Kalifat der Abbasiden ein Ende. Angesichts der schwächenden Kriege, des wirtschaftlichen Niedergangs und des damit verbundenen Verlustes der Förderung durch die Obrigkeit, konnten sich die Naturwissenschaften nicht länger halten. Wenn wir uns ein Urteil über diesen Zusammenbruch bilden wollen, dann müssen wir daran denken, daß die ausländischen Wissenschaften sich niemals an einer islamischen Institution fest etabliert hatten, daß konservative religiöse Kreise sie immer mit Mißtrauen betrachteten und daß ihre Nützlichkeit (insbesondere auf fortgeschrittener Ebene) nicht unmittelbar offensichtlich war. Doch bevor die Ergebnisse der islamischen Wissenschaft verlorengehen konnten, kam es glücklicherweise zu einem Kontakt mit dem Christentum, und der Prozeß der kulturellen Weitergabe begann von vorn.

# KAPITEL 9

# DIE WIEDERENTDECKUNG DER BILDUNG IM WESTEN

## *Mittelalter*

Bis jetzt habe ich den Begriff »Mittelalter« verwendet, ohne ihn genauer zu definieren oder ihn zeitlich einzuordnen. Dies ist vielleicht einer der Fälle, in denen Ungenauigkeit von Vorteil ist, denn die Historiker selbst können sich nicht darauf einigen, was der Begriff bedeutet. Aber das ist jetzt der richtige Zeitpunkt, um etwas präzisere Angaben zu machen. Das Konzept des Mittelalters (oder der mittelalterlichen Epoche) schufen ursprünglich die italienischen Humanisten des vierzehnten und fünfzehnten Jahrhunderts; diese gingen davon aus, daß zwischen den glanzvollen Leistungen der Antike und ihrer eigenen aufgeklärten Zeit eine düstere Zwischenepoche lag. Dieses abwertende Bild (es drückt sich schon in der üblichen Bezeichnung »dunkles Mittelalter« aus) hat die Geschichtswissenschaft inzwischen fast vollständig zugunsten eines neutraleren Standpunktes aufgegeben. Heute wird »Mittelalter« vorwiegend lediglich als Bezeichnung einer Epoche der abendländischen Geschichte betrachtet, in deren Verlauf äußerst bemerkenswerte und wichtige Beiträge zur westlichen Kultur geleistet wurden – Beiträge, die es durchaus verdienen, gerecht und unvoreingenommen untersucht und bewertet zu werden.

Die zeitlichen Grenzen des Mittelalters sind notwendigerweise unscharf, weil die mittelalterliche Kultur (was immer wir dafür halten) allmählich und in unterschiedlichen Regionen zu unterschiedlichen Zeitpunkten entstand und verschwand. Wenn wir unbedingt Zeitangaben brauchen, dann können wir sagen, das Mittelalter dauerte vom Ende der römischen Zivilisation im lateinischen Westen (das Jahr 500 n. Chr. ist da eine schöne runde Zahl) bis zum Jahre 1450, einem Zeitpunkt, an dem die später als Renaissance bezeichnete künstlerische und literarische Erneuerung nicht mehr zu übersehen war. Für unsere Zwecke ist es vorteilhaft, zwischen dem Frühmittelalter (ungefähr von 500–1000 n. Chr.), einer Übergangszeit (1000 bis 1200 n. Chr.) und dem Hoch- oder Spätmittelalter (1200 bis ca. 1450 n. Chr.) zu unterscheiden. Diese Unterteilung ist nicht allgemein üblich (zwischen »Hoch-« und »Spätmittelalter« wird häufig ein Unterschied gemacht), aber für unsere Zwecke mag sie genügen.

# Die karolingischen Reformen

Im siebten Kapitel sind wir auf den Niedergang des Römischen Reiches im lateinischen Westen und die Entstehung gesellschaftlich-religiöser Strukturen, die wir für typisch mittelalterlich halten, wie etwa das Mönchwesen, eingegangen. In Westeuropa lief ein Prozeß der Enturbanisierung ab; die klassischen Schulen erlebten einen Niedergang, und die Klöster übernahmen die Führung im Bereich der Alphabetisierung und der Bildung allgemein. In den Klöstern überdauerte ein schmaler Ausschnitt der klassischen Wissenschaftstradition in der Rolle einer Magd, welche der Religion und Theologie zu Diensten war. Das soll aber nicht heißen, daß mit dem Entstehen der Klosterschulen alle Bildungsalternativen verschwanden. Einige städtische Schulen überdauerten, vor allem in Italien. Hof- und Bischofsschulen verschwanden nie vollständig, und einige wohlhabendere Häuser konnten immer für Privatunterricht sorgen. Es wird lediglich gesagt, daß die Klöster nun im Bildungswesen die Führung übernahmen.

Bedeutete dies das Ende ernsthafter akademischer Bildung? Einige Forscher, die in der »Bildung« ausschließlich die Fortsetzung der griechischen und römischen Bildung sehen, sind dieser Meinung. Aber darin irren sie sich gründlich. Es besteht kein Zweifel daran, daß Quantität und Qualität der Bildung sanken. Aber die Vorstellung, daß sie als produktives Unternehmen vollkommen verschwand, ist eine Fehleinschätzung, zu der man nur gelangen kann, wenn man nach dem Falschen oder an der falschen Stelle sucht. In Wirklichkeit lebte die Bildung weiter, allerdings in neuer Form und mit neuen Schwerpunkten.

Diese neuen Schwerpunkte lagen auf Religion oder Kirche: Die besten Gelehrten beschäftigten sich mit Bibelauslegung, Religionsgeschichte, Kirchenverwaltung und der Ausarbeitung einer christlichen Doktrin. Wie wir gesehen haben, beschränkte sich Boethius' (480–524 n. Chr.) Tätigkeit nicht auf die Übersetzung von Auszügen aus Aristoteles' Logikhandbüchern und auf die Herausgabe von Handbüchern über die freien Künste. Er schrieb auch eine Anzahl kurzer Abhandlungen, in denen er sich mit aktuellen religiösen Kontroversen auseinandersetzte. Isidor von Sevilla (ca. 560–636 n. Chr.) schrieb außer seinen *Etymologien* und *De natura rerum*, den enzyklopädischen Werken, welche seine Naturphilosophie enthalten, auch Lehrbücher für den Klerus, und zwar in den Fächern Geschichte, Theologie, Exegese und Liturgie. Gregor von Tours († 595) verfaßte eine *Frankengeschichte*, welche die Verbreitung des Christentums im Frankenland dokumentiert. Gregor der Große (ca. 550–604 n. Chr.), der im Jahre 590 Papst wurde, schuf ein einflußreiches Werk, das Predigten, Vorträge, Dialoge und Bibelkommentare umfaßte. Und Beda († 735) hinterließ uns außer seinen Werken über Zeitmessung und Kalender auch Bibelkommentare, Predigten und Hagiographien (Berichte aus dem Leben der Heiligen).

*Abb. 9.1: Personifizierende Dastellung des Quadrivium. Von links nach rechts:*
*Musik, Arithmetik, Geometrie und Astronomie. Aus einer Kopie des 9. Jh.*
*von Boethius' Arithmetik. Bamberg, MS Class. 5 (HJ.IV.12), Fol. 9v.*

In diesen religiösen und theologischen Werken spielen Wissenschaft
oder Naturphilosophie kaum eine Rolle, aber immerhin treten die griechische Logik und die Metaphysik in Erscheinung. Boethius schuf dafür das
Vorbild, indem er sich bemühte, solche Fragen wie etwa das göttliche
Vorauswissen und das Wesen der göttlichen Dreifaltigkeit mithilfe der
aristotelischen Logik sowie der platonischen und aristotelischen Metaphysik anzugehen. Isidor versuchte, den Ursprung verschiedener christlicher Irrlehren durch Aufzeigen ihrer Parallelen in der philosophischen
Tradition zu erklären. Selbst die Theologie Gregors des Großen, welcher
den heidnischen Lehren ausgesprochen feindselig gegenüberstand, weist an
vielen Stellen bewußte oder unbewußte Bezugnahmen auf die Philosophie
auf.[1]

Ende des achten Jahrhunderts kam es am Hofe Karls des Großen zu
einem Aufschwung der wissenschaftlichen Arbeit. Im Jahre 768 n. Chr.
erbte Karl den fränkischen Thron. Sein Reich umfaßte Teile des heutigen
Deutschlands und den größten Teil von Frankreich, Belgien und Holland.

*Karte 5: Das Reich Karls des Großen um 813 n. Chr.*

Zum Zeitpunkt seines Todes im Jahre 814 hatte Karl der Große seinem Königreich (welches als das karolingische Reich in die Geschichte einging) weitere Gebiete Deutschlands, die Schweiz, einen Teil von Österreich und mehr als die Hälfte von Italien einverleibt – es war seit dem Verfall des Römischen Reiches der erste ernsthafte Versuch, in Westeuropa eine Zentralregierung einzurichten (s. Karte 5). Im Rahmen seines Programms zur Stärkung von Kirche und Staat (und gleichzeitig um seiner Rolle als Kaiser gerecht zu werden) reformierte Karl das Bildungswesen, rief Gelehrte aus dem Ausland an seine Hofschule und veranlaßte die Einrichtung von

Kloster- und Kathedralschulen im ganzen Reich. Karl überredete Alkuin, den Direktor der Kathedralschule im nordenglischen York, im Frankenreich die Leitung des Bildungswesens zu übernehmen.

Alkuin (ca. 730–804 n. Chr.), der von der Tradition des irischen Gelehrtentums geprägt war (s. Kap. 7) und seine geistige Herkunft direkt auf Beda zurückführen konnte, richtete eine blühende Hofschule ein, in der Mitglieder der Fürstenfamilie erzogen wurden. Diese Schule versorgte das Königreich mit gebildeten Funktionären für Ämter in Religion und Politik. Über den Lehrplan wissen wir wenig, aber die sieben freien Künste waren auf jeden Fall darin enthalten, und bis zu einem gewissen Niveau wurde sogar Astronomie gelehrt. Alkuin selbst verfaßte Lehrbücher zum Trivium. Seine Schüler wurden zu Bischöfen und Äbten ernannt, und mit ihrer Hilfe gelang es ihm, das durchschnittliche Bildungsniveau des Klerus anzuheben. Um Alkuin bildete sich ein Kreis von Gelehrten, die sich für die zu jener Zeit aktuellen theologischen Kontroversen interessierten und in der Lage waren, dazu eigene Beiträge zu leisten. Unter seiner Anleitung wurden Bücher gesammelt, berichtigt und kopiert – darunter die Schriften der Kirchenväter und des einen oder anderen klassischen Autors. Und schließlich gingen Karl der Große und Alkuin noch einen wichtigen und folgenreichen Schritt weiter: Ein kaiserliches Edikt befahl die Einrichtung von Dom- und Klosterschulen. Diese sorgten für eine weitere Verbreitung des Wissensgutes (natürlich in klerikalen Kreisen), und zwar in einem Maße, das alles übertraf, was es diesbezüglich in den Jahrhunderten zuvor im lateinischen Westen gegeben hatte. Somit war das Fundament für künftige wissenschaftliche Arbeit gelegt.[2]

Die Erfolge dieser Bildungsreform zeigen sich an den Laufbahnen zweier Gelehrter, von denen der eine im neunten, der andere im zehnten Jahrhundert lebte. Der am Hofe Karls des Kahlen, eines Enkels Karls des Großen, wirkende Ire Johannes Scotus Eriugena (um 850–875), war zweifellos der fähigste Gelehrte des neunten Jahrhunderts im lateinischen Westen. Eriugena war vielseitig begabt; er besaß einen scharfen und originellen Verstand und war ein außergewöhnliches Sprachtalent. Er sprach hervorragend Griechisch. Grundkenntnisse der griechischen Sprache hatte er schon in einer irischen Klosterschule erworben; er verbesserte sie nach seiner Ankunft auf dem europäischen Kontinent und verwendete sie auf die Übersetzung verschiedener griechischer Abhandlungen über Theologie ins Lateinische: zuerst, ein Auftrag Karls des Kahlen, ein Werk von Pseudo-Dionysius (einem anonymen christlichen Neuplatoniker aus der Zeit um 500 n. Chr.); später Werke verschiedener griechischer Kirchenväter. Eriugena verfaßte außerdem originelle und wohldurchdachte theologische Abhandlungen, in denen er den Neuplatonismus von Pseudo-Dionysius weiterentwickelte und eine Synthese der christlichen (griechisch angehauchten) Theologie mit der neuplatonischen Philosophie anstrebte. Bei seinem Werk *Über die Einteilung der Natur* handelt es sich um den Versuch eines vollständigen Berichts über alle Dinge der Schöpfung, es enthält eine geschickt gegliederte (und natürlich tief christlich geprägte) Naturphilosophie. Schließlich schrieb er, vermutlich im Zusammenhang mit seiner Lehrtätigkeit, auch noch einen Kommentar zu Martianus Capellas überaus einflußreichem Lehrbuch der Freien Künste *Über die Hochzeit Merkurs und der Philologie*. Eriugena hatte eine unmittelbare Wirkung auf den Umkreis seiner Schüler, und diese Schüler sorgten dafür, daß er noch lange Zeit Einfluß auf das abendländische Denken ausübte.[3]

Ein weiterer Nutznießer der karolingischen Bildungsreformen trat ein Jahrhundert später von der Klosterschule in Aurillac im südlichen Zentralfrankreich aus auf den Plan. Gerbert (ca. 945–1003 n. Chr.) erlebte einen kometenhaften Aufstieg; verantwortlich dafür war seine mit politischem Opportunismus verbundene intellektuelle Begabung. Er stammte aus bescheidenen Verhältnissen, genoß jedoch in Aurillac und später in Nordspanien, wo er eine Zeitlang studierte, eine außergewöhnlich gute Ausbildung. Von Spanien aus begab er sich an die bedeutende Domschule der nordfranzösischen Stadt Reims. Zunächst studierte er dort Logik, dann wurde er Direktor der Schule. Von Reims aus ging er als Abt des Klosters Bobbio nach Norditalien, dann kehrte er als Erzbischof nach Reims zurück, später wiederum als Erzbischof von Ravenna nach Italien. Schließlich, im Jahre 999 n. Chr., sorgte sein Dienstherr Otto III. (der sächsische Kaiser) für seine Ernennung zum Papst Sylvester II.

Es ist unter Historikern allgemein üblich, sich auf Gerberts Rolle beim Aufbau des fruchtbaren Kontaktes zwischen dem Islam und der lateinischen Christenheit zu konzentrieren. Aber bevor wir uns diesem Aspekt seines Lebenswerkes zuwenden, müssen wir vermerken, daß er auch einen Beitrag zu einer älteren Gelehrtentradition leistete – nämlich zur Wiederentdeckung und Verbreitung der klassischen freien Künste, insbesondere der aristotelischen Logik, wie sie Boethius und andere lateinische Quellen überlieferten. In Reims dozierte Gerbert über verschiedene Logikwerke von Aristoteles, Cicero, Porphyrios und Boethius; er verfaßte auch mindestens eine eigene Abhandlung über Logik. Gerberts Ruhm beruht allerdings mehr auf seinem Beitrag zum mathematischen Quadrivium, und in diesem Bereich ist seine Verbindung zum Islam von entscheidender Bedeutung. Als Gerbert im Jahre 967 n. Chr. die Pyrenäen überquerte und sich in die nordöstliche Ecke Spaniens begab, um bei Atto, dem Bischof von Vich, zu studieren, wurde er zweifellos von seinem Interesse an den mathematischen Wissenschaften geleitet. Diese befanden sich dort (aufgrund der Nähe zum Islam) offenbar auf einem höheren Stand als nördlich der Pyrenäen.

Über Gerberts Studien sind uns keine Einzelheiten bekannt, aber an seiner späteren Laufbahn zeigt sich deutlich, wie weit seine Beherrschung der mathematischen Naturwissenschaften ging – im lateinischen Westen fand seine Leistung jahrhundertelang nicht ihresgleichen, wenn sie auch gegen die höchsten Leistungen der griechischen Mathematiker noch deutlich abfällt. Auch seine Vertrautheit mit den mathematischen und astronomischen Leistungen des Islam ist unübersehbar. Trotz der turbulenten politischen und religiösen Begleitumstände, unter denen ein großer Teil seiner Korrespondenz entstand, durchziehen sie Hinweise auf Mathematik, Astronomie, zu kopierende oder korrigierende Manuskripte (unter anderem Plinius' *Naturalis Historia*), übersetzte Bücher und zu erwerbende Werke (einschließlich jene von Boethius und Cicero). In einem Brief bittet Gerbert um ein Buch über Multiplikation und Division von Josef dem Spanier (einem arabischsprachigen Christen); in einem anderen Brief fordert er ein von Lupitus (dem Erzdiakon der Kathedrale von Barcelona) aus dem Arabischen übersetztes Buch über Astronomie an. In einem weiteren verkündet er die Entdeckung eines Astronomiebuches, das er für ein Werk von Boethius hält. Er äußert sich anerkennend über das Interesse seines Dienstherrn Otto III. an Zahlen. Er erklärt Freunden und Mitarbeitern die Lösung verschiedener arithmetischer und geometrischer Probleme. Er gibt auch Anweisungen für den Bau eines astronomischen Modells (einer Halbkugel, auf der die wichtigsten Himmelskreise und Sternbilder eingetragen sind) und für die Benutzung des Abakus bei der Multiplikation und Division (unter Verwendung arabischer Zahlen).

Und schließlich hatte Gerbert während seiner drei Studienjahre bei Atto in Vich wahrscheinlich auch Verbindung zum nahegelegenen Kloster Santa Maria de Ripoll. Wie eng genau diese Verbindung war, wissen wir nicht; aber zu jener Zeit war Ripoll offenbar ein Zentrum, in dem auf der Grundlage arabischer Quellen die Studien des Quadrivium verfolgt wurden. Ein erhaltenes lateinisches Manuskript aus der Klosterbibliothek (sein Entstehungsdatum fällt etwa mit dem Zeitpunkt von Gerberts Spanienaufenthalt zusammen) enthält übersetzte Fassungen einer Reihe von wichtigen arabischen Abhandlungen über Mathematik und das Astrolabium (ein Instrument, mit dem sich astronomische Beobachtungen und Berechnungen anstellen lassen). Möglicherweise gelangten mit Gerbert bei seiner Rückkehr eine oder mehrere Kopien dieser Abhandlungen auf die Nordseite der Pyrenäen. Wir wissen, daß fünfzig Jahre später eine davon im süddeutschen Kloster Reichenau auftauchte. Gerbert hat vielleicht auch eine eigene Abhandlung über das Astrolabium geschrieben. Sicher ist, daß Gerbert seine einflußreiche Stellung als Lehrer und kirchlicher Würdenträger dazu nutzte, den Fortschritt im Bereich der Mathematik im Westen voranzutreiben.[4]

# Die Schulen des elften und zwölften Jahrhunderts

Als Gerbert im Jahre 1003 starb, stand Westeuropa an der Schwelle einer politischen, sozialen und wirtschaftlichen Erneuerung. Für eine solche Erneuerung gab es zahlreiche und komplexe Gründe. Zum einen entstanden stärkere Monarchien, welchen es gelang, für Recht und Ordnung zu sorgen und das Ausmaß der inneren Konflikte und der Gewalt zu reduzieren. Gleichzeitig wurden, nach den Einfällen der Wikinger und Ungarn im neunten und zehnten Jahrhundert, wieder sichere Grenzen gezogen. Ja, nachdem die Europäer über so viele Jahrhunderte hinweg zum Ziel von Aggressionen von außen geworden waren, drehten sie den Spieß um und schlüpften selber in die Rolle des Aggressors. Sie vertrieben die Moslems aus Spanien und schickten Armeen von Kreuzrittern los, das Heilige Land zu befreien.

In diesem Klima politischer Stabilität gedieh das Handelswesen, und der Wohlstand wuchs. Nachdem auf dem Land die Geldwährung eingeführt worden war, erfuhr auch der Handel mit Agrarprodukten eine Steigerung. Der technische Fortschritt spielte eine entscheidende Rolle bei der Versorgung mit dem Notwendigsten und bei der Schaffung von Vermögen. Durch die Verbesserung und Verbreitung des Wasserrades beispielsweise kam es zu einer kleinen industriellen Revolution. Neuerungen in der Landwirtschaft wie z.B. die Technik des Fruchtwechsels und die Erfindung von Kummet und Räderpflug (möglicherweise in Verbindung mit günstigeren Klimabedingungen) führten zu einer bedeutenden Steigerung der Nahrungsmittelproduktion.[5] Eine der dramatischsten Folgen dieser Veränderungen war eine Bevölkerungsexplosion. Es gibt keine genauen Zahlen, aber zwischen 1000 und 1200 n. Chr. hat sich die Bevölkerung in Europa möglicherweise verdoppelt, verdreifacht oder gar vervierfacht; die Stadtbevölkerung wuchs sogar noch schneller.[6] Durch die Verstädterung taten sich wiederum neue wirtschaftliche Chancen auf, sie ermöglichte die Konzentration von Vermögen; Schul- und Geisteswesen erfuhren großzügige Förderung.

Es herrscht weitgehend Einigkeit darüber, daß zwischen Bildung und Verstädterung ein enger Zusammenhang besteht. Der Untergang der Schulen im Altertum war eine Folge des Niedergangs der Städte, und nachdem im elften und zwölften Jahrhundert die Städte zu neuem Leben erwacht waren, kam es sofort wieder zu einer Stärkung des Schulwesens. Prototyp der frühmittelalterlichen Schule war die Klosterschule – sie war ländlich, von der Welt abgeschnitten und auf enge Bildungsziele ausgerichtet (auch wenn diese Ziele mitunter infolge äußeren Drucks erweitert wurden). Nachdem die Bevölkerung im elften und zwölften Jahrhundert in die Städte abgewandert war, traten plötzlich städtische Schulen unterschiedlicher Prägung, die bis zu diesem Zeitpunkt nur einen unbedeutenden

*Abb. 9.2: Szene aus einer Lateinschule. Der Lehrer droht seinen Schülern
mit einer Keule. Paris, Bibliothèque Nationale, MS Fr. 574, Fol. 27r (14. Jh.)*

Beitrag zum Bildungswesen geleistet hatte, aus dem Schatten der Klosterschulen hervor und übernahmen eine wichtige Rolle. Zu dieser Entwicklung trug auch bei, daß es innerhalb des Klosterwesens zu Reformbewegungen kam, die auf einen Rückzug der Klöster aus der Welt und die
Neubetonung der geistigen Natur der mönchischen Berufung drängten. Zu
den städtischen Schulen, die zu jener Zeit einen Aufstieg erlebten, gehörten
die Domschulen, aber auch Schulen, die von Gemeindepfarrern geleitet
wurden, sowie eine Anzahl öffentlicher Grund- und weiterführender Schulen, die nicht direkt auf die Bedürfnisse der Kirche zugeschnitten waren,
sondern jedem offenstanden, der sie sich leisten konnte.[7]

Die Bildungsziele der neuen städtischen Schulen waren viel allgemeiner
gefaßt als jene der Klosterschulen. Der Schwerpunkt des Lehrplans war von
einer Schule zur anderen unterschiedlich und hing von der Einstellung und
dem Spezialgebiet des leitenden Lehrers ab. Im allgemeinen jedoch erweiterten oder änderten die städtischen Schulen ihren Lehrplan so weit, daß er

den praktischen Bedürfnissen einer sehr unterschiedlichen und ehrgeizigen Kundschaft, von der ein großer Teil im weiteren Leben hohe Stellungen in Kirche und Staat einnehmen sollte, genügen konnte. Selbst die Domschulen, die ähnlich wie die Klosterschulen ausschließlich religiöse Ziele verfolgten, nahmen weit mehr Fächer in ihren Lehrplan auf als nur solche, die direkt mit der Religion zusammenhingen. Und wenn die akademischen Ziele eines Lehrers oder seiner Studenten über das hinausgingen, was man im Rahmen einer Domschule erfüllen konnte, dann konnten sich diese von der Schule ablösen und eigenständig weiterarbeiten. Tatsächlich konnten »Schulen« durchaus auch unabhängig von einem festen geographischen Ort existieren und statt dessen einem charismatischen Lehrer durch die Lande folgen, dessen Unterricht, wo immer er gerade stattfand, die Schüler beisammenhielt.[8] Folge dieser neuen Regelung war eine rasche Erweiterung des Lehrplans: Logik, die Fächer des Quadrivium, Theologie, Recht und Medizin wurden in den städtischen Schulen in einem im Rahmen der Klosterschulen unbekannten Maße gefördert. Die neuen Schulen wuchsen in Zahl und Größe. Als sie sich auf dem Höhepunkt ihrer Einflußnahme befanden, ging von ihnen eine intellektuelle Faszination aus, welche die fähigsten Lehrer und Studenten in ihren Bannkreis zog.

In den von den karolingischen Reformen des neunten Jahrhunderts beeinflußten Regionen Frankreichs gab es Schulen – es waren die wichtigsten Schulen Frankreichs überhaupt – welche direkt oder indirekt an die Kathedralen angegliedert waren. Eine führende Rolle spielte um das Jahr 850 Laon mit einer bedeutenden Domschule, die noch im elften und zwölften Jahrhundert in der Theologie hohes Ansehen genoß. Im zehnten Jahrhundert zog die Domschule von Reims Gerbert zunächst als Studenten, dann als Lehrer an. Im zwölften Jahrhundert entwickelten sich die Schulen von Chartres, Orléans und Paris zu Hochburgen der freien Künste. Das berühmteste Institut des zwölften Jarhhunderts ist die Kathedralschule von Chartres – allerdings ist neuerdings umstritten, wie groß ihre Überlegenheit wirklich war und wie lange sie eine solche Führungsrolle einnahm.[9] Mit Sicherheit erlebten auch die Schulen im nahen Paris zur gleichen Zeit eine Blüte. Ihre Schüler wurden in einem breiten Spektrum von Fächern, einschließlich der freien Künste, unterwiesen. Außerhalb Frankreichs kam es weniger häufig vor, daß Schulen irgendeine Beziehung zum Dom unterhielten: Bologna erlangte Anfang des zwölften Jahrhunderts Ansehen aufgrund der dort angebotenen weiterführenden Rechtsstudien (den Unterricht erteilten Privatlehrer), und Ende des Jahrhunderts erwarb sich Oxford (wo es keinen Dom gab) einen guten Ruf in den Fächern Recht, Theologie und in den freien Künsten.

Verschiedene Kennzeichen dieser Schulen sind für unsere Zwecke von Bedeutung. Zunächst einmal waren sie Schauplatz intensiver Bemühungen um die Wiederentdeckung und Beherrschung der lateinischen Klassiker

*Abb. 9.3: Die Kettenbibliothek der Kathedrale von Hereford.*

(bzw. der in alten lateinischen Übersetzungen verfügbaren griechischen Klassiker), wie sie im frühen Mittelalter niemals in ähnlichem Maße unternommen worden waren. Bernhard von Chartres äußerte sich treffend, als er seine Zeitgenossen als Zwerge beschrieb, die auf den Schultern von Riesen stünden – ihr Blick reichte weiter, aber dies nicht aufgrund ihrer eigenen hervorragenden Fähigkeiten, sondern deswegen, weil sie die Klassiker beherrschten. Unter den beliebtesten römischen Autoren befanden sich die Dichter Virgil, Ovid, Lukan und Horaz. Cicero und Seneca wurden als Moralisten geschätzt, Cicero und Quintilian als Vorbilder der Beredsamkeit. Die Logikwerke von Aristoteles und seinen Kommentatoren (insbesondere Boethius) wurden sorgfältig studiert und auf alle möglichen Fachbereiche angewandt. Die Rechtsstudien basierten grundlegend auf der Wiederentdeckung der *Digesten*, einer Zusammenfassung des römischen Rechtswesens. Und Martianus Capella, Macrobius und Platon (unter Zuhilfenahme der von Calcidius' angefertigten Übersetzung des *Timaios* und angegliederter Kommentare) dienten als wichtigste Quellen der Kosmologie und Naturphilosophie. All das heißt nicht, daß heidnische Klassiker die christlichen Quellen, die den Kern der Klostererziehung ausgemacht hatten, verdrängten. Vielmehr nahmen die gerade wiederentdeckten Quellen ihren Platz an der Seite der Bibel und der Schriften der Kirchenväter ein. Man ging davon aus, daß diese beiden Literatursammlungen miteinander vereinbar waren und man mit einer Wiederentdeckung der alten

Klassiker lediglich den Umfang jener Quellen erweiterte, aus denen man guten Gewissens lernen konnte.[10]

Zum zweiten erlebten die städtischen Schulen im gleichen Maße wie die europäische Gesellschaft ganz allgemein eine deutliche Hinwendung zum »Rationalismus« – das meint den Versuch, Intellekt und Verstand auf unterschiedliche Bereiche des menschlichen Daseins anzuwenden. So gab es beispielsweise Bemühungen, das Handelswesen und die Verwaltung von Kirche und Staat durch das Anlegen von Akten sowie durch die Entwicklung von Methoden der Buchführung und -prüfung zu rationalisieren. Ein Historiker hat diese Entwicklung als die »verwaltungstechnische Revolution« bezeichnet.[11] Die Schulen durchdrang das gleiche Vertrauen auf die Möglichkeiten des menschlichen Verstandes – mit wachsendem Eifer wurden philosophische Methoden auf das gesamte Fächerspektrum angewandt, selbst auf Bibelstudien und Theologie.

Der vernunftgeleitete Ansatz in der Theologie war nichts Neues. Wie wir gesehen haben, verteidigten die ersten christlichen Apologetiker den Glauben mit Argumenten der Vernunft; und die Gelehrten des frühen Mittelalters bemühten sich (vom Vorbild des Boethius geleitet) hartnäckig darum, die aristotelische Logik auf verzwickte theologische Probleme anzuwenden. Neu war jedoch im elften und zwölften Jahrhundert, wie weit die Theologen bei der Anwendung philosophischer Methoden gingen. Anselm von Bec und Canterbury (1033–1109 n. Chr.) ist dafür ein hervorragendes Beispiel.[12] Obwohl er einen vollkommen orthodoxen Glauben vertrat, war Anselm bereit, die Grenzen der theologischen Methodologie sehr großzügig zu ziehen: Er wollte wissen, wie weit reine Vernunft in der Theologie führen konnte; er stellte die Frage, ob bestimmte grundlegende theologische Doktrinen nach rationalen und philosophischen Kriterien als wahr gelten konnten. Mit seiner bekanntesten theologischen Argumentation liefert er den Nachweis für die Existenz Gottes (bekannt als der »ontologische Beweis«), ohne sich an irgendeiner Stelle auf die Autorität der Bibel zu berufen. Anselm verfolgte rein konstruktive Absichten: Ganz offensichtlich wandte er auf Doktrinen über die Existenz Gottes und seiner Eigenschaften nicht deswegen philosophische Methoden an, weil er sie anzweifelte, sondern vielmehr, um sie zu stützen und sie Ungläubigen nahezubringen. Auf den ersten Blick wirkt das nicht wie ein besonders kühnes Unterfangen, aber tatsächlich barg es ernsthafte Risiken: Wenn sich theologische Lehren auf dem Wege des Verstands beweisen lassen, dann muß man davon ausgehen, daß sie sich auf die gleiche Weise auch widerlegen lassen. Das ist so lange kein Problem, wie man durch den Verstand zur »richtigen« Antwort gelangt; aber was soll geschehen, wenn es sich, nachdem wir den Verstand zum Richter über Wahrheit oder Irrtum erklärt haben, herausstellt, daß sich Verstand und Glauben widersprechen?[13]

Eine Generation nach Anselm baute Petrus Abaelardus (ca. 1079- ca. 1142

*Abb. 9.4: Hugo von St. Victor lehrt in Paris. Oxford,
Bodleian Library, MS Laud. Misc. 409, Fol. 3v (spätes 12. Jh.)*

n. Chr.), ein hervorragender, ruheloser und vielen lästiger Schüler und
Lehrer an den nordfranzösischen Schulen (einschließlich Paris und Laon),
das von Anselm ins Leben gerufene rationalistische Programm weiter aus.
In verschiedenen Werken rechtfertigte er theologische Ansichten, die seine
Zeitgenossen als gefährlich einstuften, und wurde von der religiösen Obrigkeit zweimal verurteilt. Abaelards bekanntestes Buch trug den Titel *Sic et
non* (grob wiederzugeben als *Ja und Nein* oder *Pro und Contra* ); in dieser für
Studenten bestimmten Quellensammlung stellt er widersprüchliche Meinungen der Kirchenväter zu einer Reihe von theologischen Fragen zusammen. Mithilfe dieser widersprüchlichen Meinungen schuf er Problemstel-
lungen, die daraufhin mit philosophischen Methoden untersucht werden.
Seiner Ansicht nach führt der Weg zum Glauben durch den Zweifel
hindurch. Es steht außer Frage, daß Abaelardus Schlußfolgerungen über
den Glauben und zugunsten des Glaubens zog. Einmal schrieb er[14], er
»wünschte kein Philosoph zu sein, wenn dies Rebellion gegen den Apostel

Paulus bedeutet, und auch kein Aristoteles, wenn das bedeutet, sich von Christus abzuwenden.« Und es besteht auch kein Zweifel daran, daß eher konservativ denkende Persönlichkeiten wie der Klosterreformator Bernhard von Clairvaux, der gegen ihn wetterte, ihn als gefährlichen Meister der philosophischen Methodik betrachteten. Als sich eine Gefolgschaft begeisterter Studenten Abaelard anschloß, sah sich Bernhard wahrscheinlich in seinen schlimmsten Befürchtungen bestätigt.

In der Arbeit von Anselm, Abaelardus und gleichgesinnten Zeitgenossen zeigen sich Ansätze eines Konflikts zwischen Glauben und Verstand. Auf überzeugende Weise stellten Anselm und Abaelardus Fragen wie beispielsweise: Wie gelangt man im Bereich der Theologie zu »Erkenntnis«? Lassen sich die rationalen Methoden anderer akademischer Fächer (Logik, Naturphilosophie und Recht) auch auf die Theologie anwenden, oder unterwirft sich die Theologie irgendeinem anderen Meister? Wie ist der Konflikt zwischen der Vernunft (der griechischen Philosophie) und der Offenbarung (den in der Bibel enthaltenen Wahrheiten) zu lösen? Die Beschäftigung mit solchen Fragen lenkte von der Wiederentdeckung alter intellektueller Errungenschaften ab und hielt die Philosophen und Theologen des dreizehnten und vierzehnten Jahrhunderts in Atem. Mit der Übersetzung der gesamten griechischen und islamischen philosophischen und wissenschaftlichen Literatur, die zu diesem Zeitpunkt kurz bevorstand, sollte sich dieses Problem nur noch verschärfen. Im Folgenden (Kap. 10) werden wir auf dieses Thema zurückkommen.

## Naturphilosophie in den Schulen des zwölften Jahrhunderts

Die Naturphilosophie nahm in den Schulen des zwölften Jahrhunderts keine Zentralstellung ein, aber immerhin profitierte sie von der allgemeinen geistigen Erneuerung. Der Eifer, mit dem sich die Gelehrten die lateinischen Klassiker aneigneten, erstreckte sich auch auf die Klassiker der Naturphilosophie – auf Platons *Timaios* einschließlich der Kommentare von Calcidius, Martianus Capellas *Hochzeit Merkurs und der Philologie,* Macrobius' *Scipios Traum,* Senecas *Naturales Quaestiones,* Ciceros *Wesen der Götter* und die Werke von Augustinus, Boethius und Johannes Scotus Eriugena. Die meisten dieser Texte sind von Platon beeinflußt, und die Gelehrten, welche sie analysierten, fühlten sich von der platonischen Kosmologie unwiderstehlich angezogen. Der *Timaios* – die zusammenhängendste Erörterung kosmologischer und physikalischer Probleme, die zu jener Zeit verfügbar war – in dem man es direkt mit Platons eigenen Worten zu tun hat, trat in den Mittelpunkt der naturphilosophischen Diskussion. Diese Zentralstellung wiederum führte dazu, daß der *Timaios*

*Abb. 9.5: Gott als Architekt des Universums. Wien, Österreichische National-
bibliothek, MS 2554, Fol. Iv (13. Jh.).*

im zwölften Jahrhundert auf der Tagesordnung der Naturphilosophie stand und ihren Inhalt bestimmte. Das bedeutet jedoch nicht, daß der Platonismus im zwölften Jahrhundert vollkommen oder auch nur weitgehend konkurrenzlos bestand: Bestimmte stoische Ideen fanden Eingang in das platonische Umfeld; gegen Ende des Jahrhunderts machte sich der Einfluß der physikalischen und metaphysischen Werke bemerkbar; und im dreizehnten Jahrhundert wich die platonische Philosophie allmächlich dem Ansturm der Aristoteliker. Doch zunächst einmal nahm Platon eine führende Stellung ein.[15]

Aber Platon war ein vielseitiger Führer, und die Führung Platons konnte ganz Unterschiedliches bedeuten. Beim *Timaios* handelt es sich in erster Linie um einen Bericht über die Erschaffung des Kosmos durch einen göttlichen Handwerker. Das offensichtliche und dringendste Anliegen war daher die Vereinbarung der platonischen Kosmologie (oder jenes als »Kosmogonie« bekannten Aspektes der Kosmologie, die sich mit den Ursprüngen beschäftigt) mit dem Schöpfungsberichts aus der Genesis, wie ihn die Kirchenväter über die Jahrhunderte hinweg erklärt hatten. Oder, um es anders auszudrücken, es stellte sich die Aufgabe, die gesamten aus den Werken Platons und anderer Wissenschaftler des Altertums zu gewinnenden Kenntnisse im Bereich der Kosmologie und der Physik auf die Erläuterung des Schöpfungsberichts aus der Genesis anzuwenden. Die Wissenschaft, darauf sei noch einmal hingewiesen, sollte noch immer als Magd fungieren.

Im zwölften Jahrhundert widmete sich eine ganze Reihe von hervorragenden Gelehrten diesem Projekt. Einer von ihnen war Thierry von Chartres († nach 1156), ein über die Landesgrenzen hinaus bekannter Lehrer in Chartres und (vielleicht) in Paris. Thierry schrieb einen Kommentar zu den sechs Tagen der Schöpfung, in welchem es ihm gelang, den Inhalt der platonischen Kosmologie (ebenso wie Teile der aristotelischen und stoischen Naturphilosophie) in den biblischen Text hineinzulesen. Ein vorrangiges Anliegen war es, die in der Genesis beschriebene spezifische Abfolge der göttlichen Schöpfungsakte zu erklären. Thierry zufolge schuf Gott ganz am Beginn der Zeit die vier Elemente. In allem was folgte, entfaltete sich lediglich die in diesem ersten Schöpfungsakt bereits enthaltene natürliche Ordnung. Einmal geschaffen, geriet das Feuer (aufgrund seiner Leichtigkeit, die keinen Stillstand erlaubt) sofort in Rotationsbewegung und beleuchtete gleichzeitig die Luft, so daß Tag und Nacht entstanden (der erste Tag der Schöpfung). Während der zweiten Umdrehung des Feuerhimmels erhitzte das Feuer die Gewässer, so daß sie als Dampf emporstiegen und schließlich über der Luft hängenblieben und das bildeten, was der biblische Text als »Wasser über dem Firmament« bezeichnet (der zweite Tag). Nachdem die Wassermenge unten auf der Erde sich aufgrund der Verdampfung verringert hatte, tauchte das Festland aus der

See auf (dritter Tag). Eine weitere Erhitzung des Wassers über dem Firmament führte zur Bildung von Himmelskörpern, die aus Wasser bestanden (vierter Tag). Und schließlich entstanden aufgrund der Erwärmung des Landes und der unteren Gewässer pflanzliches, tierisches und menschliches Leben (fünfter und sechster Tag).[16]

Das ist ein sehr verkürzter und unvollständiger Überblick über Thierrys Kommentar, aber er genügt, um den Charakter des philosophischen Programms aufzuzeigen, dem sich er und verschiedene seiner Zeitgenossen unter platonischem Einfluß widmeten. Vom heutigen Standpunkt aus gesehen, mag Thierrys Kosmologie nicht gerade hochentwickelt erscheinen. Aber wichtig daran ist, daß sie nach dem Vorbild Platons den direkten Eingriff der Gottheit auf den Anfangsmoment der Schöpfung beschränkt. Alles was danach geschieht, hat natürliche Ursachen; Bewegung und Reaktionen der Elemente entsprechen ihrer Natur; sie werden als Samen (die »Keimkräfte« der stoischen Philosophie, wie sie Augustinus übernahm) den Dingen der Schöpfung eingepflanzt und durchlaufen einen natürlichen Entwicklungsprozeß. Selbst für das Erscheinen von Adam und Eva und den nachfolgenden menschlichen Wesen war kein Wunder, kein göttlicher Eingriff vonnöten.

Dieser Naturalismus ist eines der hervorstechenden Elemente der Naturphilosophie im zwölften Jahrhundert. Er findet sich in Kommentaren zu den Schöpfungstagen (vielleicht die geeignetste Stelle, wenn ein Naturphilosoph seine naturalistischen Neigungen darlegen will), aber auch in allgemeiner gehaltenen Abhandlungen über Naturphilosophie, wie sie beispielsweise Wilhelm von Conches, Adelardus von Bath, Honorius von Autun, Bernhardus Silvestris und Clarembaldus von Arras verfaßten (die meisten dieser Gelehrten stammten aus den nordfranzösischen Schulen). Natürlich waren sich diese Männer nicht in allen Einzelheiten ihrer Kosmologie und ihrer Physik einig, gemeinsam war ihnen aber ein neuer Naturbegriff. Sie betrachteten die Natur nämlich als eine eigenständige, rationale Wesenheit, deren Vorgänge nach den ihr eigenen Prinzipien ohne Einmischung von außen ablaufen. Immer deutlicher empfanden die Gelehrten die Existenz einer natürlichen Ordnung oder eines Naturgesetzes, und mit wachsender Entschlossenheit versuchten sie herauszufinden, bis zu welchem Punkt dieses Prinzip der natürlichen Ursache die Welt zufriedenstellend zu erklären vermochte.[17]

Ein engagierter Vertreter dieses neuen Naturalismus war Wilhelm von Conches († nach 1154), der in Chartres oder Paris (oder auch an beiden Universitäten) studierte und lehrte und danach in den Dienst des Grafen Gottfried von Anjou Plantagenet trat. Dort unterrichtete er den zukünftigen König Heinrich II. von England. Wilhelm entwickelte eine wohldurchdachte Kosmologie und Physik, die auf platonischen Prinzipien gründete (kürzlich übersetzte platonische Quellen lieferten dabei wichtige Zusatzinformationen). In seiner *Philosophie der Welt* griff Wilhelm jene an, die sich allzu schnell auf direkte göttliche Eingriffe beriefen.

Aber da sie selber die Kräfte der Natur nicht kennen, wollen sie nicht, daß jemand sie untersucht, um für ihre Unwissenheit alle (Menschen) als Gefährten zu haben, sondern daß wir wie Bauern glauben und nicht einem Vernunftgrund suchen. ... Wir aber sagen, daß man bei allem nach einem Vernunftgrund suchen muß. ... Aber diese Leute ... wenn sie wissen, daß jemand Untersuchungen anstellt, schreien, jener sei ein Ketzer.

Wie Wilhelm an anderer Stelle klarstellt, war es nicht seine Absicht, göttliches Handeln zu leugnen; vielmehr wollte er sagen, daß Gottes Werk sich in den natürlichen Kräften äußert und daß es die Aufgabe des Philosophen sei, mit diesen Kräften alles zu erklären, was damit erklärbar sei. Ungefähr zur gleichen Zeit machte Adelard von Bath (um 1116–1142) die gleiche Aussage. Er forderte, daß nur dann Zuflucht zu Gott genommen werden sollte, wenn alle natürlichen Erklärungen nicht ausreichten. Und wenig später riet Andreas von St. Victor in seiner Besprechung biblischer Ereignisse[18]: »Bei der Auslegung der Schrift, wenn das beschriebene Ereignis keine natürliche Erklärung zuläßt, dann und nur dann sollten wir uns auf Wunder berufen.«

Diese Einstellung mag uns sehr vernünftig erscheinen, aber sie war auch sehr gefährlich. Wie konnte man bei der engagierten Suche nach natürlichen Ursachen (der sich die Naturphilosophen des zwölften Jahrhunderts widmeten) die direkte Widerlegung des Wunders vermeiden – was für einen christlichen Gelehrten vollkommen unakzeptabel gewesen wäre? Konnten die Gelehrten das in dieser Position geforderte empfindliche Gleichgewicht zwischen Glauben und Unglauben aufrechterhalten? Wilhelm von Conches sprach das Problem direkt an und verwies auf den Unterschied zwischen der Aussage, daß es in Gottes Macht stehe, eine Handlung zu vollziehen, und der Aussage, daß Gott sie tatsächlich vollzogen habe. Mit Sicherheit tat Gott nicht alles, wozu er in der Lage war. Wilhelm von Conches fügte hinzu, daß er (ebenso wie seine »naturalistischen« Kollegen) mit seiner Philosophie Gottes Macht und Erhabenheit nicht schmälere, da schließlich auf der Welt alles nur auf göttliche Veranlassung hin geschehe. »Ich nehme Gott nichts weg; alle Dinge dieser Welt sind von Gott geschaffen, bis auf das Böse; aber andere Dinge schuf er durch das Wirken der Natur, welche selbst das Instrument göttlichen Wirkens ist.« Ja, das Studium der physikalischen Welt lasse uns erst die »göttliche Macht, Weisheit und Güte« erkennen.[19] Wer nach sekundären Ursachen suche, leugne damit nicht die Existenz und Erhabenheit der primären Ursache, sondern bestätige diese.

Auch andere philosophische Manöver dienten dazu, die Spannung zu verringern. Die Existenz von Wundern ließ sich mit der Starrheit der Natur vereinbaren, wenn man davon ausging, daß es sich bei Wundern um ein echtes Außerkraftsetzen der üblichen Naturgesetze handelte, und gleichzeitig behauptete, daß Gott diese Aufhebung der Naturgesetze vom Beginn der Schöpfung an eingeplant und in den kosmischen Apparat eingebaut hatte, so daß sie im weiteren Sinne durchaus natürlich bleiben. Außerdem konnte man von einer starren natürlichen Ordnung sprechen, ohne die göttliche Allmacht und Freiheit in Frage zu stellen, wenn man davon ausging daß (a) Gott die unbegrenzte Freiheit besaß, jede Welt zu schaffen, die er wünschte und (b) daß er sich aber tatsächlich dazu entschieden hatte, gerade unsere Welt zu schaffen, und sich, nachdem er seine schöpferische Tätigkeit abgeschlossen hatte, nicht mehr in das fertige Produkt einmischen wollte. Diese letztere Unterscheidung sollte sich für den weiteren Umgang mit dieser Problematik im dreizehnten und vierzehnten Jahrhundert als ausschlaggebend erweisen.[20]

Manche heutigen Leser sind vielleicht geneigt, all dies als ungerechtfertigte Einmischung der Theologie in das Territorium der Wissenschaft zu werten. Aber wenn wir das zwölfte Jahrhundert verstehen wollen, dann müssen wir unbedingt begreifen, daß ein Außenstehender des zwölften Jahrhunderts das Ganze genau umgekehrt gesehen hätte – nämlich als eventuell gefährliches Vordringen der Philosophie auf das Territorium der Theologie. Neu und bedrohlich war nicht die Anwesenheit der Theologie innerhalb der Grenzen der Philosophie, wo sie sich von jeher angesiedelt hatte, sondern die Anwendung der Philosophie auf einen Bereich, in dem die Theologie bislang unangefochten geherrscht hatte. Kritikern der Naturphilosophen des 12. Jahrhunderts erschien es, als wäre die Philosophie auf dem besten Weg, ihre Stellung als Magd abzuschütteln.

Nun möchten wir verschiedene andere Aspekte der Naturphilosophie des zwölften Jahrhunderts kurz zusammenfassen. Der *Timaios* und ihn stützende Quellen vertreten nicht nur die Vorstellung einer starren natürlichen Ordnung; sie bezeichnen den Menschen auch als Teil dieser Ordnung: Er ist denselben Gesetzen und Prinzipien unterworfen, so daß man davon ausgehen konnte, daß die Untersuchung des menschlichen Daseins sich im Einklang befand mit der Untersuchung des Universums im allgemeinen. Häufig wurde diese Position noch deutlicher ausgedrückt, nämlich durch die Makrokosmos-Mikrokosmos-Analogie: Menschen sind nicht nur ein Teil des Kosmos, tatsächlich sind sie sogar Miniaturausgaben desselben. Daraus folgt, daß der Kosmos und das Individuum durch strukturelle und funktionale Analogie zu einer engen Einheit verbunden sind. Zum Beispiel besteht der Kosmos aus den vier Elementen, die von der Weltseele belebt werden (über deren genaue Eigenschaften wurden im zwölften Jahrhundert ausführliche Diskussionen geführt), und ebenso setzt sich auch der Mensch aus Körper (den vier Elementen) und Seele zusammen.

Nachdem die Menschheit auf diese Weise zu einem Teil der natürlichen Ordnung erklärt worden war, wuchs im zwölften Jahrhundert das Interesse der Gelehrten am »natürlichen Menschen« und seinen Fähigkeiten: d.h. dem Menschen, wie er sich unabhängig von der göttlichen Gnade darstellte. (Deswegen sprechen manche Historiker von einem »Humanismus« des zwölften Jahrhunderts). In diesem Zusammenhang wurde immer wieder der Wert des menschlichen Verstandes betont. Dieser sei Teil der natürlichen Ordnung, nehme an ihren Rhythmen und ihrer Harmonie teil und sei daher ein besonders geeignetes Instrument bei der Untersuchung des Kosmos.[21]

In engem Zusammenhang mit der Makrokosmos-Mikrokosmos-Analogie stand die Astrologie. Die Astrologie war im frühen Mittelalter in Verruf geraten, weil die Kirchenväter sich gegen sie ausgesprochen hatten. Augustinus kritisierte sie als eine Form der Abgötterei (da sich ihr Ursprung aus der Verehrung von Astralgottheiten herleitete) und weil sie zu einer fatalistischen Haltung und der Leugnung eines freien Willens führte. Aber unter dem Einfluß des im zwölften Jahrhundert praktizierten Platonismus und ebenso durch den neugewonnenen Zugang zu arabischer Literatur aus den Bereichen Astronomie und Astrologie in Übersetzungen gewann die Astrologie ein gewisses Ansehen zurück. Dem *Timaios* zufolge, soll der Demiurg die Planeten oder Himmelsgötter geschaffen haben, übertrug diesen jedoch anschließend die Verantwortung für die Schaffung der anderen Lebensformen in den unteren Gefilden. Dieser phantasieanregende Bericht führte in Verbindung mit der Vorstellung von einer kosmischen Einheit, der Analogie zwischen Makrokosmos und Mikrokosmos und gewissen von Alters her bekannten Zusammenhängen zwischen Erscheinungen am Himmel und auf der Erde (die Jahreszeiten, die Gezeiten) und noch gesteigert durch die eben erst angefertigten Übersetzungen astrologischer Werke aus dem Arabischen zu einem Wiederaufleben des Interesses an der Astrologie und auch des Glaubens an Astrologie. An dieser Stelle wollen wir nicht näher auf Theorie und Praxis der Astrologie eingehen (s. dazu Kap. II). Wichtig für unser Thema ist jedoch die Feststellung, daß die Astrologie des zwölften Jahrhunderts sich nicht mit Übernatürlichem befaßte; ganz im Gegenteil: gepflegt wurde sie von den *Naturphilosophen* des zwölften Jahrhunderts gerade deswegen, weil sie mit der Untersuchung der *natürlichen* Kräfte, die Himmel und Erde verbanden, zusammenhing.[22]

Und schließlich stellt sich die Frage: hatten die mathematischen Aspekte der platonischen Philosophie – wie zu erwarten wäre -irgendeinen Einfluß auf das Denken im zwölften Jahrhundert? Das hatten sie tatsächlich – aber in einer Form, die den heutigen Leser vielleicht überraschen wird. In der ersten Hälfte des zwölften Jahrhunderts wurde Mathematik nicht dazu verwendet, die Naturgesetze quantitativ auszudrücken oder eine geometrische Darstellung der natürlichen Erscheinungen zu entwickeln, sondern dazu, Fragen zu beantworten, die wir heute dem Bereich der Metaphysik oder der Theologie zuordnen würden. Das ist ein äußerst vielschichtiges Thema, auf das wir uns nicht im Detail einlassen können, aber vielleicht reicht ein Beispiel, um zumindest die Richtung anzudeuten. In der Nachfolge von Boethius betrachteten die Gelehrten des zwölften Jahrhunderts die Zahlentheorie (insbesondere das Verhältnis der Zahl 1 zu den anderen Zahlen) als Mittel, welches das Verständnis der Beziehungen zwischen der göttlichen Einheit und der Vielheit der geschaffenen Dinge förderte. Auf diese letztere bezog sich Thierry von Chartres mit seinem Ausspruch: »Wer Zahlen schafft, schafft Dinge.« Mathematik diente im zwölften Jahrhundert auch als Modell der axiomatischem Beweismethode. Ein allgemeiner gefaßter Begriff vom wissenschaftlichen Nutzen der Mathematik konnte erst später im Jahrhundert entstehen, als die mathematischen Kenntnisse der Griechen und Araber Eingang in die abendländische Kultur fanden.[23]

# Die Übersetzungswelle

Die Wiederentdeckung der wissenschaftlichen Bildung nahm ihren Anfang, als die Gelehrten versuchten, sich die traditionellen lateinischen Quellen anzueignen und aus ihnen zu schöpfen. Doch noch vor Ende des zwölften Jahrhunderts kam es durch den Einfluß eben erst aus dem Griechischen oder Arabischen übersetzter neuer Bücher, die neues Gedankengut enthielten, zu einem Umbruch. Zuerst floß dieses neue Material, welches das geistige Leben im Westen vollkommen verändern sollte, nur als Rinnsal, später war es eine wahre Flut. Bis zu diesem Zeitpunkt hatte Westeuropa sich bemüht, die geistigen Verluste auf einem Mindestmaß zu halten. Danach aber stellte sich ein ganz anders geartetes Problem: Wie sollte ein solcher Strom neuer Gedanken bewältigt werden?[24]

Die Trennung zwischen Osten und Westen war natürlich niemals hermetisch gewesen. Es gab immer Reisende und Händler, und in der Nähe der Grenzen lebten zu jeder Zeit zahlreiche zwei- oder mehrsprachige Menschen. Es gab auch diplomatische Kontakte zwischen Byzanz und den moslemischen und lateinischen Höfen: Ein früher und bedeutender Fall war der Austausch von Gesandten (beides Gelehrte) zwischen den Höfen Ottos des Großen in Frankfurt und Abd ar-Rahman (I., 731–788) in Cordoba, der etwa 950 n. Chr. stattfand. Beispiel für einen andersgearteten Kontakt ist Gerberts Wallfahrt in den 960er Jahren nach Nordspanien, wo er die arabische Mathematik studierte. Wenn man solche Ereignisse im Einzelnen betrachtet, erscheinen sie recht unbedeutend; aber in ihrer Gesamtheit schufen sie in der westlichen Mentalität allmählich den Eindruck, daß im Islam und (in geringerem Maße) in Byzanz die eigentlichen Quellen geistigen Reichtums lagen. Westliche Gelehrte, die zum Wachstum des Wissens in lateinischen Christentums beitragen wollten, erkannten, daß der beste Weg dahin über den Kontakt zu diesen geistig überlegenen Kulturen führte.

Die ersten Übersetzungen aus dem Arabischen – verschiedene Abhandlungen über Mathematik und das Astrolabium – wurden Ende des zehnten Jahrhunderts in Spanien angefertigt. Ein Jahrhundert später gelangte ein Nordafrikaner, der Benediktinermönch Konstantin (um 1065–1085 n. Chr.), ins Kloster von Monte Cassino in Süditalien. Dort begann er, medizinische Abhandlungen aus dem Arabischen ins Lateinische zu übersetzen. Dazu zählten auch die Werke von Galen und Hippokrates, die zur Grundlage jener medizinischen Literatur wurden, auf die der Westen jahrhundertelang aufbauen sollte.[25]

Sobald diese ersten Übersetzungen vorlagen, fanden die Europäer Geschmack an der Sache. Von der ersten Hälfte des zwölften Jahrhunderts an entwickelte sich das Übersetzen zu einer wichtigen Aufgaben der Gelehrten; Spanien befand sich dabei im geographischen Brennpunkt. (Der durch die Kreuzzüge entstehende Kontakt zum Nahen Osten führte kaum zu neuen Übersetzungen). Spanien hatte den Vorteil, daß es über eine blühende arabische Kultur und in breitem Umfang über arabische Literatur verfügte. Außerdem gab es dort Christengemeinden (die Mozaraber), die unter moslemischer Herrschaft ihren Glauben hatten beibehalten dürfen und die nun zur Vermittlung zwischen den beiden Kulturen beitragen konnten. Infolge der christlichen Rückeroberung Spaniens gelangten Zentren der arabischen Kultur und ganze Bibliotheken arabischer Bücher in die Hände der Christen. Toledo, das wichtigste der Zentren, fiel im Jahre 1085 n. Chr., und im Verlauf des zwölften Jahrhunderts fing man, nicht zuletzt dank der großzügigen Förderung durch die örtlichen Bischöfe, damit an, die Reichtümer aus dieser Bibliothek ernsthaft auszuwerten.

Einige der Übersetzer waren in Spanien geboren und sprachen von Kindesbeinen an fließend arabisch. So ein Mann war Johannes von Sevilla (um. 1133–1142), vermutlich ein Mozaraber, der eine große Zahl astrologischer Werke übersetzte. Ein weiterer war der aus einem der christlichen Staaten Nordspaniens stammende Hugo von Santalla (um 1145), dieser übertrug Texte zu Astrologie und Weissagung ; ein weiterer Übersetzer, einer der fähigsten überhaupt, war Markus von Toledo (um 1191 –1216), der verschiedene Texte Galens übersetzte. Weitere Übersetzer kamen aus dem Ausland: Robert von Chester (um 1141–1150) kam aus Wales, Hermann der Dalmatier (um 1138–1142) war Slawe, und Platon von Tivoli (um 1132–1146) war Italiener. Vermutlich verfügten diese Männer zum Zeitpunkt ihrer Ankunft in Spanien über keinerlei Arabischkenntnisse. Doch kaum waren sie da, besorgten sie sich einen Lehrer, lernten Arabisch und nahmen ihre Übersetzertätigkeit auf. Mitunter taten sie sich mit zweisprachigen Einheimischen zusammen (vielleicht einem Mozaraber oder Juden, der sowohl die arabische wie die Landessprache beherrschte) und übersetzten dann in Gemeinschaftsarbeit.

Der bedeutendste Übersetzer aus dem Arabischen ins Lateinische war zweifellos Gerhard von Cremona (ca. 1114–1187).[26] Gerhard kam auf der Suche nach Ptolemaios' *Almagest* Ende der 1130er oder 1140er aus Norditalien nach Spanien. Nachdem er dieses Werk zuvor nirgendwo hatte ausfindig machen können, fand er ein Exemplar davon in Toledo. Er blieb in der Stadt, lernte Arabisch und übertrug den Text schließlich ins Lateinische. Aber er entdeckte auch Texte zu allen möglichen anderen Themen, und im Verlauf der nächsten fünfunddreißig oder vierzig Jahre übersetzte er (möglicherweise mit der Hilfe eines Stabs von Assistenten)[27] viele dieser Schriften. Seine Produktion ist ganz erstaunlich: Sie umfaßt mindestens ein Dutzend Texte über Astronomie, darunter den *Almagest* ; siebzehn Schriften zur Mathematik und Optik, darunter Euklids *Elemente* und Al-Chwarismis *Algebra*, vierzehn Werke über Logik und Naturphilosophie, darunter Aristoteles' *Physik, Über den Himmel, Meteorologie* und *Über Werden und Vergehen* und vierundzwanzig medizinische Schriften, einschließlich Avicennas großes Werk *Kanon der Medizin* und neun Traktate Galens. Insgesamt umfaßt sein Übersetzungswerk siebzig oder achtzig Bücher; jedes einzelne von einem Mann, der beide Sprachen beherrschte und gleichzeitig von den behandelten Themen einiges verstand, sorgfältig und originalgetreu übersetzt.

Übersetzungen aus dem Griechischen hatte es zu jeder Zeit gegeben: Es sei erinnert an Boethius im sechsten und Eriugena im neunten Jahrhundert. Aber im zwölften Jahrhundert setzte die Übersetzung aus dem Griechischen neu ein und erlebte einen ungeheuren Aufschwung. Wichtigster Schauplatz dieser Arbeit war Italien, insbesondere der Süden des Landes (einschließlich Sizilien). Dort hatte es immer griechischsprachige Gemeinden und mit griechischen Büchern bestückte Bibliotheken gegeben. Italien profitierte auch von seinem andauernden Kontakt zum Byzantinischen Reich. Ein bedeutender früher Übersetzer war Jakob von Venedig (um 1136–1148), ein mit den byzantinischen Philosophen in Verbindung stehender Rechtsgelehrter, der eine Sammlung aristotelischer Schriften übersetzte. Eine Reihe wichtiger Werke über Mathematik und mathematische Wissenschaften erschien ungefähr zur Mitte des Jahrhunderts in einer griechisch-lateinischen Übersetzung: Ptolemaios' *Almagest* (es läßt sich nicht feststellen, ob sie jünger oder älter ist als die Übersetzung Gerhards aus dem Arabischen) und Euklids Werke *Elemente, Optik* und *Katoptrik*.

Die Welle von Übersetzungen aus dem Griechischen ins Lateinische zog sich bis ins dreizehnte Jahrhundert hinein; am bedeutendsten war in dieser Zeit das Schaffen von Wilhelm von Moerbeke (um 1260–1286). Es war Moerbekes Anliegen, die lateinische Christenheit mit einer vollständigen und zuverlässigen Übersetzung des Gesamtwerkes von Aristoteles auszurüsten. Soweit möglich bearbeitete er bereits vorliegende Übersetzungen, und wo es nötig war, fertigte er Neuübersetzungen aus dem Griechischen an. Moerbeke übersetzte außerdem einige der wichtigsten Kommentatoren des Aristoteles, eine Reihe neuplatonischer Autoren und verschiedene mathematische Schriften von Archimedes.[28]

Abschließend eine Bemerkung zur Motivation für die Übersetzung und die Auswahl der zu übersetzenden Texte: Die Arbeit hatte eindeutig (breit gefaßten) praktischen Wert. Medizin und Astronomie standen im zehnten und elften Jahrhundert an erster Stelle; Anfang des zwölften Jahrhunderts lag der Schwerpunkt offenbar mehr auf der Astrologie; daneben wurden auch Abhandlungen über Mathematik übersetzt, soweit diese für das erfolgreiche Betreiben von Astronomie und Astrologie erforderlich waren. Die Grundlagen sowohl der Medizin wie auch der Astrologie lagen in der Philosophie; und wenn man sich von der zweiten Hälfte des zwölften Jahrhunderts an und dann das gesamte dreizehnte Jahrhundert hindurch die Mühe machte, die physikalischen und metaphysischen Werke von Aristoteles und seinen Kommentatoren (darunter die Moslems Avicenna und Averroës) zu übersetzen, dann ging es dabei zumindest teilweise darum, eben diese philosophischen Grundlagen wiederzuentdecken und zu verstehen. Nachdem das Gesamtwerk von Aristoteles erst einmal bekannt war, wurde es natürlich schnell offensichtlich, daß sich sein philosophisches System auf ein umfangreiches Spektrum der in den Schulen behandelten wissenschaftlichen Fächer anwenden ließ.[29]

Ende des zwölften Jahrhunderts standen dem lateinischen Christentum große Teile der philosophischen und wissenschaftlichen Kenntnisse der Griechen und Araber wieder zur Verfügung. Im Verlauf des dreizehnten Jahrhunderts wurden viele der verbleibenden Lücken geschlossen. Diese Bücher gelangten rasch in die wichtigen Bildungszentren und trugen dort zur Bildungsreform bei. Im nächsten Kapitel werden wir uns mit einigen der von diesen neu übersetzten Werken ausgelösten Konflikte beschäftigen.

## Der Aufstieg der Universitäten

Eine typische städtische Schule im Jahr 1100 war klein – es gab nur einen einzelnen Meister oder Lehrer und vielleicht zehn oder zwanzig Schüler. Im Verlauf des nächsten Jahrhunderts nahmen die Schulen an Zahl und Umfang gewaltig zu. Uns stehen kaum genaue Angaben zur Verfügung, aber zweifellos ging um das Jahr 1200 die Zahl der Schüler in den führenden Bildungszentren wie etwa Paris, Bologna oder Oxford in die Hunderte. Eine gewisse Vorstellung vom Ausmaß der »Bevölkerungsexplosion« an

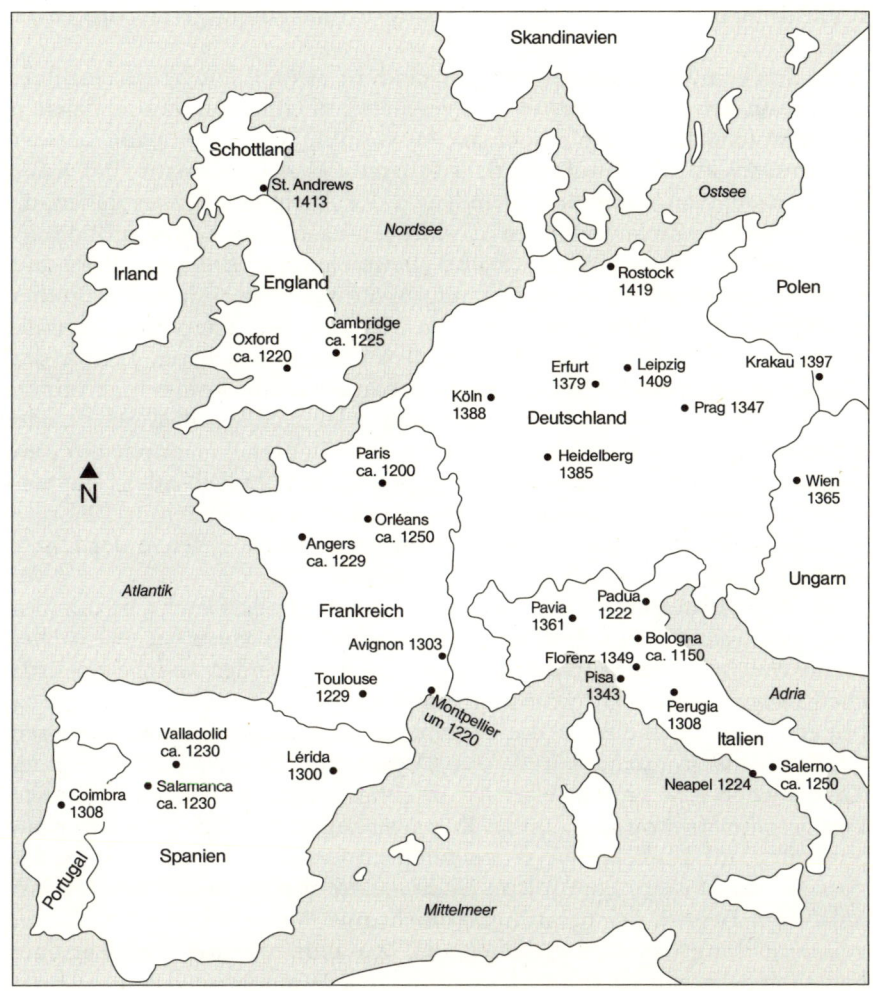

*Karte 6: Die Universitäten des Mittelalters.*

den Schulen vermittelt die Tatsache, daß in Oxford in den Jahren zwischen
1190 und 1209 n. Chr. mehr als siebzig Lehrer tätig waren.[30] Eine Renaissance des Bildungswesens war angebrochen, und zurückzuführen war sie
auf den Wohlstand Europas, die dem gebildeten Menschen offenstehenden
verlockenden Aufstiegschancen und die in der Geisteswelt von Lehrern
wie Petrus Abaelardus ausgelösten Spannungen. Aus dieser Renaissance
ging eine neue Institution hervor: die europäische Universität. Diese sollte
für die Weiterentwicklung der Naturwissenschaften eine entscheidende

Rolle spielen. Wir möchten kurz auf ihre Entstehungsgeschichte eingehen.

Da uns keine Dokumente erhalten sind, ist es unmöglich, die einzelnen
Schritte in der Entstehung der Universitäten detailliert nachzuvollziehen.
Sicher ist jedoch, daß die erhebliche Ausweitung des Bildungsangebots auf
elementarer Ebene (d.h. Unterricht in lateinischer Grammatik, der Kunst
des Kirchengesangs und den Grundlagen der Arithmetik) unter denen, die
höhere geistige Ziele verfolgten, das Streben nach einer höheren Bildungs-
stufe auslöste. Verschiedene Städte, beispielsweise Bologna, Paris und
Oxford, erwarben sich einen Ruf aufgrund ihrer weiterführenden Studien
im Bereich der schönen Künste, der Medizin, der Theologie oder der
Rechtswissenschaften; und so zogen diese Städte in Scharen Lehrer und
Schüler an. War ein Lehrer in einer solchen Stadt angekommen, eröffnete
er unter der Schirmherrschaft einer bestehenden Schule sein Geschäft, oder
er arbeitete als unabhängiger, freiberuflicher Lehrer. Er annoncierte, um
Schüler anzuwerben, und bot diesen gegen Gebühr Einzel- oder Gruppen-
unterricht (etwa wie heutzutage ein Musik- oder Tanzlehrer). Normalerweise stellte der Lehrer die Räume zur Verfügung, in denen der Unterricht stattfand.

Mit dem Ansteigen der Schülerzahlen kam der Bedarf nach Organisation
– es galt, Rechte und Privilegien und den Rechtsschutz sicherzustellen
(denn viele der Lehrer und Studenten waren Ausländer, welche die örtlichen Bürgerrechte nicht genossen), das Bildungswesen unter Kontrolle zu
bringen und allgemein für das Wohlbefinden aller Beteiligten zu sorgen.
Glücklicherweise stand bereits ein Organisationsmodell zur Verfügung:
Zur gleichen Zeit entwickelte sich in einigen Handwerks- und Handels-
zweigen die Struktur der Zünfte. Es war naheliegend, daß sich Lehrer und
Studenten auf ähnliche Weise freiwillig zu Gemeinschaften oder Gilden
zusammenschlossen. Eine solche Gilde nannte man »Universität [*Universi-
tas*]« – ein Begriff, der ursprünglich nicht mit Wissenschaft oder Bildung
zusammenhing, sondern lediglich den Zusammenschluß von Personen
bedeutete, die gemeinsame Ziele verfolgten. Wichtig ist, daß es sich bei
einer Universität also nicht um ein Stück Land oder einem Gebäudekom-
plex oder gar um ein Statut handelte, sondern um den Zusammenschluß
oder eine Innung von Lehrern (man nannte sie »Magister«) oder Studenten.
Weil die Universität ursprünglich also keine Immobilien besaß, war sie
äußerst mobil und konnte eine Stadt unter Druck setzen, indem sie drohte,
ihre Zelte abzubrechen und sich in einer anderen Stadt niederzulassen –
damit ließen sich den örtlichen Behörden immer wieder Zugeständnisse
abringen.

Es ist unmöglich, für irgendeine der frühen Universitäten ein genaues
Gründungsjahr anzugeben, und zwar einfach deswegen, weil sie nicht
gegründet wurden, sondern sich allmählich aus den bereits existierenden

Schulen entwickelten – ihr Statut erhielten sie erst, als die Tatsachen bereits geschaffen waren. Üblicherweise wird jedoch angenommen, daß die Magister von Bologna etwa um das Jahr 1150 n. Chr. ihren Universitätsstatus erlangt hatten, jene von Paris um 1200 und jene von Oxford um 1220 n. Chr. Danach orientierten sich neugegründete Universitäten im allgemeinen an einem dieser drei Modelle.[31]

Zu den Zielen dieser Innungen gehörte die Sicherung der Selbstbestimmung und des Monopols – und damit die Kontrolle des Bildungswesens. Allmählich konnten sich die Universitäten immer besser gegen Einflüsse von außen absichern; es war ihnen damit möglich, ihre eigenen Maßstäbe und Vorgehensweisen zu entwickeln, den Lehrplan festzulegen, Gebühren zu erheben und akademische Grade zu verleihen und zu bestimmen, wer zu Studium oder Lehre zugelassen wurde. Diese Freiheiten ergaben sich daraus, daß ihre Schirmherren in den höchsten Rängen saßen – es waren Päpste, Kaiser und Könige. Diese boten ihnen Schutz, garantierten für Privilegien, gewährten Immunität gegen die Rechtssprechung und Besteuerung der jeweiligen Städte und stellten sich allgemein in einer Reihe von Machtkämpfen auf die Seite der Universitäten. Diese wurden als lebenswichtige Bereicherungen betrachtet, die man sorgfältig fördern und, wenn es die Umstände erforderten, verständnisvoll disziplinieren mußte. Erstaunlich ist, daß sich diese Förderung als so effektiv erwies, während es nur selten und nur in milder Form zu einer Ausübung der Gerichtsbarkeit kam. Wie wir noch sehen werden, griff die Kirche bei verschiedenen Gelegenheiten entscheidend ein, aber größtenteils erbrachten die Universitäten die seltene und bemerkenswerte Leistung, sich Schirmherrschaft und Schutz zu sichern, ohne dadurch ihre Selbständigkeit einzubüßen.[32]

Mit dem Wachstum der Universitäten war auch eine umfangreichere interne Organisation erforderlich. Diese unterschied sich natürlich von Ort zu Ort, aber wir nehmen hier Paris (die wichtigste Universität Nordeuropas) als Beispiel. In Paris bildeten sich vier Fakultäten oder Gilden: eine Vorexaminiertenfakultät der freien Künste (diese war bei weitem die umfangreichste der vier) und drei Graduiertenfakultäten jeweils für die Fächer Recht, Medizin und Theologie. Mit dem Studium der freien Künste sollte man sich auf die Arbeit in den Graduiertenfakultäten vorbereiten; dort wurde man im allgemeinen nur zugelassen, wenn man dieses Grundstudium erfolgreich abgeschlossen hatte. Weil es in der Fakultät der Künste mehr Lehrer gab als an den anderen Fakultäten, war ihr Einfluß an der Universität schließlich maßgeblich.

Ein Knabe trat etwa im Alter von vierzehn Jahren in die Universität ein, nachdem er vorher die Lateinschule absolviert hatte. In Nordeuropa erwarb der Student durch seine Immatrikulation in einer Universität üblicherweise klerikalen Status. Das bedeutet nicht, daß die Studenten Priester oder Mönche waren, sondern lediglich, daß sie dem Schutz und der Gewalt der Kirche unterstellt waren und verschiedene kirchliche Privilegien genossen. Der Student schrieb sich bei einem bestimmten Magister ein (entsprechend der Lehre in Handel und Handwerk), dessen Vorlesungen er drei oder vier Jahre lang besuchte. Dann unterzog er sich der Prüfung zum Erhalt des Grades eines Bakkalaureus (wörtlich: junger Mann). Wenn er sie bestand, war er Bakkalaureus der Künste mit dem Status eines Gesellen und durfte unter Anweisung seines Lehrers bestimmte Vorlesungen halten (etwa wie ein Assistent an unseren Universitäten). Nebenher studierte er weiter und konnte im Alter von einundzwanzig Jahren, nachdem er Vorlesungen in allen erforderlichen Fächern gehört hatte, die Prüfung zum Magister Artium ablegen. Wenn der Student diese Prüfung bestanden hatte, war er vollwertiges Mitglied der Fakultät der Künste und hatte das Recht, alle im Lehrplan der Fakultät enthaltenen Fächer zu lehren.

Verglichen mit den griechischen, römischen oder frühmittelalterlichen Schulen waren die Universitäten von gewaltigem Umfang, aber hinter den Mammutuniversitäten unserer Zeit bleiben sie dennoch weit zurück. Natürlich gab es da große Unterschiede, aber eine typische mittelalterliche Universität entsprach in ihrem Umfang etwa einer kleinen geisteswissenschaftlichen Fakultät in den Vereinigten Staaten – d.h. ihre Studentenzahl lag zwischen 200 und 800. Die bedeutendsten Universitäten waren allerdings um einiges größer: Oxford hatte im vierzehnten Jahrhundert zwischen 1000 und 1500 Studenten; in Bologna war die Zahl ähnlich hoch, und Paris erreichte gar Zahlen von bis zu 2500 oder 2700 Studenten.[33] Aus diesen Zahlen geht hervor, daß nur ein winziger Anteil der europäischen Bevölkerung akademisch gebildet war, aber dennoch sollte man den Einfluß, den diese Bevölkerungsgruppe über die Zeit hinweg ausübte, nicht unterschätzen. Es läßt sich beispielsweise nicht bestreiten, daß die deutsche Kultur weitgehend von jenen mehr als 200 000 Studenten geprägt ist, die in der Zeit zwischen 1377 und 1520 n. Chr. Studien an deutschen Universitäten absolvierten.[34]

Es wäre falsch, anzunehmen, daß die meisten dieser Studenten die Universität mit einem akademischen Titel verließen. Die überwiegende Mehrheit von ihnen brach das Studium nach einem oder zwei Jahren ab – dann hatten sie das für sie erforderliche Wissen erworben, oder das Geld ging aus, oder sie waren zu der Erkenntnis gelangt, daß das akademische Leben ihnen nicht entsprach. Viele von ihnen starben noch vor Abschluß des Studiums – diese Tatsache ruft die im Mittelalter herrschende hohe Sterblichkeitsrate in Erinnerung[35]. Ein Student, der die Prüfung zum Magister Artium abgelegt hatte, mußte häufig zwei Jahre lang als Lehrer an der Universität bleiben (denn in der Fakultät der schönen Künste herrschte chronischer Lehrermangel). Gleichzeitig konnte er jedoch das Studium an einer Graduiertenfakultät aufnehmen, welche den Weg zu weit lukrativeren Stellungen ebneten. Nur wenige dieser Magister der Künste ent-

*Abb. 9.6: Mob Quad, Merton College, Oxford. Das aus dem vierzehnten Jahrhundert stammende Gebäude ist der älteste vollständige quadratische Häuserblock der Universität Oxford.*

*Abb. 9.7: Eingang zu einer spätmittelalterlichen Schule, derzeit Teil der Bodleian Library, Universität Oxford.*

schieden sich endgültig für die Laufbahn eines Lehrers an der geisteswissenschaftlichen Fakultät. Der Studiengang der Medizin (in dem man sich den Titel eines Magisters oder Doktors erwerben konnte) dauerte nach Ablegung der Magisterprüfung in den freien Künsten noch einmal fünf oder sechs Jahre; in der juristischen Fakultät waren es sieben oder acht, in der Theologie zwischen acht und sechzehn weitere Studienjahre. So ein Studium war langwierig und anspruchsvoll, und wer an irgendeiner der drei Graduiertenfakultäten seinen Magister erwarb, fand damit Eingang in eine kleine akademische Elite.

Zum Schluß wollen wir uns den Studienplan ansehen. Im Laufe des Mittelalters entwickelte sich dieser natürlich immer weiter, aber es lassen sich dennoch ein paar allgemeine Aussagen machen.[36] Zunächst gelangte man zu der Ansicht, daß die sieben freien Künste nicht mehr den passenden Rahmen für die Aufgaben der Schule lieferten. Grammatik verlor an Bedeutung, statt dessen wurde im Lehrplan erheblich mehr Betonung auf Logik gelegt. In mittelalterlichen Schulen wurde den Mathematikwissenschaften des Quadrivium nie große Bedeutung zugemessen, und auch an den Universitäten wurden sie nur in geringem Maße gelehrt (bis auf einige Ausnahmen, auf die wir im Folgenden eingehen werden). Der Lehrplan in den freien Künsten wurde durch die drei philosophischen Fächer ergänzt: Moralphilosophie, Naturphilosophie und Metaphysik. Und Medizin, Jura und Theologie wurden später als weiterführende Fächer betrachtet, die man in den Graduiertenfakultäten studieren konnte; zu ihnen wurde man erst zugelassen, nachdem man bereits ein Studium der freien Künste absolviert hatte.

Und zweitens: Wo bleiben nun die Fächer, die wir als Naturwissenschaften bezeichnen? Mit dem Inhalt der verschiedenen Wissenschaften werden wir uns im nachfolgenden Kapitel befassen; hier geht es darum, welchen Platz sie im Lehrplan einnahmen. Die Fächer des Quadrivium wurden üblicherweise unterrichtet, es wurde aber kein besonderer Wert auf sie gelegt. Arithmetik und Geometrie zusammengenommen, mochten zwischen acht und zehn Wochen im Lehrplan des typischen mittelalterlichen Absolventen des Grundstudiums beanspruchen, aber wer sich dafür interessierte, konnte diese Fächer zumindest an den größeren Universitäten häufig studieren. Auf Astronomie wurde mehr Wert gelegt – sie fächerte sich auf in die Zeitrechnung und die Erstellung des religiösen Kalenders einerseits (insbesondere ging es dabei um die Festlegung des Termins für das Osterfest) die theoretischen Grundlagen für das Betreiben von Astrologie andererseits (dabei kam häufig auch die Medizin ins Spiel). Bei den Lehrbüchern handelte es sich um Übersetzungen aus dem Griechischen oder Arabischen (darunter befand sich mitunter auch Ptolemaios' *Almagest*) oder um eigens für diesen Zweck verfaßte neue Bücher. Im Durchschnitt befanden sich die Astronomiekenntnisse auf einem niedrigen

Stand, aber zu manchen Zeiten und an manchen Orten war der Unterricht in diesem Fach doch anspruchsvoll und umfassend. Zweifellos gingen aus den Universitäten einige äußerst tüchtige Astronomen hervor (s. Kap. 11).

Die mathematischen Wissenschaften wurden zwar meistens nur oberflächlich behandelt, dagegen nahm die Naturphilosophie des Aristoteles eine zentrale Stellung im Lehrplan ein. Aus bescheidenen Ansätzen zu Ende des zwölften Jahrhunderts wuchs der aristotelische Einfluß weiter, bis schließlich in der zweiten Hälfte des dreizehnten Jahrhunderts seine Werke über Metaphysik, Kosmologie, Physik, Meteorologie, Psychologie und Naturgeschichte Pflichtlektüre waren. Jeder Student, der die Universität mit einem abgeschlossenen Studium verließ, verfügte über feste Grundkenntnisse der aristotelischen Naturphilosophie. Und schließlich müssen wir darauf hinweisen, daß die Medizin das Glück hatte, ihre eigene Fakultät zu bekommen.[37]

Ein drittes besonders bemerkenswertes Kennzeichen der Lehrpläne war, daß sie in den verschiedenen Universitäten weitgehend übereinstimmten. Bis dahin hatten verschiedene Schulen im allgemeinen auch unterschiedliche Denkrichtungen vertreten. Im Athen des Altertums beispielsweise engagierten sich die Akademie, das Lykeion, die Stoa und der Garten Epikurs jeweils für die Verbreitung rivalisierender und (bis zu einem gewissen Grad) unvereinbarer Philosophien. Dagegen traf man in mittelalterlichen Universitäten zwar auf leicht unterschiedliche Schwerpunkte und Spezialisierungen, sie entwickelten jedoch einen gemeinsamen Lehrplan, der dieselben Fächer enthielt und auf denselben Lehrbüchern basierte.[38] Zum Teil war das eine Reaktion auf den plötzlichen Zustrom griechischen und arabischen Wissensgutes aufgrund der im zwölften Jahrhundert angefertigten Übersetzungen. Durch diese Bewegung verfügten die Gelehrten überall in Europa über eine einheitliche Textsammlung und eine Reihe gemeinsamer Probleme. Ursache und Wirkung zugleich des einheitlichen Lehrplans war die hohe Mobilität der Studenten und Lehrer im Mittelalter. Die Mobilität der Professoren war durch das *ius ubique docendi* (das Recht, überall zu lehren) gewährleistet. Dies wurde automatisch jedem Absolventen eines Studiums verliehen. So durfte ein Absolvent der Universität Paris ungehindert in Oxford lehren, ohne sich dabei geistige Verdauungsbeschwerden zuzuziehen. Das war nur deswegen möglich, weil die an einem Institut unterrichteten Fächer sich nicht wesentlich in Form oder Inhalt von den Lehren eines anderen Instituts unterschieden. Zum erstenmal in der Geschichte kam es zu einer Bildungsmaßnahme auf internationaler Ebene. Dahinter standen Gelehrte, die sich ihrer geistigen und beruflichen Verbundenheit bewußt waren und einer ganzen Generation von Studenten eine standardisierte höhere Bildung ermöglichten.

Viertens vermittelte diese standardisierte Bildung eine Methodologie und Weltanschauung, die in beträchtlichem Maße auf den in den ersten

Kapiteln dieses Buches beschriebenen geistigen Traditionen basierte. In ihrer Methodologie hielten sich die Universitäten an die in der aristotelischen Logik geforderte kritische Untersuchung von aufgestellten Behauptungen. Die aus der Anwendung dieser Methode hervorgehenden Weltbilder vereinigten den Inhalt der griechischen und arabischen Wissenschaft mit den Behauptungen der christlichen Theologie. Weiter unten (insbesondere in Kap. 10) werden wir uns mit den Konflikten bei der Rezeption dieser neuen Kenntnisse und mit Form und Inhalt der daraus entstehenden Synthese befassen. Zunächst einmal soll die Aussage genügen, daß die liberale Partei diesen Konflikt gewann – diese vertrat die Meinung, daß man das Archiv der europäischen Bildung durch die Aufnahme der Früchte griechischer und arabischer wissenschaftlicher Aktivitäten erweitern sollte. So fanden die griechische und die arabische Wissenschaft (fast in ihrer Gesamtheit) schließlich doch noch eine sichere institutionelle Heimat.

Zum Schluß sei noch einmal betont, daß der Magister des Mittelalters innerhalb dieses Bildungssystems umfassende Freiheiten genoß. Das Klischee zeichnet den mittelalterlichen Professor als eine unterwürfige Kreatur ohne Rückgrat, sklavischer Anhänger von Aristoteles und den Kirchenvätern (das Klischee erklärt allerdings nicht, wie es überhaupt möglich ist, gleichzeitig sklavischer Anhänger beider dieser Vorbilder zu sein), der sich scheut, auch nur einen Fingerbreit von den Forderungen der Obrigkeit abzuweichen. Natürlich setzte die Theologie Grenzen, weite Grenzen, aber innerhalb dieser Grenzen genoß der Lehrer im Mittelalter erstaunlich große Meinungsfreiheit; es gab kaum eine philosophische oder theologische Doktrin, welche die Gelehrten der mittelalterlichen Universität nicht genauer Prüfung und Kritik unterwerfen durften. Mit Sicherheit empfand sich der Lehrer des Mittelalters, insbesondere ein auf die Naturwissenschaften spezialisierter Lehrer, nicht als durch althergebrachte oder religiöse Autoritäten eingeschränkt.

# DIE WIEDERENTDECKUNG UND ASSIMILIERUNG DER GRIECHISCHEN UND ISLAMISCHEN NATURWISSENSCHAFT

## *Das neue Bildungsgut*

Die Neubelebung der Bildung des elften und zwölften Jahrhunderts beschleunigte und vertiefte sich im Verlauf des zwölften Jahrhunderts in dem Maße, wie neue Quellen des Wissens erschlossen wurden. Im Jahre 1100 konnte man diese Renaissance noch als eine Bemühung um die Wiederentdeckung und das Verständnis der lateinischen Klassiker interpretieren: bei diesen handelte es sich um die römischen und frühmittelalterlichen Autoren, darunter die lateinischen Kirchenväter, und einige wenige griechische Quellen (beispielsweise Platons *Timaios* und Auszüge aus der aristotelischen Logik), von denen es schon früh lateinische Übersetzungen gab. Es sickerte bereits ein Rinnsal neuer Übersetzungen aus dem Griechischen und dem Arabischen ein, aber dieses zeigte zunächst noch geringe Wirkung. Hundert Jahre später hatte sich dieses Rinnsal zu einem Strom entwickelt, und die Gelehrten kämpften nun tapfer um die Organisation und Assimilation dieses in Spektrum und Umfang überwältigenden neuen Wissensgutes.

Die neuen Bildungsinhalte waren im dreizehnten Jahrhundert zentrales Element des Geisteslebens; sie stellten eine Herausforderung dar, welche die besten Gelehrten des Jahrhunderts vollkommen in Atem hielt. Diese Aufgabe war die Bewältigung des Inhalts der neu übersetzten Texte – das neue Wissen mußte erfaßt und strukturiert, seine Bedeutung eingeschätzt, seine Querverbindungen mußten nachvollzogen, seine inneren Widersprüche aufgedeckt werden, und es sollte auf aktuelle Fragen des intellektuellen Lebens angewendet werden. Die neuen Texte waren aufgrund des breiten Spektrums des von ihnen erfaßten Wissens, ihrer Überzeugungskraft und Nützlichkeit von hohem Interesse. Aber andererseits waren sie auch heidnischen Ursprungs; und, wie die Gelehrten allmählich erkannten, sie enthielten Material, das vom Blickwinkel der Theologie aus eher bedenklich war. Somit standen die Gelehrten des dreizehnten Jahrhunderts vor einer ernüchternden intellektuellen Herausforderung. Ihr Ansatz bei der Erfassung des neuen Materials und ihr Geschick bei seiner Anwendung trugen entscheidend zur Prägung des westlichen Denkens bei.

Die übersetzten Werke waren größtenteils irgendwie nützlich. Schon allein die Tatsache, daß ein Text übersetzt wurde, spricht dafür, daß irgendjemand seine Nützlichkeit höher einschätzte als jedes potentielle Risiko. Fachschriften zu allen möglichen Themenbereichen (Mathematik, Astronomie, Statik, Optik, Meteorologie und Medizin) lösten völlig kritiklose Begeisterungsstürme aus. Offenbar übertrafen diese Texte alles, was in den verschiedenen Fächern bereits vorlag. In vielen Fällen füllten sie Wissenslücken, und dabei enthielten sie keinerlei unangenehme philosophischen oder theologischen Überraschungen. So fügten sich Euklids *Elemente*, Ptolemaios' *Almagest*, Al-Chwarismis *Algebra*, Ibn al-Haithams *Optik* und Avicennas *Kanon der Medizin* friedlich in das Korpus des westlichen Wissens ein. Die folgenden Kapitel beschreiben, wie der Prozeß der Erfassung und Assimilierung dieser und anderer Fachschriften ablief.

Wenn es Probleme gab, dann stellten sich diese in breiter gefaßten Fachgebieten, welche Weltanschauung oder Theologie berührten – Bereiche also wie etwa Kosmologie, Physik, Metaphysik, Erkenntnistheorie und Psychologie. Im Mittelpunkt dieser Fächer standen Werke von Aristoteles und seinen Kommentatoren, die sich erfolgreich mit einer Vielzahl entscheidender Fragestellungen der Philosophie auseinandersetzten; die korrekte Anwendung ihrer Methodologien eröffnete dabei ungeahnte Möglichkeiten für die Zukunft. Die Überzeugungskraft des aristotelischen Systems ließ sich nicht leugnen, und die westlichen Gelehrten griffen begeistert nach dieser Philosophie. Aber die damit verbundenen Gewinne hatten auch ihren Preis: Es war nicht zu vermeiden, daß die aristotelische Philosophie verschiedene Themen berührte, in deren Bereich sich im Verlauf des vorhergehenden Jahrhunderts bereits die erwähnte Verbindung zwischen platonischer Philosophie und christlicher Theologie etabliert hatte. Im Gegensatz zu den Schriften über enger gefaßte, fachlichere Themen füllte die aristotelische Philosophie nicht eine Lücke im intellektuellen Leben – vielmehr drang sie auf bereits besetztes Territorium vor. Daraus ergaben sich verschiedene kleinere Konflikte, welche, wie wir sehen werden, mit einer festen Absprache endeten. Wir möchten nun die einzelnen Schritte untersuchen, die zu dieser Absprache führten.

## Aristoteles im Universitätslehrplan

Die meisten Werke von Aristoteles und einige Kommentare dazu (insbesondere jene des Moslems Avicenna aus dem elften Jahrhundert) lagen im Jahr 1200 n. Chr. in Übersetzungen vor. Über ihre frühe Verbreitung oder ihre Verwendung an den Schulen wissen wir sehr wenig, aber offenbar gelangten sie schon im ersten Jahrzehnt des dreizehnten Jahrhunderts sowohl nach Oxford wie nach Paris. In Oxford konnte der aristotelische Einfluß im Verlauf der folgenden Jahrzehnte ungehindert – langsam, aber stetig – wachsen.[1] In Paris dagegen kam es schnell zum Konflikt: es wurde behauptet, die Lehrer der freien Künste verbreiteten unter dem Einfluß von Aristoteles pantheistische Ansichten (Pantheismus bedeutet in etwa die Gleichsetzung Gottes mit dem Universum). Diese Vorwürfe führten dazu, daß ein bischöfliches Konzil in Paris im Jahre 1210 n. Chr. ein Dekret erließ, das die Ansichten der konservativen Strömung innerhalb der theologischen Fakultät widerspiegelte: Es belegte die Unterweisung in aristotelischer Naturphilosophie an der Fakultät der Künste mit einem Bann. Der päpstliche Legat Robert de Courçon erneuerte dieses Dekret im Jahre 1215, aber noch immer galt es ausschließlich für Paris.[2]

Im Jahre 1231, als die für die Universität Paris geltenden Regeln verkündet wurden, griff Papst Gregor IX. persönlich ein. Er bestätigte die Rechtsgültigkeit des im Jahre 1210 ausgesprochenen Banns und erneuerte ihn. Dazu gab er an, daß die Bücher von Aristoteles in der Fakultät der Künste nicht gelesen werden sollten, solange sie nicht »untersucht und von jedem möglichen Fehler gereinigt« waren. Eine genauere Erklärung lieferte Gregor zehn Tage später in einem Brief, durch den er zur Bearbeitung dieses Falls eine Kommission benannte: »Da alle anderen Wissenschaften dem Verständnis der Heiligen Schrift dienen sollen, sollten sich die Gläubigen ihrer in so weit bedienen, wie dies ihres Wissens zum Wohlgefallen des göttlichen Spenders gereicht.« Doch man hatte Gregor darauf hingewiesen, daß »die Bücher über Naturphilosophie, welche im Rat der Provinz Paris verboten wurden, sowohl Nützliches wie auch Unnützes enthalten.« Um zu verhindern, »daß das Nützliche durch das Unnütze verdorben werde«, mahnte Gregor die soeben von ihm einberufene Kommission, »alles zu beseitigen, was irrig ist oder Ärgernis erregen oder den Leser beleidigen könnte; auf daß nach der Entfernung des bedenklichen Stoffes der Rest unverzüglich und ohne Anstoß zu nehmen studiert werden kann.«[3]

Es ist bemerkenswert, daß Gregor sowohl den Nutzen wie die Risiken der aristotelischen Naturphilosophie erkannte. Aristoteles sollte dem Bann unterliegen, bis all seine Irrtümer ausgemerzt waren. Die Gelehrten wurden jedoch dazu ermuntert, ihn zu studieren, sobald die Fehler beseitigt waren. Es ist auch darauf hinzuweisen, daß die von Gregor ernannte Kommission niemals zusammenkam, möglicherweise weil eines ihrer führenden Mitglieder, der Theologe Wilhelm von Auxerre, noch im selben Jahr starb. Keine gereinigte Fassung von Aristoteles ist jemals aufgetaucht. Als Aristoteles später Anerkennung fand, war es in seiner vollständigen und unzensierten Fassung.

Es gibt mehrere Dokumente zum Schicksal der aristotelischen Werke in den nächsten fünfundzwanzig Jahren. Sie beweisen, daß die Verbote aus den Jahren 1210, 1215 und 1231 n. Chr. zumindest eine Zeitlang teilweise wirksam waren, um das Jahr 1240 herum ließ diese Wirksamkeit jedoch allmählich nach. Ein Grund dafür mag darin liegen, daß Gregor IX. im Jahre 1241 starb – die Anwendung seiner ein Jahrzehnt zuvor erlassenen Dekrete war danach vielleicht nicht mehr ganz so zwingend. Dazu kam, daß den Professoren der Pariser Fakultät der schönen Künste allmählich bewußt wurde, daß sie hinter ihren Kollegen in Oxford und anderen Universitäten zurückfielen und weniger Ansehen genossen als diese. Einkalkulieren müssen wir auch die Möglichkeit, daß durch den Unterricht in der Logik des Aristoteles (die nicht von den Verboten betroffen war), die hohe Verbreitung der aristotelischen Werke über Naturphilosophie (trotz des sie betreffenden Lehrverbots) und den neuerworbenen Zugang zu neuen Kommentatoren des Aristoteles (insbesondere Averroës) der Ruf des griechischen Philosophen derart wuchs, daß der Siegeszug der aristotelischen Philosophie schließlich nicht mehr aufzuhalten war. Und schließlich dürfen wir auch nicht vergessen, daß es den Theologen stets freistand, Aristoteles nach ihrem Gutdünken zu verwenden.

Doch was immer die Gründe dafür waren – in den 1240er Jahren oder schon kurz zuvor waren die aristotelischen Werke über Naturphilosophie offenbar Vorlesungsthema an der Fakultät der Künste. Einer ihrer frühesten Lehrer war Roger Bacon.[4] Etwa zur gleichen Zeit machte sich in der theologischen Fakultät von Paris eine liberalere Haltung gegenüber der Verwendung von Aristoteles bemerkbar; das sehen wir daran, daß die aristotelische Philosophie immer großzügiger in die Formulierung theologischer Spekulation und Denkweisen einbezogen wurde. Bis zum Jahr 1255 hatte sich das Blatt vollkommen gewendet, denn in diesem Jahr erließ die Fakultät der Künste neue Statuten, in denen sie das, was vermutlich schon gängige Praxis war, zur Vorschrift machte: nämlich Vorlesungen über alle bekannten Werke von Aristoteles. Damit hatte die aristotelische Naturphilosophie nicht nur ihren Platz im Lehrplan der Geisteswissenschaften gefunden, sie war nun sogar eines seiner wichtigsten Elemente.

## *Streitpunkte*

Es ist an der Zeit, jene Elemente der aristotelischen Philosophie zu benennen, die Anlaß zu Besorgnis oder Streit gaben. Aber dazu müssen wir uns bewußt machen, daß das Verständnis der aristotelischen Philosophie im Bewußtsein des westlichen Lesers in ständigem Wandel begriffen war. Weil es extrem schwierig war, Aristoteles zu verstehen, griffen die Leser natürlich auf jede Verständnishilfe zurück, die sie finden konnten. Glücklicherweise hatten Kommentatoren sowohl in der Antike wie auch im mittelalterlichen Islam Aristoteles paraphrasiert oder schwierige Stellen der

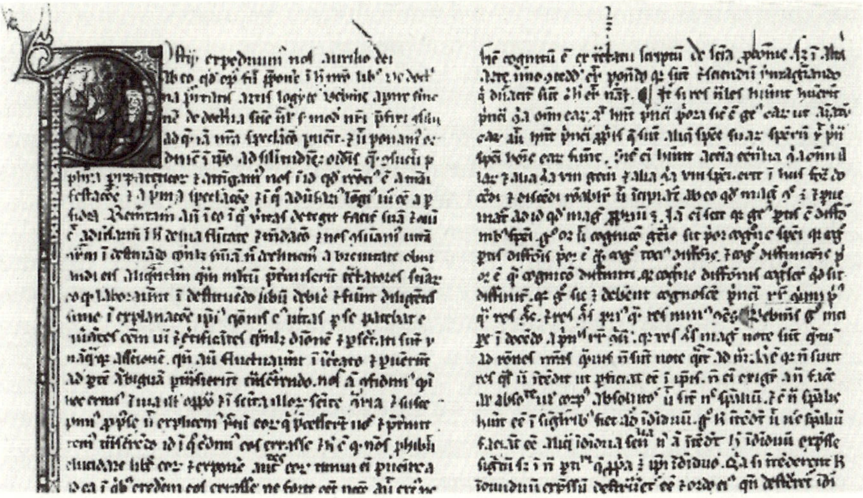

Abb. 10.1: Die erste Seite von Avicennas Physik (Sufficientia, II. Teil), Graz, Universitätsbibliothek, MS II. 482, Fol. 111r (13. Jh.)

verschiedenen aristotelischen Schriften erläutert. Mehr und mehr Werke dieser Kommentatoren wurden gleichzeitig mit Aristoteles' eigenen Werken übersetzt und überall dort verwendet, wo man Aristoteles ernsthaft studierte. Der wichtigste Kommentator aus den letzten Jahrzehnten des zwölften Jahrhunderts und den ersten Jahrzehnten des dreizehnten Jahrhunderts war der Moslem Avicenna (Ibn Sina, 980–1037 n. Chr.), der eine platonisierte Version der aristotelischen Philosophie lieferte.[5] In dem in Paris im Jahre 1210 erhobenen Vorwurf der pantheistischen Lehre spiegeln sich zweifellos die Einflüsse der neuplatonischen Aristoteles-Auslegung von Avicenna wider. Doch von den frühen 1230er Jahren an wurden die Kommentare Avicennas allmählich von jenen des spanischen Moslems Averroës (Ibn Ruschd, 1126–98) verdrängt.[6] Zweifellos war auch Averroës imstande, die Aussagen der aristotelischen Schriften allzu großzügig auszulegen und zu verzerren und tat das auch gelegentlich, aber wenn sich die Philosophie nun mehr an Averroës als an Avicenna orientierte, dann war damit im allgemeinen doch eine Rückkehr zu einer authentischeren, weniger platonisierten Version der aristotelischen Philosophie verbunden. Tatsächlich wurde der Einfluß von Averroës im Westen so ausschlaggebend, daß er als »*der* Kommentator« bekannt wurde.

Aber welche Elemente der averroistischen (oder authentischeren) Aristotelesauslegung lieferten nun Zündstoff für Konflikte? Verschiedene ihrer Aussagen schienen (mit unterschiedlicher Deutlichkeit) gegen die orthodoxe christliche Doktrin zu verstoßen, und hinter diesen Aussagen stand ein allgemeines rationalistisch und naturalistisch geprägtes Weltbild, das mancher Zeitgenosse als dem traditionellen christlichen Denken entgegengesetzt empfand. Es wird das einfachste sein, sich diesen Themen auf dem Wege der Betrachtung der einzelnen Aussagen anzunähern.

Ein wichtiger Aspekt des aristotelischen Kosmos war seine Unvergänglichkeit, die Aristoteles in einer Reihe von Werken mit einer Reihe verschiedener Argumente stützte. Diese Aussage berührte zweifellos die Schöpfungsdoktrin, und so konnten die christlichen Leser des Aristoteles kaum über sie hinwegsehen. Aristoteles vertrat die Meinung, daß der Kosmos zu keinem Zeitpunkt entstand und nicht vergehen kann. Die Elemente, so Aristoteles, haben sich schon immer ihrem Wesen entsprechend verhalten; folglich kann das Universum, wie wir es kennen, zu keinem Zeitpunkt entstanden sein, und es kann auch kein Zeitpunkt kommen, an dem seine Existenz endet. Daraus folgt, daß das Universum unvergänglich ist. Damit stellte sich Aristoteles gegen die evolutionäre Kosmologie der vorsokratischen Philosophen.[7]

Vom christlichen Standpunkt aus gesehen, ist diese Aussage jedoch untragbar. Nicht genug damit, daß die Bibel am Anfang der Genesis einen Schöpfungsbericht enthält – die absolute Abhängigkeit der Schöpfung vom Schöpfer war auch ein entscheidendes Element in der christlichen Vorstellung von Gott und der Welt. Folgerichtig finden sich bei den christlichen Aristoteleskommentatoren des dreizehnten Jahrhunderts immer wieder Ansätze zur Lösung dieses Problems.[8] Auf einige der angeführten Argumente werden wir weiter unten eingehen.

Weiteren Konfliktstoff, der ebenfalls mit der Beziehung zwischen dem Schöpfer und der Schöpfung zusammenhängt, liefert der Problemkreis »Determinismus«. Die Frage nach deterministischen Tendenzen in der aristotelischen Naturphilosophie ist sehr schwierig zu beantworten. Es muß hier deutlich gemacht werden, daß das von ihm beschriebene Universum unveränderliche Eigenschaften besitzt, welche die Grundlage einer regelmäßigen Abfolge von Ursache und Wirkung sind. Besonders deutlich zeigt sich dieses im Himmel, wo das, was ist, ewig sein wird. Darüberhinaus hielt Aristoteles die Gottheit, den ersten Beweger, für ewig unveränderlich; sie war daher nicht in der Lage, in die Vorgänge im Kosmos einzugreifen. Die kosmische Maschinerie läuft unaufhaltsam und unveränderlich weiter, löst eine Kette von Ursache und Wirkung aus, deren Auswirkungen sich bis hinab in die sublunare Welt bemerkbar machen. Die Gefahr liegt darin, daß im aristotelischen System kein Raum für Wunder bleibt.[9] Und schließlich waren mit der aristotelischen Philosophie auch astrologische Theorien verbunden, welche die Handlungsfreiheit des Menschen in Frage stellten (und damit insbesondere die christliche Lehre von Sünde und Erlösung gefährdeten), indem sie aufzeigten, wie die Himmelserscheinungen den Willen beeinflussen konnten.

All diese deterministischen Tendenzen oder Elemente galten im dreizehnten Jahrhundert als Angriff auf die christliche Doktrin – insbesondere
auf die Doktrinen der göttlichen Freiheit und Allmacht, der göttlichen
Vorsehung und der Wunder. Der aristotelische erste Beweger, der noch
nicht einmal von der Existenz des einzelnen Menschen weiß und sicherlich
nicht zu seinen Gunsten ins Geschehen eingreift, ist weit von jenem
christlichen Gott entfernt, der weiß, wann der Spatz vom Dach fällt, und
jedes Haar auf unserem Kopf zählt.[10]

Um ein letztes Beispiel für konfliktträchtige Aussagen bei Aristoteles
anzuführen, wenden wir uns nun dem Wesen der Seele zu. Aristoteles
vertrat die Ansicht, daß es sich bei der Seele um die Form oder das
Organisationsprinzip des Körpers handle – also um die vollkommene
Aktualisierung der der Materie des einzelnen Menschen innewohnenden
Möglichkeiten. Daraus folgt, daß die Seele nicht eigenständig existieren
kann, denn die Form kann, selbst wenn sie sich von der Materie unterscheiden läßt, nicht unabhängig von der Materie existieren. Die Annahme,
daß die Seele sich vom Körper trennen läßt, ist genauso widersinnig wie die
Annahme, daß sich die Schärfe einer Axt von der Materie der Axt trennen
ließe. Wenn das Individuum stirbt und sich auflöst, hört die Seele einfach
auf zu existieren.[11] Es ist offensichtlich, daß sich eine solche Aussage mit der
christlichen Lehre von der Unsterblichkeit der Seele nicht vereinbaren
läßt.

Die Unsterblichkeit der Seele stellte noch eine weitere psychologische
Doktrin in Frage, die Averroës bei dem Versuch entwickelte, verschiedene
von der aristotelischen Erkenntnistheorie gestellte Probleme zu lösen. Insgesamt ist die als »Monopsychismus« bekannte averroistische Theorie
äußerst kompliziert. Wichtig für uns ist die Behauptung, daß der immaterielle und unsterbliche Teil der menschlichen Seele, die »intelligente«
Seele, nicht individuellen, persönlichen Charakter hat, daß es sich dabei
vielmehr um eine einheitliche, allen Menschen gemeinsame Intelligenz
handelt. Die Schlußfolgerung liegt nahe, daß das, was den Tod überdauert,
nicht persönlichen, sondern kollektiven Charakter besitzt. Es gibt zwar die
Unsterblichkeit noch, nicht aber die Unsterblichkeit des Individuums.
Auch an dieser Stelle wird die christliche Lehre eindeutig verletzt.[12]

Bei solchen Aussagen handelt es sich nicht um vereinzelte Elemente der
Philosophie, sondern um Darstellungen ihrer grundsätzlichen Aussagen zur
Vernunft und deren wahrem Verhältnis zu Glauben und Theologie. Sie
drangen als ganz spezielle Kennzeichen eines Weltbilds und einer Methodologie nach Westeuropa vor. Die Hauptvertreter des neuen Aristotelismus
waren geneigt, den Rationalismus, die naturalistische Erklärung und den
aristotelischen Nachweis auf immer neue Gebiete anzuwenden. Die Philosophie war ihr Sport, und in jeder intellektuellen Arena wollten sie ihre
Vorzüge zur Schau stellen. Und als die Philosophie schließlich in die

theologischen Fakultät vordrang und dort Einfluß auf die Methoden der Theologie gewann, schließlich sogar als Schwerpunkt der theologischen Bildung in Konkurrenz zu den Bibelstudien trat, reagierten die Traditionalisten verständlicherweise verärgert und frustriert. Immer wieder wurde den Philosophen intellektuelle Überheblichkeit und eitle Neugier vorgeworfen. Ließen sich denn die Glaubensinhalte mithilfe des Inhaltes und der Methoden heidnischer Philosophie messen? Waren die Lehren Christi, des Apostels Paulus und der Kirchenväter jenen des Aristoteles untergeordnet?

Für diese Betrachtungsweise gibt es innerhalb der Naturphilosophie ein besonders krasses Beispiel: Dort tendierte man dazu, die Analyse auf verursachende Prinzipien zu beschränken, die der Mensch aufgrund eigener Beobachtung und mithilfe des Verstandes entdecken konnte. Dabei wurden die Lehren der biblischen Offenbarung oder der Kirchentradition völlig außer acht gelassen. Die Existenz göttlicher oder übernatürlicher Ursachen wurde niemals geleugnet, statt dessen wiesen die aggressiveren Vertreter der neuen Methodologie ihr einen Platz außerhalb des naturwissenschaftlichen Geltungsbereichs zu. Dieser Naturalismus keimte bereits im Werk von Wilhelm von Conches und anderen Denkern des zwölften Jahrhunderts (s.o. Kap. 9), in voller Blüte stand er jedoch erst, nachdem Aristoteles und seine Kommentatoren noch einmal einen Anstoß geliefert hatten. Vielleicht die bedrohlichste Erscheinung im Zusammenhang mit diesen naturalistischen Neigungen war die wachsende Tendenz mancher Philosophen, zwischen »philosophischem Sprechen« und »theologischem Sprechen« zu unterscheiden und, was noch weit schlimmer ist, zu bekennen, daß sich aus den Methoden der Philosophie und denen der Theologie unter Umständen unvereinbare Folgerungen ergaben.

Befürworter der neuen Methoden waren zweifellos der Ansicht, die Anwendung philosophischer Strenge auf die theologische Diskussion sei ein wichtiger Schritt nach vorn. Die Traditionalisten dagegen betrachteten dies als einen Fall groben Ungehorsams und als eine Verletzung der althergebrachten Aufgabenteilung zwischen Philosophie und Theologie. Schlimmstenfalls konnte man darin die Forderung sehen, daß sich Jerusalem der Autorität Athens unterordnen sollte.

Bevor wir auf die Frage eingehen, welche Ansätze zur Lösung dieses Problems es im dreizehnten Jahrhundert gab, möchten wir kurz den institutionellen Rahmen vorstellen, innerhalb dessen es zu diesen Ansätzen kam. Die Diskussion über den neuen Aristoteles war akademischer Natur, und sämtliche Teilnehmer waren Absolventen der Universität. Viele von ihnen arbeiteten als Lehrer; andere hatten die Universität besucht und nahmen nun führende und einflußreiche Stellungen in der Kirche ein. Wenn wir die im Mittelalter durchgängige Tendenz zur Verquickung von Philosophie und Theologie verstehen wollen, ist es hilfreich, uns die Laufbahn eines Universitätsabsolventen vor Augen zu halten: Praktisch alle

Theologen hatten vor Aufnahme des eigentlichen Theologiestudiums an der Fakultät der Künste Philosophie studiert. Darüberhinaus kam es häufig vor, daß Theologiestudenten nebenher in der Fakultät der Künste unterrichteten, um ihren Unterhalt zu finanzieren. Daraus erklärt sich, daß einige der bedeutendsten philosophischen Schriften aus der Zeit des Mittelalters von Gelehrten verfaßt worden sind, die Philosophie unterrichteten und dabei gleichzeitig Theologie studierten.[13]

Einige der wichtigsten Persönlichkeiten aus der Zeit Mitte des Jahrhunderts waren Franziskaner oder Dominikaner – also Mitglieder der zu Beginn des dreizehnten Jahrhunderts gegründeten Bettelorden. Die Bettelmönche gehörten zum »Ordensklerus«, da sie sich einer *regula*, einer Regel unterordneten (welche das Armutsgelübde umfaßte), im Gegensatz zum »weltlichen Klerus« (beispielsweise den Gemeindepfarrern), für welche dies nicht zutraf. Während die religiösen Orden gewöhnlich auf den Rückzug von der Welt und das Streben nach persönlicher Verklärung abzielten, fühlten sich die Bettelmönche dem aktiven Dienst im städtischen Umfeld verpflichtet. Dadurch fanden sie allmählich Zugang zum Bildungswesen, auch zu den Universitäten, und wurden dort in alle wichtigen Kontroversen zwischen Philosophie und Theologie hineingezogen.

Diese institutionellen Aspekte nahmen auf subtile Weise Einfluß auf die geistigen Vorgänge, mit denen wir uns hier beschäftigen. Die Konflikte um die neuen Bildungsinhalte waren nicht rein ideologischer Natur; fachliche und institutionelle Verbindungen und Rivalitäten machten alles nur noch komplizierter. Philosophen und Theologen verband die Lehrtätigkeit an der Fakultät der Künste; dies hinderte sie aber nicht daran, sich immer wieder über die Grenzen ihrer Fächer hinweg kleinere Scharmützel zu liefern. Was den Bereich der Theologie betrifft, so waren die Bettelmönche dort eine Zeitlang in einen Machtkampf mit den weltlichen Theologen der Pariser Universität verwickelt, von denen sie das Recht auf Lehrstühle erstreiten wollten. Und innerhalb der Bettelorden wiederum entwickelten die Franziskaner und die Dominikaner leicht unterschiedliche philosophische Vorlieben und charakteristische Ansätze im Konflikt zwischen Glauben und Verstand. Wenn wir den Ablauf der Geschehnisse differenziert begreifen wollen, dürfen wir diese unterschwelligen fachlichen und institutionellen Querelen nicht außer acht lassen.

## Die Lösung: Wissenschaft als Magd

Trotz der geschilderten Risiken erwies sich die aristotelische Philosophie als zu attraktiv, als daß man sie auf Dauer hätte ignorieren oder unterdrücken können. Seit den von Boethius Anfang des sechsten Jahrhunderts angefertigten Übersetzungen stand der Name Aristoteles für den Begriff der Logik, und die Logik hatte sich in fast jedem akademischen Fachbereich allmählich fest verwurzelt. Jetzt war das zur Verfügung stehende Logikwerk von Aristoteles erweitert und harrte seiner Anwendung. Elemente der aristotelischen Metaphysik waren bereits durch die Literatur des Frühmittelalters hindurchgesickert. Somit hatten die westlichen Gelehrten nun Zugang zum gesamten Originaltext, und verfügten dadurch über ein machtvolles Instrument im Ringen um das Verständnis und die Analyse ihres Universums. Form, Materie und Substanz, Aktualität und Potentialität, die vier Ursachen, die vier Elemente, Gegensätze, Natur, Veränderung, Zweck, Quantität, Qualität, Zeit und Raum – all diese Themen und mehr behandelte Aristoteles und lieferte damit ein bestechendes Begriffssystem, innerhalb dessen man die Welt erfahren und sich über diese Erfahrung austauschen konnte. In seinen diversen Werken über Psychologie behandelte Aristoteles die Seele und ihr Vermögen, einschließlich der Sinneswahrnehmung, Erinnerung, Fantasie und Erkenntnisvermögen. Außerdem lieferte er ein Bild des Universums, das eine überzeugende Kartierung der Welt enthielt und ihre Funktionsweise einleuchtend erklärte – von den äußersten Himmelssphären bis hinab zur Erde im Zentrum. Aristoteles erklärte die Bewegung und stellte das auf, was wir heute eine Materietheorie nennen würden. Seine Darstellung meteorologischer Erscheinungen übertraf alles zuvor Dagewesene. Und schließlich hatte er ein Werk zur Biologie geschaffen, dem an Umfang und an Genauigkeit der Beschreibung und Erklärung nichts gleichkam. Es war völlig unmöglich, solche geistigen Schätze einfach zurückzuweisen, und dieses Ziel strebte auch niemals irgendeine ernstzunehmende Gruppierung an. Es ging nicht darum, den Einfluß von Aristoteles auszumerzen, sondern darum, ihn zu unterwerfen – d. h. es ging um den Umgang mit Konfliktpunkten und die Aushandlung von Grenzen. Ziel war es, die aristotelische Philosophie dem Christentum dienstbar zu machen.

Der Aussöhnungsprozeß setzte ein, sobald die Werke von Aristoteles und seinen Kommentatoren zugänglich waren. Einen frühen Versuch dazu unternahm Robert Grosseteste (ca. 1168–1253), ein hervorragender Gelehrter und erster Kanzler der Universität Oxford. Grosseteste war selbst zwar nicht Franziskaner, lehrte aber dennoch als erster Magister an der Franziskanerschule in Oxford. Damit nahm er Einfluß auf die Entwicklung des franziskanischen Denkens. Grossetestes vermutlich in den 1220er Jahren verfaßter Kommentar zu den *Analytica posteriora* des Aristoteles stellt einen der frühesten Versuche einer ernsthaften Auseinandersetzung mit der aristotelischen Wissenschaftsmethode dar.[14] Grosseteste war auch mit der *Physik, Metaphysik, Meteorologie* und den biologischen Werken des Aristoteles vertraut. Der Einfluß dieser Werke zeigt sich in seinem Kommentar zur *Physik* und in einer Reihe kurzer Abhandlungen zu verschiedenen

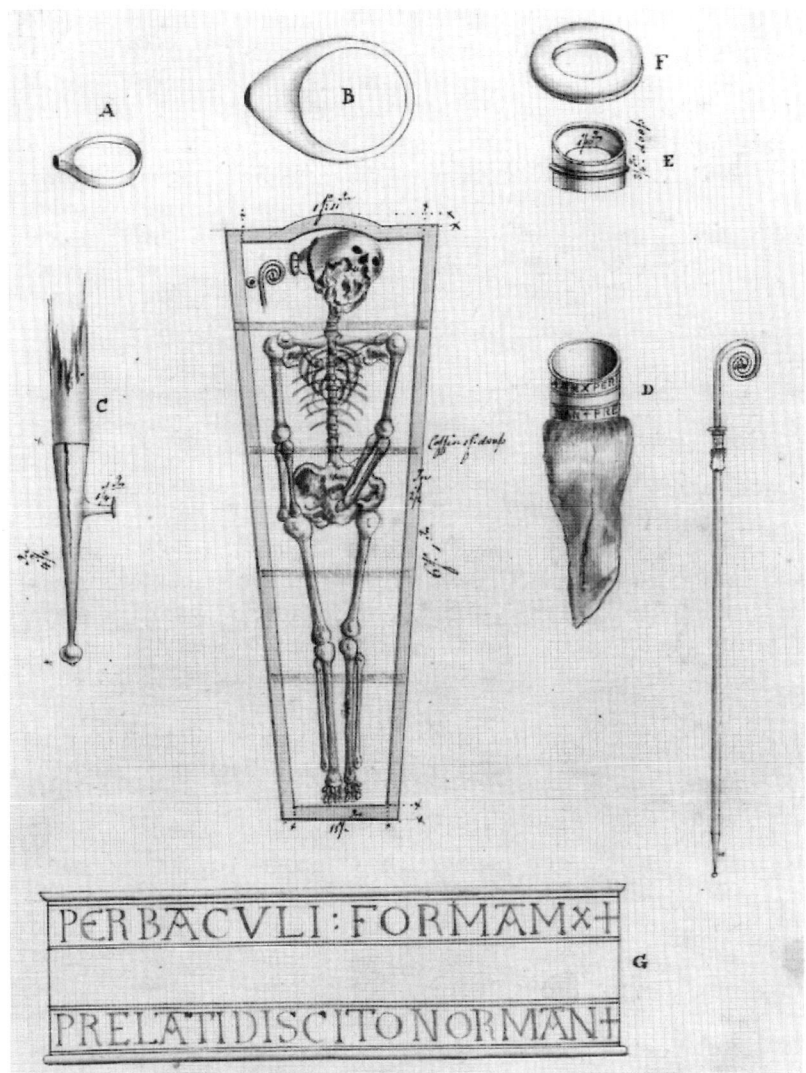

*Abb. 10.2: Das Skelett von Robert Grosseteste. Die Zeichnung entstand, als Grosse-
testes Grab in der Kathedrale von Lincoln im Jahre 1782 geöffnet wurde. Neben dem
Skelett werden die anderen Gegenstände dargestellt, die sich im Sarg fanden, einschließlich des Bischofsrings und der Reste des Hirtenstabs. Eine nähere Beschreibung
findet sich bei D. A. Callus, Hrsg.: Robert Grosseteste, Scholar and Bishop, S. 246–
250. Mit Genehmigung des Natural History Museum, London.*

physikalischen Themen. Entscheidend beeinflußt wurde Grossetestes geistige Entwicklung jedoch durch die Platoniker und Neuplatoniker sowie durch einige der eben erst übersetzten Werke aus dem Bereich der mathematischen Wissenschaften. In seinen Schriften zur Physik stoßen wir auf die eher unbehagliche Nachbarschaft aristotelischer und nicht-aristotelischer Elemente. Seine Kosmogonie (die Erklärung der Ursprünge des Kosmos) setzt Grosseteste zwar annähernd in den von Aristoteles geschaffenen Rahmen, in erster Linie handelt es sich dabei jedoch um einen Versuch, die neuplatonische Emanationslehre (d.h. die Vorstellung, daß das geschaffene Universum von Gott ausgegangen ist wie Licht von der Sonne ausgeht) mit dem biblischen Bericht über die Schöpfung aus dem Nichts zu vereinbaren.[15]

Später ging ein jüngerer Engländer namens Roger Bacon (ca. 1220 – ca. 1292 n. Chr.) auf das von Grosseteste vorgegebene Programm ein. Bacon war ein Bewunderer Grossetestes, aber wahrscheinlich niemals sein Schüler. Er orientierte sich am akademischen Vorbild Grossetestes, insbesondere an dessen Beherrschung der mathematischen Wissenschaften. Über den Bildungsweg Bacons sind keine Einzelheiten bekannt, sicher ist aber, daß er sowohl in Oxford wie auch in Paris studierte. In den 1240er Jahren nahm er an der Fakultät der Künste seine Lehrtätigkeit auf und war einer der ersten, die über die aristotelischen Werke zur Naturphilosophie Vorlesungen hielten – insbesondere über die *Metaphysik, Physik,* wahrscheinlich *Über Werden und Vergehen* (das die Materietheorie enthält), *Über die Seele* und *Tiergeschichte,* möglicherweise auch *Über den Himmel.*[16] Später trat er in den Franziskanerorden ein und verbrachte den Rest seines Lebens mit Studium und Schriftstellerei.

Auf verschiedene Aspekte des wissenschaftlichen Denkens bei Bacon werden wir in nachfolgenden Kapiteln eingehen. An dieser Stelle interessiert uns sein Einsatz für die Bewahrung des neuen Bildungsgutes vor dessen Kritikern. Bei Bacons bedeutendsten wissenschaftlichen Schriften handelt es sich nicht um »rein« philosophische oder wissenschaftliche Abhandlungen; vielmehr bemühte er sich leidenschaftlich darum, die Kirchenhierarchie (seine Schriften waren an den Papst gerichtet) von der Nützlichkeit des neuen Wissensgutes zu überzeugen – damit bezog er sich nicht nur auf die aristotelische Philosophie, sondern auf die gesamte neue Literatur zu Naturphilosophie, mathematischen Wissenschaft und Medizin. Bacon vertrat die Ansicht, bei der neuen Philosophie handle es sich um eine Gabe Gottes, aufgrund derer sich Glaubensinhalte beweisen und Ungläubige bekehren ließen; wissenschaftliche Kenntnisse seien eine entscheidende Hilfe bei der Auslegung der Heiligen Schrift; Astronomie sei unerläßlich für die Erstellung des Kirchenkalenders; die Astrologie ermögliche eine Voraussage der Zukunft; die »experimentelle Wissenschaft« lehre den Menschen, wie er sein Leben verlängern könne; und die Optik schließlich versetze ihn in die Lage, Geräte zu entwickeln, welche den Ungläubigen in Angst und Schrecken versetzten, wodurch dieser sich leichter bekehren ließe. Bacons Anliegen war es, auf die von Augustinus entwickelte Dienerinnenrolle einzugehen und sie auf die neuen Gegebenheiten anzuwenden – nun war das angebliche Wissen, das darauf wartete, diese Dienerinnenrolle zu übernehmen, ja weit umfangreicher und komplizierter.[17]

Die Naturwissenschaften rechtfertigten sich also durch ihre Nützlichkeit für die Religion. Es gebe »eine vollkommene Weisheit« behauptete Bacon in seinem *Opus maius*, [18]

und diese ist in der Heiligen Schrift enthalten, in welcher jede Wahrheit wurzelt. Ich behaupte daher, daß die eine Wissenschaft über die anderen herrscht – und dies ist die Theologie, zu deren Betreiben die anderen unabdingbar sind, und die ihr Ziel nicht ohne diese anderen erreichen kann. Und sie macht sich ihre Vorzüge zunutze und ordnet sie ihrem Wink und Befehl unter.

Bacons Ansicht zufolge unterdrückt die Theologie nicht die Naturwissenschaften, sondern macht sie sich für ihre eigenen Zwecke zunutze.

Was die angeblichen Konflikte mit dem christlichen Glauben betrifft, so wischte Bacon sie einfach vom Tisch: er geht davon aus, daß sie von Übersetzungsfehlern oder Irrtümern in der Auslegung herrühren. Wenn die Philosophie tatsächlich gottgegeben ist, dann kann es keine wirklichen Konflikte zwischen ihr und den Glaubensinhalten geben. Um diese Aussage zu stützen, berief sich Bacon auf die Autorität Augustins und anderer Kirchenväter, welche die Christen dazu ermunterten, die Philosophie von deren heidnischen Inhabern zurückzuerobern. Und nur für den Fall, daß all diese Argumente nicht fruchteten, überrollte er seine Kritiker mit einem rhetorischen Gewitter über die Wunder der Wissenschaft.

Trotz des von Bacon verbreiteten Enthusiasmus' setzte sich Mitte des Jahrhunderts innerhalb des Franziskanerordens eine eher skeptische Haltung gegenüber den neuen Philosophen, insbesondere Aristoteles, durch. Eine wichtige Figur für die Entwicklung dieser Haltung war der italienische Franziskanerbruder Bonaventura (ca. 1217–1274 n. Chr.). Bonaventura studierte an der Pariser Universität sowohl die freien Künste als auch Theologie; als Dozent der Theologie verblieb er von 1254 bis 1257 an der Universität, dann kündigte er und wurde Generalminister des Franziskanerordens. Zweifellos stand Bonaventura der aristotelischen Philososphie respektvoll gegenüber und übernahm ihre Logik und einen großen Teil ihrer Metaphysik. Aber ähnlich wie Grosseteste und Bacon war er stark von Augustinus und der neuplatonischen Tradition beeinflußt, und in seinem Denken stoßen wir auf eine fruchtbare Synthese aristotelischer und nicht-aristotelischer Elemente.

Sicherlich stimmte Bonaventura mit Bacon darin überein, daß die heidnische Philosophie, wie von Augustinus gefordert, in Theologie und Religion

*Abb. 10.3: Albert der Große. Fresco von Tommaso da Modena (1352),
im Kloster San Niccoló, Treviso. Alinari/Art Resource New York.*

eine nützliche Dienerinnenrolle übernahm und innerhalb dieser Grenzen
auch Gültigkeit besaß. Aber er war weit skeptischer als Bacon, was die
Nützlichkeit der Philosophie anging, und er war sich der mit ihrer Verbreitung verbundenen Risiken deutlicher bewußt. Er glaubte nicht daran, daß
es dem Verstand ohne Hilfe göttlicher Eingebung jemals möglich sein
würde, zur Erkenntnis der Wahrheit zu gelangen. Darum räumte er der
Philosophie nur wenig Freiheit ein und wandte sich rasch von Aristoteles
und seinen Kommentatoren ab, wenn sich irgendein Thema von den
Lehren der Offenbarung entfernte. So wies er die Vorstellung von einer
unvergänglichen Welt entschieden zurück. Er sprach sich für die Unsterblichkeit der individuellen Seele aus, wies den Monopsychismus zurück und
behauptete, daß jede Seele in sich eine Substanz (also eine Zusammensetzung aus spiritueller Form und spiritueller Materie) sei, welche die
Auflösung des Körpers überdauere. Er wandte sich entschlossen gegen jede
Vorstellung von einem astrologischen Determinismus. Und schließlich
widersprach Bonaventura der Naturphilosophie des Aristoteles, indem er
die Rolle der göttlichen Vorsehung bei jeder Verkettung von Ursache und
Wirkung hervorhob.[19]

Anhand des Wirkens von Grosseteste, Bacon und Bonaventura lassen sich verschiedene wichtige Tendenzen aus der Zeit Anfang und Mitte des dreizehnten Jahrhunderts aufzeigen: vertiefte Kenntnisse des aristotelischen Korpus, die seinem Inhalt entgegengebrachte Mischung aus Bewunderung und Mißtrauen, und die Tendenz, in den aristotelischen Text verschiedene augustinische oder platonische Ideen hineinzulesen. Zwei Mitte und Ende des Jahrhunderts wirkende Dominikaner, nämlich Albert der Große und Thomas von Aquin, lieferten ihren Beitrag zu einer noch gründlicheren Beherrschung der aristotelischen Philosophie und einer noch offeneren Haltung gegenüber ihren Aussagen.

Der gebürtige Deutsche Albert der Große (ca. 1200–1280 n. Chr.) wurde in Padua und an der Kölner Dominikanerschule erzogen. Anfang der 1240er Jahre ging er nach Paris, wo er Theologie studierte und im Jahre 1245 Magister dieses Fachs wurde. Während der folgenden drei Jahre hatte er einen der beiden dominikanischen Lehrstühle in Paris inne. Während dieser Zeit studierte Thomas von Aquin bei ihm, und als Albert im Jahre 1248 nach Köln zurückgerufen wurde, wo er die dortige Dominikanerschule umstrukturieren sollte, begleitete ihn Thomas. Den größten Teil seiner Aristoteleskommentare verfaßte Albert, nachdem er Paris verlassen hatte. Es handelt sich dabei (mit Ausnahme seines Kommentars zur aristotelischen Ethik) nicht um Ergebnisse von Alberts Lehrtätigkeit, sondern um vom Studienplan unabhängige Schriften, die er für die Dominikanerbrüder verfaßte.[20]

Albert lieferte der westlichen Christenheit ihre erste umfassende Interpretation der aristotelischen Philosophie. Aus diesem Grund wird er oft als eigentlicher Begründer des christlichen Aristotelismus betrachtet. Das soll aber nicht so verstanden werden, daß Albert philosophische Reinheit erreichte. Einige seiner frühen Kommentare beschäftigen sich mit neuplatonischen Autoren, und bis zum Ende seines Lebens blieb er einigen Elementen der platonischen Philosophie treu. Darüberhinaus war er stets bereit, aristotelische Doktrinen, die er für falsch hielt, zu verwerfen und sie durch Erkenntnisse zu ersetzen, die er aus anderen Quellen gewonnen hatte. Und dennoch erkannte Albert die hohe Bedeutung der aristotelischen Philosophie und machte es sich zum Ziel, sie in ihrer Gesamtheit für seine dominikanischen Brüder zu übersetzen. Im Vorwort zu seinem Kommentar zu Aristoteles' *Physik* erklärte er[21]:

Es ist unsere Absicht,... jene unserer Ordensbrüder zufriedenzustellen, die uns seit Jahren drängen, für sie ein Buch über die Physik zu verfassen, in dem sie eine vollständige Darstellung der Naturwissenschaften finden und mithilfe desselben sie die Schriften von Aristoteles richtig verstehen können.

Albert entsprach diesem Wunsch nicht nur mit seinem Kommentar zur *Physik*, sondern auch mit Kommentaren zu bzw. Auslegungen von allen anderen zugänglichen Aristoteleswerken – sein Werk umfaßt in der Ausgabe des neunzehnten Jahrhunderts zwölf dicke Bände (mehr als 8000 Seiten). In diesen Kommentaren weicht Albert immer wieder ausführlich vom Thema ab und stellt die Ergebnisse seiner eigenen Forschungen und Überlegungen dar. Kein Autor vor Albert hat dem aristotelischen Korpus so viel und so genaue Aufmerksamkeit gewidmet, und auch in der Zeit seither gab es nur selten vergleichbare Bemühungen.

Albert hielt die aristotelische Philosophie für eine notwendige Vorbereitung für das Studium der Theologie, und mit seiner Arbeit verfolgte er das Ziel, die Plausibilität dieser Philosophie darzustellen und sie zugänglich zu machen. Er hatte nicht die Absicht, die aristotelische Philosophie aus ihrer Dienerinnenfunktion zu entlassen, aber immerhin wollte er ihr eine erheblich größere Verantwortung zuweisen. Unter Alberts Zeitgenossen schätzte nur Roger Bacon die Bedeutung des neuen Wissensgutes für die theologische Praxis ähnlich hoch ein. Doch abgesehen von den Vorlesungen über Aristoteles, die er in seiner Jugendzeit in Paris gehalten hatte, verwendete Bacon seine Energie in erster Linie auf die mathematischen Wissenschaften (insbesondere die Optik) und das Verfassen von Schriften, in denen er für das neue Wissensgut im allgemeinen warb. Albert dagegen widmete sich der Aufgabe, das gesamte aristotelischen Korpus zu erfassen und auszulegen. In der Geschichtswissenschaft gibt es die Tendenz, jene zu ehren, die mit der aristotelischen Tradition *brachen*. Albert jedoch verdient unsere Aufmerksamkeit und unsere Hochachtung gerade deswegen, weil er derjenige war, der eine Verbindungslinie zwischen der westlichen Christenheit und der aristotelischen Tradition zog.

Gleichzeitig stellte sich Albert der Aufgabe, das aristotelische Werk in jenen Punkten zu ergänzen, die Aristoteles selbst übersehen oder nur oberflächlich behandelt hatte, und Aristoteles zu korrigieren, wo dieser sich geirrt hatte. Albert war von der Leistung des Aristoteles zwar tief beeindruckt, wollte aber niemals dessen Sklave sein. Aus diesem Grund las Albert alles, was ihm in die Hände fiel: viel verdankte er Avicenna. Er kannte die Werke von Platon, Euklid, Galen (in beschränktem Maße), al-Kindi, Averroës, Konstantin dem Afrikaner und einer Unzahl weiterer griechischer, arabischer und lateinischer Autoren. Und diese anderen Quellen setzte er immer dann ein, wenn sie für die Probleme wichtig wurden, denen er bei der Interpretation des aristotelischen Texts begegnete.[22]

Albert besaß auch selbst eine scharfe Beobachtungsgabe für den Bereich des pflanzlichen und tierischen Lebens: beispielsweise korrigierte er Avicenna aufgrund eigener Beobachtungen, was das Paarungsverhalten von Rebhühnern anging. Er berichtete auch, er habe sechs Jahre hintereinander ein bestimmtes Adlernest besucht, und er war vielleicht einer der fähigsten praktischen Botaniker des ganzen Mittelalters.[23] Seine geistige Energie war unerschöpflich, und seine Schriften im nichttheologischen Bereich (weni-

ger als die Hälfte des Gesamtwerks) umfassen Werke über Physik, Astronomie, Astrologie, Alchimie, Mineralogie, Physiologie, Medizin, Naturgeschichte, Logik und Mathematik. Jedes dieser Themen ging er mit einer
solchen Souveränität an, daß man verstehen kann, warum er bereits zu
Lebzeiten als »der Große« bezeichnet wurde. Dies erklärt auch, warum
Roger Bacon (der intellektuelle Konkurrenz nicht ertragen konnte) ihm so
feindselig gegenüberstand.

Wie ging Albert mit jenen wunden Punkten in der aristotelischen Doktrin um, die Anfang des Jahrhunderts zum Bann der Aristotelesschriften
geführt hatten und ihre Akzeptanz noch immer gefährdeten? In der wichtigen Frage, ob die Welt unvergänglich sei, wich Albert niemals von seiner
der christlichen Schöpfungsdoktrin streng verpflichteten Haltung ab. Zu
Anfang vertrat er die Meinung, die Philosophie sei nicht in der Lage, eine
endgültige Antwort auf diese Frage zu liefern, und deshalb sei man einfach
dazu verpflichtet, an die Lehren der Offenbarung zu glauben. Später
gelangte er zu der Überzeugung, daß die Vorstellung eines unvergänglichen Universums auch philosophisch nicht haltbar sei, so daß man das
Problem innerhalb der Philosophie abhandeln könne, ohne auf die Theologie zurückzugreifen. Er sah jedenfalls zu keinem Zeitpunkt einen Widerspruch zwischen der (korrekt angewendeten) Philosophie und der Theologie.

Weit mehr Aufmerksamkeit widmete Albert dem Wesen der menschlichen Seele und ihrem Vermögen. Es ging darum, die Seele als eine
eigenständige, unsterbliche Substanz zu erklären, die vom Körper unabhängig und in der Lage war, dessen Tod zu überleben, und dabei gleichzeitig
eine Erklärung für die Vereinigung von Seele und Körper, dem Instrument
der Wahrnehmung und Lebenskraft, abzugeben. Albert sah keine Möglichkeit, die Unsterblichkeit der Seele zu verteidigen, ohne dabei Aristoteles'
Behauptung, die Seele sei die Form des Körpers, zu widersprechen. Er
ersetzte sie deswegen durch die von Platon und Avicenna vertretene
Ansicht, wonach es sich bei der Seele um eine spirituelle und unsterbliche
Substanz handle, die getrennt vom Körper zu betrachten sei. Es war allerdings nicht nötig, gänzlich auf Aristoteles zu verzichten: Albert vertrat die
Meinung, daß die Seele zwar nicht wirklich die Form des Körpers sei,
jedoch die Funktion einer Form erfülle.[24]

Schließlich stellt sich die Frage, wie Albert auf den »Rationalismus« in
der aristotelischen Philosophie reagierte – also die Aussage, philosophische
Vorgehensweisen seien auf alle Bereiche des menschlichen Daseins
anwendbar. Indem sich Albert die Aufgabe stellte, seinen Kollegen die Welt
mit den Augen von Aristoteles zu zeigen, verpflichtete er sich dem rationalistischen Programm in ziemlich strenger Form. Er schlug eine Trennung
von Philosophie und Theologie auf der Basis ihrer jeweiligen Methodologie vor – es sollte sich zeigen, zu welchen Erkenntnissen über die Wahr-

heit man allein auf dem Wege der Philosophie, ohne Rückgriff auf die Theologie, gelangen konnte. Darüberhinaus unternahm Albert nichts, um die »naturalistischen« Tendenzen der aristotelischen Tradition abzuschwächen oder zu verbergen. Wie jeder andere Denker des Mittelalters erkannte er an, daß alles seine letzte Ursache in Gott habe, doch war er der Ansicht, Gott handle normalerweise durch natürliche Ursachen; daher sei es die Aufgabe des Naturphilosophen, die Welt soweit möglich durch natürliche Ursachen zu erklären. Bemerkenswert ist, daß sich Albert selbst bei der Diskussion eines biblischen Wunders – nämlich der Sintflut – an dieses methodologische Rezept halten wollte. Angesichts der Tatsache, daß immer wieder versucht wurde, Fluten (einschließlich der Sintflut) als reine Manifestationen göttlichen Willens abzuhandeln, wies Albert darauf hin, daß Gott sich zur Verwirklichung seiner Absichten natürlicher Ursachen bediente. Die Aufgabe des Philosophen sei es nicht, die Ursachen von Gottes Willen zu erforschen, sondern die natürlichen Ursachen zu untersuchen, durch die sich Gottes Wille äußert. Würde man in die philosophische Diskussion über die Sintflut göttliche Ursachen miteinbeziehen, dann wäre dies eine Verletzung der rechtmäßigen Grenze zwischen Philosophie und Theologie.[25]

Ein Schüler Alberts, Thomas von Aquin (ca. 1224–1274 n. Chr.), führte dessen Programm zum Verständnis und zur Verbreitung der aristotelischen Philosophie im Hinblick auf ihre Nützlichkeit für Theologie und Religion fort. Thomas wurde als Abkömmling des niedrigen Adels im südlichen Mittelitalien geboren und besuchte zunächst die Schule der alten Benediktinerabtei von Monte Cassino (Benedikt von Nursia hatte sie im sechsten Jahrhundert gegründet). Weiterführende Studien betrieb er in der Fakultät der Künste der Universität Neapel; dort machte er Bekanntschaft mit der aristotelischen Philosophie. Nachdem er in den Dominikanerorden eingetreten war, wurde er nach Paris geschickt, wo er im Jahre 1256 einen Doktortitel der Theologie erwarb. Den Rest seines Lebens arbeitete er als Lehrer und Autor; unter anderem schob er noch zwei Phasen als Theologiedozent in Paris ein, nämlich 1257–1259 bzw. 1269–1272.

Ebenso wie Albert hoffte Thomas, den Konflikt zwischen Glauben und Verstand zu lösen, indem er das heidnische Wissensgut und die christliche Theologie in ein angemessenes Verhältnis zueinander setzte.[26] Jenen, welche die Philosophie zurückwiesen, weil sie dem Glauben widerspreche, hielt er entgegen[27]:

Zwar ist der natürliche Lichtschein des menschlichen Verstandes [d.h. die Philosophie] nicht geeignet, das zu beweisen, was der Glauben offenbart, doch kann das, was Gott uns durch den Glauben lehrt, nicht dem entgegenstehen, was wir auf natürlichem Wege erfahren. Einer dieser Wege müßte falsch sein, und da wir beides von Gott erhalten haben, wäre er selbst die Ursache unseres Irrens, und dies ist nicht möglich.

Aristotelische Philosophie und christliche Theologie – das sind zwei Methoden der Wahrheitsfindung, welche trotz ihrer methodischen Unterschiede nicht unbedingt unvereinbar sein müssen. Die Philosophie bedient sich der dem Menschen angeborenen natürlichen Gaben der Sinneswahrnehmung und des Verstandes, um zu einem höchstmöglichen Erkenntnisgrad zu gelangen. Die Theologie dagegen liefert Erkenntnisse auf dem Wege der Offenbarung, Erkenntnisse, welche weit über alles hinausgehen, was der Mensch mit seinen natürlichen Fähigkeiten entdecken oder verstehen kann. Die beiden Wege führen manchmal zu unterschiedlichen, niemals jedoch zu widersprüchlichen Erkenntnissen.

Heißt das, daß Philosophie und Theologie gleichberechtigt nebeneinanderstehen? Sicherlich nicht. Thomas geht davon aus, daß die Theologie im selben Verhältnis zur Philosophie steht wie das Vollständige zum Unvollständigen, das Vollkommene zum Unvollkommenen. Wenn es sich so verhält, warum sollte man sich überhaupt mit der Philosophie abmühen? Weil sie dem Glauben wichtige Dienste erweist. Zunächst einmal läßt sich mithilfe der Philosophie das nachweisen, was Thomas von Aquin die »Articula fidei« (die ersten Stufen des Glaubens) nennt – diverse Postulate wie etwa die Existenz Gottes oder die Tatsache, daß es nur einen Gott gibt – Grundvoraussetzungen, auf denen der Glauben überhaupt erst aufbaut. Zweitens kann die Philosophie die Erkenntnisse des Glaubens durch die Formulierung von Analogien aus dem Bereich der Natur erläutern. Thomas führt als Beispiel die Doktrin der Dreifaltigkeit an. Und drittens kann man mit philosophischen Argumenten Einwänden gegen den Glauben begegnen.[28]

Das sieht auf den ersten Blick vielleicht wie eine simple Bestätigung der augustinischen Formel von der »Dienstmagd« aus, aber in Wirklichkeit hatte Thomas von Aquin den Inhalt dieser Formel subtil, aber entscheidend verändert. Bei ihm ist die Magd namens »Philosophie« noch immer den Belangen der Theologie untergeordnet, also immer noch eine Dienerin. Doch nach seiner Ansicht hat sie ihre Nützlichkeit und ihre Zuverlässigkeit zur Genüge bewiesen, so daß man ihr nun mehr Verantwortung und einen höheren Rang einräumen kann. Außerdem geht er davon aus, daß die Philosophie ihre Funktion noch besser erfüllen kann, wenn man sie aus der allzu strengen Aufsicht durch die Theologie entläßt. Philosophie und Theologie verfügen jeweils über ihren eigenen Zuständigkeitsbereich, so Thomas von Aquin, und auf jede ist innerhalb dieses Zuständigkeitsbereichs vollkommen Verlaß. Wenn wir beispielsweise Einzelheiten oder Ursachen der Planetenbewegung erfahren wollen, müssen wir uns an die Philosophen halten; wenn wir dagegen die Eigenschaften Gottes oder den Heilsplan erkennen wollen, müssen wir uns dafür ins Territorium der Theologie begeben. Thomas von Aquin steht der Philosophie respektvoll gegenüber und ist entschlossen, sie wann immer möglich einzusetzen, und mit dieser Einstellung geht er weit über das hinaus, was Augustinus forderte – ja, er stellt sich damit an die vorderste Front des liberalen oder progressiven Flügels der Theologen in der zweiten Hälfte des dreizehnten Jahrhunderts.

Die Methoden von Philosophie und Theologie sind zwar unterschiedlich, aber in manchen Bereichen überschneiden sie sich auch. Beispielsweise ist die Existenz eines Schöpfers sowohl durch den Verstand wie durch die Offenbarung erfahrbar. Der Philosoph kann sie beweisen, aber auch die Theologen vermitteln uns durch die Erläuterung der Heiligen Schrift diese Erkenntnis. In welchem Verhältnis stehen Philosophie und Theologie in solchen Fällen zueinander? Prinzipiell ist es so, daß es zwischen Philosophie und Theologie nicht zu einem wirklichen Konflikt kommen kann, weil sowohl unser Verstand wie auch die Offenbarung Gaben Gottes sind. Es kann also nur scheinbar einen Konflikt geben, nicht wirklich – verantwortlich ist dafür in solchen Fällen dann schlechte Philosophie oder schlechte Theologie. Um zu einer Lösung zu kommen, muß man in diesem Fall sowohl die philosophische wie auch die theologische Argumentation überprüfen.

Und wie ließ sich dieses Rezept von Thomas von Aquin in die Realität umsetzen? Insbesondere, wie hilfreich war seine Anwendung auf die im vorhergehenden Abschnitt dieses Kapitels aufgezählten Konfliktpunkte in der aristotelischen Doktrin? Die knappe Antwort ist, daß Thomas von Aquin sich sämtlichen von der aristotelischen Doktrin aufgeworfenen Problemen stellte, und zwar mit äußerster Strenge. Unmittelbar setzte er sich mit den aristotelischen Kontroversen in zwei Büchern auseinander: *Über die Ewigkeit der Welt* und *Über die Einheit des Intellekts gegen die Averroisten* (das sich mit dem Monopsychismus und dem Wesen der Seele beschäftigt). Bezüglich der Unvergänglichkeit der Welt vertrat er die Meinung, daß wir aus der Offenbarung wissen, daß die Welt zu irgendeinem Zeitpunkt geschaffen wurde; die Philosophie jedoch könne auf diese Frage keine so oder anders ausfallende Antwort geben. Jene, die wie Bonaventura argumentierten, die Unvergänglichkeit der Welt sei vom philosophischen Standpunkt aus absurd, irrten sich; es ist durchaus kein Widerspruch, daß das Universum geschaffen wurde (d. h. seine Existenz einem Schöpfer verdankt) und trotzdem schon immer existiert hat. Was das Wesen der Seele betrifft, so stimmte Thomas von Aquin mit Aristoteles darin überein, daß die Seele die substantielle Form des Körpers sei (die sich mit der Körpermaterie zum menschlichen Individuum verbindet). Allerdings geht er davon aus, daß es sich bei dieser Form um eine ganz spezielle Form handelt, die auch unabhängig vom Körper existieren kann und daher unsterblich ist. Er behauptete auch, daß diese Lösung mit Aristoteles' eigener Denkweise vereinbar sei.[29]

Zu dieser Lösung also kommt Thomas von Aquin in der Glaubens- und

Verstandesproblematik. Er schafft Raum für beide Seiten und verschmilzt christliche Theologie und aristotelische Philosophie geschickt zu einem Ganzen, das wir als »christlichen Aristotelismus« bezeichnen können. Um dies zu erreichen, mußte Thomas von Aquin Aristoteles christianisieren, indem er jene aristotelischen Doktrinen, die den Lehren der Offenbarung scheinbar widersprachen, aufnahm und zu lösen versuchte, und indem er Aristoteles in den Punkten korrigierte, an denen er sich geirrt hatte. Gleichzeitig jedoch »aristotelisierte« er das Christentum, indem er große Teile der aristotelischen Metaphysik und Naturphilosophie in die christliche Theologie einbrachte. Langfristig (im neunzehnten Jahrhundert) sollte die katholische Kirche den Thomismus als offizielle Position erwählen; kurzfristig dagegen, wie wir noch sehen werden, betrachteten eher konservativ eingestellte Theologen Thomas von Aquin als gefährlichen Radikalen.

## *Radikaler Aristotelismus und die Verurteilungen der Jahre 1270 und 1277*

Albert der Große und Thomas von Aquin führten eine liberale Bewegung an, die sich für eine starke Stellung der Philosophie einsetzte. Doch gleichgültig, wie stark diese Stellung war – die Philosophie würde ihrer Meinung nach stets Dienerin bleiben. Man konnte niemals zulassen, daß der Verstand Oberhand über die Offenbarung gewann. Albert und Thomas stießen bis an die Grenzen der Philosophie vor, aber sie ließen ein philosophisches Problem niemals auf sich beruhen, solange sie nicht Verstand und Glauben miteinander in Einklang gebracht hatten.

Aber wie stark kann eine Dienstmagd werden, bevor sie anfängt, an Ungehorsam oder Aufstand zu denken?[30] Wenn die biblischen Wunder auf natürliche Ursachen reduziert werden, wie in Alberts Darstellung der Sintflut, ist die Sache dann nicht schon außer Kontrolle geraten? Diese Frage stellten sich die konservativen Theologen angesichts der in Paris sichtbaren Entwicklungen. Und wie sich herausstellte, waren ihre Befürchtungen nicht ganz unbegründet. Dokumente dazu liegen nur bruchstückhaft vor, aber ganz offensichtlich begannen zur gleichen Zeit, in der Albert und Thomas von Aquin Philosophie und Theologie zu versöhnen suchten, andere Magister der Künste gefährliche philosophische Doktrinen zu lehren, ohne Rücksicht auf deren Konsequenzen für die Theologie zu nehmen. Es handelte sich dabei um engagierte Philosophen, die ihr Fach aggressiv vertraten und nicht einsahen, warum sie irgendeiner außerhalb stehenden Autorität nachgeben oder ihr auch nur Beachtung schenken sollten. Die Versöhnung von Philosophie und Theologie war nicht ihr Problem.

Bekanntester Vertreter und Anführer dieser radikalen Bewegung war Siger von Brabant (ca. 1240–1284 n. Chr.). Siger war ein aufgeweckter junger Magister der Künste; zu Beginn seiner Lehrtätigkeit vertrat er die Unvergänglichkeit der Welt und den averroistischen Monopsychismus, der gefährliche Konsequenzen für die Doktrin der Unsterblichkeit des Individuums hatte. Sein Ziel war es, Philosophie zu betreiben ohne auch nur einen Blick auf theologische Lehren zu irgendeinem der besprochenen Themen zu verschwenden. Er behauptete, er käme genau zu den Schlußfolgerungen, welche die notwendigen und zwingenden Schlußfolgerungen einer korrekt betriebenen Philosophie seien. Nachdem Thomas von Aquins Abhandlung *Über die Einheit des Intellekts* erschienen war, die sich direkt auf seine Lehren bezog, milderte Siger seine Haltung zum Wesen der Seele ab und brachte sie mit der orthodoxen christlichen Lehre in Einklang.[31] Nach diesem Zusammenprall mit den Theologen war Siger klüger geworden und machte danach besonders deutlich, daß seine philosophischen Folgerungen zwar nicht falsch, sondern tatsächlich zwingende philosophische Folgerungen seien, daß sie deswegen aber nicht unbedingt wahr sein mußten. Was die *Wahrheit* betraf, so bestätigte er die Glaubensinhalte. Die Geschichtswissenschaftler sind sich nicht darüber einig, ob dieses Glaubensbekenntnis für bare Münze genommen werden soll, oder ob Siger damit lediglich die kirchlichen Machtstrukturen besänftigen wollte. Wie dem auch sei, jedenfalls steckte hinter der von Siger vertretenen Haltung unübersehbar die gefährliche Aussage, daß eine korrekt durchgeführte philosophische Untersuchung zu Schlußfolgerungen führen konnte, welche jenen der Theologie widersprachen.

Eine anschauliche Darstellung dieser radikalen Position liefert die kurze Abhandlung eines Gelehrten aus dem Umkreis Sigers, Boethius von Dacia (um 1270): *Über die Ewigkeit der Welt*. Besonders bemerkenswert an diesem Werk ist, daß Boethius darin die philosophische Debatte streng von der theologischen trennte. Sorgfältig sammelte er jene philosophischen Argumente, mithilfe derer die christliche Schöpfungsdoktrin gegen die Aristoteliker verteidigt worden war, und widerlegte sie nacheinander. Er führte den Nachweis, daß der Philosoph, wenn er als Philosoph sprach, keine andere Wahl hatte, als sich für die Unvergänglichkeit der Welt auszusprechen. Doch er machte deutlich, daß er selbst auf der Grundlage der Theologie und des Glaubens die Schöpfungsdoktrin akzeptierte, wie es jedes Christen Pflicht war.

Damit ordnete sich Boethius letztendlich den Glaubensinhalten unter, gleichzeitig jedoch war er streng rationalistisch ausgerichtet. Er vertrat die Ansicht, es gäbe kein der rationalen Untersuchung zugängliches Problem, das der Philosoph nicht rechtmäßig untersuchen und lösen dürfe. »Es ist Sache des Philosophen,« schreibt er, jede Frage zu entscheiden, der man sich mit dem Verstand stellen kann; denn jede Frage, über die sich mit Argumenten des Verstandes disputieren läßt, entspringt irgendeinem Teil des Daseins. Doch der Philosoph beschäftigt sich mit allen Erscheinungsformen des Daseins: natürlicher, mathematischer und göttlicher Prägung. Daher ist es Sache der Philosophen, jede Frage zu entscheiden, über die sich mit Argumenten des Verstandes disputieren läßt.

Weiter behauptet Boethius, der Naturphilosoph könne die Möglichkeit einer Schöpfung noch nicht einmal in Betracht ziehen, denn indem er dies täte, würde er übernatürliche Prinzipien einbeziehen, die im Bereich der Philosophie fehl am Platz seien. Nach demselben Muster verwirft der Philosoph die Auferstehung der Toten, denn als Folge natürlicher Ursachen (auf deren Untersuchung sich der Philosoph beschränkt) ist sie nicht möglich.[32]

Hier handelt es sich um einen für seine Strenge bemerkenswerten Versuch, die philosophische Debatte bis zu ihrem logischen Schluß konsequent durchzuziehen, ohne dabei auf den Glauben Rücksicht zu nehmen; dabei wird die höchste Autorität der Theologie jedoch noch immer anerkannt. Und dennoch kann es nicht überraschen, daß die theologische Fakultät und die religiöse Obrigkeit sich davon weder überzeugen noch begeistern ließen, sondern Siger, Boethius von Dacia und ihre Anhänger als eine wachsende Gefahr betrachteten. Wenn sich jetzt aus der Philosophie ständig Schlüsse ergeben sollten, die mit dem Glauben nicht übereinstimmten, dann konnte man sie nicht mehr als loyale Dienerin betrachten. Statt dessen erkannte man in ihr allmählich eine Gegnerin und eine Bedrohung, die rigoroses Handeln erforderte.

Dieses rigorose Handeln äußerte sich in zwei Verurteilungen, die der Bischof von Paris, Etienne Tempier, in den Jahren 1270 bzw. 1277 n. Chr. aussprach. Mit der ersten verurteilte er dreizehn von Siger und seinen radikalen Kollegen in der Fakultät der Künste angeblich gelehrte philosophische Sätze. Da diese Verurteilung vermutlich sowohl von Bonaventura wie von Thomas von Aquin mitgetragen wurde, handelte es sich dabei wohl um eine Reaktion des theologischen Apparates auf die Aktivitäten einer radikalen Fraktion innerhalb der Fakultät der Künste. Im Jahre 1277 klang die Drohung ernsthafter und war breiter gefaßt: Zu jenem Zeitpunkt hatte sich bereits erwiesen, daß die erste Verurteilung den radikalen Aristotelismus nicht ausgerottet hatte, und die Konservativen innerhalb der theologischen Fakultät wappneten sich entschlossener als zuvor gegen das, was ihnen als wachsende Bedrohung erschien. Tatsächlich neigten diese Konservativen dazu, jeden, dessen Einstellung spürbar liberaler war als ihre eigene, als Bedrohung zu empfinden. So kam es, daß (am dritten Jahrestag von Aquins Tod) eine weit umfassendere Liste verbotener philosophischer Sätze herausgegeben wurde. Die Lehre dieser Sätze – insgesamt waren es 219 – wurde unter Androhung der Exkommunizierung untersagt. Die Liste enthielt unter anderem fünfzehn bis zwanzig Sätze, die den Lehren Thomas von Aquins entnommen waren. Wir wollen an dieser Stelle erst einmal einige diese verbotenen Sätze betrachten und uns ansehen, welche Folgen Tempiers Handeln hatte.[33]

Sämtliche offensichtlich gefährlichen Elemente der aristotelischen Philosophie sind in den beiden Listen verbotener Sätze Tempiers enthalten: die Ewigkeit der Welt, der Monopsychismus, die Ablehnung der Unsterblichkeit des Individuums, der Determinismus, die Ablehnung der göttlichen Vorsehung und der Willensfreiheit. Auch auf die rationalistische Tendenz Sigers und der Radikalen zielt das Verbot ausdrücklich ab: Beispielsweise ist von 1277 an die Aussage verboten, der Philosoph habe das Recht, Debatten über alle Themen zu führen, auf die rationale Methoden anwendbar sind. Es darf auch nicht mehr behauptet werden, daß man niemals zu Gewißheit gelangen kann, wenn man sich nur auf Autoritäten beruft. Auch auf den Naturalismus der aristotelischen Tradition geht die Verurteilung aus dem Jahr 1277 ausdrücklich ein: Tempier verurteilt die Aussage, sekundäre Ursachen seien eigenständig, könnten also weiterwirken, wenn die primäre Ursache (Gott) schon nicht mehr beteiligt ist; ebenso die Behauptung, Gott habe einen Menschen (das ist eine deutliche Anspielung auf Adam) nur durch das Handeln eines anderen Menschen schaffen können; und schließlich auch das methodologische Prinzip, daß der Philosoph, da er seine Aufmerksamkeit ausschließlich auf die natürlichen Ursachen richtet, das Recht habe, sich gegen eine Schöpfung der Welt auszusprechen.

Mit diesem Inhalt der Auflistung verurteilter Sätze hätte man gerechnet. Aber im Jahre 1277 kam die Verurteilung einer bunten Mischung anderer Thesen hinzu, die in verschiedener Hinsicht die Naturphilosophie berührten. Die Verurteilung traf eine Reihe astrologischer Sätze: daß der Himmel Einfluß sowohl auf die Seele wie auf den Körper hat, und daß sich die Geschehnisse alle 36 000 Jahre wiederholen, wenn nämlich die Himmelskörper erneut an ihrer derzeitigen Position stehen. Unter das Verbot fällt auch die Aussage, die himmlischen Sphären würden von Seelen bewegt. Von besonderer Bedeutung ist das Verbot einer Reihe von Thesen – sie sind deswegen wichtig, weil sie Diskussionsstoff für das vierzehnte Jahrhundert lieferten – die sich mit den Dingen beschäftigten, die Gott angeblich nicht tun konnte, weil die aristotelische Philosophie bewiesen hatte, daß sie unmöglich waren. Offensichtlich behaupteten die Philosophen, daß Gott keine weiteren Universen geschaffen haben konnte (Aristoteles hatte ausgesagt, daß es nicht mehr als ein Universum geben kann), daß Gott die äußerste Himmelssphäre dieses Universums nicht geradlinig bewegen konnte (weil dann im Raum eine Leere entstehen würde, welche die aristotelische Philosophie nicht zuließ)[34]; und daß Gott nicht eine Eigenschaft ohne Subjekt schaffen konnte (beispielsweise Röte ohne etwas, was rot ist). All diese Thesen wurden im Jahre 1277 verboten, weil sie der göttlichen Freiheit und Allmacht vollkommen entgegenstanden. Tempier bzw. jene, die stellvertretend für ihn die Thesenliste aufstellten, vertraten die Meinung, daß Aristoteles und die Philosophen der göttlichen Freiheit und Handlungsmacht keinerlei Riegel vorschieben durften. Gott darf alles tun, wenn dem kein logischer Widerspruch entgegensteht, d.h. er kann auch mehrere Universen zugleich schaffen oder Eigenschaften ohne Subjekt.

Was können wir aus diesen Vorkommnissen schließen? Über diese Verurteilungen ist ausführlich diskutiert worden, und häufig hat man ihre Bedeutung überschätzt oder mißverstanden. Anfang des zwanzigsten Jahrhunderts beschrieb Pierre Duhem die Verurteilungen des Jahres 1277 als einen Angriff auf den verwurzelten Aristotelismus, insbesondere die aristotelische Physik, und damit als die Geburtsstunde der modernen Naturwissenschaften. Das ist eine findige Interpretation, und ganz falsch liegt Duhem nicht: Es besteht kein Zweifel daran (wie wir weiter unten sehen werden), daß diese Verurteilungen die Gelehrten dazu ermunterten, nach nicht-aristotelischen Alternativen in Physik und Kosmologie zu suchen.[35] Aber wer diesen Aspekt hervorhebt, läuft Gefahr, die nächstliegende Bedeutung der Verurteilungen zu übersehen. Duhem betrachtete sie als Schlüsselereignis bei der Zerschlagung der aristotelischen Orthodoxie, aber im Jahre 1277 gab es eine solche Orthodoxie überhaupt nicht. Die Grenzen und Machtverhältnisse zwischen der aristotelischen Philosophie und der christlichen Theologie wurden noch immer ausgehandelt, und es war noch nicht abzusehen, inwieweit der Aristotelismus jemals orthodoxen Status erringen würde.

Oder um den gleichen Sachverhalt in anderen Worten auszudrücken: Die Verurteilungen sind in erster Linie nicht aufgrund ihrer Auswirkungen auf die Zukunft der Naturphilosophie von Bedeutung, sondern zunächst einmal deswegen, weil sie Auskunft geben über das, was zu jenem Zeitpunkt bereits geschehen war. Nach einem fast jahrhundertelangen Kampf um das neue Wissensgut holten die Konservativen mit diesen Verurteilungen zum Schlag aus gegen die Bemühungen der Liberalen und Radikalen um die Reichweite der Philosophie, insbesondere der aristotelischen Philosophie, und die Sicherung ihrer Autonomie. Sie geben Auskunft über diese Reichweite und über die Macht der Opposition – die Tatsache nämlich, daß eine umfang- und einflußreiche Gruppe von Traditionalisten durchaus noch nicht bereit war, die von den liberalen und mehr noch den radikalen Aristotelikern beschworene schöne neue Welt zu akzeptieren. Wenn man das Ereignis ins rechte Licht rückt, stellt sich also heraus, daß die Verurteilungen nicht für einen Sieg der modernen Wissenschaft stehen, sondern vielmehr für einen Sieg der konservativen Theologie des dreizehnten Jahrhunderts. Mit dem Verbot wurde unüberhörbar die Unterordnung der Philosophie unter die Theologie verkündet.

Es ist auch ein Angriff auf den aristotelischen Determinismus und eine Erklärung zugunsten der göttlichen Freiheit und Allmacht. Wir erwähnten bereits, daß eine Reihe der im Jahre 1277 verbotenen Thesen sich mit den Dingen beschäftigten, die Gott nicht tun konnte – beispielsweise, die Himmelssphären linear bewegen (weil in den dadurch freiwerdenden Räumen eine Leere entstehen würde, welche die aristotelische Philosophie verbietet). Tempier verbot diesen Satz sicherlich nicht deswegen, weil er sich mit Aristoteles auf eine naturphilosophische Diskussion einlassen wollte, sondern um klarzustellen, daß, wie immer die Dinge auch liegen mochten (und wir können davon ausgehen, daß er Aristoteles' Erklärung dieser Dinge akzeptierte), Gott stets nach Belieben eingreifen konnte. Möglich, daß es keine natürliche Leere geben konnte, aber auf übernatürliche Weise kann sie mit Sicherheit entstehen. Möglicherweise existiert sie nicht in diesem Universum, aber ein freier und allmächtiger Gott hätte das Universum auch anders erschaffen können.[36] Aristoteles hatte versucht, das Universum nicht einfach als das zu beschreiben, was es war, sondern als das, was es sein mußte. Im Jahre 1277 stellte sich Tempier gegen Aristoteles und erklärte, die Welt sei das, was es dem allmächtigen Schöpfer beliebe, daraus zu machen.[37]

Was bedeuteten nun diese Einwände der Theologen für die praktische Arbeit der Naturphilosophen? Zunächst einmal warfen bestimmte Artikel der Verurteilungen neue und drängende Fragen auf, die eine gründlichere Analyse erforderten. Beispielsweise löste die Behauptung, daß Gott auf übernatürlichem Wege Eigenschaften ohne Subjekt schaffen konnte (sie ist deswegen von Bedeutung, weil sie die Doktrin der Transsubstantiation berührt)[38] eine ernsthafte Diskussion über einen grundlegenden Aspekt der aristotelischen Metaphysik aus – nämlich über Wesen und Beziehung der Eigenschaften und ihrer Subjekte. Der gegen die Astrologie gerichtete Artikel, in dem die These verurteilt wird, daß die Geschichte sich alle 36 000 Jahre wiederholen wird, wenn die Himmelskörper in ihre ursprüngliche Konstellation zurückkehren, bewog Nicole Oresme (ca. 1320–1382) dazu, eine ganze mathematische Abhandlung zu verfassen. Er beschäftigt sich darin mit Fragen der Kommensurabilität und Inkommensurabilität und weist nach, wie unwahrscheinlich eine Rückkehr aller Himmelskörper in ihre ursprüngliche Konstellation innerhalb einer endlichen Zeit ist. Artikel über die Himmelsbeweger lösten lebhafte Diskussionen über diesen wichtigen Aspekt der Funktionsweise des Kosmos aus. Und jene Artikel, in denen die unbegrenzte Schöpferkraft Gottes verkündet wurde, führten zu einer Fülle von Spekulationen über mögliche Welten und imaginäre Sachverhalte, die Gott offensichtlich zu schaffen vermochte. Damit kam es im vierzehnten Jahrhundert zu einer wahren Lawine spekulativer und hypothetischer Naturphilosophie, und im Verlauf der Diskussion wurden verschiedene Prinzipien der aristotelischen Naturphilosophie geklärt, kritisiert oder zurückgewiesen.[39]

Ein zweiter Aspekt ist, daß viele der Artikel der Verurteilungen von der Sorge herrühren, welche den Theologen das Element der Zwangsläufigkeit in der aristotelischen Naturphilosophie bereitete – d.h. die Behauptung, daß die Dinge nicht anders sein können, als sie sind. Nachdem die aristotelische Zwangsläufigkeit einmal hatte vor den Forderungen einer göttlichen Allmacht weichen müssen, wurden auch andere aristotelische Prinzipien plötzlich angreifbar. Beispielsweise erfordert die Möglichkeit, daß Gott außerhalb des unsrigen noch andere Universen schaffen könnte, die mit dieser Möglichkeit zu vereinbarende Vorstellung eines Raumes außerhalb unseres Universums. Folglich kamen unter dem Eindruck der Verurteilungen viele Gelehrte überein, daß es außerhalb des Kosmos einen leeren Raum geben mußte, möglicherweise sogar einen endlosen leeren Raum, der diese möglichen Welten aufnehmen konnte. Ebenso folgt aus der Forderung, daß die äußersten Himmelssphären oder vielleicht der gesamte Kosmos auf übernatürliche Weise geradlinig fortbewegt werden können, daß Bewegung etwas ist, was zielgerichtet auf die äußerste Himmelssphäre oder den Kosmos insgesamt angewendet werden kann. Aber Aristoteles hatte die Bewegung über umgebende Körper definiert, und die äußerste Himmelssphäre umgibt nichts, was sie bewegen könnte. Daraus wurde offensichtlich, daß die aristotelische Definition der Bewegung überdacht oder korrigiert werden mußte.[40]

## *Die Beziehung zwischen Philosophie und Theologie nach 1277*

Die Verurteilungen sind wichtige Meilensteine im Prozeß der allmählichen Assimilierung der aristotelischen Philosophie durch die mittelalterliche Christenheit. Sie zeigen, wie stark die konservative Strömung in den 1270er Jahren war und kennzeichnen einen vorläufigen Sieg der Konservativen. Aber es bietet sich an, an dieser Stelle innezuhalten und genauer zu betrachten, worin dieser Sieg bestand.

Zunächst einmal war es so, daß selbst der konservativste unter jenen, die an der Verkündung der Verbote beteiligt waren, nicht die vollständige Eliminierung der aristotelischen Philosophie zum Ziel hatte. Die Absicht war vielmehr die, dieser Philosophie eine gesunde Dosis Disziplin zu verabreichen und ihr so endgültig ihren Dienerinnenstatus in Erinnerung zu rufen. Gleichzeitig fiel damit eine Entscheidung in verschiedenen Konfliktpunkten. Zweitens war dies zwar streng genommen ein örtlich beschränkter Sieg (denn Tempiers Dekrete waren nur für Paris wirklich verpflichtend), der Einfluß dieses Ereignisses reichte aber erheblich weiter. Zum einen stand die theologische Fakultät von Paris an der Spitze aller europäischer Universitäten (zu jener Zeit war sie die einzige auf dem

Festland), und damit hatte ein solches Dekret unweigerlich Auswirkungen auf die gesamte Christenheit. Zum anderen war bekannt, daß der Papst, dem der radikale Aristotelismus Sorge bereitete, an der Entwicklung in Paris beteiligt war und möglicherweise zugunsten der Konservativen eingreifen würde. Dazu kam, daß der Erzbischof von Canterbury, Robert Kilwardby, elf Tage nach der Verkündung von Tempiers Erlaß eine weniger umfassende, jedoch in vielerlei Hinsicht ähnliche Verurteilung herausgab, die für ganz England galt. Und im Jahre 1284 erneuerte Kilwardbys Nachfolger im Erzbistum Canterbury, der Franziskaner John Pecham, dessen Erlaß. Pecham war ein eingefleischter Gegner Thomas von Aquins und ein führender Traditionalist.

Wir wissen nichts genaues darüber, welche Tragweite die Verurteilungen im späten dreizehnten bzw. frühen vierzehnten Jahrhundert hatten. Man kann davon ausgehen, daß sie in ganz unterschiedlichem Maße Gehorsam erzwingen und das philosophische Denken beeinflussen konnten. Bis zum Jahre 1323 hatte sich das Ansehen Thomas von Aquins soweit erholt, daß Papst Johannes XII. ihn heiligsprechen konnten. Im Jahre 1325 widerrief der Bischof von Paris all jene Artikel der Verurteilungen aus dem Jahr 1277, die sich auf die Lehren Thomas von Aquins bezogen. Und dennoch lassen sich die Auswirkungen der Verbote noch ein Jahrhundert nach ihrer Verkündung erkennen. Johannes Buridanus, ein Pariser Magister der Künste und zweimaliger Rektor der Universität, der um die Mitte des vierzehnten Jahrhunderts wirkte, war einer unter vielen, die weiterhin mit den von den Verurteilungen aufgestellten Hindernissen zu kämpfen hatten. Ja, es zeigte sich wiederholt, wie deutlich Buridanus die Gefahr einer theologischen Zensur wahrnahm (die Magister der Künste waren davon besonders stark betroffen), als er mit seiner wissenschaftlichen Arbeit auf theologisches Gelände geriet. In seinem *Kommentar zur Aristoteles' Physikvorlesung* mußte er sich mit dem Beweger der Himmelssphären auseinandersetzen, und am Ende dieser Abhandlung erklärte er seine Bereitschaft, sich der Autorität der Theologen zu unterwerfen: »Dies sage ich jedoch nicht im Sinn einer festen Behauptung, sondern ich äußere es, um von den Herren Theologen Unterweisung darüber zu erbitten, wie dies im einzelnen abläuft.« Und im Jahre 1377, also ein ganzes Jahrhundert nach den Verurteilungen, verteidigte der angesehene Pariser Theologe Nicole Oresme seine Meinung, daß der Kosmos von einem unendlichen leeren Raum umgeben sei, mit folgendem Hinweis an mögliche Kritiker: »Wer das Gegenteil behauptet, beharrt auf einem in Paris verurteilten Artikel.«[41]

Aber in der Zwischenzeit hatte sich die aristotelische Philosophie endgültig festgesetzt. Sie fand ihren Platz im Lehrplan der Fakultät der Künste und gewann zunehmend Einfluß auf die Ausbildung im Grundstudium. Im Jahre 1341 mußten in Paris neue Magister der Künste den Eid ablegen, daß sie »das System von Aristoteles und seinem Kommentator Averroës und den anderen Kommentatoren und Deutern des besagten Aristoteles« lehren würden, »ausnehmend jener Fälle, welche dem Glauben entgegenstehen.« Gleichzeitig entwickelte sich die aristotelische Philosophie zum unverzichtbaren Instrument in den Händen jener Wissenschaftler, die sich den höheren Studien der Medizin, Rechtswissenschaft und Theologie widmeten, und in zunehmendem Maße auch zur Grundlage jeder ernsthaften geistigen Arbeit zu irgendeinem Thema überhaupt.[42]

Das heißt allerdings nicht, daß es im Konflikt zwischen Glauben und Verstand zu einer dauerhaften Lösung gekommen war. Die Entwicklungen des vierzehnten Jahrhunderts sind von den Historikern noch nicht hinreichend analysiert worden, und zu diesem Zeitpunkt läßt sich noch nicht einmal ein grobes Bild davon zeichnen. Immerhin ist es möglich, ein paar bescheidene allgemeine Aussagen zu treffen.

Zunächst einmal erreichte die Erkenntnistheorie rasch einen höheren Entwicklungsstand, und man nahm Abstand von den ehrgeizigen Ansprüchen, die im dreizehnten Jahrhundert (von den liberalen und radikalen Aristotelikern) an die Philosophie gestellt worden waren. Skeptische Strömungen machten sich bemerkbar, und es wurde immer deutlicher in Frage gestellt, ob es der Philosophie überhaupt möglich sei, den traditionellen aristotelischen Gewißheitsansprüchen zu genügen oder bestimmte Fragen zufriedenstellend zu beantworten. Insbesondere was die Forderung anging, daß sich die Philosophie auch mit der theologischen Doktrin befassen sollte, wurden radikale Abstriche vorgenommen. Beispielsweise schränkten Johannes Duns Scotus (ca. 1266–1308 n. Chr.) und Wilhelm von Ockham (ca. 1285–1347) den Überschneidungsbereich der beiden Disziplinen ein, ohne auf eine vollständige Trennung von Theologie und Philosophie abzuzielen. Sie taten dies, indem sie in Frage stellten, daß sich die Philosophie tatsächlich dazu eignete, auf der Grundlage von Beweisführungen über bestimmte Glaubensinhalte zu entscheiden. Nachdem die Philosophie nun nicht mehr Wahrheit nachweisen konnte, stellte sie für die Theologie keine Bedrohung mehr dar, jedenfalls keine ernsthafte. Glaubensinhalte waren keinem philosophischen Nachweis mehr unterworfen, annehmen konnte man sie nur noch durch den Glauben. Kurz, die praktische Lösung bestand darin, daß man Philosophie und Theologie voneinander löste – d.h. ihre methodologischen Unterschiede anerkannte und auf dieser Grundlage unterschiedliche Einflußbereiche gelten ließ. Dabei fiel der Naturphilosophie eindeutig ein kleinerer Bereich zu.[43]

Zweitens konzentrierten die Theologen und Naturphilosophen des vierzehnten Jahrhunderts ihr Interesse auf das Thema der göttlichen Allmacht – ein Thema, das die christliche Theologie von Anfang an beschäftigt hatte, das aber durch die Verurteilungen nun wieder besonders aktuell wurde. Wenn Gott absolut frei und allmächtig ist, dann folgt daraus, daß die physikalische Welt zufällig und nicht notwendig ist. Das heißt, es besteht keine Notwendigkeit dafür, daß sie so ist, wie sie ist, denn ihre Form, ihre Funktionsweise, ja, ihre Existenz überhaupt hängen allein von Gottes Willen ab. Die zu beobachtende Regelung von Ursache und Wirkung ist nicht zwingend, sondern von Gott nach freiem Ermessen eingesetzt. Beispielsweise hat das Feuer nicht deswegen die Kraft zu wärmen, weil Feuer und Wärme unauflöslich miteinander verbunden sind, sondern weil Gott beschlossen hat, sie zu verbinden – d.h. dem Feuer einmal diese Kraft verlieh und ständig aufs Neue damit einverstanden ist, daß es diese wärmende Funktion ausübt. Es steht Gott allerdings auch frei, Ausnahmen von dieser Regel zuzulassen: Wenn Schadrach, Meschach und Abed-Nego in den Feuerofen geworfen werden, ohne Schaden zu nehmen (Daniel, Kap. 3), ist dieses Wunder, diese Entscheidung Gottes, die übliche Ordnung der Dinge aufzuheben, durchaus zulässig.[44]

Bis zu diesem Punkt sind sich die Historiker gewöhnlich einig; aber im weiteren haben sich zwei unterschiedliche Theorien entwickelt. Eine Theorie lautet: Wenn die Natur nicht über ihr dauerhaft zugeordnete Eigenschaften verfügt, sondern in ihrem Verhalten ständig von einem (möglicherweise launischen) göttlichen Willen abhängt, dann ist die Vorstellung von einer festen natürlichen Ordnung schwer erschüttert, und ernsthafte Naturphilosophie ist nicht mehr möglich. Der zweiten Theorie zufolge ergab sich aus der Erkenntnis, daß Gott jede beliebige Welt hätte schaffen können, für die Naturphilosophen des vierzehnten Jahrhunderts eine andere Konsequenz: Sie stellten fest, daß es nur eine Möglichkeit gab, zu erkennen, *welche* Welt er geschaffen hatte – nämlich hinauszugehen und sie zu betrachten, also eine empirische Naturphilosophie zu entwickeln, die den Grundstein für die moderne Wissenschaft legte. Auf beide Theorien müssen wir näher eingehen.

Die erstere geht davon aus, daß die Doktrin der göttlichen Allmacht sich schädlich auf die Naturphilosophie auswirkte; dabei wird aber überschätzt, wie hoch die mittelalterlichen Naturphilosophen den Grad der göttlichen Einmischung einschätzten – in Wirklichkeit glaubte keiner von ihnen, daß Gott häufig oder willkürlich in das geschaffene Universum eingriff. Immer wieder berief man sich auf die Regel, daß zwischen Gottes absoluter und seiner delegierten Macht zu unterscheiden sei. Wenn wir Gottes Macht im Absoluten oder Abstrakten betrachten, erkennen wir an, daß Gott allmächtig ist und tun kann, was er will. Zum Zeitpunkt der Schöpfung schränkten ihn keinerlei äußere Faktoren ein, abgesehen von dem Gesetz, dem zufolge Widersprüchlichkeiten zu vermeiden waren. Tatsächlich aber stellen wir fest, daß Gott aus der endlosen Zahl ihm offenstehender Möglichkeiten eine Auswahl traf und genau *diese* Welt schuf; und weil er ein beständiger Gott ist, können wir davon ausgehen, daß er (mit seltenen Ausnahmen)[45] an der einmal geschaffenen Ordnung festhalten wird. Wir brauchen uns keine Sorgen zu machen, daß Gott sich selbst ständig wieder ins Handwerk pfuscht. Kurz, das von der Doktrin der göttlichen Allmacht (Gottes absolute Macht) vorgegebene unendliche Spektrum von Möglichkeiten göttlichen Handelns wurde aus praktischen Gründen auf den ursprünglichen Schöpfungsakt beschränkt. Danach ging es um Gottes Handeln innerhalb der bestehenden Ordnung (seine delegierte Macht). Diese Formel erwies sich deswegen als so attraktiv, weil sie auf der einen Seite die göttliche Allmacht garantierte, ohne auf der anderen Seite dafür die für eine ernsthafte Naturphilosophie notwendige Regelhaftigkeit zu opfern.[46]

Die zweite Theorie, die in der Doktrin der göttlichen Allmacht den Ursprung der experimentellen Wissenschaft sieht, ist durchaus plausibel. Man kann von einem Wissenschaftler des Mittelalters die Erkenntnis erwarten, daß sich das Verhalten einer zufälligen Welt nicht mit Sicherheit von einer Reihe im Voraus bestehender Prinzipien ableiten läßt. Dies mußte zur Entwicklung empirischer Methoden führen. Der einzige Schönheitsfehler dieser Schlußfolgerung ist, daß es keine historischen Nachweise dafür gibt. Während oder kurz nach der lautstarken Verkündung der göttlichen Allmacht und der Zufälligkeit der Natur – in den Verurteilungen ebenso wie in den Schriften der Philosophen und Theologen – stieg die Häufigkeit beobachtender oder experimenteller Forschung keineswegs deutlich an. Die Naturphilosophen und Theologen glaubten auch weiterhin, die Welt und die geeignetste Methode ihrer Erforschung entspreche mehr oder weniger dem, wie Aristoteles sie beschrieben hatte; allerdings waren sie, wie es schon immer der Fall gewesen war, durchaus bereit, Aristoteles kritisch zu lesen und diese und jene Einzelheit der aristotelischen Naturphilosophie oder Methodologie in Frage zu stellen. Es sollte noch Jahrhunderte dauern, bis sich die moderne experimentelle Wissenschaft etablierte. An ihrer Entstehung war dann die theologische Doktrin der göttlichen Allmacht sicherlich nicht unbeteiligt, aber es wäre äußerst gewagt, zu behaupten, daß ein simpler ursächlicher Zusammenhang besteht.[47] Diese Frage erfordert eine genauere Analyse; und wenn eine solche Analyse sinnvoll sein soll, muß sie auf die Feinheiten und die Komplexität der geschichtlichen Realität eingehen.

# KAPITEL II

# DER MITTELALTERLICHE KOSMOS

In den vorausgehenden Kapiteln haben wir die Rezeption des neuen Wissensgutes und die mit seiner Assimilierung im dreizehnten und vierzehnten Jahrhundert verbundenen Konflikte untersucht. Dieses Kapitel sowie die nächsten beiden sind der systematischeren Betrachtung jener naturphilosophischen Inhalte gewidmet, welche das Ergebnis dieser Konflikte waren. Um die Informationen irgendwie zu sortieren, gehen wir von ganz oben nach unten vor – d.h. wir beginnen bei den äußersten Winkeln des Kosmos und enden bei der Erde in seinem Mittelpunkt. Wir verwenden dabei auch die (Aristoteles und seinen Anhängern im Mittelalter geläufige) Unterscheidung zwischen dem organischen und dem anorganischen Bereich. In diesem Kapitel beginnen wir mit dem Grundaufbau des Kosmos, konzentrieren uns auf den Himmel, kommen aber auch auf die Struktur der irdischen Region zu sprechen. Im nächsten Kapitel werden wir uns mit dem Verhalten der unbelebten Dinge in der sublunaren Welt beschäftigen. Und im darauffolgenden Kapitel wenden wir uns dann dem Reich der Lebewesen zu.[1]

## *Die Struktur des Kosmos*

Auf die Kosmologien des frühen Mittelalters und des zwölften Jahrhunderts sind wir bereits kurz eingegangen.[2] Wir haben festgestellt, daß die Enzyklopädiker des frühen Mittelalters ein bescheidenes Sortiment kosmologischer Grundinformationen weitergaben, das sie einer Vielzahl alter Quellen, insbesondere Platon und den Stoikern, entnommen hatten. Diese Autoren lehrten die Kugelgestalt der Erde, berechneten ihren Umfang und legten ihre Klimazonen und ihre Einteilung in Kontinente fest. Sie beschrieben die Himmelssphäre und die zu ihrer Kartierung verwendeten Kreise. Die meisten bewiesen immerhin ein grundlegendes Verständnis der Bewegungen von Sonne und Mond sowie der Planeten. Sie schrieben über Wesen und Größe von Sonne und Mond, die Ursache der Finsternisse und über eine Reihe verschiedener meteorologischer Erscheinungen.

Im zwölften Jahrhundert erweiterte sich dieses Bild, als dem Inhalt von

Platons *Timaios* (und dem von Calcidius verfaßten Kommentar dazu) wieder mehr Aufmerksamkeit zuteil wurde und die ersten griechischen und arabischen Werke in Übersetzungen vorlagen. Eine Folge war, daß man sich wieder intensiv (intensiver noch als die alten Kirchenväter) darum bemühte, die platonische Kosmologie mit dem biblischen Schöpfungsbericht in Einklang zu bringen. Neu war auch die von Autoren des zwölften Jahrhunderts häufig angeführte Theorie, daß Gott seine schöpferische Aktivität auf den Zeitpunkt der Schöpfung beschränkt hatte; danach, so argumentierte man, richtete sich der Verlauf der Dinge nach der von Gott geschaffenen natürlichen Ordnung. Die Kosmologen des zwölften Jahrhunderts legten Wert auf die Aussage, daß der Kosmos einheitlich und organisch sei, von einer Weltseele beherrscht und von astrologischen Kräften sowie der Beziehung zwischen Makrokosmos und Mikrokosmos zusammengehalten werde. In einer bemerkenswerten Anknüpfung an frühmittelalterliches Denken beschrieben die Gelehrten des zwölften Jahrhunderts einen Kosmos, der grundlegend homogen war und durchgehend aus den gleichen Elementen bestand: Aristoteles' Theorie der Quintessenz, also des Aethers, und seine klare Unterscheidung zwischen himmlischem und irdischem Bereich hatten noch keinen merklichen Einfluß.[3]

Im neunten Kapitel habe ich bei der Erläuterung einiger dieser Aspekte der Kosmologie im zwölften Jahrhundert Thierry von Chartres erwähnt. Ein weiterer Vertreter dieser Tradition, der für uns aufgrund seines umfangreicheren Werkes von größerem Nutzen ist, ist Robert Grosseteste (ca. 1168–1253 n. Chr.), eine der berühmtesten Persönlichkeiten der mittelalterlichen Wissenschaft.[4] Grosseteste ist auch deswegen von Bedeutung, weil sich an seinem Schaffen aufzeigen läßt, wie die platonischen Strömungen ihren Weg ins dreizehnte Jahrhundert fanden. Denn Grosseteste wurde zwar Ende des zwölften Jahrhunderts ausgebildet, seine wichtigsten Schriften stammen jedoch aus der ersten Hälfte des dreizehnten Jahrhunderts.

Im Zentrum der Grossetesteschen Kosmologie stand das Licht: Der Kosmos entstand, als Gott einen dimensionslosen Materiepunkt und dessen Form, einen dimensionslosen Lichtpunkt, schuf.[5] Dieser Lichtpunkt breitete sich sofort in alle Richtungen aus, so daß eine große Kugel entstand. Aus der mitgerissenen Materie bildete sich die physische Welt. Danach drang vom äußersten Rand des Kosmos wieder Strahlung ins Zentrum, es kam zu einer weiteren Differenzierung, und so entstanden die Himmelssphären und der sublunare Bereich mit all den darin enthaltenen Dingen und Eigenschaften. In seinen frühen Schriften geht Grosseteste offensichtlich von der Vorstellung einer Weltseele aus – eine Vorstellung, die er später verwarf. Grundlegend für Grossetestes Arbeit ist das Verhältnis zwischen Mikrokosmos und Makrokosmos: Die Menschheit stellt die Krone der göttlichen Schöpfertätigkeit dar, gleichzeitig spiegeln sich in ihr die göttliche Natur und die Strukturprinzipien des geschaffenen Kosmos.

Und schließlich übernahm Grosseteste die vom frühen Mittelalter bis ins zwölfte Jahrhundert hinein verbreitete Vorstellung von einem homogenen Kosmos: Die Himmelssphären bestehen zwar gemäß seiner Kosmologie aus einem feineren (d.h. weniger dichten) Stoff als die irdischen Substanzen; der Unterschied ist jedoch mehr quantitativer als qualitativer Natur.[6]

Wie so viele andere Themenbereiche veränderte sich die Kosmologie aufgrund der umfassenden Übersetzung griechischer und arabischer Quellen im zwölften und dreizehnten Jahrhundert. Insbesondere die aristotelische Tradition trat im dreizehnten Jahrhundert in den Mittelpunkt und verdrängte allmählich die Kosmologien Platons und des Frühmittelalters. Das soll keineswegs heißen, daß Platon und Aristoteles in allen wichtigen Themen unterschiedlicher Meinung waren; in vielen grundlegenden Fragen stimmten sie vollkommen überein. Sowohl die Aristoteliker wie die Platoniker beschrieben den Kosmos als eine große (jedoch zweifellos endliche) Sphäre; die Himmelssphären liegen dabei oben, die Erde im Mittelpunkt. Alle stimmten darin überein, daß er zu irgendeinem Zeitpunkt entstanden war – wenn auch manche Aristoteliker des dreizehnten Jahrhunderts, wie wir gesehen haben, zu dem Eingeständnis bereit waren, daß sich dies aufgrund philosophischer Argumentation nicht beweisen ließ. Und kein Angehöriger einer der beiden philosophischen Denkrichtungen zweifelte daran, daß der Kosmos einzigartig war: Zwar erkannte fast jeder bereitwillig an, daß Gott zahlreiche Welten geschaffen haben *könnte*, doch glaubte niemand ernsthaft, daß er dies wirklich getan hatte.

Aber an jenen Stellen, an denen Aristoteles und Platon sich nicht einig waren, wurde das aristotelische Weltbild allmählich von jenem Platons verdrängt · Einer der Hauptunterschiede betraf das Thema Homogenität. Aristoteles unterteilte die kosmische Sphäre in zwei verschiedene Bereiche, welche aus unterschiedlichem Stoff gemacht waren und sich nach unterschiedlichen Grundregeln verhielten. Unter dem Mond befindet sich der irdische Bereich, der sich aus den vier Elementen zusammensetzt. Dieser Bereich ist Schauplatz von Werden und Vergehen, von Geburt und Tod und von vergänglicher (normalerweise geradliniger) Bewegung. Über dem Mond befinden sich die Himmelssphären, an denen die Fixsterne, die Sonne und die anderen Planeten befestigt sind. Kennzeichnend für diese Himmelsregion, die aus Äther oder der Quintessenz (dem fünften Element) besteht, ist ihre unveränderliche Vollkommenheit und ihre gleichförmige Kreisbewegung. Weitere von Aristoteles stammende Beiträge zum kosmologischen Gesamtbild waren dessen kompliziertes Planetensphärensystem und das Verursacherprinzip, durch das die Himmelsbewegung Werden und Vergehen im irdischen Bereich auslöst.

Eine Reihe von aristotelischen Merkmalen in Verbindung mit althergebrachten kosmologischen Elementen stellten also die wesentlichen Grundzüge der spätmittelalterlichen Kosmologie dar – einer Kosmologie, die im

Verlauf des dreizehnten Jahrhunderts zum gemeinsamen Bildungsgut aller gebildeten Europäer aufstieg. Zu einer so weitgreifenden Übereinstimmung kam es nicht deswegen, weil die Gelehrten sich der Autorität des Aristoteles unterwarfen, sondern weil seine Kosmologie die von ihnen wahrgenommene Welt überzeugend und zufriedenstellend zu erklären vermochte. Dennoch wurden verschiedene Punkte der aristotelischen Kosmologie bald wieder kritisiert und in Frage gestellt – ja, der Beitrag der mittelalterlichen Gelehrten zur Kosmologie bestand im Grunde genommen in ihrem Versuch, die aristotelische Kosmologie auf das Wesentliche zu reduzieren und zu verfeinern und sie mit den Ansichten anderer Autoritäten sowie der biblischen Lehre in Einklang zu bringen. Es ist unmöglich, das kosmologische Denken des Mittelalters innerhalb eines einzigen Kapitels oder auch nur innerhalb eines einzigen Buches vollständig abzuhandeln (Pierre Duhem widmete dem Thema zehn Bände!). Daher müssen wir uns hier auf die wichtigsten und am heftigsten umstrittenen Themen beschränken.[7]

## *Der Himmel*

Bevor wir in den Kosmos eintreten, sollten wir noch einen Moment lang an seiner Peripherie verharren: was wäre, wenn dort draußen irgendetwas existierte? Alle waren sich darüber einig, daß sich außerhalb des Kosmos keine materielle Substanz befand. Wenn der Kosmos so definiert wird, daß er sämtliche von Gott geschaffene Substanz enthält, ist diese Schlußfolgerung zwingend. Aber wie steht es mit dem Raum, der keinerlei physische Substanz enthält? Aristoteles hatte die Existenz von Ort, Raum oder Leere außerhalb der Welt ausdrücklich abgelehnt. Dieser Ablehnung schlossen sich die Gelehrten allgemein an, bis die Verurteilungen des Jahres 1277 n. Chr. zu einer Neubewertung der Frage führten. Zwei Artikel der Verurteilungen bezogen sich direkt auf diese Frage. Einer von ihnen sagte aus, daß es in Gottes Macht stehe, mehrere Welten zu schaffen; der andere, daß Gott in der Lage sei, den äußersten Himmel geradlinig zu bewegen. Wenn aber außerhalb des unsrigen ein weiterer Kosmos geschaffen werden konnte, dann mußte dort die Existenz eines Raumes möglich sein, der einen solchen Kosmos aufnehmen konnte. Ebenso würde eine sich geradlinig bewegende Himmelssphäre unweigerlich einen Raum freimachen und dafür einen anderen ausfüllen. Die meisten Autoren gaben sich mit der Feststellung zufrieden, daß Gott einen leeren Raum außerhalb des Kosmos schaffen *konnte*. Einige wenige, wie etwa Thomas Bradwardine († 1349) und Nicole Oresme (ca. 1320–1382) behaupteten, dies habe er tatsächlich getan. Bradwardine verband diesen leeren Raum mit dem Konzept von Gottes

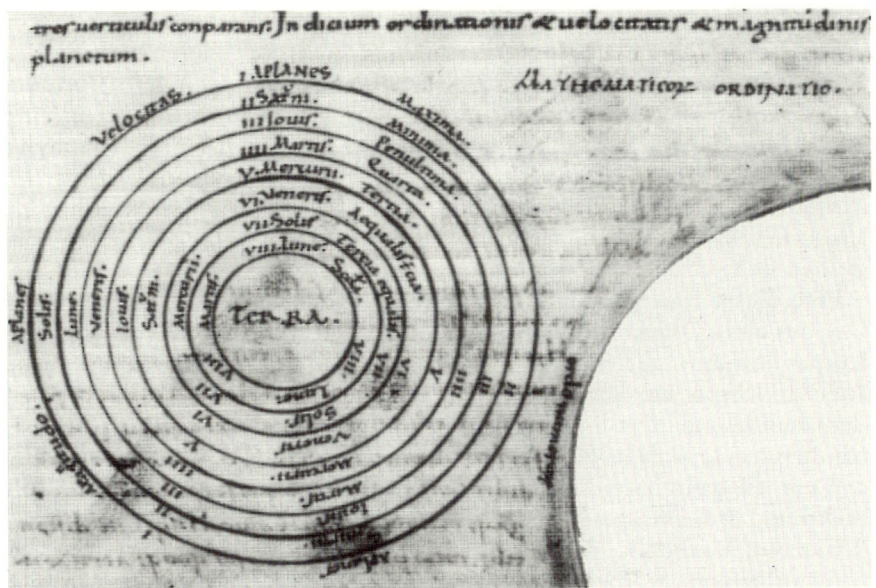

*Abb. 11.1: Die im Mittelalter verbreitete vereinfachte Kosmologie des Aristoteles. Paris, Bibliothèque Nationale, MS Lat. 6280, Fol. 20r (12. Jh.)*

Allgegenwart und stellte fest, da Gott ja unendlich sei, müsse auch der leere Raum außerhalb des Kosmos unendlich sein.

Bei der Umwandlung der aristotelischen Kosmologie spielten vermutlich christliche Motive die Hauptrolle, aber auch der Einfluß der Stoiker ist nicht zu übersehen. Als der Westen den Gedanken einer außerkosmischen Leere übernahm, war dieser von den Stoikern schon lange abgesegnet. Die westlichen Gelehrten übernahmen sogar einzelne Argumente der Stoiker, wie beispielsweise folgende häufig angeführte Gedankenexperiment: Angenommen, ein Mensch befindet sich an der *äußersten Grenze* des materiellen Universums und streckt seinen Arm über die Grenze des Universums hinaus – was geschieht? Es scheint offensichtlich, daß der Arm von einem Raum aufgenommen werden muß, der bis zu diesem Zeitpunkt leer war. Christliche und stoische Einflüsse waren es also, die gemeinsam zu einer wichtigen Änderung in der aristotelischen Kosmologie führten – einer Änderung, die für die Überlegungen der Kosmologen bis zum Ende des siebzehnten Jahrhunderts und darüber hinaus eine bedeutende Rolle spielen sollte.[8]

Begeben wir uns ins Innere des Kosmos, so stoßen wir sofort auf die Himmelssphären. Wieviele davon gibt es, wie sind sie geartet, welche Aufgaben haben sie? Sieben Planeten waren bekannt: Mond, Merkur,

Venus, Sonne, Mars, Jupiter und Saturn, die man sich üblicherweise als in dieser Reihenfolge angeordnet vorstellte. In der einfacheren Version des Kosmos, welche die mit astronomischen Einzelheiten weniger vertrauten Autoren des Mittelalters favorisierten, verfügte jeder Planet über eine einzige für seine Bewegung verantwortliche Sphäre. Außerdem befindet sich, Aristoteles zufolge, außerhalb der Planetensphären als äußere Abgrenzung des Kosmos die Fixsternsphäre oder das *Primum mobile*. Den mittelalterlichen Gelehrten, die sich mit dieser äußersten Sphäre beschäftigten, stellten sich verschiedene Fragen.

Eine dieser Fragen lautete: an welchem Ort befand sich diese Sphäre? Der Ort eines Objektes wird Aristoteles zufolge durch den Körper oder die Körper bestimmt, die es enthalten. Aber wenn die Fixsternsphäre selbst der äußerste Körper ist, dann kann sich um sie herum nichts befinden, was sie enthalten könnte. Der logische Schluß aus dieser Gedankenfolge – daß sich nämlich das *Primum mobile* nicht an einem Ort befindet – war so paradox, daß nur die ganz hartgesottenen Denker ihn akzeptieren konnten. Es gab mehrere Lösungsansätze, unter anderem den Versuch, den Ort neu zu definieren, nämlich so, daß der Ort nicht mehr vom enthaltenden, sondern vom enthaltenen Körper bestimmt wurde.[9]

Ein weiteres Problem der von Aristoteles postulierten äußersten Sphäre ergab sich aus dem in der Genesis enthaltenen Schöpfungsbericht, der zwischen dem am ersten Tag erschaffenen »Himmel [*caelum*]« und der am zweiten Tag erschaffenen »Feste [*firmamentum*]« unterscheidet – es mußte sich offenbar um zwei verschiedene Dinge handeln, da sie doch an zwei verschiedenen Tagen erschaffen worden waren. Darüberhinaus gibt der Bibeltext an, daß die Feste die Wasser »unter der Feste« von den Wassern »über der Feste« scheiden sollte. Die Wasser unter dem Firmament ließen sich mit der Wassersphäre des irdischen Bereiches gleichsetzen, aber die Wasser über dem Firmament stellten offensichtlich noch eine weitere Himmelssphäre dar. Im Laufe der Diskussion über dieses Thema kamen verschiedene christliche Kommentatoren zu dem Schluß, daß es über die sieben Planetensphären hinaus noch drei weitere Sphären geben mußte. Die äußerste davon, das unsichtbare und unbewegliche *Empyreum*, diente als Wohnsitz der Engel. Danach kam der vollkommen durchsichtige Wasser- oder Kristallhimmel, der aus Wasser bestand (möglicherweise in einer festen oder kristallisierten Form, wahrscheinlicher jedoch flüssig und nur im übertragenen Sinn als »Wasser« zu bezeichnen). Und darauf folgte das Firmament, das die Fixsterne trug. Insgesamt belief sich die Zahl der Himmelssphären in der Vorstellung jener, die sich dieser Argumentation anschlossen, auf zehn. Mit der Zeit ordnete man allen drei äußeren Sphären auch kosmologische und astronomische Aufgaben zu. Im Bemühen, die zusätzliche Sternenbewegung zu erklären, fügten einige Gelehrte noch eine elfte Sphäre hinzu. Es ist wichtig, auf die gegenseitige Einflußnahme von Kosmologie und Theologie in diesen Diskussionen hinzuweisen. Die aristotelische Kosmologie wurde an die Bedürfnisse der Bibelauslegung angepaßt; gleichzeitig jedoch übernahmen die Bibelausleger die Grundlagen der aristotelischen Kosmologie mit ihren im Mittelalter vorgenommenen Veränderungen und entlehnten bei der zeitgenössischen kosmologischen Theorie bedeutende Punkte bei der Auslegung dieser Kosmologie.[10]

Natürlich beschäftigte die mittelalterlichen Kosmologen die Frage nach der Substanz, der materiellen Ursache des Himmelsbereiches. Viele Autoren des Frühmittelalters schlossen sich der stoischen Tradition an und behaupteten, der Himmel bestehe aus einer feurigen Substanz. Sobald die Werke von Aristoteles zugänglich waren, fand seine Ansicht, der zufolge die Himmel aus der Quintessenz oder dem Äther (einer vollkommenen, durchsichtigen, keinerlei Veränderung unterworfenen Substanz) bestünden, überall in irgendeiner Form Anerkennung. Es gab Diskussionen um die Frage, welcher Art dieser Äther sei – beispielsweise, ob es sich um eine Verbindung von Form und Materie handle. Manche von denen, die eine Existenz von Form und Materie im Himmel zuließen, gingen davon aus, daß die himmlische Materie jener auf der Erde ähnlich sei; andere hielten dagegen, diese beiden Materien müßten völlig unterschiedlicher Natur sein. Unabhängig davon, welcher Art der Äther war, waren die Gelehrten einstimmig der Meinung, er sei in unterschiedliche Sphären aufgeteilt, die einander dicht umschlossen (denn sonst gäbe es leeren Raum); sie alle drehten sich ohne Reibung in ihre jeweiligen Richtungen, und zwar jeweils mit ihrer ganz eigenen Geschwindigkeit. Man nahm an, daß die einzelnen Sphären durchgehend waren – d.h. keine Lücken oder Spalten aufwiesen. Nur selten stellte ein Autor die Frage, ob sie flüssig oder fest seien; und unter den Wenigen, die dieses Problem ansprachen, finden sich Anhänger sowohl der einen wie der anderen Alternative. Die Planeten betrachtete man als kleine, kugelförmige Regionen größerer Dichte oder Leuchtkraft im durchsichtigen, hellen Äther.[11]

Sehr viel umstrittener war die Frage nach dem Wesen der himmlischen Beweger. Aristoteles hatte die irdische Bewegung durch ein System von unbewegten Bewegern erklärt – nämlich den Objekten, nach denen die Planetensphären begehrten und deren unveränderliche Vollkommenheit sie so gut wie möglich nachzuahmen versuchen, indem sie ewige, gleichförmige Kreisbewegungen ausführen. Damit handelt es sich bei den unbewegten Bewegern um Endursachen, nicht um Wirkursachen. Der unbewegte Beweger der äußersten beweglichen Sphäre (der »erste Beweger«) wurde üblicherweise mit dem christlichen Gott gleichgesetzt, aber die Frage nach der Identität der weiteren unbewegten Beweger war schwieriger zu beantworten. Naheliegend wäre es gewesen, sie mit den in Platons *Timaios* beschriebenen Planetengottheiten gleichzusetzen, aber indem man die Existenz irgendeiner Gottheit neben dem Schöpfergott anerkannte,

machte man sich innerhalb der christlichen Tradition eindeutig der Ketzerei schuldig. Die christlichen Gelehrten waren daher gezwungen, sich von
solchen Vorstellungen zu distanzieren, indem sie den unbewegten Bewegern einen Status zuwiesen, der von jeder Göttlichkeit weit entfernt war.
Eine beliebte Lösung war es, sie als Engel oder irgendeine andere Art
unabhängiger Intelligenzen (Geist ohne Körper) darzustellen. Es gab
jedoch auch andere Lösungsvorschläge, die auf Engel und Intelligenzen
vollkommen verzichteten. Robert Kilwardby (ca. 1215–1279 n. Chr.) stattete
die Himmelssphären mit einem aktiven Wesen oder einer ihnen innewohnenden Tendenz zur Ausführung von Kreisbewegungen aus. Johannes
Buridanus (ca. 1295 – ca. 1358 v. Chr.) stellte fest, es gebe keine Grundlage
dafür, die Existenz himmlischer Intelligenzen zu fordern, da diese in der
Heiligen Schrift nicht erwähnt werden. Daher sei es möglich, die Ursache
der Himmelsbewegung in einem Antrieb oder einer Antriebskraft zu
suchen, die jener aufgezwungenen Kraft gleicht, durch die sich ein Wurfgeschoß bewegt (nähere Einzelheiten s. u., Kap. 12). Einen solchen Antrieb
habe Gott zum Zeitpunkt der Schöpfung jeder einzelnen Himmelssphäre
verliehen.[12]

Bis zu diesem Punkt stellt sich das Ergebnis der Analyse so dar, daß der
Himmel aus einem einfachen System eng ineinandergelagerter konzentrischer Sphären besteht. Diese Ansicht hat offenbar Aristoteles vertreten.
Im mohammedanischen Spanien wurde sie von Ibn Ruschd (Averroës) in
Worte gefaßt und mit Entschiedenheit vertreten, und sie fand im Westen
eine ganze Anzahl bedeutender Anhänger. Aber manche Kosmologieau-
toren des Mittelalters modifizierten ihre Kosmologie so weit, daß sie die
exzentrischen Deferenten und Epizykel der ptolemäischen Astronomie
berücksichtigte, offensichtlich ein Versuch, Kosmologie und planetare
Astronomie miteinander in Einklang zu bringen. Mit diesen Entwicklungen werden wir uns im weiteren Verlauf des Kapitels eingehender beschäftigen; an dieser Stelle soll der Hinweis genügen, daß man das Problem löste,
indem man jede der aristotelischen Planetensphären so dick veranschlagte,
daß darin der ptolemäische Deferent und der Epizykel enthalten sein
konnte (s. Abb. 11.10, S. 278). Der Durchmesser der Innenseite einer
bestimmten Planetensphäre entspräche damit dem Mindestabstand zwischen der Erde und diesem Planeten nach dem ptolemäischen Modell; der
Durchmesser der Außenseite der Planetensphäre entspräche der größten
Entfernung dieses Planeten von der Erde.

Das in diesem System verwendete Schachtelprinzip – dicke Planetensphären, die ohne verlorene Zwischenräume ineinandergeschachtelt sind –
ermöglichte die Berechnung der verschiedenen Umlaufbahnen der Planeten und schließlich auch der kosmischen Dimensionen. Um eine solche
Berechnung anzugehen, war zunächst einmal ein Schätzwert für die Größe
der innersten Sphäre, also der Mondsphäre, erforderlich. Verschiedene

mohammedanische Astronomen, unter anderem al-Fargani und Thabit ibn Qurra im neunten Jahrhundert und al-Battani im neunten oder zehnten, führten solche Rechnungen aus. Die dazu erforderlichen Werte entnahmen sie dem ptolemäischen *Almagest*, modifizierten sie jedoch, wo dies erforderlich war. Im Westen lieferte Campanus von Novara († 1296 n. Chr.) seine Version der Berechnung. Er ordnete dem Durchmesser der inneren Fläche der Mondsphäre (also der geringsten Distanz zwischen Mond und Erde) einen Wert von 172 697 km zu, und dem Durchmesser der äußeren Oberfläche der Mondsphäre (dem weitesten Abstand zwischen Mond und Erde) einen Wert von 334 717 km. Ähnliche Berechnungen für Merkur und Venus führten zu einer »theoretischen« Entfernung der Sonne, die der von den Astronomen der Antike errechneten Sonnenparallaxe grob entsprach. Die Weiterführung dieser Rechnung für die äußeren Planeten ergab einen Durchmesser von 117.420.395 km für die Außenseite der Saturnsphäre und die Innenseite der Sternensphäre. Diese Zahlen, oder nur geringfügig abweichende Zahlen, galten, bis Kopernikus im sechzehnten Jahrhundert neue Rechnungen aufstellte.[13]

## Der irdische Bereich

Auf die natürlichen Vorgänge im irdischen Bereich werden wir im nächsten Kapitel detailliert eingehen. An dieser Stelle dagegen müssen wir uns mit verschiedenen makroskopischen Aspekten des sublunaren Bereiches beschäftigen, die auf die in diesem Kapitel behandelten breiteren kosmologischen Zusammenhänge Einfluß haben.

Auf die irdische Region stoßen wir, wenn wir uns unter die Mondsphäre begeben. Wir befinden uns nun im Reich der vier Elemente, welche (im idealisierten Modell) in konzentrischen Kreisen angeordnet sind, jedes an seinem Platz: zuerst Feuer, dann Luft, darauf Wasser und schließlich die Erde im Zentrum. Zwei dieser Elemente – Feuer und Luft – sind von ihrem Wesen her leicht und steigen automatisch nach oben. Die anderen beiden – Wasser und Erde – sind von ihrem Wesen her schwer und sinken automatisch nach unten. Unter dem Einfluß der Sonne und der anderen Himmelskörper verwandelt sich ein Element ständig in das andere. Beispielsweise verwandelt sich Wasser im Verlaufe des uns als Verdunstung bekannten Prozesses in Luft; umgekehrt kann sich Luft in Wasser verwandeln und als Regen niedergehen.

Man ging davon aus, daß die Feuer- und die Luftsphäre Schauplätze verschiedener weiterer meteorologischer Phänomene waren – beispielsweise dem Erscheinen von Kometen, Sternschnuppen, Regenbogen, Blitz und Donner. Kometen hielt man für atmosphärische Erscheinungen, näm-

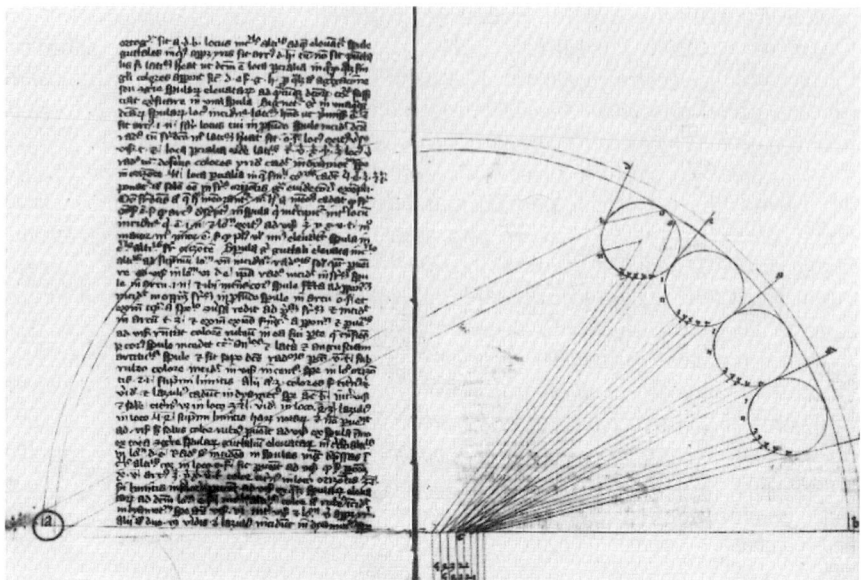

*Abb. 11.2. Die Regenbogentheorie des Theoderich von Freiberg. Die Sonne ist unten links dargestellt, eine Anzahl von Regentropfen oben rechts. Der Betrachter befindet sich in der Mitte unten. Mit der Zeichnung soll gezeigt werden, wie aus zwei Brechungen und einer inneren Reflexion in jedem einzelnen Tropfen das sichtbare Farbmuster entstehen kann. Basel, Öffentliche Bibliothek der Universität, MS F.IV.30, Fol. 33v – 34r (14. Jh.).*

lich die Verbrennung einer heißen und trockenen Ausdünstung, die von der Erde aus in die Feuersphäre aufgestiegen war. Es wurde allgemein angenommen, daß ein Regenbogen dann entsteht, wenn Sonnenlicht von den in einer Wolke enthaltenen Wassertröpfchen reflektiert wird; verschiedene Autoren verwendeten für die Erklärung die Brechung von Licht; und Anfang des vierzehnten Jahrhunderts lieferte Theoderich von Freiberg († ca. 1310 n. Chr.) eine Theorie, welche der modernen Erklärung sehr nahekommt: Er verwendet darin eine Kombination von Reflexion und Lichtbrechung in den einzelnen Tröpfchen (s. Abb. 11.2).[14]

Im Zentrum des Ganzen befindet sich die Erdsphäre. Alle mittelalterlichen Gelehrten jener Zeit waren sich über ihre Kugelgestalt einig, und die altüberlieferten Schätzwerte für ihren Umfang (etwa 252 000 Stadien) fanden weite Verbreitung und Anerkennung.[15] Es war üblich, die Landmasse der Erde in drei Kontinente zu unterteilen – Europa, Asien und Afrika. Diese Landmasse war vom Meer umgeben. Mitunter wurde ein vierter Kontinent hinzugefügt. Über diese Grundlagen hinaus waren die Kennt-

nisse von Oberflächenmerkmalen der Erde und ihren Entfernungsverhältnissen je nach Zeitpunkt, Ort und Umständen ganz unterschiedlich.
Wir wollen die Geographiekenntnisse des Mittelalters im Folgenden kurz
anführen: Geographiekenntnisse waren im Mittelalter in vielerlei Form
vorhanden, und wir müssen darauf achten, daß wir uns nicht auf die
moderne Auffassung versteifen, der zufolge Geographie ausschließlich mit
Landkarten oder landkartenähnlichen Vorstellungen zusammenhängt.[16]
Natürlich verfügten die Menschen des Mittelalters aus direkter, eigener
Erfahrung über Kenntnisse ihrer Heimatregion. Kenntnisse von entfernteren Gegenden konnten Reisende liefern, und es gab viele Reisende mit
ganz unterschiedlichen Motiven: Kaufleute, Handwerker, Wanderarbeiter,
Pilger, Missionare, Soldaten, Troubadoure, Wandergelehrte, Beamte des
zivilen und kirchlichen Lebens, selbst Flüchtlinge und Heimatlose. Die
wenigen, die das Glück hatten, Zugang zu einer Bibliothek zu haben,
fanden dort in Büchern wie der *Naturalis historia* von Plinius oder den
*Etymologien* von Isidor von Sevilla in Form von geschriebenen Zeugnissen
exotischere und umfassendere geographische Informationen. Plinius und
Isidor vermittelten eine umfangreiche Sammlung geographischer Überlieferung (zum Teil aus dem Reich der Sage), und zwar anhand des »Periplus« – einer Aufzählung der Städte, Flüsse, Berge und weiterer geographischen Merkmale in der Reihenfolge, wie man ihnen beim Absegeln
einer Küste begegnete. Üblicherweise wurde diese Aufzählung durch
interessante geschichtliche, kulturelle und anthropologische Details
ergänzt. Unter Bezugnahme auf frühere Kompilatoren schickten Plinius
und Isidor ihre Leser auf eine schnelle Reise um den europäischen sowie
den afrikanischen Kontinent.[17]. Gegen Ende des Mittelalters sah sich dieses
Wissensgut allmählich durch neue Reiseliteratur bereichert.

Die traditionellen literarischen Quellen beschäftigten sich auch mit dem
Klima und unterteilten die Erdkugel in Klimazonen oder »Erdstriche«.
Üblicherweise bestand das System aus fünf solchen Klimazonen: zwei
kalten Zonen (Arktis und Antarktis) rund um die Pole, an diese angrenzend
jeweils eine gemäßigte Zone, und eine heiße Zone über dem Äquator, die
einigen Autoren zufolge von einem großen Äquatorialozean in zwei einzelne Ringe unterteilt wurde. Die heiße Zone wurde wegen der dort
herrschenden hohen Temperaturen allgemein als unbewohnbar betrachtet
– allerdings äußerten manche Gelehrte Zweifel an dieser Behauptung. Die
mittelalterlichen Europäer bewohnten natürlich die nördliche gemäßigte
Zone. Auf der entgegengesetzten Seite der Erde, also in der südlichen
gemäßigten Zone, befinden sich die Antipoden. Ob dort auch Menschen
(ebenfalls Antipoden – Menschen, die auf dem Kopf stehen) lebten, blieb
umstritten. Wer sich mit modernen Landkarten auskennt, versucht automatisch, geographische Kenntnisse durch Verwendung von Koordinaten
räumlich zu systematisieren – d.h., er führt Geographie auf Geometrie

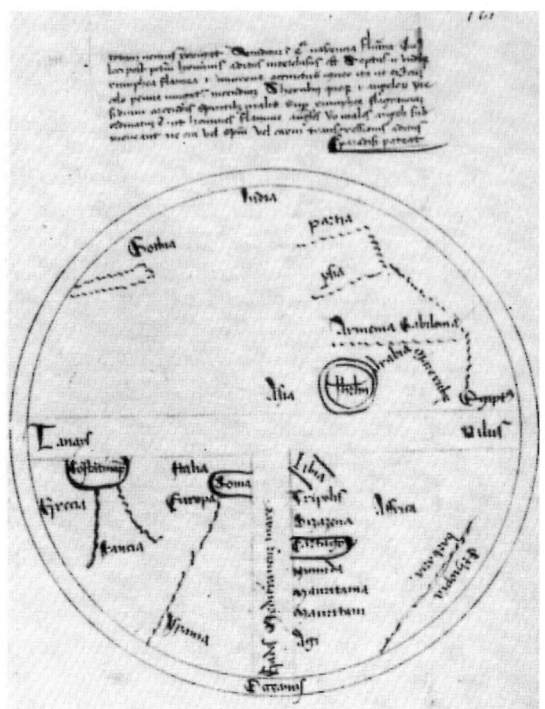

*Abb. 11.3. Eine T-O-Karte. Paris, Bibliothèque Nationale,*
*MS Lat. 7676, Fol. 161r (15. Jh.).*

zurück. Aber für die Menschen des Mittelalters galt das nicht. Die meisten
von ihnen hatten noch niemals irgendeine Art von Landkarte zu Gesicht
bekommen, und schon gar keine Karte, die auf geometrischen Grundlagen
aufbaute. Wenn die Menschen des Mittelalters Karten zeichneten, dann
hatten sie nicht unbedingt die Absicht, die Raumverhältnisse der darauf
notierten geographischen Merkmale mit geometrischer Genauigkeit darzustellen. Der Begriff des Größenmaßstabs war nahezu unbekannt. Ihre Karten hatten vielleicht eine symbolische, metaphorische, historische, dekora-
tive oder didaktische Funktion. Beispielsweise verwendet die Ebstorfer
Karte aus dem dreizehnten Jahrhundert die Welt als Symbol für den Körper
Jesu. Und in einer Darstellung der Erdkugel in einem Manuskript aus dem
fünfzehnten Jahrhundert ist die Welt in drei Kontinente aufgeteilt, die
jeweils von einem Sohn Noahs regiert werden.[18] Wenn wir also die Ziele
und Leistungen des Mittelalters nicht falsch darstellen wollen, müssen wir
darauf achten, daß wir die Landkarten des Mittelalters nicht als fehl-
geschlagene Versuche einer modernen Kartendarstellung betrachten.

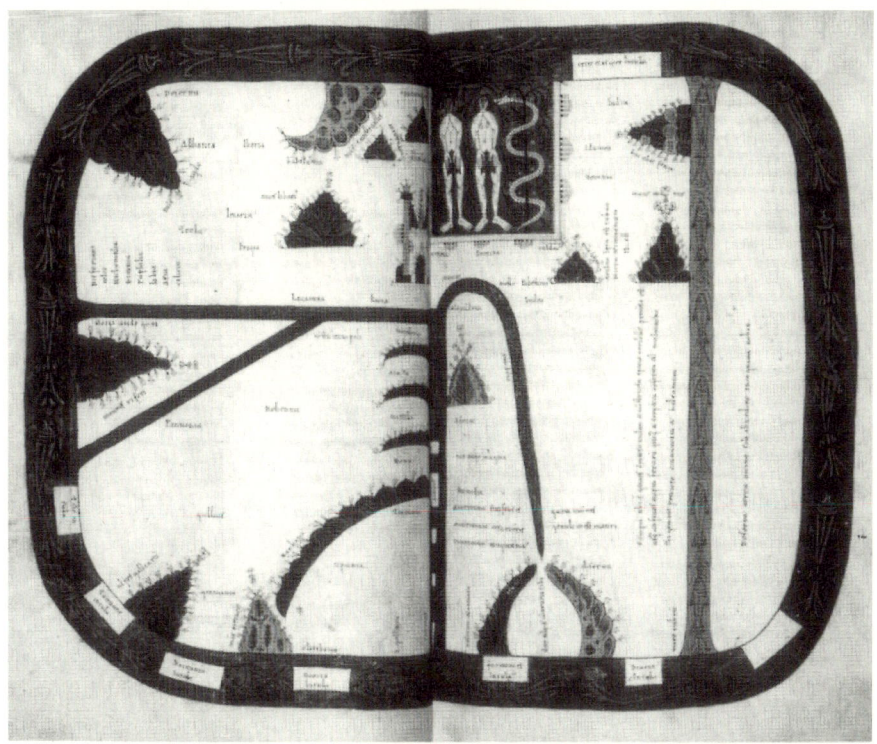

*Abb. 11.4. Eine weiterentwickelte T-O-Karte, die Beatus-Karte (1109 n. Chr.). Rechts ist ein vierter Kontinent zu sehen. London, British Library, MS Add. 11695, Fol. 39v-40r. Mit Genehmigung d. British Library. Eine nähere Besprechung findet sich bei J. B. Harley und David Woodward, Hrsg.: The History of Cartography, Bd. 1, Tafel 13.*

Zu den zahlreichsten, interessantesten und am besten untersuchten Karten des Mittelalters zählen die *Mappae mundi* oder Weltkarten. Die verbreitetste Form der Weltkarte war die T-O-Karte, die auf Isidor von Sevilla zurückgeht. Darauf werden die drei Kontinente – Europa, Afrika und Asien – schematisch dargestellt. In Abb. 11.3 stellt das ins »O« eingelagerte »T« die »Wasserläufe« (Don und Nil sowie das Mittelmeer) dar, von denen man annahm, daß sie die bekannte Landmasse in drei große Blöcke unterteilte: Asien auf der Landkarte oben, Europa links unten und Afrika rechts unten. Es entstanden auch nichtschematische Versionen der T-O-Karte, die vom strengen T-O-Muster abwichen, so daß eine Reihe geographischer Einzelheiten berücksichtigt werden konnten (s. Abb. 11.4). Ebenfalls weit verbreitet war die Zonenkarte, die anhand der Klimazonen strukturiert war.[19]

Mit der Einführung des Portulans nahm die Kartierung im Mittelalter

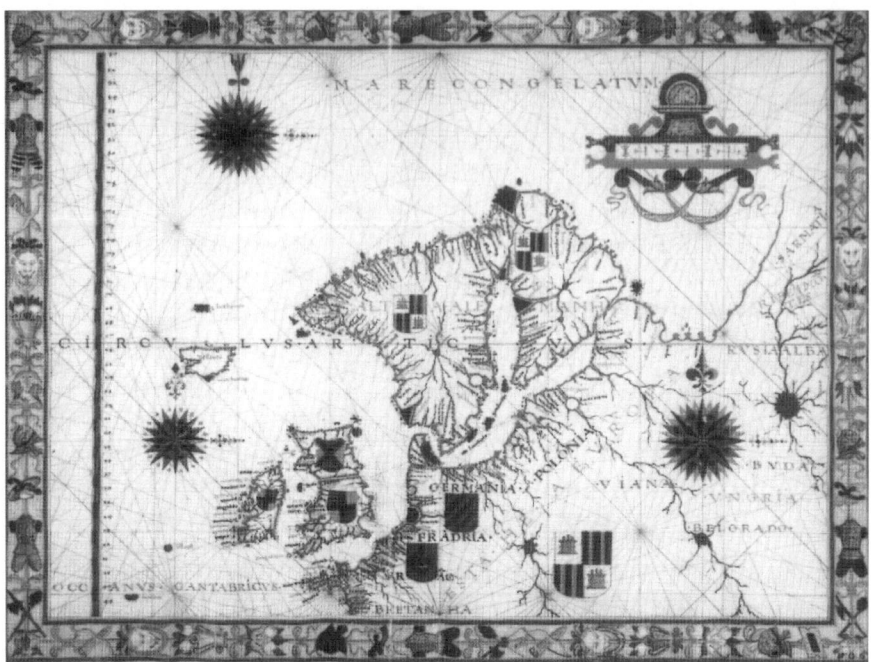

*Abb. 11.5: Ein Portulan von Fernão Vaz Dourado (ca. 1570). Huntington Library, HM 41(5).*

eine Wendung hin zur Mathematik (und damit zur modernen Kartographie). Im Portulan wurden die praktischen Kenntnisse der Seeleute aufgezeichnet, und er war dazu bestimmt, die Orientierung auf See zu erleichtern. Solche Landkarten, die etwa in der zweiten Hälfte des dreizehnten Jahrhunderts erfunden wurden, lieferten eine »realistische« Darstellung der Küstenlinie und verwendeten ein Netz von um eine Windrose angeordneten »Loxodromen« zur Bestimmung der Entfernung und der Richtung zwischen zwei beliebigen Punkten (s. Abb. 11.5). Portulankarten wurden zunächst für das Mittelmeer gezeichnet, später auch für das Schwarze Meer und die europäische Atlantikküste. Sie ermöglichten kühnere Forschungsreisen, durch welche wiederum die geographischen Kenntnisse der Europäer beträchtlich erweitert wurden. Zu einem entscheidenden Umbruch in der Kartographie kam es schließlich, als Anfang des fünfzehnten Jahrhunderts die *Geographie* des Ptolemäus ins Lateinische übersetzt wurde. Dieses Werk vermittelte den Europäern die mathematischen Methoden, mithilfe derer sich ein kugelförmiger Körper auf einer zweidimensionalen Oberfläche darstellen ließ.[20]

Die Kartographie ist aufgrund ihres praktischen Wertes beeindruckend, aber um den gerechten Ausgleich herzustellen, sollten wir diesen Abschnitt mit der Behandlung einer Frage abschließen, die (zumindest oberflächlich) keinerlei praktischen Wert besitzt – nämlich, ob sich die Erde um ihre Achse dreht, und welche Folgen es hätte, wenn dem so wäre. Aristoteles hatte überzeugend dargestellt, warum er an einen Stillstand der Erde glaubte; zwar stimmten alle Gelehrten des Mittelalters darin mit ihm überein, aber immerhin hielten viele die Vorstellung von einer Erddrehung für einer Untersuchung wert. Damit befanden sie sich geschichtlich betrachtet in bester Gesellschaft, denn der Gedanke war aus der kosmologischen und astronomischen Literatur niemals völlig verschwunden: Aristoteles, Ptolemaios und Seneca behandelten das Problem. Am ausführlichsten untersuchten im vierzehnten Jahrhundert Johannes Buridanus und Nicole Oresme die möglichen Folgen einer Erddrehung.

Niemand dachte zu diesem Zeitpunkt daran, die Erde aus ihrer Position im Zentrum des Universums zu verdrängen; Buridanus und Oresme dachten lediglich an eine tägliche Umdrehung der Erde um ihre Achse. Eine solche Rotationsbewegung hatte den klaren Vorteil, daß sich damit die Notwendigkeit einer täglichen Umdrehung jeder Himmelssphäre erübrigte. Auf diese Weise ließen sich viele schnelle Bewegungen durch eine einzige langsame Bewegung ersetzen, eine Verbesserung, deren Vorteile jedem Betrachter vollkommen einleuchteten.[21] Buridanus wies darauf hin, daß die Astronomen relative und nicht absolute Bewegungen beobachten, und daß es auf die Berechnungen der Astronomen keinerlei Auswirkungen hatte, ob die Erde sich nun drehte oder nicht. Folglich ließ sich diese Frage nicht aufgrund von astronomischen Beobachtungen beantworten, sondern konnte sich lediglich auf Argumente aus dem physikalischen Bereich stützen. Buridanus selbst lieferte ein solches Argument, indem er darauf hinwies, daß ein (an einem windstillen Tag) von der Oberfläche der sich drehenden Erde vertikal in die Höhe geschossener Pfeil nicht an seinen Ausgangspunkt zurückkehren würde, weil in der Zeit, in der er sich in der Luft befände, die Erde sich unter ihm wegdrehen würde. Da aber ein vertikal nach oben geschossener Pfeil in Wirklichkeit *doch* an seinen Ausgangspunkt zurückkehrt, können wir sicher sein, daß die Erde stillsteht.

Einige Jahre später behandelte Oresme das Problem noch tiefgehender. Oresme, einer der scharfsinnigsten Naturphilosophen des Mittelalters, ging zunächst auf die üblichen Einwände gegen eine Erddrehung ein. Er führte an, daß wir stets nur relative Bewegung wahrnehmen können, und daß sich die Frage daher nicht auf der Grundlage von Beobachtung beantworten lasse. Auf das Pfeilargument von Buridanus antwortete er folgendermaßen: Wenn die Erde sich dreht, bewegt sich ein Pfeil nicht nur senkrecht nach oben und dann wieder senkrecht nach unten, sondern auch horizontal. Der Pfeil würde also über dem Punkt der Erde bleiben, von dem aus man ihn abgeschossen hat, und würde dann an seinen Ausgangspunkt zurückkehren.

*Abb. 11.6: Nicole Oresme. Paris, Bibliothèque Nationale, MS Fr. 565, Fol. 1r (15. Jh.). Bei dem großen Instrument handelt es sich um eine Armillarsphäre, eine Unterrichtshilfe, ein physikalisches Modell, auf welchem die Ekliptik, der Himmelsäquator und andere Himmelskreise dargestellt sind.*

Dieses Argument festigte er noch mit dem Beispiel von der Schiffahrt; es ähnelt jenem Beispiel, das Galilei im siebzehnten Jahrhundert zur Rechtfertigung seiner Theorie von der Relativität von Bewegung verwendete:

Dies scheint auf folgende Weise möglich zu sein: Wenn ein Mann sich auf einem Schiff befindet, das sich sehr schnell ostwärts bewegt, ohne daß er sich dieser Bewegung bewußt wäre, und wenn er dann seine Hand geradlinig am Schiffsmast heruntergleiten ließe, dann würde es ihm erscheinen, als ob seine Hand sich geradlinig [abwärts] bewegte; und entsprechend dieser Annahme erscheint es uns, als gelte das Gleiche für den Pfeil, der gerade nach unten oder gerade nach oben abgeschossen wird. An Bord eines sich so bewegenden Schiffes können alle möglichen Bewegungen stattfinden – horizontal, kreuzweise, aufwärts, abwärts – und sie erscheinen genau die gleichen zu sein wie bei Stillstand des Schiffes. Wenn also ein Mann auf diesem Schiff sich langsamer westwärts bewegen würde, als sich das Schiff nach Osten bewegt, würde ihm scheinen, er bewegte sich nach Westen, obgleich er sich in Wirklichkeit nach Osten bewegt, und auf ähnliche Weise werden alle Bewegungen hier unten denen gleich erscheinen, die man bei Stillstand der Erde ausführen würde.

Weiterhin argumenticrtc Oresme, daß Abschnitte aus der Heiligen Schrift, in denen scheinbar der Stillstand der Erde gelehrt wird, auch als eine Anpassung des Bibeltextes interpretiert werden können, »die dem üblichen Gebrauch der volkstümlichen Sprache entspricht.«[22] Nachdem er auf diese Weise die Einwände gegen eine Erddrehung zurückgewiesen hatte, vollendete er die Beweisführung durch das Aufzählen von Gegenbeispielen – eine Reihe von Argumenten für die praktischen Vorteile einer Erdbewegung anstelle der Bewegung aller Himmelssphären.

Das ist ein schlagendes und (für Kopernikaner wie uns) überzeugendes Argument zugunsten der Drehung der Erde um ihre Achse. Überzeugte es auch die Zeitgenossen von Oresme? Nein – und genaugenommen überzeugte es offenbar nicht einmal Oresme selbst. In seiner Beweisführung faßt er die besten philosophischen und rationalen Argumente zugunsten einer Erdbewegung zusammen, die er nur finden konnte. Aber die Doktrin der göttlichen Allmacht sorgte dafür, daß es bestenfalls eine wahrscheinliche Beweisführung war, die jedoch der schöpferischen Freiheit Gottes keinesfalls irgendwelche Grenzen setzen durfte. Wer kann schon wissen, ob Gott nicht einer unpraktischen Welt den Vorzug gibt. Und so übernahm Oresme schließlich die altüberlieferte Ansicht, daß die Erde stillstehe, und untermauerte sie mit einem Zitat aus Psalm 92, 1: »Gott hat den Erdkreis gegründet, daß er nicht wankt.«[23] Offenbar gilt gerade für diese Bibelstelle nicht (wie für die anderen) das Prinzip, daß sich die Heilige Schrift an die volkstümliche Sprache anpaßt.

Die Historiker sind sich nicht darüber im Klaren, wie sie diesen scheinbaren Sinneswandel Oresmes interpretieren sollen. Viele neigten zu der Ansicht, daß Oresme Streit mit den Theologen auf sich zukommen sah und deshalb beschloß, sich mit einem Widerruf aus der Affaire zu ziehen. In Wirklichkeit verhält es sich aber so, daß Oresme sich die Mühe machte, sein Verhalten zu erklären, und wir müssen diese von ihm selbst abgegebene Erklärung schon ernst nehmen. Es sei seine Absicht, so ließ er wissen, jenen, die den Glauben durch logische Argumentation in Frage stellen wollten, eine Lektion zu erteilen. Indem er so erfolgreich eine überzeugende philosophische Argumentation zugunsten einer »dem gesunden Menschenverstand so entgegenstehenden« Vorstellung aufbaute, wie es die Rotationsbewegung der Erde war, glaubte er die Unzuverlässigkeit der logischen Beweisführung aufzuzeigen und so darauf hinzuweisen, daß große Vorsicht erforderlich sei, sobald die logische Argumentation den Glauben berühre, wie es hier der Fall war. Seine Motive waren von Anfang an sowohl kosmologischer wie auch theologischer Natur.[24]

## Griechische und islamische Einflüsse auf die westliche Astronomie

Wir haben uns bis jetzt die Gesamtstruktur des Kosmos und einige seiner angeblichen Funktionsgrundlagen angesehen. Jetzt wenden wir uns konkreteren Bemühungen zu: den exakten Planetenbeobachtungen und der Entwicklung von Modellen, auf deren Grundlage sich die gesammelten Informationen zum Planetenverhalten quantitativ erklären lassen. Dazu müssen wir uns zunächst einmal von einem bestimmten, äußerst einflußreichen Deutungsschema lossagen. Bei Pierre Duhem basiert die Interpretation auf der Unterscheidung zwischen zwei möglichen Methoden der Beurteilung astronomischer Modelle. Nach Ansicht der »Realisten« sollen astronomische Modelle die physikalische Realität widergeben und sich den vom Physiker oder Naturphilosophen vorgegebenen physikalischen Kriterien entsprechend verhalten. Nach Ansicht der »Instrumentalisten« dagegen handelt es sich bei astronomischen Modellen um nichts anderes als um nützliche Gedankenexperimente – praktische mathematische Hilfsmittel bei der Voraussage der Planetenstellungen, aber ohne jeden physikalischen Wahrheitsanspruch.

Duhem zufolge handelte es sich bei der Astronomie des Altertums in weit höherem Maße um ein instrumentalistisches Unterfangen. Es lief seiner Ansicht nach darauf hinaus, daß sich Physik und Astronomie gegenseitig ausschlossen. Aufgabe des Physikers (oder Naturphilosophen) war die Untersuchung der Struktur und des Wesens der Dinge, wie sie tatsächlich existieren; der Astronom dagegen bemühte sich um die Entwicklung mathematischer Modelle, auf deren Grundlage sich quantitative Voraussagen treffen ließen. Der Astronom, der sich in seiner mathematischen Aufgabe von Überlegungen aus dem Bereich der Physik beeinflussen ließ, überschritt damit die Grenze zwischen den Disziplinen. Dasselbe Begriffssystem und dieselben Kategorien wandte Duhem auch in seiner Untersuchung der Entwicklung im Mittelalter an; so beschrieb er den weiteren Verlauf der realistischen wie auch der instrumentalistischen Bewegung.[25]

Es gibt Gründe zu der Annahme, daß Duhem die instrumentalistische Haltung der Astronomen des Altertums enorm überschätzte. Es liegen nur eine oder zwei Quellen aus der Spätantike vor, in denen die realistische und die instrumentalistische Haltung definiert werden, und selten, wenn überhaupt, setzte sich irgendjemand für den Instrumentalismus als eine astronomische Methode ein.[26] Damit soll keineswegs bestritten werden, daß die Griechen zwischen einem physikalischen und einem mathematischen Ansatz unterschieden, daß (beispielsweise) Ptolemaios sich einem vornehmlich mathematisch geprägten Programm verschrieben hatte oder daß das Streben nach mathematischen Erfolgen Ptolemaios und andere Astronomen mitunter dazu verführte, die Einwände der Physiker großzügig zu übergehen. Es soll lediglich darauf hingewiesen werden, daß eine Unterscheidung zwischen den Belangen der Physik und der Mathematik oder ein mitunter auftretender Konflikt zwischen diesen Disziplinen nicht dasselbe ist wie die Forderung nach ihrer strikten Trennung. Und es ist auch wichtig zu vermerken, daß das langfristige Ziel der mathematischen Astronomen, wenn sie es in der Praxis auch nicht immer erreichen konnten, die Schaffung einer mathematischen Astronomie war, die auf die anerkannten Prinzipien der Naturphilosophie Rücksicht nahm und sich mit ihnen vereinbaren ließ. Wir dürfen nicht vergessen, daß Ptolemaios einerseits den hochmathematischen *Almagest*, andererseits die eher physikalisch geprägten *Hypotheses planetarum* schrieb. Außerdem ließ er die physikalische Wirklichkeit nie vollständig außer acht, nicht einmal dann, wenn er sich im *Almagest* ganz eng auf ein mathematisches Ziel konzentrierte.

Wenn wir die Astronomie des Mittelalters untersuchen, stellen wir fest, daß es sich dabei um ein vorwiegend mathematisch ausgerichtetes Unterfangen handelte. Seit der Römerzeit war die Astronomie Teil des mathematischen Quadrivium, und diese Verbindung zur Mathematik ging nie verloren. Aber wir müssen darauf achten, daß wir ihre mathematischen Ziele nicht als mathematischen Instrumentalismus auslegen. Die mathematischen Astronomen des Mittelalters interessierten sich ebenso wie ihre Vorgänger im Altertum für geometrische Modelle, ja, sogar für quantitative Voraussagen, aber keiner von ihnen verlangte eine strikte Trennung der Astronomie von der physikalischen Wirklichkeit. Daraus folgt, daß sich Astronomie und Kosmologie im Mittelalter nicht über einen methodologischen Graben hinweg anstarrten, sondern sich Schulter an Schulter an einem methodologischen Kontinuum entlangbewegten.

Aber wenn wir aufgrund der jeweiligen Methodologien nicht klar zwischen Astronomie und Kosmologie unterscheiden können, ist dann ihre Abhandlung als unterschiedliche Arbeitsbereiche oder Disziplinen überhaupt gerechtfertigt? Durchaus. Wenn man die Disziplinen des Mittelalters auseinanderhalten will, tut man gut daran, ihre formalen Definitionen außer acht zu lassen und sich statt dessen der Tradition ihrer jeweiligen Literatur zuzuwenden. Die Fragen zur Kosmologie, mit denen wir uns in den ersten Abschnitten dieses Kapitels beschäftigt haben, tauchten vornehmlich in Kommentaren zu bestimmten Texten auf: den Physikwerken von Aristoteles (insbesondere *Über den Himmel* und *Metaphysik*), Johannes de Sacroboscos *Tractatus de Sphaera,* den *Sentenzen* des Petrus Lombardus und dem Schöpfungsbericht der Genesis.[27] Die mathematische Analyse des Himmels war Teil einer anderen literarischen Tradition, die sich auf Ptolemaios' *Almagest* und andere Werke aus dem Bereich der im Hellenismus entstandenen mathematischen Astronomie bezog. Sicherlich lag ein Grund für die Tatsache, daß es kaum Bemühungen um die Verschmelzung dieser beiden Traditionen zu einer allgemeinen »Himmelswissenschaft« gab, darin, daß zur Ausübung (oder selbst zum Verständnis) der mathematischen Wissenschaft viel abstraktes Denken erforderlich war.

Die islamische Astronomie hat in diesem Buch bereits Erwähnung gefunden. Wenn wir die astronomischen Entwicklungen im Westen verstehen wollen, müssen wir noch einige Einzelheiten dazu anfügen. Zuallererst wurde die islamische Astronomie von der indischen sowie der persischen Version der griechischen Astronomie geprägt. Doch im neunten Jahrhundert erlangten die islamischen Astronomen direkten Zugang zu den griechischen Quellen, allen voran Ptolemaios' *Almagest*, der im Laufe des neunten Jahrhunderts gleich mehrfach übersetzt wurde (die letzte und gleichzeitig beste Übersetzung stammte von Ishaq ibn Hunain und entstand im Haus der Weisheit in Bagdad). Über die folgenden Jahrhunderte hinweg entwickelte sich eine einflußreiche Tradition islamischer, in erster Linie auf ptolemäischen Grundlagen basierender Astronomie. Die Motive für diese Bemühung um die Astronomie lagen in erster Linie in Fragen aus dem Bereich der Chronologie, der Zeitmessung und des Kalenders: die Messung des Verhältnisses zwischen dem Mondkalender und dem Sonnenjahr, die Vorausberechnung des Beginns eines Mondmonats und die Festlegung der Gebetszeiten – all das waren drängende Anliegen, zu deren Bewältigung astronomisches Wissen erforderlich war. Ein weiteres Motiv lag sicherlich in der engen Verbindung zwischen Astronomie und der Ausübung von Astrologie – und bei letzterem handelte es sich um eine an islamischen Fürstenhöfen äußerst hochgeschätzte Tätigkeit.[28]

Es ist unmöglich, die umfangreichen Leistungen der islamischen Astronomie in so einer kurzen Zusammenfassung angemessen darzustellen. Aber vielleicht führt es uns weiter, wenn wir die Kategorien aufzeigen, in denen diese astronomischen Leistungen erbracht wurden. Zunächst einmal bemühte man sich eingehend um die Beherrschung, Verbesserung und Verbreitung der von Ptolemaios stammenden theoretischen Astronomie. Diese Leistung wird in den Astronomielehrbüchern von al-Fargani und al-Battani (beide wurden anschließend ins Lateinische übersetzt) sehr gut sichtbar. Zweitens verbesserte man die Berechnungsmethoden der ptolemäischen Astronomie durch Weiterentwicklung der sphärischen Trigonometrie, d.h. unter anderem durch die Verwendung aller sechs heute noch aktuellen Kreisfunktionen (Ptolemaios verwendete dagegen nur eine solche Funktion, die »Sehne«).[29]

Drittens kam es zu einem enormen Fortschritt in der astronomischen Beobachtung und ihrem Instrumentarium. Auf islamischem Boden entstanden zahlreiche Observatorien oder Beobachtungsposten – einige von ihnen blieben auf Dauer bestehen, andere waren eher kurzlebig. Durch diese verstärkte Beobachtung sollten die ptolemäischen Daten verbessert und ergänzt werden. Zahlentabellen und Gebrauchsanweisungen dazu wurden erstellt und fanden weite Verbreitung. Es wurden Geräte gebaut,

*Abb. 11.7: Astrolabium, Italien, ca. 1500. Durchmesser: ca. 10, 5 cm. London, Science Museum, Inv. Nr. 1938–428. Abbildung mit Genehmigung des Kuratoriums des Science Museums.*

unter anderem große, stationäre Quadranten und Sextanten, mit denen die Höhe von Sternen und Planeten gemessen wurde: der in der zweiten Hälfte des dreizehnten Jahrhunderts gebaute Quadrant des Maragha-Observatoriums hatte einen Durchmesser von mehr als vier Metern; der im fünfzehnten Jahrhundert von Ulugh Beg gebaute und in erster Linie zur Sonnenbeobachtung verwendete Meridianbogen von Samarkand hatte einen Durchmesser von über vierzig Metern.[30]

Das vom Standpunkt des Mathematikers aus eindrucksvollste und nützlichste astronomische Instrument war das Astrolabium. Es wurde bereits in hellenistischer Zeit erfunden, aber erst im Islam vervollkommnet. Beim Astrolabium handelte es sich um ein Gerät, das man in der Hand hielt. Es bestand aus einem mit einer Gradeinteilung versehenen Kreis und einem Diopterlineal (dem »Alhidade«), der sich um einen Stift drehte und mithilfe dessen die Berechnung der Höhe eines Sternes oder Planeten möglich war, und einem System runder Messingplatten, die in einen Messingrahmen (»Limbus«) eingefügt waren. Diese machten das Astrolabium zu einem astronomischen Recheninstrument (s. Abb. 11.7 und 11.8). Das mathematische Prinzip, auf dem dieses Rechengerät beruhte, war die stereographische

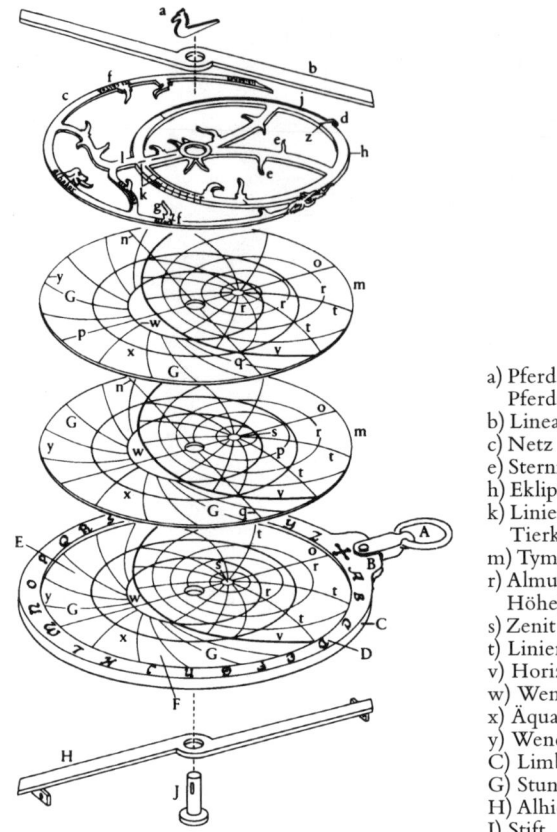

a) Pferd (ein Keil, der in einem
   Pferdekopf endet)
b) Lineal
c) Netz
e) Sternmarkierungen
h) Ekliptikkreis
k) Linien zur Kennzeichnung der
   Tierkreise
m) Tympanons
r) Almukantarate (Linien gleicher
   Höhe)
s) Zenit
t) Linien gleichen Azimuts
v) Horizontallinie
w) Wendekreis des Krebses
x) Äquator
y) Wendekreis des Steinbocks
C) Limbus
G) Stundenbögen
H) Alhidade (mit Visierlöchern)
J) Stift

*Abb. 11.8: Eine Aufgliederung des Astrolabiums. Mit freundl. Genehmigung*
*von J. D. North. Erstveröffentl. in J. D. North: Chaucer's Universe, S. 41.*

Projektion, durch welche sich die Himmelssphären (zum praktischen Vorteil) auf ein System zweidmensionaler Platten projizieren ließen (s. Abb.
11.9). Die oberste Platte (»Netz«), welche die rotierenden Himmelssphäre
darstellte, enthielt eine Sternenkarte (auf der nur einige der wichtigsten
Sterne eingetragen waren) und einen exzentrischen Kreisbogen, welcher
die Ekliptik darstellte (Abb. 11.7 und 11.8). Ein großer Teil dieser Platte war
ausgespart, so daß der Betrachter durch sie hindurch auf die darunter
befestigte Platte (das »Tympanon«) blicken konnte. Auf dem Tympanon
war ein festes Koordinatensystem eingetragen, das auf die geographische
Breite des Betrachterstandortes eingestellt war, bestehend aus einer Hori-

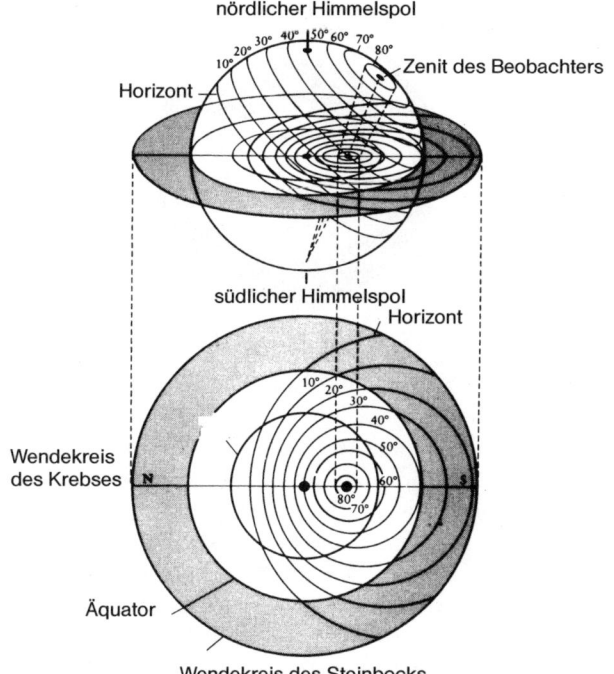

*Abb. 11.9: Stereographische Projektion der Almukantarate. Die Kreise gleicher Höhe (oben) werden auf eine horizontale Ebene projiziert und gehen durch den Äquator der Himmelsphäre, so wie ein am südlichen Himmelspol stehender Beobachter es wahrnehmen würde. Diese Kreise gleicher Höhe oder Almukantarate sowie die Linien gleichen Azimuts waren die wichtigsten Eintragungen auf dem Tympanon des Astrolabiums. Mit freundl. Genehmigung v. J. D. North. Erstveröffentl. in North's Chaucer's Universe, S. 53.*

zontallinie, Kreisen gleicher Höhe und Linien gleichen Azimuts, außerdem der Himmelsäquator, der Wendekreis des Krebses und der Wendekreis des Steinbocks (Abb. 11.8). Mit einer Drehung des Netzes über dem Tympanon konnte dann die Rotation der Himmelssphären in bezug auf den Betrachter auf der Erde simuliert werden, die Positionen der Sonne auf der Ekliptik wurden eingestellt, und auf diese Weise ließen sich viele nützliche Rechnungen durchführen.[31]

Viertens wurde im Islam harte Kritik an den astronomischen Theorien von Ptolemaios geäußert, und es gab Bemühungen, diese zu verbessern oder zu korrigieren. Einer der frühen Kritiker war Ibn al-Haitham († ca. 1040, im Westen als Alhazen bekannt). Dieser wandte sich gegen Ptolemaios' Verwendung des Äquanten, und zwar deswegen, weil dieser damit gegen das Prinzip der gleichförmigen Bewegung verstieß. Ibn al-Haitham

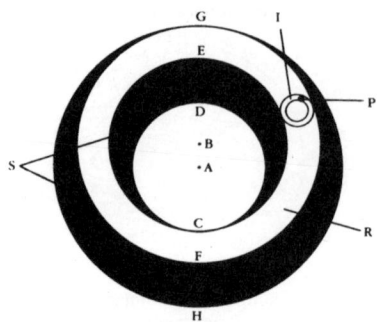

*Abb. 11.10: Ibn al-Haithams Festsphärenmodell
zur ptolemäischen Epizykeltheorie.*

versuchte, eine physikalische Interpretation der ptolemäischen Exzenter und Epizykel zu liefern und hielt sich dabei an Vorgaben, die Ptolemaios selbst in seinen *Hypotheses planetarum* gemacht hatte. Es war der Versuch, eine Verbindung zu schaffen zwischen dem mathematischen und dem physikalischen Ansatz bei der Behandlung astronomischer Themen, d.h. die mathematischen Methoden des *Almagest* vollständiger und erfolgreicher in das in den *Hypotheses planetarum* beschriebene System zu integrieren, als es Ptolemaios selbst gelungen war. Der Grundgedanke war der, die Planetensphären so dick anzulegen, daß jede von ihnen einen Exzenterkanal oder -ring enthalten konnte, welchen der Epizykel durchlaufen konnte.

In Abb. 11.10 ist der verdickte Raum S von den sphärischen Oberflächen CD und GH begrenzt. A befindet sich im Zentrum des Universums an der Position der Erde. Diese Sphäre wird vom Ring R durchschnitten; er ist exzentrisch, B liegt in seinem Zentrum, und er wird von den Oberflächen CE und FG begrenzt. Innerhalb des Rings liegt der Epizykel I, der den Planeten P trägt. Die ganze Sphäre dreht sich täglich um ihr Zentrum A, der Ring dreht sich dabei mit. Gleichzeitig »rollt« der Epizykel in der siderischen Periode des Planeten (die Zeit, die der Planet zum Durchlaufen der Ekliptik benötigt) durch den Ring, und durch dieses ganze System bewegt sich der Planet um den rotierenden Epizykel. Jeder weitere Planet benötigt ähnlich verdickte Sphären. Wenn alle diese Sphären eng ineinandergelagert sind, dann verfügen wir über ein Planetenmodell, das alle Grundlagen der ptolemäischen Planetenastronomie berücksichtigt und gleichzeitig eine annehmbare Interpretation des aristotelischen Systems konzentrischer Sphären darstellt.[32]

Im zwölften Jahrhundert verschärften sich die Angriffe auf Ptolemaios, besonders in Spanien. Verschiedene Gelehrte, darunter Ibn Bajja (Avempace), Ibn Tufail, Ibn Ruschd (Averroës) und al-Bitruji (Alpetragius) kritisierten das ptolemäische Planetensystem, weil es physikalisch nicht haltbar sei. Weiterhin forderten diese Gelehrten eine Astronomie, die sich mit der aristotelischen Physik vereinbaren lasse. Ibn Ruschd (1126–1198 n. Chr.) wandte sich gegen die Verwendung von Exzentern, Epizykeln und insbesondere Äquanten; er stellte fest, daß diese nichts über die physikalische Wirklichkeit aussagen. Er forderte, statt dessen zu den konzentrischen Sphären des Aristoteles zurückzukehren. Al-Bitruji (um 1190) ging um ein Beträchtliches weiter als Ibn Ruschd, als er sich (letztendlich erfolglos) darum bemühte, ein einfaches System konzentrischer Sphären zu zeichnen, durch das sich Voraussagen treffen ließen, die mit denen der ptolemäischen Astronomie vergleichbar waren. Al-Bitrujis Modell enthält ein System einfacher konzentrischer Sphären, für jeden Planeten eine. Alle drehen sich gleichförmig von Osten nach Westen, ihre Bewegung wird durch das Primum mobile nach innen übertragen und wird nach außen hin immer langsamer (damit erübrigt sich die Notwendigkeit, Bewegung von Westen nach Osten ebenso zuzulassen wie Bewegung von Osten nach Westen – ein Punkt der aristotelischen Kosmologie, an dem sich viele Naturphilosophen gestoßen hatten). Um die beobachteten Unregelmäßigkeiten der Planetenbewegung zu erklären, ließ al-Bitruji jeden Planeten über die Oberfläche seiner Sphäre kriechen (Diese Bewegung wird durch das bestimmt, was als Deferent und Epizykel auf der Sphärenoberfläche beschrieben wurde).[33]

## Astronomie im Westen

Während des Frühmittelalters hatte der Westen keinen Zugang zu den griechischen Quellen der mathematischen Astronomie – also den Werken von Hipparch, Ptolemaios und anderen Autoren. Sicherlich betrachtete man die Astronomie als eine mathematische Kunst, als einen Bestandteil des Quadriviums, aber was die frühmittelalterlichen Gelehrten tatsächlich an Kenntnissen der mathematischen Astronomie besaßen, war minimal. Autoren wie Plinius, Martianus Capella und Isidor von Sevilla lieferten eine elementare Beschreibung der Himmelssphäre und der wichtigsten darauf liegenden Kreise. Außerdem beschrieben sie die sieben Planeten und ihre West-Ost-Bewegung über den Tierkreis, einschließlich der rückläufigen Bewegung sowie die Bewegung von Merkur und Venus in bezug auf die Sonne. Auch im Bereich der Zeitmessung und des Kalenders war das Wissen recht fortgeschritten. Aber Kenntnisse der ptolemäischen Modelle oder irgendeines anderen Systems, mit dessen Hilfe ernsthafte mathematische Astronomie betrieben werden konnte, waren nicht vorhanden.[34]

Der Stand der westlichen Astronomiekenntnisse änderte sich im zehnten und elften Jahrhundert grundlegend; in dieser Zeit kamen die westlichen Gelehrten, hauptsächlich durch die Vermittlung Spaniens, in Kontakt mit dem Islam. Es steht fest, daß Gerbert von Aurillac (ca. 945–1003 n. Chr.) an dieser Entwicklung beteiligt war; möglicherweise brachte er bei seiner Rückkehr aus Nordspanien – dort hatte er einige Zeit studiert – Abhandlungen über Astronomie mit. Doch gleichgültig, wie es sich im Einzelnen verhalten haben mag: durch diese frühen Kontakte gelangten die Christen in den Besitz eines vielseitigen astronomischen Instruments, des Astrolabiums, und gleichzeitig jener Kenntnisse, die zu dessen Bedienung notwendig waren. Im elften Jahrhundert befanden sich verschiedene aus dem Arabischen ins Lateinische übersetzte Abhandlungen über den Bau und die Verwendung des Astrolabiums im Umlauf. Das Astrolabium wiederum ermöglichte eine Neuorientierung der westlichen Astronomie weg von qualitativen hin zu quantitativen Belangen.[35]

Wer ernsthafte quantitative Astronomie betreiben wollte, benötigte dazu allerdings eine umfangreiche Sammlung von Beobachtungsdaten. Anfang des zwölften Jahrhunderts, so wissen wir, waren die westlichen Wissenschaftler bereits dabei, selbst solche Daten zu sammeln. Aber Zugang zu umfangreicherem und nützlicherem Datenmaterial gewannen sie durch die Übersetzung arabischer Quellen. Die Astronomietabellen des al-Chwarismi († nach 847 n. Chr.) sowie die Anleitungen (Kanons) für ihre Verwendung übersetzte Adelard von Bath im Jahre 1126 n. Chr. Die im elften Jahrhunderte von al-Zarqali zusammengestellten *Toletanischen Tafeln* wurden wenig später übersetzt.[36] Diese übersetzten Tabellen stellten eine Fundgrube quantitativer astronomischer Informationen dar, aber sie waren ursprünglich für andere Zeiten und Orte angelegt worden als jene, an denen sie jetzt Verwendung fanden. Folglich mußten sie den neuen Gegebenheiten angepaßt werden, und mit dieser Aufgabe beschäftigte sich eine ganze Anzahl Gelehrter des zwölften Jahrhunderts, unter anderem Raymond von Marseilles und Robert von Chester. Ihre Arbeit begründete die Anfänge der authentisch westlichen Tradition in der mathematischen Astronomie.

Astronomische Instrumente und astronomisches Datenmaterial waren zwar für die Ausübung der mathematischen Astronomie notwendig, sie reichten aber allein nicht aus. Eine dritte Voraussetzung war die Existenz einer astronomischen Theorie. Zwar ermöglichten die einer Sammlung von astronomischen Tafeln beiliegenden Anweisungen einen kurzen Einblick in die theoretischen Grundlagen, aber dieser Einblick war quantitativ sehr eingeschränkt und eher verwirrend. Es waren Abhandlungen über theoretische Astronomie erforderlich, welche die Modelle erläuterten, auf denen sich die Daten und Berechnungen gründeten. Und auch an diese Abhandlungen kam man auf dem Wege der Übersetzung, die in diesem Fall sowohl aus dem Arabischen wie aus dem Griechischen stattfand. Al-Farganis Handbuch zu den Grundlagen der ptolemäischen Astronomie übersetzte Johannes von Sevilla im Jahr 1137 als *Rudimenta astronomiae*. In der

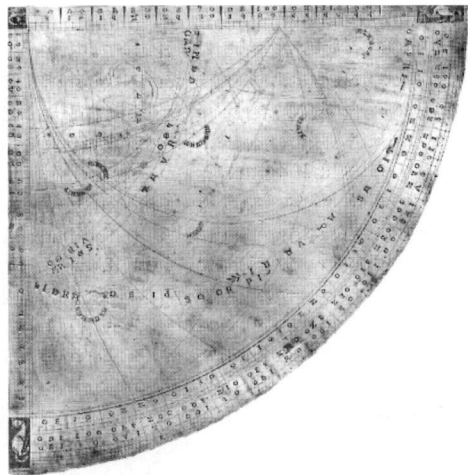

*Abb. 11.11: Der »neue Qudrant« des Profatius Judaeus. Es handelt sich um ein aus dem 14. Jh. stammendes Exemplar eines astronomischen Instruments, mit dessen Hilfe Höhen gemessen wurden. Mit freundl. Genehmigung des Leiters und der Körperschaftsmitglieder des Merton College, Oxford. Eine Beschreibung der verschiedenen mittelalterlichen Quadranten einschl. des Merton-Instruments, s. R. T. Gunther: Early Science in Oxford, Bd. 2 (Oxford: Oxford University Press), S. 165–175.*

zweiten Hälfte des zwölften Jahrhunderts wurden auch die fachspezifischeren Astronomiewerke von Tabit ibn Qurra, Ptolemaios und anderen Autoren zugänglich: Ptolemaios' *Almagest* wurde zweimal ins Lateinische übersetzt, einmal aus dem Griechischen und danach (von Gerhard von Cremona) aus dem Arabischen. Etwa zur gleichen Zeit erscheinende Texte zur Astrologie steigerten das Interesse an der astronomischen Theorie und Berechnung. Tatsächlich bieten das Bedürfnis der Astrologen nach astronomischen Berechnungen und die wachsenden Bezichungen zwischen Astrologie und Medizin eine Erklärung dafür, daß die astronomische Forschung einen solchen Aufschwung erlebte.

Gegen Ende des zwölften Jahrhunderts lagen die wichtigsten Texte aus dem Bereich der Astronomie in lateinischer Übersetzung vor. Von diesem Zeitpunkt an ist die Geschichte der westlichen Astronomie eine Geschichte zunehmender Beherrschung und immer weiterer Verbreitung astronomischer Kenntnisse, eine Entwicklung, die sich hauptsächlich an den Universitäten abspielte. Für die Universitäten war unter anderem ein Lehrbuch erforderlich, anhand dessen die Studenten Zugang zu den komplexeren Zusammenhängen der ptolemäischen Astronomie finden konnten. Natürlich ließ sich eine Einführung wie etwa al-Farganis *Rudimenta astronomiae* für diesen Zweck benutzen; aber schon bald verfaßten die Universitätspro-

*Abb. 11.12: Ein Astronom macht mithilfe eines Astrolabiums Beobachtungen.
Paris, Bibliothèque de l'Arsenal, MS 1186, Fol. 1v (13. Jh.).*

fessoren ihre eigenen Lehrbücher. Ein frühes und weit verbreitetes Werk
war der *Tractatus de sphaera* von Johannes von Sacrobosco (Johannes von
Holywood), der Mitte des dreizehnten Jahrhunderts in Paris entstand.
Dieses Buch, das noch bis ins siebzehnte Jahrhundert hinein kommentiert
wurde und an den Universitäten als Lehrbuch Verwendung fand, enthielt
einen Abriß der sphärischen Astronomie und einige kurze Bemerkungen
über die Planetenbahnen. Beispielsweise beschrieb Sacrobosco, wie sich die
Sonne im Maßstab von 1° pro Tag von Westen nach Osten um die Ekliptik
bewegt; er wies darauf hin, daß jeder Planet mit Ausnahme der Sonne sich
auf einem Epizykel bewegt, der sich selbst wiederum auf einem Deferentenkreis bewegt; und er erläuterte wie sich durch die Epizykel-auf-Defe-
renten-Theorie die rückläufige Bewegung erklären läßt; und schließlich
erklärte er Mond- und Sonnenfinsternisse durch den Schattenwurf der Erde
bzw. des Mondes. Über diese Angaben ging seine Planetenastronomie nicht
hinaus.[37]

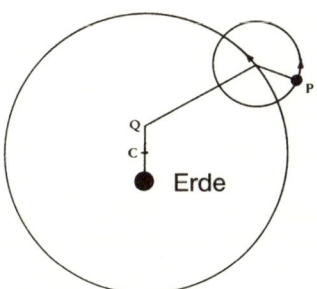

*Abb. 11.13: Modell für einen der äußeren Planeten,
nach Theorica planetarum.*

Mit seinem *Tractatus de sphaera* wollte Sacrobosco offensichtlich nur ganz grundlegende astronomische Kenntnisse vermitteln; möglicherweise richtete er sich damit an Studenten, die sich für Chronologie, Zeitmessung und Kalendererstellung (»Computus«) interessierten. Mit einer weiteren, wenig später von einem anonymen Autor, möglicherweise ebenfalls einem Lehrer an der Pariser Universität, verfaßten Abhandlung, der *Theorica planetarum* (Planetentheorie), erreichte die Diskussion der Planetenastronomie ein deutlich höheres Niveau. Die *Theorica* beschrieb die ptolemäische Grundtheorie für jeden einzelnen Planeten und ergänzte diese Beschreibung mit geometrischen Zeichnungen. Sie erklärt beispielsweise die Bewegung der Sonne um die Ekliptik als das Ergebnis einer gleichförmigen West-Ost-Bewegung um den exzentrischen Deferentenkreis mit der Geschwindigkeit von 59,8 Winkelminuten (knapp unter 1°) pro Tag. Gleichzeitig trägt die »Universum- oder Sternsphäre« den Exzenter mit einer Geschwindigkeit, die einer ganzen Umdrehung pro Tag entspricht, gleichförmig von Osten nach Westen. Im Modell für die äußeren Planeten – Mars, Jupiter und Saturn – bewegt sich der Planet P (Abb. 11.13) gleichförmig von Westen nach Osten um den Epizykel, während sich das Zentrum des Epizykels in gleicher Richtung um den Deferenten bewegt. Die Bewegung des Epizykels um den Deferenten ist gleichförmig in bezug auf den Äquanten Q. Das Zentrum des Deferenten befindet sich auf halber Strecke zwischen dem Äquanten und dem Erdmittelpunkt.[38] Offenbar entwickelte sich die *Theorica* innerhalb kurzer Zeit zum Standardwerk der astronomischen Theorie, und damit fanden die ptolemäischen Theorien einen festen Halt gegenüber jedem eventuellen Konkurrenten und bestimmten die astronomische Terminologe der folgenden Jahrhunderte.

Die Etablierung der ptolemäischen Theorie warf eine schwierige Frage auf: wie ließ sie sich mit der aristotelischen Kosmologie vereinbaren? Den Gelehrten erschien es, als ließen sich die Exzenter und Epizykel der ptolemäischen Astronomie nicht so einfach mit den konzentrischen Sphären oder den naturphilosophischen Grundlagen des Aristoteles in Einklang bringen. Jeder der bei seiner hohen Einschätzung des Problems Unterstützung suchte, konnte diese bei Averroës finden, der das aufwendige Zubehör der ptolemäischen Astronomie scharf angegriffen hatte. Das einzige System, mithilfe dessen sich vom quantitativen Standpunkt aus Erfolge erzielen ließen, erschien aus der Sicht des Physikers oder Philosophen eher fragwürdig. Im dreizehnten und vierzehnten Jahrhundert wirbelte dieses Thema viel Staub auf; die Gelehrten untersuchten, welche Gültigkeit theoretische Behauptungen überhaupt hatten, oder sie suchten nach einem Kompromiß. Die Astronomen, die natürlich nach quantitativen Ergebnissen verlangten, hatten keine Wahl, sie mußten sich an die ptolemäische Theorie halten. Für jene, die mehr zur Philosophie tendierten, blieb das Ziel, auf den aristotelischen Grundlagen eine quantitativ exakte Astronomie aufzubauen, unerreichbar, ein Traum.[39]

Im dreizehnten Jahrhundert zog die von Ibn al-Haitham entwickelte Festsphärenversion des ptolemäischen Systems Aufmerksamkeit auf sich. Offenbar war Roger Bacon in den 1260er Jahren der erste westliche Gelehrte, der sich eingehend mit diesem Gedanken befaßte. Danach scheint in Franziskanerkreisen das Interesse an dieser Idee kurz aufgeflackert zu sein, denn auch Bernard von Verdun und Guido von Marchia (beides Franziskaner) lieferten Beschreibungen davon. Auch in verschiedene aus jener Zeit stammende Werke der Astronomie, beispielsweise jenes des Campanus von Novara, hat der Gedanke wohl Eingang gefunden, aber erst als Georg Peuerbach (einer der Wiener Gelehrten, die zur neuen Blüte der Astronomie im fünfzehnten Jahrhundert beitrugen) den Gedanken erneut aufgriff, wurde er wieder Thema ernstzunehmender kosmologischer Diskussionen.[40]

Was der *Theorica* fehlte, war eine Vermittlung des quantitativen Inhalts der ptolemäischen Astronomie bzw. der Methoden, die für aktuelle astronomische Berechnungen erforderlich waren. Diese Aufgabe erfüllten später die *Toletanischen Tafeln* und dann, nach 1275, die *Alfonsinischen Tafeln* (sie wurden am Hofe Alfons X. von Kastilien erstellt). Häufig begleiteten diese die *Theorica*. Die *Alfonsinischen Tafeln* (Abb. 11.14) dienten als Standardlehrbuch bei der Ausübung der mathematischen Astronomie, bis im sechzehnten Jahrhundert neue Werke dazu in Konkurrenz traten.[41]

Zwar waren bescheidene astronomische Grundkenntnise bei Akademikern inzwischen wohl recht verbreitet, auf tiefere Sachkenntnis jedoch, wie sie die *Toletanischen* oder *Alfonsinischen Tafeln* oder gar die *Theorica* enthielten, stieß man zweifellos auch weiterhin recht selten. An den Universitäten war für den Abschluß als Magister Artium nur selten astronomisches Wissen Voraussetzung, obwohl häufig in gewissem Maße Astronomie unterrichtet wurde (meistens in Form von Vorlesungen über die *Theorica*, mitunter auch Vorlesungen über Ptolemaios' *Almagest*.). Aus dem niedrigen Niveau des

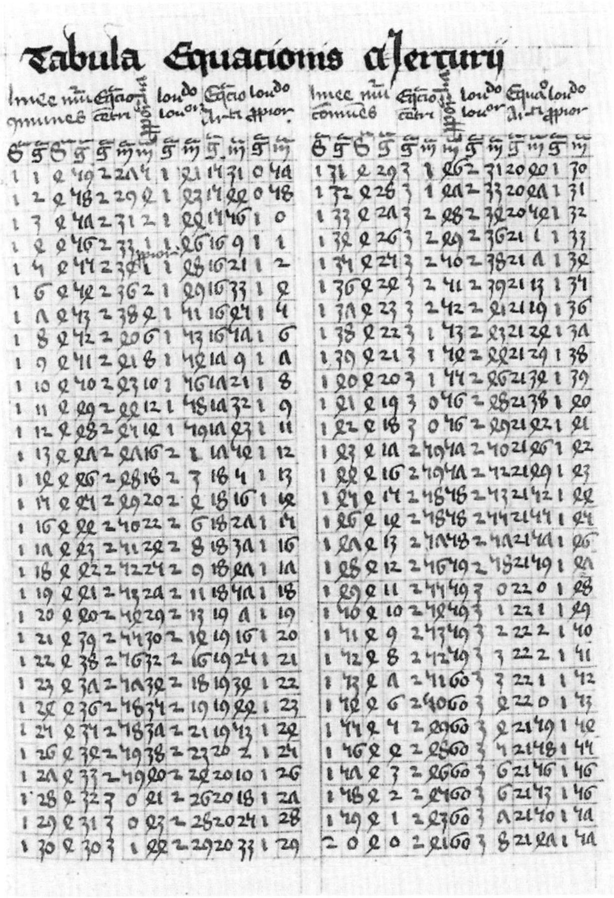

*Abb. 11.14. Die Alfonsinischen Tafeln. Eine Seite der Tabelle für den Planeten Merkur. Houghton Library, Harvard Universität, fMS Typ 43, Fol. 46r (ca. 1425). Mit Genehmigung der Houghton Library.*

Astronomielehrplans an den Universitäten folgt jedoch durchaus nicht, daß die astronomische Forschung sich im Stillstand befand. In Wirklichkeit wuchsen die Kenntnisse jener, die aktiv Astronomie betrieben, trotz ihrer geringen Zahl immer weiter. Aus dieser mittelalterlichen Tradition sollten im fünfzehnten bzw. sechzehnten Jahrhundert Astronomen vom Format des Johannes Regiomontanus und des Nikolaus Kopernikus hervorgehen.[42]

# Astrologie

Historiker, die sich mit der Geschichte der Astrologie befaßten, tendierten oft dazu, an der Ausübung der Astrologie harte Kritik zu üben, sie als Beispiele für primitive, irrationale oder abergläubische Vorstellungen darzustellen, der nur Narren und Scharlatane anhingen. Natürlich gab es Scharlatane, darauf wiesen die Kritiker des Mittelalters selbst immer wieder hin. Aber die mittelalterliche Astrologie besaß auch eine ernstzunehmende wissenschaftliche Seite, und wir dürfen nicht zulassen, daß die niedrige Einschätzung, welche die Astrologie heutzutage genießt, unseren Blick trübt. Die Gelehrten des Mittelalters bewerteten die astrologische Theorie und Praxis nach *mittelalterlichen* Kriterien der Rationalität und den ihnen zugänglichen *zeitgenössischen* Kenntnissen. Und nur, wenn wir denselben Ansatz wählen, können wir darauf hoffen, zu einem Verständnis der Bedeutung der Astrologie und ihres wechselhaften Schicksals im Mittelalter zu gelangen.[43]

Zunächst einmal ist es hilfreich, wenn wir einen Unterschied machen zwischen (1) Astrologie als einem System von Ansichten über physikalische Einflüsse im Kosmos, und (2) Astrologie als der Kunst der Horoskoperstellung, der Bestimmung günstiger Zeitpunkte und ähnlichem. Bei ersterem handelte es sich um einen ernstzunehmenden Zweig der Naturphilosophie, deren Erkenntnisse nur selten in Frage gestellt wurden. Letzteres stieß dagegen immer wieder auf die unterschiedlichsten Einwände (empirischer, philosophischer und theologischer Natur) und blieb während des gesamten Mittelalters umstritten. Zwar werden wir auch kurz auf die Astrologie im letzteren Sinn eingehen, jedoch wird uns in erster Linie die Astrologie als ein Teilbereich der kosmischen Physik beschäftigen.

Es gab zwingende Gründe dafür, an einen physikalischen Zusammenhang zwischen Himmel und Erde zu glauben. Zunächst einmal sprach die reine Beobachtung für einen solchen Zusammenhang: niemand konnte anzweifeln, daß der Himmel die wichtigste Quelle von Licht und Wärme im irdischen Bereich war. Die Jahreszeiten hingen eindeutig mit der Wanderung der Sonne um die Sonnenbahn zusammen. Die Gezeiten waren offensichtlich von der Mondbewegung abhängig, und nachdem (Ende des zwölften Jahrhunderts) der Kompaß erfunden war, sprach alles dafür, daß die Pole der Himmelssphäre eine magnetische Wirkung auf bestimmte Mineralien ausübten.

Die Wirkung solcher Beobachtungen wurde durch traditionelle religiöse Vorstellungen noch verstärkt. Die Verbindung des Himmels mit der Gottheit und die Vorstellung, daß die Gottheit Einfluß auf das Erdenreich ausübte, waren tragende Elemente der alten Religionen. Im alten Mesopotamien war der Glaube, daß Ereignisse im Sternen- oder Planetenbereich Vorzeichen (und nicht Ursachen) von irdischen Ereignissen waren, weit verbreitet. Dort entwickelte sich die Deutung dieser Omina zu einer ausgefeilten Kunst, die ein gewisses Maß an Astronomiekenntnissen voraussetzte. Im Laufe der Zeit gingen neue Elemente in diese Konzeption ein, bereicherten und veränderten sie – beispielsweise die Vorstellung, daß die zum Zeitpunkt der Empfängnis oder der Geburt eines Menschen herrschende Planetenkonstellation dazu genutzt werden konnte, bestimmte Einzelheiten im Leben dieses Menschen vorauszusagen (s.o. Kap. 1).[44]

In der griechischen Kultur konnten sich astrologische Vorstellungen auf verschiedene philosophische Systeme stützen. In Platons *Timaios* verleiht der Demiurg ausdrücklich den Planeten oder Planetengottheiten die Macht, die Dinge des sublunaren Bereiches zu schaffen. Damit war die Voraussetzung für eine weitere Einflußnahme gegeben. Platon betont auch die Einheit des Kosmos, beispielsweise hinsichtlich der Parallelen zwischen dem Kosmos als Ganzem und den einzelnen Menschen (der Analogie Makrokosmos-Mikrokosmos). Im aristotelischen Kosmos geht nicht nur die Bewegung der Himmelssphären, sondern auch die Bewegung und Veränderung im sublunaren Bereich auf den unbewegten Beweger zurück. In seiner Abhandlung der meteorologischen Erscheinungen spricht Aristoteles davon, daß die irdische Region »irgendwie mit den oberen [himmlischen] Bewegungen zusammenhängt, so daß all ihre Kraft von dorther gelenkt wird.« An einer anderen Stelle führt er die jahreszeitlichen Veränderungen sowie Werden und Vergehen im irdischen Bereich auf die Bewegung der Sonne um die Ekliptik zurück. Und schließlich scheinen auch die Stoiker, welche die Vorstellung eines aktiven, organischen Kosmos, in dem Einheit und Kontinuität herrschten, vertraten, die Astrologie als Wissenschaft angenommen und verteidigt zu haben. Aus all dem geht klar hervor, daß es sich bei der Astrologie in ihrer physikalischen oder kosmologischen Form um die empirische und rationale Untersuchung der ursächlichen Zusammenhänge zwischen Himmel und Erde handelte. Beinahe jeder Philosoph des Altertums hätte denjenigen, der die Existenz solcher Zusammenhänge leugnete, für einen ausgesprochenen Narren gehalten.[45]

Ptolemaios ist dafür ein hervorragendes Beispiel. Hervorragend nicht nur deswegen, weil er umfassend und deutlich auf das Problem einging, sondern auch deswegen, weil er die astrologischen Traditionen sowohl im Islam wie auch im Westen stark prägte. In seinem Handbuch der Astrologie, der *Tetrabiblos*, erkennt Ptolemaios an, daß die Treffsicherheit astrologischer Vorhersagen es mit der Gewißheit astronomischer Nachweise nicht aufnehmen kann; dennoch bestätigte er die Existenz himmlischer Kräfte und die Gültigkeit allgemein gehaltener astrologischer Vorhersagen. Es sei für jeden ersichtlich, so sagte er:

daß von der unvergänglichen ätherischen Substanz eine gewisse Kraft ausgeht ... welche den gesamten irdischen Bereich durchdringt ... Denn die Sonne ... hat immer auf irgendeine Weise Einfluß auf alles Irdische, nicht nur durch die Verändrungen, welche die Jahreszeiten mit sich bringen, und die zur Fortpflanzung der Tiere, dem Ertrag der Pflanzen, dem Fließen des Wassers und den Veränderungen im Körper führen, sondern auch dadurch, daß sie mit ihrer täglichen Wanderung in regelmäßiger Abfolge für Wärme, Feuchtigkeit, Trockenheit und Kälte sorgt, in Abhängigkeit von ihrer jeweiligen Position relativ zum Zenith. Auch der Mond ... hat seinen erheblichen Einfluß auf die Dinge der Welt, denn die meisten dieser Dinge, belebte und unbelebte, sind für seine Wirkung empfänglich und verändern sich mit ihm. Darüberhinaus bewirken die Bahnen der Fixsterne und der Planeten über dem Himmel Hitze, Sturm und Schnee, und diese Erscheinungen wirken sich wiederum auf die Dinge der Welt aus.

Der praktizierende Astrologe, der diese Zusammenhänge begreift und auch die Bewegungen und Konstellationen am Himmel verstanden hat, müßte in der Lage zu sein, ein breites Spektrum von Naturerscheinungen vorauszusagen[46]:

Wenn der Mensch nun die Bewegungen aller Sterne, der Sonne und des Mondes kennt, ... und wenn er aufgrund von vorausgehenden anhaltenden Studien ihr jeweiliges Wesen erkannt hat...; und wenn er mithilfe all dieser Daten sowohl auf wissenschaftliche Weise wie auch durch zutreffende Vermutungen in der Lage ist, die sich aus all diesen Faktoren ergebende Eigenschaft zu benennen, warum soll er nicht in der Lage sein, in jedem Moment die Eigenschaften der Luft aufgrund der Verhältnisse zwischen den zu jedem Zeitpunkt auftretenden Erscheinungen der Atmosphäre vorauszusagen, beispielsweise, ob sie wärmer oder feuchter sein wird? Warum kann er außerdem nicht in bezug auf einen bestimmten Menschen die allgemeinen Züge seines Charakters aus den atmosphärischen Bedingungen zum Zeitpunkt seiner Geburt ableiten, beispielsweise, daß er körperlich so und so beschaffen sein wird und in seiner Seele so und so, und auch bestimmte Ereignisse auf der Grundlage dessen voraussagen, daß eine bestimmte Atmosphäre zu einem bestimmten Charakter gehört und den Wohlstand begünstigt, während eine andere nicht so günstig ist und zu Verletzungen führt?

In der hellenistischen Philosophie, später auch im Islam und im Christentum, kam es zu einer gewissen anti-astrologischen Strömung. Die Angriffe richteten sich jedoch nicht gegen die Überzeugung, daß die Einflüsse des Himmels eine Realität seien, sondern gegen den damit drohenden Determinismus und die Tatsache, daß (dagegen richteten sich die Kirchenväter) den Sternen und Planeten göttlicher Status zugesprochen wurde. Den höchsten Einfluß in der christlichen Welt gewann die Stimme von Augustinus (354–430 n. Chr.). Augustinus bezeichnete die volkstümliche Astrologie als ein betrügerisches, von Hochstaplern betriebenes Unterfangen. Die größte Sorge bereitete ihm jedoch das, was er als Hang der astrologischen Theorie zum Fatalismus oder Determinismus bezeichnete. Koste es, was es wolle – die Willensfreiheit mußte bewahrt werden, denn sonst hätte der Mensch keinerlei Verantwortung. Augustinus bezog sich mehrfach auf das (nicht von ihm erdachte) »Zwillingsproblem«: Er wies darauf hin, daß Zwillinge, die zur gleichen Zeit gezeugt und fast gleichzeitig geboren werden, häufig völlig unterschiedliche Schicksale erfahren. Aber Augustinus ließ erstmals die Möglichkeit einer physikalischen Beeinflussung zu, solange sich diese nur auf den Körper bezog. Er schrieb[47]:

Es ist keineswegs vollkommen absurd, zu behaupten, daß – nur im Hinblick auf physikalische Unterschiede – bestimmte siderische [stellare] Einflüsse wirksam sind. Wir sehen, daß die Jahreszeiten sich mit der Annäherung und der Entfernung der Sonne verändern. Und wir stellen fest, daß gleichzeitig mit dem Zunehmen und Abnehmen des Mondes bestimmte Dinge wachsen und schrumpfen, beispielsweise Seeigel und Austern und die wunderbaren Gezeiten des Ozeans. Aber der Wille des Menschen ist nicht von den Konstellationen der Sterne abhängig.

Die gegen die Astrologie gerichtete Polemik Augustinus' und die anderer Kirchenväter trug dazu bei, daß die öffentliche Meinung der Astrologie im Frühmittelalter feindselig gegenüberstand. In der frühmittelalterlichen Literatur stoßen wir immer wieder auf Stellen, in denen das Betreiben horoskopischer Astrologie verurteilt wird – allerdings häufig mit der Anmerkung versehen, daß die himmlischen Kräfte und ihr Einfluß auf eine Anzahl irdischer Erscheinungen nicht zu leugnen sei.[48]

Die Blüte der platonischen Philosophie und die Wiederentdeckung der griechischen und arabischen Schriften zur Astrologie im zwölften Jahrhundert führten zu einem Wiederaufleben des Interesses an der Astrologie und zu einer ihren Doktrinen eher gewogenen Geisteshaltung. Natürlich war der astrologische Determinismus nach wie vor ein Tabuthema, aber es war nichts außergewöhnliches mehr, von der Realität der Einflüsse von Sternen und Planeten und der Möglichkeit zutreffender astrologischer Vorhersagen zu sprechen. Beispielsweise lobte Hugo von St. Viktor († 1141 n. Chr.) in seinem (Ende der 1120er Jahre entstandenen) *Didascalicon* den »natürlichen« Teil der Astrologie, die sich mit dem »Temperament« oder dem »Wesen« der physikalischen Dinge beschäftigt, beispielsweise mit Gesundheit und Krankheit, Sturm und Windstille, Produktivität und Unproduktivität, die sich in Abhängigkeit von den unterschiedlichen Konstellationen der Astralkörper unterscheiden. Ein gegen Ende des zwölften oder Anfang des dreizehnten Jahrunderts schreibender anonymer Verfasser stellt fest: »Wir glauben nicht an die Göttlichkeit der Sterne noch der Planeten und wir beten diese auch nicht an, aber wir glauben an ihren Schöpfer und beten diesen an, den allmächtigen Gott. Wir glauben jedoch, daß der allmächtige Gott den Planeten jene Macht verliehen hat, von denen die Alten glaubten, sie käme von den Sternen selbst.« Ein weiterer Autor aus dem zwölften Jahrhundert geht direkt auf das Thema Determinismus ein[49]: »Die Sterne ... können eine Geneigtheit zum Wohlstand bewirken, nicht aber diesen Wohlstand selbst verleihen.«

Die Übersetzung astrologischer Abhandlungen aus dem Griechischen und Arabischen war für die Herausbildung dieser neuen Einstellung von entscheidender Bedeutung. Die wichtigsten Werke waren die in den 1130er

*Abb. 11.15: Der arabische Astrologe Albumasar oder Abu Mashar. Bei dem Buch in seiner Hand soll es sich um seine Einführung in die Astrologie handeln. Paris, Bibliothèque Nationale, MS Lat. 7330, Fol. 41v (14. Jh.).*

Jahren übersetzte *Tetrabiblos* von Ptolemaios und Albumasars *Einführung in die astrologische Wissenschaft*, die in den 1130er bzw. 1140er Jahren gleich doppelt übersetzt wurde. Dazu kamen verschiedene kleinere astrologische Abhandlungen und schließlich auch jene Werke von Aristoteles, die sich mit der Frage des himmlischen Einflusses beschäftigten. In der *Tetrabiblos* setzt sich Ptolemaios für den Glauben an die Astrologie ein und vermittelt seinen Lesern einige der technischen Grundlagen zum Verständnis dieser Kunst. Beispielsweise bringt er bestimmte Planeten jeweils mit bestimmten Geschehnissen auf der Erde in Verbindung: die Sonne mit Wärme und Trockenheit, den Mond hauptsächlich mit der Feuchtigkeit, den Saturn hauptsächlich mit Kälte, aber auch mit Trockenheit, und den Jupiter in gemäßigter Form mit Wärme und Feuchtigkeit. Der Einfluß bestimmter Planeten ist günstig, jener anderer Planeten eher ungünstig. Bestimmte

Planeten sind männlich, andere weiblich. In der *Tetrabiblos* wird auch erläutert, wie die Kraft der Planeten in Abhängigkeit von ihrer geometrischen Stellung zur Sonne (ihrem »Aspekt«) stärker oder schwächer ist. Den Tierkreiszeichen werden bestimmte Eigenschaften zugeordnet. Und Ptolemaios erklärt die allgemeinen Charaktereigenschaften der Menschen, die verschiedene Gegenden der Erdkugel bewohnen, mit einer »Verwandtschaft« oder Sympathie zwischen diesen Regionen und den Planeten und Tierkreiszeichen, von denen sie beherrscht werden.

Das Verdienst von Albumasars *Einführung* war es, daß er die in Ptolemaios' *Tetrabiblos* und anderen (unter anderem aus Persien und Indien stammenden) Astrologiewerken enthaltenen astrologischen Prinzipien weiterentwickelte, insbesondere aber, daß er für die Astrologie eine eigene philosophische Grundlage schuf, indem er die traditionelle astrologische Überlieferung mit der aristotelischen Naturphilosophie verband. Praktisch bedeutete das die Übernahme der aristotelischen Metaphysik der Materie, Form und Substanz sowie der aristotelischen Behauptung, der zufolge die Himmelskörper Quelle aller Bewegung in der irdischen Region und verantwortlich für Werden und Vergehen seien. Der Einfluß der Planeten verleiht den vier Elementen ihre Form, so daß die physikalischen Substanzen entstehen, denen wir im täglichen Leben begegnen. Veränderungen der Planetenkonstellationen sind verantwortlich für den ewigen Kreislauf der Wandlungsprozesse, von Geburt und Tod, Werden und Vergehen. Die von Aristoteles stammende Erklärung für Zeugung und Verfall hatte sich auf die Wanderung der Sonne um die Ekliptik konzentriert. Zwar räumte auch Albumasar der Sonne eine vorrangige Stellung ein, brachte aber (getreu einer alten astrologischen Tradition) auch die restlichen Planeten sowie ihre geometrische Stellung zur Sonne und zu den Tierkreiszeichen als Ursachen ins Spiel.[50]

Die »Aristotelisierung« der Astrologie wurde natürlich durch den im zwölften Jahrhundert eröffneten Zugang zu den Originalwerken von Aristoteles noch gefördert. Im Verlauf des dreizehnten Jahrhundert schlug der astrologische Glaube Wurzeln und entwickelte sich zum integrierten Bestandteil des mittelalterlichen Weltbilds. Auch entstand ein enger Zusammenhang zwischen der Astrologie und der praktischen Medizin: Kein angesehener Arzt des Spätmittelalters wäre auf die Idee gekommen, daß sich Medizin ohne Berücksichtigung der Astrologie erfolgreich betreiben lasse.[51]

Die Philosophen und Theologen machten sich weiterhin Gedanken über den astrologischen Determinismus – ein Thema, das in den Verurteilungen des Jahres 1277 angesprochen wurde – und immer wieder wurden praktizierende Astrologen der Scharlatanerie bezichtigt. Aber selbst ganz energische Gegner der Astrologie erkannten die Existenz eines Einflusses durch den Himmel bereitwillig an. Nicole Oresme, der dem Angriff auf die

Astrologie ganze Bücher widmete, gestand ein, daß jener Teil der Astrologie, der sich mit großen Ereignissen wie »Seuchen, Massensterben, Hunger, Flut, großen Kriegen, dem Aufstieg und Fall eines Königreiches, dem Erscheinen von Propheten, neuen Religionen und ähnlichen Veränderungen befaßt, ... möglich und hinreichend bekannt ist, aber nur ganz allgemein. Wir können insbesondere nicht erfahren, in welchem Land, in welchem Monat, durch welche Personen oder unter welchen Umständen solche Dinge geschehen werden.« Was den Einfluß des Himmels auf Gesundheit und Krankheit angeht, »können wir in gewissem Maße etwas erfahren, was im Zusammenhang mit den Bahnen von Sonne und Mond steht, aber darüber hinaus nur wenig oder gar nichts.«[52] Die Blütezeit der Astrologie als ein Teilbereich der Naturphilosophie dauerte bis zum siebzehnten Jahrhundert und darüber hinaus.

# DIE PHYSIK DES SUBLUNAREN BEREICHES

Die Verwendung des Begriffes »Physik« in der Überschrift dieses Kapitels birgt ein gewisses Risiko. Dieses besteht darin, daß der Leser die mittelalterliche Physik aufgrund der identischen Bezeichnung mit der modernen Physik gleichsetzen könnte. Daraus würde ein solcher Leser automatisch schließen, daß die mittelalterlichen Physiker versuchten, moderne Physiker zu sein, darin aber nur beschränkt erfolgreich waren; daß es sich bei der mittelalterlichen Physik also um die primitive oder gescheiterte Version der modernen Physik handelte. Und solange wir die mittelalterliche Physik als gescheiterte moderne Physik ansehen, verschließen wir uns der Möglichkeit, ihre eigenen Ziele und ihre durchaus bemerkenswerten Leistungen zu begreifen.

Tatsache ist, daß es sich bei der mittelalterlichen Physik um ein erstaunlich kohärentes unabhängiges Theoriegebäude handelte, mithilfe dessen sich die Fragen, auf die es angewendet wurde, recht überzeugend beantworten ließen. Und diese Fragen waren insgesamt allgemeiner formuliert als die, mit denen sich ein moderner Physiker beschäftigt. Wie breit das Spektrum der mittelalterlichen Physik war, wird deutlich, wenn wir uns die einschlägige mittelalterliche Terminologie ansehen. Die lateinischen Hauptwörter *Physica* und *Physicus* (»Physik« bzw. »Physiker«) leiten sich vom griechischen Wort *Physis* ab, das üblicherweise mit »Natur« übersetzt wird. Aristoteles (dessen Einfluß in diesem Gebiet maßgeblich war) zufolge handelt es sich bei der *Physis* oder Natur eines Dinges um die innere Quelle seiner Eigenschaften oder seines Verhaltens, die für alle in diesem Ding vorgehenden Veränderungen verantwortlich ist. Die Natur als kollektiver Begriff umfaßte alle Dinge, die eine solche Natur besitzen. Und der Physiker war jene Person, die solche natürlichen Dingen und die in ihnen stattfindenden natürlichen Veränderungen untersuchte – in einfachen Worten, derjenige Forscher oder Philosoph, der sich mit den natürlichen Dingen in all ihren Erscheinungsformen befaßte.[1]

Das soll nicht heißen, daß zwischen der mittelalterlichen und der modernen Physik nicht eine wichtige Kontinuität bestünde. Manche der von den mittelalterlichen Gelehrten angeschnittenen Fragen beschäftigten in fast oder völlig unveränderter Form auch ihre Nachfolger im sechzehnten und siebzehnten Jahrhundert und darüber hinaus, und das Mittelalter lieferte

bedeutende Beiträge zur wissenschaftlichen Terminologie und den Grund-
begriffen der frühneuzeitlichen Physik. Mit Sicherheit sind diese Kon-
tinuitäten durchaus bedeutend, und verdienen es, auf wissenschaftlicher
Ebene untersucht zu werden, also werden wir sie in diesem Kapitel nicht
völlig vernachlässigen. Aber sie können nicht unser Hauptanliegen sein,
wenn wir versuchen wollen, die Ziele und Leistungen *mittelalterlichen* Denkens über die Natur zu verstehen.[2] Wenn wir einmal erkannt haben,
welche Teile der mittelalterlichen Physik von späteren Epochen übernommen wurden, dürfen wir nicht versucht sein zu glauben, daß wir damit
jene Elemente gefunden haben, welche die mittelalterlichen Physiker selbst
in ihrem Fach für die wichtigsten hielten.

## Materie, Form und Substanz

Auf welchen grundlegenden Erklärungsschemata basierte die mittelalterliche Physik bzw. Naturphilosophie? Nachdem die Philosophie des Ari-
stoteles im zwölften und dreizehnten Jahrhundert aufgenommen und assi-
miliert worden war, standen die aristotelischen Erklärungsprinzipien im
Vordergrund – allerdings steckten die verschiedenen Texte von Aristoteles,
denen man diese Schemata entnahm, so voller Unklarheiten, Lücken und
Inkonsequenzen, daß viel Raum für eine deutlichere Formulierung der
Theorie und für die Diskussion und die Debatte über ihre Feinheiten blieb.
Beginnen möchten wir mit einem kurzen Überblick über einige der
Grundlagen der aristotelischen Naturphilosophie.[3]

Aristoteles zufolge setzen sich alle Dinge des irdischen Bereiches (er
nannte sie »Substanzen«) aus Form und Materie zusammen. Die Form, das
aktive Prinzip oder Agens, Trägerin der Eigenschaften des individuellen
Dinges, verbindet sich untrennbar mit der Materie, dem passiven Rezipienten der Form, zu einem konkreten materiellen Ding. Wenn es sich dabei
um ein »natürliches« Ding handelt (also nicht um ein Ding, das durch einen
Handwerker künstlich hergestellt wurde), besitzt es auch eine Natur (die in
erster Linie von seiner Form, aber in zweiter Linie auch von seiner Materie
bestimmt wird). Diese Natur sorgt dafür, daß es sich in einer bestimmten
Weise verhält. So spendet Feuer naturgemäß Wärme, Steine fallen naturgemäß zu Boden (wenn man sie von ihrem natürlichen Ort hochhebt),
Säuglinge wachsen und reifen naturgemäß und Eicheln entwickeln sich
naturgemäß zu Eichbäumen. Die jeweilige Natur eines Dinges erkennen
wir aufgrund langer und ausdauernder Beobachtung: alles, was (aufgrund
seines regelmäßigen Auftretens) nicht das Ergebnis von Zufall oder (weil
kein Hersteller daran beteiligt ist) von künstlichem Einwirken sein kann,
muß auf die Natur zurückzuführen sein. Da die Natur in jedem Fall von

natürlicher Veränderung als bestimmender Faktor auftritt, ist sie natürlich für den Physiker oder Naturphilosophen von hohem Interesse.

Im Mittelalter unterschieden die Anhänger des Aristoteles, die sich mit diesem System auseinandersetzten, zwei Arten der Form: eine davon ist für die wesentlichen Eigenschaften zuständig, die andere für die zufälligen Eigenschaften. Jene entscheidenden Kennzeichen eines Dings, die es zu dem machen, was es ist, werden von der sogenannten »substantiellen Form« bestimmt. Die substantielle Form verbindet sich mit der vollkommen eigenschaftslosen ersten Materie, läßt auf diese Weise eine Substanz entstehen oder verleiht ihr Existenz und stattet sie mit jenen Eigenschaften aus, die sie zu der Art von Ding machen, die sie ist. Neben diesen wesentlichen Eigenschaften besitzt jedoch jedes Ding auch noch unwesentliche oder zufällige Eigenschaften, die seine »akzidentelle Form« darstellen. So kann der Familienhund beispielsweise kurzhaarig oder langhaarig sein, mager oder dick, freundlich oder bissig, stubenrein oder nicht – trotz alledem behält er alle (von seiner substantiellen Form verliehenen) Eigenschaften, auf deren Grundlage wir ihn unfehlbar als Hund erkennen.

Aristoteles liefert uns mit seiner Theorie der Elemente ein anschauliches Beispiel für seine Theorie der Form, Materie und Substanz. Er schloß sich seinen Vorgängern (Platon und den Vorsokratikern) an, als er davon ausging, daß die alltäglichen, uns umgebenden Dinge komplex gebaut sind, nicht einfach. Das heißt, bei den wahrnehmbaren Dingen der sublunaren Welt handelt es sich um Verbindungen oder Mischungen, die sich auf eine geringe Anzahl von Grundwurzeln oder -prinzipien zurückführen lassen, welche »Elemente« genannt werden. Aristoteles übernahm von Empedokles und Platon deren Liste von vier Elementen – Erde, Wasser, Luft und Feuer – und behauptete, daß diese sich in jeweils unterschiedlichen Anteilen zu allen bekannten Substanzen verbinden. Aristoteles stimmte mit Platon darin überein, daß diese vier Elemente nicht stabil und unveränderlich sind, sondern ständiger Umwandlung unterliegen. Und wie dies möglich war, das erklärte er durch seine Theorie von Form und Materie.

Jedes Element, so stellte er fest, setzt sich aus Form und Materie zusammen. Da die betreffende Materie nacheinander verschiedene Formen annehmen kann, kann sich auch ein Element in ein anderes verwandeln. Die Formen, die für die Entstehung der Elemente entscheidend sind, werden mit den vier Grund- oder »Elementar«-eigenschaften gleichgesetzt: heiß und kalt, naß und trocken. Von Kälte und Trockenheit erfüllte Grundmaterie ergibt das Element Erde; von Kälte und Feuchtigkeit erfüllte Grundmaterie ergibt Wasser; und so weiter. Aber diese Grundmaterie ist in der Lage, alle vier Elementareigenschaften anzunehmen. Wenn daher aufgrund des Einwirkens eines geeigneten Agenten in einem Teil des Elementes Erde die Eigenschaft »trocken« der Eigenschaft »naß« weicht, dann ist dieses Stück Erde nicht mehr vorhanden – es wird durch eine entsprechenden Menge des Elements Wasser ersetzt. Aristoteles behauptete, daß ständig solche Umwandlungsprozesse stattfinden und daß daher ständig ein Element in ein anderes verwandelt wird. Mit solchen Veränderungen ließen sich viele der bekannten Naturerscheinungen erklären, die für uns heute in den Bereich der Chemie oder der Meteorologie fallen.[4]

Die Grundlagen der Form-Materie-Theorie waren leicht verständlich, aber wenn man sie auf die Wirklichkeit übertragen wollte, dann stellten sich einige Probleme. Es sah so aus, als herrsche in dieser Welt eine Hierarchie von Form und Materie, und die oben grob skizzierten Definitionen des Aristoteles ließen sich auf manche Ebenen besser anwenden als auf andere. Die aristotelische Definition der Materie als eines völlig eigenschaftslosen Rezipienten der Form paßt hervorragend zum Aufbau der Elemente: Die Materie, welche die Elementarformen der Grundeigenschaften (heiß, kalt, naß, trocken) aufnimmt, besitzt selbst keinerlei Eigenschaften, abgesehen von der Fähigkeit, eben diese Elementarformen anzunehmen. An sich ist sie nicht wahrnehmbar, nicht erkennbar und ohne aktuelle Existenz. Aristoteles bezeichnete sie als »erste Materie«. Die akzidentelle Form nimmt dagegen Materie an, die bereits unabhängig und als Substanz existiert: Der Marmor, aus dem eine Statue entstehen soll, existiert bereits als konkretes Ding mit einer Reihe von Eigenschaften (Größe, Form, Farbe, Dichte und Härte), bevor ihm der Bildhauer jene aktuelle Form verleiht, die ihn zu einer bestimmten Statue macht. Ebenso war das ergrauende Haar (das also der akzidentellen Form »grau« als Materie dient) bereits ein substantielles Ding mit spezifischen, erkennbaren Eigenschaften, bevor es die Farbe wechselte. Betrachtungen solcher Fragen bewogen die Anhänger des Aristoteles in der Antike ebenso wie im Mittelalter, seine Definitionen zu präzisieren und eine deutliche Unterscheidung zu treffen zwischen der substanzlosen ersten Materie der Elemente und der substanziellen sekundären Materie, die in Fällen akzidenteller Veränderungen zum Tragen kommt.[5]

Im Islam entwickelten Avicenna (Ibn Sina, 980–1037 n. Chr.) und Averroës (Ibn Ruschd, 1126–1198 n. Chr.) die Materie-Form-Theorie in einer Form weiter, die auf den Westen hohen Einfluß haben sollte. Die beiden islamischen Kommentatoren hielten es für unmöglich, die vier Elemente daraus abzuleiten, daß der ersten Materie direkt Elementenform verliehen würde. Ein Zwischenschritt war erforderlich, welcher der ersten Materie zunächst einmal Dreidimensionalität verlieh. Dafür entwickelten sie den Begriff der »körperlichen Form«, die der ersten Materie zunächst verliehen werden mußte, damit sich ein dreidimensionaler Körper ergeben konnte. Die Elemente entstehen daraufhin, wenn dieser dreidimensionale Körper (eine Art sekundärer Materie) die Form eines Elementes erhält. Die Vorstellung von einer körperlichen Form wurde vom Christentum übernommen, erwies sich dort als sehr einflußreich und war sehr umstritten. Wir haben bereits gesehen, daß Robert Grosseteste von diesem Gedanken ausging, als er die körperliche Form mit Licht gleichsetzte.[6]

Aristoteles hatte Form und Materie als im wesentlichen gleichberechtigt nebeneinandergestellt – das eine war nicht dem anderen untergeordnet, und beides hatte seine eigene Funktion – aber die Aufrechterhaltung dieses Gleichgewichts erwies sich als problematisch. Innerhalb der neuplatonischen Tradition (Avicenna ist dafür ein gutes Beispiel) neigte man dazu, die Materie abzuwerten, sie praktisch als Nichts anzusehen, die Form dagegen auf eine Position der quasi-Autonomie zu erheben. Avicennas jüngerer Zeitgenosse Avicebron († 1058) tendierte in die Gegenrichtung, indem er die Materie auf Kosten der Form aufwertete. Möglicherweise hat Avicebrons Einfluß dazu beigetragen, daß die westlichen Gelehrten (insbesondere Franziskaner wie beispielsweise Richard von Middleton oder Duns Scotus) zu der Aussage bereit waren, daß Gott Materie ohne Form zu schaffen vermag.[7]

## Verbindung und Mischung

Eine wichtige Kategorie von Erscheinungen, auf welche sich die Theorie von Materie, Form und Substanz anwenden ließ, war jene, die wir heute als »chemische Verbindungen« bezeichnen würden. Wie wichtig die Stellung dieser Kategorie von Erscheinungen war, liegt auf der Hand, wenn wir uns in Erinnerung rufen, daß es sich, Aristoteles zufolge, bei allen in der realen Welt anzutreffenden Substanzen, einschließlich der organischen Gewebe, um Verbindungen der vier Elemente handelt. Es überrascht also nicht, daß Aristoteles nach dem Wesen dieser chemischen Verbindung und dem Status der Ausgangselemente in einer Verbindung fragte. Er unterschied zwischen einem mechanischen Aggregat, in dem kleine Teilchen zweier Substanzen nebeneinandergelagert sind, wobei ihre individuelle Identität erhalten bleibt, und der eigentlichen Vermischung der einzelnen Bestandteile zu einer homogenen Verbindung, in welcher die ursprüngliche Natur der Ausgangselemente untergeht. Letzteres nannte er eine »Mixtur« oder »Mischung« (wir werden für den Prozeß das lateinische Wort *Mixtio*, für das Produkt das Wort *Mixtum* [plural: *Mixta*] verwenden, um die von Aristoteles angestrebte fachsprachliche Bedeutung beizubehalten), und dies war die Art von Verbindung, welcher seiner Ansicht nach die Elemente bei ihrer Vermischung eingingen.

In einem *Mixtum* wird, Aristoteles zufolge, die jeweilige Natur der Ausgangsstoffe durch eine neue Natur ersetzt, welche die Verbindung bis hinab in ihre kleinsten Teilchen durchdringt. Im Vorhandensein der einzelnen Eigenschaften eines *Mixtum* spiegelt sich ein Durchschnittswert der

Eigenschaften seiner Bestandteile wider. Wenn wir beispielsweise ein nasses und ein trockenes Element miteinander verbinden (etwa Wasser und Erde), wird die Trockenheit bzw. Feuchtigkeit der Verbindung auf irgendeinen Punkt der Skala fallen, die zwischen den Extremen von Trockenheit und Nässe liegt. Dieser Punkt ergibt sich daraus, wieviel relative Feuchtigkeit bzw. Trockenheit in den beiden Ausgangsstoffen vorhanden ist. Zwar existieren die Ausgangselemente im *Mixtum* nicht mehr aktuell, aber aus verschiedenen Bemerkungen des Aristoteles geht hervor, daß sie virtuell oder potentiell noch vorhanden waren, so daß sie auch weiterhin einen gewissen Einfluß ausüben konnten.[8]

Die Erörterung des Aristoteles ließ eine ganze Anzahl von Problemen für seine Kommentatoren offen. Eines davon bestand darin, die Theorie der Verbindung oder *Mixtio* mit der Terminologie und innerhalb des Begriffsrahmens von Materie und Form auszudrücken, denn diese Terminologie taucht in der Erklärung von Aristoteles gar nicht auf. Bei der Bearbeitung dieses Problems mußte sich unweigerlich die Frage stellen, wie die neue substanzielle Form oder das *Mixtum* aus den Formen der Ausgangselemente hervorgehen konnte. Eine weitere Frage von entscheidender Bedeutung lautete: in welchem Sinn existieren die Formen der Ausgangselemente im *Mixtum* weiter? Da man davon ausging, daß eine Zerstörung des *Mixtum* die Elemente, aus denen es sich gebildet hatte, wieder freisetzte, lag es auf der Hand, daß sie im *Mixtum* auf irgendeine Weise weiterexistieren mußten. Die Diskussionen um diese Themen wurde äußerst kompliziert, und wir müssen uns auf ein paar einführende Bemerkungen beschränken.

Es herrschte allgemeine Übereinstimmung darüber, daß eine neue substantielle Form des *Mixtum* die substantiellen Formen der Ausgangselemente ersetzt. Aber wie geht das vor sich? Man war sich allgemein darüber einig, daß die Vermischung der Elemente, die Wechselwirkung ihrer jeweiligen Eigenschaften und möglicherweise der Zerfall der alten substantiellen Formen zum Entstehen der neuen Form beitrug. Aber es gab auch gute (von Aristoteles übernommene) Gründe für die Annahme, daß die neue substantielle Form nicht aus diesen vorausgehenden substantiellen Formen oder aus den Eigenschaften der Ausgangselemente entstehen konnte; eine Einwirkung von außen schien dazu erforderlich zu sein. Üblicherweise löste man das Problem, indem man sich auf höhere Mächte berief – himmlische Gewalt oder himmlische Intelligenzen, möglicherweise sogar Gott selbst; diesen schrieb man die Aufgabe zu, die erste Materie, sobald die Grundvoraussetzungen einmal geschaffen waren, mit einer neuen substantiellen Form auszustatten.

Was das Weiterbestehen der Elemente im *Mixtum* betraf, so war jedem klar, daß eine Möglichkeit gefunden werden mußte, wie die Elemente im *Mixtum* potentiell oder virtuell auf der Lauer liegen und eine günstige Gelegenheit sich wieder zu zeigen, abwarten können. Avicenna behauptete, daß die Formen der Elemente intakt weiterbestehen, während ihre Eigenschaften so weit abgeschwächt werden, daß sie nicht mehr wahrnehmbar sind. Averroës ging davon aus, daß sowohl die Form wie auch die Eigenschaften der Elemente Kraft und Intensität einbüßen und im *Mixtum* potentiell weiterexistieren. Da, Aristoteles zufolge, substantielle Formen nicht abgestuft auftreten können – d.h. nicht verstärkt oder abgeschwächt werden können (schließlich ist ein vierbeiniges Säugetier entweder ein Hund oder kein Hund; in diesem Zusammenhang ist es sinnlos, von mehr oder weniger zu sprechen) – kam Averroës zu dem Schluß, daß es sich bei den Formen der Ausgangselemente nicht um substantielle Formen handeln kann, sondern daß diesen Formen irgendeinen Zwischenstatus zwischen der substantiellen Form und der akzidentellen Form zukommen muß. Thomas von Aquin (ca. 1224–1274 n. Chr.) ging davon aus, daß die Formen der Elemente während des *Mixtio*-Prozesses ausgelöscht werden, daß jedoch ihre Eigenschaften im *Mixtum* eine Art virtuellen Einfluß beibehalten. Diese und andere Positionen vertraten die spätmittelalterlichen Naturphilosophen in ihren hitzigen Debatten.[9]

Eine letzte Frage, mit der wir uns hier beschäftigen müssen, betrifft die physikalische Teilbarkeit der körperlichen Substanzen – etwa Holz oder Stein oder organisches Gewebe. Gibt es eine Grenze der Teilbarkeit, und welche Eigenschaften besitzen die kleinsten Teilchen? Sind sie so etwas wie Atome? Aristoteles hatte von den kleinsten Teilchen der Bestandteile des *Mixtum* gesprochen, die sich vermischen und aufeinander reagieren, und auf diese Bemerkungen gründeten spätere Kommentatoren eine Theorie dessen, was sie als die *Minima* oder *Minima naturalia* (kleinste natürliche Teilchen) bezeichneten. Ausgangspunkt dieser Theorie war, daß die Teilbarkeit im Prinzip unendlich sein mußte; wie klein das vorliegende Teilchen auch immer sein mochte, es gab keinen physikalischen Grund dafür, warum es nicht erneut geteilt werden konnte. Aber es wurde behauptet, daß es dennoch die kleinstmögliche Menge jeder Substanz geben mußte, unterhalb derer sie keine Substanz mehr sein kann, weil die Form der Substanz in einer noch kleineren Menge nicht erhalten bleiben konnte.

Im Mittelalter wurden Versuche angestellt, die *Minima*-Theorie als eine Variante des Atomismus aufzubauen. Es trifft zwar zu, daß beide Theorien die Teilchenstruktur der Materie anerkennen, ansonsten aber gingen sie weit auseinander. Bei den Teilchen der Atomisten handelte es sich um unzerstörbare kleinste Teilchen; die *Minima* des Mittelalters dagegen waren im Prinzip teilbar, obgleich sie bei weiterer Teilung ihre Identität verloren. Alle Atome bestanden aus dem gleichen Stoff und unterschieden sich lediglich in Größe und Gestalt; die *Minima* waren so unterschiedlich wie die Substanzen, deren Teil sie waren. Die Atomisten vertraten die Ansicht, daß für Eigenschaften in der makroskopischen Welt im allgemeinen keine genauen Entsprechungen auf mikroskopischer Ebene vorhanden sein mußten: sie erklärten beispielsweise die rote Farbe einer Blume nicht durch die rote Farbe der Teilchen, aus denen sie sich zusammensetzte. Statt dessen ging es den Atomisten darum, die Vielzahl der Eigenschaften in der wahrnehmbaren Welt auf karge, praktisch eigenschaftslose (d.h. nur durch Größe, Gestalt, Bewegung und möglicherweise Gewicht gekennzeichnete) Atome zurückzuführen. Die Minimisten dagegen führten das aristotelische Programm weiter und schrieben den kleinsten Teilchen die Eigenschaften des Ganzen, dessen Teil sie waren, zu: *Minima* von Holz sind immer noch Holz.[10]

## Alchimie

In enger Verbindung mit den mittelalterlichen Theorien über materielle Substanz, Verbindung und Mischung stand die Kunst oder Wissenschaft der Alchimie. Dabei handelt es sich um eines der am wenigsten untersuchten und auch am wenigsten verstandenen Elemente der mittelalterlichen Wissenschaft überhaupt, und an dieser Stelle können wir nicht mehr leisten, als ein ganz grobes Bild ihrer Ziele, Leistungen und theoretischen Grundlagen wiederzugeben.[11]

Bei der Alchimie handelte es sich einerseits um eine empirische Kunst, deren Ziel es war, unedle Metalle in Gold (oder andere Edelmetalle) umzuwandeln, andererseits auch um eine theoretische Wissenschaft, welche die praktische Arbeit erklärte und an der sie sich orientierte. An der Tatsache, daß sich eine Substanz in eine andere verwandelte, konnte es nicht den geringsten Zweifel geben. Man denke nur an den Fall einer Pflanze oder eines Baumes, in dem sich Wasser und Nährstoffe aus dem Boden in eine zarte Blüte oder eine köstlichen Frucht verwandeln, oder an den noch erstaunlicheren Fall eines Lamms, das offenbar die Fähigkeit besitzt, Wasser und Gras in Wolle und Fleisch zu verwandeln. Der alchimistischen Theorie zufolge ist so etwas deswegen möglich, weil es eine grundlegende Einheitlichkeit aller körperlichen Substanzen gibt. Die aristotelische Naturphilosophie bietet eine Erklärung für diese Einheitlichkeit an, indem sie die vier Elemente als Zusammensetzungen aus der ersten Materie mit jeweils einem Paar der vier Elementeneigenschaften darstellt: heiß, kalt, naß, trocken. Wenn man die Eigenschaften ändert, verwandelt sich ein Element ins andere. Wenn man die Anteile der verschiedenen Elemente im *Mixtum* ändert, dann verwandelt man das *Mixtum* in eine andere Substanz.

Aber die Alchimisten interessierten sich in erster Linie für Metalle. Einer weitverbreiteten, von Aristoteles stammenden Theorie zufolge sind alle Metalle Verbindungen oder *Mixta* aus Schwefel und Quecksilber.[12] Man

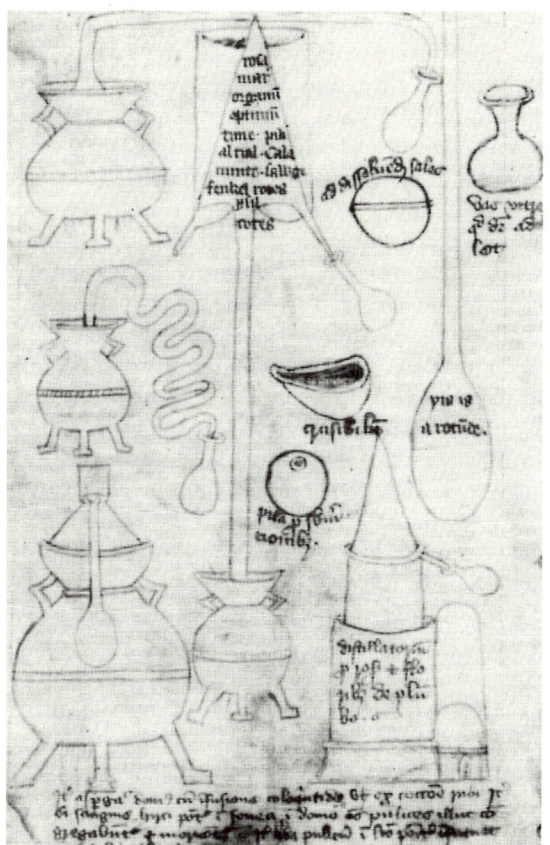

*Abb. 12.1: Alchimistischer Aufbau mit Brennern und Destillierapparaten. British Library, MS Sloane 3548, Fol. 25r (15. h.). Mit Genehmigung der British Library.*

stellte sich die *Mixtio* von Schwefel und Quecksilber als einen Entwicklungs- oder Reifungsprozeß vor, der in der Erde unter der Einwirkung von Wärme natürlich abläuft. Welches Metall im besonderen entsteht, hängt von allen Faktoren ab, die den Reifungsprozeß beeinflussen, beispielsweise Reinheit und Homogenität von Schwefel und Quecksilber, ihre jeweiligen Anteile im *Mixtum* und die Höhe der Temperatur. Ziel des Alchimisten war es nun, diesen Reifungsprozeß abzukürzen und zu beschleunigen – d.h. in kurzer Zeit künstlich zu reproduzieren, was sich auf natürliche Weise im Schoß der Erde in einer Zeitspanne von vielleicht tausend Jahren entwickelte. Ziel und Endstufe des Prozesses war Gold. War der Prozeß unvollkommen oder mißlang er, dann entstand eines der anderen Metalle.

Praktisch bedeutete dies, daß der Alchimist danach strebte, ein unedles Metall auf erste Materie zu reduzieren, indem er ihm seine substantielle und seine akzidentelle Form nahm. Dieser Materie verlieh er daraufhin auf der Grundlage der jeweils verwendeten alchimistischen Rezeptur neue Formen; dabei sollte wieder Metall entstehen, diesmal ein Edelmetall. Ein anderes Ziel der Alchimisten war die Entdeckung des Rezeptes für das »Elixier« oder den »Stein der Weisen«, eine Substanz, von der man glaubte, sie habe die Kraft, unedle Metalle zu durchdringen und sie in Gold zu verwandeln. Im Laufe ihrer Bemühungen entwickelten die Alchimisten zahlreiche chemische Prozesse, darunter Lösung, Veraschung, Legierung, Destillation, Zersetzung, Fermentierung und Veredelung. Dazu bauten sie auch die entsprechenden Vorrichtungen, darunter eine Vielzahl verschiedener Brenner zum Erhitzen und Schmelzen, den Destillierkolben und verschiedene Kolben, Behälter und andere Gefäße zum Schmelzen, Mischen, Pulverisieren und Sammeln der achimistischen Substanzen.[13]

Der Ursprung der Alchimie scheint bei den Griechen zu liegen, vielleicht im hellenistischen Ägypten. Griechische Texte wurden später ins Arabische übersetzt und wirkten im Islam als Auslöser einer blühenden und vielfältigen alchimistischen Tradition. Unter den hervorstechenden alchimistischen Schriften der Araber befanden sich das Geber zugeschriebene Korpus (Gschabir ibn Hayyan, ca. 9.–10. Jh.) und das *Buch der Geheimnisse* von Muhammad ibn Zakariyya al-Razi († ca. 925). Etwa von der Mitte des zwölften Jahrhunderts an wurde diese Sammlung alchimistischer Schriften ins Lateinische übersetzt, und damit entstand eine starke lateinische Tradition in der Alchimie. Der Glaube an das Zutreffen der alchimistischen Theorie und die Gültigkeit der alchimistischen Ziele war weit, aber noch lange nicht allgemein verbreitet. Mit Avicenna nahm eine starke kritische Tradition ihren Anfang, und über die Auseinandersetzung, ob Alchimie überhaupt möglich war, wurde wohl ebensoviel Tinte verströmt wie über ihre eigene Theorie und Praxis. Im Laufe ihrer langen Geschichte gliederte sich die Alchimie an viele andere Handwerkskünste (beispielsweise die Metallurgie oder Färbemittelherstellung) und Denkschulen an. Ihr Tonfall wurde allmählich theologisch, magisch und allegorisch, und so verwandelte sie sich mit der Zeit in eine allumfassende mystische Philosophie. So wurde gegen Ende des Mittelalters die alchimistische Umwandlung häufig mit einer geistigen Umwandlung des alchimistischen Forschers verbunden, und manche nahmen an, daß das Elixier nicht nur unedle Metalle in Gold verwandelte, sondern auch Unsterblichkeit verlieh.[14]

# Veränderung und Bewegung

Die Historiker setzen dem statischen Charakter des aristotelischen Universums häufig den dynamischen Charakter der Atomphilosophie entgegen. Es ist leicht nachzuvollziehen, wie sie darauf kommen. In Aristoteles' sublunarem Bereich endet die natürliche Bewegung, wenn das sich bewegende Objekt seinen natürlichen Ort erreicht, und aufgezwungene Bewegung endet, wenn keine Kraft mehr von außen einwirkt. Wenn wir jedes Ding an seinen natürlichen Ort bringen und äußere Beweger ausschließen, dann kommt die aristotelische Welt kreischend zum Stillstand. Die Welt der Atomisten dagegen ist ständiger Bewegung unterworfen – in einem ewigen Strudel bewegen sich die Atome, kollidieren und finden sich zeitweilig zu Gruppen zusammen.

Doch unser Eindruck, der aristotelische Kosmos sei statisch, kommt daher, daß wir unsere Aufmerksamkeit auf nur eine Art der Veränderung beschränken – die Ortsveränderung oder »Ortsbewegung«. Wenn man jedoch unter die Oberfläche blickt, nicht auf den Ort eines Objekts, sondern auf die Natur des Objekts, dann offenbart sich die wahre Dynamik des aristotelischen Kosmos. Für Aristoteles befinden sich die Dinge in einem ständig fließenden Zustand; es ist Teil ihrer eigenen Natur, daß sie sich in einem Übergangsstadium von der Potentialität zur Aktualität befinden. Am deutlichsten sichtbar ist dies im Reich der Biologie, wo überall Wachstum und Entwicklung stattfindet; aber die Biologiestudien von Aristoteles hatten entscheidenden Einfluß auf seine gesamte Naturphilosophie. Es ist gut möglich, daß seine Definition der Natur als der bei allen natürlichen Objekten anzutreffenden inneren Quelle der Veränderung auf die Biologie zurückgeht, aber sie ließ sich sowohl auf den organischen als auch auf den anorganischen Bereich anwenden. Das wichtigste Studienobjekt innerhalb der aristotelischen Naturphilosophie war also die Veränderung in all ihren Formen und Ausprägungen. In seiner *Physik* (3. Buch) stellt Aristoteles klipp und klar fest, daß wir die Natur nicht begreifen, solange wir die Veränderung nicht begreifen.[15] Zwar sieht es so aus, als würden die größeren Objekte im aristotelischen Kosmos den Zustand der Ruhe der Bewegung vorziehen, aber unter der Oberfläche brodelt ständige Veränderung.

Aristoteles und seine Anhänger im Mittelalter unterschieden zwischen vier verschiedenen Arten der Veränderung: (1) Werden und Vergehen, (2) Verwandlung, (3) Vergrößerung und Verringerung und (4) Ortsbewegung. Werden und Vergehen treten dann auf, wenn individuelle Dinge (also Substanzen) entstehen und zerfallen. Verwandlung ist die Änderung einer Eigenschaft, beispielsweise, wenn ein kaltes Objekt sich erwärmt. Vergrößerung und Verringerung beziehen sich auf quantitative Änderung – d.h. Größenveränderung, wie beispielsweise Verdünnung und Verdichtung. Und die Ortsveränderung ist die Bewegung von einem Ort zum anderen –

also jene Art der Veränderung, der die Wissenschaftler des 17. Jahrhunderts eine Zentralstellung zuwiesen, welche sie innerhalb der aristotelischen Physik nicht einnahm.

Wenn wir uns also mit Aristoteles' Bewegungstheorie beschäftigen, dann betrachten wir nur ein Element seiner Veränderungstheorie. Aristoteles und seine Kommentatoren interessierten sich für die Veränderung im allgemeinen, und die Ortsbewegung war nur eine von mehreren Möglichkeiten und keineswegs die wichtigste. Wenn wir uns das bewußt machen, können wir viele Irrtümer vermeiden. Bestimmte Aspekte der aristotelischen und mittelalterlichen Theorien, die vom Standpunkt der modernen Dynamik aus merkwürdig und idiosynkratisch wirken, erscheinen häufig in einem ganz anderen Licht, sobald wir sie danach beurteilen, auf welche Fragen sie Antworten liefern sollten.

Damit stehen wir vor einem wichtigen und schwierigen methodologischen Problem. Der übliche Ansatz bei der Betrachtung der mittelalterlichen Bewegungstheorien besteht in der Rückübertragung des Begriffsrahmens der modernen Dynamik auf das Mittelalter. Dieser Begriffsrahmen dient dann als Raster, durch welches die Entwicklungen im Mittelalter betrachtet werden. Diese Vorgehensweise hat den enormen Vorteil, daß wir den uns vertrauten geistigen Boden nicht zu verlassen brauchen. Ihr Nachteil besteht darin, daß dadurch nur jene mittelalterlichen Entwicklungen ins Blickfeld geraten, die irgendeiner modernen Theorie ähnlich sind. Ein alternativer Ansatz ist die Wahl einer mittelalterlichen Perspektive – der offensichtliche Vorteil dieses Ansatzes liegt darin, daß er dem Gedankensystem, das wir zu verstehen versuchen, am nächsten kommt; aber vielleicht ist ein solches Vorgehen in der Praxis unmöglich. Der geistige Rahmen der mittelalterlichen Bewegungstheorien ist ein Begriffsdschungel, mit dem nur hartgesottene Veteranen zurechtkommen; für einen Tagesausflug vom zwanzigsten Jahrhundert aus sind sie nicht geeignet. Wenn die Historiker, die sich mit der mittelalterlichen Wissenschaft auseinandersetzten, vor der Wahl standen, diesen Dschungel von der sicheren Entfernung des siebzehnten oder zwanzigsten Jahrhunderts aus zu betrachten oder ihn gar nicht zu betrachten, entschieden sich die meisten verständlicherweise für die erste Alternative. Ich selber vertrete die Ansicht, daß wir im Bemühen um einen Mittelweg einige pragmatische Kompromisse eingehen müssen. Auf den folgenden Seiten werden wir einige kurze Exkursionen in solche Gebiete des mittelalterlichen Dschungels unternehmen, die für den Ausflügler kein Risiko darstellen, ihm aber immerhin einen gewissen Eindruck vom Gelände vermitteln. Wir werden auch einige mittelalterliche Entwicklungen untersuchen, die aufgrund ihres späteren Einflusses von Bedeutung sind, und dabei werden wir uns bemühen, diese Entwicklungen so darzustellen, daß der Leser die im Mittelalter vorhandene und zu ihrer Entstehung notwendige Struktur begreifen kann.

# Das Wesen der Bewegung

Wenn ein Naturphilosoph im Altertum oder im Mittelalter sich irgendeinem Untersuchungsgebiet zuwandte, stellte er als erstes die Frage: Welche (für die Untersuchung relevanten) Dinge existieren? Diese Frage betrifft die im Universum vorhandenen Dinge. Sobald diese Frage geklärt war, konnte er sich anderen zuwenden, beispielsweise den folgenden: Welche Natur besitzen die existierenden Dinge? Wie verändern sie sich? Wie wirken sie zusammen? Und wie können wir sie erkennen? Wenn das Studienobjekt die Bewegung war, dann bestand die allererste Aufgabe darin, herauszufinden, ob Bewegung existiert, und wenn ja, worum es sich bei ihr handelt.

Aristoteles hatte in dieser Frage so vieles offengelassen, daß seine Kommentatoren noch schwer daran zu beißen hatten. Im Islam mischten sich die beiden großen Aristoteleskommentatoren Avicenna und Averroës in den Streit ein. Und im Westen wurde die Debatte von Albert dem Großen wiedereröffnet. Auf die Feinheiten dieser extrem fachspezifischen Diskussion können wir nicht eingehen, aber in groben Zügen können wir sie beschreiben, indem wir die Aufmerksamkeit auf zwei wichtige Alternativen lenken, die sich Ende des dreizehnten Jahrhunderts boten, und auf einige der Argumente, die im Zuge ihrer Bewertung angeführt wurden. Einer Theorie zufolge, die später *forma fluens* (fließende Form) benannt wurde, handelt es sich bei der Bewegung nicht um ein Ding, das vom sich bewegenden Körper trennbar und unterscheidbar wäre, sondern einfach um einen sich bewegenden Körper und seine aufeinanderfolgenden Orte. Wenn Achilles ein Rennen läuft, sind die existierenden Dinge Achilles und die Objekte, welche die von ihm nacheinander eingenommenen Orte definieren; sonst ist kein Ding vorhanden, und das Wort »Bewegung« bezeichnet nicht ein existierendes *Ding*, sondern lediglich einen *Prozeß*, durch den Achilles nacheinander diese verschiedenen Orte einnehmen kann. Diese Theorie entwickelten Averroës und Albertus Magnus. Die gegnerische, als *fluxus formae* (Fluß einer Form) bezeichnete Position lautete, daß zusätzlich zum sich bewegenden Körper und den von ihm nacheinander eingenommenen Orten ein weiteres, dem sich bewegenden Körper innewohnendes *Ding* existiert, das wir »Bewegung« nennen können.[16]

Die Logik hiner dieser Diskussion können wir vielleicht besser verstehen, wenn wir uns zwei berühmte Argumente ansehen, jeweils eines zugunsten einer der beiden Alternativen. Wilhelm von Ockham (ca. 1285–1347) verteidigte die *forma fluens* mithilfe der für ihn charakteristischen strengen Logik: Ockhams Ansicht zufolge, ist »Bewegung« ein abstrakter, fiktiver Begriff – ein Nomen, das keinem in der Wirklichkeit existierenden Ding entspricht. Damit wollte Ockham nicht leugnen, daß die Dinge sich bewegen, sondern lediglich erklären, daß *Bewegung* an sich kein *Ding* ist.

Dies kann man sich klarmachen, so Ockham, wenn man einen Satz wie den folgenden betrachtet: »Jede Bewegung wird von einem Beweger hervorgebracht.« Ein naiver Leser nimmt vielleicht an, daß das Nomen »Bewegung« für ein wirkliches Ding steht (eine Substanz oder Eigenschaft), denn häufig haben Nomina genau diese Funktion. Wir können jedoch diesen Satz durch einen anderen ersetzen, der genau in bezug auf die Dynamik denselben Inhalt aufweist, jedoch eine andere Aussage über die Natur der Bewegung macht: »Jedes Ding, das bewegt wird, wird von einem Beweger bewegt.« Jetzt ist das Nomen »Bewegung« verschwunden, und damit auch die mögliche Folgerung, daß es sich bei der Bewegung um ein wirkliches Ding handeln könnte. Aber wie sollen wir uns zwischen den beiden Sätzen und den von ihnen beschriebenen alternativen Welten entscheiden? Auf der Grundlage der Wirtschaftlichkeit. Zwar stellen die beiden Sätze die gleiche Behauptung über die Dynamik auf (Die Dinge bewegen sich nur, wenn sie von Bewegern bewegt werden), doch die Welt, in der die Bewegung als Ding nicht existiert, ist die wirtschaftlichere Welt, weil sich darin weniger Dinge befinden. Folglich sollten wir sie als die wirkliche Welt betrachten, solange keine überzeugenden Argumente für das Gegenteil sprechen.[17]

Eine gänzlich anders gelagerte Reihe von Überlegungen bewog Johannes Buridanus (ca. 1295 – ca. 1358) dazu, sich für die Vorstellung des *fluxus formae* einzusetzen. In seinem Kommentar zur aristotelischen *Physik* beantwortete Buridanus die inzwischen bekannte Frage – ob es sich bei der Ortsbewegung um ein Ding handelt, das vom bewegten Objekt und den von diesem nacheinander eingenommenen Orten trennbar sei – indem er sich auf die theologische Lehre berief. Der theologische Ausgangspunkt von Buridanus' Argumentation lag in der Annahme, daß Gott in seiner Allmacht den Kosmos insgesamt in Rotationsbewegung versetzt haben könnte. Dies wußte Buridanus aufgrund des Prinzips, daß Gott alles tun kann, was in sich keinen Widerspruch enthält. Dazuhin wird in einem der Artikel der Verurteilung aus dem Jahre 1277 (so wie Buridanus ihn auslegte) ausdrücklich festgestellt, daß Gott die Macht besitzt, eine ähnliche Sache zu bewerkstelligen, nämlich, den ganzen Kosmos geradlinig zu bewegen. Aber wenn wir uns den Vertretern der *forma fluens* anschließen, daß nämlich Bewegung nicht mehr ist als ein sich bewegendes Objekt und die von ihm nacheinander eingenommenen Orte, dann stellt sich ein schwerwiegendes Problem. Aristoteles hatte den Ort über die umgebenden Körper definiert. Da der Kosmos von nichts umgeben ist (denn alles, was ihn umgeben könnte, müßten wir ja selbst als Teil des Kosmos betrachten), kann er offensichtlich keinen Ort besitzen. Wenn der Kosmos keinen Ort hat, kann er zwangsläufig seinen Ort auch nicht verändern. Und wenn er seinen Ort nicht verändert, dann kann man auch nicht behaupten, daß er sich bewegt. Doch diese Folgerung steht im Widerspruch zum Ausgangspunkt der

Argumentation – der unbestreitbaren Annahme, daß Gott die Fähigkeit besitzt, den Kosmos in Rotationsbewegung zu versetzen. Die Lösung des Problems, so Buridanus, liegt in der Übernahme des großzügigeren Bewegungsbegriffs, des *fluxus formae*. Wenn die Bewegung nicht nur aus dem sich bewegenden Körper und den nacheinander von ihm eingenommenen Orten besteht, sondern ein zusätzliches Attribut des sich bewegenden Körpers darstellt, ähnlich einer Eigenschaft, dann kann der Kosmos dieses Attribut selbst dann aufweisen, wenn er keinen Ort hat, und damit wäre die Schwierigkeit zumindest zum Teil überwunden. Die Folgerung aus dieser Theorie – daß Bewegung eine Eigenschaft ist oder etwas, was man als Eigenschaft betrachten kann – fand in der zweiten Hälfte des vierzehnten Jahrhunderts zahlreiche Anhänger unter den Naturphilosophen.[18]

## Die mathematische Beschreibung der Bewegung

Heutzutage ist es nicht erforderlich, Argumente für die Anwendung der Mathematik auf die Bewegung anzuführen. Die theoretische Mechanik, die Schwesterdisziplin der Bewegungstheorie, ist *per definitionem* ein mathematisches Fach, und jedem, der eine Ahnung von moderner Physik hat, würde die Mathematik als die einzige Methode ihrer Bewältigung erscheinen. Aber vielleicht ist diese Folgerung nur so zwingend, wenn wir die Sache von heute, von unserem modernen Standpunkt aus betrachten. Aristoteles und vielen Gelehrten, die in der aristotelischen Tradition arbeiteten, wäre sie keineswegs so plausibel erschienen. Wir dürfen nicht vergessen, daß Aristoteles und seine Nachfolger im Mittelalter die Bewegung als eine der vier Arten von Veränderung betrachteten, und daß sie davon ausgingen, daß eine Analyse der Bewegung sich (in groben Zügen) an der Analyse der Veränderung im allgemeinen orientieren sollte. Wir müssen uns auch klarmachen, daß die meisten Fälle von Veränderung keinen zwingend mathematischen Inhalt haben. Wenn wir beobachten, daß Krankheit Gesundheit weicht, Tugend dem Laster und Kälte der Wärme, dann drängen sich uns nicht unmittelbar Zahlen oder geometrische Größen auf. Bei der Entstehung oder dem Zerfall einer Substanz und der Änderung einer Eigenschaft handelt es sich nicht unbedingt um mathematische Vorgänge, und nur den jahrhundertelangen heroischen Bemühungen der Gelehrten ist es zu verdanken, daß zumindest für die Erklärung einiger Arten der Veränderungen mathematische Ansätze gefunden wurden, unter anderem für die Ortsbewegung. Wir wollen uns die Frühstufen dieses Vorgangs im Spätmittelalter ansehen.

Für die Mathematisierung der Natur gab es natürlich Vorbilder im Altertum, unter anderem bei den Pythagoreern, bei Platon und Archimedes;

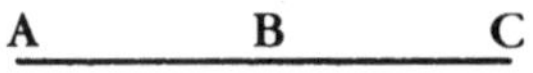

**A          B          C**

*Abb. 12.2: Die Darstellung der Intensität einer Qualität mithilfe einer Strecke.*

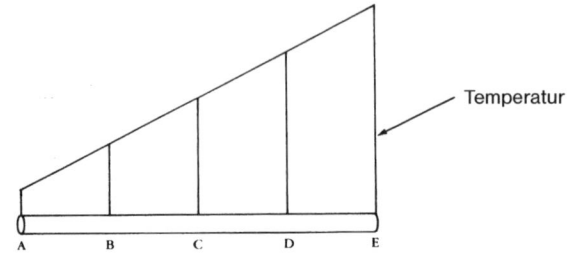

*Abb. 12.3: Die Verteilung von Wärme in einer Stange*

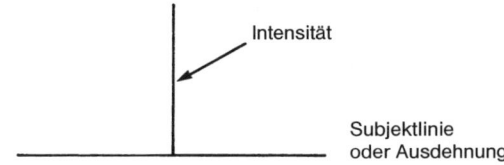

*Abb. 12.4: Nicole Oresmes System zur Darstellung der Verteilung einer beliebigen Qualität in einem Subjekt.*

frühe Erfolge wurden in der Astronomie, der Optik und beim Heben von Gewichten erzielt (s.o. Kap. 5). Es war nicht zu vermeiden, daß der Erfolg dieser Bemühungen jene ermutigte, die sich für die Mathematisierung weiterer Fächer interessierten. Einfache Ansätze einer mathematischen Bewegungsanalyse finden sich in der *Physik* des Aristoteles; dort werden Entfernung und Zeit, beides meßbare Größen, zur Bestimmung der Bewegung verwendet. Aristoteles sagte aus, das schnellere von zwei sich bewegenden Objekten lege in der gleichen Zeit eine größere Strecke zurück bzw. die gleiche Strecke in kürzerer Zeit; dagegen legen zwei sich mit gleicher Geschwindigkeit bewegende Objekte in der gleichen Zeitspanne die gleichen Entfernungen zurück. Eine Generation nach Aristoteles ging der Mathematiker Autolykos von Pitane (um 300 v.Chr.) einen Schritt weiter, indem er die gleichförmige Bewegung als eine Bewegung definierte, durch die innerhalb gleicher Zeitspannen gleiche Strecken zurückgelegt werden. Es ist wichtig, darauf hinzuweisen, daß in diesen frühen Abhandlungen Entfernung und Zeit als entscheidende Maße für die Bewegung verwendet wurden, denen man einen numerischen Wert zuordnen konnte, der »Schnelligkeit« oder Geschwindigkeit dagegen kam ein solcher Status nie zu; sie blieb ein unbestimmter, nicht meßbarer Begriff.[19]

Eine erste Auswirkung dieser mathematischen Analyse auf das mittelalterliche Christentum ist im Werk des Gerhard von Brüssel zu erkennen, einem Mathematiker, der vielleicht in der ersten Hälfte des dreizehnten Jahrhunderts an der Universität von Paris lehrte. Der für uns interessanteste Aspekt an Gerhards kurzen *Buch über die Bewegung* ist jener, daß er sich inhaltlich auf das beschränkt, was wir heute *Kinematik* nennen. Um zu verstehen, was das bedeutet, müssen wir kurz auf den Unterschied zwischen Kinematik und Dynamik eingehen – eine Unterscheidung, die wir im Folgenden als Strukturierungsprinzip für die weitere Untersuchung der mittelalterlichen Bewegungstheorien verwenden können. Wenn wir die Bewegung eines Körpers untersuchen wollen, gibt es zwei grundlegende Möglichkeiten, dies anzugehen. Wir können uns auf die Ursachen der Bewegung beschränken und die Antriebe oder Kräfte erklären, die sie hervorrufen, und sie vielleicht mit der Menge oder der Geschwindigkeit der produzierten Bewegung in Beziehung setzen. Oder wir können die Bewegung beschreiben, ohne uns überhaupt auf ihre Ursachen zu beziehen. Den ersteren Ansatz, der sich auf die Ursachen konzentriert, bezeichnet man als »Dynamik«, den letzteren, der sich auf eine Beschreibung (d. h. normalerweise eine mathematische Beschreibung) beschränkt, nennt man »Kinematik«. Gerhard hat also seine Bedeutung als Vorbote der kinematischen Tradition, die sich im lateinischen Westen entwickeln sollte.[20]

Ihre Blütezeit erlebte diese Tradition im vierzehnten Jahrhundert unter einer Gruppe angesehener Logiker und Mathematiker jener Zeit, die etwa zwischen 1325 und 1350 n. Chr. am Merton College in Oxford tätig waren. Zu dieser Gruppe gehörten Thomas Bradwardine († 1349), der später Erzbischof von Canterbury wurde, William Heytesbury (um 1335), Johannes von Dumbleton († ca. 1349) und Richard Swineshead (um 1340–55). Zunächst formulierten die Angehörigen der Merton-Gruppe den in Gerhards *Buch über die Bewegung* implizit bereits beschriebenen Unterschied zwischen Kinematik und Dynamik. Dabei stellten sie fest, daß eine Untersuchung der Bewegung an ihrer Ursache oder an ihrer Wirkung ansetzen kann. Die Gelehrten des Merton College entwickelten im Weiteren eine Begriffsstruktur und eine Fachterminologie, mit deren Hilfe man die Untersuchung der Bewegung kinematisch angehen konnte. In diese Begriffsstruktur und Fachterminologie nahmen sie auch mit der Geschwindigkeit und der Momentangeschwindigkeit verwandte Begriffe auf; beide behandelten sie als wissenschaftliche Begriffe, denen eine Größe zugeordnet werden konnte.[21] Die Merton-Gruppe unterschied zwischen der gleichförmigen Bewegung (Bewegung mit konstanter Geschwindigkeit) und der ungleichförmigen (oder beschleunigten) Bewegung. Sie formulierte auch eine präzise Definition der gleichmäßig beschleunigten Bewegung, die unserer heutigen vollkommen entspricht: Eine Bewegung ist dann gleichmäßig beschleunigt, wenn ihre Geschwindigkeit sich in gleichen Zeiteinheiten um gleiche Beträge steigert. Und schließlich entwickelten diese Gelehrten eine Anzahl verschiedener kinematischer Sätze, von denen wir einige im Folgenden näher untersuchen werden.[22]

Doch zuvor müssen wir uns die philosophischen Grundpfeiler dieser Leistung im Bereich der Kinematik ansehen. Es muß eine Erklärung dafür gefunden werden, warum neben den alten Größen (Entfernung und Zeit) zusätzlich die Geschwindigkeit als ein weiteres Maß der Bewegung auftauchte. Bei der Geschwindigkeit handelt es sich schließlich um einen recht abstrakten Begriff, der sich dem Beobachter der sich bewegenden Körper nicht unmittelbar aufdrängt, sondern von den Naturphilosophen erfunden und den Erscheinungen aufgezwungen wurde. Wie kam es dazu? Die Antwort auf diese Frage finden wir in der philosophischen Analyse der Qualitäten und ihrer Stärke oder Intensität.

Der Grundgedanke war der, daß Qualitäten oder Formen in verschiedenen Abstufungen oder Intensitäten existieren können. Es gibt nicht nur jeweils die Stufe »warm« oder »kalt«, sondern ein breites Spektrum von Intensitäten oder Abstufungen, die von »sehr kalt« bis »sehr heiß« reichen. Dazuhin ging man davon aus, daß Formen oder Qualitäten innerhalb dieses Spektrums schwanken können; d.h. sie können schwächer oder stärker werden, oder, um die mittelalterliche Fachterminologie zu verwenden, sie können einer Intensivierung oder einer Abschwächung unterliegen.[23] Wenn nun diese allgemeine Abhandlung der Qualitäten und ihrer Intensivierung und Abschwächung auf den Spezialfall der Ortsbewegung übertragen wurde (wobei man die Bewegung als Qualität oder doch als einer Qualität sehr ähnlich betrachtete), dann kam man sehr schnell zu einem Begriff von Geschwindigkeit. Die Intensität der Qualität Bewegung – d.h. das, was ihre Stärke oder ihre Stufe maß – konnte nur die Schnelligkeit, oder, um den mittelalterlichen Fachterminus zu verwenden, die Geschwindigkeit sein. Die Intensivierung und Abschwächung der Qualität der Bewegung muß sich dann auf die Unterschiede in der Geschwindigkeit beziehen.

Die Betrachtung der Qualitäten, ihrer Intensität und ihrer Intensivierung zog auch eine Unterscheidung zwischen der Intensität einer Qualität und ihrer Ausdehnung oder Quantität nach sich. Diese Unterscheidung ist leichter verständlich, wenn wir uns ein Beispiel ansehen. Im Falle der Wärme lag auf der Hand, daß ein Objekt heißer sein konnte als ein anderes; hier handelt es sich um das Konzept der Intensität oder der Stufe (Es entspricht mehr oder weniger unserem Konzept der Temperatur).[24] Aber es war nicht zu bestreiten, daß es noch etwas anderes geben mußte – nämlich die Verteilung der Qualität »Wärme« in einem Subjekt (einem heißen Objekt). Angenommen, wir verleihen zwei Körpern, die identisch

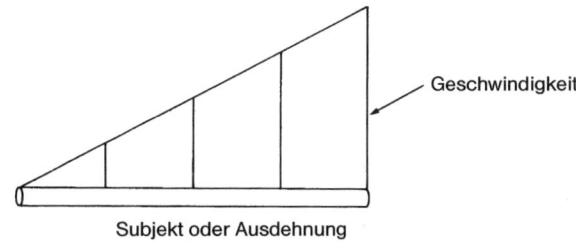

*Abb. 12.5: Die Verteilung der Geschwindigkeiten*
*in einer Stange, die um eines ihrer Enden rotiert.*

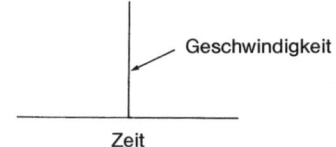

*Abb. 12.6: Geschwindigkeit dargestellt*
*als Funktion der Zeit.*

sind bis auf die Tatsache, daß der eine ein doppelt so großes Volumen wie der andere aufweist, denselben Wärmegrad oder dieselbe Wärmeintensität. Es scheint so, als ob der größere zweimal soviel Wärme enthalten muß wie der kleinere. Die *Intensität* der Wärme unterscheidet sich von einem Körper zum anderen nicht, aber der größere besitzt die doppelte *Quantität* an Wärme. Wenn man das Gewicht betrachtet, kommt man zu einem ähnlichen Unterschied zwischen dem Grad oder der Intensität des Gewichts (heute »Dichte« oder »spezifisches Gewicht«) und der Verteilung des Gewichts in einem Körper (dem Gesamtgewicht). Man ging davon aus, daß dieser Ansatz sich auch auf jede andere Qualität (also auch auf die Bewegung) anwenden ließ, und so entstand die allgemeine Unterscheidung zwischen der Intensität einer Qualität und der Quantität dieser Qualität.[25]

Die Nachricht von den im Merton College erbrachten Leistungen bei der Analyse der Qualitäten gelangte rasch an die anderen geistigen Zentren Europas. Unterwegs dahin wurde diese Analyse noch bereichert und weiter verdeutlicht, indem man ein System der geometrischen Darstellung hinzufügte. Die ursprüngliche Analyse am Merton College wurde mündlich ausgeführt, auf eine ganz ähnliche Weise, wie wir sie hier geschildert haben. Der Vorteil einer geometrischen Analyse lag jedoch auf der Hand, und im Laufe der Zeit wurden recht ausgefeilte Methoden der geometrischen Darstellung entwickelt. Einer der ersten, die eine solche Methode entwarfen, war Giovanni di Casali, ein Franziskaner aus Bologna (der auch einige Zeit in Cambridge verbracht hatte); sein Ansatz stammt etwa aus

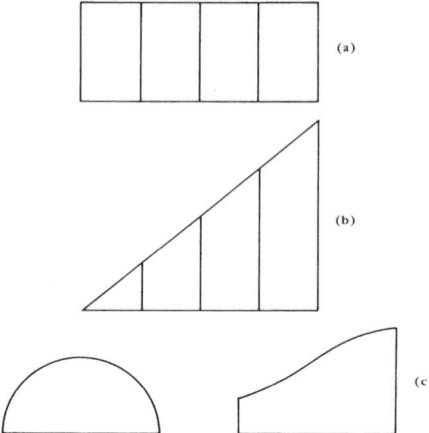

*Abb. 12.7: Darstellung der verschiedenen Bewegungen (a) Gleich-
förmige Geschwindigkeit (b) Gleichförmig ungleichförmige
Geschwindigkeit (gleichmäßig beschleunigte Bewegung).
(c) Ungleichförmig gleichförmige Geschwindigkeit.*

dem Jahre 1351. Eine weit detailliertere geometrische Analyse lieferte noch im selben Jahrzehnt Nicole Oresme an der Universität Paris. Eine Untersuchung der geometrischen Methode Oresmes ist für uns vielleicht ebenso hilfreich wie sie zweifellos für seine Leser im Mittelalter war.

Der erste Schritt bestand darin, die Intensität einer Qualität mithilfe einer geometrischen Strecke darzustellen – für die mittelalterlichen Gelehrten, die mit Aristoteles (der Linien für die Darstellung der Zeit verwendete) und Euklid (der Linien zur Darstellung numerischer Größen verwendete) aufgewachsen waren, ein relativ naheliegender Schritt. Wenn die Strecke AB (Abb. 12.2) eine bestimmte Intensität einer Qualität darstellt, dann stellt die Strecke AC die doppelte Intensität dar. Das ist zwar schön, bringt uns aber nicht viel weiter. Der entscheidende nächste Schritt bestand darin, mithilfe dieser Linie die Intensität der Qualität an jedem beliebigen Punkt des Subjekts darzustellen. Man nehme die Stange AE (Abb. 12.3), die unterschiedlich erhitzt worden ist, so daß nun ein Ende wärmer ist als das andere. Vom Punkt A und von jedem anderen Punkt der Stange aus ziehe man eine Senkrechte, welche die Wärmeintensität an genau diesem Punkt darstellt. Wenn die Temperatur von A nach E gleichmäßig ansteigt, dann wird die Abbildung die gleichmäßige Verlängerung der Senkrechten zeigen. Aber Oresme abstrahierte die Methode noch beträchtlich weiter, indem er die Zeichnung der Stange durch eine waagrechte Linie ersetzte. Auf diese Weise schuf er ein verallgemeinertes Darstellungssystem (s. Abb.

12.4), dessen waagrechte Linie (die Subjektlinie oder Länge) das Subjekt darstellt, gleich, worum es sich dabei handelt, während die senkrechten Linien die Intensität jeder beliebigen Qualität an den Punkten des Subjekts, von denen aus sie gezogen sind, darstellen.

Damit hatte Oresme eine Form der geometrischen Darstellung geschaffen – einen Vorläufer der modernen Zeichenmethoden – in der die Form einer Figur (wie in Abb. 12.3) uns durch Bezugnahme auf ihr Subjekt Aufschluß gibt über die Unterschiede in der Intensität einer Qualität. Aber wie kommen wir nun von den Qualitäten im allgemeinen zur Bewegung im Besonderen? Eine Möglichkeit besteht darin, sich einen Körper vorzunehmen, dessen einzelne Teile sich mit unterschiedlichen Geschwindigkeiten bewegen; ein gutes Beispiel dafür wäre eine an einem Ende an einem Nagel befestigte und um diesen Nagel rotierende Stange. In solch einem Fall können wir die Stange waagerecht zeichnen und an jedem Punkt eine Senkrechte ziehen, welche die Geschwindigkeit an genau diesem Punkt angibt. Das Ergebnis ist dann die Verteilung der Geschwindigkeit in einem Subjekt, wie in Abb. 12.5.

Aber es gibt noch einen anderen Fall, der komplizierter ist, weil er eine weitere Abstraktion erfordert. Angenommen, wir haben einen Körper, der sich als Einheit bewegt, so daß alle seine Teile dieselbe Geschwindigkeit aufweisen, daß aber diese Geschwindigkeit sich mit der Zeit ändert. Dies kann man Oresme zufolge so verstehen, daß die Subjektlinie hier nicht die Länge des körperlichen Objektes darstellt, wie im oben angeführten Beispiel, sondern die Dauer einer Ortsbewegung. Die Zeit wird zum Subjekt. Damit erhalten wir ein einfaches Koordinatensystem, in dem die Geschwindigkeit als eine Funktion der Zeit eingezeichnet werden kann (s. Abb. 12.6). Im weiteren geht Oresme auf verschiedene Verhältnisse von Geschwindigkeit zur Zeit ein. Die gleichmäßige Geschwindigkeit wird durch eine Zeichnung dargestellt, in der alle senkrechten Linien gleich lang sind – d.h., durch ein Rechteck. Für ungleichmäßige Geschwindigkeiten sind Senkrechten unterschiedlicher Länge erforderlich. Innerhalb dieser Kategorie der ungleichmäßigen Geschwindigkeit stoßen wir auf die gleichmäßig ungleichmäßige Geschwindigkeit (die gleichförmig beschleunigte Bewegung), die durch ein Dreieck dargestellt wird, und die ungleichmäßig ungleichmäßige Geschwindigkeit, die durch eine Vielzahl anderer Figuren dargestellt wird (s. Abb. 12.7). Und schließlich: was machte Oresme mit dem oben erwähnten anderen Aspekt der Qualitäten – ihrer Gesamtquantität? Die Gesamtquantität der Bewegung setzte er mit der zurückgelegten Entfernung gleich. Dazu gab er an, daß diese im Geschwindigkeits-Zeit-Diagramm von der Fläche der Figur dargestellt werde.

Damit hat Oresme ein sehr ausgeklügeltes System zur Darstellung der Bewegung entwickelt. Saßen er und seine Nachfolger lediglich da und bewunderten dieses System, oder konnten sie unmittelbar etwas damit

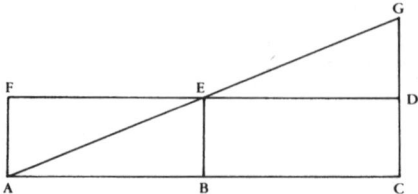

*Abb. 12.8:* Nicole Oresmes geometrischer Beweis der Merton-Regel.

anfangen? Tatsache ist, daß es ihnen gelang, kinematische Sätze zu entwickeln, mit denen sie einige bemerkenswert mathematische Kennzeichen der gleichmäßigen oder gleichmäßig beschleunigten Bewegung erklärten. Der wichtigste Fall war dabei der letztere, der in Abb. 12.7 (b) dargestellt ist. Dieser Fall war im vierzehnten Jahrhundert von besonderem Interesse, und zwar nicht deswegen, weil man ihn mit irgendeiner speziellen Bewegung in der Wirklichkeit in Verbindung brachte, sondern weil er eine entscheidende mathematische Herausforderung darstellte. Wir möchten hier die beiden wichtigen Sätze aufzeigen, die sich auf die gleichmäßig beschleunigte Bewegung anwenden lassen.

Einen davon hatten die Gelehrten des Merton College bereits aufgestellt, wenn auch ohne geometrischen Beweis oder geometrische Illustration. Er ist heute als die Merton-Regel oder der Satz über die mittlere Geschwindigkeit bekannt. Mit diesem Satz wird versucht, eine Methode zum Erhalt eines Meßwertes für die gleichmäßig beschleunigte Bewegung zu benennen; um dies zu erreichen, wird die gleichmäßig beschleunigte Bewegung mit der gleichförmigen Bewegung verglichen. Der Satz sagt aus, daß ein sich mit gleichmäßiger Beschleunigung bewegender Körper in einer bestimmten Zeit die gleiche Entfernung zurücklegt, wie wenn er sich in der gleichen Zeit mit einer gleichmäßigen Geschwindigkeit bewegt, die dem Mittelwert (dem Durchschnitt) der Geschwindigkeit entspricht. In Zahlen ausgedrückt, lautet die Behauptung, daß ein Körper, der gleichmäßig von einer Geschwindigkeit von 10 auf eine Geschwindigkeit von 30 beschleunigt wird, dieselbe Entfernung zurücklegt wie ein Körper, der sich in der gleichen Zeit gleichmäßig mit einer Geschwindigkeit von 20 bewegt. Oresme lieferte nun einen einfachen, aber eleganten geometrischen Beweis für diesen Satz. Die gleichmäßig beschleunigte Bewegung läßt sich durch das Dreieck ACG darstellen (Abb. 12.8), ihre mittlere Geschwindigkeit durch die Linie BE. Die gleichförmige Bewegung, mit der sie verglichen werden soll, läßt sich daher durch das Rechteck ACDF darstellen (seine Höhe ist BE, die mittlere Geschwindigkeit der gleichmäßig beschleunigten Bewegung). Die Merton-Regel sagt lediglich aus, daß die in dieser Bewegung zurückgelegte Entfernung der in der anderen Bewegung durchmes-

senen Strecke gleich ist. Da sich in Oresmes Diagrammen die zurückgelegte Entfernung durch die Fläche der Figur messen läßt, können wir den
Satz beweisen, indem wir zeigen, daß die Fläche des Dreiecks ACG gleich
ist der Fläche des Rechtecks ACDF. Ein Blick auf die beiden Figuren zeigt,
daß dies tatsächlich der Fall ist.[26]

Der zweite Satz zielt ebenso wie der erste darauf ab, die mathematischen
Qualitäten der gleichmäßig beschleunigten Bewegung vermittels des Vergleichs der zurückgelegten Entfernungen zu klären. In diesem Fall wurde
die in der ersten Hälfte der gleichmäßig beschleunigten Bewegung zurückgelegte Entfernung mit der von der zweiten Hälfte der gleichen Bewegung
zurückgelegten Entfernung verglichen. Die Behauptung lautete, daß letztere einem Dreifachen der ersteren entspricht. Um diesen Satz geometrisch
zu beweisen, müssen wir lediglich zeigen, daß die Fläche des Vierecks
BCGE (Abb. 12.8), welche die in der zweiten Hälfte der Zeit, BC, zurückgelegte Entfernung angibt, einem Dreifachen der Fläche des Dreiecks ABE
entspricht, welches die in der ersten Hälfte der Zeit, AB, zurückgelegte
Entfernung darstellt. Auch hier können wir sehen, daß die Behauptung
zutrifft.[27]

Abschließend muß auf zwei allgemeingültige Punkte hingewiesen werden. Zunächst einmal müssen wir uns ins Gedächtnis rufen, daß es sich bei
der mittelalterlichen Kinematik um eine völlig abstrakte Angelegenheit
handelte – ganz ähnlich der modernen Mathematik. Es wurde beispielsweise behauptet: *Wenn* eine gleichmäßig beschleunigte Bewegung existiert,
*dann* trifft die Merton-Regel auf sie zu. Keinem mittelalterlichen Gelehrten
war in der Wirklichkeit der Fall einer solchen Bewegung bekannt. Gibt es
eine zufriedenstellende Erklärung für ein scheinbar so merkwürdiges Verhalten? Die gibt es durchaus. Wenn man bedenkt, welche technischen
Möglichkeiten im Mittelalter zur Verfügung standen (insbesondere für die
Zeitmessung), stellt man fest, daß es eine gewaltige Leistung gewesen wäre,
den Nachweis zu erbringen, daß eine Bewegung gleichmäßig beschleunigt
war; selbst im zwanzigsten Jahrhundert wäre es doch ohne die in einem
Physiklabor vorhandene Ausrüstung recht schwierig, eine gleichmäßig
beschleunigte Bewegung herzustellen oder zu erkennen. Aber was vielleicht noch wichtiger ist: Bei den mittelalterlichen Gelehrten, welche die
kinematische Analyse entwickelten, handelte es sich um Mathematiker und
Logiker; und diese waren auch nicht eher als moderne Mathematiker und
Logiker bereit, ihren Arbeitsplatz vom Studierzimmer in die Werkstatt zu
verlegen.

Zweitens entwickelte sich aus dieser rein intellektuellen Arbeit ein neues
Begriffssystem für die Kinematik und eine Anzahl verschiedener Sätze
(beispielsweise die Merton-Regel), welche in der im siebzehnten Jahrhundert von Galilei entwickelten Kinematik eine bedeutende Rolle spielten und auf diesem Wege Eingang in die moderne Mechanik fanden.[28]

# Die Dynamik der Ortsbewegung

Nachdem wir uns nun ausführlich mit der mittelalterlichen Kinematik – also dem Versuch, die Bewegung mathematisch zu beschreiben – beschäftigt haben, muß ich die Abhandlung der mittelalterlichen Mechanik mit einer kurzen Zusammenfassung der Beiträge zur Analyse der Bewegungs*ursachen* abschließen. Ausgangspunkt allen mechanischen Denkens im Mittelalter war das aristotelische Prinzip, daß bewegte Dinge immer von einem Beweger bewegt werden. Wir müssen zunächst klarstellen, was dieses Prinzip im Mittelalter bedeutete. Dann werden wir uns ansehen, welche Versuche unternommen wurden, diesen Beweger in verschiedenen besonders schwierigen Fällen von Bewegung zu identifizieren. Und zuletzt werden wir uns mit den Ansätzen zur quantitativen Darstellung des Verhältnisses zwischen der Kraft oder Energie eines Bewegers und der resultierenden Geschwindigkeit des bewegten Körpers beschäftigen.

Aristoteles, daran wird sich der Leser erinnern, unterteilte die Bewegung in zwei Kategorien: die natürliche und die aufgezwungene Bewegung. Eine natürliche Bewegung, durch die sich ein Objekt zu seinem natürlichen Ort hinbewegt, entsteht scheinbar aus einem inneren Prinzip heraus, der Natur des Körpers. Eine Bewegung in irgendeine andere Richtung muß eine aufgezwungene Bewegung sein, die durch die Anwendung einer äußeren Kraft entsteht, die sich in ständigem Kontakt mit dem sich bewegenden Körper befindet. Grob formuliert klingt das erst einmal einleuchtend, aber als die mittelalterlichen Gelehrten versuchten, den Beweger im Falle der natürlichen Bewegung und in einem besonders problematischen Fall der aufgezwungenen Bewegung präzise zu definieren, stießen sie auf Schwierigkeiten.

In seiner Beschreibung des Bewegers im Falle der natürlichen Bewegung (in seiner *Physik*) schwankt Aristoteles, meint zunächst, daß die natürliche Bewegung aufgrund einer inneren Ursache entstehen könnte, nämlich der Natur des Körpers, behauptet aber später, daß in der Natur des Körpers nicht die ganze Erklärung liegen kann, und daß auch die Beteiligung eines äußeren Bewegers erforderlich sei. Diese Widersprüchlichkeit im Text von Aristoteles stellte seine Nachfolger im Mittelalter vor beträchtliche Probleme; sie fühlten sich verpflichtet, nachzufragen, ob die Behauptung ausreiche, daß der Körper durch seine eigene Natur bewegt wird. Avicenna und Averroës hielten diese Behauptung deswegen für unannehmbar, weil damit kein genauer Unterschied gemacht wird zwischen dem, was bewegt wird (dem Körper), und dem, was es bewegt (der Natur des Körpers). Eine ihnen angemessen erscheinende Alternative fanden sie in der Unterscheidung zwischen Form und Materie und stellten die Theorie auf, die Form des Körpers sei sein Beweger, während seine Materie das bewegte Ding sei. Im Westen wies Thomas von Aquin diese Lösung zurück und erinnerte seine Leser daran, daß Materie und Form untrennbar seien und nicht als voneinander unabhängige Dinge behandelt werden konnten. Statt dessen stellte Thomas von Aquin fest (indem er einen alten Vorschlag von Aristoteles aufnahm), daß der Beweger im Fall der natürlichen Bewegung das ist, was auch immer dafür verantwortlich ist, daß der Körper sich überhaupt erst nicht an seinem natürlichen Ort befindet. Danach ist für den Körper kein Beweger mehr erforderlich, denn er verhält sich nur noch so, wie es für ihn natürlich ist. Die Diskussion über dieses Thema durchzog das ganze Spätmittelalter, und es gab keinen erkennbaren Sieger.[29]

Bei dem speziellen Fall der aufgezwungenen Bewegung, der sich als problematisch erwies, handelte es sich um das Wurfgeschoß. Das Problem lag darin, zu erklären, warum es sich weiterbewegte, nachdem es den direkten Kontakt mit dem Werfer verloren hatte. Aristoteles hatte dem Medium die Rolle des Verursachers zugeschoben, indem er davon ausging, daß der Werfer in dem Moment, in dem er das Geschoß schleudert, auch dem umgebenden Medium die Kraft verleiht, Bewegung hervorzurufen. Diese Kraft wird immer weitergegeben, so daß das Geschoß ständig von einem Anteil des Mediums umgeben ist, das in der Lage ist, es zu bewegen. Aus dieser Erklärung ging klar hervor, daß eine äußere Kraft erforderlich ist, die sich in ständigem Kontakt mit dem Wurfgeschoß befindet.

Das erste ernsthafte Gegenargument gegen die Erklärung des Aristoteles tauchte in einem Kommentar zu Aristoteles' *Physik* auf, die der alexandrinische Philosoph Johannes Philoponos († nach 575) verfaßte. Diesem erschien es, das Medium wirke eher als Widerstand denn als Beweger, und er zweifelte daran, daß es beide Funktionen gleichzeitig erfüllen konnte. Der Neuplatoniker und entschiedene Aristotelesgegner Philoponos feuerte eine Breitseite auf die aristotelische Naturphilosophie ab und damit auch gegen die Vorstellung, daß aufgezwungene Bewegungen äußere Beweger voraussetzen. Statt dessen ging er davon aus, alle Bewegungen, seien sie natürlichen Ursprungs oder aufgezwungen, seien die Folge der Existenz eines inneren Bewegers. Wenn daher ein Wurfgeschoß geschleudert wird, überträgt der Werfer dem Geschoß eine »körperlose Antriebskraft«, und diese innere Kraft ist verantwortlich für seine Bewegung.[30]

Obwohl die von Philoponos geforderte übertragene Antriebskraft radikal anti-aristotelischen Ursprungs war, integrierte sie sich allmählich in die aristotelische Tradition des Mittelalters. Philoponos' Kommentar zur *Physik* des Aristoteles wurde in seiner arabischen Übersetzung zum Renner und hatte wohl indirekt auch Auswirkungen auf das Denken der lateinischsprachigen Philosophie im Mittelalter. Allerdings müssen die Einzelheiten dieser Weitergabe erst noch erforscht werden.[31] Im dreizehnten Jahrhundert diskutierten und verwarfen Thomas von Aquin und Roger Bacon Theorien, die jenen des Philoponos sehr ähnlich waren. Der erste Gelehrte, der sich im vierzehnten Jahrhundert für die Theorie der übertragenen

Kraft einsetzte, war der Franziskanertheologe Franziskus von Marchia (um 1320), es folgten Johannes Buridanus (ca. 1295 – ca. 1358) und andere. Wir wollen uns Buridanus' Fassung der Theorie ansehen, die häufig als die am weitesten fortgeschrittene betrachtet wird.

Buridanus verwendete einen neuen Begriff, »Impetus«, um diese übertragene Kraft zu bezeichnen – eine Terminologie, die bis zu Galileis Zeiten gebräuchlich war. Buridanus beschrieb den Impetus als eine Qualität, deren Natur es sei, den Körper, dem sie aufgezwungen wurde, zu bewegen. Er gab sich Mühe, den Unterschied zwischen dieser Qualität und der von ihr hervorgerufenen Bewegung deutlichzumachen: »Der Impetus ist ein Ding mit einer dauerhaften Natur, das von der Ortsbewegung verschieden ist, in der sich jenes Geschoß bewegt ... Es ist nun wahrscheinlich, daß der Impetus eine Qualität ist, die von Natur aus vorhanden ist und dazu dient, einen Körper, auf den sie übertragen wurde, zu bewegen.« Um die Impetustheorie zu stützen berief sich Buridanus auf den analogen Fall eines Magneten, der dem Eisen die Qualität verleihen kann, dasselbe Eisen zum Magneten hin zu bewegen. Wie jede andere Qualität wird der Impetus im Vorhandensein einer gegengerichteten Kraft oder eines Widerstandes abgeschwächt, behält aber ansonsten seine ursprüngliche Stärke bei. Buridanus unternahm einen ersten Schritt zur quantitativen Beschreibung des Impetus, indem er erklärte, seine Stärke lasse sich durch die Geschwindigkeit und die Menge der Materie des Körpers, in dem er angesiedelt ist, messen. Und schließlich führte Buridanus den Erklärungswert der Impetustheorie über die einfache Geschoßbewegung hinaus, indem er erklärte, die Bewegung des Himmels lasse sich plausibel damit erklären, daß Gott den Himmelssphären im Augenblick der Schöpfung einen Impetus übertragen hat. Weil es am Himmel keinen Widerstand gibt, konnte sich dieser Impetus nicht abschwächen, und so bewegten sich die Himmelssphären (wie es die Beobachtung bestätigt) ewig und unveränderlich. Außerdem erklärte Buridanus die Beschleunigung eines fallenden Körpers mit der Annahme, daß während des Falls des Körpers seine Schwere ihm ständig weiteren Impetus vermittle; in dem Maße, wie der Impetus wächst, steigert sich die Fallgeschwindigkeit.[32]

Die Impetustheorie war als Erklärung der Geschoßbewegung vorherrschend, bis sich im siebzehnten Jahrhundert allmählich eine neue Bewegungstheorie durchsetzte. In dieser verwarf man den Gedanken, daß eine (innere oder äußere) Kraft für die Fortdauer einer widerstandslosen Bewegung erforderlich sei. Immer wieder ist versucht worden, die Impetustheorie als einen bedeutenden Schritt auf dem Weg zur modernen Dynamik darzustellen; beispielsweise wurde häufig auf die Ähnlichkeit zwischen Buridanus' Impetusformel (Geschwindigkeit mal Quantität der Materie) und dem modernen Begriff der Schwungkraft (Geschwindigkeit mal Masse) hingewiesen. Zweifellos gibt es da eine Verbindung, aber wir müssen bedenken, daß es sich bei Buridanus' Impetus um die *Ursache* der Fortdauer der Geschoßbewegung handelte, während unsere Schwungkraft das Maß einer Bewegung ist, für deren Fortdauern keine Ursache erforderlich ist, solange sie auf keinen Widerstand stößt. Kurz, Buridanus arbeitete immer noch innerhalb einer grundlegend aristotelischen Begriffsstruktur, und das bedeutete, daß ihn Welten (oder Weltbilder) von den Naturphilosophen des siebzehnten Jahrhunderts trennten, die auf der Grundlage einer neuen Konzeption von Bewegung und Trägheit die neue Mechanik formulierten.

## Die Quantifizierung der Dynamik

Eine Frage bleibt offen: Ist es möglich, die dynamischen Beziehungen zwischen Kraft, Widerstand und Geschwindigkeit in einer Formel auszudrücken? Viele Gelehrte des Mittelalters glaubten an diese Möglichkeit. Das Problem ging bis auf Aristoteles zurück, der einen kurzen und sehr provisorischen Abstecher in die Analyse der Meßbarkeit gemacht hatte. Er stellte dabei eine Reihe von Behauptungen auf, beispielsweise die folgende: je höher das Gewicht (eines fallenden Körpers), desto schneller seine Bewegung; je größer der Widerstand (auf den ein fallender Körper trifft), desto langsamer ist seine Bewegung; und je kleiner ein bewegtes Objekt, desto schneller wird eine bestimmte Kraft es bewegen. Unter Aufbietung ihrer gesammelten Kräfte haben es die Historiker geschafft, aus diesen Behauptungen eine mathematische Formel abzuleiten – sie schoben Aristoteles die Meinung unter, die Geschwindigkeit sei proportional zur Kraft und umgekehrt proportional zum Widerstand. Modern ausgedrückt sieht das so aus:

$$v \propto F/R$$

Es steht außer Frage, daß diese Formel geeignet ist, wichtige Teile der aristotelischen Dynamik bündig auszudrücken, und das ist wohl der Grund dafür, daß sie immer wieder angeführt wird. Aber sie kann auch irreführend sein und darf nur mit großer Vorsicht angewendet werden. Aristoteles hätte sich bestimmt gegen die Aussage gewehrt, daß die Geschwindigkeit (v) sich für alle Werte von F und R proportional zur Kraft und umgekehrt proportional zum Widerstand verhält, wie es die mathematische Formulierung dieser Beziehung nahelegt. Außerdem hatte er keine klare Vorstellung von der Geschwindigkeit als eines technischen, meßbaren, philosophischen oder wissenschaftlichen Begriffs.[34]
Die aristotelische Dynamik hatte offensichtliche Auswirkungen auf die

Diskussion der Möglichkeit einer Bewegung im leeren Raum. Wenn es stimmt, daß die Geschwindigkeit eines fallenden Körpers eine Funktion des Widerstands ist, auf den er trifft, dann gäbe es in einem Vakuum, wo kein Widerstand vorhanden ist, nichts, was die Bewegung eines Körpers bremsen könnte; in diesem Fall würde er sich mit unendlicher Schnelligkeit bewegen. Da aber unendliche Geschwindigkeit absurd ist, so argumentierte Aristoteles[33], liegt es auf der Hand, daß es kein Vakuum geben kann. Und gerade auf diese Anwendung der Bewegungstheorie, den Nachweis der Unmöglichkeit von Leere, bezog sich der Frontalangriff des alexandrinischen Neuplatonikers Johannes Philoponos. Philoponos berief sich auf die alltägliche Beobachtung, als er die grundlegende Behauptung des Aristoteles verwarf, daß die Fallzeit eines Körpers, der durch ein Medium fällt, sich umgekehrt proportional zu seinem Gewicht verhalte[34]:

Diese Ansicht des Aristoteles ist jedoch vollkommen irreführend, und unser Urteil läßt sich durch die tatsächliche Beobachtung besser erhärten als durch jede verbale Beweisführung. Denn wenn man zwei Gewichte aus derselben Höhe fallenläßt, eines um ein Vielfaches schwerer als das andere, dann wird man sehen, daß der Quotient der für die Bewegung benötigten Zeit nicht [allein] auf dem Quotienten der Gewichte beruht, sondern daß der Zeitunterschied sehr gering ist. Wenn also der Unterschied zwischen den Gewichten nicht beträchtlich ist, das heißt, wenn eines beispielsweise das doppelte des anderen ist, dann wird sich kein oder höchstens ein nicht wahrnehmbarer Zeitunterschied ergeben.

Wenn aber die Theorie von Aristoteles falsch ist, wie sieht dann die Wahrheit aus? Philoponos drängte seine Leser dazu, im Hinblick auf fallende Körper einem anderen Gedankengang zu folgen. Die Wirkursache beim Fallen eines Körpers ist das Gewicht. In einem leeren Raum, in der es keinen Widerstand gibt, wird die Bewegung allein vom Gewicht des Körpers bestimmt. Daher werden schwerere Körper eine bestimmte Entfernung schneller (d.h. innerhalb kürzerer Zeit) zurücklegen als leichtere Körper; und natürlich wird sich keiner von ihnen mit unendlicher Geschwindigkeit bewegen, wie Aristoteles es annahm. (Philoponos stellte nicht fest, daß die Geschwindigkeit der Bewegung in der Leere sich direkt proportional zum Gewicht verhält, aber vielleicht ging er davon aus, daß man ihn so verstehen würde). In einem Medium dagegen bremst der Widerstand die Bewegung um ein gewisses Maß ab, und durch die Wirkung dieser Abbremsung nun schließt sich die Kluft zwischen den Geschwindigkeiten der schwereren und leichteren Körper, und so kommt man zu den im obigen Zitat beschriebenen Ergebnissen.

In der islamischen Welt entwickelte Avempace (Ibn Bajja, † 1138), den Standpunkt des Philoponos weiter und setzte sich für ihn ein. Avempace wiederum wurde von Averroës angegriffen, und über Averroës pflanzte sich die Kontroverse in den Westen fort, wo sie im vierzehnten Jahrhundert von dem Mertonianer Thomas Bradwardine wiederbelebt wurde. Aber bei

Bradwardine gab es einen Unterschied: Während alle seine Vorgänger sich vorrangig mit der Natur und den Ursachen der Bewegung beschäftigt hatten, war Bradwardine entschlossen, das Problem auf dem Wege der Mathematik anzugehen. Dies bedeutete, daß er zunächst einmal alle Alternativen – drei davon konnte er unterscheiden – mathematisch formulieren mußte. Bradwardine drückte diese Alternativen in Worten aus, nicht in mathematischen Symbolen, aber die folgenden Formeln geben seinen Ansatz korrekt wieder:

Erste Theorie (die zweifellos die Meinung von Philoponos und Avempace wiedergibt):

$$V \alpha F - R$$

Zweite Theorie (einer Abhandlung von Averroes entnommen):

$$V \alpha \frac{F-R}{r}$$

Dritte Theorie (sie gibt die traditionelle Aristotelesinterpretation wieder):

$$V \alpha \frac{F}{R}$$

Bradwardine gelang es, alle drei Theorien zu widerlegen, indem er auf die sich aus ihnen ergebenden absurden oder unannehmbaren Folgerungen hinwies. Die erste Theorie beispielsweise scheitert daran, daß sie im Widerspruch steht zu der von Aristoteles aufgestellten Behauptung, daß eine Verdoppelung sowohl der Kraft wie des Widerstands zu keiner Änderung der Geschwindigkeit führt. Und die dritte Theorie scheitert daran, daß sich aus ihr für den Fall, daß der Widerstand gleich oder größer ist als die Kraft, nicht die Geschwindigkeit Null errechnen läßt.

Anstelle dieser verworfenen Theorien schlug Bradwardine eine Alternative vor, das »Bewegungsgesetz«. Das Bradwardinesche »Gesetz« läßt sich nicht in einfachen Worten ausdrücken. Würden wir uns eng an Bradwardines eigene Abhandlung halten, dann würde uns dies tiefer in die mittelalterliche Theorie zur Addition von Quotienten führen, als wir es uns leisten können. Vielleicht die einfachste Art, die von Bradwardine beabsichtigte mathematische Beziehung zeitgemäß auszudrücken, ist die folgende: Nach seinem »Gesetz« der Geschwindigkeit steigt die Geschwindigkeit arithmetisch, wenn der Quotient F/R geometrisch wächst. Das heißt, um die Geschwindigkeit zu verdoppeln, müssen wir den Quotienten F/R quadrieren; um die Geschwindigkeit zu verdreifachen, müssen wir den Quotienten F/R zur dritten Potenz erheben, und so weiter. Oder sehen wir uns das folgende Zahlenbeispiel an:

Zuerst werde die Kraft ($F_1$) mit dem Betrag 4, dann eine Kraft ($F_2$) mit dem Betrag 16 auf einen Körper angewendet, der den Widerstand (R) mit dem Betrag 2 leistet. Berechne zunächst die Quotienten F/R:

$$\frac{F_1}{R} = \frac{4}{2} = 2 \qquad \frac{F_2}{R} = \frac{16}{2} = 8$$

Wie ist der Quotient der entstehenden Geschwindigkeiten? Da 8 die *dritte Potenz* von 2 ist, beträgt die von der Kraft 16 hervorgerufene Geschwindigkeit der Kraft von 16 ein *dreifaches* der von der Kraft 4 hervorgerufenen Geschwindigkeit.[35]

Drei Anmerkungen muß man an die Beschreibung von Bradwardines Leistung noch anfügen. Zunächst einmal machen wir das Bradwardinesche »Gesetz« komplizierter als es in Wirklichkeit war, wenn wir es, wie wir es oben getan haben, in moderner Form ausdrücken. Wir müssen uns klarmachen, daß die mittelalterliche mathematische Tradition, innerhalb derer Bradwardine wirkte, sich in bezug auf das Verkleinern oder Vergrößern von Quotienten über die Sprache der Addition ausdrückte. Daher wäre jener Rechenschritt, den wir als die Multiplikation zweier Quotienten bezeichnen, in Bradwardines Terminologie die Addition eines Quotienten zum anderen; und was wir als die Quadrierung des Quotienten F/R bezeichnen, wäre in seinen Worten die Verdoppelung von F/R. Folglich hätte Bradwardine, anstatt das geometrische Wachstum des Quotienten F/R auf arithmetische Geschwindigkeitssteigerungen zurückzuführen (wie wir es oben getan haben), einfach festgestellt, daß man die Geschwindigkeit dadurch »verdoppeln« kann, daß man den Quotienten von F und R »verdoppelt«. Kurz, Bradwardine formulierte nicht irgendeine weithergeholte mathematische Beziehung, sondern (wie ein Historiker es kürzlich ausdrückte) »den am wenigsten komplizierten Ausdruck, den er finden konnte.«[36]

Zweitens: Das von Bradwardine formulierte »Bewegungsgesetz« erwies sich als sehr einflußreich. Im vierzehnten Jahrhundert lieferten Richard Swineshead und Nicole Oresme eine hervorragende Analyse dessen, welche Wirkung dieses Gesetz erzielte, und noch im sechzehnten Jahrhundert wurde über das Gesetz diskutiert.[37] Drittens: Gleichgültig, wie wir Bradwardines Leistung im Einzelnen einschätzen, wir müssen auf jeden Fall anerkennen, daß es eine eindeutig im mathematischen Bereich angesiedelte Leistung war. Sicherlich berief er sich bei der Widerlegung der Alternativen auch auf die alltägliche Beobachtung, aber es ist offensichtlich, daß sein wichtigstes Ziel darin bestand, den Kriterien der mathematischen Kohärenz Genüge zu tun. Kurz, weder entdeckte noch rechtfertigte Bradwardine sein »Gesetz« auf der Grundlage von experimenteller Tätigkeit; es ist auch nicht klar, welchen Nutzen ein experimenteller Ansatz gebracht hätte, wenn er ihn denn gewählt hätte. Die Aufgabe, der sich die mittelalterlichen Gelehrten verschrieben hatten, war die Formulierung einer begrifflichen und mathematischen Struktur, die für die Analyse der im Zusammenhang mit Bewegung aufgetretenen Fragen geeignet war. Das war sicherlich das vorrangige Anliegen, und die mittelalterlichen Gelehrten erfüllten es vorbildlich. Die nächste Aufgabe, nämlich die, zu untersuchen, ob sich die so formulierte Begriffsstruktur auf die Natur übertragen ließ, wurde späteren Generationen überlassen.

# Die Optik

Die Analyse der sublunaren Physik möchte ich mit einer kurzen Abhandlung über die Optik (oder *perspectiva,* wie man sie in der lateinischen Christenheit bezeichnete) abschließen. Die Entscheidung, die Optik gerade in diesem Kapitel abzuhandeln, ist ein bißchen willkürlich, denn die Optik war ein Fach, das in alle möglichen Bereiche hineinreichte und auf die eine oder andere Art Beziehungen zu vielen anderen Themenbereichen hatte, beispielsweise der Mathematik, Physik, Kosmologie, Theologie, Psychologie, Erkenntnistheorie, Biologie und Medizin.[38] Aber sie paßt auch recht gut an diese Stelle.

Die Werke von Aristoteles, Euklid und Ptolemaios, an denen das griechische Denken über Licht und Sehen sich orientiert hatte, wurden sämtlich ins Arabische übersetzt und legten den Grundstein für eine bedeutende islamische Tradition optischer Studien. Die verschiedenen griechischen Ansätze bei der Untersuchung optischer Phänomene wurden von den Arabern nicht nur ernstgenommen, verteidigt und erweitert – die wichtigste Leistung der islamischen Optiker bestand darin, diese voneinander unabhängigen und unvereinbaren Traditionen der Griechen zu einer einzelnen, umfassenden Theorie zusammenzufassen.

Die Überlegungen der Griechen zu Fragen der Optik waren größtenteils auf sehr spezielle Fragen reduziert und orientierten sich an dem einen oder anderen recht engen System von Kriterien. Aristoteles beschäftigte sich beispielsweise fast ausschließlich mit der physikalischen Natur des Lichts und dem physikalischen Mechanismus, durch den in der optischen Wahrnehmung der Kontakt zwischen dem beobachteten Objekt und dem beobachtenden Auge zustandekam. In seiner Theorie nehmen weder die mathematische Analyse noch Themen aus dem Bereich der Anatomie oder Physiologie einen bedeutenden Platz ein. Insbesondere führte er an, daß die sichtbaren Objekte eine Veränderung im durchsichtigen Medium auslösen; das Medium gibt diese Veränderung sofort an das Auge des Beobachters weiter, mit dem es sich in Kontakt befindet, und löst so die Wahrnehmung aus. Dies ist eine Empfangstheorie – so bezeichnet, weil das für das Sehen verantwortliche Agens vom beobachteten Objekt zum Auge wandert. Die griechischen Atomisten, die ebenfalls eine physikalische Erklärung des Sehens forderten, fanden ein anderes verursachendes Agens – eine dünne Haut oder ein »Abbild« aus Atomen, das von der äußeren Oberfläche des Objekts »abgeschält« wurde, anstelle der Veränderung des durchsichtigen Mediums – sie schlossen sich aber der Meinung von Aristoteles an, derzufolge eine Ursachentheorie nur eine Empfangstheorie sein konnte.

Euklid dagegen beschäftigte sich fast ausschließlich mit Mathematik; Ziel seiner *Optik* war die Entwicklung einer geometrischen Theorie der räumlichen Wahrnehmung, die auf dem Sehkegel basierte. Daneben bewies er nur geringes Interesse an den nichtmathematischen Aspekten von Licht und Sehen. Seiner Sehtheorie zufolge geht vom Auge eine kegelförmige Strahlung aus; zur Wahrnehmung kommt es, wenn die Strahlen des Kegels von einem undurchsichtigen Objekt aufgehalten werden. Wahrgenommene Größe, Form und Position der Objekte werden vom Muster und der Position der unterbrochenen Strahlen bestimmt. Weil diese Theorie darauf aufbaut, daß vom Auge eine Strahlung ausgeht, nennen wir sie die »Sende«-Theorie.

Und schließlich kümmerten sich Ärzte wie Herophilos und Galen um die Anatomie des Auges und die Physiologie des Sehens. Galen bewies ein sicheres Verständnis für mathematische und ursächliche Belange, aber sein wichtigster Beitrag zur Sehtheorie lag in einer Analyse der Anatomie des Auges und der Beteiligung verschiedener anderer Organe, die beim Sehvorgang die Sehbahn bilden.

Der islamische Beitrag bestand, wie ich bereits erwähnt habe, in der Verschmelzung dieser gegensätzlichen griechischen Theorien. Der wichtigste Architekt bei der Konstruktion dieses gemeinsamen Gebäudes war der hervorragende Mathematiker und Naturphilosoph Alhazen (Ibn al-Haitham, ca. 965 – ca. 1040 n. Chr.), dem Ptolemaios, der letzte große Autor im Bereich der Optik in der Antike, allerdings den Weg gewiesen hatte. Unsere Analyse von Alhazens Leistung können wir dadurch vereinfachen, daß wir einen Moment lang die anatomischen und physiologischen Fragen ruhen lassen und unsere Aufmerksamkeit allein auf die mathematischen und physikalischen Aspekte des Sehens konzentrieren.

Zunächst einmal muß darauf hingewiesen werden, daß die alten, auf mathematische Ziele ausgerichteten Sehtheorien (jene von Euklid und Ptolemaios) sämtlich annahmen, daß vom Auge Licht ausgeht; Theorien dagegen, die vor allem physikalische Plausibilität anstrebten, hatten (wenn wir das aufgrund des Werkes von Aristoteles und dem der Atomisten beurteilen können) die Tendenz, davon auszugehen, daß Licht vom Auge empfangen wird.[39] Wenn an diesem Zusammenhang irgendein Zweifel bestand, dann hätte dieser sich für den aufmerksamen Leser von Aristoteles' Werken in dem Moment ausräumen lassen, in dem er entdeckte, daß Aristoteles an einer Stelle, an der er den Versuch einer mathematischen

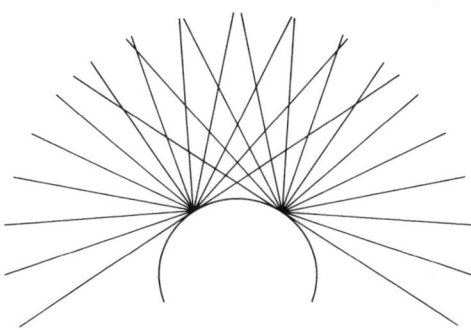

*Abb. 12.9: Inkohärente Strahlung, die von zwei Punkten
eines hellen Körpers ausgeht.*

Analyse der optischen Erscheinungen (in der Theorie des Regenbogens)
unternimmt, eine Sendetheorie anwendet.[40]

Alhazen erreichte also zweierlei Dinge. Zunächst einmal schmetterte er
die Sendetheorie mit einer Reihe überzeugender Argumente nieder. So
lenkte er beispielsweise die Aufmerksamkeit darauf, daß helle Objekte das
Auge verletzen können (dabei weist er darauf hin, daß es die Natur von
Verletzungen sei, daß sie von außen zugefügt werden); er stellt auch die
Frage, wie das Auge, wenn wir den Himmel betrachten, die Quelle einer
materiellen Ausstrahlung sein könne, welche den ganzen Raum bis hinauf
zu den Fixsternen ausfüllt. Nachdem er die Sendetheorie auf diese Weise
widerlegt hatte, ging er dazu über, eine neue Fassung der Empfangstheorie
zu formulieren und zu untermauern, in der er den von der Sendetheorie
postulierten Sehkegel übernahm. Zu diesem Sehkegel fügte er die mathematische Schlüssigkeit der Sendetheorie hinzu, die sich auf diese Weise
zum erstenmal mit der von der Empfangstheorie gelieferten zufriedenstell-
enden physikalischen Erklärung verbinden ließ. Das wirkt zunächst wie
ein leichter Schritt, aber man muß bedenken, was für Hindernisse sich in
den Weg stellten.[41]

Zunächst einmal lieferten die Autoren des Altertums keine Strahlungstheorie, die für Alhazens Zwecke geeignet gewesen wäre. In den Quellen
der Antike wurde die Strahlung üblicherweise als ganzheitlicher Prozeß
beschrieben, in dessen Verlauf das sichtbare Objekt eine zusammenhängende Einheit ausstrahlt. Man ging nicht davon aus, daß Strahlung unzusammenhängend von einzelnen Punkten ausging (wie in der optischen
Theorie der Neuzeit); statt dessen glaubte man, das Objekt insgesamt sende
ein zusammenhängendes Bild oder eine Kraft über das Medium ans Auge
(wie in der atomistischen Schicht- oder Abbild-Hypothese).[42] Es war
unmöglich, in eine solche Vorstellung des Strahlungsvorgangs einen Seh-

sichtbares Objekt

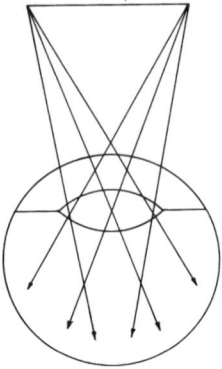

*Abb. 12.10: Strahlen, die von den Endpunkten*
*eines sichtbaren Objekts ausgehen*
*und sich im Auge vermischen.*
*Zugunsten größerer Übersichtlichkeit ist die Beugung*
*der Strahlen durch Brechung an den*
*verschiedenen Oberflächen nicht dargestellt.*

kegel aufzunehmen. Aber der Philosoph al-Kindi († 866 n. Chr.) formulierte eine neue Strahlungstheorie, die Alhazen übernahm (oder auch selbständig neu erfand). Al-Kindi und Alhazen betrachteten die Strahlung als einen unzusammenhängenden Prozeß, in dessen Verlauf einzelne Punkte oder kleine Teile des leuchtenden Körpers Strahlung aussenden, und zwar nicht in Form einer zusammenhängenden Gruppe, sondern jeweils unabhängig von den anderen und in alle Richtungen (s. Abb. 12.9).

Das war eine wichtige Neuerung, aber es stellte denjenigen, der sich für eine Empfangstheorie des Sehens einsetzen wollte, auch vor neue Probleme. Kann ein unzusammenhängender, vom sichtbaren Objekt ausgehender Strahlungsprozeß verantwortlich sein für die zusammenhängende optische Wahrnehmung, wie sie alle normalsichtigen Menschen erleben? Wenn jeder Punkt des sichtbaren Objekts in alle Richtungen Strahlung aussendet, dann muß doch jeder Punkt im Auge von jedem Punkt im Gesichtsfeld Strahlung empfangen (s. Abb. 12.10). Dies müßte zur völligen Verwirrung führen, nicht zu einer klaren Wahrnehmung. Zur Erklärung unserer Wahrnehmungserfahrung benötigen wir die Eins-zu-eins-Entsprechung, d.h., jeder Punkt der wichtigsten wahrnehmenden Flüssigkeit oder des wichtigsten wahrnehmenden Organs des Auges (Galen setzte ihn mit der Kristallflüssigkeit oder Linse gleich) muß für die Strahlung von einem Punkt des Gesichtsfeldes zuständig sein; und das Muster der Empfängerpunkte im Auge müßte möglichst ein genaues Abbild des Musters der

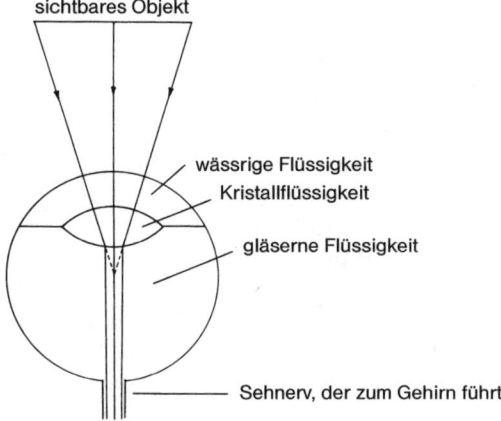

*Abb. 12.11: Sehkegel und Auge in Alhazens Empfangstheorie. Vom Objekt ausgehende Strahlen, die schräg ins Auge fallen (und dort gebrochen werden) sind nicht dargestellt, da sie nur beiläufig am Sehprozeß teilhaben.*

ausstrahlenden Punkte im Gesichtsfeld sein – das würde erklären, warum die Außenwelt der Welt, die wir sehen, entspricht.

Alhazen löste dieses Problem mit dem Argument, daß zwar jeder Punkt im Gesichtsfeld tatsächlich Strahlung an jeden Punkt im Auge aussendet, daß aber nicht all diese Strahlung wahrgenommen werden kann. Er behauptete, nur jeweils ein Strahl falle von jedem Punkt im Gesichtsfeld aus senkrecht auf das Auge (s. Abb. 12.11); alle anderen fallen schräg und würden gebrochen. Aufgrund dieser Brechung würden diese anderen Strahlen so weit abgeschwächt, daß sie nur noch eine unwesentliche Rolle im Sehvorgang spielten. Das wichtigste Wahrnehmungsorgan im Auge, nämlich die Kristallflüssigkeit oder Linse, reagiere nur auf die senkrecht einfallenden Strahlen, und diese bildeten zufällig einen Sehkegel – das Gesichtsfeld ist die Grundseite, das Zentrum des Auges ist die Spitze des Kegels. Auf diese Weise hat Alhazen sein Ziel erreicht: Indem er den Sehkegel aus der Sendetheorie erfolgreich in die Empfangstheorie einfügte, verband er jeweils die Vorteile der Empfangstheorie und der Sendetheorie. Er verschmolz den mathematischen Ansatz der Sehtheorie mit dem physikalischen Ansatz zu einer einzigen Theorie. Obwohl wir auf diesen Sachverhalt an dieser Stelle nicht näher eingehen können, müssen wir doch hinzufügen, daß Alhazen auch die von der galenischen Tradition überlieferten anatomischen und physiologischen Theorien in sein System aufnahm (Abb. 12.11 zeigt seine Grundkonzeption der Anatomie des Auges). Es entstand auf diese Weise eine einheitliche Sehtheorie, die alle drei Gesichtspunkte berücksichtigte.

Die Sehtheorie mag im Mittelpunkt von Alhazens Optik gestanden haben, aber sein Interesse galt der ganzen Vielfalt optischer Phänomene. Er analysierte die Natur der mit Licht und Farbe verbundenen Strahlung und unterschied dabei zwischen naturgemäß leuchtenden Objekten und solchen, deren Licht abgeleitet oder sekundärer Natur ist. Er beschäftigte sich mit der Physik von Reflexion und Brechung. Er führte die mathematische Analyse der Ausstrahlung von Licht und Farbe weiter und bewies großes Geschick im Umgang mit Problemen der Bildentstehung bei Reflexion und Brechung. Und er lieferte eine ernsthafte und richtungweisende Diskussion der psychologischen Vorgänge des Sehens.

Die Übersetzung von Alhazens *Optik* Ende des zwölften oder Anfang des dreizehnten Jahrhunderts ins Lateinische hatte hohen Einfluß auf die westliche Optik. Aber sie war nicht die einzige einflußreiche Quelle. Platons *Timaios* war schon lange zugänglich gewesen. Nicht nur das Sehen wurde darin thematisiert, durch das Werk war auch eine bedeutende Tradition neuplatonischen Denkens über die Optik entstanden. Die in der zweiten Hälfte des zwölften Jahrhunderts übersetzten Werke Euklids, Ptolemaios' und al-Kindis ließen einen mathematischen Ansatz in der Optik erkennen – und das zu einer Zeit, in der Alhazens *Optik* noch nicht zugänglich war. Aus den Schriften von Aristoteles, Avicenna und Averroes ließ sich eindeutig schließen, daß die eigentlichen Probleme physikalischer und psychologischer, nicht mathematische Natur waren. Und eine Reihe von Quellen, darunter ein kleines Werk von Hunain ibn Ishaq, vermittelte die anatomischen und physiologischen Inhalte der galenischen Tradition. Wie in so vielen anderen Bereichen sahen sich die westlichen Gelehrten nun also plötzlich auch in der Optik einer eindrucksvollen Menge neuen Wissensgutes gegenüber – aber die darin enthaltenen Erkenntnisse waren nicht einfach, sondern komplex und enthielten widersprüchliche Gedanken und Tendenzen. Den westlichen Gelehrten stellte sich die Aufgabe, Einheit und Harmonie zu schaffen und dieses verwirrende geistige Erbe zu einer zusammenhängenden und einheitlichen Naturphilosophie umzuarbeiten.[43]

Unter den ersten Gelehrten, die sich dieser Aufgabe stellten, befanden sich zwei Angehörige der Universität Oxford: Robert Grosseteste in den 20er und 30er Jahren des dreizehnten Jahrhunderts, Roger Bacon in den 60er Jahren desselben Jahrhunderts. Anfang des Jahrhunderts sah sich Grosseteste (ca. 1168–1253) in seiner Arbeit dadurch beeinträchtigt, daß erst ein sehr lückenhaftes Wissen über die oben augezählten optischen Quellen vorhanden war, und der Wert seiner optischen Schriften lag in erster Linie in ihrer inspirierenden Wirkung. Roger Bacon (ca. 1220 – ca. 1292) war es, der unter dem Einfluß Grossetestes, allerdings aufgrund der Zugänglichkeit

*Abb. 12.12: Eine Seite aus der* Perspectiva communis *von John Pecham, bei weitem der verbreitetste Text zur Optik in den mittelalterlichen Universitäten. Kues, Bibliothek des St. Nikolaus-Hospitals, MS 212, Fol. 240v (Anfang 15. Jh.) – ein Manuskript, das sich früher im Besitz von Nikolas von Kues befand. Die Brechung des Lichts ist in der Ecke oben links dargestellt, verschiedene Strahlungsmuster in den übrigen Zeichnungen.*

der gesamten optischen Literatur aus der griechischen Antike und dem mittelalterlichen Islam unter günstigeren Voraussetzungen als dieser, den künftigen Weg dieser Disziplin bestimmte.

Bacon folgte in groben Zügen der von Alhazen entwickelten optischen Theorie und übernahm dessen Empfangstheorie mit fast allen Einzelheiten. Er war von Alhazens erfolgreicher mathematischer Analyse des Lichts und des Sehens außerordentlich beeindruckt, und in seinen eigenen Werken gelang es ihm, auf die Möglichkeiten aufmerksam zu machen, welche sich künftigen Generationen durch eine mathematische Analyse eröffneten. Aber ebenso wie viele andere Gelehrte seiner Generation war auch Bacon davon überzeugt, daß sich die Autoritäten des Altertums und des Islam grundlegend einig waren, und daher versuchte er aufzuzeigen, daß alle (oder fast alle) Autoren, die über Licht und Sehen geschrieben hatten, einer Meinung waren. Das bedeutete, daß er die optischen Lehren von so unterschiedlichen Autoren wie Aristoteles, Euklid, Alhazen und den Neuplatonikern auf einen Nenner bringen mußte. Anhand von zwei Beispielen werden wir zeigen, wie ihm das gelang.[44]

Was die Ausrichtung der Strahlen betrifft (vom Auge weg oder zum Auge hin – der Streitpunkt zwischen den Anhängern der Sendetheorie und jenen der Empfangstheorie), stimmte Bacon mit Alhazen und Aristoteles darin überein, daß das Sehen nur über den Empfang von Strahlen ablaufen kann. Wie steht es aber dann mit der von Platon, Euklid und Ptolemaios geforderten Aussendung von Strahlen? Offensichtlich konnte sie nicht für das Sehen verantwortlich sein, aber dennoch existieren und beim Sehvorgang vielleicht Hilfestellung leisten – d.h. das Medium auf die Aufnahme der vom sichtbaren Objekt ausgehenden Strahlen vorzubereiten und die ankommenden Strahlen dahingehend zu veredeln, daß sie überhaupt auf das Auge einwirken konnten. Hinsichtlich der Natur von Strahlung übernahm Bacon das Konzept der Neoplatoniker, demzufolge man sich das Universum als eine Vernetzung von Kräften vorzustellen hatte, wobei jedes Objekt auf jedes andere sich in der Nähe befindliche Objekt durch die Ausstrahlung einer Kraft oder einer Ähnlichkeit seiner selbst einwirkt. Darüberhinaus stellte er sich vor, daß diese universelle Kraft die Quelle aller Verursachung sei, und er entwickelte auf dieser Grundlage eine, wie sich herausstellen sollte, richtungweisende Naturphilosophie. Was Licht und Farbe betrifft, ging Bacon davon aus, daß diese (und andere von den Optikautoren angesprochenen sichtbaren Agenzien) lediglich besondere Erscheinungsformen dieser universellen Kraft seien.[45]

Bacon war nicht der einzige, der in der zweiten Hälfte des dreizehnten Jahrhunderts Fragen aus dem optischen Bereich ansprach, aber in hohem Maße führte sein Einfluß und derjenige von zwei seiner jüngeren Zeitgenossen – einem weiteren englischen Franziskaner, John Pecham († 1292) und dem mit dem päpstlichen Hof verbundenen polnischen Gelehrten Witelo († nach 1281) – dazu, daß Alhazens optische Theorien, einschließlich seines kombinierten physikalisch-mathematisch-physiologischen Ansatzes, sich später im westlichen Denken durchsetzten. Wenn die Theorie von Licht und Sehen im vierzehnten Jahrhundert in der Naturphilosophie auftauchte (wie das insbesondere in erkenntnistheoretischen Diskussionen immer wieder der Fall war), wurzelte sie fast immer in den

330

Traditionen von Alhazen und Bacon. Als Johannes Kepler im Jahre 1600 über die Theorie des Sehens nachzudenken begann (was schließlich zur Aufstellung seiner Theorie des Netzhautbildes führen sollte), nahm er das Problem in dem Stadium wieder auf, in dem Bacon, Pecham und Witelo es hinterlassen hatten.[46]

# KAPITEL 13

# MEDIZIN UND NATURGESCHICHTE IM MITTELALTER

## Die medizinische Tradition im Frühmittelalter

Die Medizin im Mittelalter stand in der Nachfolge der medizinischen Tradition des Altertums (sie wurde im sechsten Kapitel besprochen) und stellte deren Weiterentwicklung dar. Die praktizierenden Mediziner des Mittelalters waren die Erben der griechischen und römischen Theorien zu Gesundheit und Krankheit, ihrer Diagnose- und Heilverfahren. Aber der Zugang zu diesem Vermächtnis war eingeschränkt und mitunter heikel, und jene Teile davon, die im mittelalterlichen Islam und Christentum tatsächlich zugänglich waren, mußten den neuen kulturellen Umfeldern angepaßt werden. Diese Anpassung war maßgebend für ihre Entwicklung und ihre Anwendung.[1]

Es ist schwierig, zu einem eindeutigen Bild der frühmittelalterlichen Medizin im Westen zu kommen.[2] Die *handwerkliche* Seite der Heilkunst – also die Behandlung von Wunden und häufigen Leiden, Geburtshilfe, das Richten von Knochenbrüchen, Herstellung und Verabreichung altbekannter Arzneien und ähnliches – sah sich durch das mit dem Zerfall des römischen Reiches einhergehende gesellschaftliche und wirtschaftliche Chaos wahrscheinlich nicht ernsthaft beeinträchtigt. Insbesondere in ländlichen Gebieten und im Familienkreis übten medizinisch versierte Personen weiterhin ihr Handwerk aus, mehr oder weniger so, wie es die örtlichen Heiler immer getan hatten. Unter dem Zusammenbruch Roms litt dagegen die akademische, und zwar insbesondere die *theoretische oder philosophische* Komponente der Medizin. Als die Schulen einen Niedergang erlebten und die griechischen Sprachkenntnisse allmählich verlorengingen, gerieten im Westen die in der medizinischen Tradition der Griechen enthaltenen wissenschaftlichen Elemente in Vergessenheit. Die Zahl praktizierender Mediziner, welche die akademischen Traditionen der antiken Medizin beherrschten, nahm jäh ab.

Das soll keineswegs heißen, daß der Westen von den medizinischen Kenntnissen der Griechen vollkommen abgeschnitten war. Frühe lateinische Enzyklopädien – jene von Celsus, Plinius und Isidor von Sevilla beispielsweise[3] – räumten der Medizin einigen Raum ein. Darüberhinaus

*Abb. 13.1: Eine Seite aus einem griechischen Manuskript von Dioskurides' Materia medica. Paris, Bibliothèque Nationale, MS Gr. 2179, Fol. 5r (9. Jh.).*

war um die Mitte des sechsten Jahrhunderts eine kleine Sammlung medizinischer Schriften der Griechen in lateinischer Übersetzung zugänglich. Aber die griechische Medizinliteratur umfaßte ein breites Spektrum medizinischer Teilbereiche, von der Theorie bis zur Praxis, und der Schwerpunkt der übersetzten Werke lag auf der praktischen Medizin. Darunter fielen verschiedene Schriften von Galen und Hippokrates, Auszüge aus einer von Oribasios (um das 4. Jh. v. Chr.) zusammengestellten Sammlung griechischer Quellen zur Medizin, ein von Soranos (1. Jh. v. Chr.) verfaßtes Handbuch für Hebammen und die große Arzneimittellehre (*De materia medica*) von Dioskurides (um 50–70 n. Chr.).

Die Orientierung der mittelalterlichen Medizin hin zur therapeutischen Praxis zeigt sich deutlich in Dioskurides' *Materia medica* und der von ihr ausgelösten pharmazeutischen Tradition. Das Werk enthält die Beschreibungen von etwa neunhundert pflanzlichen, tierischen und mineralischen Produkten, denen Heilkräfte zugeschrieben wurden. Es war eine der gewaltigsten Errungenschaften der hellenistischen Medizin. Das Werk wurde im sechsten Jahrhundert ins Lateinische übersetzt und fand im Frühmittelalter nur geringe Verbreitung, möglicherweise deswegen, weil es zu umfassend war, um wirklich nützlich zu sein – es enthielt nämlich die Beschreibung zahlreicher Substanzen, die dem frühmittelalterlichen Europäer überhaupt nicht zur Verfügung standen. Weit beliebter war ein kürzeres, bebildertes Kräuterbuch mit dem Titel *Ex herbis femininis*. Es basierte auf dem Werk von Dioskurides, enthielt jedoch die Beschreibungen von nur einundsiebzig pflanzlichen Heilsubstanzen, die sämtlich in Europa erhältlich waren. Im Laufe des Frühmittelalters erschienen viele weitere Sammlungen von Arzneirezepten.[4]

Aber wer waren die praktizierenden Mediziner, denen solche Texte nutzen konnten? In Italien hielt sich das römische System weltlicher, nichtreligiöser Medizin, allerdings schrumpfte es auch dort im Umfang zweifellos zusammen. Noch im von den Ostgoten beherrschten Italien des frühen sechsten Jahrhunderts gab es staatlich bezahlte Ärzte. Es ist bekannt, daß Alexander von Tralles (ein griechischer Arzt) in der zweiten Hälfte des sechsten Jahrhunderts in Rom praktizierte. Und es gibt zahlreiche Hinweise darauf, daß außerhalb von Italien an Fürstenhöfen (beispielsweise am Hofe des Frankenkönigs Chlodwig Ende des fünften Jahrhunderts) und in den größeren Städten (Marseille und Bordeaux) weiterhin Laienmediziner tätig waren.[5]

Aber offenbar boten zunehmend religiöse Institutionen insbesondere der medizinischen Praxis die günstigeren Bedingungen; das galt vor allem für Klöster, zu deren wichtigen Pflichten die Pflege kranker Gemeinschaftsmitglieder gehörte. Das erste uns vorliegende Dokument stammt von Cassiodorus (ca. 480 – ca. 575 n. Chr.), der in Vivarium ein Kloster gründete. Er wies seine Mönche an, medizinische Schriften der Griechen in lateinischer

Sprache zu lesen, darunter die Werke von Hippokrates, Galen und Dioskurides (möglicherweise ist mit letzterem *Ex herbis femininis* gemeint). Aus anderen Dokumenten geht hervor, daß in solchen Klosterzentren wie Monte Cassino, Reichenau und St. Gallen[6] die medizinische Praxis ein hohes Niveau erreicht hatte und die Benutzung weltlicher Medizinliteratur umfaßte. Es ist anzunehmen, daß während des gesamten Mittelalters in den meisten Klöstern, vielleicht mit Ausnahme der allerkleinsten, beträchtliche medizinische Fachkenntnisse vorhanden waren. Zwar war die in den Klöstern praktizierte Medizin in erster Linie auf die Behandlung der Klostermitglieder ausgerichtet, aber zweifellos war sie gelegentlich auch Außenstehenden zugänglich – Pilgern, Besuchern und der Bevölkerung des Umlands.

Die Tatsache, daß in klösterlicher Umgebung weltliche medizinische Literatur und die damit verbundene medizinische Praxis anzutreffen waren, legt eine Frage nahe, auf die wir nun eingehen müssen: Wie vertrugen sich die Traditionen der griechischen und römischen Medizin mit der christlichen Vorstellung von Heilung? Darauf gibt es keine einfache Antwort, aber wir können die komplexe Wahrheit ansatzweise verstehen, wenn wir uns dreierlei ins Gedächtnis rufen: (1) daß zwischen dem Naturalismus der medizinischen Tradition (also der Annahme, daß nur natürliche Ursachen für Krankheiten verantwortlich sind) und den übernatürlichen Überlieferungen (der Wunderheilung) innerhalb des Christentums eine philosophische Spannung entstand; und (2) daß die meisten (auch die gebildeten) Menschen sich nicht für Philosophie interessierten und daß daher nur wenigen diese Spannung jemals auffiel; und (3) daß jenen, die sich für Philosophie interessierten, verschiedene Wege zur Erleichterung oder Lösung dieser Spannung offenstanden, welche keineswegs die Ablehnung der einen oder anderen Heilmethode voraussetzten.

Woher diese Spannung kam, liegt auf der Hand. Mit der Reifung des mittelalterlichen Christentums wurde es immer üblicher, daß in Predigten und in der religiösen Literatur gelehrt wurde, Krankheit sei eine göttliche Heimsuchung, die als Bestrafung für Sünden oder als Ansporn für eine geistliche Weiterentwicklung diente. In beiden Fällen konnte es eher eine geistliche als eine körperliche Heilung geben. Darüberhinaus verbreitete sich im mittelalterlichen Christentum eine Tradition der Wunderheilung, die insbesondere mit dem Heiligen- und Reliquienkult zusammenhing. Und um das Bild zu vervollständigen: wir verfügen über konkretes dokumentarisches Material, aus dem hervorgeht, daß religiöse Führer der weltlichen Medizin vorwarfen, sie könne überhaupt nicht wirksam sein.[7]

Es ist ziemlich leicht, solche Überzeugungen und Einstellungen aufzublähen zu einem verallgemeinernden Bild der christlichen Kirche als einer unversöhnlichen Feindin der griechischen und römischen Medizin, die verbissen an übernatürlichen Ursachen und an der ausschließlichen Verwendung übernatürlicher Heilmethoden festhielt. Leider liefern solche Ansätze ein völlig falsches Bild der wirklichen geschichtlichen Situation. Es stimmt zwar, daß der Glaube daran, daß Krankheiten von Gott gesandt seien, sehr verbreitet war; das schloß jedoch die Existenz natürliche Ursachen nicht völlig aus, denn die meisten Christen des Mittelalters stimmten mit der auf die hippokratischen Schriften zurückgehenden Ansicht überein, daß ein Ereignis oder eine Krankheit gleichzeitig natürliche und gott-gegebene Ursachen haben konnte (s. o. Kap. 6). Im Rahmen des christli-chen Glaubens war es vollkommen schlüssig, daran zu glauben, daß Gott sich üblicherweise *natürlicher* Kräfte bediente, um seine *göttlichen* Ziele zu erreichen. Beispielsweise ließ sich eine Seuche gleichzeitig als Gottes Strafe für begangene Sünden und als Folge einer ungünstigen Planetenkonstella-tion oder von fauliger Luft erklären.[8] Was die medizinische Praxis und die Verwendung natürlicher Arzneien angeht, hätten alle christlichen Autoren darin übereingestimmt, daß die Heilung der Seele wichtiger ist als die Heilung des Körpers, und einige wenige wandten sich ganz direkt gegen den Einsatz weltlicher Medizin. In einem Schreiben an eine Gruppe von Mönchen faßt Bernhard von Clairvaux (1090–1153 n. Chr.) im zwölften Jahrhundert eine Ansicht in Worte, die zu diesem Zeitpunkt schon mehrere Jahrhunderte alt war[9]:

Ich bin mir dessen bewußt, daß ihr in einer ungesunden Gegend wohnt und daß viele von euch krank sind ... Es ist ganz und gar nicht mit eurem Berufe zu vereinbaren, daß ihr nach körperlicher Medizin sucht, und diese ist der Gesundheit nicht wirklich zuträglich. Der Verwendung gemeiner Kräuter, wie die Armen sie gebrauchen, läßt sich mitunter zustimmen, und so pflegen wir ihren Gebrauch. Aber der Erwerb besonderer Arten von Arzneien, das Aufsuchen von Ärzten und das Einnehmen ihrer Wundermittel, all das ziemt sich nicht für die Religiösen [d.h. Mönche].

Doch bei weitem die Mehrheit der christlichen Führer betrachtete die griechisch-römische Tradition mit Wohlwollen, sah sie als göttliche Gabe an, als ein Element der göttlichen Vorsehung, dessen Verwendung legitim und möglicherweise sogar eine Pflicht war. Basileios von Cäsarea (ca. 330–379 n. Chr.) sprach für viele Kirchenväter, als er schrieb: »Wir müssen sehr darauf achten, daß wir diese medizinische Kunst anwenden, wenn es notwendig ist, nicht um ihr die vollständige Verantwortung für unseren Krankheits- oder Gesundheitszustand zu übertragen, sondern um durch ihre Verwendung Gottes Herrlichkeit zu preisen.« Selbst Tertullian (ca. 155 – ca. 230 n. Chr.), welcher der griechisch-römischen Bildung ausgesprochen feindselig gegenüberstand, gestand seine Wertschätzung der griechisch-römischen Medizin ein. Wenn in Berichten aus dem Leben der Heiligen die konventionelle Medizin verunglimpft wurde, dann handelte es sich dabei offensichtlich um Polemik – die Macht des jeweiligen Heiligen wurde bestätigt und möglichst noch übertrieben dargestellt, und damit

*Abb. 13.2: Die Wunderheilung eines Beines, Paris, Bibliothèque Nationale, MS Fr. 2829, Fol. 87r (spätes 15. Jh.). Zur Diskussion dieser Darstellung, s. Marie-José Imbault-Huart, La médicine au moyen âge à travers les manuscrits de la Bibliothèque Nationale, S. 182.*

erbrachte man den Beweis, daß er oder sie über Heilkräfte verfügte, die jene der weltlichen Heiler übertrafen. Daß wir aus solchen Verleumdungen nicht auf die wirkliche Einstellung des Verfassers (und schon gar nicht die der mittelalterlichen Gesellschaft überhaupt) in bezug auf die weltliche Medizin schließen dürfen, geht daraus hervor, daß dieselben Autoren in anderen Zusammenhängen oder sogar noch im gleichen Zusammenhang ein hohes Maß an Respekt für die althergebrachten Heilmethoden beweisen. Was die Kirchenväter so gerne diffamieren wollten, war nicht der Einsatz weltlicher Medizin, sondern die Tendenz, diese überzubewerten, und die mangelnde Erkenntnis und Anerkennung ihres göttlichen Ursprungs.[10]

Wenn wir die Kirche gegen den Vorwurf verteidigen, die medizinische Tradition abgelehnt zu haben, müssen wir aber auch darauf achten, daß wir nicht den umgekehrten Fehler begehen. Es steht außer Frage, daß die frühmittelalterlichen Christen an Wunderheilungen glaubten und sich sowohl an die religiöse wie an die weltliche Medizin wandten, manchmal gleichzeitig, manchmal nacheinander. Im vierten und fünften Jahrhundert entwickelte sich der Heiligenkult zu einem beherrschenden Element der europäischen Kultur. Um das Grab oder irgendeine Reliquie (etwa einen Knochen) eines Heiligen herum wurden Heiligtümer errichtet; und diese entwickelten sich zu Wallfahrtsstätten, die eine gewaltige Anziehungskraft ausübten. Was diese Stätten so attraktiv machte, waren unter anderem Berichte über Wunderheilungen, die sich dort angeblich abgespielt hatten. Ein einziges Beispiel soll dies veranschaulichen: Beda († 735) erzählt in seiner *Kirchengeschichte des englischen Volkes* viele Geschichten über Wunderheilungen, unter anderem die Geschichte eines Mönches auf der Insel Lindisfarne (vor der Nordostküste Englands), der an einer Lähmung litt und an das Grab von Cuthbert gebracht wurde[11]:

Indem er sich am Grabe des Gottesmannes niederwarf, betete er mit heiligem Ernst, daß durch seine Hilfe ihm Gott seine Gnade erweisen möge, und indem er noch betete, ... empfand er (wie er selbst späterhin zu berichten pflegte), wie gleichsam eine große, breite Hand seinen Kopf an der Stelle berührte, an der das Übel saß, und dieselbe Berührung strich über alle Teile seines Körpers, in denen die Krankheit geherrscht hatte, bis hinab zu den Füßen, und nach und nach ließ der Schmerz nach und darauf folgte Gesundheit.

Man könnte unendlich viele ähnliche Geschichten aus dem Mittelalter anführen.

Aber wenn die Kirche weder eine Feindin der griechisch-römischen medizinischen Tradition war, noch sie eindeutig unterstützte, wie sollen wir ihre Haltung und ihren Einfluß dann bewerten? Naheliegend wäre es, die Faktoren auf beiden Seiten der Gleichung abzuwägen – also einerseits die Gegnerschaft, andererseits die Unterstützung durch die Kirche – und anzuführen, daß die Kirche *unter dem Strich* einen negativen oder einen positiven Einfluß hatte, je nachdem, was dabei herauskommt. Aber eine solche Schlußfolgerung würde die Sachlage zu sehr vereinfachen. Wir kommen der Wahrheit näher, wenn wir die Kategorien »Gegnerschaft« und »Unterstützung« gänzlich vermeiden und die Kirche als eine mächtige kulturelle Kraft ansehen, die mit der weltlichen medizinischen Tradition in *Wechselwirkung* trat, sich diese zu eigen machte und sie verwandelte. Weder lehnten die Kirchenmänner die weltliche Medizin einfach ab, noch übernahmen sie diese ohne weiteres, aber sie nutzten sie; und sie zu nutzen bedeutete, sie neuen Umständen anzupassen und dabei ihren Charakter subtil (oder in mancherlei Hinsicht auch radikal) zu ändern. Es ist nicht übertrieben, wenn man behauptet, daß es innerhalb des Christentums zu einer Verschmelzung weltlicher und religiöser Heiltraditionen kam. In diesem neuen Kontext mußte die griechisch-römische Medizin an die christliche Vorstellung von göttlicher Allmacht, Vorsehung und Wunderwirken angepaßt werden. Die Klöster boten ihr eine vollkommen neue institutionelle Heimat, welche sie nicht nur während einer bedrohlichen

*Abb. 13.3: Arabische chirurgische Instrumente aus der Abhandlung von Abu-l-Qasim az-Zahrawi (Abulcasis): Über Chirurgie und Instrumente. Oxford, Bodleian Library, MS Huntington Library 156, Fol. 85v.*

Epoche der europäischen Geschichte nährte und erhielt, sondern sie dabei auch den christlichen Idealen der Nächstenliebe dienstbar machte (eine wichtige Folge davon war die Entstehung und Verbreitung von Krankenhäusern). Und im Laufe der Zeit sorgte die Institutionalisierung der Medizin an den Universitäten für eine Wiederherstellung des Kontaktes zu verschiedenen Bereichen der Philosophie sowie für die Etablierung der Medizin als einer Wissenschaft.

Bevor wir die frühmittelalterliche Epoche hinter uns lassen, müssen wir noch auf eine weitere Entwicklung eingehen, die von entscheidender Bedeutung war. Die Übersetzung medizinischer Werke aus dem Griechischen ins Arabische setzte im achten Jahrhundert ein und dauerte bis ins zehnte Jahrhundert hinein. Danach waren die meisten wichtigen griechischen Quellen in arabischer Sprache verfügbar, einschließlich Dioskurides' *De materia medica*, vieler hippokratischer Schriften und fast sämtlicher Werke Galens. Die Breite des Grabens, der zwischen dem islamischen und dem westlichen Zugang zu dieser Medizinliteratur der Griechen klaffte, läßt sich anhand des galenischen Korpus' aufzeigen: Vor dem elften Jahrhundert lagen nur zwei oder drei der Werke Galens in lateinischer Sprache vor; dagegen führte Hunain ibn Ishaq (808–873 n. Chr.) ganze einhundert-neunundzwanzig ihm in Bagdad zur Verfügung stehende galenische Werke auf, von denen er vierzig persönlich ins Arabische übersetzt zu haben behauptete.

Diese medizinische Literatur der Griechen diente als Grundlage, auf welcher sich im arabischen Raum eine hochentwickelte Medizintradition aufbauen sollte. Auf einige Aspekte dieser medizinischen Tradition müssen wir kurz eingehen. Zunächst einmal konnte die medizinische Tradition des Islam erst entstehen, als man dort die medizinische Literatur der Griechen vollkommen beherrschte und viele Ziele der griechischen Medizin sowie einen großen Teil ihres Inhaltes assimiliert hatte. Zum zweiten standen im Mittelpunkt der entstehenden medizinischen Theorie die galenische Anatomie und Physiologie sowie die galenischen Theorien zu Gesundheit, Krankheit (einschließlich der Epidemien), Diagnose und Behandlung. Ein wichtiger Aspekt dieses Einflusses war die von Galen hergestellte Verbindung zwischen Medizin und Philosophie – eine Verbindung, die kennzeichnend werden sollte für einen großen Bereich der islamischen Medizin.

Drittens beschränkten sich medizinische Theorie und Praxis im Islam nicht streng auf die Medizintheorie Galens, sondern bedienten sich ihrer als Rahmen, der sich erweitern, verändern und mit anderen medizinischen und philosophischen Systemen verbinden ließ. Die Medizin im Islam hatte nicht statischen, sondern dynamischen Charakter. Viertens fanden nicht nur die übersetzten medizinischen Werke der Griechen Verbreitung; gleichzeitig verfaßten auch islamische Ärzte ihre eigene umfangreiche medizinische Literatur. Diese direkt in arabischer Sprache geschriebenen Werke waren natürlich ganz unterschiedlicher Natur, von besonderer Bedeutung war jedoch eine Reihe umfassender enzyklopädischer Werke, welche die Theorie und Praxis der Medizin zu einem großen Teil, mitunter sogar in ihrer Gesamtheit behandelten. Drei dieser enzyklopädischen Werke sollten sich später als von hohem Einfluß auf die Medizin des Westens erweisen: der *Almansor* von Rhazes (al-Razi, † ca. 930), die *Pantegni* (oder *Universale Kunst)* von Haly Abbas (Ali ibn Abbas al Majusi, † 994) und der *Kanon der Medizin* von Avicenna (Ibn Sina, 980–1037). Diese sowie viele andere übersetzte Werke waren maßgeblich an der Gestaltung und Neuorientierung der westlichen Medizin im Spätmittelalter beteiligt.[12]

## Die Neugestaltung der westlichen Medizin

Im elften und zwölften Jahrhundert wirkten zahlreiche Einflüsse auf die medizinische Tradition in Europa ein und veränderten allmählich ihren Charakter. Die in dieser Zeit stattfindende politische und wirtschaftliche Erneuerung zog in Verbindung mit einem jähen Bevölkerungswachstum tiefgreifende gesellschaftliche Umbrüche nach sich. Dazu gehörten die Verstädterung und die Erweiterung der Bildungsmöglichkeiten. Die Lehrpläne der neuen städtischen Schulen waren umfassender – Themen, die im klösterlichen Umfeld kaum oder überhaupt keine Beachtung gefunden hatten, traten in den Vordergrund. Gleichzeitig entstanden innerhalb des Klosterwesens Reformbewegungen, welche sich um die Schmälerung des von den Klöstern auf die weltliche Kultur ausgeübten Einflusses bemühten (s. o. Kap. 9). Eine Annäherung dieser Bewegungen führte zu einer Verlagerung des Schauplatzes der medizinischen Bildung aus den Klöstern hinaus in die städtischen Schulen; dies zog auch eine Tendenz zur Professionalisierung und Verweltlichung nach sich. Gleichzeitig wuchs in den elitären Kreisen der Städte die Nachfrage nach den Diensten kompetenter Mediziner, und so etablierte sich die praktische Medizin allmählich als eine lukrative (und mitunter sehr prestigeträchtige) berufliche Laufbahn.

Das früheste Beispiel für eine Wiederaufnahme medizinischer Aktivitäten in den Städten finden wir im zehnten Jahrhundert im süditalienischen Salerno. Gegen Ende jenes Jahrhunderts genoß Salerno einen hohen Ruf aufgrund der zahlreichen und kompetenten dort ansässigen praktizierenden Mediziner, zu denen auch Geistliche und Frauen zählten. Offensichtlich gab es dort keine irgendwie formalisierte Schule, die Stadt war lediglich ein Zentrum (und zwar ein zunehmend Berühmtheit erlangendes Zentrum) medizinischer Aktivität, das Männern und Frauen vielfältige Möglichkeiten bot, sich in Form einer Lehre mit den Heilkünsten vertraut zu machen. Nicht die medizinische Theorie erlebte im zehnten und Anfang des elften Jahrhunderts in Salerno eine Blüte, sondern die praktische Anwendung der Heilkunst. Doch im Verlaufe des elften Jahrhunderts begannen manche dieser praktizierenden Mediziner in Salerno, solche praktischen Kenntnisse niederzuschreiben. Anfang des zwölften Jahrhunderts wurde die von Salerno ausgehende Literatur umfassender, begab sich mehr in den Bereich der Theorie – eine Reaktion auf die philosophische Ausrichtung der medizinischen Texte der Araber, die in lateinischer Übersetzung allmählich in Umlauf kamen. Bei vielen Schriften handelte es sich um Lehrwerke, die (offenbar) mit der Entstehung einer organisierten medizinischen Ausbildung in Salerno zusammenhingen.[13]

Jene Übersetzungen aus dem Arabischen, die im zwölften Jahrhundert die Medizin in Salerno beeinflußt hatten, veränderten bald auch die medizinische Lehre und Praxis in ganz Europa. Die ersten Übersetzungen

*Abb. 13.4: Konstantin der Afrikaner bei der Durchführung einer Harnuntersuchung. Oxford, Bodleian Library, MS Rawlinson C. 328, Fol. 3r (15. Jh.). Ein Kommentar findet sich bei Loren C. MacKinney: Medical Illustrations in Medieval Manuscripts, S. 12 f.*

fertigte offensichtlich Konstantin der Afrikaner an (ca. 1065–1085 n. Chr.), ein Benediktinermönch im süditalienischen Monte Cassino, der über enge Verbindungen zu Salerno verfügte. Konstantin, dessen Arabischkenntnisse zweifellos auf seine nordafrikanische Herkunft zurückzuführen waren, übersetzte Werke von Hippokrates und Galen, die *Pantegni* des Haly Abbas, medizinische Schriften von Hunain ibn Ishaq sowie andere Quellen. Im Laufe der nächsten hundertfünfzig Jahre folgten weitere Übersetzer in Süditalien, Spanien und anderswo seinem Beispiel; nach und nach übersetzten sie einen großen Teil des griechisch-arabischen medizinischen Korpus ins Lateinische. In Toledo übersetzte Gerhard von Cremona (ca. 1114–1187 n. Chr.) neun Traktate Galens, außerdem Rhazes' *Almansor* (der Titel bezieht sich auf Rhazes' Dienstherren Mansur ibn Ishaq, dem das Werk gewidmet ist), und Avicennas großartiges Werk *Kanon der Medizin*. Durch diese neuen Texte erweiterten und vertieften sich die Medizinkenntnisse des Westens beträchtlich; sie führten dazu, daß die Medizin im Spätmittelalter weit deutlicher philosophisch orientiert war als im Frühmittelalter, und sie beeinflußten Form und Inhalt der medizinischen Lehre an den neugegründeten Universitäten.[14]

## *Die praktizierenden Mediziner*

Wir betrachten die Medizin heute im allgemeinen als einen erlernten Beruf, den nur solche Menschen ausüben können, die sich einer langen Ausbildungszeit unterzogen und die entsprechenden beruflichen Nachweise erbracht haben. Aber wenn wir dieses Modell auf das Mittelalter übertragen wollen, irren wir uns gründlich. Weit treffender wäre ein Vergleich mit der Tätigkeit des Schreinerns. Unter das Schreinern fällt alles von den einfachsten Reparaturarbeiten am Haus über den Schreinerberuf im Bereich des Bauhandwerks bis hin zum Bauingenieurwesen und der Architektur. Die einfachste Stufe des Schreinerns fällt in den Bereich der Allgemeinbildung (praktisch jeder besitzt die grundlegenden Kenntnisse über Reparaturarbeiten am Haus oder ist bereit, sich diese anzueignen); der Wochenendbastler, dessen Hobby (beispielsweise) darin besteht, antike Möbel zu reparieren, verfügt vielleicht bereits über beträchtliche Kenntnisse und einiges Geschick. Im Bauwesen arbeiten Fachleute, die zum größten Teil ihren Beruf durch eine Lehre erlernt haben. Bauingenieure und Architekten schließlich gehen mit theoretischen Kenntnissen an das Fach heran.

Dasselbe galt für die praktische Medizin im Mittelalter. Fast jeder beherrschte die einfache Hausmedizin, wie sie im Familienkreis angewendet wurde. Waren höhere Fachkenntnisse erforderlich, dann gab es in jeder Gemeinschaft Menschen, die für ihr Geschick bei der Behandlung bestimmter Leiden bekannt waren, und von da an geht es immer weiter die Leiter der medizinischen Fachkenntnis und Spezialisierung hinauf. In den meisten Dörfern gab es Hebammen, Knocheneinrenker und Menschen, die sich mit Kräutern und Kräuterarzneien auskannten. In den Städten traf man auf verschiedene »Empiriker«, die sich auf Fachbereiche wie die Behandlung von Wunden, Zahnproblemen und bestimmte chirurgische Eingriffe spezialisiert hatten (beispielsweise das Aufschneiden von Furunkeln, die Behandlung eines Knochenbruchs und die Entfernung von Nierensteinen). Auf einer höheren fachlichen Ebene gab es Apotheker, ausgebildete Chirurgen, kompetente durch eine Lehre ausgebildete praktizierende Mediziner und schließlich Ärzte mit akademischer Bildung. Dabei handelte es sich keinesfalls um eine statische oder streng lineare Hierarchie,

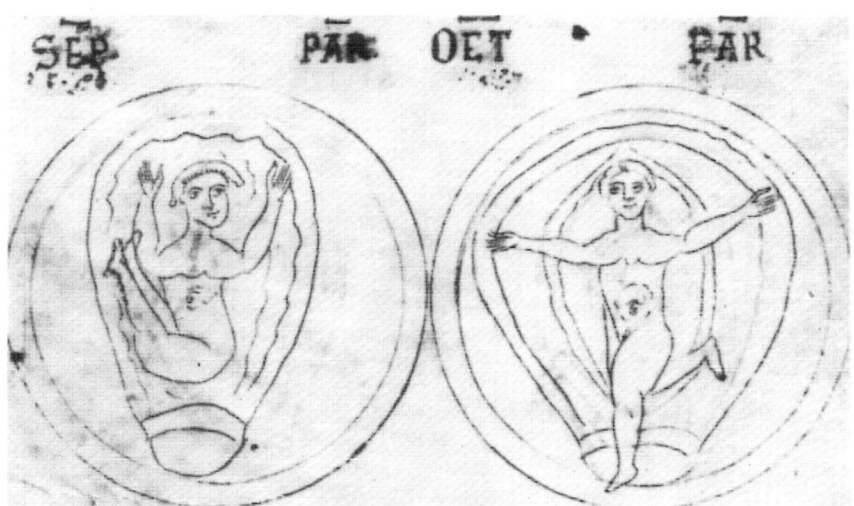

*Abb. 13.5: Föten im Mutterleib. Kopenhagen, Kongelige Bibliotek, MS Gl. kgl. Saml. 1653 4°, Fol. 18r (12. Jh.).*

und sie war auch nicht allerorts die gleiche. Als weitere Komplikation kam hinzu, daß es auf vielen Ebenen neben den weltlichen auch geistliche praktizierende Mediziner gab (beispielsweise Kleriker, die ihre religiösen Pflichten häufig mit der medizinischen Praxis verbanden). Außerdem waren die Grenzen zwischen den Bereichen selten eindeutig, denn eine klare Regulierung und Konzessionierung der medizinischen Praxis, für die eine einigermaßen eindeutige Abgrenzung der Kategorien erforderlich gewesen wäre, entstand erst ganz allmählich im Verlauf des Spätmittelalters und war nie wirklich allgemeingültig. Immerhin war für den medizinischen Bereich im Mittelalter im allgemeinen annähernd die beschriebene Einteilung kennzeichnend.[15]

Über die Zahl der praktizierenden Mediziner im mittelalterlichen Europa liegen uns nur ganz grobe Angaben vor. Dennoch können wir aus den uns vorliegenden fragmentarischen Informationen einiges erfahren. Im Jahre 1338 lebten in Florenz (das zweifellos über mehr Ärzte pro Einwohner verfügte als die durchschnittliche europäische Stadt) etwa sechzig zugelassene praktizierende Mediziner aller Stufen (einschließlich der Chirurgen und nichtakademischen »Empiriker«), die für eine Bevölkerung von 120 000 Einwohnern zuständig waren. Zwanzig Jahre später, nachdem der Schwarze Tod die Bevölkerung dezimiert hatte, kamen auf 42 000 Einwohner sechsundfünfzig zugelassene praktische Mediziner. Dieses Verhältnis von zwölf oder dreizehn Ärzten pro 10 000 Einwohner galt auch für den Rest des Jahrhunderts.[16] In ländlichen Gebieten bot sich der Bevölkerung

Cælitate mɦ̄e: Lɨb' τᴄᴜᴋ

*Abb. 13.6.: Trotula, eine Heilerin aus Salerno. London, Wellcome Institute Library, MS 544, S. 65 (12. Jh.).*

bestimmt weitaus seltener die Gelegenheit, einen ausgebildeten Arzt aufzusuchen.

Unter den praktizierenden Medizinern des Mittelalters befand sich eine große Zahl von Frauen, die in der Geburtshilfe und Frauenheilkunde, aber auch in anderen medizinischen Fachbereichen tätig waren. Die berühmteste unter ihnen ist Trota oder Trotula, die im zwölften Jahrhundert in Salerno wirkte. Sie hat vielleicht nicht nur das ihr üblicherweise zugeschriebene Buch über Frauenheilkunde verfaßt, sondern offenbar auch ein allgemeineres Werk, das praktische Heilmittel und Ratschläge enthält. In bestimmten Teilen Europas gab es auch zahlreiche jüdische Mediziner.[17]

*Abb. 13.7: Medizinunterricht. Aus einer Kopie von Avicennas Kanon der Medizin, Paris, Bibliothèque Nationale, MS Lat. 14023, Fol. 769v (14. Jh.).*

## Medizin an den Universitäten

Am meisten wissen wir über jene praktizierenden Mediziner, die an den formal organisierten Medizinschulen des mittelalterlichen Europa studierten oder lehrten. Weil diese Ärzte des Lesens und Schreibens mächtig waren und schriftliche Zeugnisse hinterließen, die uns heute noch vorliegen, können wir einiges über ihre Identität, ihre Studien und die von ihnen betriebene medizinische Praxis erfahren.[18]

Formale medizinische Studien tauchen, soweit bekannt, erstmals in den Domschulen des zehnten und elften Jahrhunderts auf – Ziel dieses Unterrichts war nicht die Ausbildung professioneller Ärzte, sondern lediglich die Erweiterung der Allgemeinbildung. In Chartres beispielsweise setzen medizinische Studien etwa im Jahre 990 n. Chr. ein, und im folgenden Jahrhundert fand in ähnlichen Schulen andernorts Unterricht im Fach Medizin statt.[19] Aber zur ersten Assimilierung der gerade übersetzten medizinischen Werke aus der griechisch-arabischen Tradition kam es erstmals im Salerno des zwölften Jahrhunderts, und in dieser Stadt entwickelte sich die Medizin auch zum akademischen Beruf. Die Triebkraft hinter diesen Entwicklungen war nicht reine intellektuelle Neugier oder medizinischer Altruismus (wenn auch beides zweifellos in Maßen vorhanden war), sondern das Streben nach Status und beruflichem Aufstieg. Ärzte, die sich bereits an der Spitze der oben beschriebenen Hierarchie befanden und daher bereits gebildet waren, sahen die Chance, ihren Status dadurch zu steigern, daß sie in Anlehnung an andere akademischen Berufe wie beispielsweise im Rechtswesen, von den praktizierenden Medizinern die Erbringung formeller intellektueller Nachweise verlangten. Ziel war es, den Status der Medizin über den einer Kunst oder eines Handwerks hinaus zu dem einer Wissenschaft zu erheben. Die Entwicklung in Salerno zog weitere Kreise, und im dreizehnten Jahrhundert entstanden bedeutende medizinische Fakultäten an den Universitäten von Montpellier, Paris und Bologna. Eher unbedeutende medizinische Fakultäten entstanden unter anderem in Padua, Ferrara und Oxford.

Die Institutionalisierung der Medizin an den Universitäten des Mittelalters war von hoher Bedeutung für die Entwicklung der medizinischen Theorie und Praxis. Zunächst einmal garantierte eine solche Institutionalisierung die Weiterführung und Kontinuität der medizinischen Studien, während sie gleichzeitig sicherstellte, daß vom Mittelalter bis zur Gegenwart stets eine einflußreiche Gruppe akademisch gebildeter Ärzte zur Verfügung stand. Zweitens entstand durch die Etablierung medizinischer Studien an den Universitäten (im Gegensatz zu anderen Institutionen) eine Verbindung zwischen Medizin und anderen Wissensbereichen – dies hatte tiefgreifenden Einfluß auf die Entwicklung der Medizin. Insbesondere war ein Abschluß der Fakultät der Künste die typische (wenn auch nicht allgemeingültige) Voraussetzung für die Aufnahme des Medizinstudiums; und das bedeutete, daß Medizinstudenten über das logische und philosophische Handwerkszeug verfügten, mit dessen Hilfe die Medizin (zu ihrem Vor- oder Nachteil) in ein strenges akademisches Unternehmen umgestaltet werden sollte. Damit hatte die Medizin auch Zugang zur aristotelischen Naturphilosophie, von der die Medizin einige wichtige Prinzipien übernahm, und zur astrologischen Theorie (und der damit einhergehenden Astronomie), welche bei der ärztlichen Diagnose und im Arsenal der Behandlungsmöglichkeiten eine wichtige Rolle spielen sollte. Wir möchten kurz auf den Lehrplan der Mediziner eingehen.

Der Unterricht baute (zunächst in Salerno, später an anderen Medizinschulen) während einer gewissen Zeit auf einer Sammlung kurzer Abhandlungen auf, die insgesamt als *Articella* bekannt sind. Diese Sammlung enthielt eine Einführung in die Medizin von Hunain ibn Ishaq (im Westen bekannt als Johannitius), verschiedene kurze Schriften aus dem hippokratischen Korpus und Bücher über Harnuntersuchung und Pulsdiagnose. Im vierzehnten und fünfzehnten Jahrhundert kamen ergänzend die Werke

Galens, Rhazes', Haly Abbas', Avicennas und anderer hinzu. Dieser Lehrplan war eindeutig philosophisch ausgerichtet – die medizinische Theorie mußte sich allgemeineren naturphilosophischen Prinzipien unterordnen. Die angewandten Lehrmethoden waren typisch akademisch: Kommentierung autoritativer Texte und Disputation über Probleme. Aber das bedeutete nicht (wie manchmal behauptet wird), daß es sich bei der Medizin an den Universitäten um ein rein theoretisches, an Lehrbücher gebundenes Fach handelte. In Wirklichkeit waren viele Universitätsprofessoren nebenher auch als praktische Mediziner tätig, und von Medizinstudenten wurde häufig die Absolvierung eines Praktikums erwartet.[20]

Und schließlich: Gibt es irgendwelche Angaben zur Zahl der teilnehmenden Studenten? Tatsächlich liegen Splitter solcher Informationen vor. Während eines Zeitraums von fünfzehn Jahren zu Beginn des fünfzehnten Jahrhunderts verlieh die Universität von Bologna (eine der bedeutendsten Medizinschulen Europas) fünfundsechzig Doktortitel in Medizin und einen in Chirurgie. In einem Zeitraum von sechsunddreißig Jahren verlieh später im selben Jahrhundert die Universität Turin (ebenfalls in Norditalien) insgesamt dreizehn Titel. Und während der ersten sechzig Jahre ihres Bestehens (vom Jahre 1477 an) machte an der Universität Tübingen durchschnittlich ein Mediziner pro Jahr seinen Abschluß. Natürlich war die Zahl der Medizinstudenten weit höher als die der verliehenen Titel, denn die meisten Studenten schlossen ihr Studium gar nicht ab. Man schätzt das mögliche Verhältnis zwischen Studienabbrüchen und -abschlüssen auf etwa 10 zu 1. Eigentlich sagen uns diese Zahlen nur, daß akademisch gebildete Ärzte, insbesondere solche mit einem Doktortitel der Medizin, dünn gesät und Mitglieder einer städtischen Elite waren und größtenteils nur den Reichen und Mächtigen zur Verfügung standen.[21]

## Krankheit, Diagnose, Prognose und Behandlung

Die von einem praktizierenden Mediziner des Mittelalters vertretenen medizinischen Theorien, seine Diagnosemethoden und Behandlungen waren abhängig von seiner Bildung, seiner Fachrichtung und den Bedingungen, unter denen er seinen Beruf ausübte. Am meisten wissen wir natürlich über die Ansichten und Vorgehensweisen der gebildeten Ärzte; aber es besteht Grund zu der Annahme, daß ihre Ansichten und praktischen Kenntnisse nach unten durchsickerten und daher auch andere Ebenen der Heilkunst beeinflußten. Beispielsweise existieren zahlreiche Hinweise darauf, daß medizinische Abhandlungen für praktizierende Mediziner, die kein Latein beherrschten, aus dem Lateinischen (zumindest in Auszügen) in bestimmte Landessprachen übersetzt wurden.[22] Gleichzeitig läßt sich feststellen, daß die volkstümliche Medizin mit ihren allgemein bekannten Hausmitteln tendentiell wiederum in die höheren Ebenen vordrang, also die Berufsmedizin und (bis zu einem gewissen Grad) sogar die Schulmedizin beeinflußte. Wir können also nicht völlig falsch liegen, wenn wir davon ausgehen, daß die folgenden Elemente medizinischen Denkens und medizinischer Praxis in unterschiedlichem Maße beinahe auf allen Ebenen der mittelalterlichen Heilkunde eine Rolle spielten.

Grundlage der mittelalterlichen Krankheitstheorie war die Annahme, daß jeder Mensch eine für ihn typische Komplexion, ein typisches Temperament besitzt. Dieses wird bestimmt vom Verhältnis der vier Elemente und ihrer entsprechenden Qualitäten (warm, kalt, naß, trocken) im Körper dieses Menschen. Man ging davon aus, daß jedes Individuum ein ganz spezielles Wesen besaß; das für einen bestimmten Menschen »normale« Verhältnis der Elemente konnte für einen anderen »anormal« sein. In engem Zusammenhang mit dieser Wesenstheorie stand der von Galen und den Hippokratikern stammende Gedanke, daß im Körper vier grundlegende, physiologisch bedeutende Säfte oder Flüssigkeiten vorhanden sind – Blut, Schleim, schwarze Galle und gelbe Galle – und daß vermittels dieser vier Säfte das Gleichgewicht der Qualitäten aufrechterhalten wird. Und man ging davon aus, daß Gesundheit bei Gleichgewicht, Krankheit bei Ungleichgewicht der Qualitäten auftrat. Beispielsweise nahm man an, daß Fieber dann auftrat, wenn das Herz zuviel Wärme abgab. Und schließlich glaubte man, Gesundheit bzw. Krankheit hingen von einer Reihe von Bedingungen ab, die man die »nicht natürlichen« Bedingungen nannte: die eingeatmete Luft, Essen und Trinken, Schlaf und Wachzustand, Aktivität und Ruhe, Rückhaltung und Ausscheidung (von Nährstoffen) und Geisteszustand.[23]

Wenn Krankheit bei Abweichung vom normalen Wesen eines Menschen auftritt, dann muß eine Behandlung auf die Wiederherstellung des Gleichgewichtes abzielen. Dazu standen verschiedene Methoden zur Verfügung. Die erste war diätetischer Natur: Da es sich bei den Säften um die Endprodukte der zugeführten Nahrung handelte, war eine entsprechende Diät für die Erhaltung der Gesundheit absolut unabdingbar. Zur Wiederherstellung des Gleichgewichts wurden zusätzlich unter Umständen auch Arzneien verschrieben, die im Hinblick auf ihre vorrangigen Eigenschaften klassifiziert waren. Wenn drastischere Maßnahmen erforderlich schienen, ließen sich die überschüssigen Körpersäfte durch Abführen, Erbrechen und Aderlaß entfernen. Um zu entscheiden, welche dieser Behandlungen in Frage kam, mußte der Arzt sich mit dem Lebensstil oder der Diätetik des Patienten vertraut machen (dies umfaßte Ernährung, Bewegung, Schlaf, Geschlechtsleben und Bäder). Auf der Grundlage dieser Informationen konnte er das individuelle Wesen dieses Menschen und die zu dessen Aufrechterhaltung erforderliche Lebensweise festlegen. Ja, eigentlich sollte

*Abb. 13.8: Eine Apotheke. London, British Library, MS Sloane 1977,*
*Fol. 49v (14. Jh.). Mit Genehmigung der British Library.*

der Arzt, um einen größtmöglichen Erfolg zu erzielen, die Aktivitäten
seines Patienten über einen längeren Zeitraum hinweg genau beobachten –
ein Ziel, das nur im Falle des (vermutlich akademisch gebildeten) Arztes
eines wohlhabenden Dienstherren realistisch war. Nachdem der Schulmediziner nun seinen Dienstherren/Patienten über einen gewissen Zeitraum
hinweg beobachtet hatte, war er (theoretisch) in der Lage, den für die
Erhaltung oder die Wiederherstellung der Gesundheit erforderlichen Ratschlag zu erteilen. Die Schulmedizin (und zu einem gewissen Grad auch
die weniger akademisch geprägte medizinische Praxis) orientierte sich also
an dem Ideal, dem zufolge der Arzt die Rolle eines medizinischen Beraters
spielte, dessen wichtigste Aufgabe in dem Bereich lag, den wir heute
Präventivmedizin nennen würden; wenn die Präventivmaßnahmen fehl-
schlugen, mußte er aber auch in der Lage sein, eine angemessene Behandlung durchzuführen.[24]
  Die verbreitetste Form des ärztlichen Eingriffs war die medikamentöse

351

Behandlung, und daher war die Fähigkeit, Arzneien zu erkennen und zuzubereiten in Zusammenhang mit der Kenntnis ihrer jeweiligen spezifischen Heilkräfte, ein wichtiges Element der Kunst der meisten mittelalterlichen Heiler. Bei Arzneien konnte es sich um reine Produkte oder um Mischungen handeln; am häufigsten waren die Inhaltsstoffe pflanzlicher Herkunft, es fanden aber auch tierische und mineralische Substanzen Verwendung. Bei vielen Arzneien handelte es sich um Hausmittel, deren Gebrauch sich über viele Generationen hinweg bewährt hatte. So hatte beispielsweise lange Erfahrung die örtlichen Heiler gelehrt, welche pflanzlichen Substanzen als Abführ- oder Schmerzmittel zu gebrauchen waren. Es besteht kein Zweifel daran, daß einige im Mittelalter verwendete Arzneien wirksam waren; die Mehrzahl jedoch war einfach nur harmlos, einige vielleicht gefährlich. Und manches war einfach ekelhaft – beispielsweise der Glaube, daß Schweinemist ein erfolgreiches Heilmittel bei Nasenbluten sei. In diesem Fall läßt sich schon sagen, daß die Behandlung schlimmer war als das Leiden.[25]

So gab es im Mittelalter also eine wichtige empirische (häufig volkstümliche) Komponente in der medikamentösen Behandlung, dazu kam aber eine wichtige theoretische Komponente, die von den medizinischen Traditionen der Griechen und Araber ausging. Das Werk *De materia medica* von Dioskurides fand im Westen (in einer überarbeiteten und erweiterten Ausgabe) nur geringe Verbreitung; im zwölften Jahrhundert erschienen neue und einflußreichere medizinische Rezeptsammlungen; und schließlich ergänzten neue Übersetzungen der Werke Galens, Avicennas und anderer den für die Organisation und Systematisierung der pharmazeutischen Kenntnisse erforderlichen theoretischen Unterbau. Die grundlegende theoretische Annahme lautete, daß natürliche Substanzen heilende Eigenschaften besitzen, die mit ihren Primärqualitäten zusammenhängen: warm, kalt, naß, trocken. Dieser Theorie fügte Avicenna den Gedanken an, daß medizinische Substanzen vielleicht auch eine von ihren Grundqualitäten unabhängige »spezifische Form« besitzen, durch die sich rein von den vier Elementarqualitäten her zunächst nicht unmittelbar verständliche Heilerfolge erklären lassen. So leitete sich die im zwölften Jahrhundert im *Antidotarium Nicolai* aufgeführte bemerkenswerte Heilwirkung des Theriak (einer seit dem Altertum bekannten, unter anderem aus Vipernfleisch hergestellten Arznei) von dessen spezifischer Form ab[26]:

Theriak ... hilft bei den meisten ernstlichen Leiden des gesamten menschlichen Körpers; gegen Epilepsie, Starrkrampf, Schlaganfall, Kopfschmerzen, Magenschmerzen und Migräne; bei Heiserkeit der Stimme und Beengung der Brust; gegen Bronchitis, Asthma, Bluthusten, Gelbsucht, Wassersucht, Lungenentzündung, Kolik, innere Verletzungen, Gallenstein und Cholera; es fördert die Menstruation und die Abstoßung des toten Fötus; es heilt Lepra, Pocken, Wechselfieber und andere chronische Leiden; besonders wirksam ist es bei sämtlichen Giften und den Bissen

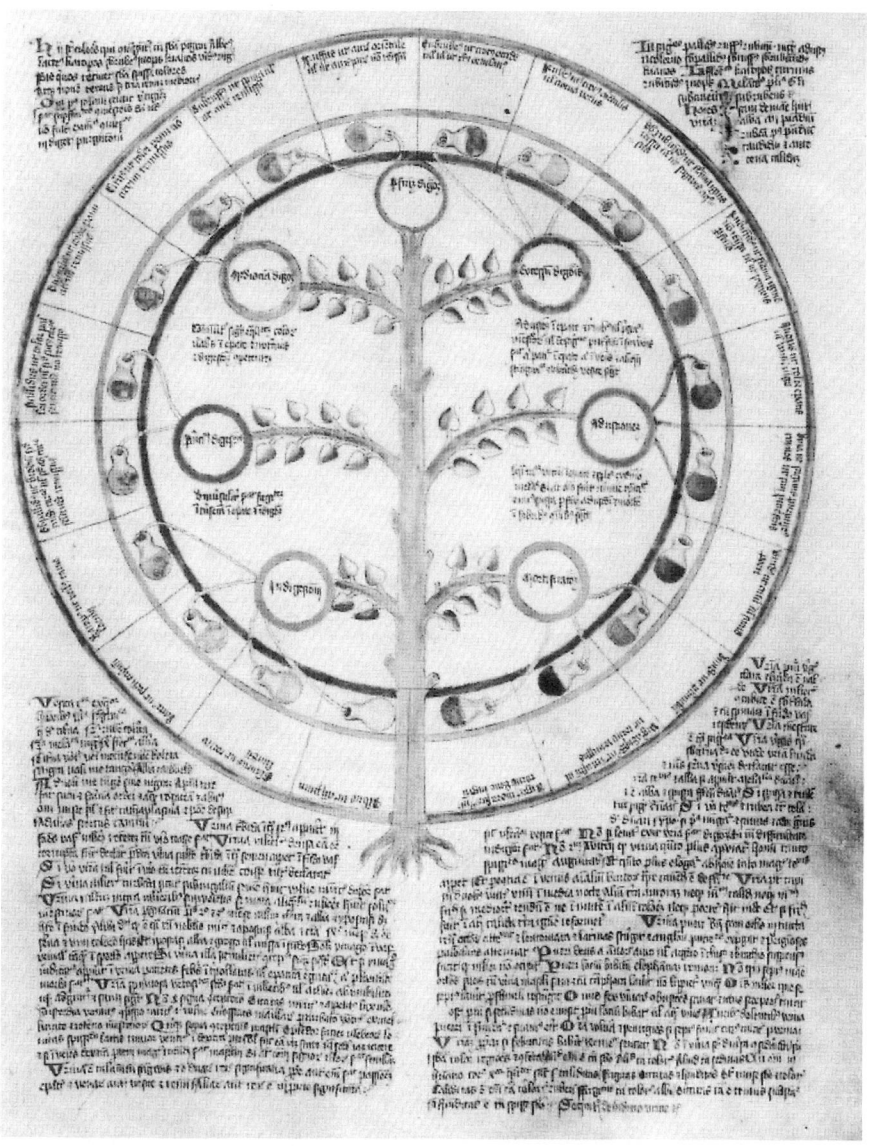

*Abb. 13.9: Eine Tabelle zur Harnfarbe. Verschiedene Farbzustände des Harns werden mit bestimmten Stadien der Verdauung in Verbindung gebracht. London, Wellcome Institute Library, MS 49, Fol. 42r (15. Jh.). Eine genauere Besprechung s. Nancy G. Siraisi: Medieval and Early Renaissance Medicine, S. 126.*

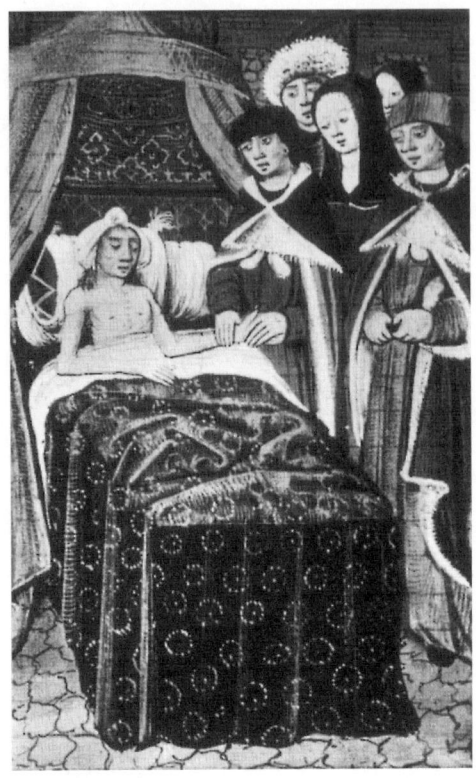

*Abb. 13.10: Pulsdiagnose. Glasgow University Library, MS Hunter 9, Fol. 76r (15. Jh.). Eine Besprechung der Abbildung findet sich bei MacKinney: Medical Illustrations from Medieval Manuscripts, S. 16 f. Mit Genehmigung des Bibliothekars der Glasgow University Library.*

von Schlangen und Kriechtieren…; es behebt jede Fehlleistung der Sinne [?], es stärkt Herz, Hirn und Leber und hält und macht den ganzen Körper frei von Leiden.

Ein weiterer für die Theorie bedeutsamer Bereich war die Frage, wie die Eigenschaften von Arzneimischungen mit den Eigenschaften ihrer einzelnen Bestandteile zusammenhingen. Sowohl islamische wie auch europäische Autoren widmeten sich der ausführlichen theoretischen Diskussion (einschließlich der mathematischen Analyse) dieser Frage. Tatsächlich wurde die oben (in Kap. 12) abgehandelte Doktrin der Intensivierung und Abschwächung teilweise deswegen entwickelt, weil sie sich auf die pharmazeutische Theorie anwenden ließ.[27]

Wir können diesen Bericht über Krankheit und ihre Behandlung im

Mittelalter nicht abschließen, ohne vorher noch auf zwei vorrangige Diagnosemethoden einzugehen – die Urinuntersuchung und die Pulsdiagnose. Beide Methoden waren bereits im Altertum von verschiedenen Autoren, unter anderem von Galen, empfohlen worden. Ihre zentrale Stellung in der spätmittelalterlichen Diagnose sicherten im weiteren zwei kurze Abhandlungen in der *Articella*, eine über den Puls, die andere über den Urin, sowie ausführlichere Besprechungen in Avicennas *Kanon der Medizin*. Man ging davon aus, daß die Urinuntersuchung über den Zustand der Leber, der Puls über den Zustand des Herzens Aufschluß geben konnte. Entscheidende Kriterien bei der Untersuchung des Urins waren dessen Farbe, Konsistenz, Geruch und Klarheit. Beispielsweise behauptete Anfang des dreizehnten Jahrhunderts der Medizinautor Giles von Corbeil, daß »dicker, weißlicher, milchiger oder bläulich-weißer Urin auf Wassersucht, Kolik, Gallenstein, Kopfschmerz, überschüssigen Schleim, Rheuma der Glieder oder einen Ausfluß« hinweise.[28] In den medizinischen Schriften des Mittelalters tauchten immer wieder Tabellen auf, die über den Zusammenhang zwischen der Farbe des Urins und bestimmten Krankheiten Aufschluß gaben (s. Abb. 13.9).

Wenn der Arzt den Puls eines Patienten fühlte, dann achtete er auf dessen Stärke, Dauer, Regelmäßigkeit, Breite und so weiter. Es wurden zahlreiche unterschiedliche Ausprägungen des Pulses unterschieden und verschiedene Kategorisierungen entwickelt. Eine anonyme Abhandlung aus dem dreizehnten Jahrhundert empfiehlt die folgenden Kriterien[29]:

Die verschiedenen Pulsschläge werden vom Arzt auf vielerlei Weise unterschieden, insbesondere gemäß der folgenden fünf Merkmale: (1) Bewegung der Arterien; (2) Zustand der Arterie; (3) Dauer von Diastole und Systole; (4) Stärker- oder Schwächerwerden des Pulsschlags; (5) Regelmäßigkeit oder Unregelmäßigkeit des Schlags. Aus diesen Merkmalen lassen sich zehn verschiedene Arten des Pulsschlags herleiten.

Aufgrund des Schwächerwerdens des Pulsschlages ließ sich der Zeitpunkt des Todes voraussagen, und so war er ebenso hilfreich bei der Prognose wie bei der Diagnose.

Bisher haben wir ein vorrangiges Element der medizinischen Theorie und Praxis umgangen, ein Element, das die Ansichten des mittelalterlichen Heilers und die von ihm verschriebene Behandlung beeinflußte und bestimmte: den Glauben an den Einfluß der Planeten einerseits auf die Ursachen, andererseits auf die Heilung von Krankheiten. Es gab gute Gründe dafür, an einen solchen Einfluß der Planeten zu glauben. Zunächst einmal konnte man sich auf medizinische Autoritäten berufen: Mehrere der hippokratischen Schriften enthielten Absätze, die man als Bestätigung eines himmlischen Einflusses interpretieren konnte, und im Spätmittelalter kursierte unter dem Namen des Hippokrates eine Abhandlung über astrologische Medizin. Was jedoch viel wichtiger war: Jeder, der die Grundlagen

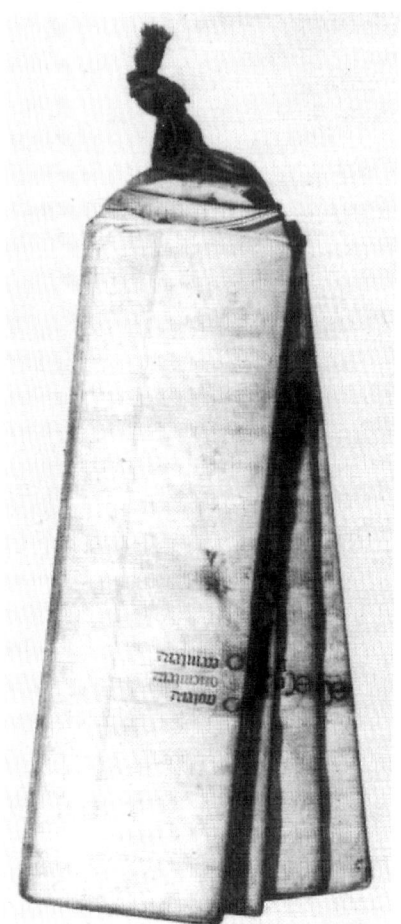 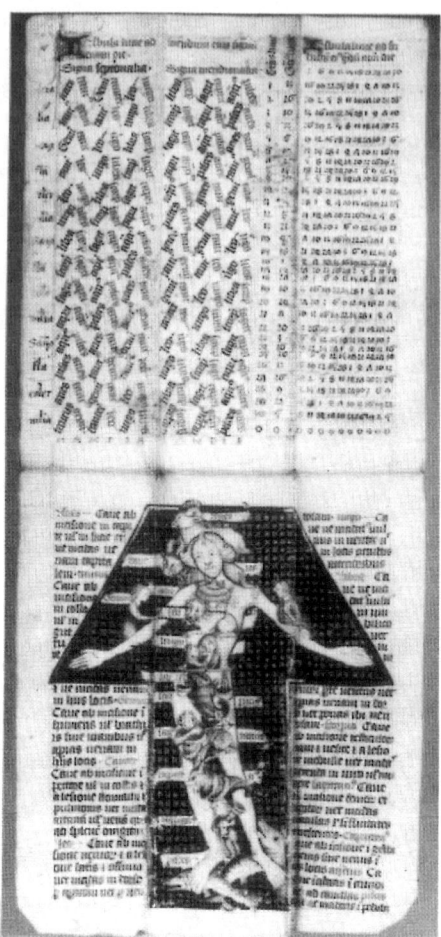

*Abb. 13.11: Das Gürtelbuch eines Arztes. London, Wellcome Institute Library. Ein praktisches Handbuch für den Arzt, das am Gürtel getragen werden sollte. Die Illustration links zeigt, wie das Buch zusammengelegt ist. Rechts ist eine Seite zu sehen, die astrologische Informationen enthält. Eine ausführliche Besprechung findet sich bei John E. Murdoch: The Album of Science: Antiquity and the Middle Ages, S. 318 f.*

der Naturphilosophie begriffen hatte, wußte, daß der Himmel auf die Vorgänge im menschlichen Körper und seine Umwelt Einfluß hatte; und es gab überhaupt keinen Anlaß, daran zu zweifeln, daß dieser Einfluß sich auf Gesundheit und den Krankheitsverlauf auswirkte.[30]

Der Einfluß des Himmels begann mit der Empfängnis: er wirkte sich auf das Temperament oder das Wesen des gerade gezeugten Embryos aus.

Nach der Geburt empfing jedes menschliche Wesen einen ständigen Strom himmlischer Kräfte, entweder direkt oder durch die ihn umgebende Luft hindurch, und diese Einflüsse äußerten sich im Temperament, in Gesundheit und Krankheit. Tatsächlich berief man sich häufig auf astrologische Einflüsse, wenn es um die Erklärung großer Epidemien ging, beispielsweise den Schwarzen Tod in den Jahren 1347–1351. Als die medizinische Fakultät der Universität Paris eine Erklärung für diese spezielle Seuche finden sollte, kam sie zu dem Schluß, daß diese von einer Fäulnis der Luft herrührte, die eine im Jahre 1345 aufgetretene besondere Konstellation von Jupiter, Saturn und Mars ausgelöst hatte.[31]

Wenn eine Krankheit auftrat, mußte der Arzt, auf die herrschende Planetenkonstellation achten, um eine erfolgreiche Behandlung verschreiben zu können. Die Herstellung und Verabreichung von Medikamenten mußte zeitlich so abgestimmt sein, daß sie mit günstigen Planetenkonstellationen zusammenfiel, und die richtige Dosierung hing ebenfalls von astrologischen Faktoren ab. Auch für chirurgische Eingriffe, beispielsweise den Aderlaß, mußte der richtige Zeitpunkt bestimmt werden. Chirurgische Abhandlungen enthielten häufig »Aderlaß-Zahlen«, die dem Benutzer die geeigneten Zeitpunkte für den Aderlaß an bestimmten Blutpunkten nannten. Und schließlich wurde auch zur hippokratischen Theorie der »kritischen Tage«, die davon ausgeht, daß der Verlauf einer Krankheit bestimmte Krisen oder Wendepunkte aufweist, eine astrologische Verbindung hergestellt. Zu den Faktoren, die man für den Ausgang einer Krise für entscheidend hielt, zählte ihr Zeitpunkt – d.h. ob sie an einem unter astrologischen Gesichtspunkten günstigen Tag auftrat oder nicht.

## Anatomie und Chirurgie

Die Heiler im Mittelalter hatten zweifellos eine Vorliebe für bescheidenere Formen medizinischer Eingriffe, wie beispielsweise die Diätetik und die Verschreibung von Arzneien. Aber es gab Leiden und medizinische Notfälle, die drastischere Maßnahmen erforderlich machten, und in Europa lebten zu jeder Zeit praktizierende Mediziner, die bereit waren, chirurgisch in den Körper vorzudringen. Es gab viele Arten von Chirurgen, sie unterschieden sich in ihrer Fachrichtung und ihrem Bildungsniveau und reichten vom reisenden Empiriker, der sich auf einen bestimmten chirurgischen Eingriff spezialisiert hatte, bis zum akademisch gebildeten Chirurgen im Dienste eines Königs oder Papstes. Es war immer die Tendenz vorhanden, die Chirurgie als Handwerk zu betrachten, das unter der Würde eines akademisch gebildeten Arztes lag. Doch in Südeuropa (beispielsweise in Montpellier und Bologna) gelang es den Chirurgen, ihrem Fach an den

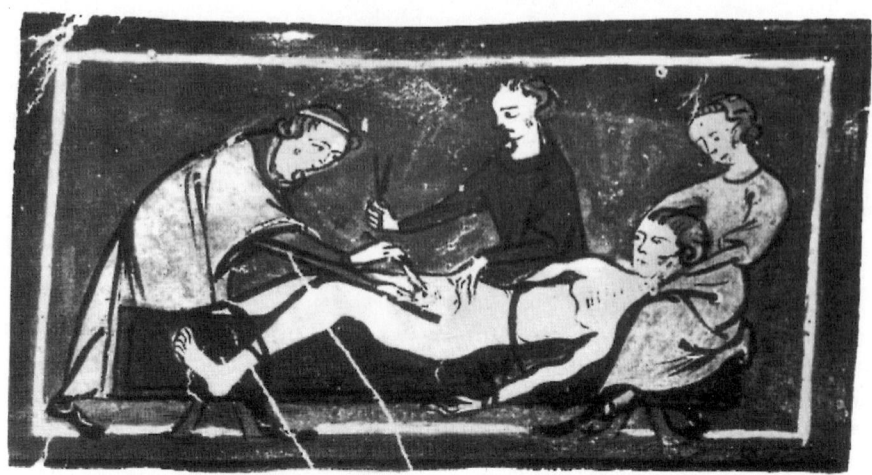

*Abb. 13.13: Operation eines Leistenbruchs. Man beachte, daß der Patient gefesselt ist und festgehalten wird. Montpellier, Bibliothèque Interuniversitaire, Section Mèdecine, MS H.89, Fol. 23r (14. Jh.). Besprochen wird diese Abbildung in MacKinney: Medical Illustrations from Medieval Manuscripts, S. 78–80.*

Universitäten eine institutionelle Heimat zu schaffen und sich auf diese Weise ihren intellektuellen Status zu sichern. Durch die im zwölften und dreizehnten Jahrhundert angefertigten Übersetzungen wurde dem Westen eine umfangreiche arabische Literatur zum Thema Chirurgie zugänglich, und diese löste wiederum eine europäische Tradition chirurgischen Schrifttums aus. Unter den bedeutendsten europäischen Abhandlungen befanden sich die *Chirurgia* von Roger Frugard (zwölftes Jahrhundert), von der häufig kurze Abschnitte im Umlauf waren, und die *Chirurgia magna* (oder *Große Chirurgie*) von Guy de Chauliac (ca. 1290 – ca. 1370), der drei Päpsten als Arzt und Chirurg diente. Guys Werk fand nicht nur in lateinischer Sprache weite Verbreitung, es wurde außerdem ins Englische, Französische, Provenzalische, Italienische, Holländische und Hebräische übersetzt.[32]

Zweifellos hatten die meisten chirurgischen Eingriffe nicht viel Heroisches an sich – es handelte sich vorwiegend um Behandlungen wie etwa das Richten eines Knochenbruchs, die Einrenkung eines verrenkten Gelenks, das Verbinden von Geschwüren oder Verletzungen, das Reinigen und Nähen einer Wunde oder das Aufstechen eines Furunkels. Aderlaß und Kauterisation (dabei sollten durch das Aufbringen heißen Eisens auf verschiedene Stellen des Körpers Geschwüre entstehen, durch die unerwünschte Flüssigkeiten abfließen konnten) wurden ebenfalls häufig angewendet.[33] Auch die Entfernung äußerlicher Hämorrhoiden war möglicherweise eher eine Routineangelegenheit. Aber manche mittelalterlichen

358

*Abb. 13.13: Operation am grauen Star (oben) und an den Polypen (unten).
Oxford, Bodleian Library, MS Ashmole 1462, Fol. 10r (12. Jh.).
Ein Kommentar zu dieser Zeichnung findet sich bei MacKinney:
Medical Illustrations from Medieval Manuscripts, S. 70 f.*

Chirurgen widmeten sich ehrgeizigeren Projekten. Die operative Entfernung von grauem Star – dabei wurde mit einem scharfen Instrument die Hornhaut durchschnitten und die Augenlinse aus ihrer Kapsel heraus auf den Grund des Auges gedrückt – ist ein Beispiel dafür. Weitere Beispiele sind die Entfernung von Blasensteinen und die chirurgische Behebung von Knochenbrüchen. Zur Veranschaulichung mag ein Text dienen, in dem die Entfernung eines Blasensteins beschrieben wird:

Wenn ein Blasenstein vorhanden ist, vergewissere man sich dessen folgendermaßen: eine starke Person soll auf einer Bank Platz nehmen und ihre Füße auf einen Schemel stellen. Der Patient sitzt auf ihrem Schoß, seine Beine sind mit einem Verband an seinem Hals festgebunden oder ruhen auf den Schultern des Assistenten. Der Arzt steht vor dem Patienten und führt zwei Finger seiner rechten Hand in den

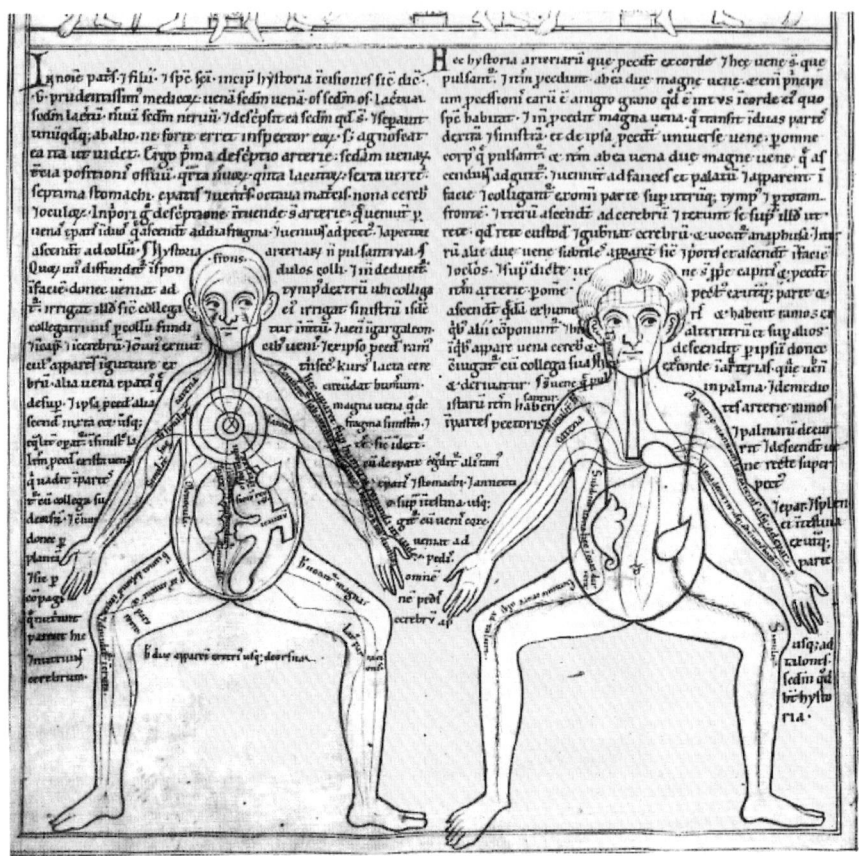

Abb. 13.14: *Die Anatomie des Menschen. Dargestellt ist Galens Vorstellung von den Venen (links) und Arterien (rechts). München, Bayerische Staatsbibliothek, CLM 13002, Fol. 2v (12. Jh.). Kommentar und weitere anatomische Zeichnungen bei Siraisi: Medieval and Early Renaissance Medicine, S. 92–95.*

After ein. Dabei drückt er mit der linken Faust auf das Schambein des Patienten. Er umfaßt die Blase von oben und greift sie ab. Wenn er auf ein hartes, festes Kügelchen stößt, dann ist das ein Stein in der Blase. ... Wenn der Stein entfernt werden soll, dann sollen dem zwei Tage leichte Kost und Fasten vorausgehen. Am dritten Tag ... lokalisiere man den Stein und bewege ihn zum Blasenhals; dort, am Eingang, mache man zwei Fingerbreit über dem After mit einem Instrument längs einen Schnitt und entferne den Stein.

Und um ein letztes Beispiel für riskante chirurgische Eingriffe anzuführen: ein Schädelbruch machte mitunter eine Trepanation erforderlich (dabei wurden mit einer Säge kleine Löcher in den Schädel gebohrt). Dadurch

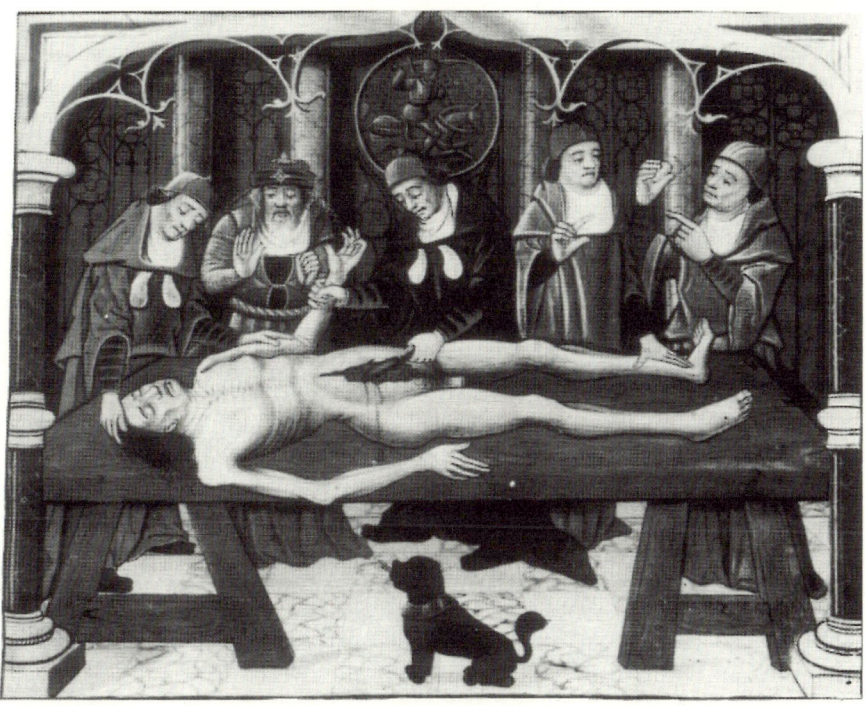

*Abb. 13.15: Sektion eines Menschen. Paris, Bibliothèque Nationale, MS Fr. 218, Fol. 56r (Ende d. 15. Jh.).*

wurde der Druck vermindert und Blut und Eiter konnten abfließen. Und all diese Eingriffe wurden unter minimaler Verabreichung von Schmerz- oder Betäubungsmitteln vorgenommen. Wenn die mittelalterliche Chirurgie überhaupt ein offensichtlich heroisches Element hatte, dann war das der Patient.[34]

Wieviel wußte der mittelalterliche Chirurg oder Arzt über die menschliche Anatomie, und welchen Rang nahmen der Anatomieunterricht und die praktische anatomische Erfahrung in der Ausbildung praktizierender Mediziner ein? Obwohl Galen betont hatte, wie wichtig Anatomiekenntnisse für die erfolgreiche Behandlung von Krankheiten seien, war die Verbindung zwischen den Anatomiekenntnissen und der klinischen Seite der medizinischen Praxis im Mittelalter auch weiterhin so dünn wie im Altertum. Die meisten praktizierenden Ärzte des Mittelalters stellten zweifellos fest, daß sie mit einem Minimum an Anatomiekenntnissen ganz gut zurechtkamen, denn wenn sie Ratschläge erteilten, Diäten und pflanzliche Arzneien verschrieben, waren dazu selten, wenn überhaupt, detaillierte Kenntnisse über die Struktur des menschlichen Körpers erforderlich. Die

Ansprüche des Chirurgen waren zweifellos höher, aber immer noch bescheiden; die meisten erforderlichen Kenntnisse waren durch so alltägliche Erfahrungen wie das Schlachten von Tieren Allgemeingut oder ließen sich durch eine Lehre bei einem Chirurgen oder direkt in der Praxis gewinnen.

Dennoch lebte mit den Übersetzungen des zwölften Jahrhunderts das Interesse an Fragen der Anatomie wieder auf. Die Übersetzung der anatomischen Schriften Galens und darauf basierender arabischer Werke (von Avicenna, Haly Abbas, Rhazes und später Averroës) verschafften dem Westen einen Fundus anatomischer Literatur, der Aufmerksamkeit erregte – nicht deswegen, weil er sich sofort und in hohem Maße auf die chirurgische Praxis auszuwirken versprach, sondern weil er zu einem größeren Fundus medizinischer Theorie gehörte, um dessen Aneignung sich die Schulmediziner in ihrem Streben nach intellektuellem Status bemühten. Das neuerwachte Interesse an Anatomiekenntnissen äußerte sich erstmals im zwölften Jahrhundert in Salerno, und zwar in der Form tatsächlicher anatomischer Sektionen. Seziert wurden dabei Schweine, denn man hielt die Anatomie des Schweins für analog der menschlichen Anatomie.

Die Sektion von Menschen nahm offenbar Ende des dreizehnten Jahrhunderts in bestimmten italienischen Universitäten ihren Anfang; Vorreiter war dabei Bologna. Das Bild, das sich uns darstellt, ist verschwommen, aber offensichtlich steckte anfänglich ein juristisches Motiv hinter der Sektion – es handelte sich um an der rechtswissenschaftlichen Fakultät vorgenommene Autopsien, die der Feststellung der Todesursache dienten. In Einzelschritten, über die wir nichts wissen, breitete sich diese Praxis dann aus und schloß auch Sektionen zum Zwecke medizinischer Unterweisung ein. Im Jahre 1316 kannte sich der in Bologna lehrende Mondino dei Luzzi († ca. 1326) in der Sektion von Menschen so gut aus, daß er in der Lage war, ein Sezierhandbuch mit dem Titel *Anatomia* zu verfassen. Es war für die folgenden zwei Jahrhunderte das Standardlehrbuch für die Sektion von Menschen.[35]

Im Laufe des vierzehnten Jahrhunderts entwickelte sich die Sektion zu einem festen Bestandteil des Medizinstudiums in Padua, Bologna und an einigen anderen Universitäten. In seinem Werk *Chirurgia magna* beschrieb Guy de Chauliac das Vorgehen seines Meisters Nicolaus Bertrucius in Bologna[36]:

Nachdem er die Leiche auf einen Tisch gelegt hatte, erteilte er daran vier Lektionen. In der ersteren behandelte er die nährenden Organe [Magen und Därme], denn diese verwesen zuerst. In der zweiten Lektion wurden die Atmungsorgane [Herz, Lunge und Luftröhre], in der dritten die sinnlichen Organe [Schädel, Gehirn, Augen und Ohren] und in der vierten die Extremitäten behandelt. Und wie im Kommentar zu »Über die Sekten« [von Galen] zu lesen, muß man bei jedem Organ auf neun Dinge achten: auf die Lage, die Substanz, die Konstitution, Zahl, Form, Verhältnis der Verbindungen, Aktivitäten und Nutzen und die Krankheiten, die es befallen … Anatomische Studien betreiben wir auch an in der Sonne getrockneten oder in der Erde verwesten oder in laufendes oder kochendes Wasser getauchten Körpern. Auf diese Weise sehen wir zumindest die Anatomie der Knochen, Knorpel, Gelenke, großen Nerven, Sehnen und Bänder.

Solche Sektionen wurden im allgemeinen an den Leichen von Verbrechern vorgenommen, deren Hinrichtung unter Umständen zeitlich an die Bedürfnisse der Medizinschulen angepaßt wurden. Sie waren selten, wahrscheinlich war eine Sektion pro Jahr üblich. Und es ist wichtig zu begreifen, daß der Medizinstudent die Rolle des Beobachters übernahm, nicht die Rolle des Experimentators. Die Funktion der Sektionen lag darin, den galenischen Text zu veranschaulichen; das Motiv lag nicht in der Forschung, sondern in der Pädagogik.

Die mittelalterlichen Ärzte sind von modernen Geschichtswissenschaftler streng dafür kritisiert worden, daß sie nach einer Methode verfuhren, durch welche dem Text, und nicht dem Körper die höhere Autorität zugesprochen wurde. Unglücklicherweise führte eine solche Methodologie dazu, so wird häufig argumentiert, daß verschiedene Irrtümer in Galens Beschreibung der menschlichen Anatomie immer weitergegeben wurden. Was sollen wir von einer solchen Kritik halten? Es ist keine Frage, daß die Ärzte des Mittelalters die galenische Anatomie mit Ehrfurcht betrachteten und daher dazu neigten, den Texten Galens hohe (allerdings nicht absolute) Autorität zuzusprechen. Aber das heißt noch lange nicht, daß sie dumm waren. Wir können das anhand eines aktuellen Vergleichs veranschaulichen: Auch beim modernen Anatomielehrbuch handelt es sich um eine bemerkenswerte Errungenschaft, und wenn ein Medizinstudent bei der Ableistung des obligatorischen Anatomiekurses eine Diskrepanz zwischen dem Text und der Leiche feststellt, dann wird er diese Diskrepanz eher auf eine Besonderheit der Leiche zurückführen als auf einen Fehler im Lehrbuch. Es sollte uns nicht überraschen, daß Ärzte und Chirurgen im Mittelalter ähnlich reagierten. Sie konnten durchaus davon ausgehen, daß Galen recht hatte (das war ja größtenteils tatsächlich der Fall), und sie hatten Grund genug, das Studium des galenischen Texts als die sicherste, effektivste und – davon gar nicht zu reden – sauberste Methode zum Erwerb anatomischer Kenntnisse anzusehen.

Zwar kam der anatomischen Sektion im Medizinunterricht nur nachgeordnete Bedeutung zu, doch, wie wir bereits festgestellt haben, entstand Ende des dreizehnten und Anfang des vierzehnten Jahrhunderts dennoch eine Tradition der anatomischen Sektion. Im Verlauf der nächsten zweihundert Jahre wurde sie weiterentwickelt und gewann an Einfluß, dabei befand sie sich in ständigem Austausch mit der Lehrbuchtradition, in der das anatomische Wissen gesammelt war. Im fünfzehnten Jahrhundert entstand eine Verbindung zur Drucktechnik, welche die billige Produktion von Texten und die originalgetreue Wiedergabe anatomischer Zeichnungen ermöglichte. Mit der Arbeit einer wachsenden Gruppe von talentierten Künstlern steigerte sich die Qualität der anatomischen Zeichnungen. Und im sechzehnten Jahrhundert ermöglichten all diese Faktoren zusammengenommen und in Verbindung mit dem wiedererworbenen Zugang zu Galens griechischem Originaltext erstaunliche anatomische Leistungen, unter anderem jene des Andreas Vesalius (1514–1564).

## *Die Entstehung der Krankenhäuser*

Ich werde die Abhandlung der mittelalterlichen Medizin mit der Beschreibung einer Institution abschließen, mit der Beschreibung einer der berühmtesten Leistungen dieser Epoche – der Erfindung des Krankenhauses. Wenn wir die Entstehung des Hospitals untersuchen wollen, dann stellt sich uns zunächst einmal die Frage, was der Begriff überhaupt bedeutet. Wenn wir mit Krankenhaus alles meinen, was damals als »Hospiz« oder »Hospital« bezeichnet wurde, dann fallen darunter viele Einrichtungen, die Armen und Pilgern und auch den Kranken Verpflegung und Unterkunft, aber kaum oder gar keine fachliche medizinische Pflege boten. Wenn wir die Bezeichnung jedoch jenen Institutionen vorbehalten wollen, die sich der Behandlung von Kranken widmeten und dabei auch kompetente medizinische Pflege boten, dann legen wir ein engeres Kriterium an. Die erstere Form der Hospitäler, die im gesamten mittelalterlichen Europa verbreitet war (häufig aufgrund der Initiative von Klöstern oder Gemeinschaften von Laienbrüdern) ist für uns nicht von Interesse. Wir werden unsere Aufmerksamkeit auf die zweite Einrichtung beschränken.[37]

Woher kam nun das Krankenhaus als medizinische Einrichtung? Offenbar liegt sein Ursprung im byzantinischen Reich, wo die Ideale der christlichen Nächstenliebe im sechsten Jahrhundert und vielleicht schon lange zuvor zu der Einrichtung von Krankenhäusern geführt hatten, in denen fachliche ärztliche Pflege erhältlich war. Eines der ersten Krankenhaus, für die wir einen sicheren Nachweis besitzen, ist das Samson-Hospital in Konstantinopel (es trägt den Namen eines Heiligen aus dem vierten Jahrhundert); dort wurde beispielsweise im siebten Jahrhundert ein kirchlicher Beamter wegen einer Leisteninfektion eingeliefert, operiert und gesundgepflegt. Weitere byzantinische Krankenhäuser entstanden nach demselben Muster: im zwölften Jahrhundert konnte das Pantokrator-Hospital in Konstantinopel fünfzig Patienten aufnehmen (achtunddreißig Männer, zwölf Frauen); zu deren medizinischer und anderweitiger Versorgung beschäftigte das Krankenhaus siebenundvierzig Angestellte, zu denen auch Ärzte und Chirurgen zählten.[38]

*Abb. 13.16: Ein Krankenhaus im Mittelalter. Aus Jean Henry: Le livre de vie active des religieuses de l'Hôtel Dieu (Ende 15. Jh). Paris, Centre de l'Image de l'Assistance Publique. Besprochen wird diese Illustration bei Imbault-Huart: La médecine au moyen âge, S. 168.*

Dieses byzantinische Modell wurde in der ganzen islamischen und westlichen Welt bekannt und hatte dort Einfluß auf die Herausbildung landeseigener Systeme der Gesundheitsfürsorge. Im Islam finden sich Anfang des neunten Jahrhunderts vergleichbare medizinische Einrichtungen, möglicherweise aufgrund des Einflusses der Familie Barmak, die unter dem Kalifen Harun al-Raschid (786–809) eine mächtige Position bekleidete. Zweifellos führten viele Verbindungslinien vom byzantinischen Modell in den Westen; eine davon scheint bei der Eroberung Jerusalems während des ersten Kreuzzuges im Jahre 1099 entstanden zu sein. Kurz nach dem Fall Jerusalems strukturierten die (später als die Johanniter bekannten) Laienbrüder das Johanneshospital in Jerusalem nach byzantinischem Vorbild um. Aufgrund seiner Lage und seiner Größe wurde es in ganz Europa bekannt: ein Jahrhundert später berichteten Besucher, daß es etwa tausend Patienten oder mehr beherbergte. Mit der Zeit richteten die Johanniter eine Kette von Krankenhäusern in Italien und Südfrankreich ein. Nachdem verschiedene Statuten zur Führung dieser Krankenhäuser verkündet worden waren (in einer Fassung davon wird die Anstellung von vier Ärzten zur Versorgung der Patienten befohlen), wurde das Muster Jerusalems im Westen bekannt und nahm dort Einfluß auf den Gedanken einer Fürsorge für die Kranken und Bedürftigen; dieses Vorbild förderte die Entwicklung des Krankenhauses zu einer spezialisierten medizinischen Einrichtung.[39]

Das ist natürlich nur ein sehr grobes Bild, das viele Fragen offenläßt. Doch gleichgültig, wie die Weitergabe und Assimilierung des Krankenhausmodells als medizinische Einrichtung im einzelnen aussahen – jedenfalls verbreitete sich der Gedanke im zwölften und dreizehnten Jahrhundert rasch im Westen, so daß jede größere und kleinere Stadt in ganz Europa schließlich ein Krankenhaus besaß. Diese Krankenhäuser konnten kleiner oder größer sein, hunderte von Betten aufweisen oder nur ein halbes Dutzend. Finanziert wurden sie entweder von weltlicher oder von religiöser Seite. Die Patienten entstammten vorwiegend der Unterschicht, es gab aber auch Ausnahmen. Normalerweise beschäftigten die Hospitäler vollberufliche Ärzte und zahlten ihnen für ihre Arbeit ein jährliches Gehalt. Man war sehr darum bemüht, auf die Bedürfnisse der Patienten einzugehen – in Sachen Sauberkeit und Ernährung beispielsweise. Die Betten bestanden aus Strohmatratzen, die mit Seilen an Bettpfosten befestigt waren und jeweils zwei oder gar drei Patienten Platz boten. Eine etwa im Jahre 1288 entstandene Beschreibung der medizinischen Einrichtungen Mailands ist sehr aufschlußreich[40]:

In der Stadt, darin einbegriffen die Vororte, ... gibt es zehn Hospitäler für die Kranken. ... Das wichtigste unter ihnen ist das Krankenhaus der Brolo, das sehr gut ausgestattet ist und im Jahre 1145 von Gottfried von Busero gegründet wurde. Darin befinden sich ... vor allem in schlechten Zeiten mehr als fünfhundert bettlägerige Patienten und noch einmal so viele, die nicht liegen. All diese erhalten ihr Essen auf Kosten des Hospitals selbst. Dazu kommen 350 oder mehr Säuglinge, die nach ihrer Geburt unter der Aufsicht des Hospitals ihre eigene Pflegerin bekommen. Jeder Arme, mit Ausnahme der Leprakranken, für die es ein eigenes Hospital gibt, wird dort aufgenommen und freundlich und großzügig wieder gesundgepflegt, wobei ihm Bett und Essen gestellt werden. Auch all jene armen Leute, welche die Hilfe eines Chirurgen benötigen, werden dort von drei Chirurgen versorgt, die eigens für diese Aufgabe eingestellt sind....

Sicherlich bemüht sich dieser Bericht um eine möglichst positive Darstellung, aber er zeigt doch deutlich, was für ein eindrucksvolles Versorgungsniveau ein mittelalterliches Hospital erreichen konnte.

*Abb. 13.17: Eine Seite aus dem Kräuterbuch des Pseudo-Apuleius.*
*Beschrieben und illustriert werden Schnürgras, Schwertlilie und Rosmarin.*
*Oxford, Bodleian Library, MS Ashmole 1431, Fol. 21r (12. Jh.) Beschrieben*
*in Joan Evans, Hrsg.: The Flowering of the Middle Ages, S. 190, 352.*

## Naturgeschichte

Die umfassendsten Biologiekenntnisse waren im Mittelalter zweifellos im
Bereich der Medizin zu finden, aber es gab auch noch andere Quellen. An
der aristotelischen Naturphilosophie hatten auch Zoologie und Botanik
einen großen Anteil. In praktisch keiner Enzyklopädie fehlten Kapitel über
Pflanzen und Tiere. Kräuter- und Tierbücher waren natürlich auf das
botanische bzw. zoologische Leben spezialisiert. Und schließlich verfügten
die Menschen des Mittelalters aus eigener Erfahrung über Kenntnisse ihrer
heimatlichen Flora und Fauna. Wir werden dieses Kapitel mit einer kurzen

Untersuchung der im Mittelalter vorhandenen botanischen und zoologischen Kenntnisse abschließen.

Die Botanikkenntnise des Mittelalters waren eng mit der Medizin verbunden, da Pflanzen in erster Linie für die Herstellung von Arzneien verwendet wurden (wenn man von jenen absieht, die auf dem Speisezettel des Europäers standen). Wenn die Verwendung von pflanzlichen Arzneien erfolgreich verlaufen sollte, dann waren Handbücher erforderlich, in denen die verschiedenen Pflanzen und ihre Heilwirkungen beschrieben wurden. Und so entstand eine umfangreiche botanische Literatur, die größtenteils für praktische Zwecke angelegt war. Vorbild war Dioskurides' *De materia medica* in seiner überarbeiteten lateinischen Übersetzung, das zum praktischeren Gebrauch die Arzneisubstanzen in alphabetischer Reihenfolge aufführte. Eine typische Eintragung in einem Pflanzenbuch enthielt den oder die Namen der Pflanze, eine Aufzählung ihrer Erkennungsmerkmale einschließlich des Lebensraums, eine Beschreibung der medizinisch bedeutenden Teile und ihrer heilenden Eigenschaften und Anweisungen für ihre Verarbeitung und Verwendung. Die alphabetische Reihenfolge beweist, daß das Buch praxisorientiert war (man konnte die Arzneisubstanz anhand ihres Namens finden), d.h. es gab keine Kategorisierung nach biologischen Gattungen oder anderen theoretischen Gesichtspunkten.[41]

Aber neben diesen praktisch orientierten Kräuterbüchern gab es auch eine eher theoretische oder philosophisch ausgerichtete Literatur, die das pflanzliche Leben in den Gesamtkontext der Naturphilosophie einordnete. Der größte Teil dieses Schrifttums leitete sich mehr oder weniger von dem Aristoteles zugeschriebenen Werk *Über Pflanzen* ab (die mittelalterlichen Gelehrten glaubten, es stamme von Aristoteles; in Wirklichkeit war der Verfasser wahrscheinlich der im ersten Jahrhundert v. Chr. lebende Nikolaus von Damaskus). Zu dieser Abhandlung wurden verschiedene Kommentare verfaßt (es sind etwa ein Dutzend bekannt), der bedeutendste davon war *De vegetabilibus* von Albert dem Großen (ca. 1200–1280). Dieses Werk enthält eine Paraphrasierung von *Über Pflanzen* in Verbindung mit Alberts Bemühungen, in die Naturphilosophie der Pflanzen eine eigene geistige Ordnung zu bringen, und schließlich eine traditionelle Auflistung der Pflanzen und ihrer Verwendungsmöglichkeiten. Der Leser dieses Buches stellt fest, daß Albert beim Beobachten und Beschreiben botanischer Phänomene eine Einsicht beweist, mit der es keiner seiner Zeitgenossen aufnimmt.[42]

Man würde erwarten, daß zwischen der botanischen und der zoologischen Literatur enge Parallelen bestehen. Aber Zoologiekenntnisse hatten wenig Bedeutung für die Medizin und kaum praktischen Nutzen für andere Bereiche. Daher gab es im Bereich der Zoologie keine Entsprechung für das Archiv praktischer botanischer Kenntnisse, das Kräuterhandbuch. Ebenso wie der Botanik lag der Zoologie eine aristotelische Schriften-

*Abb. 13.18: Eine Seite aus einem mittelalterlichen Bestiarium. Zu sehen sind Wild-schwein, Ochse und Bulle. London, British Library, MS Harley 3244, Fol. 47r (Anf. 13. Jh.). Mit Genehmigung der British Library.*

tradition zugrunde, denn Aristoteles hatte eine Reihe großer und richtung-weisender zoologischer Werke verfaßt. Diese wurden (gemeinsam mit einem wichtigen Kommentar Avicennas) ins Lateinische übersetzt und erweckten großes Interesse – weniger aufgrund der darin enthaltenen detaillierten zoologischen Informationen als wegen ihrer Konsequenzen für allgemeinere Themen der Naturphilosophie. Auch hier taucht Albert der Große als bedeutende Gestalt auf. Mit seinem Buch *De animalibus* und anderen Schriften lieferte er ein umfangreiches Gesamtwerk der deskripti-ven und theoretischen Zoologie. Von besonderer Bedeutung sind seine Traktate über Ernährung und über Embryologie. In seiner Abhandlung der Empfängnis und der Entwicklung des Embryos berief er sich beispielsweise nicht nur auf die aristotelischen Zeugungstheorien, sondern in hohem

Maße auch auf seine eigenen Beobachtungen des Fortpflanzungsverhaltens der Tiere. Die Geschichte der mittelalterlichen Zoologie muß noch geschrieben werden, aber mit Albert dem Großen hatte die philosophische Seite dieser Wissenschaft sicherlich schon beinahe ihren Höhepunkt erreicht.[43]

Neben den in aristotelischer Tradition verfaßten Zoologiewerken gab es auch noch eine Reihe anderer Gattungen der Literatur über Tiere. Zwei davon sind sehr bekannt geworden. Beim ersten handelt es sich um praktische Abhandlungen über die Falknerei. Das berühmteste dieser Werke schrieb Kaiser Friedrich II. (etwa zur Mitte des dreizehnten Jahrhunderts) in Sizilien; es trägt den Titel *De arte venandi cum avibus* (Über die Kunst, mit Vögeln zu jagen). Die berühmteste Beobachtung in dieser berühmtesten vogelkundlichen Abhandlung ist Friedrichs experimentell begründete Feststellung, daß Geier ihr Futter mithilfe der Augen, nicht mithilfe des Geruchsinns aufspüren – er bewies das daran, daß Geier in Versuchen mit verbundenen Augen nicht in der Lage waren, ihre Nahrung zu finden.[44]

Friedrichs Abhandlung über die Falknerei klingt erstaunlich praktisch und modern; darin fehlt völlig die fantastische oder metaphysische Komponente, die wir heute mit dem Mittelalter in Verbindung bringen. Unser letztes Beispiel für mittelalterliche Literatur über das Tierleben geht dafür ins andere Extrem. Das mittelalterliche Bestiarium wird häufig als ein Beispiel dafür angeführt, daß die Menschen im Mittelalter nicht in der Lage waren, die Welt objektiv zu betrachten und zu korrekten zoologischen Erkenntnissen zu gelangen. Sämtliche mittelalterlichen Bestiarien basieren auf einer anonymen Abhandlung mit dem Titel *Physiologus*, die aus Alexandria stammt und (vielleicht etwa im Jahr 200 n. Chr.) in griechischer Sprache verfaßt wurde. Danach wurde sie ins Lateinische und alle wichtigen europäischen Landessprachen übersetzt. Beim *Physiologus* und allen an diesem Werk orientierten mittelalterlichen Büchern handelt es sich um Sammlungen von Tiergeschichten, die als kurze Eintragungen oder Kapitel unter dem Namen des jeweiligen Tieres eingeordnet sind – ihre Zahl reicht von rund vierzig im *Physiologus* bis zu über hundert in einigen der späteren Bestiarien.[45]

Die typische Eintragung im Bestiarium beginnt mit der etymologischen Deutung des Tiernamens. Beispielsweise wird in einem Bestiarium des zwölften Jahrhunderts im Artikel über das Pferd behauptet, daß der Name *Equus* sich davon ableite, daß Pferde »in Vierergruppen angeschirrt und dabei einander angeglichen (*equabantur* ) werden und jene, die sich dem Aussehen nach ähneln und im Schritt gleichen, zusammengespannt werden.«[46] Wenn das Tier besondere körperliche Merkmale aufweist, werden diese als nächstes angegeben; darauf folgt ein Bericht über ihr ungewöhnliches oder interessantes Verhalten und eine Beschreibung ihrer jeweiligen bewundernswerten bzw. bedauerlichen Charaktereigenschaften. Aus demselben aus dem 12. Jh. stammenden Bestiarium erfahren wir, daß der Igel von Stacheln bedeckt ist und sich bei drohender Gefahr zusammenrollt; daß es sich beim Fuchs um ein »betrügerisches und verschlagenes Tier« handelt, das sich tot stellt, um seine Beute zu fangen; daß Kraniche in militärischer Formation fliegen; daß die Schlange, die den Namen »Basilisk« trägt, mit der Macht ihres Blickes töten kann; daß der Urin des Luchses sich in einen Edelstein verwandelt; daß Löwen mitfühlend und mutig sind, und daß aus ihren Augenbrauen und ihrer Mähne auf ihre Gemütsverfassung zu schließen sei. Und schließlich enden viele (aber nicht alle) Artikel mit einer auf der Beschreibung des Tieres basierenden Moral oder einer Feststellung theologischer Natur. Der Igel ist Sinnbild der Vorsicht, der Kranich der Höflichkeit und des Verantwortungsgefühls. Der Fuchs wird als eine Art Teufel dargestellt, der den sterblichen Menschen durch sein betrügerisches Verhalten verführt. Und der männliche Löwe, der seinem totgeborenen Nachwuchs noch nach drei Tagen Lebensodem einhauchen kann, steht für Gott den Vater, der Christus von den Toten erweckt.

Wie sollen wir eine so merkwürdige Mischung aus Fakten, Fantasie und Fabel bewerten? Sicherlich liest sich das Bestiarium nicht wie ein heutiges Zoologiebuch, aber aus diesem Grund haben Wissenschaftshistoriker die Herausgeber solcher Bestiarien mitunter als inkompetente oder gescheiterte Zoologen dargestellt. Dabei gingen sie davon aus, daß diese Verfasser den Versuch machten (oder den Versuch hätten machen sollen), ein modernes Zoologiebuch zu schreiben, aber nicht wußten, wie sie das anstellen sollten. Ihr gröbster Fehler lag darin, daß sie offensichtlich nicht in der Lage waren, zwischen Fakten und Fabeln zu unterscheiden. Aber natürlich ist es lächerlich, wenn wir von den Menschen des Mittelalters erwarten, daß sie unsere Interessen und unsere Vorlieben teilen. Daß die mittelalterlichen Gelehrten durchaus in der Lage waren, so etwas wie ein Zoologielehrbuch zu schreiben, geht aus dem analogen Fall der Kräuterbücher oder der Schriften über Falknerei, auf die wir oben eingegangen sind, deutlich hervor. Und wenn mit den Bestiarien etwas anderes entstand als Zoologielehrbücher, dann müssen die Verfasser mit ihnen andere Ziele verfolgt haben.

Welchem Zweck sollte nun also das Bestiarium dienen? Es handelte sich um eine Sammlung von Tiergeschichten und Tiermythologie, war reich an Symbolkraft und Assoziationsräumen, sollte belehren und unterhalten. Und sicherlich kam weder der Verfasser noch der Leser auf die Idee, nach dem Wahrheitsgehalt dieser Geschichten zu fragen, in dem Sinne wie die Behauptungen der aristotelischen Naturphilosophie auf ihren Wahrheitsgehalt hin überprüft werden konnten. Ein Bestiarium erfüllte seinen Zweck dann, wenn es ihm gelang, seinen Leser in eine Welt der überlieferten Mythologie, Bildhaftigkeit und Parabel zu entführen.[47] Wir gehen heute mit ähnlichen Mythen um. Man denke nur an den Aberglauben, dem zufolge das amerikanische Murmeltier die Dauer des Winters voraussagen soll – zumindest in dem Landesteil, in dem ich wohne, erscheint regelmäßig jeden Februar in der Zeitung, im Radio und im Fernsehen eine Nachricht in diesem Zusammenhang. Gibt es irgendjemanden, der an diese Voraussagen glaubt? Wahrscheinlich nicht; aber indem man diese Frage stellt, beweist man bereits mangelndes Verständnis für den Zweck dieser Murmeltierfabel. Es handelt sich nicht um die »wissenschaftliche« Mitteilung meteorologischer Wahrheiten, sondern um die Teilnahme an einem altüberlieferten Ritual der Gemeinschaft und all den damit verbundenen gesellschaftlichen und psychologischen Vorteilen.

Die meisten von uns entwickeln ein ganz gutes Gespür für die unterschiedlichen Kategorien von Literatur und Kunstprodukten in unserer eigenen Kultur. Wir erkennen auf Anhieb den Unterschied zwischen einer wissenschaftlichen Hypothese, die einer Reihe verschiedener, strenger erkenntnistheoretischer Überprüfungen standhalten muß, und einer Dr. Seuss Geschichte oder einer von Jimmy, dem Murmeltier, gelieferten Wettervorhersage. Sie alle haben unterschiedliche Funktionen und müssen daher nach unterschiedlichen Kriterien bewertet werden. Einen ähnlich differenzierten Standpunkt müssen wir bei unserer Betrachtung der Menschen des Mittelalters und ihrer Errungenschaften einnehmen, einschließlich ihrer verschiedenen Kunst- und Literaturgattungen. Ähnlich wie wir festgestellt haben, daß die mittelalterliche Mappamundi gewöhnlich für einen ganz anderen Zweck angefertigt war als ein heutiger Weltatlas (s.o. Kap. 11), müssen wir auch von der Annahme Abstand nehmen, daß alle mittelalterlichen Bücher, die in den Bereich der Naturphilosophie fallen, ähnlichen philosophischen oder wissenschaftlichen Zwecken dienen sollen wie wir sie heute beim Schreiben eines wissenschaftlichen Lehrbuches verfolgen. Wir müssen verstehen, daß sie ihre Leser vielleicht auf ganz anderen Ebenen zufriedenstellen und informieren sollten. Und wenn wir erst einmal eine so differenzierte Wahrnehmung der Produkte mittelalterlicher Kultur entwickelt haben, wenn wir gelernt haben, die Leistung im Hinblick auf den jeweils verfolgten Zweck zu beurteilen, dann befinden wir uns auf dem besten Weg zur Ausbildung einer höheren Empfänglichkeit für den Charakter, die Leistungen und, jawohl, den Zauber des Mittelalters.

# KAPITEL 14

# DAS NATURWISSENSCHAFTLICHE VERMÄCHTNIS VON ALTERTUM UND MITTELALTER

## *Die Kontinuitätsdiskussion*

Aufgabe des Historikers ist es nicht, die Vergangenheit zu bewerten, sondern sie zu verstehen. Und die Absicht, die diesem Buch zugrunde liegt, ist jene, die naturwissenschaftliche Tradition des Altertums und des Mittelalters zu beschreiben, nicht aber, ihr Verdienst oder ihren Wert zu bestimmen. Aber es ist eher unwahrscheinlich, daß die Wertfrage auf Dauer umgangen werden kann: In früheren Berichten über die Entstehung der Wissenschaft spielte sie eine vorrangige Rolle, und zweifellos spukt sie auch in den Köpfen vieler Leser dieses Buches herum. Daher möchte ich mich zum Schluß nun doch noch auf gefährliches und bisher verbotenes Territorium vorwagen.

Die Frage nach dem Wert ist in vielerlei Form gestellt worden. Kritiker und Lästerer haben oft gefragt, ob es sich bei den geistigen Aktivitäten und Errungenschaften, über die mit der antiken und mittelalterlichen Naturwissenschaft befaßte Historiker schreiben und denen auch dieses Buch gewidmet ist, überhaupt um Naturwissenschaft im eigentlichen Sinne handelte. Das heißt, ist sie der modernen Naturwissenschaft ähnlich oder greift sie ihr voraus? Korrekter und sinnvoller formuliert lautet die Frage vielleicht: Welche Folgen hatte die naturwissenschaftliche Tradition des Altertums und des Mittelalters auf lange Sicht? Hatte sie einen dauerhaften oder anhaltenden Einfluß auf die Geschichte oder die Gestaltung der westlichen Naturwissenschaft, oder geriet sie in eine Sackgasse, blieb folgenlos und führte letztendlich nirgendwohin? Oder, um die Frage in ihrer üblichsten Form zu stellen: besteht eine Kontinuität zwischen der Wissenschaft des Mittelalters und der Wissenschaft der frühen Neuzeit? Damit stehen wir vor der berühmten »Kontinuitätsfrage«, um welche Mediävisten und »Frühmodernisten« eine anhaltende, ununterbrochene Fehde führen. Wir möchten auf diese Kontinuitätsdiskussion kurz eingehen. Dabei beginnen wir am besten mit einem Bericht über ihre Entstehung, damit wir sie geschichtlich einordnen können.[1]

Im siebzehnten Jahrhundert führte eine Betrachtung der philosophischen Tradition der Vergangenheit normalerweise dazu, daß die Leistungen der Griechen in gewissem Grade Anerkennung fanden; das Mittelalter dagegen galt als eine Zeit des philosophischen Stillstands wenn nicht gar Niedergangs. Francis Bacon (1561–1626) gab den Ton an, als er im *Novum Organon* (1620) schrieb, die Zeit zwischen dem Altertum und seiner eigenen Epoche sei für die Wissenschaft »unfruchtbar« gewesen: »Denn die Araber und Scholastiker verdienen keiner Erwähnung; sie haben in der Zwischenzeit die Wissenschaften durch eine Masse von Abhandlungen eher zertrümmert, als ihr Gewicht vermehrt.« Voltaire (1694–1778) setzte die Angriffe fort und schrieb über den »allgemeinen Verfall und Niedergang«, die für das Mittelalter kennzeichnend gewesen seien, und über die »Verschlagenheit und Einfältigkeit ... Brutalität und Arglist« des mittelalterlichen Geistes. Voltaires jüngerer Zeitgenosse Condorcet (1743–1794) machte für all das pauschal die Kirche des Mittelalters verantwortlich, indem er behauptete »der Sieg der Christenheit läutete einen vollkommenen Niedergang der Philosophie und der Wissenschaften ein.«[2]

In der zweiten Hälfte des neunzehnten Jahrhunderts verschärfte der angesehene Schweizer Historiker Jakob Burckhardt (1818–1897) diesen Standpunkt Bacons, Voltaires und Condorcets weiter und sorgte für dessen Verbreitung. Der Begriff »Renaissance« in seiner modernen Form wird üblicherweise Burckhardt zugeschrieben. Dieser betrachtete die Renaissance (dabei handelt es sich seiner Ansicht nach etwa um die Zeit von 1300 bis 1500) als eine Wiedergeburt der klassischen (d.h. griechischen) Kultur nach der langen dunklen Epoche des Mittelalters. In *Die Kultur der Renaissance in Italien* (1860) behauptet er, daß »das Mittelalter sich die Mühe induktiver Schlußfolgerung und freier Forschung« ersparte. Diesem Versagen des menschlichen Geistes stellt er die italienische Renaissance gegenüber, denn dort läuteten die Forscher in jedem Fachbereich der Wissenschaften, »hauptsächlich durch die Wiederentdeckung der bereits im Altertum erbrachten Ergebnisse ein neues Zeitalter ein, mit der die Neuzeit in der Wissenschaft einsetzt.«[3] Burckhardts Begeisterung für die Renaissance wirkte ansteckend, wie die überladene Prosa eines seiner frühen (und äußerst einflußreichen) Zeitgenossen John A. Symonds beweist[4]:

Schönheit ist eine Schlinge, Vergnügen eine Sünde, die Welt ein flüchtiges Spiel, der Mensch niedergeworfen, verloren, der Tod die einzige Gewißheit, das Gericht unausweichlich, die Hölle ewig, das Himmelreich schwer zu erlangen; Unwissenheit nimmt Gott an als einen Nachweis für Glauben und Unterwerfung; Enthaltsamkeit und Selbstkasteiung sind die einzig sicheren Lebensregeln: Das waren die festen Vorstellungen, welche die asketische mittelalterlichen Kirche vertrat. Die Renaissance zerschmetterte und vernichtete sie, hob den dicken Schleier, den sie zwischen den menschlichen Geist und die Außenwelt gezogen hatte und erleuchtete mit dem Licht der Realität die verdunkelten Stellen seiner eigentlichen Natur. Die mystischen Lehren der Kirche wurden ersetzt durch Bildung in den klassischen Künsten; ein neues Ideal wurde errichtet, in dem, daß der Mensch danach strebte, sich die

Erde zu unterwerfen ... Die Renaissance befreite den Verstand aus seinem Verlies, entdeckte gleichzeitig die Außen- wie die Innenwelt. Ein äußeres Ereignis bestimmte die Richtung, welche dieser Ausbruch von Freiheitssinn einschlagen sollte. Das war der Kontakt des modernen Geistes mit dem Geist des Altertums... Der moderne Geist faßte Vertrauen zu seinen eigenen Kräften, als er erfuhr, was die Alten geleistet hatten.

Diesem Bericht zufolge ließ die westliche Wissenschaftstradition das Mittelalter links liegen, ging direkt von der klassischen Antike in die italienische Renaissance und in die europäische Wissenschaft des sechzehnten und siebzehnten Jahrhunderts über. Kurz, die »neue Wissenschaft« der frühen Neuzeit verdankte dem Altertum vieles, dem Mittelalter jedoch wenig oder gar nichts.

Ganz anders schilderte der französische Physiker und Philosoph Pierre Duhem (1861–1916) Anfang des zwanzigsten Jahrhunderts den Weg der Naturwissenschaften. Bei der Suche nach dem Ursprung der Statik stieß Duhem auf die Werke einer Reihe von mittelalterlichen Mathematikern und Naturphilosophen, die seiner Ansicht nach den Grundstein für die moderne Wissenschaft gelegt hatten. Sie hatten einigen der wichtigsten Leistungen Galileis und seiner Zeitgenossen vorgegriffen. Duhem kam schließlich zu dem Ergebnis, daß »die Mechanik und die Physik, auf welche die Neuzeit berechtigterweise so stolz ist, sich in einer ununterbrochenen Abfolge kaum merklicher Verbesserungen aus Lehren herleitet, die im Herzen der mittelalterlichen Schulen formuliert wurden.«[5] Wenn Duhem recht hat, dann nahm die moderne Wissenschaft nicht ihren Anfang, als die »Humanisten« der Renaissance die mittelalterliche Scholastik zurückwiesen und zum Gedankengut und den Quellen des Altertums zurückkehrten; ihr Ursprung liegt vielmehr in den Lehren der mittelalterlichen Naturphilosophen und im Zusammenspiel von christlicher Theologie und scholastischer Naturphilosophie im Rahmen der mittelalterlichen Universitäten.

Die Behauptungen Duhems lösten die Kontinuitätsdebatte aus, die im Verlauf des zwanzigsten Jahrhunderts in regelmäßigen Abständen immer wieder neu ausgebrochen ist. Unterstützt wurde Duhems Kampagne zur Rehabilitierung der wissenschaftlichen Tradition schon früh von den bedeutenden Mediävisten Charles Homer Haskins (1870–1937) und Lynn Thorndike (1882–1965); ihre Schriften zu diesem Thema entstanden in den zwanziger und dreißiger Jahren.[6] In den Jahrzehnten nach dem Zweiten Weltkrieg kam es zu einem gewaltigen Aufschwung in der historischen Untersuchung mittelalterlicher Wissenschaft. Diese gesteigerte Aktivität führte zu einem höheren Ansehen und einer Neubewertung der Größe der mittelalterlichen wissenschaftlichen Leistungen. Eine führende Gestalt dieser Nachkriegsbewegung war Marshall Clagett (*1916). Anerkennung fand er vor allem für seine Arbeit als Herausgeber und Übersetzer wissenschaftlicher und mathematischer Texte aus dem Mittelalter. Bedeutend war auch die Arbeit von Anneliese Maier (1905–1971), die eine Reihe hervorragender Abhandlungen verfaßte, in denen sie anhand von Beispielen zeigte, wie die Quellen sorgfältiger und sehr viel aufmerksamer auf ihren philosophischen Kontext hin gelesen werden können. Zwar stellte sie viele von Duhems extremeren Behauptungen in Frage und lieferte eine differenziertere und vorsichtigere Analyse der mittelalterlichen Naturphilosophie als dieser, doch stimmte sie mit Duhem darin überein, daß das Mittelalter sowohl auf begrifflicher wie auf methodischer Ebene zur Gestaltung der modernen Wissenschaft einen bedeutenden Beitrag geleistet hatte.[7]

Die Kontinuitätsdebatte verlief in der ersten Hälfte des zwanzigsten Jahrhunderts relativ friedlich. Als jedoch Alistair Crombie (*1915) in zwei Büchern ein doppeltes Manifest zum Thema der Beziehung zwischen der mittelalterlichen und der neuzeitlichen Wissenschaft herausgab, verschärfte sich die Auseinandersetzung. In seinem ersten, 1952 veröffentlichen Buch, einer Übersicht über die Wissenschaft im Mittelalter und der frühen Neuzeit, behauptete Crombie[8]: »Eigentlich führte die Entwicklung der experimentellen und mathematischen Methoden im 13. und 14. Jahrhundert zu jener Bewegung, die im 17. Jahrhundert bereits so gewaltig war, daß man sie die Wissenschaftliche Revolution nannte.« Ausführlicher behandelte Crombie dieses Thema in seinem zweiten Buch, das er ein Jahr später veröffentlichte. Darin behauptete er, (a) der entscheidende Aspekt der frühneuzeitlichen Naturwissenschaft sei der, daß sie über eine für die Ausübung von Wissenschaft geeignete Methode verfüge, nämlich die experimentelle Methode, und (b) diese Methode sei im Spätmittelalter entwickelt worden[9]:

Aussage dieses Buches ist, daß genügend Philosophen [des dreizehnten und vierzehnten Jahrhunderts] von einer systematischen Theorie der experimentellen Wissenschaft ausgingen und damit arbeiteten, um jene methodologische Revolution auszulösen, welcher die moderne Wissenschaft ihren Ursprung verdankt. ... So etwas wie ein erstes klares Verständnis der Prinzipien moderner experimenteller Wissenschaft findet sich in den Schriften des englischen Logikers, Naturphilosophen und Gelehrten Robert Grosseteste [im dreizehnten Jahrhundert].

Crombies Darstellung löste eine scharfe Reaktion der Fachwelt für die frühe Neuzeit aus, in der sich besonders der angesehene französische Gelehrte Alexandre Koyré (1892–1964) hervortat. Koyré leugnete, daß eine abstrakte Methode für die Anfänge der Naturwissenschaft von Bedeutung gewesen sei; seiner Meinung nach war »*zuviel* Methode gefährlich«, insbesondere in den Frühstufen der wissenschaftlichen Tradition. Koyré war auch nicht überzeugt davon, daß die methodischen Anweisungen der mittelalterlichen methodischen Tradition die »richtigen« waren – das heißt jene, die Galilei und andere Gelehrte, denen die Begründung der neuen Wissenschaft im sechzehnten und siebzehnten Jahrhundert normalerweise zugeschrieben wird, tatsächlich anwendeten.[10] Koyrés Ansicht nach handelte es sich bei der »Wissenschaftlichen Revolution« des sechzehnten und siebzehnten Jahrhunderts nicht um eine Weiterentwicklung oder Erweiterung der mittelalterlichen Wissenschaft, sondern um eine geistige »Mutation«, welche die »Auflösung« des mittelalterlichen Weltbildes zur Folge hatte[11]:

Aufgabe der Begründer der modernen Wissenschaft ... war es nicht, bestimmte fehlerhafte Theorien zu kritisieren und zu bekämpfen und sie durch bessere Theorien zu korrigieren oder zu ersetzen. Ihre Aufgabe lag ganz woanders. Sie mußten eine Welt zerstören und sie durch eine andere ersetzen. Sie mußten den eigentlichen geistigen Rahmen neu gestalten, die Begriffe neu definieren und formulieren, eine neue Annäherung an das Sein finden, einen neuen Erkenntnisbegriff, einen neuen Begriff von Wissenschaft.

Die Arbeit Koyrés hatte starken Einfluß auf seine Generation in der Naturwissenschaftsgeschichte. A. R. Hall (*1920), ein strenger Verfechter der Koyréschen Denkschule, schrieb über die »Vollständigkeit des geistigen Wandels in der Spätrenaissance« und stellte die Wissenschaftliche Revolution dar als[12] »das Phänomen der Verdrängung ... eines Naturbegriffs durch einen anderen; eines Weltbildes durch ein anderes.«

In den letzten Jahrzehnten sind die Auseinandersetzungen subtiler geworden. Ernan MacMullin fand Erwiderungen auf Crombies extremere Behauptungen zum Thema Methodik. Zwar gesteht er ein, daß zwischen der mittelalterlichen und der frühneuzeitlichen Wissenschaft ein hohes Maß an begrifflicher und sprachlicher Kontinuität vorhanden sei, doch eine methodische Kontinuität kann er nicht entdecken. Statt dessen sieht er ausgerechnet in der Methodologie jenen Bereich, in welchem die neuzeitliche Naturwissenschaft am deutlichsten mit dem mittelalterlichen Denken bricht.[13] Thomas Kuhn hat eine wegweisende Theorie der Wissenschaftlichen Revolutionen im allgemeinen entwickelt und diese beschrieben als kurze Zeitspannen, in denen radikale Veränderungen (er nennt sie »Paradigmawechsel«) vor sich gehen. Diese kurzen Zeitspannen stehen zwischen relativ statischen Epochen, in denen sich die Gelehrten dem Lösen von Rätseln widmen (dies bezeichnet er als »normale Wissenschaft«). Was *die* Wissenschaftliche Revolution des sechzehnten und siebzehnten Jahrhunderts angeht, so sieht Kuhn in ihr eine Zusammenfassung kleinerer und (in beträchtlichem Maße) eigenständiger Revolutionen innerhalb einzelner Disziplinen. Er unterscheidet zwischen den »klassischen« mathematischen Wissenschaften, wie beispielsweise der Optik und der Astronomie, und den neuen Baconschen experimentellen Wissenschaften, beispielsweise Elektrizitätslehre und Chemie. Die Möglichkeit revolutionärer Veränderungen innerhalb der neuentstehenden Baconschen Wissenschaften lehnt er ab, und zwar deswegen, weil innerhalb der mittelalterlichen Tradition eine hochentwickelte theoretische Vorstufe fehlte, die Grundstoff einer solchen radikalen Umformung hätte sein können. Daher siedelt er die revolutionäre Veränderung fast ausschließlich in den »klassischen« Wissenschaften an: Astronomie, Mechanik und Optik.[14]

Noch komplizierter gestaltete sich die Kontinuitätsdebatte durch Entwicklungen in der naturwissenschaftlichen Betrachtung der Renaissance. In den letzten drei oder vier Jahrzehnten zeichnete sich die Tendenz ab, der Naturwissenschaft der Renaissance ihren ganz eigenen Charakter zuzusprechen – d.h. die naturwissenschaftlichen Leistungen der Renaissance so neu zu definieren, daß sie sich sowohl von der Naturphilosophie des Mittelalters wie auch von der Naturphilosophie der Neuzeit unterschied. An vorderster Front dieser Bewegung stand Frances Yates (1899–1981), der den wissenschaftlichen Beitrag der Renaissance als die »echte Wissenschaft« des siebzehnten Jahrhunderts mit seinen Vorlieben für Magie und Okkultes bezeichnete. Yates wiederum wurde zur Zielscheibe revisionistischer Attacken, und im Moment herrscht um das Thema der Renaissance und ihrer wissenschaftlichen Leistungen ziemliche Verwirrung.[15]

Das ist als geschichtliche Hintergrundinformation zum Charakter der Kontinuitätsdebatte vermutlich ausreichend, und so können wir uns nun jener Frage zuwenden, welcher das restliche Kapitel gewidmet ist. Aber zuerst eine Mahnung zur Vorsicht. Wenn es in dieser Debatte naheliegende Lösungen gäbe, dann wäre sie schon lange zu Ende. Es ist also unwahrscheinlich, daß wir hier zu einem endgültigen Schluß kommen. Ja, es ist möglich, daß es niemals endgültige Lösungen geben kann in solchen Fragen, in denen sich die Historiker nicht auf die Beschreibung geschichtlicher Veränderungen beschränken, noch nicht einmal auf die Feststellung der Ursachen für geschichtliche Veränderungen, sondern die relative Bedeutung der Epochen geschichtlicher Veränderung zu bewerten versuchen. Solche Urteile gehen schon um einiges über die rein historischen Daten hinaus und können erst entstehen, wenn man diese Daten vom günstigeren Standpunkt größerer Interpretationssysteme aus betrachtet, die selbst nicht ohne weiteres direkt oder eigenständig bestätigt werden können.[16] Unweigerlich werden sich persönliche Vorlieben auf das Urteil niederschlagen. Ich erwarte daher nicht, auf den folgenden Seiten ein abschließendes Wort zur Kontinuitätsfrage zu äußern. Statt dessen versuche ich dieses Buch mit einigen (zwangsläufig etwas persönlich gefärbten) Überlegungen zum Charakter und zur Bedeutsamkeit der mittelalterlichen Leistungen in der Wissenschaft zu einem Abschluß zu bringen.

## Die Leistungen der mittelalterlichen Naturwissenschaft

Zu Anfang möchte ich gleich klarstellen, welcher Partei ich selbst in der Kontinuitätsdebatte angehöre. Für mich steht es außer Frage, daß die extremeren zugunsten einer mittelalterlichen Naturwissenschaft und ihrem Vorgreifen auf moderne Entwicklungen geäußerten Behauptungen nicht nur übertrieben sind, sondern falsch. Ich glaube allerdings (das werde ich im Folgenden ausführen), daß die Naturphilosophen des Mittelalters zur westlichen Wissenschaftstradition viele wichtige und dauerhafte Beiträge geleistet haben – Beiträge, die in der Gestaltung dieser Tradition mitwirkten und sie zum Teil erklären. Aber es ist nicht so, daß die Naturwissenschaftler des Mittelalters den Grundelementen der frühneuzeitlichen Naturwissenschaft vorgriffen; bei letzterer handelte es sich um viel mehr als um die Erweiterung, Anpassung und detailliertere Formulierung des mittelalterlichen Weltbildes. Kurz, ich schließe mich der historischen Konstruktion einer »Wissenschaftlichen Revolution an.«[17]

Ein großer Teil der auf die Kontinuitätsdebatte verwendeten Energie konzentrierte sich auf die Frage der wissenschaftlichen Methodologie. In einer Version des Diskontinuitäts-Standpunktes, die sich in der Literatur über Jahrhunderte hinweg erhielt, hieß es, daß das, was die Naturwissenschaft des siebzehnten Jahrhunderts von der des Mittelalters unterschied, eben die Entdeckung und Anwendung einer neuen experimentellen Methodik gewesen sei. Und Kernpunkt der Crombieschen Argumentation zugunsten der Kontinuitätstheorie war die Behauptung, daß es sich bei dieser experimentellen Methodik um eine Erfindung des Mittelalters gehandelt habe. Beide Meinungen erscheinen uns heute gewaltig überzogen. Jüngere Untersuchungen der wissenschaftlichen Methodik des Mittelalters und des siebzehnten Jahrhunderts haben die Komplexität der methodologischen Theorie und Praxis in beiden Epochen offengelegt und gezeigt, wie unangemessen diese einfachen Verallgemeinerungen waren, auf deren Grundlage die Diskussion in der Vergangenheit stets geführt wurde. Aus diesen Untersuchungen geht hervor, daß die Naturphilosophen den Details der aristotelischen Methodologie hohe Aufmerksamkeit schenkten und daß ihre Bemühungen zu interessanten Verbesserungen der aristotelischen Methodologie und selbst zu Abweichungen von ihr führten. Gleichzeitig ist es jedoch offensichtlich, daß sie die aristotelischen Grundsätze niemals ganz aufgaben: Die Philosophen des Mittelalters glaubten weiterhin daran, daß zur korrekten Erkenntnismethode der syllogistische Nachweis gehöre – also die Ableitung allgemeingültiger Grundprinzipien oder von als selbstverständlich angenommenen Prämissen.[18]

Die Naturphilosophen des siebzehnten Jahrhunderts wichen sehr viel radikaler von den aristotelischen Vorgaben ab und gingen im Verlauf des Jahrhunderts allmählich dazu über, den hypothetischen Charakter wissenschaftlicher Behauptungen anzuerkennen. Gleichzeitig stellten sie fest, daß das Experiment als eine Technik zur Bestätigung oder Widerlegung einer Hypothese geeignet war und die Mathematik als Meß- und Analyseinstrument. Ich glaube, wir müssen die Kluft zwischen den Methodologien der beiden Epochen schmaler ansetzen als es die strengen Vertreter der Diskontinuität taten, aber doch um einiges breiter als Crombie und die Verfechter der Kontinuität sie darstellten. Wenn im siebzehnten Jahrhundert, methodologisch betrachtet, auch kein neues Zeitalter anbrach, so doch mit Sicherheit ein neuer Tag.[19]

Noch stichhaltigere Argumente für die Diskontinuität finden sich meiner Meinung nach, wenn wir (in der Nachfolge Alexandre Koyrés) den Schwerpunkt unserer Aufmerksamkeit von der Methodologie auf das Weltbild oder die Metaphysik verlagern. Dabei denke ich insbesondere an bestimmte Entwicklungen in der Metaphysik: zum einen, daß die »neuen Wissenschaftler« des siebzehnten Jahrhunderts (Galilei, Descartes, Gassendi, Boyle, Newton und andere) die aristotelische Metaphysik verwarfen – d. h. den Naturbegriff, Form und Materie, Substanz, Aktualität und Potentialität, die vier Qualitäten und die vier Ursachen; zum anderen die Wiederbelebung und Neuformulierung der Teilchenphilosophie der alten Atomisten. Damit kam es zu einer radikalen Begriffsverschiebung, welche die Grundlagen der Naturphilosophie, die sich beinahe zweitausend Jahre lang gehalten hatten, zerstörte.[20]

Man muß sich die Folgen vor Augen halten. Als Ersatz für die zweckgerichtete, organisierte und (in vielerlei Hinsicht) organische Welt der aristotelischen Naturphilosophie boten die neuen Metaphysiker eine mechanische Welt an, die von lebloser Materie, unaufhörlicher Ortsbewegung und zufälliger Kollision bestimmt war. Sie verdrängte die für die aristotelische Naturphilosophie so entscheidenden wahrnehmbaren Qualitäten und wies ihnen den zweitklassigen Status sekundärer Qualitäten zu, oder ließ sie gar nur noch als Sinnestäuschungen gelten. Den Erklärungswert von Form und Materie ersetzten die Philosophen des sechzehnten und siebzehnten Jahrhunderts durch Größe, Gestalt und Bewegung der nicht sichtbaren Teilchen: Damit kam der Ortsbewegung eine tragende Rolle innerhalb der Kategorien der Veränderung zu, an Ursachen blieben nur die Wirk- und die materielle Ursache bestehen. An die Stelle der aristotelischen Teleologie, welche den Zweck *innerhalb* der Natur selbst ansiedelte, trat das zweckgerichtete Handeln eines Schöpfergottes, welcher die Natur von außen her kontrollierte.

Darüberhinaus hatte die neue Metaphysik weitreichende Folgen für andere Aspekte der Naturphilosophie, einschließlich der Methodologie, und es läßt sich plausibel (vielleicht sogar überzeugend) argumentieren, daß viele der methodologischen Neuerungen des siebzehnten Jahrhunderts im Bereich der neuen Metaphysik wurzelten. So liegt es beispielsweise nahe, daß, nachdem der in der aristotelischen Naturphilosophie postulierte wesentliche Charakter der Dinge (der sich nur durch eine Untersuchung der Dinge in ihrem natürlichen, freien Zustand entdecken läßt) einmal verworfen war, sich ein eher manipulativer oder experimenteller Ansatz bei der Betrachtung der Naturerscheinungen anbot.[21] Darüberhinaus steht es außer Zweifel, daß die Betonung der unsichtbaren Teilchenmechanismen zwangsläufig zum Nachdenken über Hypothesen und deren erkenntnistheoretischen Status führen mußte. Und nachdem den geometrischen Eigenschaften der Teilchen (Gestalt, Größe und Bewegung) nun die Bedeutung zugemessen wurde, die zuvor den aristotelischen Qualitäten zukam, lag es sicherlich nahe, sich stärker auf die Anwendung mathematischer Methoden auf die Natur zu konzentrieren.

Bevor wir nun diese Argumentation zugunsten einer Diskontinuität abschließen, möchte ich noch auf verschiedene andere Umstände hinweisen, durch die sich die frühneuzeitliche Naturwissenschaft von ihren Vorläufern im Mittelalter unterscheidet. Zwar handelte es sich bei der Institutionalisierung der Naturphilosophie an den mittelalterlichen Universitäten um ein äußerst bedeutendes Ereignis, doch im Verlauf des sechzehnten und siebzehnten Jahrhunderts wuchsen Umfang, Arbeitsbereich und Organisation der Wissenschaften weiter.[22] Außerdem besteht kein Zweifel daran, daß sich die Naturwissenschaft in der frühneuzeitlichen Epoche neuen gesellschaftlichen Bedingungen gegenübersah, welche die wissenschaftliche Arbeit beeinflußten und ihre Form veränderten.[23] Im sechzehnten und siebzehnten Jahrhundert wurden außerdem wichtige neue Instrumente erfunden (beispielsweise das Teleskop und das Mikroskop, mit deren Hilfe es möglich wurde, einerseits weit entfernte, andererseits winzige Erscheinungen zu untersuchen).[24] Und schließlich kam es im sechzehnten und siebzehnten Jahrhundert zu entscheidenden theoretischen Entwicklungen innerhalb einzelner Disziplinen: Im sechzehnten Jahrhundert entstand das heliozentrische Weltbild, das sich im siebzehnten Jahrhundert durchsetzte. Gleichzeitig entwickelte sich eine neue Bewegungs- und Trägheitstheorie mit ihren weitreichenden Konsequenzen für die Bewegungen im irdischen ebenso wie im himmlischen Bereich. Weiter unten werde ich auf das Problem des Wandels in den einzelnen Disziplinen noch einmal zurückkommen.

Gehen wir einmal davon aus, daß es zwischen der frühneuzeitlichen Wissenschaft und der mittelalterlichen Wissenschaft so wie oben beschrieben zu einem Bruch kam – d.h. daß es radikale Begriffsveränderungen gab, die im sechzehnten und siebzehnten Jahrhundert zu einer Wissenschaftlichen Revolution führten – welchen Beitrag lieferten dann die Wissenschaftler des Mittelalters? Wenn die Naturphilosophen des Mittelalters keine Vorarbeit für die Wissenschaft des sechzehnten und siebzehnten Jahrhunderts leisteten, fallen sie dann in Ungnade oder verblassen sie zu bedeutungslosen Gestalten? Trugen sie überhaupt etwas zur wissenschaftlichen Entwicklung bei, das langfristige Konsequenzen hatte?

Bevor ich versuche, diese Fragen zu beantworten, möchte ich sichergehen, daß ein ganz grundlegender, aber absolut entscheidender Punkt geklärt ist. Die Gelehrten des Altertums und des Mittelalters, deren geistige Bemühungen dieses Buch beschreibt, machten es sich nicht zur Aufgabe, die Probleme des sechzehnten und siebzehnten Jahrhunderts zu lösen. Sie waren mit ihrem eigenen Problem beschäftigt, und das bestand darin, die Welt, in der *sie* lebten, innerhalb eines ihnen vertrauten Begriffsrahmens zu verstehen, auf dessen Grundlage sie die für sie bedeutenden Fragen formulierten und der ihnen mögliche Ansätze für die Beantwortung dieser Fragen lieferte. Im Fall des Spätmittelalters bestand dieser Begriffsrahmen aus einer reichhaltigen Mischung aristotelischen, platonischen und christlichen Denkens, welche die Gelehrten des Mittelalters aufgrund seiner Plausibilität übernahmen. Und solange dieser Begriffsrahmen ihre Fragen zufriedenstellend beantwortete oder zumindest dahingehenden Erfolg versprach, hatten sie überhaupt keinen Grund, ihn aufzugeben. Ihr Ziel war es nicht, künftigen Weltbildern vorzugreifen, sondern ihr eigenes zu untersuchen, zu formulieren, anzuwenden und zu kritisieren; und auf dieser Grundlage muß man ihre Kompetenz in Sachen Naturphilosophie bewerten. Kurz, wir müssen es den mittelalterlichen Gelehrten verzeihen, daß sie nur mittelalterlich waren, und dürfen sie nicht mehr dafür bestrafen, daß sie nicht modern waren. Wenn wir Glück haben, werden künftige Generationen ähnlich großzügig mit uns umgehen.[25]

Auch wenn wir uns darauf einigen, daß die Naturphilosophen nicht danach als kompetent oder inkompetent beurteilt werden dürfen, inwieweit sie künftigen Entwicklungen vorgriffen oder nicht, bleibt die Frage offen: lieferte das Mittelalter irgendwelche entscheidenden Beiträge zur Wissenschaft des siebzehnten Jahrhunderts? Die Antwort ist ein ganz deutliches Ja. In ganz entscheidender Hinsicht ebneten die Naturphilosophen des Mittelalters den Weg für die Leistungen des siebzehnten Jahrhunderts; und als im siebzehnten Jahrhundert ein neues wissenschaftliches Gebäude errichtet wurde, enthielt es eine Menge Material aus dem Mittelalter. Wir möchten im Folgenden auf einige wichtigere Beiträge des Mittelalters kurz eingehen.

Zunächst einmal begründeten die Gelehrten des Spätmittelalters eine allgemeine geistige Tradition, ohne welche die anschließende Entwicklung in der Naturphilosophie unvorstellbar gewesen wäre. Wie wir gesehen haben, war das Geistesleben im Frühmittelalter in Europa recht eingeschränkt, und nur eine magere und bruchstückhafte Fassung der Philosopie des Altertums stand zur Verfügung. Es gelang den mittelalterlichen Europäern, aus diesen primitiven Anfängen bis zum Ende des vierzehnten Jahrhunderts eine fortgeschrittene philosophische Kultur zu entwickeln.

Zunächst einmal machten sie sich mit jenen lateinischen Quellen vertraut, die ihnen bereits vorlagen. Danach setzten sie eine umfangreiche Übersetzungsbewegung in Gang, durch die sie in den Besitz der Früchte griechischer und islamischer Philosophie gelangten – für unser Thema am bedeutendsten waren dabei die Werke von Aristoteles und seiner islamischen Kommentatoren, die Medizinphilosophie von Hippokrates und Galen (in ihrer Bearbeitung durch islamische Ärzte) und die Werke einer Unzahl griechischer und islamischer Autoren zur Mathematik und den mathematischen Wissenschaften.

Zweitens: Nachdem die Europäer erst einmal in Besitz der griechischen und islamischen Philosophie waren, stürzten sie sich mit Begeisterung auf die Aufgabe, sich deren Inhalte anzueignen. Das übersetzte Material bildete eine heterogenen Literatursammlung, die gleichzeitig mit vielerlei verschiedenen Stimmen sprach. Es erforderte außerordentliches Geschick, diese Unterschiede festzumachen, Kompromisse auszuhandeln und in Streitfällen zu entscheiden. Dominierendes Element war zweifellos die aristotelische Philosophie, aber wir dürfen die Tatsachen nicht dahingehend vereinfachen, daß es sich bei dieser um eine homogene Einheit handelte, die in ihrem Anwendungsbereich umfassend war und keine ernstzunehmende Konkurrenz hatte. Darüberhinaus handelte es sich bei der aristotelischen Philosophie um eine lebendige Tradition, die sich ständig in Bewegung befand; denn zu jeder Zeit bemühten sich die Gelehrten, ihre Konsequenzen zu begreifen, ihre Fehler zu korrigieren, ihre inneren Widersprüche zu beseitigen und sie auf neue Fragen anzuwenden. Und natürlich mußte das neue Material mit der christlichen Lehre in Einklang gebracht werden, und umgekehrt. Die Leistung des Mittelalters lag also in nichts Geringerem als in der Formulierung einer Synthese klassischen und christlichen Denkens; diese Synthese lieferte den Rahmen, in dem sich in den folgenden Jahrhunderten jedes kreative Denken, einschließlich der kreativen Naturbetrachtung, abspielen sollte.[26]

Drittens fand diese Synthese in den mittelalterlichen Schulen und Universitäten eine institutionelle Heimat. In der Antike und im mittelalterlichen Islam führte die Naturphilosophie ein recht unsicheres Dasein, und zwar deswegen, weil sie nur gelegentlich auf institutioneller Ebene unterstützt wurde. An den Universitäten des mittelalterlichen Europa dagegen ging die klassische Tradition der Naturphilosophie als zentrales Element in den Lehrplan ein, mit dem sich jeder Anwärter der höheren Studien befassen mußte (wenn er sie auch nicht beherrschte). Gebildet sein, das bedeutete *per definitionem*, im Bilde zu sein über die philosophische Tradition des Altertums, einschließlich seiner Naturphilosophie. Man mag versucht sein, die Aneignung und Institutionalisierung der philosophischen Tradition der Antike als eine sekundäre Leistung anzusehen, die nicht weiter ins Gewicht fällt; aber in Wirklichkeit handelte es sich dabei um einen ganz entscheidenden Schritt. Wenn das Denken der Antike, wie wir im Nachhinein wissen, die Grundlage lieferte für die naturwissenschaftliche Tradition des Westens, dann folgt daraus, daß die Rezeption, Aneignung und Institutionalisierung des antiken Denkens Voraussetzung war für die spätere Errichtung eben dieses Gebäudes.

Viertens begnügten sich die Naturphilosophen des Mittelalters nicht damit, die aristotelische Philosophie mit anderen geistigen Traditionen zu verschmelzen und ihre Integration ins mittelalterliche Denken zu beaufsichtigen; sie unterwarfen sie auch genauester Untersuchung und bewertender Erforschung. Dieser entscheidende Vorgang begann fast sofort, als die aristotelische Philosophie zugänglich war, und setzte sich durch das Spätmittelalter hindurch bis in die frühe Neuzeit fort. Zum Teil wurde diese Untersuchung aufgrund eines Konflikts mit der theologischen Doktrin notwendig oder bot sich deswegen zumindest an. Beispielsweise führten die Verurteilungen des Jahres 1277 zu einer Überprüfung der Vorstellungen von Ort und Raum, und aufgrund dieser Überprüfung eignete sich eine Anzahl von Philosophen die radikal anti-aristotelische Vorstellung an, daß das Universum von einem unendlichen leeren Raum umgeben sei (oder zumindest sein könne). Und natürlich wurden auch die aristotelischen Lehren zum Thema Seele und Unvergänglichkeit der Welt sowie die deterministischen Tendenzen der aristotelischen Philosophie unter Rücksichtnahme auf die Erfordernisse der Theologie »korrigiert«.[27]

Aber häufig lag die Bewertung nicht in den Vorgaben der Theologie begründet; sie entstand eher aufgrund der aristotelischen Philosophie innewohnender Spannungen, aus der Tatsache heraus, daß diese nicht in der Lage war, die Welt, wie sie die Naturphilosophen des Mittelalters wahrnahmen, zu erklären; oder sie entstand aus dem Bedürfnis heraus, nicht-aristotelische Alternativen angemessen zu berücksichtigen. Beispielsweise erwies sich die aristotelische Theorie von Materie, Form und Substanz als so wenig stichhaltig, unvollständig und sogar in sich selbst so widersprüchlich, daß sie zwangsläufig Diskussion und Kritik nach sich ziehen mußte.[28] Im vierzehnten Jahrhundert unterzogen Johannes Buridanus und Nicole Oresme die im Widerspruch zu Aristoteles stehende Theorie, der zufolge die Erde sich möglicherweise um ihre Achse drehte – eine Theorie, die schon seit langem als ein Gedankenmodell mit interessanten Konsequenzen galt – eingehender und geschickter Analyse[29]; Oresme trieb die Analyse bis zu einem Punkt voran, den sie vor den Zeiten Galileis sonst nie erreichte. Und um ein abschließendes Beispiel zu geben: Im Spätmittelalter wurde die aristotelische Bewegungstheorie vollständig überarbeitet; dabei wurden neue Gedanken zur Natur der Bewegung geäußert und Meßtechniken sowohl auf Probleme der Kinematik als auch der Dynamik angewendet.[30]

Doch welche Triebkräfte auch immer dahinterstanden, die Aristotelesrezeption im Mittelalter hatte entscheidende Konsequenzen für die weitere Entwicklung der Naturphilosophie. Schließlich und endlich konnte man die aristotelische Philosophie nicht bewerten, ohne auf ihre Konsequenzen einzugehen und sich um die Ausfüllung der belassenen Lücken zu bemühen. Dies aber waren die erforderlichen Voraussetzungen für eine ernsthafte Kritik. Sofern im Mittelalter Kritik geäußert wurde, bezog sie sich eher auf Einzelheiten als auf das Ganze, und nur selten führte sie zur vollständigen Ablehnung eines grundlegenden aristotelischen Prinzips. Ja, ein großer Teil der Kritiker beschränkte sich darauf, an den Kanten der aristotelischen Philosophie herumzuknabbern; es kam nicht zu einem solchen Schlachtfest, wie es dann im sechzehnten und siebzehnten Jahrhundert stattfinden sollte. Aber ein wichtiger Beitrag war die Schaffung eines der Kritik gewogenen Klimas, innerhalb dessen die aristotelische Lehre immer wieder und mit großer Sorgfalt überprüft wurde; damit beruhte das Schicksal dieser Lehre mehr auf ihrer Plausibilität als auf ihrer etwaigen Autorität. Damit war der Weg geebnet für eine viel breiter angelegte und vernichtendere Aristoteleskritik, wie sie in der frühen Neuzeit aufkam.[31]

Fünftens und abschließend möchte ich auf die oben angedeutete Frage zurückkommen, welche Entwicklungen innerhalb der einzelnen naturwissenschaftlichen Disziplinen stattfanden. Viele bedeutende Vertreter der Diskontinuitätstheorie haben in ihrer Beurteilung der wissenschaftlichen Revolution einen ganzheitlichen Standpunkt eingenommen und ihre Aufmerksamkeit auf allgemeinere Entwicklungen in den Bereichen der Metaphysik und der Methodologie konzentriert. Dies begründeten sie damit, daß Entwicklungen auf dieser Ebene sich unweigerlich auf den gesamten Wissenschaftsbereich niederschlagen. Das heißt, sie neigen dazu, die wissenschaftliche Revolution als ein Beispiel für eine globale Veränderung zu bewerten; die dazu erforderliche Energie soll aus einem neuen Naturbegriff oder einer neuen Vorstellung von der zur Erforschung der Geheimnisse der Natur geeigneten Methode (oder beidem) entstammen. Diese Veränderungen gipfelten darin, daß sich ihre Auswirkungen in den verschiedenen wissenschaftlichen Disziplinen bemerkbar machten. Daran dachte Koyré, als er behauptete, der Mensch habe »seinen Platz in der Welt verloren, oder richtiger vielleicht, eben die Welt verloren, in der er lebte und die sein Denken bestimmte, und er mußte nicht nur die grundlegenden Begriffe und Merkmale dieser Welt verändern und ersetzen, sondern den gesamten Rahmen, innerhalb dessen er dachte.«[32] Davon ausgehend, waren die Vertreter der Diskontinuitätstheorie stets geneigt, die Veränderungen innerhalb der einzelnen Disziplinen zu vernachlässigen, oder aber zu argumentieren, daß sich in ihnen lediglich allgemeinere Tendenzen äußerten. A. R. Hall, einer der wortgewandtesten Vertreter der Diskontinuität, verurteilte Thomas Kuhn und andere dafür, daß sie die wissenschaftliche Revolution in eine Abfolge von Ereignissen innerhalb der einzelnen Disziplinen zergliedern wollten. Er führte an, sie »lasse sich nicht in Bruchstücke zerlegen«, statt dessen postulierte er »eine ununterbrochene und ineinandergreifende Folge neuer Entdeckungen in Verbindung mit neuem Gedankengut«; jedoch hält er es für »völlig willkürlich, diese in einzelne Kapitel zu unterteilen, die sich jeweils mit gesonderten Problemen befassen.«[33]

Aus dem einleitenden Absatz dieses Unterkapitels müßte deutlich hervorgehen, daß ich dem Standpunkt von Koyré und Hall zuneige. Ich stimme mit ihnen darin überein, daß Veränderungen auf der Ebene der Metaphysik und der Methodologie ein bedeutender Aspekt der wissenschaftlichen Revolution waren, die sich auf den gesamten Bereich der Naturwissenschaften auswirkten. Darüberhinaus bin ich wie Hall der Meinung, daß die wissenschaftlichen Disziplinen im sechzehnten und siebzehnten Jahrhundert oft eng miteinander verbunden waren. Dennoch halte ich es für einen schwerwiegenden Fehler, *nur* den umfassenden Veränderungen Aufmerksamkeit zu schenken und dabei die Veränderungen innerhalb der einzelnen Disziplinen außer acht zu lassen. Zweifellos hatten der allgemeine Naturbegriff und die allgemeineren methodologischen Grundlagen Einfluß auf die einzelnen Disziplinen, aber es versteht sich eigentlich von selbst, daß Stärke und Charakter dieser Verbindung von einer Disziplin zur anderen variierten und daß Metaphysik und Methodologie mit bestimmten Elementen der einzelnen Disziplinen in ganz unterschiedliche Wechselbeziehungen traten. Sicherlich war keine Disziplin vollkommen eigenständig, aber genausowenig waren alle Disziplinen in identischen Entwicklungsmustern gefangen.

Aber was hat diese Diskussion über globale oder disziplinäre Veränderung mit unserer Bewertung des mittelalterlichen Beitrags zur Wissenschaft zu tun? Der Zusammenhang ist ganz naheliegend. Wenn man sich dazu entschließt, sich auf die globalen Aspekte der wissenschaftlichen Revolution zu konzentrieren oder die wissenschaftliche Revolution als ein globales Ereignis zu definieren, dann wendet das die Kontinuitätsdebatte zugunsten einer Diskontinuität, denn damit konzentriert sich die Aufmerksamkeit auf eben jene Aspekte der Veränderungen in der Wissenschaft, in welchen die Diskontinuität am auffallendsten war. Denn was die Naturphilosophie des Mittelalters am deutlichsten von der der frühneuzeitlichen Epoche trennte, war das Auftauchen eines neuen Naturbegriffs und neuer Methodologien, welche sich auf ein breites Spektrum innerhalb des naturwissenschaftlichen Arbeitsbereiches und der wissenschaftlichen Denkweisen auswirken konnten. Dagegen sind die meisten wichtigen Beiträge der mittelalterlichen Gelehrten *innerhalb* der einzelnen Diszipinen zu finden. Wer sich für die globalen Aspekte des wissenschaftlichen Wandels entscheidet, entscheidet sich daher auch dafür, nach Beispielen für Diskontinuität zu suchen. Alle Beteiligten würden nun (prinzipiell) darin übereinstimmen, daß es im Übergang von der mittelalterlichen zur frühneuzeitlichen Naturwissenschaft Elemente sowohl der Kontinuität als auch der Diskontinuität gegeben haben muß; aber um sie zu finden, müssen wir bereit sein, in ihrem angestammten Lebensraum nach ihnen zu suchen.[34]

Wenn wir unsere Aufmerksamkeit nun auf die Entwicklungen innerhalb der einzelnen Disziplinen verlagern, so glaube ich, daß es leicht ist, Argumente für ein bedeutendes Maß an Kontinuität zwischen dem Mittelalter und der frühen Neuzeit im sprachlichen, begrifflichen und theoretischen Bereich zu finden. Die von den »neuen Wissenschaftlern« des siebzehnten Jahrhunderts gestellten Fragen waren häufig von der mittelalterlichen Tradition vorgegeben. Ein großer Teil des in der Naturwissenschaft des siebzehnten Jahrhunderts verwendeten Wortschatzes und viele ihrer Begriffe stimmten mit dem mittelalterlichen Gebrauch überein. Und gelegentlich überdauerten die Theorien des Mittelalters auch und fanden Eingang in die frühneuzeitliche Naturwissenschaft.

Es ist nicht schwer, dafür Beispiele zu finden.[35] Bei Galileis Analyse der Kinematik fallender Körper handelte es sich zu einem großen Teil um eine Erweiterung und Anwendung kinematischer Prinzipien, die im vierzehnten Jahrhundert in Oxford und Paris entwickelt worden waren. Die Tatsache, daß Galilei einen Unterschied machte zwischen Kinematik und Dynamik, weist bereits auf einen Einfluß der von Bradwardine und Oresme ausgehenden Tradition hin. Und wenn wir Galileis Kinematik näher betrachten, wird deutlich, daß die Begriffe, mit denen er arbeitete – dazu gehören die Begriffe von Raum, Zeit, Geschwindigkeit und Beschleunigung – aus der mittelalterlichen Kinematik stammten. In seinem mathematischen Ansatz orientierte er sich stark am vierzehnten Jahrhundert. Und von vorrangiger Bedeutung in der abgeschlossenen Theorie Galileis waren bestimmte Lehrsätze mittelalterlichen Ursprungs, darunter der »Satz von der mittleren Geschwindigkeit« oder die »Merton-Regel«. Ja, bei eben jenen mathematischen Gleichungen, die heute als Ausdruck der kinematischen Leistung Galileis angesehen werden ($v \propto t$ und $s \propto t^2$) handelte es sich um einfache Weiterentwicklungen von Definitionen oder Lehrsätzen aus dem vierzehnten Jahrhundert.[36]

Die Optik, insbesondere ihre eher geometrischen Teilbereiche, stellt eine weitere Wissenschaft dar, in der zwischen Mittelalter und früher Neuzeit ein hohes Maß von Kontinuität besteht. Beispielsweise war Keplers Theorie des Netzhautbildes (die Vorstellung, daß ein im Augenhintergrund entstehendes umgekehrtes Abbild des Gesichtsfeldes für die optische Wahrnehmung verantwortlich ist) eine hervorragende Leistung und innerhalb der Sehtheorie eine bedeutende Neuerung. Aber das heißt nicht, daß es sich bei der Theorie vom Netzhautbild um einen revolutionären Gedanken handelte. Es handelte sich um die Antwort auf eine alte Frage, die vollständig innerhalb des mittelalterlichen Begriffsrahmens entwickelt worden war; eine Antwort, die sich nicht ergab, nachdem irgendein Grundprinzip der Disziplin verworfen worden war, sondern die gerade aus der Entschlossenheit heraus entstand, diese Prinzipien ernstzunehmen. Ebenso hatte Keplers Lösung des klassischen Problems der Strahlung durch kleine Öffnungen (das heißt, seine Erklärung für die verwirrende Tatsache, daß durch eine quadratische oder dreieckige Öffnung fallende Sonnenstrahlen unter bestimmten Bedingungen ein kreisförmiges Abbild der Sonne zeichnen) nicht die Formulierung neuer geometrischer Prinzipien zur Folge, sondern lediglich die strengere Anwendung der in dieser Disziplin traditionell vorhandenen Axiome.[37]

Es wäre leicht, noch weitere Beispiele anzuführen. Die Kopernikanische Astronomie behielt die grundlegenden Ziele und Prinzipien der Astronomie bei, wie sie seit Ptolemaios betrieben worden war. Beispiele für Kontinuität finden sich auch in der Astrologie, in der Alchimie, Anatomie, Physiologie, Medizin und Naturgeschichte. Als im sechzehnten und siebzehnten Jahrhundert die frühneuzeitliche Naturwissenschaft entstand, bewahrte sie eine komplizierte Beziehung zur Vergangenheit. Zwar waren bedeutende Elemente ihrer Metaphysik und Methodologie vollkommen neu, doch sie enthielt gleichzeitig zahllose Fragmente wissenschaftlicher Leistungen aus dem Mittelalter, manchmal in unveränderter Form, manchmal auch in neuer Form, die dem neuen Kontext angepaßt war. Wenn wir Anerkennung für die wissenschaftlichen Leistungen des Mittelalters fordern, brauchen wir deswegen nicht die Leistungen des sechzehnten und siebzehnten Jahrhunderts zu diffamieren oder herunterzuspielen. Wir müssen lediglich begreifen, daß erstere (d.h. die Naturwissenschaft im Mittelalter) die letztere formte und daher in der Ahnenreihe der modernen Naturwissenschaft ihren Platz hat. Wenn wir verstehen wollen, was es bedeutet, in dieser von moderner Wissenschaft geprägten Welt zu leben, können wir es uns nicht leisten, auf die Kenntnis des Weges, der uns bis hierher geführt hat, zu verzichten.

# ANMERKUNGEN

## *Kapitel 1*

1. Bertrand Russell: *Philosophie des Abendlandes.*
2. Sehr gut getroffen hat das David Pingree in »Hellenophilia versus the History of Science«, Isis 83 (1992), 554–563.
3. Zu im Altertum und im Mittelalter vertretenen Einstellungen gegenüber der Technik s. Elspeth Whitney: *Paradise Restored.*
4. Bei der Betrachtung der mündlichen Überlieferung in diesem Abschnitt verdanke ich vieles Jack Goody und Ian Watt: »The Consequences of Literacy« (Zitat S. 306); Jack Goody: *The Domestication of the Savage Mind*; und Jan Vansina: *Oral Tradition as History.* S. a. Bronislaw Malinowski: *Myth in Primitive Psychology.*
5. Das trifft sicherlich für Kulturen der Vorgeschichte zu. Zeitgenössische schriftlose Gesellschaften haben vielleicht durch den Kontakt mit der Außenwelt von der Existenz der Schrift gehört oder sie gesehen, aber bevor sie nicht selbst des Schreibens mächtig sind, ist zu bezweifeln, daß sie den *Begriff* des Schreibens überhaupt verstanden haben.
6. Goody und Watt: »Consequences of Literacy«, S. 307 ff. Zur mündlichen Tradition als »Charta« s. Malinowski: *Myth in Primitive Psychology,* S. 42 ff.
7. »Myth and Reality«, in H. Frankfort, H. A. Frankfort, John A. Wilson und Thorkild Jacobsen: *Before Philosophy,* S. 24 f., deutsch S. 23 f.
8. Jan Vansina: *The Children of Woot,* S. 30 f., 198; Vansina: *Oral Tradition,* S. 117, 125 ff.
9. Vansina: *Oral Tradition,* S. 130 ff.
10. Vansina: *Children of Woot,* S. 30 f. Zu den Ursprungsmythen und ihrer Beziehung zum Weltbild s. a. Vansina, *Oral Tradition,* S. 133 ff.
11. John A. Wilson: »Das ägyptische Universum«, in Frankfort et al.: *Before Philosophy,* S. 63, deutsch S. 63. Eine aktuelle und sorgfältige Abhandlung der ägyptischen Kosmologie und Kosmogonie liefert Marshall Clagett: *Ancient Egyptian Science,* Bd. 1, Teil 1, S. 263–372. Zur ägyptischen Religion s. James H. Breasted: *Development of Religion and Thought in Ancient Egypt.*
12. Zu babylonischen Schöpfungsmythen s. Thorkild Jacobsen: »Mesopotamien: Der Kosmos als Staat/Die Umwelt in Ägypten und Mesopotamien, in: Frankfort et al.: *Before Philosophy,* deutsch, Kap. 5, besonders S. 165–204; S. G. F. Brandon: *Creation Legends of the Ancient Near East,* Kap. 3.
13. Zur primitiven oder volkstümlichen Medizin s. Henry E. Sigerist: *Anfänge der Medizin,* Bd. 1; John Scarborough, Hrsg.: *Folklore and Folk Medicines.*
14. Das Konzept einer »primitiven Mentalität« entwickelte Lucien Lévy-Bruhl in *How Natives Think,* Kritik dazu s. Goody: *Domestication of the Savage Mind,* Kap. 1; Geoffrey Ernest Richard Lloyd: *Demystifying Mentalities,* Einleitung.
15. Zum Begriff »Wahrheit«, insbesondere »geschichtliche Wahrheit«, s. Vansina: *Oral Tradition,* S. 21 ff., 129 ff.

16. Goody und Watt: »Consequences of Literacy«, S. 311 ff. S. a. Barry Powells Rekonstruktion der Erfindung der alphabetischen Schrift Griechenlands: *Homer and the Origin of the Greek Alphabet.*
17. Goody: *Domestication of the Savage Mind*, S. 76.
18. Ebd., Kap. 3.
19. Ebd., Kap. 5.
20. Goody und Watt: »Consequences of Literacy«, S. 319–343; Lloyd: *Demystifying Mentalities*, Kap. 1.
21. Die Lösung ist 14. Zur ägyptischen Mathematik s. Otto Neugebauer: *The Exact Sciences in Antiquity*, Kap. 4; B. L. van der Waerden: *Erwachende Wissenschaft: Ägyptische, babylonische und griechische Mathematik.* Kap. 1; G. J. Toomer: »Mathematics and Astronomy«, in J. R. Harris, Hrsg.: *The Legacy of Egypt*, S. 27–54; Richard J. Gillings: »The Mathematics of Ancient Egypt«; und Carl Benjamin Boyer: *A History of Mathematics*, Kap. 2.
22. Richard Parker: »Egyptian Astronomy, Astrology, and Calendrical Reckoning«.
23. Zur babylonischen Mathematik s. Neugebauer: *Exact Sciences in Antiquity*, Kap. 2–3; Waerden, van der: *Erwachende Wissenschaft*, Kap. 2–3; Waerden, van der: »Mathematics and Astronomy in Mesopotamia«; und Boyer: *A History of Mathematics*, Kap. 3.
24. Zu einer Analyse des Problems der »Algebra« im Altertum s. Sabetai Unguru: »History of Ancient Mathematics: Some Reflections on the State of the Art«; sowie Unguru: »On the Need to Rewrite the History of Greek Mathematics«.
25. Zur mesopotamischen oder babylonischen Astronomie s. Neugebauer: *Exact Sciences in Antiquity*, Kap. 5; B. L. van der Waerden, mit Peter Huber: *Erwachende Wissenschaft II: Die Anfänge der Astronomie*; van der Waerden: »Mathematics and Astronomy in Mesopotamia«; Asger Aaboe: »On Babylonian Planetary Theories«; und die Aufsätze in Neugebauer: *Astronomy and History.* Eine eher fachliche Abhandlung ist Otto Neugebauer: *A History of Ancient Mathematical Astronomy*, 1, 347 ff.
26. Zur babylonischen Astrologie und ihrem Verhältnis zur Astronomie, s. van der Waerden und Huber: *Erwachende Wissenschaft.*
27. Neugebauer: *Exact Sciences in Antiquity*, S. 104 ff.; van der Waerden und Huber: *Erwachende Wissenschaft II*, Kap. 6. Eine eher populärwissenschaftliche Abhandlung ist Stephen Toulmin und June Goodfield: *Modelle des Kosmos*, Kap. 1.
28. Sigerist: *Anfänge der Medizin*, 1, 254. Zur ägyptischen Medizin, neben Sigerist, s. Paul Ghalioungui: *The House of Life, Per Ankh: Magic and Medical Science in Ancient Egypt*; Ghalioungui: *The Physicians of Pharaonic Egypt* ; und John R. Harris: »Medicine«, in Harris, Hrsg.: *The Legacy of Egypt.* Zum Thema Chirurgie s. Guido Majno: *The Healing Hand*, Kap. 3.
29. B. Ebbell: *The Papyrus Ebers.*
30. James Henry Breasted: *The Edwin Smith Surgical Papyrus.*
31. Zur mesopotamischen Medizin s. Sigerist: *Anfänge der Medizin*, 1: Teil 4; Robert Biggs: »Medicine in Ancient Mesopotamia«; Majno, *Healing Hand*, Kap. 2.

# Kapitel 2

1. Eine gute Einführung zu Homer bieten Jasper Griffin: *Homer* ; oder M. I. Finley: *The World of Odysseus.*
2. Hesiod: *Sämtliche Gedichte.* (→ Ergänzende Literatur, S. 462)
3. Zur griechischen Mythologie s. Edith Hamilton: *Mythology.* Der zitierte Abschnitt stammt aus Homer: *Odyssee,* 5. Gesang, Vers 291–294, 366 f., dt. Übers. Johann Heinrich Voß.
4. Hesiod: *Sämtliche Gedichte,* S. 34.
5. Eine interessante Analyse dieses Problems bietet Paul Veyne: *Did the Greeks Believe in Their Myths?* (Glaubten die Griechen an ihre Mythen?).
6. Mein Wissen zu diesem Thema verdanke ich in erster Linie G. E. R. Lloyd: *Early Greek Science: Thales to Aristotle,* Kap. 1; Lloyd: *Magic, Reason and Experience;* Lloyd: *The Revolutions of Wisdom;* und Gregory Vlastos: *Plato's Universe,* Kap. 1. Ausführliche Bibliographie in diesen Werken.
7. Zu den Milesiern s. Lloyd: *Early Greek Science,* Kap. 2; David Furley: *The Greek Cosmologists,* Bd. 1: *The Formation fo the Atomic Theory and its Earliest Critics;* G. S. Kirk und J. E. Raven: *The Presocratic Philosophers,* Kap. 2–4; und Jonathan Barnes: *The Presocratic Philosophers,* 1: Kap. 2–3. Zu Thales und der Astronomie s. D. R. Dicks: *Early Greek Astronomy to Aristotle.* S. 42 ff.
8. Kirk und Raven: *Presocratic Philosophers,* S. 87
9. Charles H. Kahn: *Anaximander and the Origins of Greek Cosmology,* S. 233.
10. G. E. R. Lloyd: *Demystifying Mentalities,* insbes. Kap. 1; Lloyd: *Early Greek Science,* S. 10 ff.
11. Kirk and Raven: *Presocratic Philosophers,* S. 199. Zur Interpretation dieses Abschnitts s. a. Furley: *Greek Cosmologists,* S. 35 f.; Barnes: *Presocratic Philosophers,* 1, 60–64.
12. Zu den Atomisten s. Furley: *Greek Cosmologists,* Kap. 9–11; Kirk und Raven: *Presocratic Philosophers,* Kap. 17; Barnes: *Presocratic Philosophers,* 2, 40–75; Cyril Bailey: *The Greek Atomists and Epicurus.*
13. Kirk und Raven: *Presocratic Philosophers,* S. 328 f. S. a. Furley: *Greek Cosmologists,* Kap. 7.
14. Aristoteles: *Metaphysik,* I.5.985$^b$33-986$^a$2 in *Aristoteles: Die Lehrschriften,* Bd. 8, hrsg., übertragen und in ihrer Entstehung erläutert von Paul Gohlke. Zu den Pythagoreern s. a. Kirk und Raven: *Presocratic Philosophers,* Kap. 9; Furley: *Greek Cosmologists,* Kap. 5; Barnes, *Presocratic Philosophers,* 2, 76 ff.; und Lloyd: *Early Greek Science,* Kap. 3.
15. Im neunzehnten Jahrhundert drückte Stanley Jevons diese Version des pythagoreischen Denkens treffend so aus: »Nicht ohne Grund behauptete Pythagoras, die Zahl regiere die Welt. Die Zahl ist in fast all unseren Handlungen vorhanden, und in dem Maße, wie wir mit Zahlen definieren können, eignen wir uns genaues und nützliches Wissen über das Universum an.« Aus Jevons' *Principles of Science,* zitiert als Epigraph in Margaret Schabas: *A World Ruled by Number: William Stanley Jevons and the Rise of Mathematical Economics* (Princeton: Princeton University Press, 1990).
16. Lloyd: *Early Greek Science,* S. 36 f.; Furley: *Greek Cosmologists,* S. 33–36.
17. Kirk und Raven: *Presocratic Philosophers,* S. 271. Ebenso Furley: *Greek Cosmologists,* S. 36–42; Lloyd: *Early Greek Science,* S. 37 ff.; und Barnes: *Presocratic Philosophers,* 1, Kap. 10–11.

18. Kirk und Raven: *Presocratic Philosophers*, Kap. 11; Barnes: *Presocratic Philosophers*, 1, Kap. 12–13. Der Kommentar von Aristoteles stammt aus *Physik*, VI.2.233ª 22 f. In einem zweiten Paradoxon schildert Zenon einen Wettlauf zwischen Achilles (der für seine Schnelligkeit berühmt ist) und einer Schildkröte (die sich bekanntlich sehr langsam fortbewegt): Wenn die Schildkröte einen Vorsprung bekommt, gleichgültig wie gering dieser ist, dann wird Achilles sie niemals einholen können, denn in der Zeit, die Achilles braucht, um die Startposition der Schildkröte zu erreichen, wird die Schildkröte sich von diesem fort an einen neuen Punkt bewegt haben; wenn Achilles diesen neuen Punkt erreicht, hat sich die Schildkröte erneut weiterbewegt; und so weiter *ad infinitum*.

19. Kirk und Raven: *Presocratic Philosophers*, S. 271; Parmenides, Frg. 7, S. 19.

20. Lloyd: *Early Greek Science*, Kap. 4.

21. Kirk und Raven: *Presocratic Philosophers*, S. 422. S. a. Lloyd: *Early Greek Science*, Kap. 4.

22. Kirk und Raven: *Presocratic Philosophers*, S. 325, 394

23. Das wissenschaftliche Werk zu Platon ist sehr umfangreich. Kurze, neuere Einführungen finden sich bei R. M. Hare: *Plato*; und David J. Melling: *Understanding Plato*. Ich habe mich insbesondere orientiert an Vlastos: *Plato's Universe*, und an den engl. Übersetzungen und Kommentaren der verschiedenen platonischen Dialoge von Francis M. Cornford.

24. Plato: *Republic*, Buch VII, 514a – 521b.

25. Lloyd: *Early Greek Science*, S. 68–72. Plato: *Phaedo*, 65b; Plato: *Republic*, Buch VII, 532, Übers. Francis M. Cornford, S. 252.

26. Vlastos: *Plato's Universe*, Kap. 2. Zur Kosmologie Platons s. a. *Plato's Cosmology: The »Timaeus« of Plato*, ins Englische übersetzt und kommentiert von Francis Macdonald Cornford; und Richard D. Mohr, *The Platonic Cosmology*.

27. Vlastos: *Plato's Universe*, Kap. 3

28. Ebd., Kap. 2

29. Die zitierten Abschnitte stammen aus Platon: *Timaios und Kritias*, übers. u. erläutert von Otto Apelt, S. 48 und 52..

30. Vlastos: *Plato's Universe*, S. 61–65; Friedrich Solmsen: *Platos Theology*.

# *Kapitel 3*

1. Weitere Informationen zum Lykeion, s. u., Kap. 4.

2. Zu Aristoteles gibt es eine ganze Reihe hervorragender Einführungen; s. insbesondere Jonathan Barnes: *Aristotle*; Abraham Edel: *Aristotle and His Philosophy*; G. E. R. Lloyd: *Aristotle: The Growth and Structure of His Thought*; und Düring: *Aristoteles*.

3. Barnes: *Aristotle*, S. 32–51; Edel: *Aristotle*, Kap. 3–4; Lloyd: *Aristotle*, Kap. 3.

4. Der Fachbegriff, mit dem diese Lehre des Aristoteles bezeichnet wird, lautet »Hylomorphismus«, abgeleitet von *hyle*, dem griechischen Wort für Materie, und *morphe*, dem griechischen Wort für Form.

5. Zur aristotelischen Erkenntnistheorie s. insbesondere Edel: *Aristotle*, Kap. 12–15; Lloyd: *Aristotle*, Kap.6; Jonathan Lear: *Aristotle: The Desire to Understand*, Kap. 4; und Marjorie Grene: *A Portrait of Aristotle*, Kap. 3.

6. Zu diesem Thema s. Jonathan Barnes: »Aristotle's Theory of Demonstration«; G. E. R. Lloyd: *Magic, Reason and Experience*, S. 200–220.

7. Zur Veränderung s. insbesondere Edel: *Aristotle*, S. 54–60; und Sarah Waterlow: *Nature, Change, and Agency in Aristotle's »Physics«*, Kap. 1, 3.

8. Zum aristotelischen »Natur«-begriff s. Waterlow: *Nature, Change, and Agency*, Kap. 1–2; James A. Weisheipl: »The Concept of Nature«.

9. Waterlow: *Nature, Change, and Agency*, S. 33 f.; Ernan McMullin: »Medieval and Modern Science: Continuity or Discontinuity?«, S. 103–129, insbes. 118 f.

10. Edel: *Aristotle*, Kap. 5

11. S. insbesondere Friedrich Solmsen: *Aristotle's System of the Physical World*; und Lloyd: *Aristotle*, Kap. 7–8.

12. *Vom Himmel* I.4.270$^b$ 13–16, übers. von Olof Gigon, S. 62.

13. Lloyd: *Aristotle*, Kap. 7.

14. Ebd., Kap. 8. Zur Alchimie, s. u. Kap. 12.

15. Aristoteles zum Thema Leere s. Solmsen: *Aristotle's System of the Physical World*, S. 135–143; David Furley: *Cosmic Problems*, S. 77–90.

16. Furley: *Cosmic Problems*, Kap. 12–13.

17. Über die Gestalt der Erde schreibt Aristoteles in *Vom Himmel*, II.13. S. a. D. R. Dicks: *Early Greek Astronomy to Aristotle*, S. 196 ff. Zum Mythos, dem zufolge die Menschen im Altertum und im Mittelalter die Erde für eine Scheibe hielten, s. Jeffrey B. Russell: *Inventing the Flat Earth: Columbus and Modern Historians*.

18. Waterlow: *Nature, Change, and Agency*, S. 103 f.

19. Eine sorgfältige Analyse der Feinheiten findet sich bei James A. Weisheipl: »The Principle *Omne quod movetur ab alio movetur* in Medieval Physics.« Neuveröff. in Weisheipl: *Nature and Motion in the Middle Ages*, S. 75–97.

20. Zur natürlichen Bewegung s. Aristoteles: *Vom Himmel*, I.6 und *Physik*, IV.8. Zur erzwungenen Bewegung s. *Physik*, VIII.5. Besprechung s. Marshall Clagett: *The Science of Mechanics in the Middle Ages*, S. 421–433; Clagett: *Greek Science in Antiquity*, S. 64–68.

21. Lloyd: *Aristotle*, S. 139–158.

22. In jüngster Zeit ist das Interesse an der aristotelischen Biologie wieder aufgeflammt. S. insbesondere Lloyd: *Aristotle*, Kap. 4; Lloyd: *Early Greek Science*, S. 115–124; Anthony Preus: *Science and Philosophy in Aristotle's Biological Works*; Martha Craven Nussbaum: *Aristotle's »De motu animalium«*; Pierre Pellegrin, *Aristotle's Classification of Animals*; und Allan Gotthelf und James G. Lennox, Hrsg.: *Philosophical Issues in Aristotle's Biology*. Ältere, noch immer hilfreiche Quellen sind W. D. Ross: *Aristotle: A Complete Exposition of His Works and Thought*, 5. Aufl., Kap. 4; und Thomas E. Lones: *Aristotle's Researches in Natural Science*.

23. Aristoteles: *Über die Teile der Tiere*, I.5. S. a. Lloyd: *Aristotle*, S. 69–73.

24. Lloyd: *Aristotle*, S. 76–81, 86–90; Lloyd: *Early Greek Science*, S. 116 ff; Pellegrin: *Aristotle's Classification of Animals*.

25. *Tierkunde*, VI.3.561$^a$3–19, übers. von Paul Gohlke, in *Die Lehrschriften*, Bd. 13, S. 248.

26. Lloyd: *Aristotle*, S. 90–93; D. M. Balme, »The Place of Biology in Aristotle's Philosophy«.

27. Aristoteles: *Über die Zeugung der Geschöpfe*, II.1.733$^b$25–27, übers. von Paul Gohlke, in *Die Lehrschriften*, Bd. 14, S. 77.

28. Zur aristotelischen Lehre von der Seele und ihrem Vermögen s. Lloyd: *Aristotle*, Kap 9; Ross: *Aristotle*, Kap. 5; Ackrill: *Aristotle*, S. 68–78.

29. Aristoteles, *Über die Zeugung der Geschöpfe*, II.1.733ª34–733ᵇ14, übers. von Paul Gohlke (s. Anm. 27). Zur biologischen Fortpflanzung s. a. Ross: *Aristotle*, S. 117–122; Preus: *Science and Philosophy in Aristotle's Biological Works*, S. 48–107.
30. Aristoteles: *Über die Teile der Tiere* III.6.668ᵇ33–669ª7. Zur Teleologie in der aristotelischen Biologie s. a. Ross: *Aristotle*, S. 122–127, zur Teleologie s. a. Theiler; Nussbaum, *Aristotle's »De motu animalium«*, S. 59–106.
31. Zur Methodik in der aristotelischen Biologie s. Lloyd: *Aristotle*, S. 76–81; Lloyd: *Magic, Reason and Experience*, S. 211–220; Nussbaum: *Aristotle's »De motu animalium«*, S. 107–142.

# *Kapitel 4*

1. Die klassische Quelle zum Thema »Bildung im Altertum« ist das (mit Vorsicht zu genießende) Werk von H. I. Marrou: *Geschichte der Erziehung im klassischen Altertum.* Zuverlässiger ist John Patrick Lynch: *Aristotle's School.* S. a. Robin Barrow: *Greek and Roman Education.*
2. Lynch: *Aristotle's School*, S. 65 f. Zur sophistischen Lehre im allgemeinen s. S. 38–54.
3. Zu Platons Akademie s. Lynch: *Aristotle's School.* S. 54–63; Harold Cherniss: *Die Ältere Akademie. Ein historisches Rätsel und seine Lösung.*
4. Cherniss: *Die Ältere Akademie.*
5. Zum Lykeion s. Lynch, *Aristotle's School*, Kap. 1, 3; ebenso Felix Grayeff: *Aristotle and His School.*
6. Lynch: *Aristotle's School*, Kap. 6
7. Die beste Quelle zum alexandrinischen Museion und zur Bibliothek und dem gesellschaftlichen Kontext dieser Institutionen ist P. M. Fraser: *Ptolemaic Alexandria*, insbes. 1, 305–335. S. a. Lynch: *Aristotle's School*, S. 121 ff., 194.
8. Zum naturphilosophischen Werk Theophrasts s. G. E. R. Lloyd: *Greek Science after Aristotle*; J. B. McDiarmid: »Theophrastus«, *Dictionary of Scientific Biography*, 13, 328–334.
9. Zu Theophrast und dem Lykeion s. Lynch: *Aristotle's School*, S. 97–108. Das Zitat stammt von S. 101, mit einer leichten Veränderung.
10. Ebd., S. 101 ff., 193.
11. Zu Straton s. Lloyd, *Greek Science after Aristotle*, S. 15–20; Marshall Clagett: *Greek Science in Antiquity*, S. 68–71; H. B. Gottschalk: »Strato of Lampsacus«, *Dictionary of Scientific Biography*, 13, 91–95; und David Furley: *Cosmic Problems*, S. 149–160. Zu seiner Verbindung zum Lykeion s. Lynch: *Aristotle's School*, passim.
12. Zu den Aristoteleskommentatoren des Altertums s. die Artikelsammlung von Richard Sorabji, Hrsg.: *Aristotle Transformed.*
13. Zitate s. Diogenes Laertius: *Leben und Meinungen berühmter Philosophen*, aus dem Griech. übers. von Otto Apelt, Bd. 2, S. 280.289. Zur epikureischen Philosophie s. A. A. Long: *Hellenistic Philosophy*, 2. Aufl.; David J. Furley: *Two Studies in the Greek Atomists* ; Elizabeth Asmis: *Epicurus' Scientific Method*; Lloyd: *Greek Science after Aristotle*, Kap. 3; Cyril Bailey: *The Greek Atomists and Epicurus*; und die von A. A. Long und D. N. Sedley herausgegebenen und ins Engl. übersetzten Quellen: *The Hellenistic Philosophers,* 2 Bände.

14. Die Zitate stammen aus Lukrez: *Von der Natur*, II.114–119 und IV.840 f.), übers. H. Diels.
15. Asmis: *Epicurus' Scientific Method*, Kap. 8.
16. Lloyd: *Greek Science after Aristotle*, S. 23 f.
17. Zur stoischen Philosophie im allgemeinen s. Lloyd: *Greek Science after Aristotle*, Kap. 3; F. H. Sandbach: *The Stoics*; Long: *Hellenistic Philosophy*; Marcia L. Colish: *The Stoic Tradition from Antiquity to the Early Middle Ages*; die Artikel in Ronald H. Epp, Hrsg.: *Recovering the Stoics*; und die Quellen aus Long and Sedley: *The Hellenistic Philosophers*.
18. Zur stoischen Naturphilosophie zusätzlich zu den oben zitierten Quellen s. David E. Hahm: *The Origins of Stoic Cosmology* ; und S. Sambursky: *Physics of the Stoics*.
19. A. A. Long: »The Stoics on World Conflagration and Everlasting Recurrence«, in Epp: *Recovering the Stoics*, S. 13–37; Hahm: *Origins of Stoic Cosmology*, Kap. 6.
20. Cicero: *De divinatione*, I.125,; zitiert in Long und Sedley: *Hellenistic Philosophers.* 1, 337.

# *Kapitel 5*

1. Zu dieser Frage s. Friedrich Solmsen: *Aristotle's System of the Physical World*, S. 46 ff., 259 ff.; David C. Lindberg: »On the Applicability of Mathematics to Nature«; James A. Weisheipl: *The Development of Physical Theory in the Middle Ages*, S. 13–17, 48–62.
2. Aristoteles: *Metaphysik*, X.3.1061ª28–34, in Aristoteles: *Die Lehrschriften*, Bd. 8, S. 325 [s. Kap. 2, Anm. 14].
3. Zur griechischen Mathematik s. B. L. van der Waerden: *Erwachende Wissenschaft. Ägyptische, babylonische und griechische Mathematik*. Übers. v. Helga Habicht. Kap. 4–8; Carl B. Boyer: *A History of Mathematics*, Kap. 4–11; Thomas Heath: *A History of Greek Mathematics*. Eine Übersicht über jüngere Forschungsergebnisse vermittelt J. L. Berggren: »History of Greek Mathematics: A Survey of Recent Research«.
4. Wilbur Knorr: *The Evolution of the Euclidean Elements*.
5. Zu Euklid s. Heath: *Greek Mathematics*, Kap. 11; Boyer: *History of Mathematics,* Kap. 7; ebenso Thomas Heaths engl. Übersetzung der *Elemente* mit ausführlichem und detailliertem Kommentar. Dtsch. Übersetzung: Euklid. Die Elemente.
6. E. J. Dijksterhuis: *Archimedes*; T. L. Heath, Hrsg.: *The Works of Archimedes*. Zu Archimedes' Einfluß im Mittelalter s. Marshall Clagett, Hrsg. u. engl. Übers.: *Archimedes in the Middle Ages*.
7. Zur frühgriechischen Astronomie s. insbesondere Bernard R. Goldstein und Alan C. Bowen: »A New View of Early Greek Astronomy«; D. R. Dicks: *Early Greek Astronomy to Aristotle*; Lloyd: *Early Greek Science*, Kap. 7; Thomas Heath: *Aristarchus of Samos, the Ancient Copernicus*. Eine sehr fachspezifische Abhandlung findet sich in Otto Neugebauer: *A History of Ancient Mathematical Astronomy*, 2, S. 571–776.
8. Eine sehr hilfreiche Erörterung der grundlegenden Planetenerscheinungen und des Zweisphärenmodells findet sich in Thomas S. Kuhn: *Die kopernikanische*

*Revolution*, übers. von Helmut Kühnelt, Kap. 1; Michael J. Crowe: *Theories of the World from Antiquity to the Copernican Revolution.*, Kap. 1.

9. Zu Platons Astronomiekenntnissen s. Dicks: *Early Greek Astronomy*, Kap. 5.

10. Ebd., Kap. 6.

11. Otto Neugebauer: »On the 'Hippopede' of Eudoxus«; und David Hargreave: »Reconstructing the Planetary Motions of the Eudoxean System«.

12. Dicks: *Early Greek Astronomy*, Kap. 7.

13. Zu Aristoteles s. ebd., Kap. 7; G. E. R. Lloyd: *Aristotle*, S. 147–153. Aristoteles behandelte die Planetensphären in seiner *Metaphysik*, XII.8. Weitere Angaben zu dieser Diskussion über die Ziele der Astronomie s. u., Kap. 11.

14. Heath: *Aristarchus of Samos*, 1. Teil, Kap. 18; Otto Neugebauer: »On the Allegedly Heliocentric Theory of Venus by Heraclides Ponticus«; G. J. Toomer: »Heraclides Ponticus«, *Dictionary of Scientific Biography*, 15, 202–205; und insbesondere Bruce S. Eastwood: »Heraclides and Heliocentrism: An Analysis of the Text and Manuscript Diagrams« in einem unveröffentlichten Kapitel für sein geplantes Buch mit dem Arbeitstitel *Before Copernicus: Planetary Theory and the Circumsolar Idea from Antiquity to the Twelfth Century.* Zur weiteren Geschichte der Vorstellung einer um die Sonne zentrierten Bewegung von Merkur und Venus s. Eastwood: »Kepler as Historian of Science: Precursors of Copernican Heliocentrism according to *De revolutionibus*, I, 10.«

15. Heath: *Aristarchus of Samos*, 2. Teil; G. E. R. Lloyd: *Greek Science after Aristotle*, S. 53–61. Vom Leben des Aristarch sind kaum Einzelheiten bekannt. Da die Insel Samos sich zu seinen Lebzeiten unter ptolemäischer Herrschaft befand, studierte er möglicherweise in Alexandria Astrologie und Kosmologie; s. P. M. Fraser: *Ptolemaic Alexandria*, 1, 397; William H. Stahl: »Aristarchus of Samos«, *Dictionary of Scientific Biography*, 1, 246.

16. Im allgemeinen Sinn bezeichnet Parallaxe (oder »geometrische Parallaxe«) jene Verschiebung der scheinbaren Position eines Himmelskörpers am Sternenhimmel, die durch den Standpunktwechsel des Beobachters auftritt. Im vorliegenden Fall bedeutet das Fehlen einer Sonnenparallaxe, daß es auf die Position der Sonne keine sichtbare Auswirkung hat, von welchem Punkt der Erdoberfläche aus man sie betrachtet.

17. Heath: *Aristarchus of Samos*, 2. Teil, Kap. 3; G. J. Toomer: »Hipparchus«, *Dictionary of Scientific Biography*, 15, 205–224; D. R. Dicks: »Eratosthenes«, *Dictionary of Scientific Biography*, 4, 388–393; Albert van Helden: *Measuring the Universe*, Kap. 2.

18. Otto Neugebauer: »Apollonius' Planetary Theory«; Toomer: »Hipparchus«. Zur hellenistischen Astronomie allgemein s. Neugebauer: *Ancient Mathematical Astronomy*, 2, 779–1058.

19. Eine Einführung zu Ptolemaios liefert Lloyd: *Greek Science after Aristotle*, Kap. 8; Crowe: *Theories of the World*, Kap. 3–4. Fachlichere Erläuterungen finden sich in G. J. Toomer: »Ptolemy«, *Dictionary of Scientific Biography*, 11, 186–206; Neugebauer: *Ancient Mathematical Astronomy*, 1, 21–343; Olaf Pedersen: *A Survey of the Almagest*; Ptolemäus, *Almagest*, Hrsg. und engl. Übers. G. J. Toomer. Deutsch: *Des Claudius Ptolemäus Handbuch der Astronomie.* Aus dem Griechischen übersetzt und mit erklärenden Anmerkungen versehen von Karl Manitius.

20. Toomer: »Ptolemy«, S. 192 ff.

21. Bernard R. Goldstein: *The Arabic Version of Ptolemy's »Planetary Hypotheses«*; G. E. R. Lloyd: »Saving the Appearances«. S. a. unten, Kap. 11, S. 277–279.

22. Zu den Sehtheorien des Altertums s. David C. Lindberg: *Auge und Licht im*

*Mittelalter. Die Entwicklung der Optik von Alkindi bis Kepler*, übers. v. Matthias Althoff, Kap. 1.

23. Zum geometrischen Ansatz bei der Erforschung des Sehens s. insbesondere A. Mark Smith: »Saving the Appearances of the Appearances«; außerdem Albert Lejeune: *Euclide et Ptolémée*; Lindberg: *Auge und Licht im Mittelalter*, S. 36–46.

24. Zu Ptolemaios s. Albert Lejeune: *Recherches sur la catoptrique grecque;* Lejeune: *Euclide et Ptolémée*; A. Mark Smith: »Ptolemy's Search for a Law of Refraction«. Eine französische Übersetzung der *Optik* von Ptolemaios ist *L'Optique de Claude Ptolémée*, Hrsg. u. franz. Übers. Albert Lejeune.

25. Beispielsweise erstellte Ptolemaios die folgende Tabelle, in denen er die Einfallswinkel des Lichts und ihre entsprechenden Brechungswinkel (bzw. Sehstrahlen) beim Übergang von Luft ins Wasser einander gegenüberstellt:

| Einfallswinkel: | 10° | 20° | 30° | 40° | 50° | 60° | 70° | 80° |
|---|---|---|---|---|---|---|---|---|
| Brechungswinkel: | 8° | 15,5° | 22,5° | 29° | 35° | 40,5° | 45,5° | 50° |

Zu beachten sind die Unterschiede zwischen den aufeinanderfolgenden Brechungswinkeln einer arithmetischen Reihe: 7,5; 7; 6,5; 6; 5,5; 5; 4,5. Eine Analyse der Ergebnisse findet sich in Lejeune: *Recherches*, S. 152–166; Smith: »Ptolemy's Search for an Law of Refraction«.

26. S. Marshall Clagett: *The Science of Mechanics in the Middle Ages*, Kap. 1.

27. Eine Analyse der Werke des Archimedes findet sich in den oben (Nr. 6) aufgezählten Quellen.

# Kapitel 6

1. Zur »primitiven« griechischen Medizin s. Fridolf Kudlien: »Early Greek Primitive Medicine«. Zu verschiedenen Praktiken der griechischen Medizin s. Owsei Temkin: »Greek Medicine as Science and Craft«; Lloyd: *Magic, Reason and Experience*, S. 37–49. Zur griechischen und römischen Medizin im allgemeinen s. die hilfreiche Bibliographie jüngster Untersuchungen von John Scarborough: »Classical Antiquity: Medicine and Allied Sciences, An Update.«

2. Ludwig Edelstein: »The Distinctive Hellenism of Greek Medicine«, neu veröff. in Edelstein: *Ancient Medicine*, Hrsg. Owsei Temkin und C. Lilian Temkin, S. 367–397. Zu den von Homer und Hesiod vertretenen Vorstellungen s. S. 376 ff. Ebenso James Longrigg: »Presocratic Philosophy and Hippocratic Medicine«. Zu Zauber und Religion in der griechischen Medizin s. Ludwig Edelstein: »Greek Medicine and Its Relation to Religion and Magic«; G. E. R. Lloyd: *Magic, Reason and Experience*, Kap. 1; und Lloyd: *The Revolutions of Wisdom*, Kap. 1.

3. Emma J. Edelstein und Ludwig Edelstein: *Asclepius: A Collection and Interpretation of the Testimonies*, I, 235.

4. Zum Thema »hippokratische Medizin« ist die Literatur äußerst umfangreich. Eine Interpretation jüngeren Datums findet sich in Wesley D. Smith: *The Hippocratic Tradition*; und in G. E. R. Lloyds Einführung zu seiner Ausgabe der *Hippocratic Writings*. S. a. Lloyd: *Early Greek Science*, Kap. 5; Lloyd: *Magic, Reason and Experience*, passim; Longrigg: »Presocratic Philosophy and Hippocratic Medicine«; und in den ersten drei Artikeln in Edelsteins *Ancient Medicine*.

5. Zur Beziehung der Medizin zur Philosophie s. Longrigg: »Presocratic Philo-

sophy and Hippocratic Medicine«; Ludwig Edelstein: »The Relation of Ancient Philosophy to Medicine«; Lloyd: *Magic, Reason and Experience*, S. 86–98.

6. Zitiert aus der Übersetzung von Hermann Grensemann: *Die hippokratische Schrift »Über die heilige Krankheit«*, I, 10–11, S. 61. Zu Medizin und übernatürlichen Kräften im Corpus Hippocraticum s. insbesondere G. E. R. Lloyd: *Revolutions of Wisdom*, Kap. 1, Lloyd: *Magic, Reason and Experience*, Kap. 1; und Longrigg: »Presocratic Philosophy and Hippocratic Medicine«.

7. *Die Natur des Menschen*, Kap. 4 (8). Übers. von Robert Fuchs in: Hippokrates, Sämmtliche Werke, Bd. 1, S. 194 f. Die Theorie der vier Säfte spielte in der hippokratischen Physiologie keine so dominierende Rolle wie in der galenischen und an Galen angelehnten Physiologie. Einige hippokratische Autoren gingen nur von zwei Säften aus (meistens Galle und Schleim), und natürlich gingen viele auch überhaupt nicht auf eine Säftetheorie ein.

8. *Die epidemischen Krankheiten*, 1.1. Übers. von Robert Fuchs in: Hippokrates: Sämmtliche Werke, Bd. 2, S. 99–100.

9. *Die alte Medizin*, Kap. 15. Übers. von Robert Fuchs in: Hippokrates: Sämmtliche Werke, Bd. 1, S. 30. Trotz seiner skeptischen Haltung legt der Autor dieser Abhandlung eigene Theorien vor.

10. Ebd., S. 247.

11. Edelstein: »Greek Medicine and Its Relation to Religion and Magic«, in *Ancient Medicine*, S. 241 ff.

12. S. *Hippocrates with an English Translation* 4, 423, 437.

13. Zur hellenistischen Medizin s. zusätzlich zu den oben aufgeführten Quellen John Scarborough: *Roman Medicine*; Ralph Jackson: *Doctors and Diseases in the Roman Empire*.

14. Eine hervorragende Übersicht über diese Entwicklungen liefert James Longrigg: »Anatomy in Alexandria in the Third Century B.C.«

15. Zu Herophilus s. d. kompetente Arbeit von Heinrich von Staden: *Herophilus*; außerdem Longrigg: »Superlative Achievement«, S. 164–177.

16. Zu Erasistratos s. James Longrigg: »Erasistratus«, *Dictionary of Scientific Biography*, 4, 382–386; Longrigg: »Superlative Achievement«, S. 177–184; G. E. R. Lloyd: *Greek Science after Aristotle*, S. 80–85.

17. Zu den medizinischen Sekten s. auch Heinrich von Staden: »Hairesis and Heresy: The Case of the *haireseis iatrikai*«; außerdem Michael Frede: »The Method of the So-Called Methodical School of Medicine«; Ludwig Edelstein: »The Methodists«; Edelstein: »Empiricism and Skepticism in the Teaching of the Greek Empiricist School«; und P. M. Fraser: *Ptolemaic Alexandria*, 1, 338–376.

18. Zu Galens Leben und Zeit s. Vivian Nutton: »The Chronology of Galen's Early Career«; Nutton: »Galen in the Eyes of His Contemporaries«; und John Scarborough: »The Galenic Question«.

19. Fraser: *Ptolemaic Alexandria* 1, 339. Zu Galens Denkweise s. Owsei Temkin: *Galenism*; Luis García Ballester: »Galen as a Medical Practitioner: Problems in Diagnosis«; Smith: *Hippocratic Tradition*, Kap. 2; John Scarborough: »Galen Redivivus: An Essay Review«; Phillip DeLacy: »Galen's Platonism«; die Aufsätze in Fridolf Kudlien und Richard J. Durling, Hrsg.: *Galen's Method of Healing*; und Lloyd: *Greek Science after Aristotle*, Kap. 9. Ebenso die Einführungen zu Galens *On the Usefulness of the Parts of the Body*, Hrsg. und engl. Übers. Margaret T. May, sowie Peter Brain: *Galen on Bloodletting*.

20. Im Original I.2 zitiert aus García Ballester: »Galen as a Medical Practitioner«, mit leichten Veränderungen der Zeichensetzung.
21. Ich war stark versucht, ein schematisches Schaubild zu Galens physiologischem System zu zeichnen. Schließlich bin ich jedoch mit einigem Zögern zu der Erkenntnis gekommen, daß ein solches Schaubild Galen ein unhaltbares Maß moderner anatomischer und physiologischer Kenntnis zuschreiben würde. Frühere Versuche der Erstellung eines Schaubildes zu Galens Physiologie finden sich bei Charles Singer: *A Short History of Anatomy and Physiology from the Greeks to Harvey*, S. 61; Karl E. Rothschuh: *History of Physiology*, S. 19.
22. Bei (mindestens) einer Gelegenheit erwähnte Galen die Möglichkeit des Vorhandenseins eines »natürlichen Geistes« oder »natürlichen Pneumas« im venösen Blut; seine Anhänger nahmen diese Theorie auf und verwandelten sie in einen festen Bestandteil des galenischen Systems; s. Owsei Temkin: »On Galen's Pneumatology«.
23. *Die Kräfte der Physis*, übers. u. erläutert von Erich Beintker u. Wilhelm Kahlenberg, III.15, S. V/125–126 vgl. Lloyd: *Greek Science after Aristotle*, S. 149.
24. Zusätzlich zu den oben angegebenen Werken über Galen s. *Galen, On Respiration and the Arteries*, hrsg. u. ins Engl. übers. von David J. Furley und J. S. Wilkie.
25. Zu Galens Methodologie s. zusätzlich zu den oben angegebenen Werken Galen: *Three Treatises on the Nature of Science*.
26. III.10, 237–238, übersetzt von Hünemörder nach ed. Helmreich, vol. 1, S. 174.
27. XVII.1,17,1, 359;360 (s. Anm. 26); vol. 2, S. 446–442.
28. Ein gutes Beispiel dafür findet sich in George Sarton: *Galen of Pergamon*.
29. Temkin: *Galenism*, S. 24.

# Kapitel 7

1. Horaz: *Episteln*, II.1.156.
2. Zu diesen Entwicklungen s. insbesondere Elizabeth Rawson: *Intellectual Life in the Late Roman Republic*.
3. Zu Cicero s. unten.
4. S. insbesondere William H. Stahl: *Roman Science*, S. 50 (an dieser Stelle erwähnt Stahl den »Fluch des Popularisierers«) und 55 (dort bezeichnet er die Popularisierer als »Schmierfinken«).
5. Zu Aratus s. ebd., S. 36 ff. Stahl ist außerdem eine der besten Quellen zur römischen Popularisierung der griechischen Wissenschaft.
6. S. beispielsweise Arnold Reymond: *History of the Sciences in Greco-Roman Antiquity*, Übers. Ruth Gheury de Bray, S. 92.
7. Übersetzt nach der Ausgabe M. Tulli Ciceronis De re publica, 1, 17, 30.
8. Bemühungen um eine Rekonstruktion des wissenschaftlichen Inhalts von Varros *Disciplines* s. Rawson, S. 158–164; Stephen Gersh: *Middle Platonism and Neoplatonism: The Latin Tradition*, 2, 825–840; William H. Stahl, Richard Johnson und E. L. Burge: *Martianus Capella and the Seven Liberal Arts*, 1, 44–53.
9. Wenn wir in dieser Epoche von »Platonikern« sprechen, meinen wir damit jeweils Mitglieder der einen oder anderen philosophischen Tradition, die von Platon und der Akademie ausgingen. Viele dieser »Platoniker« vertraten Lehren, die Platon selbst abgelehnt hätte. Eine hilfreiche Analyse von Ciceros

Philosophie und ihrer Beziehung zur platonischen Tradition s. Gersh: *Middle Platonism and Neoplatonism*, 1, 53–154.

10. Zu Lukrez s. Stahl: *Roman Science*, S. 80–83.
11. Zu diesen Autoren s. Stahl: *Roman Science*, Kap. 6; Gersh: *Middle Platonism and Neoplatonism*, Kap. 3; und die einschlägigen Artikel im *Dictionary of Scientific Biography*. Zu Seneca s. a. Lucius Annaeus Seneca, Naturwissenschaftliche Untersuchungen in acht Büchern. Zu Celsus s. *Cornelius Celsus über Grundfragen der Medizin*. Hrsg. u. mit einer Übers. v. Theodor Meyer-Steineg.
12. S. die Artikel in Roger French und Frank Greenaway, Hrsg.: *Science in the Early Roman Empire: Pliny the Elder, His Sources and Influence;* ebenso Stahl: *Roman Science*, Kap. 7; eine ältere, aber vollständigere Analyse findet sich in Lynn Thorndike: *A History of Magic and Experimental Science* 1, 31–99.
13. Zu Plinius' Methode s. A. Locher: »The Structure of Pliny the Elder's Natural History«.
14. Plinius der Jüngere, Brief 3, 5, 6, übersetzt nach der Ausgabe: C. Plini Caecili Secundi Epistularum libri novem, S. 78.
15. *Naturkunde*, II.96–101, II.140, II.200, VII.9–10, 16, 23, IX.25.
16. *Naturkunde*, II.28–90; Olaf Pedersen: »Some Astronomical Topics in Pliny«; und Bruce S. Eastwood, »Plinian Astronomy in the Middle Ages and Renaissance«.
17. Gersh: *Middle Platonism and Neoplatonism*, Kap. 7; Macrobius: *Commentary on the Dream of Scipio*, Übers. mit Einführungen und Anmerkungen v. William H. Stahl; Stahl: *Roman Science*, S. 153–169.
18. Zu Martianus s. Stahl et al.: *Martianus Capella*, 1, 9–20. Dieses Werk enthält auch eine vollständige Übersetzung von *Die Hochzeit der Philologie und Merkurs* mit begleitendem Kommentar.
19. Ebd., 2, 278.
20. Über die Quellen von Martianus' Astronomiekenntnissen ist ausführlich diskutiert worden. S. ebd., 1, 50–53; Eastwood: »Plinian Astronomy in the Middle Ages and Renaissance«, S. 198f.
21. Zu Martianus' Theorie der unteren Planeten und der weiteren Geschichte dieser Theorie s. Bruce S. Eastwood: »Kepler as Historian of Science: Precursors of Copernican Heliocentrism according to *De revolutionibus*, I, 10«.
22. Eine Liste weiterer Übersetzer und ihrer Übersetzungen findet sich bei Marshall Clagett: *Greek Science in Antiquity*, S. 154ff.
23. Zu dieser Frage s. Gersh: *Middle Platonism and Neoplatonism*, S. 421–434. Gersh geht auch auf die philosophische Einstellung von Calcidius ein.
24. Zu Boethius s. Lorenzo Minio-Paluello: »Boethius, Anicius Manlius Severinus«, *Dictionary of Scientific Biography*, 2, 228–236; Gersh: *Middle Platonism and Neoplatonism*, Kap. 9; Clagett: *Greek Science in Antiquity*, S. 150–153.
25. Zu diesem Thema s. David C. Lindberg: »Science and the Early Church«; dieses Werk enthält weitere bibliographische Angaben; ebenso Lindberg: »Science as Handmaiden: Roger Bacon and the Patristic Tradition«. Eine kurze Geschichte der Frühkirche findet sich in Henry Chadwick: *The Early Church*.
26. S. insbesondere Henry Chadwick: *Early Christian Thought and the Classical Tradition*; Charles N. Cochrane: *Christianity and Classical Culture*; A. H. Armstrong und R. A. Markus: *Christian Faith and Greek Philosophy*.
27. Die Wahl des weiblichen Begriffs (Magd, nicht Diener) in der Metapher von Augustinus interessiert vielleicht einige Leser. Augustinus' Wahl hat nichts mit einer etwaigen Unterlegenheit des weiblichen Geschlechts zu tun; sie leitet sich

lediglich vom (grammatikalischen) Geschlecht des lateinischen Hauptwortes *Philosophia* ab. Die Herrin *Theologia* ist ebenfalls weiblichen Geschlechts.

28. Zur Bildung in Rom s. insbesondere Stanley F. Bonner: *Education in Ancient Rome*; außerdem H. I. Marrou: *Geschichte der Erziehung im klassischen Altertum*; N. G. Wilson: *Scholars of Byzantium*, insbes. S. 8–27; und Robin Barrow: *Greek and Roman Education*. Zur frühmittelalterlichen Erziehung s. Pierre Riché: *Education and Culture in the Barbarian West, Sixth through Eighth Centuries;* M. L. W. Laistner: *Thought and Letters in Western Europe, A. D. 500–900*, Neuausg., Kap. 2–3.

29. Zum Klosterwesen und den Klosterschulen s. Jean Leclercq, O. S. B.: *The Love of Learning and the Desire for God: A Study of Monastic Culture* , deutsch unter dem Titel *Wissenschaft und Gottverlangen.*; Riché: *Education and Culture*, Kap. 4.

30. Überzeugend dargestellt sind die Argumente in M. M. Hildebrandt: *The External School in Carolingian Society.*

31. Laistner: *Thought and Letters,* Kap. 5.

32. Zu Cassiodorus und Vivarium s. James J. O'Donnell: *Cassiodorus;* und Ludwig.

33. Zu Isidor s. Stahl: *Roman Science*, S. 213–223, J. N. Hillgarth: Isidore of Seville, St., *Dictionary of the Middle Ages*, 6, 563–566; H. Liebeschütz: »Boethius and the Legacy of Antiquity«, in A. H. Armstrong, Hrsg.: *The Cambridge History of Later Greek and Early Medieval Philosophy*, S. 555–564; Jacques Fontaine: *Isidore de Séville et la culture classique dans l'Espagne wisigothique* ; und Ernest Brehaut: *An Encyclopedist of the Dark Ages: Isidore of Seville.*

34. Zu Beda s. Stahl: *Roman Science,* S. 223–232; Charles W. Jones: »Beda«, *Dictionary of the Middle Ages*, 2, 153–156; Wesley M. Stevens: *Bede's Scientific Achievement;* Peter Hunter Blair: *The World of Bede,* insbes. Kap. 24; und Clagett: *Greek Science in Antiquity*, S. 160–165.

# *Kapitel 8*

1. Zum Wissensgut des Byzantinischen Reiches s. N. G. Wilson: *Scholars of Byzantium;* F. E. Peters: *The Harvest of Hellenism.*

2. Eine hilfreiche Diskussion der altgriechischen Aristoteleskommentatoren findet sich in Richard Sorabjis allgemeiner Einführung zu Christian Wildbergs Übersetzung von Johannes Philoponus' *Against Aristotle on the Eternity of the World*, S. 1–17. Zu Themistius und Simplikios s. G. Verbekes Artikel im *Dictionary of Scientific Biography* 12, 440 ff; 13, 307 ff; Ilsetraut Hadot, Hrsg.: *Simplicius: sa vie, son œuvre, sa survie.* Zu Philoponus s. Richard Sorabji, Hrsg: *Philoponus and the rejection of Aristotelian Science.*

3. Eine hervorragende Analyse des Prozesses der kulturellen Verbreitung im allgemeinen liefert F. E. Peters: *Allah's Commonwealth;* ebenso Peters: *Aristotle and the Arabs: The Aristotelian Tradition in Islam;* und *Harvest of Hellenism.* Umfangreiche und nützliche Information enthält De Lacy O'Leary: *How Greek Science Passed to the Arabs.*

4. Zu diesen Entwicklungen s. W. H. C. Frend: *The Rise of the Monophysite Movement.*

5. Die hilfreichsten Quellen dazu sind Peters: *Aristotle and the Arabs*, Kap. 2; und Peters: *Allahs Commonwealth*, Einleitung und Kap. 5. S. a. Arthur Vööbus: *History of the School of Nisibis.*

6. O'Leary: *How Greek Science Passed to the Arabs*, S. 150 ff.; Peters: *Allah's Commonwealth*, S. 318, 377 f., 383, 529; Peters: *Aristotle and the Arabs*, S. 44 f., 53, 59; und Majid Fakhry: *A History of Islamic Philosopy*, S. 15 f.

7. Eine neue Bewertung der Legende von Gondishapur findet sich in Michael W. Dols: »The Origins of the Islamic Hospital: Myth and Reality«. Vieles zu verdanken habe ich auch einer Diskussion mit Vivian Nutton, dessen Werk zum Thema demnächst erscheinen wird.

8. Unter den zahllosen Büchern zur frühen Geschichte des Islam sind die folgenden besonders hilfreich: Peters: *Allah's Commonwealth;* G. E. von Grunebaum: *Classical Islam;* und Philip K. Hitti: *History of the Arabs from the Earliest Times to the Present.* Üppige Illustrationen in Verbindung mit einem hervorragenden Text finden sich bei Bernard Lewis, Hrsg.: *Welt des Islam* .

9. Zu Hunain s. Lufti M. Sa'di: »A Bio-Bibliographical Study of Hunayn ibn Ishaq al-Ibadi (Johannitius)«; und die zwei Artikel über Hunain v. G. C. Anawati und Albert Z. Iskandar im *Dictionary of Scientific Biography*, 15, 230–249. Zur Übersetzung im allgemeinen s. Peters: *Allah's Commonwealth* und *Aristotle and the Arabs;* ebenso O'Leary: *How Greek Science Passed to the Arabs;* und Fakhry: *History of Islamic Philosophy*, S. 16–31.

10. Diesen Punkt betont G. E. von Grunebaum in: *Islam: Essays in the Nature and Growth of a Cultural Tradition*, Kap. 6. Speziell auf die mathematischen Wissenschaften geht George Saliba in seinem »The Development of Astronomy in Medieval Islamic Society« ein, insbesondere 217–221.

11. Ein Überblick über die islamische Medizin findet sich im einleitenden Aufsatz von *Islamic Medicine: Ibn Ridwan's Treatise* »On the Prevention of Bodily Ills in Egypt«, ins Engl. übers. und mit einer Einleitung von Michael W. Dols.

12. S. insbesondere von Grunebaum: *Islam: Essays in the Nature and Growth of a Cultural Tradition*, Kap. 6. Einen etwas gemäßigteren Standpunkt nimmt Peters: *Aristotle and the Arabs*, Kap. 4, ein.

13. Am ausführlichsten behandelt A. I. Sabra die »Aneignungstheorie« in »The Appropriation and Subsequent Naturalization of Greek Science in Medieval Islam«; s. auch Sabra: »The Scientific Enterprise«.

14. Zur Bildung im Islam s. Bayard Dodge: *Muslim Education in Medieval Times;* George Makdisi: *The Rise of Colleges: Institutions of Learning in Islam and the West;* Peters: *Aristotle and the Arabs*, Kap. 4, Fazlur Rahman: *Islam*, 2. Aufl., Kap. 11, und Mehdi Nakosteen: *History of Islamic Origins of Western Education.*

15. »Physics, History of«, *The Catholic Encyclopedia* (1911), 11, 48.

16. Es gibt keine brauchbare allgemeine Geschichte der islamischen Wissenschaft. Eine ausgezeichnete Skizze liefert A. I. Sabra: »Science, Islamic«, *Dictionary of the Middle Ages*, 11, 81–88; und »The Scientific Enterprise«. S. a. Max Meyerhof: »Science and Medicine«, und Carra de Vaux: »Astronomy and Mathematics«, beide in Thomas Arnold und Alfred Guillaume, Hrsg.: *The Legacy of Islam;* E. S. Kennedy: »The Exact Sciences«, in R. N. Frye, Hrsg.: *The Cambridge History of Iran*, 4:378–395; und Kennedy: »The Arabic Heritage in the Sciences«. Es entsteht auch in wachsendem Maße hervorragende Fachliteratur zu den einzelnen wissenschaftlichen Disziplinen.

17. Al-Kindi wird zitiert von Richard Walzer in »Arabic Transmission of Greek Thought to Medieval Europe«, S. 172 f, 175 (mit leichten Veränderungen). Zu al-Biruni s. de Vau: »Astronomy and Mathematics«, S. 376.

18. S. A. I. Sabra: »Al Farghani«: *Dictionary of Scientific Biography*, 4, 541–545; B. A.

Anmerkungen

Rosenfeld und A. T. Grigorian: »Thabit ibn Qurra«: *Dictionary of Scientific Biography*, 13, 288–295; und Willy Hartner: »Al-Battani«, *Dictionary of Scientific Biography*, 1, 507–516. Zur islamischen Astronomie s. a. unten, Kap. 11, und die dort aufgeführte Quellen.

19.  S. David C. Lindberg: *Auge und Licht im Mittelalter*, insbes. Kap. 4; A. I. Sabra: »Ibn al-Haytham«, *Dictionary of Scientific Biography*, 6, 189–210.

# Kapitel 9

1   John Marenbon: *Early Medieval Philosophy (480–1150)*, Kap. 4, 5; M. L. W. Laistner: *Thought and Letters in Western Europe*, Kap. 3–4; G. R: Evans: *The Thought of Gregory the Great*, S. 55–68.

2.  Eine umsichtige Diskussion der genauen Bedeutung und der Auswirkungen des Dekrets zum Aufbau von Klosterschulen findet sich in M. M. Hildebrandt: *The External School in Carolingian Society*. Zu Alkuin und den karolingischen Bildungsreformen im allgemeinen s. Heinrich Fichtenau: *The Carolingian Empire*, Kap. 4; John Marenbon: *From the Circle of Alcuin to the School of Auxerre*, Kap. 2; Laistner: *Thought and Letters*, Kap. 7.

3.  Zu Eriugena und seinem Umkreis s. John J. O'Meara: *Eriugena*; Marenbon: *Early Medieval Philosophy*, Kap. 6, Marenbon: *Circle of Alcuin*, Kap. 3–4.

4.  Zu Gerbert s. Harriet Pratt Lattin, Hrsg. u. Übers. ins Engl.: *The Letters of Gerbert with His Papal Privileges as Sylvester II*; Cora E. Lutz: *Schoolmasters of the Tenth Century*, Kap. 12; Uta Lindgren: *Gerbert von Aurillac und das Quadrivium: Untersuchungen zur Bildung im Zeitalter der Ottonen*. Zum Manuskript von Ripoll s. J. M. Millas-Vallicrosa: »Translations of Oriental Scientific Works«.

5.  Zu den technischen Entwicklungen dieser Epoche s. insbesondere Lynn White, Jr.: *Die mittelalterliche Technik und der Wandel der Gesellschaft*; und Jean Gimpel: *Die industrielle Revolution des Mittelalters*. Zum Wasserrad s. Terry S. Reynolds: *Stronger than a Hundred Men: A History of the Vertical Water Wheel*, Kap. 2.

6.  S. David Herlihy: »Demography«, *Dictionary of the Middle Ages*, 4, 136–148.

7.  Zu den mittelalterlichen Schulen s. Nicholas Orme: *English Schools of the Middle Ages;* John J. Contreni: »Schools, Cathedral«, *Dictionary of the Middle Ages*, 11, 59–63; Contreni: *The Cathedral School of Laon from 850 to 930;* Marenbon: *Early Medieval Philosophy*, Kap. 10; John W. Baldwin: *The Scholastic Culture of the Middle Ages*, Kap. 3; Richard W. Southern: »The Schools of Paris and the School of Chartres«; Southern »From Schools to University«; und Paul F. Grendler *Schooling in Renaissance Italy*, insbes. Kap. 1.

8.  S. Southern: »The Schools of Paris and the School of Chartres«, S. 114–118; Jean Leclercq: »The Renewal of Theology«, S. 72 f.

9.  S. Richard W. Southern: »Humanism and the School of Chartres«; dazu die heftige Erwiderung von Nikolaus Häring: »Chartres and Paris Revisited«; und Southerns neuerliche Antwort darauf in »The Schools of Paris and the School of Chartres«.

10.  Charles Homer Haskins: *The Renaissance of the Twelfth Century*, Kap. 4, 7.

11.  Colin Morris: *The Discovery of the Individual, 1050–1200*, S. 46. Zur rationalistischen Wendung des elften und zwölften Jahrhunderts s. a. das ehrgeizige Werk von Alexander Murray: *Reason and Society in the Middle Ages*.

403

12. Zwar genoß Anselm seine intellektuelle Bildung zumindest zum Teil im Rahmen der klösterlichen Tradition – als er Ende zwanzig war, studierte er im nordfranzösischen Kloster Bec – doch er ist ein typischer Vertreter der allgemeineren geistigen Strömungen seiner Zeit und trug viel zur Gestaltung theologischer Traditionen an den Schulen des zwölften Jahrhunderts bei.

13. Jasper Hopkins: *A Companion to the Study of St. Anselm*; G. R. Evans: *Anselm and a New Generation;* Richard W. Southern: *Saint Anselm*, insbesondere S. 123–137; und Southern: *Medieval Humanism*, Kap. 2. Zur Unterscheidung zwischen klösterlicher und »scholastischer« Theologie im zwölften Jahrhundert s. Jean Leclercq: »The Renewal of Theology«.

14. Abaelards *Epistolae*, Nr. 17 in *Patrologia latina*, Hrsg. J.-P. Migne, Bd. 178 (Paris: J.-P. Migne, 1855), col. 375. Eine kurze Darstellung von Abaelards Leben und Denken findet sich in David E. Luscombe, *Peter Abelard*; Luscombe: »Peter Abelard«.

15. Zum Platonismus des zwölften Jahrhunderts s. Marie-Dominique Chenu: *Nature, Man and Society in the Twelfth Century*, Kap. 2; und Tullio Gregory: »The Platonic Inheritance«. Zu anderen speziellen Aspekten der Philosophie des zwölften Jahrhunderts s. Angaben weiter unten. Zur Naturphilosophie des zwölften Jahrhunderts im allgemeinen s. Kap 1. in Chenu und die Essays in Dronke: *History of Twelfth-Century Western Philosophy*, insbesondere Kap. 1; Winthrop Wetherbee: »Philosophy, Cosmology, and the Twelfth-Century Renaissance«, S. 21–53. Älter, aber immer noch hilfreich ist Charles Homer Haskins: *Studies in the History of Mediaeval Science;* und Lynn Thorndike: *A History of Magic and Experimental Science*, Bd. 2, Kap. 35–50.

16. Nikolaus M. Häring: »The Creation and Creator of the World according to Thierry of Chartres and Clarenbaldus of Arras«; Peter Dronke: »Thierry of Chartres«; J. M. Parent: *La doctrine de la création dans l'école de Chartres.*

17. Zur Vorstellung von der Natur s. Tullio Gregory: »La nouvelle idée de nature et de savoir scientifique au XIIe siècle«; und eine Anzahl von Aufsätzen in *La filosofia della natura nel medioevo.*

18. Zu Wilhelm von Conches s. Tullio Gregory: *Anima mundi: La filosofia di Guglielmo di Conches e la scuola di Chartres;* Dorothy Elford: »William of Conches«; Thorndike: *History of Magic*, Bd. 2, Kap. 37. Zu Adelard von Bath s. Charles Burnett, Hrsg.: *Adelard of Bath.* Die zitierten Passagen s. Wilhelm von Conches: *Philosophia mundi*, Hrsg. Gregor Maurach (Pretoria: University of South Africa, 1974), I.22, 575–578, 580, 589, 591 f., S. 32 f., (der Text ist ein bißchen anders und besser als jener in Mignes *Patrologia latina* ); Adelard von Bath: *Quaestiones naturales*, Hrsg. M. Müller (Beiträge zur Geschichte der Philosophie des Mittelalters, Bd. 31, 2. Teil) (Münster: Aschendorff, 1934), S. 8, zitiert von William J. Courtenay: »Nature and the Natural in Twelfth Century Thought«, S. 10; und Beryl Smalley: *The Study of the Bible in the Middle Ages*, S. 144. Chenu (*Nature, Man and Society* ) und Courtenay bieten hilfreiche Zusammenfassungen und Analysen zum Thema.

19. Die zitierten Passagen stammen aus Tullio Gregory; »The Platonic Inheritance«, S. 65, 57. Vgl. ähnliche Bemerkungen in Adelard von Bath: *Quaestiones naturales*, 4, S. 8; zitiert von Courtenay: »Nature and the Natural«, S. 10.

20. William J. Courtenay: »Nature and the Natural in Twelfth-Century Thought« und »The Dialectic of Divine Omnipotence«, beide in Courtenay's *Covenant and Causality in Medieval Thought*, Kap. 3–4.

21. Zum Humanismus s. Morris: *Discovery of the Individual;* Southern: *Medieval Humanism,* Kap. 4. Interessante nähere Angaben finden sich in Caroline Walker Bynum: »Did the Twelfth Century Discover the Individual?«.

22. Die beste Skizze einer Geschichte der mittelalterlichen Astrologie findet sich in Olaf Pedersen: »Astrology«, *Dictionary of the Middle Ages,* 1, 604–610. Eine ausführlichere Diskussion und zusätzliche bibliographische Angaben finden sich unten, am Ende des Abschnitts zu Kap. 11.

23. Zur Mathematik im zwölften Jahrhundert s. Charles Burnett: »Scientific Speculations«; Gillian R. Evans: *Old Arts and New Theology,* S. 119–136; Evans: »The Influence of Quadrivium Studies in the Eleventh- and Twelfth-Century Schools«; und Guy Beaujouan: »The Transformation of the Quadrivium«. Die zitierte Passage stammt aus Häring: »The Creation and Creator of the World according to Thierry of Chartres«, S. 196.

24. Eine allgemeine Erörterung zum Thema Übersetzungen findet sich in David C. Lindberg: »The Transmission of Greek and Arabic Learning to the West«; Marie-Thérèse d'Alverny: »Translations and Translators«; Millas-Vallicrosa: »Translations of Oriental Scientific Works«; Charles S. F. Burnett: »Translation and Translators, Western European«, *Dictionary of the Middle Ages,* 12, 136–142; Jean Jolivet: »The Arabic Inheritance«; und Haskins: *Studies in the History of Mediaeval Science,* passim.

25. Michael McVaugh: »Constantine the African«, *Dictionary of Scientific Biography,* 3, 393 ff.

26. Richard Lemay: »Gerard of Cremona«, *Dictionary of Scientific Biography,* 14, 173–192. Eine Auflistung von Gerards Übersetzungen findet sich in dem von Michael McVaugh übersetzten Dokument in Edward Grant, Hrsg.: *A Source Book in Medieval Science,* S. 35–38.

27. Zwei gegensätzliche Meinungen finden sich in Lemay: »Gerard of Cremona«, S. 174 f.; d'Alverny: »Translations and Translators«, S. 453 f.

28. Lorenzo Minio-Paluello: »Moerbeke, William of«, *Dictionary of Scientific Biography,* 9, 434–440.

29. Zur Bedeutung der Astrologie bei der Neuentdeckung von Aristoteles s. Richard Lemay: *Abu Ma'shar and Latin Aristotelianism in the Twelfth Century.*

30. M. B. Hackett: »The University as a Corporate Body«, S. 37.

31. Herausragende Einführungen zur Geschichte der Universitäten geben John W. Baldwin: *The Scholastic Culture of the Middle Ages;* Astrik L. Gabriel: »Universities«, in *Dictionary of the Middle Ages,* 12, 282–300; und Alan B. Cobban: *The Medieval Universities: Their Development and Organizaton.* Hilfreich sind noch immer ältere Klassiker: Charles H. Haskins: *The Rise of Universities;* und Hastings Rashdall: *The Universities of Europe in the Middle Ages,* Hrsg. F. M. Powicke und A. B. Emden, 3 Bde. Hervorragende neuere Werke zum Thema der englischen Universitäten sind Catto: *History of the University of Oxford,* Bd. 1; William J. Courtenay: *Schools and Scholars in Fourteenth Century England;* und Alan B. Cobban: *The Medieval English Universities: Oxford and Cambridge to c. 1500.* Zu Paris s. Stephen C. Ferruolo: *The Origins of the University: The Schools of Paris and Their Critics, 1100–1215.*

32. Zu Schirmherrschaft und Privilegien s. Pearl Kibre: *Scholarly Privileges in the Middle Ages;* und Guy Fitch Lytle: »Patronage Patterns and Oxford Colleges, c. 1300 – c. 1530.«

33. Diese Schätzwerte verdanke ich meinem Kollegen William J. Courtenay.

34. Die Daten stammen aus James H. Overfield: »University Studies and the Clergy in Pre-Reformation Germany«, S. 277–286.
35. Die genauen Angaben zur Sterblichkeit der Studenten finden sich in Guy Fitch Lytle: »The Careers of Oxford Students in the Later Middle Ages«, S. 221.
36. Es gibt eine Menge hilfreicher Literatur zum Lehrplan der mittelalterlichen Universitäten. Im allgemeinen s. Baldwin: *Scholastic Culture*; James A. Weisheipl: »Curriculum of the Faculty of Arts at Oxford in the Fourteenth Century«; Weisheipl: »Developments in the Arts Curriculum at Oxford in the Early Fourteenth Century«; und die einschlägigen Artikel in Catto: *The Early Oxford Schools*, Bd. 1 von *The History of the University of Oxford*.
37. Zur Wissenschaft im Lehrplan des Mittelalters s. zusätzlich zu den oben erwähnten Werken Baldwins und Weisheipls Pearl Kibre: »The *Quadrivium* in the Thirteenth Century Universities (with Special Reference to Paris)«. Ebenso Guy Beaujouan: »Motives and Opportunities for Science in the Medieval Universities«; Edward Grant: »Science and the Medieval University«; James A. Weisheipl: »Science in the Thirteenth Century«; und Edith Dudley Sylla: »Science for Undergraduates in Medieval Universities.«
38. Es ist darauf hinzuweisen, daß man im Mittelalter dann als gebildet galt, wenn man sich Kenntnisse über eine Reihe bestimmter Standardtexte angeeignet hatte. Das steht im Gegensatz zum heutigen Standpunkt, der Bildung mit der Beherrschung bestimmter Fächer gleichsetzt.

# Kapitel 10

1. Zur frühesten Verbreitung der Werke von Aristoteles im Westen s. Aleksander Birkenmajer: »Le rôle joué par les médecins et les naturalistes dans la réception d'Aristotle au XIIe et XIIIe siècles«; Richard Lemay: *Abu Ma'shar and Latin Aristotelianism in the Twelfth Century*. Zur Aristotelesrezeption an den Universitäten s. die hervorragende Abhandlung von Fernand Van Steenberghen: *Aristotle in the West*; parallel dazu findet sich eine Analyse in Van Steenberghens *The Philosophical Movement in the Thirteenth Century*. Die hilfreiche Darstellung von David Knowles: *The Evolution of Medieval Thought* basiert weitgehend auf Van Steenberghen. Eine hervorragende Übersicht über den Aristotelismus im Westen bietet William A. Wallace: »Aristotle in the Middle Ages«, *Dictionary of the Middle Ages*, 1, 456–469. Zu Oxford s. Van Steenberghen: *Aristotle in the West*, Kap. 6; D. A. Callus: »Introduction of Aristotelian Learning to Oxford«.
2. Zum Aristotelismus in Paris s. Van Steenberghen: *Aristotle in the West*, Kap. 4–5. S. a. John W. Baldwin: *Masters, Princes and Merchants: The Social Views of Peter the Chanter and His Circle*, 1, 104–107; und Richard C. Dales: *The Intellectual Life of Western Europe in the Middle Ages*, S. 243–246. Eine Übersetzung der Dokumente im Zusammenhang mit den Geschehnissen in Paris bietet Lynn Thorndike: *University Records and Life in the Middle Ages*, S. 26–40; Neuaufl. mit zusätzlichen Anmerkungen in Edward Grant, Hrsg: *A Source Book in Medieval Science*, S. 42 ff.
3. Der lateinische Text findet sich in Henricus Denifle und Aemilio Chatelain: *Chartularium Universitatis Parisiensis*, 4 Bde. (Paris: Delalain, 1889–97), 1, 138, 143. Eine weitere Übersetzung, die einen größeren Teil des Textes umfaßt, s. Thorndike: *University Records*, S. 40.

4. Van Steenberghen: *Aristotle in the West*, S. 89–110; David C. Lindberg, Hrsg. und Übers.: *Roger Bacon's Philosophy of Nature*, S. xvi – xvii.
5. Van Steenberghen: *Aristotle in the West*, S. 17 f, 64 ff, 127 f. Eine kurze Darstellung der Philosophie von Avicenna findet sich in Majid Fakhry: *A History of Islamic Philosophy*, S. 147–183; und G. C. Anawati und Albert Z. Iskandar: »Ibn Sina«, *Dictionary of Scientific Biography*, 15, 494–501.
6. Van Steenberghen: *Aristotle in the West*, S. 18 ff. Der wichtigste Übersetzer von Averroës war Michael Scot († ca. 1235). Er begann seine Arbeit im Jahre 1217 und setzte sie fort bis in die 1230er Jahre hinein; es gibt aber keinen Hinweis darauf, daß seine Übersetzungen in Paris noch vor Ende der 1230er Jahre Verwendung fanden; s. ebd., S. 89–94; Lorenzo Minio-Paluello; »Michael Scot«, *Dictionary of Scientific Biography*, 9, 361–365. Zur Philosophie von Averroës s. Fakhry: *History of Islamic Philosophy*, S. 302–325; Roger Arnaldez und Albert Z. Iskandar: »Ibn Rushd«, *Dictionary of Scientific Biography*, 12: 1–9.
7. S. beispielsweise Aristoteles: *Über den Himmel*, I.10–11. Eine Erörterung der aristotelischen Lehre findet sich in Friedrich Solmsen: *Aristotle's System of the Physical World*, S. 51, 266–274, 288, 422 ff.
8. S. beispielsweise Thomas von Aquin, Siger von Brabant und Hl. Bonaventura: *On the Eternity of The World*, ins Engl. übers. von Cyril Vollert et al.; Boethius of Dacia: *On the Supreme Good, On the Eternity of the World, On Dreams*; Richard C. Dales: »Time and Eternity in the Thirteenth Century«, *Journal of the History of Ideas*, 49 (1988): 27–45. Eine vollständige Darstellung der Diskussionen im Mittelalter findet sich bei Dales: *Medieval Discussions of the Eternity of the World*.
9. Eine kurze Abhandlung über Determinismus und Indeterminismus bei Aristoteles findet sich bei Abraham Edel: *Aristotle and His Philosophy*, S. 95, 389–401. Eine vollständige Analyse bietet Richard Sorabji: *Necessity, Cause, and Blame*. Eine hervorragende Analyse des islamischen Ansatzes bei der Lösung dieses Problems liefert Barry S Kogan: *Averroes and the Metaphysics of Causation*.
10. Der Bibeltext findet sich bei Matthäus, 10, 29–31.
11. Zur Seelentheorie des Aristoteles s. G. E. R. Lloyd: *Aristotle*, Kap. 9. Zur Reaktion des Christentums s. Fernand Van Steenberghen: *Thomas Aquinas and Radical Aristotelianism*, S. 29–70; Knowles: *Evolution of Medieval Thought*, S. 206–218, 292–296.
12. Ein ausführlicher Bericht über den averroistischen Monopsychismus und die Reaktion im Westen findet sich bei Van Steenberghen: *Thomas Aquinas and Radical Aristotelianism*, S. 29–74.
13. Ein vollständiger Bericht findet sich bei William J. Courtenay: *Teaching Careers at the University of Paris in the Thirteenth and Fourteenth Centuries*.
14. Zu Grosseteste und seiner Gelehrtenlaufbahn s. die hervorragende Untersuchung von James Mac Evoy: *The Philosophy of Robert Grosseteste*; zur Datierung des Grossetesteschen Kommentars zu *Posterior Analytics* s. S. 512 ff. Zu Grossetestes Leben und Werk s. a. D. A. Callus, Hrsg.: *Robert Grosseteste, Scholar and Bishop*; sowie Richard W. Southern: *Robert Grosseteste*. Zu den Grossetesteschen Untersuchungen der aristotelischen Logik und ihren Auswirkungen auf seine wissenschaftliche Methode s. die etwas überzogene Analyse von A. C. Crombie: *Robert Grosseteste and the Origins of Experimental Science, 1100–1700*, Kap. 3, 4; außerdem William A. Wallace: *Causality and Scientific Explanation*, I, 28–47.
15. Zur Kosmogonie Grossetestes s. u., Kap. 11, und die zugehörigen Anmerkungen.

16. Zur wissenschaftlichen Laufbahn von Grosseteste s. Stewart C. Easton: *Roger Bacon and His Search for a Universal Science*; Theodore Crowley: *Roger Bacon: The Problem of the Soul in His Philosophical Commentaries*. Eine hilfreiche Kurzbiographie findet sich in Lindberg: *Bacon's Philosophy of Nature*, S. xv – xxvi.

17. Zum Begriff »Magd« und zur Geschlechterwahl. s. o., Kap. 7, Nr. 27.

18. *The Opus majus of Roger Bacon*, Hrsg. John H. Bridges, 3 Bde. (London: Williams and Norgate, 1900), 3, 36. Zu Bacons Einsatz für die neue Philosophie s. David C. Lindberg: »Science as a Handmaiden: Roger Bacon and the Patristic Tradition.«

19. Die Frage, wo innerhalb der verschiedenen philosophischen Traditionen sich Bonaventuras Standpunkt befand, ist äußerst umstritten. Eine Übersicht über die verschiedenen Antworten und der Versuch einer Bewertung finden sich bei Van Steenbergen: *Aristotle in the West*, S. 147–162; Knowles: *Evolution of Medieval Thought*, S. 236–248; und John Francis Quinn: *The Historical Constitution of St. Bonaventure's Philosophy*, insbesondere S. 841–896. Mithilfe dieser Werke findet der Leser auch weitere Quellen.

20. Zu Albertus' Leben und Werk s. James A. Weisheipl: »The Life and Works of St. Albert the Great«, in Weisheipl, Hrsg.: *Albertus Magnus and the Sciences*, S. 13–51, ebenso Anhang I desselben Bandes, S. 565–577.

21. Zitiert von Benedict M. Ashley: »St. Albert and the Nature of Natural Science«, in Weisheipl: *Albertus Magnus and the Sciences*, S. 78. Zu Albertus' Denken s. die im selben Band enthaltenen Aufsätze; ebenso Van Steenberghen: *Aristotle in the West*, S. 167–181; sowie Francis J. Kovach und Robert W. Shahan, Hrsg.: *Albert the Great: Commemorative Essays*.

22. Zu Albertus' Quellen s. die verschiedenen Aufsätze in Weisheipl: *Albertus Magnus and the Sciences*.

23. Karen Reeds: »Albert on the Natural Philosophy of Plant Life«, in Weisheipl: *Albertus Magnus and the Sciences*, S. 343. Zu Albertus als Erforscher von Fauna, Flora und Mineralien s. die hervorragenden Aufsätze im selben Band.

24. Albertus' Seelentheorie behandelt Anton C. Pegis in *St. Thomas and the Problem of the Soul in the Thirteenth Century*, Kap. 3; und Katharine Park: »Albert's Influence on Medieval Psychology«. Zu Alberts Ansichten über die Unvergänglichkeit der Welt s. die Einführung zu Thomas von Aquin, Siger von Brabant und Bonaventura: *On the Eternity of the World*, Übers. Vollert et al., S. 13.

25. Zu Alberts naturalistischem Programm und der Fragestellung der Sintflut s. Albertus' *De causis proprietatum elementorum*, I.2.9, in Albertus Magnus: *Opera omnia*, Hrsg. Augustus Borgnet, 38 Bde. (Paris, Vivès, 1890–99), 9, 618f. S. a. Lynn Thorndike: *History of Magic and Experimental Science*, 2, 535.

26. Die Literatur zu Thomas von Aquin ist äußerst umfangreich. Zu seinem Leben s. James A. Weisheipl: *Friar Thomas d'Aquino: His Life, Thought and Works*. Hilfreiche Zusammenfassungen seiner wissenschaftlichen Leistungen finden sich (nach wachsendem Umfang angeordnet) bei Knowles: *Evolution of Medieval Thought*, Kap. 21; Ralph McInerny: *St. Thomas Aquinas*; Marie-Dominique Chenu: *Das Werk des Hl. Thomas v. Aquin*; und Etienne Gilson: *The Christian Philosophy of St. Thomas Aquinas*. Die meisten Abhandlungen zur Philosophie Thomas von Aquins (einschließlich der hier aufgeführten) wurden von modernen Thomisten verfaßt, die selbst Anhänger der thomistischen Philosophie und daher ohnehin geneigt sind, deren Vorzüge aufzuzeigen. Daher sind diese Werke etwas einseitig gefärbt und tendieren dazu, die Philosophie Thomas von Aquins (weil er »recht« hatte) als Krönung des mittelalterlichen Denkens zu

betrachten. Eine kurze Übersicht, in der einerseits die wichtigsten Aspekte der Leistung Aquins behandelt, andererseits Werturteile vermieden werden, ist Julius Weinberg: *A Short History of Medieval Philosophy*, Kap. 9.

27. Thomas Aquinas: *Faith, Reason and Theology Questions I – IV of His Commentary on the De Trinitate of Boethius*, Übers. Armand Maurer, S. 48. Die ersten zwei dieser vier Kapitel widmen sich der Frage, ob es rechtens sei, philosophische Methoden auf Glaubensfragen anzuwenden.

28. Ebd., S. 48 f.

29. Eine hervorragende Analyse der Haltung Aquins gegenüber der Unvergänglichkeit der Welt und der Natur der Seele findet sich bei Van Steenberghen: *Aquinas and Radical Aristotelianism*, Kap. 1–2.

30. Eine Abhandlung über den radikalen Aristotelismus und seine Folgen findet sich in der hervorragenden Untersuchung von Edward Grant: »Science and Theology in the Middle Ages«.

31. Nach Ansicht von Sigers wichtigstem Interpreten der Moderne änderte Siger seine Haltung nicht aus Rücksicht auf die Theologen, sondern deswegen, weil Thomas von Aquins *philosophische* Argumente ihn dazu gebracht hatten, seine eigene philosophische Haltung zu überdenken und zu korrigieren. S. Fernand Van Steenberghen: *Les œuvres et la doctrine de Siger de Brabant; Aristotle in the West*, S. 209–229; und *Aquinas and Radical Aristotelianism*, S. 6 ff., 35–43, 89–95. Ich selbst kann mir nicht vorstellen, daß die Reinheit von Sigers Philosophie nicht in gewissem Maße dadurch beeinträchtigt wurde, daß er gezwungenermaßen zu bestimmten mit der Orthodoxie der Theologen zu vereinbarenden Schlußfolgerungen kommen mußte.

32. Boethius of Dacia: *On the Supreme Good, On the Eternity of the World, On Dreams*, S. 36–67, zitiert von S. 47.

33. Ein kurzer Bericht über die Verurteilungen findet sich bei Van Steenberghen: *Aristotle in the West*, Kap. 9; John F. Wippel: »The Condemnations of 1270 and 1277 at Paris«; Edward Grant: »The Condemnation of 1277, God's Absolute Power, and Physical Thought in the Late Middle Ages.« Eine ausführliche Analyse der Verurteilungen im Hinblick auf die Naturphilosophie findet sich bei Pierre Duhem: *Le système du monde*, Bd. 6; Roland Hissette: *Enquête sur les 219 articles condamnés à Paris le 7 mars 1277*. Eine Übersetzung des Dekrets von 1277 und der verurteilten Sätze findet sich in Ralph Lerner und Muhsin Mahdi, Hrsg.: *Medieval Political Philosophy: A Sourcebook* (New York: Free Press of Glencoe, 1963), S. 335–354; eine Auswahl der für die Naturphilosophie bedeutsamen Artikel erscheint in Verbindung mit einer Einführung und laufendem Kommentar in Edward Grant, Hrsg.: *A Source Book in Medieval Science*, S. 45–50.

34. Es gibt mindestens zwei mögliche Interpretationen für diese geradlinige Bewegung, von der die radikalen Aristoteliker behaupteten, Gott könne sie dem Himmel unmöglich verliehen haben: a) eine Verschiebungsbewegung, durch die der Himmel insgesamt und sein Inhalt (d.h. der gesamte Kosmos) in die eine oder andere Richtung bewegt würde; und b) ein rechtliniges Heruntersinken des Himmels oder eines Teils des Himmels in Richtung des kosmischen Zentrums. Die erstere dieser Interpretationen war Mitte des vierzehnten Jahrhunderts sicherlich weit verbreitet; damals formulierte sie Johannes Buridanus in seinem Kommentar zu Aristoteles' *Physik*; aufgrund des Einflusses von Pierre Duhem ist es seither die gängige Ansicht. Wie Roland Hissette kürzlich aufgezeigt hat, handelt es sich bei der zweiten Interpretation wahrscheinlich um das,

was sich die Urheber dieses Artikels der Verurteilungen darunter vorstellten. Glücklicherweise hat es für unsere Zwecke keinerlei Bedeutung, welcher der beiden Interpretationen irgendeine geschichtlich bedeutsame Persönlichkeit folgte, denn der ausschlaggebende Punkt ist in beiden Fällen der gleiche: daß Gott keine rechtlinige Bewegung verursachen kann, die eine Leere zurücklassen könnte. S. Pierre Duhem: *Etudes sur Léonard de Vinci*, 2. 412; Anneliese Maier: *Zwischen Philosophie und Mechanik*, S. 122 ff; Edward Grant: »The Condemnation of 1277, God's Absolute Power, and Physical Thought in the Late Middle Ages«, S. 226–231; Hissette: *Enquête sur les 219 articles*, S. 118 ff.

35. Duhem: *Etudes sur Léonard de Vinci*, 2, 412, Duhem: *Système du monde*, 6, 66. Zum späten, abgeänderten und abgeschwächten, aber noch erkennbaren Einfluß von Duhems Behauptung s. Edward Grant: »Late Medieval Thought, Copernicus, and the Scientific Revolution«; und »Condemnation of 1277«.

36. Zum Problem des leeren Raums s. Edward Grant: *Much Ado about Nothing: Theories of Space and Vacuum from the Middle Ages to the Scientific Revolution;* ebenso Grant: »Condemnation of 1277«, S. 232 ff.

37. Eine hervorragende geschichtliche Analyse der Frage der göttlichen Allmacht findet sich bei Francis Oakley: *Omnipotence, Covenant, and Order.*

38. Transsubstantiation bezeichnet den Vorgang, durch den, der katholischen Doktrin zufolge, Brot und Wein in der Eucharistie sich in Körper und Blut Christi verwandeln.

39. S. Grant: »Science and Theology in the Middle Ages«, S. 54–70; Grant: *Nicole Oresme and the Kinematics of Circular Motion.*

40. Zu den Auswirkungen der Verurteilungen auf die Naturphilosophie s. Grant: »Condemnation of 1277«.

41. William A. Wallace: »Thomism and Its Opponents«, *Dictionary of the Middle Ages*, 12, 38–45; Knowles: *Evolution of Medieval Thought*, Kap. 24; Grant: »Condemnation of 1277«. Die zitierten Abschnitte stammen jeweils aus Marshall Clagett: *The Science of Mechanics in the Middle Ages*, S. 536 (mit leichten Änderungen), bzw. Nicole Oresme: *Le livre du ciel et du monde*, Hrsg. und Übers. A. D. Menut und A. J. Denomy, S. 369.

42. Zum Aristotelismus des Spätmittelalters und der Renaissance s. John Herman Randall, jr.: *The School of Padua and the Emergence of Modern Science*; Charles B. Schmitt: *Aristotle and the Renaissance*. Das Zitat (sowohl die englische Übersetzung wie der lateinische Originaltext) stammt aus William J. Courtenay und Katherine H. Tachau: »Ockham, Ockhamists, and the English-German Nation at Paris, 1339–1341«, S. 61, 86.

43. Zur erkenntnistheoretischen Diskussion des späten dreizehnten und vierzehnten Jahrhunderts s. Marilyn McCord Adams: *William Ockham*; 1, 551–629; Eileen Serene, »Demonstrative Science« in Norman Kretzmann, Anthony Kenny und Jan Pinborg, Hrsg.: *The Cambridge History of Later Medieval Philosophy*, S. 496–517. Zu Ockham s. a. William J. Courtenay: »Ockham, William of«, *Dictionary of the Middle Ages*, 9, 209–214.

44. Oakley: *Omnipotence, Covenant, and Order*, Kap. 3; William J. Courtenay: »The Critique on Natural Causality in the Mutakallimun and Nominalism«. Eine vollständige Abhandlung der göttlichen Allmacht und ihrer Auswirkungen auf die Naturphilosophie findet sich in Courtenay's *Capacity and Volition: A History of the Distinction of Absolute and Ordained Power*; Amos Funkenstein: *Theology and the Scientific Imagination from the Middle Ages to the Seventeenth Century*, S. 117–201.

45. Und es wurde allgemein angenommen, diese Ausnahmefälle seien vom Zeit-
    punkt der Schöpfung an in das Universum eingebaut gewesen; s. o. Kap. 9.
46. S. die Aufsätze in Courtenay: *Covenant and Causality*, insbesondere Kap. 4: »The
    Dialectic of Divine Omnipotence«; sowie Kap. 5: »The Critique on Natural
    Causality in the Mutakallimun and Nominalism«.
47. Zur feinen Verbindung zwischen der Doktrin der göttlichen Allmacht und der
    experimentellen Methode s. Funkenstein: *Theology and the Scientific Imagination*,
    S. 152–179.

# Kapitel 11

1. Ich habe mich dafür entschieden, nicht die im Mittelalter entwickelten Katego-
   risierungssysteme (»Einteilung der Wissenschaften«) zu verwenden, und zwar
   deswegen, weil die tatsächlich entstandene wissenschaftliche Literatur nicht
   genau in die dort definierten Kategorien paßt. Zu diesen Systemen s. James A.
   Weisheipl: »Classification of the Sciences in Medieval Thought«; Weisheipl:
   »The Nature, Scope, and Classification of the Sciences«.
2. Kap. 7 und 9.
3. Ein gutes Beispiel für die Kosmologie des zwölften Jahrhunderts findet sich in
   *The Cosmographia of Bernardus Silvestris*, ins Engl. übers. mit Einführung und
   Anmerkungen von Winthrop Wetherbee. S. a. oben, Kap. 9. Zur mittelalterlichen Kosmologie im allgemeinen s. C. S. Lewis: *The Discarded Image*.
4. A. C. Crombie: *Robert Grosseteste and the Origins of Experimental Science,
   1100–1700.*
5. Grosseteste bezeichnet diese Form als die »erste Form« oder »körperliche
   Form«. Weitere Einzelheiten zur körperlichen Form s. u. Kap. 12.
6. Zur Kosmologie Grossetestes s. die hervorragende Studie von James McEvoy:
   *The Philosophy of Robert Grosseteste*, S. 149–188, 369–441. Eine kürzere Fassung
   findet sich bei David C. Lindberg: »The Genesis of Kepler's Theory of Light:
   Light Metaphysics from Plotinus to Kepler«, S. 14 ff.
7. Pierre Duhem: *Le système du monde*, 10 Bde. Auszüge aus diesen zehn Bänden
   sind ins Englische übersetzt in Pierre Duhem: *Medieval Cosmology: Theories of
   Infinity, Place, Time, Void, and the Plurality of Worlds*, hrsg. u. übers. von Roger
   Ariew. Besonders viel verdanke bei meiner folgenden Schilderung der hervor-
   ragenden Zusammenfassung über die mittelalterliche Kosmologie in Edward
   Grant: »Cosmology«; ebenso den Artikeln bei Grant: *Studies in Medieval Science
   and Natural Philosophy*. S. a. Olaf Pedersen: »The Corpus Astronomicum and the
   Traditions of Mediaeval Latin Astronomy«. Eine hilfreiche Abhandlung über die
   Kosmologie Thomas von Aquins findet sich in der neuen Blackfriars-Ausgabe
   seiner *Summa Theologiae*, Bd. 10: *Cosmogony*, hrsg. u. übers. von William A.
   Wallace. Demnächst erscheint von Edward Grant: *The Medieval Cosmos
   1200–1687*, ein Werk, in dem die mittelalterliche Kosmologie erschöpfend abgehandelt werden soll.
8. Edward Grant: »Medieval and Seventeenth-Century Conceptions of an Infinite
   Void Space beyond the Cosmos«; Grant: *Much Ado about Nothing*, insbesondere
   Kap. 5–6.

9. Edward Grant: »The Medieval Doctrine of Place: Some Fundamental Problems and Solutions«, insbesondere S. 72–79.

10. Grant: »Cosmology«, S. 275–79; Grant: »Celestial Orbs in the Latin Middle Ages«, S. 159–62; Grant: »Science and Theology in the Middle Ages«, S. 63 f.

11. Mittelalterliche Textbeispiele finden sich in Lynn Thorndike, Hrsg. u. Übers.: *The Sphere of Sacrobosco and Its Commentators*, S. 206. Eine Behandlung dieses Themas findet sich in Edward Grant: »Celestial Matter: A Medieval and Galilean Cosmological Problem«; Grant: »Celestial Orbs«, S. 167–72; Grant: »Cosmology«, S. 286 ff.

12. James A. Weisheipl: »The Celestial Movers in Medieval Physics«; Grant: »Cosmology«. S. 284 ff.

13. Diese Angaben stammen aus Grant: »Cosmology«, S. 292; Francis S. Benjamin und G. J. Toomer, Hrsg. u. Übers.: *Campanus of Novara and Medieval Planetary Theory: »Theorica planetarum«*, S. 356–363. Campanus definiert die Meile als entsprechend 4000 Ellen und gibt für den Umfang der Erde einen Wert von 20 400 Meilen an (Benjamin and Toomer, S. 147). Weitere Informationen über die Vorstellungen von der Größe des Kosmos finden sich bei Bernard R. Goldstein und Noel Swerdlow: »Planetary Distances and Sizes in an Anonymous Arabic Treatise Preserved in Bodleian MS Marsh 621«; Albert Van Helden: *Measuring the Universe: Cosmic Dimensions from Aristarchus to Halley*.

14. Zum Regenbogen s. Edward Grant, Hrsg.: *A Source Book in Medieval Science*, S. 435–441; Carl B. Boyer: *The Rainbow: From Myth to Mathematics*, Kap. 3–5. Ein hilfreicher Bericht über die Meteorologie des Mittelalters findet sich in John Kirtland Wright: *The Geographical Lore of the Time of the Crusades: A Study in the History of Medieval Science and Tradition in Western Europe*, S. 166 –181; Nicholas H. Steneck: *Science and Creation in the Middle Ages: Henry of Langenstein († 1397) on Genesis,* S. 84 ff.

15. Bei der Vorstellung, daß Kolumbus Gegner hatte, welche die Erde für eine Scheibe hielten, handelt es sich um eine neuzeitliche Legende; s. Jeffrey B. Russell: *Inventing the Flat Earth: Columbus and Modern Historians.*

16. Ein Abriß der mittelalterlichen Geographie findet sich bei Lewis: *Discarded Image*, S. 139–146, dem ich dieses Argument und die Terminologie zu seiner Erläuterung entnommen habe. Eine vollständige Übersicht findet sich bei Wright: *Geographical Lore*. Zur Kartographie s. David Woodward: »Medieval *Mappaemundi*«.

17. William H. Stahl: *Roman Science*, S. 115–119; 221 f.

18. Zu verschiedenen Typen mittelalterlicher Landkarten und ihren jeweiligen Funktionen s. die Artikel in *History of Cartography*, Hrsg. J. B. Harley und David Woodward, Bd. 1. Zu den beiden hier erwähnten Landkarten s. Woodward: »Medieval *Mappaemundi* «, S. 290, 310.

19. Zu den *Mappae mundi* s. die ausführliche Untersuchung von Woodward: »Medieval *Mappaemundi* «.

20. Zu den Portulankarten und Ptolemaios' Kartierungstechniken s. die beiden Artikel in Harley und Woodward: *History of Cartography*, Bd. 1: Tony Campbell: »Portolan Charts from the Late Thirteenth Century to 1500«, S. 317–463; O. A. W. Dilke: »The Culmination of Greek Cartography in Ptolemy«, S. 177–200.

21. Die Umdrehungszeiten mußten natürlich dieselben sein, gleichgültig, ob die Erde selbst oder die Himmelssphäre diese Bewegung ausführte. Allerdings würde ein Punkt auf der Erdoberfläche sich aufgrund des geringeren Umfangs

der Erdkugel langsamer bewegen als ein Punkt auf der Oberfläche der Himmelssphäre.

22.  Nicole Oresme: *Le Livre du ciel et du monde*, 2,25 fol. 139 cd und 141d, S. 525, 531, mit verschiedenen Verbesserungen und Korrekturen. Eine Analyse findet sich bei Marshall Clagett: *The Science of Mechanics in the Middle Ages*, S. 583–588; Edward Grant: *Physical Science in the Middle Ages*, S. 63–70; Grant McColley: »The Theory of the Diurnal Rotation of the Earth«.

23.  Oresme: *Le Livre du ciel*, 2,25 fol. 144b., S. 537 (mit veränderter Zeichensetzung)

24.  Ebd., S. 537 ff.

25.  Pierre Duhem: *To Save the Phenomena: An Essay on the Idea of Physical Theory from Plato to Galilei* (1969): das Werk wurde erstmals im Jahre 1908 in französischer Sprache veröffentlicht. Zwei Jahre zuvor legte J. L. E. Dreyer in seiner *History of the Planetary Systems from Thales to Kepler* (1906) eine weniger ausgearbeitete Version derselben Interpretation vor.

26.  Siehe G. E. R. Lloyd: »Saving the Appearances«. Einfluß auf meine Arbeit hatte auch das 1. Kap. von Bruce S. Eastwoods geplantem Werk: *Before Copernicus: Planetary Theory and the Circumsolar Idea from Late Antiquity to the Twelfth Century* (als Typoskript gelesen).

27.  Grant: »Cosmology«, S. 265 ff.

28.  Zur islamischen Astronomie im allgemeinen s. George Saliba: »The Development of Astronomy in Medieval Islamic Society«; Saliba: »Astrology/Astronomy, Islamic«, *Dictionary of the Middle Ages*, 1, 616–624; die gesammelten Artikel in David A. King: *Islamic Mathematical Astronomy*; A. I. Sabra: »The Scientific Enterprise«; Owen Gingerich: »Islamic Astronomy«; E. S. Kennedy: »The Arabic Heritage in the Exact Sciences«; und Noel M. Swerdlow und Otto Neugebauer: *Mathematical Astronomy in Copernicus's De Revolutionibus*, S. 41–48. Älter ist die Untersuchung von J. L. E. Dreyer: *History of Astronomy from Thales to Kepler*, 2. Aufl., Kap. 11. Zu nichtptolemäischen Systemen s. A. I. Sabra: »The Andalusian Revolt against Ptolemaic Astronomy: Averroes und al-Bitruji«. Eine umfangreiche Sammlung hilfreicher Artikel zu Themen aus dem Bereich der Astronomie findet sich in E. S. Kennedy (in Zusammenarbeit mit Kollegen und ehemaligen Studenten): *Studies in the Islamic Exact Sciences*.

29.  Zur griechischen und arabischen Trigonometrie s. E. S. Kennedy: »The History of Trigonometry: An Overview«.

30.  Aydin Sayili: *The Observatory in Islam and Its Place in the General History of the Observatory*, Kap. 6, 8; T. N. Kari-Niazov: »Ulugh Beg«, *Dictionary of Scientific Biography*, 13, 535 ff. Ein Foto der noch immer eindrucksvollen Reste von Ulugh Begs Sextanten findet sich in Sabra: »Scientific Enterprise«, S. 195.

31.  Eine klar verständliche und korrekte Erläuterung des Astrolabiums findet sich bei J. D. North: »The Astrolabe«, oder North: *Chaucer's Universe*, S. 38–86. Eine ausführlichere Analyse findet sich in *The Planispheric Astrolabe*. Zu den astronomischen Instrumenten der Araber im allgemeinen s. David A. King: *Islamic Astronomical Instruments*.

32.  Zu Ibn-al Haithams astronomischem Werk s. A. I. Sabra: »Ibn al-Haytham«, *Dictionary of Scientific Biography*, 6, 197 ff; Sabra: »An Eleventh-Century Refutation of Ptolemy's Planetary Theory.«

33.  A. I. Sabra: »Andalusian Revolt against Ptolemaic Astronomy«. Roger Arnaldez und Albert Z. Iskandar: »Ibn Ruschd«, *Dictionary of Scientific Biography*, 12, 3 ff.

Al-Bitruji: *On the Principles of Astronomy*, hrsg. u. ins Engl. übers. von Bernard R. Goldstein.

34. Zur frühmittelalterlichen Astronomie s. die ersten Beiträge in Bruce S. East-wood: *Astronomy and Optics from Pliny to Descartes*; Eastwood: »Plinian Astronomical Diagrams in the Early Middle Ages«; Stephen C. McCluskey: »Gregory of Tours, Monastic Timekeeping, and Early Christian Attitudes to Astronomy«; und Claudia Kren: »Astronomy«, in David L. Wagner, Hrsg.: *The Seven Liberal Arts in the Middle Ages*, S. 218–247.

35. Was ich über die Astronomie im Westen weiß, stammt größtenteils aus dem Werk von Olaf Pedersen, insbesondere seiner »Astronomy«, in David C. Lindberg, Hrsg.: *Science in the Middle Ages*, S. 303–336; »Corpus Astronomicum and the Traditions of Medieval Latin Astronomy«; und Olaf Pedersen und Mogens Pihl: *Early Physics and Astronomy: A Historical Introduction*, Kap. 18.

36. Zu den *Toletanischen Tafeln* s. G.J. Toomer: »A Survey of the Toledan Tables«; Ernst Zinner: »Die Tafeln von Toledo«.

37. Thorndike: *Sphere of Sacrobosco*, enthält den lateinischen Text dieses Traktats, eine englische Übersetzung und eine sehr hilfreiche Einführung. Sacrobosco verfaßte auch eine Abhandlung über Arithmetik und eine weitere über den Kalender, s. ebd., S. 3 f.

38. Zu den übrigen Planeten s. Pedersen: »Astronomy«, S. 316 ff; ebenso Pedersens Übersetzung der *Theorica* in Edward Grant, Hrsg.: *A Source Book in Medieval Science*, S. 451-465.

39. S. beispielsweise Claudia Kren: »Homocentric Astronomy in the Latin West: The *De reprobatione ecentricorum et epiciclorum* of Henry of Hesse.«

40. Bacons Bericht findet sich in Pierre Duhem: *Un fragment inédit de l'Opus tertium de Roger Bacon, précédé d'une étude sur ce fragment*, S. 128–137. Zu Bernhard s. Claudia Kren: »Bernard of Verdun«, *Dictionary of Scientific Biography*, 2, 23 f. Den Hinweis auf Guido von Marchia verdanke ich meinem Kollegen Michael Shank.

41. Auszüge aus den Alfonsinischen Tafeln sind von Victor E. Thoren übersetzt und kommentiert worden, und zwar in Grant: *Source Booke*, S. 465–487. Zu den Toletanischen und Alfonsinischen Tafeln s. auch North: *Chaucer's Universe*, S. 147–153. Sowohl bei Thoren wie auch bei North finden sich Rechenbeispiele.

42. Es existiert keine Geschichte der Astronomie im Spätmittelalter. Hilfreiche Einblicke bieten die folgenden Werke von J. D: North: *Richard of Wallingford, An Edition of His Writings with Introductions, English Translation and Commentary*, 3 Bde.; »The Alphonsine Tables in England«, in North: *Stars, Minds and Fate: Essays in Ancient and Medieval Cosmology*, S. 327–359; und *Chaucer's Universe*. Zur jüdischen Astronomie des Mittelalters (die häufig mit der lateinischen Astronomie in Wechselwirkung stand) s. die in Bernard R. Goldstein: *Theory and Observation in Ancient and Medieval Astronomy* gesammelten Dokumente. Zu Regiomontanus und Kopernikus s. Noel M. Swerdlow und Otto Neugebauer: *Mathematical Astronomy in Copernicus's De Revolutionibus*.

43. Zur frühen Astrologie s. Jim Tester: *A History of Western Astrology*; Olaf Pedersen: »Astrology«, *Dictionary of the Middle Ages* 1, 604–610 (Pedersen enthält eine gute Bibliographie); A.A. Long: »Astrology: Arguments Pro and Contra«, Theodore Otto Wedel: *The Mediaeval Attitude toward Astrology, Particularly in England*; Franz Cumont: *Astrology and Religion among the Greeks and Romans*; J.D. North: »Celestial Influence – the Major Premiss of Astrology«; North: »Astrology and the Fortunes of Churches«; Edward Grant: »Medieval and Renaissance Scholastic

Conceptions of the Influence of the Celestial Region on the Terrestrial«; Lewis: *Discarded Image*, S. 102–110; und die in Patrick Curr, Hrsg., enthaltenen Schriften: *Astrology, Science and Society: Historical Essays* (insbesondere den Aufsatz von Richard Lemay: »The True Place of Astrology in Medieval Science and Philosophy«).

44. Zur mesopotamischen Astrologie s. B. L. van der Waerden und Peter Huber: *Erwachende Wissenschaft II: Die Anfänge der Astronomie*, Kap. 5; Richard Olson: *Science Deified and Science Defied: The Historical Significance of Science in Western Culture*, S. 34–56.

45. Das Aristoteleszitat stammt aus *Meteorologica*, I.2, p.339 a 22f., Übers. Hünemörder.

46. Ptolemaios: *Tetrabiblos* I.2, hrsg. u. übers. von F. E. Robbins, S. 5–13 (mit einer geänderten Formulierung). Zur Astrologie von Ptolemaios s. a. Tester: *History of Western Astrology*, Kap. 4; Long: »Astrology: Arguments Pro and Contra«, S. 178 ff.

47. Augustinus: *City of God* V.6, engl. Übers. William H. Green (London: Heinemann, 1963), Bd. 2, S. 157. Zu Augustinus' Haltung gegenüber der Astrologie s. a. seine *Confessions*, IV.3 und VII.6; Wedel: *Mediaeval Attitude toward Astrology*, S. 20 ff; Joshua D. Lipton: »The Rational Evaluation of Astrology in the Period of Arabo-Latin Translation, ca. 1126–1187 A. D.«, S. 133 ff.; Tester: *History of Western Astrology*, Kap. 5.

48. Wedel: *Mediaeval Attitude toward Astrology*, Kap. 2.

49. *The Didascalion of Hugh of St. Victor: A Medieval Guide to the Arts*, 2, 10, engl. Übers. Jerome Taylor, S. 68. Der lateinische Text des zweiten Zitats findet sich bei C. S. F. Burnett: »What is the *Experimentarius* of Bernardus Silvestris? A Preliminary Survey of the Material«. Das dritte Zitat (es stammt möglicherweise von Wilhelm von Conches) findet sich in Lipton: »Rational Evaluation of Astrology«, S. 145; Liptons Untersuchung enthält eine sehr hilfreiche Analyse der Astrologie im zwölften Jahrhundert; s. a. Wedel: *Mediaeval Attitude towards Astrology*, S. 60 ff.

50. Lemay: *Abu Ma'shar*, S. 41–132; David Pingree: »Abu Ma'shar al-Balkhi«, *Dictionary of Scientifice Biography*, I, 32 ff.

51. S. z. B. Nancy G. Siraisi: *Taddeo Alderotti and His Pupils: Two Generations of Italian Medical Learning*, S. 140 ff.

52. G. W. Coopland: *Nicole Oresme and the Astrologers*, S. 53 ff. Zu Oresme s. a. Stefano Caroti: »Nicole Oresme's Polemic against Astrology in His 'Quodlibeta'«, in Curry: *Astrology, Science and Society*, S. 75–93.

# Kapitel 12

1. Zu Theorien über die »Natur« und das »Physikalische« s. R. G. Collingwood: *The Idea of Nature*; Ivor Leclerc: *The Nature of Physical Existence*.

2. Zur Kontinuität zwischen mittelalterlicher und früh neuzeitlicher Wissenschaft s. u., Kap. 14.

3. Zur aristotelischen Naturphilosophie s. o., Kap. 3, und die dort aufgeführten Zitate. Zur weiteren Entwicklung innerhalb der aristotelischen Tradition s. Harry Austryn Wolfson: *Crescas' Critique of Aristotle: Problems of Aristotle's »Physics«*

*in Jewish and Arabic Philosophy*; Leclerc: *Nature of Physical Existence;* Norma E. Emerton: *The Scientific Reinterpretation of Form*, Kap. 2–3.

4. G. E. R. Lloyd: *Aristotle*, S. 164–175; Anneliese Maier: »The Theory of the Elements and the Problem of Their Participation in Compounds«, in Maier: *On the Threshold of Exact Science*, Kap. 6.

5. Leclerc: *Nature of Physical Existence*, Kap. 8, 9. Eine besonders interessante Diskussion des griechischen und mittelalterlichen Materiebegriffs liefern die in Ernan McMullin, Hrsg.: *The Concept of Matter in Greek and Medieval Philosophy*, gesammelten Artikel.

6. S. Wolfson: *Crescas' Critique*, S. 580–590; Arthur Hyman: »Aristotle's 'First Matter' and Avicenna's and Averroes' 'Corporeal Form'« in *Harry Austryn Wolfson Jubilee Volume*, 1, 385–406. Zur Bedeutung der Vorstellung einer körperlichen Form im christlichen Denken des Mittelalters s. D. E. Sharp: *Franciscan Philosophy at Oxford in the Thirteenth Century*, S. 186 ff.

7. Leclerc: *Nature of Physical Existence*, S. 125–129; Sharp: *Franciscan Philosophy at Oxford*, S. 220 ff, 292 ff.

8. Zur aristotelischen Lehre von der *mixtio* s. Friedrich Solmsen: *Aristotle's System of the Physical World*, Kap. 19; Waterlow: *Nature, Change, and Agency*, S. 82 ff; Emerton: *Scientific Reinterpretation of Form*, Kap. 3.

9. Zur mittelalterlichen Lehre von der *mixtio* s. E. J. Dijksterhuis: *Die Mechanisierung des Weltbildes*, S. 226 ff.; Emerton: *Scientific Reinterpretation of Form*, S. 77 ff;Robert P. Multhauf: *The Origins of Chemistry*, S. 149 ff; am hilfreichsten ist Anneliese Maier: *An der Grenze von Scholastik und Naturwissenschaft* 2. Aufl., S. 3–140; der einführende Teil ist als »Theory of the Elements« erschienen in Maier: *Threshold*, engl. Übers. Sargent, Kap. 6.

10. Zu den *minima* s. Dijksterhuis: *Mechanisierung*, S. 231 ff.; Emerton: *Scientific Reinterpretation of Form*, S. 85–93.

11. Eine hervorragende allgemeine Einführung in die Problematik und die Quellen der mittelalterlichen Alchimie bietet Robert Halleux: *Les textes alchimiques*; ebenso Claudia Kren: *Alchemy in Europe: A Guide to Research.* Zur älteren, aber noch immer hilfreichen Literatur gehören: F. Sherwood Taylor: *The Alchemists*; E. J. Holmyard: *Alchemy*; und Multhauf: *Origins of Chemistry*, Kap. 5–9. Kurze und modernere Abhandlungen finden sich in Manfred Ullmann: »Al-Kimiya'«, *The Encyclopedia of Islam*, Neuausg., Bd. 5, Fasz. 79–80, S. 110 ff; und Robert Halleux: »Alchemy«, *Dictionary of the Middle Ages*, 1, 134 ff. Die jüngsten Untersuchungsergebnisse liefern: William R. Newman: »The Genesis of the *Summa perfectionis*«; Newman: »Technology and Chemical Debate in the Late Middle Ages«; und Newman: *The »Summa perfectionis« of Pseudo-Geber: A Critical Edition, Translation, and Study* (Newman war so freundlich, mir Teile dieses Werkes als Typoskript zur Verfügung zu stellen).

12. Bei den erwähnten Elementen Schwefel und Quecksilber handelt es sich nicht um die gleichnamigen, allgemein bekannten Mineralien, sondern um die reinen Essenzen, von denen man glaubte, sie besäßen jene Qualitäten, die zur Herstellung von Metallen nötig seien. Sie werden manchmal als »philosophischer Schwefel« bzw. »philosophisches Quecksilber« bezeichnet. Der philosophische Schwefel wurde mitunter mit dem aktiven, geistigen Prinzip gleichgesetzt; das philosophische Quecksilber mit dem passiven, materiellen Prinzip.

13. Zum Instrumentarium der Alchimie und den alchimistischen Prozessen s. Holmyard: *Alchemy*, Kap. 4.

14. Zur späteren Entwicklung der Alchimie s. Allen G. Debus: *Man and Nature in the Renaissance,* Kap. 2; und Debus: *The Chemical Philosophy: Paracelsian Science and Medicine in the Sixteenth and Seventeenth Centuries,* 2 Bde.

15. *Physik,* III.1, 200$^b$ 14f.

16. Für diese Abhandlung der Natur der Bewegung bin ich John E. Murdoch und Edith D. Sylla: »The Science of Motion«, S. 213–222, verpflichtet. S. a. die Werke von Anneliese Maier: *Zwischen Philosophie und Mechanik,* Kap. 1–3; *Die Vorläufer Galileis im 14. Jahrhundert,* 2. Aufl., Kap. 1.

17. John E. Murdoch: »The Development of a Critical Temper: New Approaches and Modes of Analysis in the Fourteenth-Century Philosophy, Science, and Theology«, S. 60f; Murdoch und Sylla: »Science of Motion«, S. 216f; Maier: *Threshold of Exact Science,* S. 30f.

18. Murdoch und Sylla: »Science of Motion«, S. 217f; Maier: *Threshold of Exact Science,* S. 33–38; Maier: *Zwischen Philosophie und Mechanik,* S. 121–131.

19. Marshall Clagett: *The Science of Mechanics in the Middle Ages,* S. 163–186.

20. Zu Gerhard s. ebd., S. 184–197; Clagett: »The *Liber de motu* of Gerard of Brussels and the Origins of Kinematics in the West«; Murdoch und Sylla: »Science of Motion«, S. 222f; und Wilbur R. Knorr: »John of Tynemouth *alias* John of London: Emerging Portrait of a Singular Medieval Mathematician«, S. 312–322.

21. Die Geschwindigkeit wurde als Skalar, nicht als Vektor behandelt. Das heißt, sie besaß eine Größe, aber keine feste Richtung.

22. Clagett: *Science of Mechanics,* Kap. 4.

23. Wir werden uns nicht tiefer auf die verwandte mittelalterliche Problematik einlassen, in der es darum geht, mit physikalischen Begriffen zu erklären, wie es zu Intensivierung und Abschwächung kommt. Die beiden wichtigsten Erklärungen waren zum einen die Theorie der *Addition und Substraktion,* der zufolge eine Form durch Hinzufügung/Addition eines neuen Stückes von Form intensiviert, durch Abzug/Substraktion eines Stückes der ursprünglichen Form abgeschwächt wird; zum anderen existierte eine Theorie der »Ersetzung«, der zufolge die Originalform vernichtet und durch eine neue, intensivere oder weniger intensive Form ersetzt wird. Zu diesem Problem s. Edith D. Sylla: »Medieval Concepts of the Latitude of Forms: The Oxford Calculators«, S. 230ff; Murdoch und Sylla: »Science of Motion«, S. 231ff. Zur Intensivierung und Abschwächung von Qualitäten im allgemeinen s. a. Clagett: *Science of Mechanics,* S. 205f, 212ff; Murdoch und Sylla: »Science of Motion«, S. 233ff.

24. Diese Theorie geht mindestens bis auf Galen zurück; s. Marshall Clagett: *Giovanni Marliani and Late Medieval Physics,* S. 34ff.

25. Clagett: *Science of Mechanics,* S. 212f.

26. Wenn dem Leser die Gleichheit von Dreieck und Rechteck nicht auf den ersten Blick ersichtlich ist, dann ziehe er eine Diagonale von B nach D und teile auf diese Weise das Rechteck BCDE in zwei gleiche Dreiecke. Er wird feststellen, daß sowohl das Rechteck ACDF wie auch das Dreieck ACG dann in gleiche kleine Dreiecke aufgeteilt ist – und zwar jeweils in vier.

27. Zur geometrischen Darstellung von Qualitäten s. Marshall Clagett: *Nicole Oresme and the Medieval Geometry of Qualities and Motions,* S. 50–121, Clagett: *Science of Mechanics,* Kap. 6; Murdoch and Sylla: »Science of Motion«, S. 237ff.; Zur Mertonschen Regel s. Clagett. *Science of Mechanics,* Kap. 5.

28. Zu Galileis Beziehung zur mechanischen Tradition des Mittelalters s. unten, Kap. 14, Nr. 36.

29. Zu dieser äußerst fachspezifischen Frage s. Richard Sorabji: *Matter, Space, and Motion: Theories in Antiquity and Their Sequel*, Kap. 13; James A. Weisheipl: *Nature and Motion in the Middle Ages*, Kap. 4–5 (Zitat von S. 92). Die Aristotelestexte stammen aus Aristoteles' *Physik*, II.1, VII. 1 und VIII.4.

30. Zu Philoponus s. Clagett: *Science of Mechanics*, S. 508 ff. Neuere Untersuchungen, die dem radikal neuplatonischen Charakter von Philoponus' Angriff auf die aristotelische Bewegungslehre vollkommen gerecht werden, s. Michael Wolff: »Philoponus and the Rise of Preclassical Dynamics«; und Sorabji: *Matter, Space and Motion*, Kap. 14

31. Jüngste Untersuchungsergebnisse zum Thema s. Fritz Zimmermann: »Philoponus' Impetus Theory in the Arabic Tradition«; und Sorabji: *Matter, Space and Motion*, S. 237 f. S. a. Clagett: *Science of Mechanics*, S. 510 ff.

32. Zur Impetustheorie s. Clagett: *Science of Mechanics*, S. 521 ff (Zitat von S. 524); Anneliese Maier: »Die naturphilosophische Bedeutung der scholastischen Impetustheorie«; Wolff. Buridanus war nicht bekannt, daß Philoponus bereits die Theorie aufgestellt hatte, der zufolge ein Impetus oder eine aufgezwungene Kraft die Himmelsbewegung erklären könnte; s. Sorabji: *Matter, Space, and Motion*, S. 237.

33. Wenn es eine unendlich schnelle Bewegung gäbe, dann würde ein Körper für die Bewegung von einem Punkt zum anderen keine Zeit benötigen. Daraus würde folgen, daß sich der Körper zur gleichen Zeit an verschiedenen Punkten befände, das aber ist eine physikalische Unmöglichkeit.

34. Morris R. Cohen und I. E. Drabkin: *A Source Book in Greek Science*, S. 220, mit verschiedenen Änderungen. S. a. Clagett: *Science of Mechanics*, S. 433 ff, 546 f.

35. Die klassischen Analysen zu Bradwardine und seinen Vorgängern stammen von Maier: *Die Vorläufer Galileis*, S. 81–110; und Ernest A. Moody: »Galilei and Avempace: The Dynamics of the Leaning Tower Experiment«. Jüngere Untersuchungen sind Clagett: *Science of Mechanics*, Kap. 7; und *Thomas of Bradwardine, His »Tractatus de Proportionibus«: Its Significance for the Development of Mathematical Physics*, hrsg. u. ins Engl. übers. von H. Lamar Crosby, Jr.

36. A. G. Molland: »The Geometrical Background to the 'Merton School'«, insbesondere S. 116 ff. (das Zitat stammt von S. 120); Murdoch und Sylla: »Science of Motion«, S. 225 f.; Edith D. Sylla: »Compounding Ratios: Bradwardine, Oresme, and the first edition of Newton's *Principia* «.

37. Murdoch and Sylla: »Science of Motion«, S. 227 ff; Clagett: *Marliani*, Kap. 6; Clagett: *Science of Mechanics*, S. 443. Zu Swinesheads Werk s. John E. Murdoch und Edith D. Sylla: »Swineshead, Richard«, *Dictionary of Scientific Biography*, 13, 184–213. Zu Oresme s. Nicole Oresme: *»De proportionibus proportionum« und »Ad pauca respicientes«*, hrsg. u. ins Engl. übers. von Edward Grant.

38. Zur mittelalterlichen Optik im allgemeinen s. David C. Lindberg: *Auge und Licht im Mittelalter;* Lindberg: »The Science of Optics«; Lindberg: »Optics, Western European«, *Dictionary of the Middle Ages*, 9, 247–53, die gesammelten Aufsätze in Lindberg: *Studies in the History of Medieval Optics*; die Schriften zur Optik in Bruce S. Eastwood: *Astronomy and Optics from Pliny to Descartes*; und A. Mark Smith: »Getting the Big Picture in Perspectivist Optics«.

39. Es läßt sich schlagkräftig argumentieren, daß die Aussendung von Strahlen ein wichtiges Element mathematischer Sehtheorien war, denn auf der Grundlage einer kegelförmigen Aussendung von Strahlen wurde der Sehkegel definiert, der wiederum erst eine mathematische Analyse des Sehens ermöglichte.

40. S. Aristoteles: *Meteorologie*, III. 4–5; Lindberg: *Auge und Licht im Mittelalter.*
41. Zu Alhazens Leistungen im Bereich der Optik s. die gültige Übersetzung und den Kommentar von A. I. Sabra, Hrsg. u. Übers.: *The Optics of Ibn al-Haytham: Books I – III, On Direct Vision.* Kürzere Abhandlungen sind Sabra: »Ibn al-Haytham«, *Dictionary of Scientific Biography*, 6, 189–210; Sabra: »Form in Ibn al-Haytham's Theory of Vision«; und Lindberg: *Auge und Licht im Mittelalter*, Kap. 4.
42. Oben, Kap. 5.
43. Zur Rezeption der griechischen und islamischen Optik im Westen s. (zusätzlich zu den bereits angeführten Quellen) David C. Lindberg: »Roger Bacon and the Origins of *Perspectiva* in the West«.
44. Zur Optik bei Bacon s. David C. Lindberg, Hrsg. u. Übers.: *Roger Bacon's Philosophy of Nature: A Critical Edition, with English Translation, Introduction, and Notes, of »De multiplicatione specierum« and »De speculis comburentibus«*; Lindberg: *Auge und Licht im Mittelalter*, Kap. 6; und Lindberg: »Bacon and the Origins of *Perspectiva* «.
45. Zum Neuplatonismus bei Bacon s. David C. Lindberg: »The Genesis of Kepler's Theory of Light: Light Metaphysics from Plotinus zu Kepler«, S. 12–23; Lindberg: *Bacon's Philosophy of Nature*, S. liii – lxxi.
46. Lindberg: *Auge und Licht im Mittelalter*, Kap. 9; Katherine H. Tachau: *Vision and Certitude in the Age of Ockham: Optics, Epistemology and the Foundation of Semantics, 1250–1345*. Pecham's *Perspectiva communis* ist enthalten in David C. Lindberg, Hrsg. u. Übers.: *John Pecham and the Science of Optics*. Witelos umfangreiche *Perspectiva* wird zur Zeit übersetzt. Zwei Bände davon sind bereits veröffentlicht Sabetzi Unguru, Hrsg. u. Übers.: *Witelonis Perspectivae liber primus;* und A. Mark Smith, Hrsg. u. Übers.: *Witelonis Perspectivae liber quintus.*

# Kapitel 13

1. Das Grundgerüst dieses Kapitels verdanke ich Nancy G. Siraisi: *Medieval and Early Renaissance Medicine: An Introduction to Knowledge and Practice;* Michael McVaugh: »Medicine, History of«, *Dictionary of the Middle Ages*, 8, 247–254; und der allgemeinen Unterstützung durch meine Kollegin Faye Getz. Informationen findet der Leser auch in Charles H. Talbot: »Medicine«, in David C. Lindberg, Hrsg.: *Science in the Middle Ages*, S. 391–428; und Talbot: *Medicine in Medieval England*. Eine hilfreiche Übersicht über die neuere Literatur zur mittelalterlichen Medizin bietet Getz: »Western Medieval Medicine«. Eine hervorragende Sammlung übersetzter medizinischer Texte (ausgewählt, kommentiert und in manchen Fällen übersetzt von Michael McVaugh) s. Edward Grant, Hrsg.: *A Source Book in Medieval Science*, S. 700–808. Medizinische Illustrationen finden sich in Loren C. MacKinney: *Medical Illustrations in Medieval Manuscripts*; Peter M. Jones: *Medieval Medical Miniatures;* und Marie-José Imbault-Huart: *La médecine au moyen âge à travers les manuscrits de la Bibliothèque Nationale.*
2. Zur frühmittelalterlichen Medizin s. insbesondere John M. Riddle: »Theory and Practice in Medieval Medicine«; Henry E. Sigerist: »The Latin Medical Literature of the Early Middle Ages«; Linda E. Voigts: »Anglo-Saxon Plant Remedies and the Anglo-Saxons«; M. L. Cameron: »The Sources of Medical Knowledge in Anglo-Saxon England«; Siraisi: *Medieval and Early Renaissance*

*Medicine*, S. 5–13; und (älter, aber immer noch hilfreich) Loren C. MacKinney: *Early Medieval Medicine, with Special Reference to France and Chartres.*

3. S. *Isidore of Seville: The Medical Writings,* hrsg. u. ins Engl. übers. von William D. Sharpe; Celsus: *Über Grundfragen der Medizin.*

4. Zu Dioskurides s. John M. Riddle: *Dioscorides on Pharmacy and Medicine;* Riddle: »Dioscorides«. S. letzteres, S. 125–133, zu *Ex herbis femininis* (einem Werk, das nicht auf die Behandlung von Frauenkrankheiten beschränkt ist). Zu Arzneirezepten s. a. Voigts: »Anglo-Saxon Plant Remedies«; Sigerist: »Latin Medical Literature«, S. 136 ff; MacKinney: *Early Medieval Medicine,* S. 31 ff.

5. MacKinney: *Early Medieval Medicine,* S. 47 ff., 61–73.

6. Die einschlägige Passage aus Cassiodors *Institutiones* wird zitiert in MacKinney: *Early medieval Medicine,* S. 51. Zur Klostermedizin im allgemeinen s. ebd., S. 50–58.

7. S. insbesondere Darrel W. Amundsen; »Medicine and Faith in Early Christianity«; Amundsen und Gary B. Ferngren: »The Early Christian Tradition«; und Amundsen: »The Medieval Catholic Tradition«, beides in Ronald L. Numbers und Darrel W. Amundsen, Hrsg.: *Caring and Curing: Health and Medicine in the Western Religious Traditions;* und Siraisi: *Medieval and Early Renaissance Medicine,* S. 7 ff.

8. Amundsen: »Medieval Catholic Tradition«, S. 79; Grant: *Source Book,* S. 773 f.

9. Zitiert in Siraisi: *Medieval and Early Renaissance Medicine,* S. 14, aus Bernard of Clairvaux: *Letters,* Nr. 388, ins Engl. übers. von Bruno Scott James (Chicago: Regnery, 1953), S. 458 f.

10. Amundsen: »Medicine and Faith in Early Christianity«, S. 333–349 (das Zitat v. Basileios findet sich auf S. 338). Zu Tertullian s. *De corona,* 8, und *Ad nationes,* II.5, in *The Ante-Nicene Fathers,* Hrsg. Alexander Roberts und James Donaldson, überarb. von A. Cleveland Coxe (Grand Rapids: Eerdmans, 1986), 3, 97, 134. S. a. Siraisi: *Medieval and Early Renaissance Medicine,* S. 9.

11. IV.31, in *Baedae opera historica,* engl. Übers. J. E. King, 2 Bde. (London: Heinemann, 1930), 2, 191 ff. Zum Heiligenkult s. die hervorragende Untersuchung von Peter Brown: *The Cult of Saints: Its Rise and Function in Latin Christianity;* Amundsen: »Medieval Catholic Tradition«, S. 79 ff. Zu Wunderheilungen s. Ronald C. Finucane: *Miracles and Pilgrims: Popular Beliefs in Medieval England,* insbesondere Kap. 4–5.

12. Zur islamischen Medizin s. Michael W. Dols: *Medieval Islamic Medicine: Ibn Ridwan's Treatise »On the Prevention of Bodily Ills in Egypt«;* Manfred Ullmann: *Islamic Medicine;* Franz Rosenthal: »The Physician In Medieval Muslim Society«; Artikel von Max Meyerhof, gesammelt in seinen *Studies in Medieval Arabic Medicine; Theory and Practice;* und Siraisi: *Medieval and Early Renaissance Medicine,* S. 11 ff. Eine ältere, noch immer hilfreiche Quelle ist Lucien Leclerc: *Histoire de la médecine arabe.*

13. Das klassische Werk zu Salerno ist Paul Oskar Kristeller: »The School of Salerno: Its Development and Its Contribution to the History of Learning«. S. a. McVaugh. »Medicine«, S. 247 ff; und Morris Harold Saffron: *Maurus of Salerno: Twelfth-centuy »Optimus Physicus« with his Commentary on the Prognostics of Hippocrates.*

14. Michael McVaugh: »Constantine the African«, *Dictionary of Scientific Biography,* 3, 393 ff; McVaugh: »Medicine«, S. 248 f; s. o., Kap. 9.

15. Siraisi: *Medieval and Early Renaissance Medicine,* S. 17 ff; Katharine Park: *Doctors and*

*Medicine in Early Renaissance Florence*, S. 58–76; Edward J. Kealey: *Medieval Medicus: A Social History of Anglo-Norman Medicine* , Kap. 2. Nur mit Vorbehalt zu empfehlen ist Robert S. Gottfried: *Doctors and Medicine in Medieval England 1340–1530.*

16. Park: *Doctors and Medicine*, S. 54 ff.

17. Zum Thema Heilerinnen s. Siraisi: *Medieval and Early Renaissance Medicine*, S. 27, 34, 45 f.; John Benton: »Trotula, Women's Problems, and the Professionalization of Medicine in the Middle Ages«; Edward J. Kealey: »England's Earliest Women Doctors«; Monica H. Green: »Women's Medical Practice and Medical Care in Medieval Europe«. Zu jüdischen Heilern s. Elliot N. Dorff: »The Jewish Tradition« in Numbers und Amundsen: *Caring and Curing;* Luis García Ballester, Lola Ferre und Edward Feliu: »Jewish Appreciation of Fourteenth-Century Scholastic Medicine«.

18. Zur Medizin an den Universitäten s. Siraisi: *Medieval and Early Renaissance Medicine*, Kap. 3; MacVaugh: »Medicine«, S. 249 ff; Vern L. Bullough: *The Development of Medicine as a Profession: The Contribution of the Medieval University to Modern Medicine*, insbesondere Kap. 3; sowie Faye M. Getz: »The Faculty of Medicine before 1500«.

19. McVaugh: »Medicine«, S. 247.

20. Zum Studienplan s. Siraisi: *Medieval and Early Renaissance Medicine*, S. 65–77; Siraisi: *Taddeo Alderotti and His Pupils: Two Generations of Italian Medical Learning*, Kap. 4–5; Siraisi: *Avicenna in Renaissance Italy: The »Canon« and Medical Teaching in Italian Universities after 1500*, Kap. 3; Getz: »Faculty of Medicine«; und McVaugh: »Medicine«, S. 248 ff. Eine gute Vorstellung vom Inhalt der *Articella*-Sammlung vermittelt die kommentierte Übersetzung ihres wichtigsten Teils, dem *Isagoge*, von Hunain ibn Ishaq (Johannitius), die in Grant: *Source Book*, enthalten ist S. 705–715.

21. Die hier angeführten Zahlenangaben stammen aus Siraisi: *Medieval and Early Renaissance Medicine*, S. 63 f. Zahlenangaben für Oxford finden sich in Getz: »Faculty of Medicine«.

22. Faye M. Getz: »Charity, Translation, and the Language of Medical Learning in Medieval England«; Getz: *Healing and Society in Medieval England.*

23. Siraisi: *Medieval and Early Renaissance Medicine*, S. 101 ff; Grant: *Source Book*, S. 705 ff; L. J. Rather: »The 'Six Things Non-Natural': A Note on the Origins and Fate of a Doctrine and a Phrase«.

24. Zur Behandlung von Krankheiten s. Siraisi: *Medieval and Early Renaissance Medicine*, Kap. 5; Grant: *Source Book*, S. 775–791.

25. Zur medikamentösen Behandlung s. Siraisi: *Medieval and Early Renaissance Medicine*, S. 141 ff. (von S. 148 stammt die Anwendung von Schweinedung gegen Nasenbluten); Jones: *Medieval Medical Miniatures*, Kap. 4.

26. Antidotarium Nicolai, Nr. III, ins Engl. übersetzt von Michael McVaugh in Grant: *Source Book*, S. 788. Auf diese Aufzählung heilender Eigenschaften folgt das Rezept für die Herstellung von Theriak. Zu Theriak s. a. McVaugh: »Theriac at Montpellier«.

27. S. z. B. Michael McVaugh: »Arnald of Villanova and Bradwardine's Law«; McVaugh: »Quantified Medical Theory and Practice at Fourteenth-Century Montpellier«. Ebenso McVaughs Einführung zu *Arnald de Villanova, Opera medica omnia*, Bd. 2: *Aphorismi de gradibus.*

28. Ins Engl. übersetzt von Michael McVaugh in Grant: *Source Book*, S. 749. Zur

Harnuntersuchung s. MacKinney: *Medical Illustrations*, S. 9 ff; Jones: *Medieval Medical Miniatures*, S. 58 ff.

29. Ins Engl. übersetzt von Michael McVaugh in Grant: *Source Booke*, S. 746. Zur Pulsdiagnose s. a. MacKinney: *Medical Illustrations*, S. 15 ff.

30. Zur medizinischen Astrologie s. Siraisi: *Alderotti*, S. 140 ff; Siraisi: *Medieval and Early Renaissance Medicine*, S. 68, 111 f., 123, 128 f., 134 ff., 149 ff.; Jones: *Medieval Medical Miniatures*, S. 69 ff.

31. Zum Schwarzen Tod s. McVaugh: »Medicine«, S. 253; Siraisi: *Medieval and Early Renaissance Medicine*, S. 128 f; Grant: *Source Book*, S. 773 f. Eine Übersicht über die neue Literatur zum Schwarzen Tod (für das Jahr 1982) s. Nancy G. Siraisi, Einführung zu Williman, Daniel, Hrsg.: *The Black Death: The Impact of the Fourteenth-Century Plague*, S. 9–22.

32. Zur Chirurgie im Mittelalter s. Siraisi: *Medieval and Early Renaissance Medicine*, Kap. 6; MacKinney: *Medical Illustrations*, Kap. 8. Zu Roger Frugard s. Siraisi: S. 162 ff.; MacKinney: *Medical Illustrations*, passim (unter dem Namen »Rogerius«). Zu Guy de Chauliac s. Vern L. Bullough: »Chauliac, Guy de«, *Dictionary of Scientific Biography*, 3, 218 f.

33. Zum Aderlaß s. Linda E. Voigts und Michael R. McVaugh: *A Latin Technical Phlebotomy and Its Middle English Translation*; MacKinney: *Medical Illustrations*, S. 55 ff.

34. Es gab Betäubungsmittel, mit denen die Patienten in Schlaf versetzt werden konnten, aber es ist nicht bekannt, wie verbreitet ihre Anwendung war; s. Linda E. Voigts und Robert P. Hudson: »'A drynke that men callen dwale to make a man to slepe whyle men kerven him': A Surgical Anesthetic from Late Medieval England«. Die zitierte Passage stammt aus MacKinney: *Medical Illustrations*, S. 80 f.

35. Vern L. Bullough: »Mondino de' Luzzi«, *Dictionary of Scientific Biography*, 9, 467 ff; Bullough: *Development of Medicine as a Profession*, S. 61 ff.; Siraisi: *Medieval and Early Renaissance Medicine*, S. 86–97.

36. Zitiert aus Bullough: *Development of Medicine as a Profession*, S. 64, mit kleinen Änderungen.

37. Zur Entstehung des Hospitals im engeren Sinne s. insbesondere Timothy S. Miller: *The Birth of the Hospital in the Byzantine Empire*; Miller: »The Knights of Saint John and the Hospitals of the Latin West«; Michael W. Dols: »The Origins of the Islamic Hospital: Myth and Reality«; und Kealey: *Medieval Medicus*, Kap. 4–5.

38. Miller: »Knights of St. John«, S. 723 ff.

39. Es ist kaum anzunehmen, daß das letzte Wort zu diesem komplexen Thema bereits gesprochen ist. Ich habe mich gerichtet nach Dols: »Origins of the Islamic Hospital«, S. 382 ff; und Miller: »Knights of Saint John«, S. 717–723; 726–733. Zur Familie Barmak s. o., Kap. 8.

40. Zu den Hospitälern im Westen s. Talbot: *Medicine in Medieval England*, Kap. 14 (das Zitat stammt von S. 177 f.).

41. Eine gute Einführung in die Botanikkenntnisse des Mittelalters, insbesondere zum Thema Kräuterbücher, bietet Jerry Stannard: »Medieval Herbals and Their Development«; Stannard: »Natural History«, S. 443 ff.

42. Zu den Botanikkenntnissen von Albertus Magnus s. Karen Reeds: »Albert on the Natural Philosophy of Plant Life«; Jerry Stannard: »Albertus Magnus and

Medieval Herbalism«. Zu den biologischen Studien von Albertus Magnus s. a. oben, Kap. 10.

43. Zur Zoologie des Mittelalters s. Stannard: »Natural History«, S. 432–443. Zum Beitrag von Albertus Magnus s. Joan Cadden: »Albertus Magnus' Universal Physiology: the Example of Nutrition«; Luke Demaitre und Anthony A. Travill: »Human Embryology and Development in the Works of Albertus Magnus«; und Robin S. Oggins: »Albertus Magnus on Falcons and Hawks«. Auszüge aus Albertus' *De animalibus* sind erschienen in Albert the Great: *Man and the Beasts*; lat. Ausgabe Albertus Magnus: *De animalibus*. Hrsg. von Stadler.

44. Charles Homer Haskins: »Science at the Court of the Emperor Frederick II«; und Haskins: »The *De arte venandi cum avibus* of Frederick II.«

45. Zu den mittelalterlichen Bestiarien und zum *Physiologus* s. die Einführung zum *Physiologus*, engl. Übers. Michael J. Curley, S. ix – xxxviii; Stannard: »Natural History«, S. 430–443; C. S. Lewis: *The Discarded Image*, S. 146–152; und Willene B. Clark und Meradith T. McMunn, Hrsg.: *Beasts and Birds of the Middle Ages*.

46. *The Bestiary: A Book of Beasts*, engl. Übers. T. H. White, S. 84. Die Beispiele in diesem Abschnitt stammen sämtlich aus dem von White übersetzten Bestiarium aus dem zwölften Jahrhundert.

47. S. die äußerst hilfreiche Abhandlung über die zoologische Literatur des sechzehnten Jahrhunderts von William B. Ashworth, Jr.: »Natural History and the Emblematic World View«, S. 304 ff.

## Kapitel 14

1. Neuere Beiträge zur Kontinuitätsfrage finden sich in David C. Lindberg: »Conceptions of the Scientific Revolution from Bacon to Butterfield«; Bruce S. Eastwood: »On the Continuity of Western Science from the Middle Ages.«, letzteres mit weiterführender Bibliographie.
Die Diskussion um das Problem einer Kontinuität zwischen der mittelalterlichen und der frühneuzeitlichen Wissenschaft ist sicherlich berechtigt. Aber die Forscher sollten dabei sorgsam auf zwei Gefahren achten: Zum einen ist die Versuchung groß, die wissenschaftlichen Traditionen des Altertums und des Mittelalters anhand eines Vergleichs mit der modernen Wissenschaft in einer Rangfolge einzustufen – damit mißt man ihr nur in dem Maße Wert zu, wie sie späteren Entwicklungen vorgreift oder sich ihnen annähert. Die zweite Gefahr besteht darin, daß über den Rangeleien zwischen den Geschichtswissenschaftlern unterschiedlicher Disziplinen am Ende die ernsthaften von der Kontinuitätsdebatte aufgeworfenen wissenschaftlichen Fragen in Vergessenheit geraten könnten – daß die Historiker, die sich mit der frühen Wissenschaft beschäftigen, die wissenschaftlichen Leistungen der Antike und des Mittelalterls überbewerten, um ihr Fachgebiet gegen die Anfechtungen von Historikern aus anderen Fachbereichen zu verteidigen, die möglicherweise wiederum die Leistungen aus anderen Epochen abwerten könnten. Es ist sehr wahrscheinlich, daß in diesem Fall die Schlachtreihen und die Argumentationen ebenso von fachlicher Loyalität wie von geschichtlichen Nachweisen bestimmt werden.

2. Francis Bacon: *Neues Organon*, 1.78, übers. v. J.H. Kirchmann, S.128, François Marie Arouet de Voltaire: *Works*, Übers. T. Smollett, T. Francklin et al., 39 Bde.

(London: J. Newbery et al., 1761–1774), 1, 82, Marquis de Condorcet: *Sketch for a Historical Picture of the Progress of the Human Mind,* Hrsg. Stuart Hampshire, Übers. June Barraclough (London: Weidenfeld & Nicolson, 1955), S. 72.

3. Jacob Burckhardt: *The Civilization of the Renaissance in Italy,* S. 371, 182. Eine Analyse des Begriffs der Renaissance findet sich in Wallace K. Ferguson: *The Renaissance in Historical Thought,* insbes. Kap. 7–8; und Philip Lee Ralph: *The Renaissance in Perspective,* Kap. 1. Die Zitate aus Burckhardt verdanke ich Edward Rosens »Renaissance Science as Seen by Burckhardt and His Successors«, in Tinsley Hilton, Hrsg.: *The Renaissance,* S. 78.

4. John Addington Symonds: *Renaissance in Italy,* 1. Teil: *The Age of the Despots,* S. 13 ff. (auf diesen Absatz stieß ich durch einen Hinweis in Ralphs *Renaissance in Perspective,* S. 6).

5. Pierre Duhem: *Les origines de la statique,* Bd. 1, S. iv. Des weiteren formuliert Duhem in *Etudes sur Léonard de Vinci* und *Le système du monde* seine Meinung zum Beitrag des Mittelalters zur Wissenschaft. Zu Duhem s. a. R. N. D. Martin: »The Genesis of a Mediaeval Historian«; Stanley Jaki: *Uneasy Genius: The Life and Work of Pierre Duhem.*

6. Charles Homer Haskins: *Studies in History of Mediaeval Science;* und *The Renaissance of the Twelfth Century.* Lynn Thorndike: *A History of Magic and Experimental Science;* und *Science and Thought in the Fifteenth Century.*

7. Anneliese Maier: »The Achievements of Late Scholastic Natural Philosophy«, in Maier: *On the Threshold of Exact Science,* S. 143–170; ebenso die Einführung von Sargent, S. 11–16; sowie John E. Murdoch und Edith D. Sylla: »Anneliese Maier and the History of Medieval Science«. Eine Bibliographie der Veröffentlichungen Anneliese Maiers zur Wissenschaft des Mittelalters ist enthalten in Maier: *Ausgehendes Mittelalter,* 3, 617 ff. Eine Liste der Veröffentlichungen von Marshall Clagett findet sich in einem Anhang zu Edward Grant und John E. Murdoch, Hrsg.: *Mathematics and its Applications to Science and Natural Philosophy in the Middle Ages,* S. 325 ff.

8. A. C. Crombie: *Augustine to Galilei: The History of Science a. d. 400–1650* (1952), S. 273. Dieses Buch wurde mehrmals überarbeitet und erschien im Jahre 1959 unter dem neuen Titel *Medieval and Early Modern Science.* Eine Würdigung von Crombies Arbeit findet sich in Eastwood: »On the Continuity of Western Science«. (dt. Übers.: *Von Augustinus bis Galilei. Die Emanzipation der Naturwissenschaften*)

9. A. C. Crombie: *Robert Grosseteste and the Origins of Experimental Science 1100–1700,* S. 9 f.

10. Alexandre Koyré: »The Origins of Modern Science: A New Interpretation«, S. 13 f., 19.

11. Alexandre Koyré: »Galilei and Plato«, in Koyrés *Metaphysics and Measurement: Essays in the Scientific Revolution,* S. 20 f. Das Buch ist zwar schon im Jahre 1943 geschrieben worden, spiegelt aber immer noch Koyrés aktuelle Ansichten wieder.

12. A. Rupert Hall: »On the Historical Singularity of the Scientific Revolution of the Seventeenth Century«, S. 213; s. a. Hall: *The Revolution in Science, 1500–1750,* S. 3. Frühere Formulierungen von Halls Standpunkt finden sich in seinem Werk: *The Scientific Revolution 1500–1800,* Einleitung und Kapitel 1–4.

13. Ernan McMullin: »Medieval and Modern Science: Continuity or Disconti-

nuity?« Wir sprechen hier von der *theoretischen Seite* und nicht von der *Anwendung* der wissenschaftlichen Methode.

14. Thomas S. Kuhn: *Die Struktur wissenschaftlicher Revolutionen.* Kuhn: »Mathematical versus Experimental Traditions in the Development of Physical Science.«

15. Die verständlichste Formulierung der »Yatesschen Hypothese« findet sich in Frances A. Yates: *Giordano Bruno and the Hermetic Tradition*; sowie Yates: »The Hermetic Tradition in Renaissance Science«. Analyse und Kritik dazu findet sich in Brian P. Copenhaver: »Natural Magic, Hermetism, and Occultism in Early Modern Science«; Brian Vickers, Hrsg.: *Occult and Scientific Mentalities in the Renaissance*; und den in drei Bänden gesammelten Aufsätzen von Charles B. Schmitt: *Reappraisals in Renaissance Thought; The Aristotelian Tradition and Renaissance Universities*; sowie *Studies in Renaissance Philosophy and Science.* Der Ausdruck »echte Wissenschaft« stammt von Yates, zitiert in Copenhaver, S. 261.

16. Treffend formuliert dieses Argument McMullin in »Medieval and Modern Science«, S. 103 f.

17. Die jüngste (mit Sicherheit aber nicht die letzte) Besprechung der wissenschaftlichen Revolution findet sich in den von David C. Lindberg und Robert S. Westman, Hrsg., gesammelten Aufsätzen: *Reappraisals of the Scientific Revolution.*

18. Zur Methodologie des Mittelalters s. Crombie. *Grosseteste*, insbes. Kap. 2–4; William A. Wallace: *Causality and Scientific Explanation*, Bd. 1: *Medieval and Early Classical Science*, Kap. 1–4; McMullin: »Medieval and Modern Science«; und Eileen Serene: »Demonstrative Science«.

19. Ernan McMullin: »Conceptions of Science in the Scientific Revolution«, in *Reappraisals*, Hrsg. Lindberg und Westman, S. 27–86; McMullin. »Medieval and Modern Science«, S. 108–129. Eine sozialgeschichtliche Analyse der experimentellen Praxis im siebzehnten Jahrhundert findet sich auch in Steven Shapin und Simon Schaffer: *Leviathan and the Air-Pump: Hobbes, Boyle, and the Experimental Life*; Peter Dear: »Jesuit Mathematical Science and the Reconstitution of Experience in the Early 17th Century«.

20. S. die überzeugende Darstellung von Anneliese Maier: »The Theory of the Elements and the Problem of their Participation in Compounds«, S. 125.

21. Zur essentiellen Natur s. o., Kap. 3.

22. S. Mordechai Feingold: *The Mathematicians' Apprenticeship: Science, Universities and Society in England, 1560–1640* John Gascoigne: »A Reappraisal of the Role of the Universities in the Scientific Revolution«.

23. Wie tiefgreifend dies die Wissenschaft tatsächlich veränderte, ist bis heute heftig umstritten. Zu diesem Thema existiert umfangreiche Literatur, diese reicht vom Klassiker Robert K. Merton: *Science, Technology and Society in Seventeenth-Century England* bis zum erst kürzlich erschienenen Buch von Margaret C. Jacob: *The Cultural Meaning of the Scientific Revolution.* S. a. A. R. Hall. »Merton Revisited or Science and Society in the Seventeenth Century«, und die Artikelsammlung in George Basalla, Hrsg.: *The Rise of Modern Science: Internal or External Factors?*

24. S. beispielsweise Albert Van Helden: *The Invention of the Telescope.*

25. Zum Prozeß der Veränderung der Wissenschaft s. Kuhn: *Die Struktur wissenschaftlicher Revolutionen.*

26. Diese Aussage erfordert in zweierlei Hinsicht eine weitere Erklärung: Zum einen soll der Hinweis auf die Synthese klassischen und christlichen Denkens nicht heißen, daß alle Probleme gelöst gewesen wären oder nicht immer wieder

erbitterte Auseinandersetzungen aufkamen. Hier ist die Synthese gemeint, die ebenso wie die aristotelische Philosophie eine lebendige Tradition darstellt. Zweitens soll hier keineswegs die Behauptung aufgestellt werden, daß das Christentum diesem Mischprodukt genützt oder auch geschadet hat oder daß die Synthese klassischen und christlichen Denkens besser oder schlechter war als irgendeine andere denkbare Synthese. Ich stelle hier nur die sachliche Behauptung auf, daß die mittelalterlichen Gelehrten tatsächlich eine Synthese klassischen und christlichen Denkens herstellten und daß Naturphilosophie im Rahmen des daraus entstehenden Begriffsrahmens jahrhundertelang erfolgreich betrieben wurde.

27. S. o. Kap. 10–11.
28. Maier: »Theory of the Elements«, insbes. S. 126–134; s. o. Kap. 12.
29. S. o., Kap. 11.
30. S. o., Kap. 12.
31. Edward Grant: »Aristotelianism and the Longevity of the Medieval World View.«
32. Alexandre Koyré: *From the Closed World to the Infinite Universe*, S. 4. S. a. Koyré: *Galilei Studies*, S. 2 f.; Koyré: *The Astronomical Revolution*, S. 9 f.
33. Hall: »Historical Singularity«, S. 210 f.
34. S. David C. Lindberg: »Continuity and Discontinuity in the History of Optics: Kepler and the Medieval Tradition«, von dem die Ausdrücke zum Teil übernommen sind.
35. Es ist vielleicht interessant zu wissen, daß die beiden Beispiele für Kontinuität, auf die ich im Folgenden eingehe, in den Bereich von Kuhns »klassischen Wissenschaften« fallen, die er für die vorrangigen Schauplätze revolutionärer Veränderungen hält.
36. Der Ausdruck v α t ergibt sich unmittelbar aus der im Mittelalter formulierten Definition der gleichmäßig beschleunigten Bewegung als jener Bewegung, die innerhalb gleicher Zeiteinheiten gleiche Geschwindigkeitserhöhungen erfährt. Und s α t² ergibt sich aus einer simplen Erweiterung des mittelalterlichen Lehrsatzes, dem zufolge die in der ersten bzw. in der zweiten Hälfte einer gleichförmig beschleunigten Bewegung zurückgelegten Entfernungen zueinander im Verhältnis 1 : 3 stehen (s. o., Kap. 11). Zu Galilei und der mechanischen Tradition des Mittelalters s. Marshall Clagett: *The Science of Mechanics in the Middle Ages*, S. 251 ff., 409 ff., 576 ff., 666 ff.; Clagett: *Nicole Oresme and the Medieval Geometry of Qualities and Motions*, S. 71 ff, 103 ff; Edith D. Sylla: »Galilei and the Oxford *Calculatores*«; Christopher Lewis: *The Merton Tradition and Kinematics in Late Sixteenth and Early Seventeenth Century Italy*, S. 279 ff. Die Behauptung, daß Galilei in seiner Mechanik mittelalterliche Terminologie, Konzepte und Theorien verwendete, wird durch Diskussionen um die genauen Kanäle, über welche das Mittelalter Einfluß auf Galilei nahm, keineswegs in Frage gestellt, ebensowenig durch die Tatsache, daß Galilei von den mittelalterlichen Traditionen abwich. Ein Versuch der Trennung Galileis von der mittelalterlichen Tradition findet sich in Stillman Drake: »The Uniform Motion Equivalent of a Uniformly Accelerated Motion from Rest«. Zur Suche nach den Kanälen der Einflußnahme s. Clagett: *Oresme and the Medieval Geometry of Qualities and Motions*, S. 103 ff.; Sylla: »Galilei and the Oxford *Calculatores*«; Lewis: *Merton Tradition and Kinematics;* William A. Wallace: *Galileo and His Sources: The Heritage of the Collegio Romano in*

*Galilei's Science*; und Wallace: *Prelude to Galileo: Essays on Medieval and Sixteenth-Century Sources of Galileo's Thought*.

37. Zu diesen Entwicklungen in der Optik s. David C. Lindberg: *Auge und Licht im Mittelalter*, insbes. Kap 9; Lindberg: »Laying the Foundations of Geometrical Optics: Maurolico, Kepler, and the Medieval Tradition«. Ebenso drei Artikel von Lindberg zum Thema der Strahlung durch Öffnungen: »The Theory of Pinhole Images from Antiquity to the Thirteenth Century«; »A Reconsideration of Roger Bacon's Theory of Pinhole Images«; und »The Theory of Pinhole Images in the Fourteenth Century«.

# BIBLIOGRAPHIE

Aaboe, Asger: »On Babylonian Planetary Theories«. *Centaurus* 5 (1958): 209–277.

Ackrill, J. L.: *Aristotle the Philosopher.* Oxford: Clarendon Press, 1981.

Adams, Marilyn McCord. *William Ockham*, 2 Bde. Notre Dame, Indiana.: University of Notre Dame Press, 1987

Albert the Great: *Man and the Beasts, De animalibus (books 22–26)*, ins Englische übers. von James J. Scanlan. Medieval & Renaissance Texts & Studies, Nr. 47. Binghamton: Center for Medieval and Early Renaissance Studies, 1987.

Amundsen, Darrel W.: »Medicine and Faith in Early Christianity«. *Bulletin of the History of Medicine* 56 (1982): 326–350.

-: »Medieval Canon Law on Medical and Surgical Practice by the Clergy«. *Bulletin of the History of Medicine* 52 (1978): 22–44.

-: »The Medieval Catholic Tradition«. In Numbers, Ronald L. und Amundsen, Darrel W., Hrsg.: *Caring and Curing: Health and Medicine in the Western Religious Traditions*, S. 65–107. New York: Macmillan, 1986.

Amundsen, Darrel W. und Ferngren, Gary B.: »The Early Christian Tradition«. In Numbers, Ronald L., und Amundsen, Darrel W., Hrsg.: *Caring and Curing: Health and Medicine in the Western Religious Traditions*, S. 40–64. New York: Macmillan, 1986.

Anawati, G. C.: »Hunayn ibn Ishaq«. *Dictionary of Scientific Biography*, 15:230–234.

Anawati, G. C. und Iskandar, Albert Z.: »Ibn Sina«. *Dictionary of Scientific Biography*, 15:494–501.

Archimedes: *Archimedes in the Middle Ages*, hrsg. u. ins Englische übers. v. Marshall Clagett, 5 Bde. Madison: University of Wisconsin Press, 1964; Philadelphia: American Philosophical Society, 1976–1984.

-: *The Works of Archimedes: Edited in Modern Notation, with Introductory Chapters*, Hrsg.: Thomas L. Heath, 2. Aufl. Cambridge: Cambridge University Press, 1912.

Aristotle: *Complete Works*, Hrsg.: Jonathan Barnes, 2 Bde. Princeton: Princeton University Press, 1984.

-: *Metaphysics*, ins Englische übers. v. Hugh Tredennick, 2 Bde. London: Heinemann, 1935.

Armstrong, A. H., Hrsg.: *The Cambridge History of Later Greek and Early Medieval Philosophy.* Cambridge: Cambridge University Press, 1970.

Armstrong, A. H. und Markus, R. A.: *Christian Faith and Greek Philosophy.* London: Darton, Longman & Todd, 1960.

Arnaldez, Roger und Iskandar, Albert Z.: »Ibn Rushd«. *Dictionary of Scientific Biography*, 12: 1–9

*Arts libéraux et philosophie au moyen âge: Actes du quatrième congrès international de philosophie médiévale, Université de Montréal, 27 août – 2 septembre 1967.* Montreal: Institut d'études médiévales, 1969.

Ashley, Benedict M.: »St. Albert and the Nature of Natural Science«. In Weisheipl, James A., Hrsg.: *Albertus Magnus and the Sciences: Commemorative Essays 1980*, S. 73–102. Toronto: Pontifical Institute of Mediaeval Studies, 1980.

Ashworth, William B., Jr.: »Natural History and the Emblematic World View«. In Lindberg, David C. und Westman, Robert S., Hrsg: *Reappraisals of the Scientific Revolution*, S. 303–332. Cambridge: Cambridge University Press, 1990.

Asmis, Elizabeth: *Epicurus' Scientific Method*. Ithaca: Cornell University Press, 1984.

Bailey, Cyril: *The Greek Atomists and Epicurus*. Oxford: Clarendon Press, 1928.

Baldwin, John W.: *Masters, Princes, and Merchants: The Social Views of Peter the Chanter and His Circle*, 2 Bde. Princeton: Princeton University Press, 1970.

–: *The Scholastic Culture of the Middle Ages*. Lexington, Massachussetts: D. C. Heath, 1971.

Balme, D. M.: »The Place of Biology in Aristotle's Philosophy«. In Gotthelf, Allan und Lennox, James G., Hrsg.: *Philosophical Issues in Aristotle's Biology*, S. 9–20. Cambridge: Cambridge University Press, 1987.

Barnes, Jonathan: *Aristotle*. Oxford: Oxford University Press, 1982.

–: »Aristotle's Theory of Demonstration«. In Barnes, Schofield und Sorabji: *Articles on Aristotle*, I: *Science*, S. 65–87. London: Duckworth, 1975.

–: *The Presocratic Philosophers*, 2 Bde. London: Routledge & Kegan Paul, 1979.

Barnes, Jonathan; Brunschwig, Jacques; Burnyeat, Myles und Schofield, Malcolm, Hrsg.: *Science and Speculation: Studies in Hellenistic Theory and Practice*. Cambridge: Cambridge University Press, 1982.

Barnes, Jonathan; Schofield, Malcolm und Sorabji, Richard, Hrsg.: *Articles on Aristotle*, I: *Science*. London: Duckworth, 1975.

Barrow, Robin: *Greek and Roman Education*, London: Macmillan, 1967.

Basalla, George, Hrsg.: *The Rise of Modern Science: Internal or External Factors?* Lexington, Massachussetts.: D. C. Heath, 1968.

Beaujouan, Guy: »Motives and Opportunities for Science in the Medieval Universities«. In Crombie, A. C., Hrsg.: *Scientific Change*, S. 219–236. London: Heinemann, 1963.

–: »The Transformation of the Quadrivium«. In Benson, Robert L. und Constable, Giles, Hrsg.: *Renaissance and Renewal in the Twelfth Century*, S. 463–487. Cambridge, Massachussetts: Harvard University Press, 1982.

Benjamin, Francis S. und Toomer, G. J., Hrsg. und Übers. ins Englische: *Campanus of Novara and Medieval Planetary Theory: »Theorica planetarum«*. Madison: University of Wisconsin Press, 1971.

Benson, Robert L. und Constable, Giles, Hrsg.: *Renaissance and Renewal in the Twelfth Century*. Cambridge, Massachussetts: Harvard University Press, 1982.

Benton, John: »Trotula, Women's Problems, and the Professionalization of Medicine in the Middle Ages«. *Bulletin of the History of Medicine* 59 (1985): 30–53.

Berggren, J. L.: »History of Greek Mathematics: A Survey of Recent Research«. *Historia Mathematica* 11 (1984): 394–410.

Biggs, Robert: »Medicine in Ancient Mesopotamia«. *History of Science* 8 (1969): 94–105.

Birkenmajer, Aleksander: »Le rôle joué par les médecins et les naturalistes dans la réception d'Aristote au XII$^e$ et XIII$^e$ siècles«. In Birkenmajer, Aleksander: *Etudes d'histoire des sciences et de philosophie du moyen âge*, S. 73–87. Studia Copernicana, Nr. 1. Wrocław: Ossolineum, 1970.

Al-Bitruji: *On the Principles of Astronomy*, hrsg. und ins Englische übers. v. Bernard R. Goldstein, 2 Bde. New Haven: Yale University Press, 1971.

Blair, Peter Hunter: *The World of Bede*. Cambridge: Cambridge University Press, 1970.

Boethius of Dacia: *On the Supreme Good, On the Eternity of the World, On Dreams*, ins

Englische übers. v. John F. Wippel. Mediaeval Sources in Translation, Nr. 30. Toronto: Pontifical Institute of Mediaeval Studies, 1987.

Bonner, Stanley F.: *Education in Ancient Rome: From the Elder Cato to the Younger Pliny.* Berkeley und Los Angeles: University of California Press, 1977.

Boyer, Carl B.: *A History of Mathematics.* New York: John Wiley, 1968.

-: *The Rainbow: From Myth to Mathematics.* New York: Yoseloff, 1959.

Brain, Peter: *Galen on Bloodletting: A Study of the Origins, Development and Validity of His Opinions, with a Translation of the Three Works.* Cambridge: Cambridge University Press, 1986.

Brandon, S. G. F.: *Creation Legends of the Ancient Near East.* London: Hodder and Stoughton, 1963.

Breasted, James Henry: *Development of Religion and Thought in Ancient Egypt.* New York: Scribner's, 1912.

-: *The Edwin Smith Surgical Papyrus,* 2 Bde. University of Chicago, Oriental Institute Publications, 3–4. Chicago: University of Chicago Press, 1930.

Brehaut, Ernest: *An Encyclopedist of the Dark Ages: Isidore of Seville.* New York: Columbia University, 1912.

Brown, Peter: *Augustine of Hippo: A Biography.* Berkeley und Los Angeles: University of California Press, 1969.

-: *The Cult of Saints: Its Rise and Function in Latin Christianity.* Chicago: University of Chicago Press, 1981.

Bullough, Vern L. »Chauliac, Guy de«. *Dictionary of Scientific Biography,* 3:218f.

-: *The Development of Medicine as a Profession: The Contribution of the Medieval University to Modern Medicine.* Basel: Karger, 1966.

-: »Mondino de' Luzzi«. *Dictionary of Scientific Biography,* 9: 467ff.

Burckhardt, Jacob: *The Civilization of the Renaissance in Italy,* ins Englische übers. v. S. G. C. Middlemore. New York: Modern Library, 1954.

Burnett, Charles S. F., Hrsg.: *Adelard of Bath: An English Scientist and Arabist of the Early Twelfth Century.* Warburg Institute Surveys and Texts, Nr. 14. London: The Warburg Institute, 1987.

-: »Scientific Speculations«. In Dronke, Peter, Hrsg.: *A History of Twelfth Century Western Philosophy,* S. 155–166. Cambridge: Cambridge University Press, 1988.

-: »Translation and Translators, Western European«. *Dictionary of the Middle Ages,* 12:136–142.

-: »What is the *Experimentarius* of Bernardus Silvestris? A Preliminary Survey of the Material«. *Archives d'histoires doctrinale et littéraire du moyen âge* 44 (1977): 79–125.

Bynum, Caroline Walker: »Did the Twelfth Century Discover the Individual?« *Journal of Ecclesiastical History* 31 (1980): 1–17.

Cadden, Joan: »Albertus Magnus' Universal Physiology: the Example of Nutrition«. In Weisheipl, James A., Hrsg.: *Albertus Magnus and the Sciences: Commemorative Essays 1980,* S. 321–329. Toronto: Pontifical Institute of Mediaeval Studies, 1980.

Callus, D. A.: »Introduction of Aristotelian Learning to Oxford«. *Proceedings of the British Academy* 29 (1943): 229–281.

-, Hrsg.: *Robert Grosseteste, Scholar and Bishop: Essays in Commemoration of the Seventh Centenary of His Death.* Oxford: Clarendon Press, 1955.

Cameron, M. L.: »The Sources of Medical Knowledge in Anglo-Saxon England«. *Anglo-Saxon England* 11 (1983): 135–152.

Caroti, Stefano. »Nicole Oresme's Polemic against Astrology in His 'Quodlibeta'«. In Curry, Patrick, Hrsg.: *Astrology, Science and Society: Historical Essays,* S. 75–93. Woodbridge, Suffolk: Boydell, 1987.

Carré, Meyrick H.: *Realists and Nominalists*. Oxford: Clarendon Press, 1946.
Catto, J. I., Hrsg.: *The Early Oxford Schools*. Bd. 1 von *The History of the University of Oxford*, Gesamthrsg. T. H. Aston. Oxford: Clarendon Press, 1984.
Celsus, Aulus Cornelius: *De medicina, with an English Translation*, Hrsg. W. G. Spencer, 3 Bde. London: Heinemann, 1935–38.
Chadwick, Henry: *Early Christian Thought and the Classical Tradition: Studies in Justin, Clement, and Origen*. New York: Oxford University Press, 1966.
-: *The Early Church*. Harmondsworth: Penguin, 1967.
Chenu, M.-D.: *Nature, Man and Society in the Twelfth Century: Essays on New Theological Perspectives in the Latin West*, ins Englische übers. v. Jerome Taylor und Lester K. Little. Chicago: University of Chicago Press, 1968. Erstveröffentl. unter d. Titel *La théologie au douzième siècle*. Paris: J. Vrin, 1957.
-: *Toward Understanding St. Thomas*, hrsg. u. ins Englische übers. v. A.-M. Landry und D. Hughes. Chicago: Henry Regnery, 1964.
Cherniss, Harold: *The Riddle of the Early Academy*. Berkeley und Los Angeles: University of California Press, 1945.
Clagett, Marshall: *Ancient Egyptian Science: A Source Book*, Bd. 1. Philadelphia: American Philosophical Society, 1989.
-, Hrsg.: *Critical Problems in the History of Science*. Madison: University of Wisconsin Press, 1962.
-: *Giovanni Marliani and Late Medieval Physics*. New York: Columbia University Press, 1941.
-: *Greek Science in Antiquity*. London: Abelard-Schuman, 1957.
-: »The *Liber de motu* of Gerard of Brussels and the Origins of Kinematics in the West«. *Osiris*, 1. Folge, 12 (1956): 73–175.
-, Hrsg. u. Übers. ins Englische: *Nicole Oresme and the Medieval Geometry of Qualities and Motions*. Madison: University of Wisconsin Press, 1968.
-: *The Science of Mechanics in the Middle Ages*. Madison: University of Wisconsin Press, 1959.
-: »Some Novel Trends in the Science of the Fourteenth Century«. In Singleton, Charles S., Hrsg.: *Art, Science, and History in the Renaissance*, S. 275–303. Baltimore: Johns Hopkins University Press, 1968.
-: *Studies in Medieval Physics and Mathematics*. London: Variorum, 1979.
Clark, Willene B. und McMunn, Meradith T., Hrsg.: *Beasts and Birds of the Middle Ages*. Philadelphia: University of Pennsylvania Press, 1989.
Clarke, M. L.: *Higher Education in the Ancient World*. London: Routledge & Kegan Paul, 1971.
Cobban, Alan B.: *The Medieval English Universities: Oxford and Cambridge to ca. 1500*. Aldershot: Scolar Press, 1988.
-: *The Medieval Universities: Their Development and Organization*. London: Methuen, 1975.
Cochrane, Charles N.: *Christianity and Classical Culture: A Study of Thought and Action from Augustus to Augustine*. Oxford: Clarendon Press, 1940.
Cohen, Morris R. und Drabkin, I.E. , Hrsg.: *A Source Book in Greek Science*. Cambridge, Massachussets: Harvard University Press, 1958.
Colish, Marcia L.: *The Stoic Tradition from Antiquity to the Early Middle Ages*, 2 Bde. Leiden: Brill, 1985.
Collingwood, R. G.: *The Idea of Nature*. Oxford: Clarendon Press, 1945.
Contreni, John J.: *The Cathedral School of Laon from 850 to 930: Its Manuscripts and*

*Masters*. Münchener Beiträge zur Mediävistik und Renaissance-Forschung, Bd. 29. München: Arbeo-Gesellschaft, 1978.

-: »Schools, Cathedral«. *Dictionary of the Middle Ages*, 11:59–63.

Coopland, G.W.: *Nicole Oresme and the Astrologers: A Study of His Livre de divinacions*. Cambridge, Massachussetts: Harvard University Press, 1952.

Copenhaver, Brian P.: »Natural Magic, Hermetism, and Occultism in Early Modern Science«. In Lindberg, David C. und Westman, Robert S., Hrsg.: *Reappraisals of the Scientific Revolution*, S. 261–301. Cambridge: Cambridge University Press, 1990.

Courtenay, William J.: *Capacity and Volition: A History of the Distinction of Absolute and Ordained Power*. Quodlibet: Ricerche e strumenti di filosofia medievale, Nr. 8. Bergamo: Pierluigi Lubrina, 1990.

-: *Covenant and Causality in Medieval Thought*. London: Variorum, 1984.

-: »The Critique on Natural Causality in the Mutakallimun and Nominalism«. *Harvard Theological Review* 66 (1973): 77–94.

-: »The Dialectic of Divine Omnipotence«. In Courtenay, William J.: *Covenant and Causality in Medieval Thought*, Kap. 4

-: »Nature and the Natural in Twelfth-Century Thought«. In Courtenay, William J.: *Covenant and Causality in Medieval Thought*, Kap. 3.

-: »Ockham, William of«. *Dictionary of the Middle Ages*, 9: 209–214.

-: *Schools and Scholars in Fourteenth-Century England*. Princeton: Princeton University Press, 1987.

-: *Teaching Careers at the University of Paris in the Thirteenth and Fourteenth Centuries*. Texts and Studies in the History of Mediaeval Education, Nr. 18. Notre Dame, Indiana: United States Subcommission for the History of Universities, University of Notre Dame, 1988.

Courtenay, William J. und Tachau, Katherine H.: »Ockham, Ockhamists, and the English-German Nation at Paris, 1339–1341«. *History of Universities*, 2 (1982): 53–96.

Crombie, A. C.: *Augustine to Galileo: The History of Science A.D. 400–1650*. London: Falcon, 1952. Neuausgabe unter d. Titel *Medieval and Early Modern Science*, 2 Bde. Garden City: Doubleday Anchor, 1959.

-: *Robert Grosseteste and the Origins of Experimental Science, 1100–1700*. Oxford: Clarendon Press, 1953.

-: *Science, Optics and Music in Medieval and Early Modern Thought*. London: Hambledon, 1990.

Crosby, H. Lamar, Jr., Hrsg. u. Übers.: *Thomas of Bradwardine, His »Tractatus de Proportionibus«: Its Significance for the Development of Mathematical Physics*. Madison: University of Wisconsin Press, 1961.

Crowe, Michael J.: *Theories of the World from Antiquity to the Copernican Revolution*, New York: Dover, 1990.

Crowley, Theodore: *Roger Bacon: The Problem of the Soul in His Philosophical Commentaries*. Dublin: James Duffy/Louvain: Editions de l'Institut Supérieur de Philosophie, 1950.

Cumont, Franz: *Astrology and Religion among the Greeks and Romans*. New York: Putnam's Sons, 1912.

Curley, Michael J., Übers.: *Physiologus*. Austin, Texas: University of Texas Press, 1979.

Curry, Patrick, Hrsg.: *Astrology, Science and Society: Historical Essays*. Woodbridge, Suffolk: Boydell, 1987.

Dales, Richard C.: *The Intellectual Life of Western Europe in the Middle Ages*. Washington, D.C.: University Press of America, 1980.

-: »Marius 'On the Elements' and the Twelfth-Century Science of Matter«. *Viator* 3 (1972): 191–218.
-: *Medieval Discussions of the Eternity of the World.* Leiden: Brill, 1990.
-: »Time and Eternity in the Thirteenth Century«. *Journal of the History of Ideas* 49 (1988): 27–45
d'Alverny, Marie-Thérèse: »Translations and Translators«. In Benson, Robert L. und Constable, Giles, Hrsg.: *Renaissance and Renewal in the Twelfth Century,* S. 421–462. Cambridge, Massachussetts: Harvard University Press, 1982.
Dear, Peter: »Jesuit Mathematical Science and the Reconstitution of Experience in the Early 17th Century«. *Studies in History and Philosophy of Science* 18 (1987): 133–175.
Debus, Allen G.: *The Chemical Philosophy: Paracelsian Science and Medicine in the Sixteenth and Seventeenth Centuries,* 2 Bde. New York: Science History Publications, 1977.
-: *Man and Nature in the Renaissance.* Cambridge: Cambridge University Press, 1978.
De Lacy, Phillip: »Galen's Platonism«. *American Journal of Philology* 93 (1972): 27–39.
Demaitre, Luke E.: *Doctor Bernard de Gordon: Professor and Practitioner.* Toronto: Pontifical Institute of Mediaeval Studies, 1980.
Demaitre, Luke E. und Travill, Anthony A.: »Human Embryology and Development in the Works of Albertus Magnus«. In Weisheipl, James A., Hrsg.: *Albertus Magnus and the Sciences: Commemorative Essays 1980,* S. 405–440. Toronto: Pontifical Institute of Mediaeval Studies, 1980.
Dicks, D. R.: *Early Greek Astronomy to Aristotle.* Ithaca: Cornell University Press, 1970.
-: »Eratosthenes«. *Dictionary of Scientific Biography,* 4:388–393.
*Dictionary of Scientific Biography,* 16 Bde. New York: Scribner's, 1970–80 Bd. 17–18 (Supplemente), 1990.
Dijksterhuis, E. J.: *Archimedes,* ins Englische übers. v.. C. Dikshoorn. Kopenhagen: Munksgaard, 1956.
-: *The Mechanization of the World Picture,* ins Englische übers. v. C. Dikshoorn. Oxford: Clarendon Press, 1961.
Diogenes Laertius: *Lives of Eminent Philosophers,* ins Englische übers. v.. R. D. Hicks, 2 Bde. London: Heinemann, 1925.
Dodge, Bayard: *Muslim Education in Medieval Times.* Washington, D. C.: The Middle East Institute, 1962.
Dols, Michael W., Übers.ins Englische: *Medieval Islamic Medicine: Ibn Ridwan's Treatise »On the Prevention of Bodily Ills in Egypt«,* mit arabischem Text hrsg. v. Adil S. Gamal. Berkeley und Los Angeles: University of California Press, 1984.
-: »The Origins of the Islamic Hospital: Myth and Reality«. *Bulletin of the History of Medicine,* 61(1987): 367–390.
Dorff, Elliot N.: »The Jewish Tradition«. In Numbers, Ronald L. und Amundsen, Darrel W., Hrsg.: *Caring and Curing: Health and Medicine in the Western Religious Traditions,* S. 5–39. New York: Macmillan, 1986.
Drake, Stillman: »The Uniform Motion Equivalent of a Uniformly Accelerated Motion from Rest«. *Isis* 63 (1972): 28–38.
Dreyer, John Louis Emil: *History of the Planetary Systems from Thales to Kepler.* Cambridge: Cambridge University Press, 1906. Neuausgabe unter d. Titel *A History of Astronomy from Thales to Kepler,* Hrsg. W. H. Stahl. New York: Dover, 1953.
Dronke, Peter, Hrsg.: *A History of Twelfth-Century Western Philosophy.* Cambridge: Cambridge University Press, 1988.

-: »Thierry of Chartres«. In Dronke, Peter, Hrsg.: *Twelfth-Century Western Philosophy*, S. 358–385.

Duhem, Pierre: *Etudes sur Léonard de Vinci*, 3 Bde. Paris: Hermann, 1906–13.

-, Hrsg.: *Un fragment inédit de l'Opus tertium de Roger Bacon, précédé d'une étude sur ce fragment*. Quaracchi: Collegium S. Bonaventurae, 1909.

-: *Medieval Cosmology: Theories of Infinity, Place, Time, Void, and the Plurality of Worlds*, hrsg. u. ins Englische übers. von Roger Ariew. Chicago: University of Chicago Press, 1985.

-: *Les origines de la statique*, 2 Bde. Paris: Hermann, 1905/06.

-: *Le système du monde*, 10 Bde. Paris: Hermann, 1913–59.

-: *To Save the Phenomena: An Essay on the Idea of Physical Theory from Plato to Galileo*, ins Englische übers. von Edmund Doland und Chaninah Maschler. Chicago: University of Chicago Press, 1969. Erstausgabe in französischer Sprache 1908.

Düring, Ingemar: »The Impact of Aristotle's Scientific Ideas in the Middle Ages«. *Archiv für Geschichte der Philosophie* 50 (1968): 115–133.

Easton, Stewart C: *Roger Bacon and His Search for a Universal Science*. Oxford: Basil Blackwell, 1952.

Eastwood, Bruce S.: *Astronomy and Optics from Pliny to Descartes*. London: Variorum, 1989.

-: »Kepler as Historian of Science: Precursors of Copernican Heliocentrism according to *De revolutionibus*, 1, 10«. *Proceedings of the American Philosophical Society* 126 (1982): 367–394.

-: »On the Continuity of Western Science from the Middle Ages«. *Isis* 83 (1992): 84–99.

-: »Plinian Astronomical Diagrams in the Early Middle Ages«. In Grant, Edward und Murdoch, John E., Hrsg.: *Mathematics and Its Applications to Science and Natural Philosophy in the Middle Ages: Essays in Honor of Marshall Clagett*, S. 141–172. Cambridge: Cambridge University Press, 1987.

-: »Plinian Astronomy in the Middle Ages and Renaissance«. In French, Roger, und Greenaway, Frank, Hrsg.: *Science in the Early Roman Empire: Pliny the Elder, His Sources and Influence*, Kap. 11. Totawa, New Jersey: Barnes & Noble, 1986.

Ebbell, B.: *The Papyrus Ebers, the Greatest Egyptian Medical Document*. Kopenhagen: Munksgaard, 1939.

Edel, Abraham: *Aristotle and His Philosophy*. Chapel Hill: University of North Carolina Press, 1982.

Edelstein, Emma J. und Edelstein, Ludwig: *Asclepius: A Collection and Interpretation of the Testimonies*, 2 Bde. Baltimore, Johns Hopkins University Press, 1945.

Edelstein, Ludwig: *Ancient Medicine: Selected Papers of Ludwig Edelstein*, Hrsg.: Owsei Temkin und C. Lilian Temkin. Baltimore: Johns Hopkins University Press, 1967.

-: »The Distinctive Hellenism of Greek Medicine«. *Bulletin of the History of Medicine* 40 (1966): 197–255.

-: »Empiricism and Skepticism in the Teaching of the Greek Empiricist School«. In Edelstein: *Ancient Medicine*, S. 195–203.

-: »Greek Medicine and Its Relation to Religion and Magic«. *Bulletin of the Institute of the History of Medicine* 5 (1937): 201–246.

-: »The Methodists«. In Edelstein: *Ancient Medicine*, S. 173–191.

-: »The Relation of Ancient Philosophy to Medicine«. *Bulletin of the History of Medicine* 26 (1952): 299–316.

Elford, Dorothy: »William of Conches«. In Dronke, Peter, Hrsg.: *A History of Twelfth-*

*Century Western Philosophy*, S. 308–327. Cambridge: Cambridge University Press, 1988.

Emerton, Norma E.: *The Scientific Reinterpretation of Form*. Ithaca: Cornell University Press, 1984.

Epp, Ronald H., Hrsg.: *Recovering the Stoics.* Anhang zu *The Southern Journal of Philosophy*, Bd. 23. Memphis: Department of Philosophy, Memphis State University, 1985.

Euclid: *The Elements*, Übers. Thomas Heath, 3 Bde. Cambridge: Cambridge University Press, 1908.

Evans, Gillian R.: *Anselm and a New Generation*. Oxford: Clarendon Press, 1980.

–: »The Influence of Quadrivium Studies in the Eleventh and Twelfth-Century Schools«. *Journal of Medieval History* 1 (1975): 151–164.

–: *Old Arts and New Theology: The Beginnings of Theology as an Academic Discipline*. Oxford: Clarendon Press, 1980.

–: *The Thought of Gregory the Great*. Cambridge: Cambridge University Press, 1986.

Fakhry, Majid: *A History of Islamic Philosophy*. New York: Columbia University Press, 1970.

Farrington, Benjamin: *Greek Science*, überarb. Ausg. Harmondsworth: Penguin, 1961.

Feingold, Mordechai: *The Mathematicians' Apprenticeship: Science, Universities and Society in England, 1560–1640*. Cambridge: Cambridge University Press, 1984.

Ferguson, Wallace K.: *The Renaissance in Historical Thought*. Boston: Houghton Mifflin, 1948.

Ferruolo, Stephen C.: *The Origins of the University: The Schools of Paris and Their Critics, 1100–1215*. Stanford: Stanford University Press, 1985.

Fichtenau, Heinrich: *The Carolingian Empire*, Übers. Peter Munz. Oxford: Basil Blackwell, 1957.

*La filosofia della natura nel medioevo: Atti del Terzo Congresso Internazionale di Filosofia Medioevale*, 31. August – 5. September 1964. Mailand: Società Editrice Vita e Pensiero, 1966.

Finley, M. I.: *The World of Odysseus*, überarb. Ausg. New York: Viking Press, 1965.

Finucane, Ronald C.: *Miracles and Pilgrims: Popular Beliefs in Medieval England*. Totowa, New Jersey: Rowman and Littlefield, 1977.

Flint, Valerie I. J.: *The Rise of Magic in Early Medieval Europe*. Princeton: Princeton University Press, 1991.

Fontaine, Jacques: *Isidore de Séville et la culture classique dans l'Espagne wisigothique*, 2. Ausg., 3 Bde. Paris: Etudes Augustiniennes, 1983.

Frankfort, H.; Frankfort, H. A.; Wilson, John A. und Jacobsen, Thorkild: *Before Philosophy: The Intellectual Adventure of Ancient Man*. Baltimore: Penguin, 1951.

Fraser, P. M.: *Ptolemaic Alexandria*, 3 Bde. Oxford: Clarendon Press, 1972.

Frede, Michael: »The Method of the So-Called Methodical School of Medicine«. In Barnes, Jonathan; Brunschwig, Jacques; Burnyeat, Myles und Schofield, Malcolm, Hrsg.: *Science and Speculation: Studies in Hellenistic Theory and Practice*, S. 1–23. Cambridge: Cambridge University Press, 1982.

French, Roger und Greenaway, Frank, Hrsg.: *Science in the Early Roman Empire: Pliny the Elder, His Sources and Influence*. Totowa, New Jersey: Barnes & Noble, 1986.

Frend, W. H. C.: *The Rise of the Monophysite Movement: Chapters in the History of the Church in the Fifth and Sixth Centuries*. Cambridge: Cambridge University Press, 1972.

Funkenstein, Amos: *Theology and the Scientific Imagination from the Middle Ages to the Seventeenth Century*. Princeton: Princeton University Press, 1986.

Furley, David: *Cosmic Problems: Essays on Greek and Roman Philosophy of Nature.* Cambridge: Cambridge University Press, 1989.

-: *The Greek Cosmologists,* Bd. 1: *The Formation of the Atomic Theory and Its Earliest Critics.* Cambridge: Cambridge University Press, 1987.

-: *Two Studies in the Greek Atomists.* Princeton: Princeton University Press, 1967.

Gabriel, Astrik L.: »Universities«. *Dictionary of the Middle Ages,* 12:282–300.

Galen: *On Respiration and the Arteries,* hrsg. u. ins Englische übers. v. David J. Furley und J. S. Wilkie. Princeton: Princeton University Press, 1984.

-: *On the Natural Faculties,* ins Englische übers. v. A. J. Brock. London: Heinemann, 1963.

-: *On the Usefulness of the Parts of the Body,* hrsg. u. ins Englische übers. v. Margaret T. May, 2 Bde. Ithaca: Cornell University Press, 1968.

-: *Three Treatises on the Nature of Science,* hrsg. u. ins Englische übers. v. Richard Walzer und Michael Frede. Indianapolis: Hackett, 1985.

García Ballester, Luis: »Galen as a Medical Practitioner: Problems in Diagnosis«. In Nutton, Vivian, Hrsg.: *Galen: Problems and Prospects,* S. 13–46. London: Wellcome Institute for the History of Medicine, 1981.

García Ballester, Luis; Fere, Lola und Feliu, Edward. »Jewish Appreciation of Fourteenth-Century Scholastic Medicine«. *Osiris,* N. F. 6 (1990): 85–117.

Gascoigne, John: »A Reappraisal of the Role of the Universities in the Scientific Revolution«. In Lindberg, David C. und Westman, Robert S., Hrsg.: *Reappraisals of the Scientific Revolution,* S. 207–260. Cambridge: Cambridge University Press, 1990.

Gersh, Stephen: *Middle Platonism and Neoplatonism: The Latin Tradition,* 2 Bde. Notre Dame, Indiana: University of Notre Dame Press, 1986.

Getz, Faye M.: »Charity, Translation, and the Language of Medical Learning in Medieval England«. *Bulletin of the History of Medicine,* 64 (1990): 1–17.

-: »The Faculty of Medicine before 1500«. In Catto, J. I. und Evans, Ralph, Hrsg., Bd. 2 von *The History of the University of Oxford,* Hrsg. T. H. Aston. Oxford: Clarendon Press, 1992.

-: *Healing and Society in Medieval England: A Middle English Translation of the Pharmaceutical Writings of Gilbert Anglicus.* Madison: University of Wisconsin Press, 1991.

-: »Western Medieval Medicine«. *Trends in History* 4, Nr. 2–3 (1988): 37–54.

Ghalioungui, Paul: *The House of Life, Per Ankh: Magic and Medical Science in Ancient Egypt,* Neuaufl. Amsterdam: B. M. Israel, 1973.

-: *The Physicians of Pharaonic Egypt.* Kairo: Al-Ahram Center for Scientific Translations, 1983.

Gillings, R. J.: »The Mathematics of Ancient Egypt«. *Dictionary of Scientific Biography,* 15: 681–705.

Gilson, Etienne: *The Christian Philosophy of St. Thomas Aquinas,* ins Englische übers. v. L. K. Shook. New York: Random House, 1956.

Gimpel, Jean: *The Medieval Machine: The Industrial Revolution of the Middle Ages.* New York: Holt, Rinehart and Winston, 1976.

Gingerich, Owen: »Islamic Astronomy«. *Scientific American* 254, Nr. 4 (April 1986): 74–83.

Goldstein, Bernard R.: *The Arabic Version of Ptolemy's »Planetary Hypotheses«.* Transactions of the American Philosophical Society, N. F., Bd. 57, 4. Teil. Philadelphia: American Philosophical Society, 1967.

-: *Theory and Observation in Ancient and Medieval Astronomy.* London: Variorum, 1985.

Goldstein, Bernard R. und Bowen, Alan C.: »A New View of Early Greek Astronomy«. *Isis* 74 (1983): 330–340.

Goldstein, Bernard R. und Swerdlow, Noel: »Planetary Distances and Sizes in an Anonymous Arabic Treatise Preserved in Bodleian MS Marsh 621«. *Centaurus* 15 (1970): 135–170.

Goody, Jack: *The Domestication of the Savage Mind*. Cambridge: Cambridge University Press, 1977.

Goody, Jack und Watt, Ian: »The Consequences of Literacy«. *Comparative Studies in Society and History* 5 (1962/63): 304–345.

Gottfried, Robert S.: *Doctors and Medicine in Medieval England 1340–1530*. Princeton: Princeton University Press, 1986.

Gotthelf, Allan und Lennox, James G., Hrsg.: *Philosophical Issues in Aristotle's Biology*. Cambridge: Cambridge University Press, 1987.

Gottschalk, H. B.: »Strato of Lampsacus«. *Dictionary of Scientific Biography*, 13:91–95.

Grant, Edward: »Aristotelianism and the Longevity of the Medieval World View«. *History of Science* 16 (1978): 93–106.

-: »Celestial Matter: A Medieval and Galilean Cosmological Problem«. *Journal of Medieval and Renaissance Studies* 13 (1983): 157–186.

-: »Celestial Orbs in the Latin Middle Ages«. *Isis* 78 (1987): 153–173.

-: »The Condemnation of 1277, God's Absolute Power, and Physical Thought in the Late Middle Ages«. *Viator* 10 (1979): 211–244.

-: »Cosmology«. In Lindberg, David C., Hrsg.: *Science in the Middle Ages*, S. 265–302. Chicago: University of Chicago Press, 1978.

-: »Late Medieval Thought, Copernicus, and the Scientific Revolution«. *Journal of the History of Ideas*, 23 (1962): 197–220.

-: »Medieval and Renaissance Scholastic Conceptions of the Influence of the Celestial Region on the Terrestrial«. *The Journal of Medieval and Renaissance Studies* 17 (1987): 1–23.

-: »Medieval and Seventeenth-Century Conceptions of an Infinite Void Space beyond the Cosmos«. *Isis* 60 (1969): 39–60.

-: *The Medieval Cosmos 1200–1687*. In Vorbereitung.

-: »The Medieval Doctrine of Place: Some Fundamental Problems and Solutions«. In Maierù, A. und Paravicini Bagliani, A., Hrsg.: *Studi sul XIV secolo in memoria di Anneliese Maier*, S. 57–79. Storia e Letteratura, Raccolta di studi e testi, Nr. 151. Rom: Edizioni di Storia e Letteratura, 1981.

-: *Much Ado about Nothing: Theories of Space and Vacuum from the Middle Ages to the Scientific Revolution*. Cambridge: Cambridge University Press, 1981.

-, Hrsg. u. Übers.: *Nicole Oresme and the Kinematics of Circular Motion: Tractatus de commensurabilitate vel incommensurabilitate motuum celi*. Madison: University of Wisconsin Press, 1971.

-: *Physical Science in the Middle Ages*. New York: Wiley, 1971.

-: »Science and the Medieval University«. In Kittelson, James M. und Transue, Pamela, J., Hrsg.: *Rebirth, Reform and Resilience: Universities in Transition 1300–1700*, S. 68–102. Columbus: Ohio State University Press, 1984.

-: »Science and Theology in the Middle Ages«. In Lindberg, David C. und Numbers, Ronald L., Hrsg.: *God and Nature: Historical Essays on the Encounter between Christianity and Science*, S. 49–75. Berkeley und Los Angeles: University of California Press, 1986.

-, Hrsg.: *A Source Book in Medieval Science*. Cambridge, Massachussetts: Harvard University Press, 1974.

-: *Studies in Medieval Science and Natural Philosophy*. London: Variorum, 1981.

Grant, Edward und Murdoch, John E., Hrsg.: *Mathematics and Its Applications to Science and Natural Philosophy in the Middle Ages: Essays in Honor of Marshall Clagett*. Cambridge: Cambridge University Press, 1987.

Grant, Robert M.: *Miracle and Natural Law in Graeco-Roman and Early Christian Thought*. Amsterdam: North-Holland, 1952.

Grayeff, Felix: *Aristotle and His School*. London: Duckworth, 1974.

Green, Monica H.: »Women's Medical Practice and Medical Care in Medieval Europe«. *Signs* 14 (1989): 434–473.

Gregory, Tullio: *Anima mundi: La filosofia di Guglielmo di Conches e la scuola di Chartres*. Florenz: G. C. Sansoni, 1955.

-: »La nouvelle idée de nature et de savoir scientifique au XIIe siècle«. In Murdoch, John E. und Sylla, Edith D., Hrsg.: *The Cultural Context of Medical Learning*, S. 193–212. Boston Studies in the Philosophy of Science 27. Dordrecht: Reidel, 1975.

-: »The Platonic Inheritance«. In Dronke, Peter, Hrsg.: *A History of Twelfth-Century Western Philosophy*, S. 54–80. Cambridge: Cambridge University Press, 1988.

Grendler, Paul F.: *Schooling in Renaissance Italy: Literacy and Learning, 1300–1600*. Baltimore: Johns Hopkins University Press, 1989.

Grene, Marjorie: *A Portrait of Aristotle*. Chicago: University of Chicago Press, 1963.

Griffin, Jasper: *Homer*. Oxford: Oxford University Press, 1980.

Grunebaum, G. E. von: *Classical Islam: A History 600–1258*, ins Englische übers. von Katherine Watson. Chicago: Aldine, 1970.

-: *Islam: Essays in the Nature and Growth of a Cultural Tradition*, 2. Aufl. London: Routledge & Kegan Paul, 1961.

Hackett, M. B.: »The University as a Corporate Body«. In Catto, J. I., Hrsg.: *The Early Oxford Schools*, Bd. 1 von *The History of the University of Oxford*, Gesamthrsg. T. H. Aston, S. 37–95. Oxford: Clarendon Press, 1984.

Hadot, Ilsetraut, Hrsg.: *Simplicius: sa vie, son œuvre, sa survie*. Actes du Colloque international de Paris, 28. Sept. – 1. Okt. 1985. Berlin: Walter de Gruyter, 1987.

Hahm, David E.: *The Origins of Stoic Cosmology*. Columbus: Ohio State University Press, 1977.

Hall, A. Rubert: »Merton Revisited or Science and Society in the Seventeenth Century«. *History of Science* 2 (1963): 1–16.

-: »On the Historical Singularity of the Scientific Revolution of the Seventeenth Century«. In Elliott, J. H. und Königsberger, H. G., Hrsg.: *The Diversity of History: Essays in Honour of Sir Herbert Butterfield*, S. 199–221. London: Routledge & Kegan Paul, 1970.

-: *The Revolution in Science 1500–1750*. London: Longman, 1983.

-: *The Scientific Revolution 1500–1800*. London, Longmans, Green, 1954.

Halleux, Robert: »Alchemy«. *Dictionary of the Middle Ages*, 1:134–140.

-: *Les textes alchimiques*. Typologie des sources du moyen âge occidental, Nr. 32. Turnhout: Brepols, 1979.

Hamilton, Edith: *Mythology*. Boston: Little, Brown, 1942.

Hansen, Bert: *Nicole Oresme and the Marvels of Nature: A Study of his »De causis mirabilium« with Critical Edition, Translation, and Commentary*. Toronto: Pontifical Institute of Mediaeval Studies, 1985.

Hare, R. M.: *Plato*. Oxford: Oxford University Press, 1982.

Hargreave, David: »Reconstructing the Planetary Motions of the Eudoxean System«. *Scripta Mathematica* 28 (1970): 335–345.

Häring, Nikolaus: »Chartres and Paris Revisited«. In O'Donnell, J. Reginald, Hrsg.:

*Essays in Honour of Anton Charles Pegis*, S. 268–329. Toronto: Pontifical Institute of Mediaeval Studies, 1974.

-: »The Creation and Creator of the World according to Thierry of Chartres and Clarenbaldus of Arras«. *Archives d'histoire doctrinale et littéraire du moyen âge* 22 (1955): 137–216.

Harley, J. B. und Woodward, David, Hrsg.: *The History of Cartography*, Bd. 1: *Cartography in Prehistoric, Ancient, and Medieval Europe and the Mediterranean.* Chicago: University of Chicago Press, 1987.

Harris, John R.: »Medicine«. In Harris, John R., Hrsg.: *The Legacy of Egypt*, Neuaufl., S. 112–137. Oxford: Clarendon Press, 1971.

Hartner, Willy: »Al-Battani«. *Dictionary of Scientific Biography*, 1:507–516.

Haskins, Charles Homer: »The *De arte venandi cum avibus* of Frederick II«. *English Historical Review* 36 (1921): 334–355. Neuabdruck in Haskins: *Studies in the History of Mediaeval Science*, S. 299–326.

-: *The Renaissance of the Twelfth Century.* Cambridge, Massachussetts: Harvard University Press, 1927.

-: *The Rise of Universities.* Providence: Brown University Press, 1923.

-: »Science at the Court of the Emperor Frederick II«. *American Historical Review* 27 (1922): 669–694. Neuabdruck in Haskins: *Studies in the History of Mediaeval Science*, S. 242–271.

-: *Studies in the History of Mediaeval Science.* Cambridge, Massachussetts: Harvard University Press, 1924.

Heath, Thomas L.: *Aristarchus of Samos, The Ancient Copernicus: A History of Greek Astronomy to Aristarchus.* Oxford: Clarendon Press, 1913.

-: *A History of Greek Mathematics*, 2 Bde. Oxford: Clarendon Press, 1921.

Helton, Tinsley, Hrsg.: *The Renaissance: A Reconsideration of the Theories and Interpretations of the Age.* Madison: University of Wisconsin Press, 1961.

Hesiod: *The Poems of Hesiod,* ins Englische übers. v. R. M. Frazer. Norman: University of Oklahoma Press, 1983.

-: *Theogony and Works and Days*, ins Englische übers. u. mit einer Einführung und Anmerkungen von M. L. West. Oxford: Oxford University Press, 1988.

Hildebrandt, M. M.: *The External School in Carolingian Society.* Leiden: Brill, 1991.

Hillgarth, J. N.: »Isidore of Seville, St.«. *Dictionary of the Middle Ages*, 6:563–566.

*Hippocrates, with an English Translation,* ins Englische übers. v. W. H. S. Jones, E. T. Withington und Paul Potter, 6 Bde. London: Heinemann, 1923 –88.

Hissette, Roland: *Enquête sur les 219 articles condamnés à Paris le 7 mars 1277.* Philosophes médiévaux, Nr. 22. Louvain: Publications universitaires, 1977.

Hitti, Philip K.: *History of the Arabs from the Earliest Times to the Present*, 7. Aufl. London: Macmillan, 1961.

Holmyard, Eric John: *Alchemy.* Harmondsworth: Penguin, 1957.

Hopkins, Jasper: *A Companion to the Study of St. Anselm.* Minneapolis: University of Minnesota Press, 1972.

Hoskin, Michael und Molland, A. G.: »Swineshead on Falling Bodies: An Example of Fourteenth-Century Physics«. *British Journal for the History of Science* 3 (1966): 150–182.

Hugh of St. Victor: *The Didascalicon of Hugh of St. Victor: A Medieval Guide to the Arts,* hrsg. u. ins Englische übers. v. Jerome Taylor. New York: Columbia University Press, 1961.

Hyman, Arthur: »Aristotle's 'First Matter' and Avicenna's and Averroes' 'Corporeal

Form'«. In *Harry Austryn Wolfson Jubilee Volume*, 1:385–406. Jerusalem: American Academy for Jewish Research, 1965.

Imbault-Huart, Marie-José: *La médecine au moyen âge à travers les manuscrits de la Bibliothèque Nationale*. Paris: Editions de la Porte Verte, 1983.

Iskandar, Albert Z.: »Hunayn the Translator; Hunayn the Physician«. *Dictionary of Scientific Biography*, 15:234–239.

Jackson, Ralph: *Doctors and Diseases in the Roman Empire*. Norman, Oklahoma: University of Oklahoma Press, 1988.

Jacob, Margaret C.: *The Cultural Meaning of the Scientific Revolution*. New York: Knopf, 1988.

Jaki, Stanley: *Uneasy Genius: The Life and Work of Pierre Duhem*. Den Haag: Nijhoff, 1984.

Jolivet, Jean: »The Arabic Inheritance«. In Dronke, Peter, Hrsg.: *A History of Twelfth Century Western Philosophy*, S. 113–148. Cambridge: Cambridge University Press 1988.

Jones, Charles W.: »Bede«. *Dictionary of the Middle Ages*, 2:153–156.

Jones, Peter M.: *Medieval Medical Miniatures*. London: The British Library in association with the Wellcome Institute for the History of Medicine, 1984.

Kahn, Charles H.: *Anaximander and the Origins of Greek Cosmology*. New York: Columbia University Press, 1960.

Kaiser, Christopher: *Creation and the History of Science*. Grand Rapids: Eerdmans, 1991.

Kari-Niazov T. N.: »Ulugh Beg«. *Dictionary of Scientific Biography*, 13:535–537.

Kealey, Edward J.: »England's Earliest Women Doctors«. *Journal of the History of Medicine* 40 (1985): 473–477.

-: *Medieval Medicus: A Social History of Anglo-Norman Medicine*. Baltimore: Johns Hopkins University Press, 1981.

Kennedy, E. S.: »The Arabic Heritage in the Exact Sciences«. *Al-Abhath: A Quarterly Journal for Arab Studies* 23 (1970): 327–344.

-: »The Exact Sciences«. In *The Cambridge History of Iran*, Bd. 4: *The Period from the Arab Invasion to the Saljuqs*, Hrsg. R. N. Frye, S. 378–395. Cambridge: Cambridge University Press, 1975.

-: »The History of Trigonometry: An Overview«. In *Historical Topics for the Mathematics Classroom*. Washington, D.C.: National Council of Teachers of Mathematics, 1969. Neuabdruck in Kennedy, E. S. u. a.: *Studies in the Islamic Exact Sciences*, S. 3–29.

Kennedy, E. S. mit Kollegen und ehemaligen Studenten: *Studies in the Islamic Exact Sciences*. Beirut: American University of Beirut, 1983.

Kibre, Pearl: »'Astronomia' or 'Astrologia Ypocratis'.« In Hilfstein, Erna; Czartoryski, Pawel und Grande, Frank D., Hrsg.: *Science and History: Studies in Honor of Edward Rosen*, S. 133–156. Studia Copernicana, Nr. 16. Wrocław: Ossolineum, 1978.

-: »The *Quadrivium* in the Thirteenth Century Universities (with Special Reference to Paris).« In *Arts libéraux et philosophie au moyen âge: Actes du quatrième congrès international de philosophie médiévale, Université de Montréal, 27 août – 2 septembre 1967*, S. 175–191. Montreal: Institut d'études médiévales, 1969.

-: *Scholarly Privileges in the Middle Ages*. Cambridge, Massachussetts: Mediaeval Academy of America, 1962.

-: *Studies in Medieval Science: Alchemy, Astrology, Mathematics and Medicine*. London: Hambledon Press, 1984.

Kibre, Pearl und Siraisi, Nancy G.: »The Institutional Setting: The Universities«. In

Lindberg, David C., Hrsg.: *Science in the Middle Ages*, S. 120–144. Chicago: University of Chicago Press, 1978.

Kieckhefer, Richard: *Magic in the Middle Ages*. Cambridge: Cambridge University Press, 1990.

King, David A.: *Islamic Astronomical Instruments*. London: Variorum, 1987.

-: *Islamic Mathematical Astronomy*. London: Variorum, 1986.

Kirk, G. S. und Raven, J. E.: *The Presocratic Philosophers: A Critical History with a Selection of Texts*. Cambridge: Cambridge University Press, 1960.

Knorr, Wilbur: »Archimedes and the Pseudo-Euclidean *Catoptrics*: Early Stages in the Ancient Geometric Theory of Mirrors«. *Archives internationales d'histoire des sciences* 35 (1985): 28–105.

-: *The Evolution of the Euclidean Elements: A Study of the Theory of Incommensurable Magnitudes and Its Significance for Early Greek Geometry*. Dordrecht: D. Reidel, 1975.

-: »John of Tynemouth *alias* John of London: Emerging Portrait of a Singular Medieval Mathematician.« *British Journal for the History of Science* 23 (1990): 293–330.

Knowles, David: *The Evolution of Medieval Thought*. New York: Vintage, 1964.

Kogan, Barry S.: *Averroes and the Metaphysics of Causation*. Albany: State University of New York Press, 1985.

Kovach, Francis J. und Shahan, Robert W., Hrsg.: *Albert the Great: Commemorative Essays*. Norman: University of Oklahoma Press, 1980.

Koyré, Alexandre: *The Astronomical Revolution: Copernicus, Kepler, Borelli*, ins Englische übers. v. R. E. W. Maddison. Paris: Hermann, 1973.

-: *From the Closed World to the Infinite Universe*. Baltimore: Johns Hopkins University Press, 1957.

-: *Galileo Studies*, ins Englische übers. v. John Mepham. Atlantic Highlands, New Jersey: Humanities Press, 1978.

-: *Metaphysics and Measurement: Essays in the Scientific Revolution*. London: Chapman & Hall, 1968.

-: »The Origins of Modern Science: A New Interpretation«. *Diogenes* 16 (Winter 1956): 1–22.

Kren, Claudia: *Alchemy in Europe: A Guide to Research*. New York: Garland, 1990.

-: »Astronomy«. In Wagner, David L., Hrsg.: *The Seven Liberal Arts in the Middle Ages*, S. 218–247. Bloomington: Indiana University Press, 1983.

-: »Bernard of Verdun«. *Dictionary of Scientific Biography*, 2:23 f.

-: »Homocentric Astronomy in the Latin West: The *De reprobatione ecentricorum et epiciclorum* of Henry of Hesse«. *Isis* 59 (1968): 269–281.

-: *Medieval Science and Technology: A Selected Annotated Bibliography*. New York: Garland, 1985.

Kretzmann, Norman, Hrsg.: *Infinity and Continuity in Ancient and Medieval Thought*. Ithaca: Cornell University Press, 1982.

Kretzman, Norman; Kenny, Anthony und Pinborg, Jan, Hrsg.: *The Cambridge History of Later Medieval Philosophy*. Cambridge: Cambridge University Press, 1982.

Kristeller, Paul Oskar: »The School of Salerno: Its Development and Its Contribution to the History of Learning«. *Bulletin of the History of Medicine* 17 (1945): 138–194.

Kudlien, Fridolf: »Early Greek Primitive Medicine«. *Clio medica* 3 (1968): 305–336.

Kudlien, Fridolf und Durling, Richard J., Hrsg.: *Galen's Method of Healing*. Leiden: Brill, 1991.

Kuhn, Thomas S.: *The Copernican Revolution: Planetary Astronomy in the Development of Western Thought*. Cambridge: Harvard University Press, 1957.

-: »Mathematical versus Experimental Traditions in the Development of Physical Science«. *Journal of Interdisciplinary History* 7 (1976): 1–31. Neuabdruck in Kuhn: *The Essential Tension: Selected Studies in Scientific Tradition and Change*, S. 31–65. Chicago: University of Chicago Press, 1977.

-: *The Structure of Scientific Revolutions*. Chicago: University of Chicago Press, 1962.

Laistner, M. L. W.: *Christianity and Pagan Culture in the Later Roman Empire*. Ithaca: Cornell University Press, 1951.

-: *Thought and Letters in Western Europe, A.D. 500–900*, Neuaufl. London: Methuen, 1957.

Lattin, Harriet Pratt, Hrsg. und Übers. ins Englische: *The Letters of Gerbert with His Papal Privileges as Sylvester II*. New York: Columbia University Press, 1961.

Lear, Jonathan: *Aristotle: The Desire to Understand*. Cambridge: Cambridge University Press, 1988.

Leclerc, Ivor: *The Nature of Physical Existence*. London: George Allen & Unwin, 1972.

Leclerc, Lucien: *Histoire de la médecine arabe*, 2 Bde. Paris: Ernest Leroux, 1876.

Leclercq, Jean, O.S.B.: *The Love of Learning and the Desire for God: A Study of Monastic Culture*, Übers. Catherine Misrahi. New York: Fordham University Press, 1961.

-: »The Renewal of Theology«. In Benson, Robert L. und Constable, Giles, Hrsg.: *Renaissance and Renewal in the Twelfth Century*, S. 68–87. Cambridge, Massachussetts: Harvard University Press, 1982.

Lejeune, Albert: *Euclide et Ptolémée: Deux stades de l'optique géométrique grecque*. Louvain: Bibliothèque de l'Université, 1948.

-: *Recherches sur la catoptrique grecque*. Brüssel: Palais des Académies, 1957.

Lemay, Richard: *Abu Ma'shar and Latin Aristotelianism in the Twelfth Century: The Recovery of Aristotle's Natural Philosophy through Arabic Astrology*. Beirut: American University of Beirut, 1962.

-: »Gerard of Cremona«. *Dictionary of Scientific Biography*, 15:173–192.

-: »The True Place of Astrology in Medieval Science and Philosophy«. In Curry, Patrick, Hrsg.: *Astrology, Science and Society: Historical Essays*, S. 57–73. Woodbridge, Suffolk: Boydell, 1987.

Lévy-Bruhl, Lucien. *How Natives Think*, ins Englische übers. von Lilian A. Clare. London: George Allen & Unwin, 1926.

Lewis, Bernard, Hrsg.: *Islam and the Arab World: Faith, People, Culture*. New York: Knopf, 1976.

Lewis, C. S.: *The Discarded Image: An Introduction to Medieval and Renaissance Literature*. Cambridge: Cambridge University Press, 1964.

Lewis, Christopher: *The Merton Tradition and Kinematics in Late Sixteenth and Early Seventeenth Century Italy*. Padua: Antenore, 1980.

Liebeschütz, H.: »Boethius and the Legacy of Antiquity«. In Armstrong, A. H., Hrsg.: *The Cambridge History of Later Greek and Early Medieval Philosophy*, S. 538–564. Cambridge: Cambridge University Press, 1970.

Lindberg, David C.: »Alhazen's Theory of Vision and Its Reception in the West«. *Isis* 58 (1967): 321–341.

-: »Conceptions of the Scientific Revolution from Bacon to Butterfield: A Preliminary Sketch«. In Lindberg und Westman: *Reappraisals of the Scientific Revolution*, S. 1–26.

-: »Continuity and Discontinuity in the History of Optics: Kepler and the Medieval Tradition«. *History and Technology* 4 (1987): 423–440.

-: »The Genesis of Kepler's Theory of Light: Light Metaphysics from Plotinus to Kepler«. *Osiris*, N. F., 2 (1986): 5–42.

-, Hrsg. u. Übers. ins Englische: *John Pecham and the Science of Optics: »Perspectiva communis«, edited with an Introduction, English Translation, and Critical Notes.* Madison: University of Wisconsin Press, 1970.

-: »Laying the Foundations of Geometrical Optics: Maurolico, Kepler, and the Medieval Tradition«. In Lindberg, David C. und Cantor, Geoffrey: *The Discourse of Light from the Middle Ages to the Enlightenment,* S. 1–65. Los Angeles: William Andrews Clark Memorial Library, 1985.

-: »On the Applicability of Mathematics to Nature: Roger Bacon and His Predecessors«. *British Journal for the History of Science* 15 (1982): 3–25.

-: »Optics, Western European«. *Dictionary of the Middle Ages,* 9:247–253.

-: »A Reconsideration of Roger Bacon's Theory of Pinhole Images«. *Archive for History of Exact Sciences* 6 (1970): 214–223.

-: »Roger Bacon and the Origins of *Perspectiva* in the West«. In Grant, Edward and Murdoch, John E., Hrsg.: *Mathematics and its Applications to Science and Natural Philosophy in the Middle Ages: Essays in Honor of Marshall Clagett,* S. 249–268. Cambridge: Cambridge University Press, 1987.

-, Hrsg. u. Übers.: *Roger Bacon's Philosophy of Nature: A Critical Edition, with English Translation, Introduction, and Notes, of »De multiplicatione specierum« and »De speculis comburentibus«.* Oxford: Clarendon Press, 1983.

-: »Science and the Early Church«. In Lindberg and Numbers: *God and Nature: Historical Essays on the Encounter between Christianity and Science,* S. 19–48.

-: »Science as Handmaiden: Roger Bacon and the Patristic Tradition«. *Isis* 78 (1987): 518–536.

-: »The Science of Optics«. In Lindberg: *Science in the Middle Ages,* S. 338–368.

-: *Studies in the History of Medieval Optics.* London: Variorum, 1983.

-: *Theories of Vision from al-Kindi to Kepler.* Chicago: University of Chicago Press, 1976.

-: »The Theory of Pinhole Images from Antiquity to the Thirteenth Century«. *Archive for History of Exact Sciences* 5 (1968): 154–176.

-: »The Theory of Pinhole Images in the Fourteenth Century«. *Archive for History of Exact Sciences* 6 (1970): 299–325.

-: »The Transmission of Greek and Arabic Learning to the West«. In Lindberg: *Science in the Middle Ages,* S. 52–90.

Lindberg, David C. und Numbers, Ronald L., Hrsg.: *God and Nature: Historical Essays on the Encounter between Christianity and Science.* Berkeley und Los Angeles: University of California Press, 1986.

Lindberg, David C. und Westman, Robert S., Hrsg.: *Reappraisals of the Scientific Revolution.* Cambridge: Cambridge University Press, 1990.

Lindgren, Uta: *Gerbert von Aurillac und das Quadrivium: Untersuchungen zur Bildung im Zeitalter der Ottonen.* Sudhoffs Archiv: Zeitschrift für Wissenschaftsgeschichte, Beiheft 18. Wiesbaden: Franz Steiner, 1976.

Lipton, Joshua D.: »The Rational Evaluation of Astrology in the Period of Arabo-Latin Translation, ca. 1126–1187 A.D.«. Ph. D. Dissertation, University of California in Los Angeles, 1978.

Little, A. G., Hrsg.: *Roger Bacon Essays.* Oxford: Clarendon Press, 1914.

Livesey, Steven J.: *Theology and Science in the Fourteenth Century: Three Questions on the Unity and Subalternation of the Sciences from John of Reading's Commentary on the Sentences.* Studien und Texte zur Geistesgeschichte des Mittelalters, Bd. 25. Leiden: Brill, 1989.

Lloyd, G.E.R.: *Aristotle: The Growth and Structure of His Thought.* Cambridge: Cambridge University Press, 1968.

-: *Demystifying Mentalities.* Cambridge: Cambridge University Press, 1990.

-: *Early Greek Science: Thales to Aristotle.* London: Chatto & Windus, 1970.

-: *Greek Science after Aristotle.* London: Chatto & Windus, 1973.

-, Hrsg.: *Hippocratic Writings.* Harmondsworth: Penguin, 1978.

-: *Magic, Reason and Experience: Studies in the Origins and Development of Greek Science.* Cambridge: Cambridge University Press, 1979.

-: *The Revolutions of Wisdom: Studies in the Claims and Practice of Ancient Greek Science.* Berkeley und Los Angeles: University of California Press, 1987.

-: »Saving the Appearances«. *Classical Quarterly* 28 (1978): 202–222.

Locher, A.: »The Structure of Pliny the Elder's Natural History«. In French, Roger and Greenaway, Frank, Hrsg.: *Science in the Early Roman Empire*, S. 20–29. Totawa, New Jersey: Barnes & Noble, 1986.

Lones, Thomas E.: *Aristotle's Researches in Natural Science.* London: West, Newman, 1912.

Long, A. A.: »Astrology: Arguments Pro and Contra«. In Barnes, Jonathan; Brunschwig, Jacques; Burnyeat, Myles und Schofield, Malcolm, Hrsg.: *Science and Speculation: Studies in Hellenistic Theory and Practice,* S. 165–192. Cambridge: Cambridge University Press, 1982.

-: *Hellenistic Philosophy: Stoics, Epicureans, Sceptics,* 2. Aufl., London: Duckworth, 1974.

-: »The Stoics on World-Conflagration and Everlasting Recurrence«. In Epp, Ronald H., Hrsg.: *Recovering the Stoics,* S. 13–37. Beiheft zu *The Southern Journal of Philosophy,* Bd. 23. Memphis: Department of Philosophy, Memphis State University, 1985.

Long, A.A. und Sedley, D. N.: *The Hellenistic Philosophers,* 2 Bde. Cambridge: Cambridge University Press, 1987.

Longrigg, James: »Anatomy in Alexandria in the Third Century B.C.« *British Journal for the History of Science* 21 (1988): 455–488.

-: »Erasistratus«; *Dictionary of Scientific Biography,* 4:382–386.

-: »Presocratic Philosophy and Hippocratic Medicine«. *History of Science* 27 (1989): 1–39.

-: »Superlative Achievement and Comparative Neglect: Alexandrian Medical Science and Modern Historical Research«. *History of Science* 19 (1981): 155–200.

Lucretius: *De rerum natura,* ins Englische übers. von W. H. D. Rouse und M. F. Smith, überarb. 2. Aufl. London: Heinemann, 1982.

Luscombe, David E.: *Peter Abelard.* London: Historical Association, 1979.

-: »Peter Abelard«. In Dronke, Peter, Hrsg.: *A History of Twelfth-Century Western Philosophy,* S. 279–307. Cambridge: Cambridge University Press, 1988.

Lutz, Cora E.: *Schoolmasters of the Tenth Century.* Hamden, Connecticut: Archon, 1977.

Lynch, John Patrick: *Aristotle's School: A Study of a Greek Educational Institution.* Berkeley and Los Angeles. University of California Press, 1972.

Lytle, Guy Fitch: »The Careers of Oxford Students in the Later Middle Ages«. In Kittelson, James M. und Transue, Pamela J., Hrsg.: *Rebirth, Reform and Resilience: Universities in Transition 1300–1700,* S. 213–253. Columbus: Ohio State University Press, 1984.

-: »Patronage Patterns and Oxford Colleges, ca. 1300 – ca. 1530«. In Stone, Lawrence, Hrsg.: *The University in Society,* 1:111–149. Princeton: Princeton University Press, 1974.

MacKinney, Loren C.: *Early Medieval Medicine, with Special Reference to France and Chartres.* Baltimore: Johns Hopkins University Press, 1937.

-: *Medical Illustrations in Medieval Manuscripts*. London: Wellcome Historical Medical Library, 1965.

Macrobius: *Commentary on the Dream of Scipio*, ins Englische übers., mit einer Einführung und Anmerkungen v. William H. Stahl. New York: Columbia University Press, 1952.

Mahoney, Michael S.: »Another Look at Greek Geometrical Analysis«. *Archive for History of Exact Sciences* 5 (1968): 318–348.

-: »Mathematics«. In Lindberg, David C., Hrsg.: *Science in the Middle Ages*, S. 145–178. Chicago: University of Chicago Press, 1978.

Maier, Anneliese: »The Achievements of Late Scholastic Natural Philosophy«. In Maier: *On the Threshold of Exact Science*, S. 143–170.

-: *An der Grenze von Scholastik und Naturwissenschaft*, 2. Aufl. Rom: Edizioni di Storia e Letteratura, 1952.

-: *Ausgehendes Mittelalter: Gesammelte Aufsätze zur Geistesgeschichte des 14. Jahrhunderts*, 3 Bde. Rom: Edizioni di Storia e Letteratura, 1964–77.

-: »Die naturphilosophische Bedeutung der scholastischen Impetustheorie«. *Scholastik* 30 (1955): 321–343. Ins Englische übersetzt mit dem Titel »The Significance of the Theory of Impetus for Scholastic Natural Philosophy«. in Maier: *On the Threshold of Exact Science*, S. 76–102.

-: *Die Vorläufer Galileis im 14. Jahrhundert*, 2. Aufl. Rom: Edizioni di Storia e Letteratura, 1966.

-: *Metaphysische Hintergründe der spätscholastischen Naturphilosophie*. Rom: Edizioni di Storia e Letteratura, 1955.

-: *On the Threshold of Exact Science: Selected Writings of Anneliese Maier on Late Medieval Natural Philosophy*, ins Englische übers. von Steven D. Sargent. Philadelphia: University of Pennsylvania Press, 1982.

-: »The Theory of the Elements and the Problem of their Participation in Compounds«. In Maier: *On the Threshold of Exact Science*, S. 124–142.

-: *Zwischen Philosophie und Mechanik*. Rom: Edizioni di Storia e Letteratura, 1958.

Maierù, A. und Paravicini Bagliani, A., Hrsg.: *Studi sul XIV secolo in memoria di Anneliese Maier*. Storia e Letteratura, Raccolta di studi e testi, Nr. 151. Rom: Edizioni di Storia e Letteratura, 1981.

Majno, Guido: *The Healing Hand: Man and Wound in the Ancient World*. Cambridge, Massachussetts: Harvard University Press, 1975.

Makdisi, George: *The Rise of Colleges: Institutions of Learning in Islam and the West*. Edinburgh: Edinburgh University Press, 1981.

Malinowski, Bronislaw: *Myth in Primitive Psychology*. New York: W. W. Norton, 1926.

Marenbon, John: *Early Medieval Philosophy (480–1150): An Introduction*. London: Routledge & Kegan Paul, 1983.

-: *From the Circle of Alcuin to the School of Auxerre: Logic, Theology and Philosophy in the Early Middle Ages*. Cambridge: Cambridge University Press, 1981.

Marrou, H. I.: *A History of Education in Antiquity*. Ins Englische übers v.. George Lamb. New York: Sheed and Ward, 1956.

Martin, R. N. D.: »The Genesis of a Mediaeval Historian: Pierre Duhem and the Origins of Statics«. *Annals of Science* 33 (1976): 119–129.

McCluskey, Stephen C.: »Gregory of Tours, Monastic Timekeeping, and Early Christian Attitudes to Astronomy«. *Isis* 81 (1990): 9–22.

McColley, Grant: »The Theory of the Diurnal Rotation of the Earth«. *Isis* 26 (1937): 392–402.

McDiarmid, J. B.: »Theophrastus«. *Dictionary of Scientific Biography*, 13:328–334.

McEvoy, James: *The Philosophy of Robert Grosseteste*. Oxford: Clarendon Press, 1982.

McInerny, Ralph: *St Thomas Aquinas*. Notre Dame, Indiana: University of Notre Dame Press, 1982.

McKitterick, Rosamond: *The Carolingians and the Written Word*. Cambridge: Cambridge University Press, 1989.

McMullin, Ernan, Hrsg.: *The Concept of Matter in Greek and Medieval Philosophy*. Notre Dame, Indiana.: University of Notre Dame Press, 1963.

-: »Conceptions of Science in the Scientific Revolution«. In Lindberg, David C. und Westman, Robert S., Hrsg.: *Reappraisals of the Scientific Revolution*, S. 27–86. Cambridge: Cambridge University Press, 1990.

-: »Medieval and Modern Science: Continuity or Discontinuity?« *International Philosophical Quarterly* 5 (1965): 103–129.

McVaugh, Michael: »Arnald of Villanova and Bradwardine's Law«. *Isis* 58 (1967): 56–64.

-, Hrsg.: *Arnald de Villanova, Opera medica omnia*, Bd. 2: *Aphorismi de gradibus*. Granada: Seminarium historiae medicae Granatensis, 1975.

-: »Constantine the African«. *Dictionary of Scientific Biography*, 3:393 ff.

-: »The *Experimenta* of Arnald of Villanova«. *Journal of Medieval and Renaissance Studies* 1 (1971): 107–118.

-: »The Nature and Limits of Medical Certitude«. *Osiris*, N. F., 6 (1990): 62–84.

-: »Theriac at Montpellier«. *Sudhoffs Archiv: Zeitschrift für Wissenschaftsgeschichte* 56 (1972): 113–144.

-: »Medicine, History of«. *Dictionary of the Middle Ages*, 8:247–254.

-: »Quantified Medical Theory and Practice at Fourteenth-Century Montpellier«. *Bulletin of the History of Medicine* 43 (1969): 297–413.

Melling, David J.: *Understanding Plato*. Oxford: Oxford University Press, 1987.

Merton, Robert K.: *Science, Technology and Society in Seventeenth Century England*. Erstveröffentl. in *Osiris* 4 (1938): 360–632. Neuabdruck mit neuer Einführung, New York: Harper and Row, 1970.

Meyerhof, Max: »Science and Medicine«. In Arnold, Thomas und Guillaume, Alfred, Hrsg.: *The Legacy of Islam*, S. 311–355. London: Oxford University Press, 1931.

-: *Studies in Medieval Arabic Medicine: Theory and Practice*, Hrsg. Penelope Johnstone. London: Variorum, 1984.

Millas-Vallicrosa, J. M.: »Translations of Oriental Scientific Works«. In Métraux, Guy S. und Crouzet, François, Hrsg.: *The Evolution of Science*, S. 128–167. New York: Mentor, 1963.

Miller, Timothy S.: *The Birth of the Hospital in the Byzantine Empire*. Baltimore: Johns Hopkins University Press, 1985.

-: »The Knights of Saint John and the Hospitals of the Latin West«. *Speculum* 53 (1978): 709–733.

Minio-Paluello, Lorenzo: »Boethius, Anicius Manlius Severinus«. *Dictionary of Scientific Biography*, 2:228–236.

-: »Michael Scot«. *Dictionary of Scientific Biography*, 9:361–365.

-: »Moerbeke, William of«. *Dictionary of Scientific Biography*, 9, 434–440.

Mohr, Richard D.: *The Platonic Cosmology*. Leiden: Brill, 1985.

Moline, Jon: *Plato's Theory of Understanding*. Madison: University of Wisconsin Press, 1981.

Molland, A. G.: »Aristotelian Holism and Medieval Mathematical Physics«. In Caroti,

Stefano, Hrsg.: *Studies in Medieval Natural Philosophy*, S. 227–235. Florenz: Olschki, 1989.

-: »Continuity and Measure in Medieval Natural Philosophy«. *Miscellanea Mediaevalia* 16 (1983): 132–144.

-: »An Examination of Bradwardine's Geometry«. *Archive for History of Exact Sciences* 19 (1978): 113–175.

-: »The Geometrical Background to the 'Merton School'«. *British Journal for the History of Science* 4 (1968/69): 108–125.

-: »Nicole Oresme and Scientific Progress«. *Miscellanea Mediaevalia* 9 (1974): 206–220.

Moody, Ernest A.: »Galileo and Avempace: The Dynamics of the Leaning Tower Experiment«. *Journal of the History of Ideas* 12 (1951): 163–193, 375–422.

-: »*Studies in Medieval Philosophy, Science, and Logic: Collected Papers 1933–1969*. Berkeley und Los Angeles: University of California Press, 1975.

Moody, Ernest A. und Clagett, Marshall, Hrsg. u. Übers. ins Englische: *The Medieval Science of Weights*. Madison: University of Wisconsin Press, 1960.

Morris, Colin: *The Discovery of the Individual, 1050–1200*. New York: Harper and Row, 1972.

Multhauf, Robert P.: *The Origins of Chemistry*. New York: Franklin Watts, 1967.

Murdoch, John E.: *Album of Science: Antiquity and the Middle Ages*. New York: Scribner's, 1984.

-: »The Development of a Critical Temper: New Approaches and Modes of Analysis in Fourteenth-Century Philosophy, Science, and Technology«. *Medieval and Renaissance Studies* 7 (1978): 51–79.

-: »From Social into Intellectual Factors: An Aspect of the Unitary Character of Late Medieval Learning«. In Murdoch und Sylla, Hrsg.: *The Cultural Context of Medieval Learning*, S. 271–348.

-: »*Mathesis in philosophiam scholasticam introducta:* The Rise and Development of the Application of Mathematics in Fourteenth Century Philosophy and Theology«. In *Arts libéraux et philosophie au moyen âge: Actes du quatrième congrès international de philosophie médiévale, Université de Montréal, 27 août – 2 septembre 1967*, S. 215–254. Montreal: Institut d'études médiévales, 1969.

-: »Philosophy and the Enterprise of Science in the Later Middle Ages«. In Elkana, Yehuda, Hrsg.: *The Interaction between Science and Philosophy*, S. 51–74. Atlantic Highlands, New Jersey: Humanities Press, 1974.

Murdoch, John E. und Sylla, Edith D.: »Anneliese Maier and the History of Medieval Science«. In Maierù, A. und Paravicini Bagliani, A., Hrsg.: *Studi sul XIV secolo in memoria di Anneliese Maier*, S. 7–13. Storia e letteratura: Raccolta di studi e testi, Nr. 151. Rom: Edizioni Storia e Letteratura, 1981.

-, Hrsg.: *The Cultural Context of Medieval Learning*. Boston Studies in the Philosophy of Science, Nr. 26. Dordrecht: D. Reidel, 1975.

-: »The Science of Motion«. In Lindberg, David C., Hrsg.: *Science in the Middle Ages*, S. 206–264. Chicago: University of Chicago Press, 1978.

-: »Swineshead, Richard«. *Dictionary of Scientific Biography*, 13:184–213.

Murray, Alexander: *Reason and Society in the Middle Ages*. Oxford: Clarendon Press, 1978.

Nakosteen, Mehdi: *History of Islamic Origins of Western Education, A.D. 800–1359, with an Introduction to Medieval Muslim Education*. Boulder: University of Colorado Press, 1964.

Nasr, Seyyed Hossein: *An Introduction to Islamic Cosmological Doctrines*. Cambridge, Massachussetts: Belknap Press of Harvard University Press, 1964.

-: *Science and Civilization in Islam.* Cambridge, Massachussetts: Harvard University Press, 1968.

Neugebauer, Otto: »Apollonius' Planetary Theory«. *Communications on Pure and Applied Mathematics* 8 (1955): 641–648.

-: *Astronomy and History: Selected Essays.* New York, Springer, 1983.

-: *The Exact Sciences in Antiquity.* Princeton: Princeton University Press, 1952.

-: *A History of Ancient Mathematical Astronomy*, 3 Teile. New York: Springer, 1975.

-: »On the Allegedly Heliocentric Theory of Venus by Heraclides Ponticus«. *American Journal of Philology* 93 (1972): 600 f.

-: »On the 'Hippopede' of Eudoxus«. *Scripta Mathematica* 19 (1953): 225–229.

Neugebauer, Otto und Sachs, A., Hrsg.: *Mathematical Cuneiform Texts.* American Oriental Series, Bd. 29. New Haven: American Oriental Society, 1945.

Newman, William R.: »The Genesis of the *Summa perfectionis*«. *Archives internationales d'histoire des sciences* 35 (1985): 240–302.

-: *The »Summa perfectionis« of Pseudo-Geber: A Critical Edition, Translation and Study.* Leiden: Brill, 1991.

-: »Technology and Chemical Debate in the Late Middle Ages«. *Isis* 80 (1989): 423–445.

North, J. D.: »The Alphonsine Tables in England«. In North, J.D.: *Stars, Minds and Fate*, S. 327–359.

-: »The Astrolabe«. *Scientific American* 230, Nr. 1 (Januar 1974): 96–106.

-: »Astrology and the Fortunes of Churches«. *Centaurus* 24 (1980): 181–211.

-: »Celestial Influence – the Major Premiss of Astrology«. In Zambelli, P., Hrsg: *Astrologi hallucinati*, S. 45–100. Berlin: Walter de Gruyter, 1986.

-: *Chaucer's Universe.* Oxford: Clarendon Press, 1988.

-, Hrsg. u. Übers. ins Englische: *Richard of Wallingford, An Edition of His Writings with Introductions, English Translation and Commentary*, 3 Bde. Oxford: Clarendon Press, 1976.

-: *Stars, Minds and Fate: Essays in Ancient and Medieval Cosmology.* London: Hambledon, 1989.

-: *The Universal Frame: Historical Essays in Astronomy, Natural Philosophy and Scientific Method.* London: Hambledon, 1989.

Numbers, Ronald L. und Amundsen, Darrel W., Hrsg.: *Caring and Curing: Health and Medicine in the Western Religious Traditions.* New York: Macmillan, 1986.

Nussbaum, Martha Craven: *Aristotle's »De motu animalium«: Text with Translation, Commentary, and Interpretive Essays.* Princeton: Princeton University Press, 1978.

Nutton, Vivian: »The Chronology of Galen's Early Career«. *Classical Quarterly* 23 (1973): 158–171.

-: *From Democedes to Harvey: Studies in the History of Medicine.* London: Variorum, 1988.

-: »Galen in the Eyes of His Contemporaries«. *Bulletin of the History of Medicine* 58 (1984): 315–324.

Oakley, Francis: *Omnipotence, Covenant, and Order: An Excursion in the History of Ideas from Abelard to Leibniz.* Ithaca: Cornell University Press, 1984.

O'Donnell, James J.: *Cassiodorus.* Berkeley und Los Angeles: University of California Press, 1979.

Oggins, Robin S.: »Albertus Magnus on Falcons and Hawks«. In Weisheipl, James A., Hrsg.: *Albertus Magnus and the Sciences: Commemorative Essays 1980*, S. 441–462. Toronto: Pontifical Institute of Mediaeval Studies, 1980.

O'Leary, De Lacy: *How Greek Science Passed to the Arabs.* London: Routledge & Kegan Paul, 1949.

Olson, Richard: *Science Deified and Science Defied: The Historical Significance of Science in Western Culture from the Bronze Age to the Beginnings of the Modern Era ca. 3500 B.C. to ca. A.D. 1640.* Berkeley und Los Angeles: University of California Press, 1982.

O'Meara, Dominic J.: *Phythagoras Revived: Mathematics and Philosophy in Late Antiquity.* Oxford: Clarendon Press, 1989.

O'Meara, John J.: *Eriugena.* Oxford: Clarendon Press, 1988.

Oresme, Nicole: *»De proportionibus proportionum« and »Ad pauca respicientes«,* hrsg. u. ins Englische übers. v. Edward Grant. Madison: University of Wisconsin Press, 1966.

-: *Le livre du ciel et du monde,* hrsg. u. ins Englische übers. v. A.D. Menut und A.J. Denomy. Madison: University of Wisconsin Press, 1968.

Orme, Nicholas: *English Schools of the Middle Ages.* London: Methuen, 1973.

Overfield, James H.: »University Studies and the Clergy in Pre-Reformation Germany«. In Kittelson, James M. und Transue, Pamela J., Hrsg.: *Rebirth, Reform and Resilience: Universities in Transition 1300–1700,* S. 254–292. Columbus: Ohio State University Press, 1984.

Owen, G.E.L.: *Logic, Science and Dialectic: Collected Papers in Greek Philosophy,* Hrsg. Martha Nussbaum. Ithaca: Cornell University Press, 1986.

Parent, J.M.: *La doctrine de la création dans l'école de Chartres.* Paris: J. Vrin, 1938.

Park, Katharine: »Albert's Influence on Medieval Psychology«. In Weisheipl, James A., Hrsg.: *Albertus Magnus and the Sciences: Commemorative Essays 1980,* S. 501–535. Toronto: Pontifical Institute of Mediaeval Studies, 1980.

-: *Doctors and Medicine in Early Renaissance Florence.* Princeton: Princeton University Press, 1985.

Parker, Richard: »Egyptian Astronomy, Astrology, and Calendrical Reckoning«. *Dictionary of Scientific Biography,* 15:706–727.

Pedersen, Olaf: »Astrology«. *Dictionary of the Middle Ages,* 1:604–610.

-: »Astronomy«. In Lindberg, David C., Hrsg.: *Science in the Middle Ages,* S. 303–336. Chicago: University of Chicago Press, 1978.

-: »The Corpus Astronomicum and the Traditions of Mediaeval Latin Astronomy: A Tentative Interpretation«. In *Astronomy of Copernicus and Its Background,* S. 57–96. Colloquia Copernicana, Nr. 3; Studia Copernicana, Nr. 13. Wrocław: Ossolineum, 1975.

-: »The Development of Natural Philosophy 1250-1350«. *Classica et Medievalia* 14 (1953): 86–155.

-: »Some Astronomical Topics in Pliny«. In French, Roger und Greenaway, Frank, Hrsg.: *Science in the Early Roman Empire: Pliny the Elder, His Sources and Influence,* Kap. 10. Totawa, New Jersey: Barnes & Noble, 1986.

-: *A Survey of the Almagest.* Acta Historica Scientiarum Naturalium et Medicinalium, Bd. 30. Odense: Odense University Press, 1974.

Pedersen, Olaf und Pihl, Mogens: *Early Physics and Astronomy: A Historical Introduction.* New York: Science History Publications, 1974.

Pegis, Anton C.: *St. Thomas and the Problem of the Soul in the Thirteenth Century.* Toronto: Pontifical Institute of Mediaeval Studies, 1934.

Pellegrin, Pierre: *Aristotle's Classification of Animals: Biology and the Conceptual Unity of the Aristotelian Corpus,* ins Englische übers. v. Anthony Preus. Berkeley und Los Angeles: University of California Press, 1986.

Peters, F.E.: *Allah's Commonwealth: A History of Islam in the Near East, 600–1100 A.D.* New York: Simon and Schuster, 1973.

-: *Aristotle and the Arabs: The Aristotelian Tradition in Islam.* New York: New York University Press, 1968.

-: *The Harvest of Hellenism: A History of the Near East from Alexander the Great to the Triumph of Christianity.* New York: Simon and Schuster, 1970.

Phillips, E. D.: *Greek Medicine.* London: Thames and Hudson, 1973.

Philoponus, John: *Against Aristotle on the Eternity of the World,* ins Englische übers. von Christian Wildberg. Ithaca: Cornell University Press, 1987.

Pingree, David: »Abu Ma'shar al-Balkhi«. *Dictionary of Scientific Biography,* 1:32–39.

-: »Hellenophilia versus the History of Science«. Manuskript eines Vortrags, der am 14. November 1990 an der Universität Harvard gehalten wurde.

*The Planispheric Astrolabe.* Greenwich: National Maritime Museum, 1976.

Plato: *Plato, with an English Translation,* 10 Bde. London: Loeb, 1914–1929.

-: *Plato's Cosmology: The »Timaeus« of Plato,* ins Englische übers. u. mit einem Kommentar von Francis M. Cornford. London: Routledge & Kegan Paul, 1957.

-: *Plato's Theory of Knowledge: The »Theaetetus« and the »Sophist« of Plato.* Ins Englische übersetzt u. mit einem Kommentar von Francis M. Cornford. London: Routledge & Kegan Paul, 1935.

-: *The »Republic« of Plato,* ins Englische übers. von Francis M. Cornford. Oxford: Oxford University Press, 1941.

Pliny the Elder: *Natural History,* ins Englische übers. von H. Rackham, 10 Bde. London: Heinemann, 1938–62.

Pliny the Younger: *Letters,* mit einer Übersetzung ins Englische von William Melmoth, überarb. von W. M. L. Hutchinson, 2 Bde. London: Heinemann, 1961.

Powell, Barry: *Homer and the Origin of the Greek Alphabet.* Cambridge: Cambridge University Press, 1991.

Preus, Anthony: *Science and Philosophy in Aristotle's Biological Works.* Hildesheim: Georg Olms, 1975.

Ptolemy, Claudius: *L'Optique de Claude Ptolémée,* hrsg. u. ins Französische übers. von Albert Lejeune. Leiden: Brill, 1989.

-: *Ptolemy's Almagest,* hrsg. u. ins Englische übers. von G. J. Toomer. New York: Springer, 1984.

-: *Tetrabiblos,* hrsg. u. ins Englische übers. von F. E. Robbins. London: Heinemann, 1948.

Quinn, John Francis: *The Historical Constitution of St. Bonaventure's Philosophy.* Toronto: Pontifical Institute of Mediaeval Studies, 1973.

Rahman, Fazlur: *Islam,* 2. Aufl. Chicago: University of Chicago Press, 1979.

Ralph, Philip Lee: *The Renaissance in Perspective.* New York: St Martin's Press, 1973.

Randall, John Herman, Jr.: *The School of Padua and the Emergence of Modern Science,* Padua: Antenore, 1961.

Rashdall, Hastings: *The Universities of Europe in the Middle Ages,* Hrsg. F. M. Powicke und A. B. Emden, 3 Bde. Oxford: Clarendon Press, 1936.

Rather, L. J.: »The 'Six Things Non-Natural': A Note on the Origins and Fate of a Doctrine and a Phrase«. *Clio Medica* 3 (1968): 337–347.

Rawson, Elizabeth: *Intellectual Life in the Late Roman Republic.* Baltimore: Johns Hopkins University Press, 1985.

Reeds, Karen: »Albert on the Natural Philosophy of Plant Life«. In Weisheipl, James A., Hrsg.: *Albertus Magnus and the Sciences: Commemorative Essays 1980,* S. 341–354. Toronto: Pontifical Institute of Mediaeval Studies, 1980.

Reymond, Arnold: *History of the Sciences in Greco-Roman Antiquity,* ins Englische übers. v. Ruth Gheury de Bray. London: Methuen, 1927.

Reynolds, Terry S.: *Stronger than a Hundred Men: A History of the Vertical Water Wheel.* Baltimore: Johns Hopkins University Press, 1983.

Riché, Pierre: *Education and Culture in the Barbarian West, Sixth through Eighth Centuries*, ins Englische übers. v. John J. Contreni. Columbia, South Carolina: University of South Carolina Press, 1976.

Riddle, John M.: »Dioscorides«. In Cranz, F. Edward und Kristeller, Paul O., Hrsg.: *Catalogus translationum et commentariorum: Mediaeval and Renaissance Latin Translations and Commentaries. Annotated Lists and Guides*, Bd. 6, S. 1–143. Washington D.C.: Catholic University of America Press, 1980.

-: *Dioscorides on Pharmacy and Medicine*. Austin: University of Texas Press, 1985.

-: »Theory and Practice in Medieval Medicine«. *Viator* 5 (1974): 157–170.

Rosen, Edward: »Renaissance Science as Seen by Burckhardt and His Successors«. In Helton, Tinsley, Hrsg.: *The Renaissance: A Reconsideration of the Theories and Interpretations of the Age*, S. 77–103. Madison: University of Wisconsin Press, 1961.

Rosenfeld, B. A. und Grigorian, A. T.: »Thabit ibn Qurra«. *Dictionary of Scientific Biography*, 13:288–295.

Rosenthal, Franz: »The Physician in Medieval Muslim Society«. *Bulletin of the History of Medicine* 52 (1978): 475–491.

Ros, W. D.: *Aristotle: A Complete Exposition of His Works and Thought*, 5. Aufl. Cleveland: Meridian, 1959.

Rothschuh, Karl E.: *History of Physiology*, ins Englische übers. von Guenter B. Risse. Huntington, New York: Krieger, 1973.

Russell, Bertrand: *A History of Western Philosophy*, 2. Aufl. London: George Allen & Unwin, 1961.

Russell, Jeffrey B.: *Inventing the Flat Earth: Columbus and Modern Historians*. Westport, Connecticut: Praeger, 1991.

Sabra, A. I.: »The Andalusian Revolt against Ptolemaic Astronomy: Averroes and al-Bitruji«. In Mendelsohn, Everett, Hrsg.: *Transformation and Tradition in the Sciences: Essays in Honor of I. Bernard Cohen*, S. 133–153. Cambridge: Cambridge University Press, 1984.

-: »The Appropriation and Subsequent Naturalization of Greek Science in Medieval Islam: A Preliminary Statement«. *History of Science* 25 (1987): 223–243.

-: »An Eleventh-Century Refutation of Ptolemy's Planetary Theory«. In Hilfstein, Erna; Czartoryski, Pawel und Grande, Frank D., Hrsg.: *Science and History: Studies in Honor of Edward Rosen*, S. 117–131. Studia Copernicana, Nr. 16. Wrocław: Ossolineum, 1978.

-: »Al-Farghani«. *Dictionary of Scientific Biography*, 4:541–545.

-: »Form in Ibn al-Haytham's Theory of Vision«. *Zeitschrift für Geschichte der arabisch-islamischen Wissenschaften* 5 (1989): 115–140.

-: »Ibn al-Haytham«. *Dictionary of Scientific Biography*, 6:189–210.

-, Hrsg. u. Übers.: *The Optics of Ibn al-Haytham: Books I–III, On Direct Vision*, 2 Bde. London: Warburg Institute, 1989.

-: »Science, Islamic«. *Dictionary of the Middle Ages*, 11:81–88.

-: »The Scientific Enterprise«. In Lewis, Bernard, Hrsg.: *Islam and the Arab World*, S. 181–192. New York: Knopf, 1976.

Sacrobosco, John of: *The Sphere of Sacrobosco and Its Commentators*, hrsg. u. ins Englische übers. v. Lynn Thorndike. Chicago: University of Chicago Press, 1949.

Sa'di, Lufti M.: »A Bio-Bibliographical Study of Hunayn ibn Ishaq al-Ibadi (Johannitius)«. *Bulletin of the Institute of the History of Medicine* 2 (1934): 409–446.

Saffron, Morris Harold: *Maurus of Salerno: Twelfth-century »Optimus Physicus« with his Commentary on the Prognostics of Hippocrates*. Transactions of the American Philosophical Society, Bd. 62, 1. Teil. Philadelphia: American Philosophical Society, 1972.

Saliba, George: »Astrology/Astronomy, Islamic«. *Dictionary of the Middle Ages,* 1:616–624

–: »The Development of Astronomy in Medieval Islamic Society«. *Arab Studies Quarterly* 4 (1982): 211–225.

Sambursky, S.: *The Physical World of Late Antiquity.* London: Routledge & Kegan Paul, 1962.

–: *The Physical World of the Greeks,* ins Englische übers. von Merton Dagut. London: Routledge & Kegan Paul, 1956.

–: *Physics of the Stoics.* London: Routledge & Kegan Paul, 1959.

Sandbach, F. H.: *The Stoics.* London: Chatto & Windus, 1975.

de Santillana, Giorgio: *The Origins of Scientific Thought: From Anaximander to Proclus, 600 B. C. to A.D. 500.* Chicago: University of Chicago Press, 1961.

Sarton, George: *Galen of Pergamon.* Lawrence, Kansas: University of Kansas Press, 1954.

–: *Introduction to the History of Science,* 3 Bde. Washington, D.C.: Williams and Wilkins, 1927–48.

Sayili, Aydin: *The Observatory in Islam and Its Place in the General History of the Observatory.* Publications of the Turkish Historical Society, 7. Reihe, Nr. 38. Ankara: Türk Tarih Kurumu Basimevi, 1960.

Scarborough, John: »Classical Antiquity: Medicine and Allied Sciences, An Update«. *Trends in History* 4, Nr. 2–3 (1988): 5–36.

–, Hrsg.: *Folklore and Folk Medicines.* Madison, Wisconsin: American Institute of the History of Pharmacy, 1987.

–: »Galen Redivivus: An Essay Review«. *Journal of the History of Medicine* 43 (1988): 313–321.

–: »The Galenic Question«. *Sudhoffs Archiv* 65 (1981): 1–31.

–: *Roman Medicine.* Ithaca: Cornell University Press, 1969.

Schmitt, Charles B.: *The Aristotelian Tradition and Renaissance Universities.* London: Variorum, 1984.

–: *Aristotle and the Renaissance.* Cambridge, Massachussetts: Harvard University Press, 1983.

–: *Reappraisals in Renaissance Thought.* London: Variorum, 1989.

–: *Studies in Renaissance Philosophy and Science.* London: Variorum, 1981.

Seneca, Lucius Annaeus: *Physical Science in the Time of Nero: Being a Translation of the »Quaestiones naturales« of Seneca,* ins Englische übers. von John Clarke, Anmerkungen von Archibald Giekie. London: Macmillan, 1910.

Serene, Eileen: »Demonstrative Science«. In Kretzmann, Norman; Kenny, Anthony und Pinborg, Jan, Hrsg.: *The Cambridge History of Later Medieval Philosophy,* S. 496–517. Cambridge: Cambridge University Press, 1982.

Shank, Michael H.: »*Unless You Believe, You Shall Not Understand«: Logic, University, and Society in Late Medieval Vienna.* Princeton: Princeton University Press, 1988.

Shapin, Steven und Schaffer, Simon: *Leviathan and the Air-Pump: Hobbes, Boyle, and the Experimental Life.* Princeton: Princeton University Press, 1985.

Sharp, D.E.: *Franciscan Philosophy at Oxford in the Thirteenth Century.* Oxford: Clarendon Press, 1930.

Sharpe, William D., Hrsg. u. Übers.: *Isidore of Seville: The Medical Writings.* Transactions of the American Philosophical Society, Bd.54, 2. Teil. Philadelphia: American Philosophical Society, 1964.

Sigerist, Henry E.: *A History of Medicine,* Bd. 1: *Primitive and Archaic Medicine;* Bd. 2: *Early Greek, Hindu, and Persian Medicine.* Oxford: Oxford University Press, 1951–61.
-: »The Latin Medical Literature of the Early Middle Ages«. *Journal of the History of Medicine* 13 (1958): 127–146.
Singer, Charles: *A Short History of Anatomy and Physiology from the Greeks to Harvey.* New York: Dover, 1957.
Singleton, Charles S., Hrsg.: *Art, Science and History in the Renaissance.* Baltimore: Johns Hopkins University Press, 1968.
Siraisi, Nancy G.: *Arts and Sciences at Padua: The* Studium *of Padua before 1350.* Toronto: Pontifical Institute of Mediaeval Studies, 1973.
-: *Avicenna in Renaissance Italy: The »Canon« and Medical Teaching in Italian Universities after 1500.* Princeton: Princeton University Press, 1987.
-: »Introduction«. In Williman, Daniel, Hrsg.: *The Black Death: The Impact of the Fourteenth-Century Plague,* S. 9–22. Binghamton: Center for Medieval & Early Renaissance Studies, 1982.
-: *Medieval and Early Renaissance Medicine: An Introduction to Knowledge and Practice.* Chicago: University of Chicago Press, 1990.
-: *Taddeo Alderotti and His Pupils: Two Generations of Italian Medical Learning.* Princeton: Princeton University Press, 1981.
Smalley, Beryl: *The Study of the Bible in the Middle Ages.* Oxford: Basil Blackwell, 1952.
Smith, A. Mark: »Getting the Big Picture in Perspectivist Optics«. *Isis* 72 (1981): 568–589.
-: »Ptolemy's Search for a Law of Refraction: A Case-Study in the Classical Methodology of 'Saving the Appearances' and Its Limitations«. *Archive for History of Exact Sciences* 26 (1982): 221–240.
-: »Saving the Appearances of the Appearances: The Foundations of Classical Geometrical Optics«. *Archive for History of Exact Sciences* 24 (1981): 73–100.
Smith, Wesley D.: *The Hippocratic Tradition.* Ithaca: Cornell University Press, 1979.
Solmsen, Friedrich: *Aristotle's System of the Physical World: A Comparison with His Predecessors.* Ithaca: Cornell University Press, 1960.
-: *Hesiod and Aeschylus.* Ithaca: Cornell University Press, 1949.
-: *Plato's Theology.* Ithaca: Cornell University Press, 1942.
Sorabji, Richard, Hrsg.: *Aristotle Transformed: The Ancient Commentators and Their Influence.* Ithaca: Cornell University Press, 1990.
-: *Matter, Space, and Motion: Theories in Antiquity and Their Sequel.* Ithaca: Cornell University Press, 1988.
-, Hrsg.: *Philoponus and the Rejection of Aristotelian Science.* London: Duckworth, 1987.
-: *Necessity, Cause, and Blame: Perspectives on Aristotle's Theory.* Ithaca: Cornell University Press, 1980.
Southern, Richard W.: »From Schools to University«. In Catto, J. I., Hrsg.: *The Early Oxford Schools,* Bd. 1 der *History of the University of Oxford,* Gesamthrsg. T. H. Aston, S. 1–36. Oxford: Clarendon Press, 1984.
-: »Humanism and the School of Chartres«. In Southern, Richard W.: *Medieval Humanism and Other Studies,* S. 61–85. New York: Harper Torchbooks, 1970.
-: *Robert Grosseteste: The Growth of an English Mind in Medieval Europe.* Oxford: Clarendon Press, 1986.
-: *Saint Anselm: A Portrait in a Landscape.* Cambridge: Cambridge University Press, 1990.
-: »The Schools of Paris and the School of Chartres«. In Benson, Robert L. und

Constable, Giles, Hrsg.: *Renaissance and Renewal in the Twelfth Century*, S. 113–137. Cambridge, Massachussetts: Harvard University Press, 1982.

Staden, Heinrich von: »Hairesis and Heresy: The Case of the *hairesis iatrikai*«. In Meyer, Ben F. und Sander, E. P., Hrsg.: *Jewish and Christian Self-Definition*, Bd. 3: *Self-Definition in the Graeco-Roman World*, S. 76–100, 199–206. London: SCM Press, 1982.

Stahl, William H.: »Aristarchus of Samos«. *Dictionary of Scientific Biography*, 1:246.

-: *Roman Science: Origins, Development and Influence to the Later Middle Ages*. Madison: University of Wisconsin Press, 1962.

-: *Herophilus: The Art of Medicine in Early Alexandria*. Cambridge: Cambridge Unversity Press, 1989.

Stahl, William H.; Johnson, Richard und Burge, E. L.: *Martianus Capella and the Seven Liberal Arts*, 2 Bde. New York: Columbia University Press, 1971–77.

Stannard, Jerry: »Albertus Magnus and Medieval Herbalism«. In Weisheipl, James A., Hrsg.: *Albertus Magnus and the Sciences: Commemorative Essays, 1980*, S. 355–377. Toronto: Pontifical Institute of Mediaeval Studies, 1980.

-: »Medieval Herbals and Their Development«. *Clio Medica* 9 (1974): 23–33.

-: »Natural History«. In Lindberg, David C., Hrsg.: *Science in the Middle Ages*, S. 429–460. Chicago: University of Chicago Press, 1978.

Steneck, Nicholas H.: *Science and Creation in the Middle Ages: Henry of Langenstein (d. 1397) on Genesis*. Notre Dame, Indiana: University of Notre Dame Press, 1976.

Stevens, Wesley M.: *Bede's Scientific Achievement*. Jarrow upon Tyne: Parish of Jarrow, 1986.

Stock, Brian: *The Implications of Literacy: Written Language and Models of Interpretation in the Eleventh and Twelfth Centuries*. Princeton: Princeton University Press, 1983.

-: *Myth and Science in the Twelfth Century: A Study of Bernard Silvester*. Princeton: Princeton University Press, 1972.

-: »Science, Technology, and Economic Progress«. In Lindberg, David C., Hrsg.: *Science in the Middle Ages*, S. 1–51. Chicago: University of Chicago Press, 1978.

Swerdlow, Noel M. und Neugebauer, Otto: *Mathematical Astronomy in Copernicus's De Revolutionibus*, 2 Teile. New York: Springer, 1984.

Sylla, Edith Dudley: »Compounding Ratios: Bradwardine, Oresme, and the first Edition of Newton's *Principia*«. In Mendelsohn, Everett, Hrsg.: *Transformation and Tradition in the Sciences: Essays in Honor of I. Bernard Cohen*, S. 11–43. Cambridge: Cambridge University Press, 1984.

-: »Galileo and the Oxford *Calculatores*: Analytical Languages and the Mean-Speed Theorem for Accelerated Motion«. In Wallace, William A., Hrsg.: *Reinterpreting Galileo*, S. 53–108. Washington, D.C.: Catholic University of America Press, 1986.

-: »Medieval Concepts of the Latitude of Forms: The Oxford Calculators.« *Archives d'histoire doctrinale et littéraire du moyen âge* 40 (1973): 225–283.

-: »Medieval Quantifications of Qualities: The 'Merton School'«. *Archive for History of Exact Sciences* 8 (1971): 9–39.

-: »Science for Undergraduates in Medieval Universities«. In Long, Pamela O., Hrsg: *Science and Technology in Medieval Society*, S. 171–186. Annals of the New York Academy of Sciences, Bd. 441. New York: New York Academy of Sciences, 1985.

Symonds, John Addington: *Renaissance in Italy*, I. Teil: *The Age of Despots*; II. Teil: *The Revival of Learning*. New York: Henry Holt, 1888.

Tachau, Katherine H.: *Vision and Certitude in the Age of Ockham: Optics, Epistemology and the Foundations of Semantics, 1250–1345*. Leiden: Brill, 1988.

Talbot, Charles H.: »Medicine«. In Lindberg, David C., Hrsg.: *Science in the Middle Ages*, S. 391–428. Chicago: University of Chicago Press, 1978.

-: *Medicine in Medieval England.* London: Oldbourne, 1967.

Tylor, F. Sherwood: *The Alchemists.* New York: Henry Schuman, 1949.

Temkin, Owsei: *The Double Face of Janus and Other Essays in the History of Medicine.* Baltimore: Johns Hopkins University Press, 1977.

-: *Galenism: Rise and Decline of a Medical Philosophy.* Ithaca: Cornell University Press, 1973.

-: »Greek Medicine as Science and Craft«. *Isis* 44 (1953): 213–225.

-: »On Galen's Pneumatology«. *Gesnerus* 8 (1951): 180–189.

Tester, Jim: *A History of Western Astrology.* Woodbridge, Suffolk: Boydell, 1987.

Thomas Aquinas: *Faith, Reason and Theology: Questions I-IV of His Commentary on the De Trinitate of Boethius,* ins Englische übers. v. Armand Maurer. Toronto: Pontifical Institute of Mediaeval Studies, 1987.

-: *Summa Theologiae* (Blackfriars Edition), Bd. 10: *Cosmogony,* hrsg. u. ins Englische übers. v. William A. Wallace. New York: McGraw-Hill, 1967.

Thomas Aquinas, Siger of Brabant, and Bonaventure: *On the Eternity of the World,* ins Englische übers. v. Cyril Vollert, Lottie H. Kendzierski und Paul M. Byrne. Mediaeval Philosophical Texts in Translation, Nr. 16. Milwaukee: Marquette University Press, 1964.

Thorndike, Lynn: *A History of Magic and Experimental Science,* 8 Bde. New York: Columbia University Press, 1923–58.

-: *Michael Scot.* London: Nelson, 1965.

-: *Science and Thought in the Fifteenth Century.* New York: Columbia University Press, 1944.

Toomer, G.J.: »Heraclides Ponticus«. *Dictionary of Scientific Biography,* 15:202–205.

-: »Hipparchus«. *Dictionary of Scientific Biography,* 15:205–224.

-: »Mathematics and Astronomy«. In Harris, J.R., Hrsg.: *The Legacy of Egypt,* 2. Aufl., S. 27–54. Oxford: Clarendon Press, 1971.

-: »Ptolemy«. *Dictionary of Scientific Biography,* 11:186–206.

-: »A Survey of the Toledan Tables«. *Osiris* 15 (1968): 1- 174.

Toulmin, Stephen und Goodfield, June: *The Fabric of the Heavens: The Development of Astronomy and Dynamics.* New York: Harper, 1961.

Ullmann, Manfred: »Al-Kimiya'«. *The Encyclopaedia of Islam,* Neue Ausgabe, Bd. 5, Fasz. 79/80, S. 110–115.

-: *Islamic Medicine,* ins Englische übers. v. Jean Watt. Edinburgh: Edinburgh University Press, 1978.

Unguru, Sabetai: »History of Ancient Mathematics: Some Reflections on the State of the Art«. *Isis* 70 (1979): 555–565.

-: »On the Need to Rewrite the History of Greek Mathematics«. *Archive for History of Exact Sciences* 15 (1975): 67–114.

Van Helden, Albert: *The Invention of the Telescope.* Transactions of the American Philosophical Society, Bd. 67, 4. Teil. Philadelphia: American Philosophical Society, 1977.

-: *Measuring the Universe: Cosmic Dimensions from Aristarchus to Halley.* Chicago: University of Chicago Press, 1985.

Vansina, Jan: *The Children of Woot: A History of the Kuba Peoples.* Madison: University of Wisconsin Press, 1978.

-: *Oral Tradition as History.* Madison: University of Wisconsin Press, 1985.

Van Steenberghen, Fernand: *Aristotle in the West,* ins Englische übers. v. Leonard Johnston. Louvain: Nauwelaerts, 1955.

-: *Les œuvres et la doctrine de Siger de Brabant.* Paris: Palais des Académies, 1938.

-: *The Philosophical Movement in the Thirteenth Century.* London: Nelson, 1955.

-: *Thomas Aquinas and Radical Aristotelianism.* Washington, D.C.: Catholic University of America Press, 1980.

Verbeke, G.: »Simplicius«. *Dictionary of Scientific Biography,* 12:440–443.

-: »Themistius«. *Dictionary of Scientific Biography,* 13:307 ff.

Veyne, Paul: *Did the Greeks Believe in their Myths?* Ins Englische übers. v. Paula Wissing. Chicago: University of Chicago Press, 1988.

Vickers, Brian, Hrsg.: *Occult and Scientific Mentalities in the Renaissance.* Cambridge: Cambridge University Press, 1984.

Vlastos, Gregory: *Plato's Universe.* Seattle: University of Washington Press, 1975.

Voigts, Linda E.: »Anglo-Saxon Plant Remedies and the Anglo-Saxons«. *Isis* 70 (1979): 250–268.

Voigts, Linda E. und Hudson, Robert P.: »'A drynke that men callen dwale to make a man to slepe whyle men kerven hem': A Surgical Anesthetic from Late Medieval England«. In Campbell, Sheila; Hall, Bert und Klausner, David, Hrsg: *Health, Disease and Healing in Medieval Culture.* New York: St. Martin's Press, 1992.

Voigts, Linda E. und McVaugh, Michael R.: *A Latin Technical Phlebotomy and Its Middle English Translation.* Transactions of the American Philosophical Society, Bd. 74, 2. Teil. Philadelphia: American Philosophical Society, 1984.

Vaux, Carra de: »Astronomy and Mathematics«. In Arnold, Thomas and Guillaume, Alfred, Hrsg.: *The Legacy of Islam,* S. 376–397. London: Oxford University Press, 1931.

Vööbus, Arthur: *History of the School of Nisibis.* Corpus scriptorum Christianorum orientalium, Bd. 266. Louvain: Secrétariat di CorpusSCO, 1965.

Waerden, B. L. van der: »Mathematics and Astronomy in Mesopotamia.« *Dictionary of Scientific Biography,* 15:667–680.

-: *Science Awakening: Egyptian, Babylonian and Greek Mathematics,* ins Englische übers. v. Arnold Dresden. New York: John Wiley, 1963.

Waerden, B. L. van der mit Huber, Peter: *Science Awakening II: The Birth of Astronomy.* Leyden: Noordhoff, 1974.

Wagner, David L., Hrsg.: *The Seven Liberal Arts in the Middle Ages.* Bloomington: Indiana University Press, 1983.

Wallace, William A.: »Aristotle in the Middle Ages«. *Dictionary of the Middle Ages,* 1:456–469.

-: *Causality and Scientific Explanation,* 2 Bde. Ann Arbor: University of Michigan Press, 1972–1974.

-: *Galileo and His Sources: The Heritage of the Collegio Romano in Galileo's Science.* Princeton: Princeton University Press, 1984.

-: »The Philosophical Setting of Medieval Science«. In Lindberg, David C., Hrsg.: *Science in the Middle Ages,* S. 91–119. Chicago: University of Chicago Press, 1978.

-: *Prelude to Galileo: Essays on Medieval and Sixteenth-Century Sources of Galileo's Thought.* Boston Studies in the Philosophy of Science, Bd. 62. Dordrecht: Reidel, 1981.

-, Hrsg.: *Reinterpreting Galileo.* Studies in Philosophy and the History of Science, Nr. 15. Washington, D.C.: Catholic University of America Press, 1986.

-: »Thomism and Its Opponents«. *Dictionary of the Middle Ages,* 12:38–45.

Walzer, Richard: »Arabic Transmission of Greek Thought to Medieval Europe«. *Bulletin of the John Rylands Library* 29 (1945/46): 160–183.

Waterlow, Sarah: *Nature, Change, and Agency in Aristotle's »Physics«.* Oxford: Clarendon Press, 1982.

Wedel, Theodore Otto: *The Mediaeval Attitude toward Astrology, Particularly in England.* New Haven: Yale University Press, 1920.

Weinberg, Julius: *A Short History of Medieval Philosophy.* Princeton: Princeton University Press, 1964.

Weisheipl, James A., Hrsg.: *Albertus Magnus and the Sciences: Commemorative Essays, 1980.* Toronto: Pontifical Institute of Mediaeval Studies, 1980.

-: »The Celestial Movers in Medieval Physics«. *The Thomist* 24 (1961): 286–326.

-: »Classification of the Sciences in Medieval Thought«. *Mediaeval Studies* 27 (1965): 54–90.

-: »The Concept of Nature«. *The New Scholasticism* 28 (1954): 377–408.

-: »Curriculum of the Faculty of Arts at Oxford in the Fourteenth Century«. *Mediaeval Studies* 26 (1964): 143–185.

-: *The Development of Physical Theory in the Middle Ages.* New York: Sheed and Ward, 1959.

-: »Developments in the Arts Curriculum at Oxford in the Early Fourteenth Century«. *Mediaeval Studies* 28 (1966): 151–175.

-: *Friar Thomas d'Aquino: His Life, Thought and Works.* Garden City: Doubleday, 1974.

-: »The Life and Works of St. Albert the Great«. In Weisheipl, James A., Hrsg.: *Albertus Magnus and the Sciences: Commemorative Essays, 1980,* S. 13–51. Toronto: Pontifical Institute of Mediaeval Studies, 1980.

- *Nature and Motion in the Middle Ages,* Hrsg. William E. Carroll. Washington: Catholic University of America Press, 1985.

-: »The Nature, Scope, and Classification of the Sciences«. In Lindberg, David C., Hrsg.: *Science in the Middle Ages,* S. 461–482. Chicago: University of Chicago Press, 1978.

-: »The Principle *Omne quod movetur ab alio movetur* in Medieval Physics«. *Isis* 56 (1965): 26–45.

-: »Science in the Thirteenth Century«. In Catto, J. I., Hrsg.: *The Early Oxford Schools,* Bd. 1 von *The History of the University of Oxford,* Gesamthrsg. T. H. Aston, S. 435–469. Oxford: Clarendon Press, 1984.

Wetherbee, Winthrop, Übers.: *The Cosmographia of Bernardus Silvestris.* New York: Columbia University Press, 1973.

-: »Philosophy, Cosmology, and the Twelfth-Century Renaisssance«. In Dronke, Peter, Hrsg.: *A History of Twelfth-Century Western Philosophy,* S. 21–53. Cambridge: Cambridge University Press, 1988.

White, Lynn, Jr.: *Medieval Technology and Social Change.* Oxford: Oxford University Press, 1962.

White, T. H., Übers.: *The Bestiary: A Book of Beasts.* New York: G. P. Putnam's Sons, 1954.

Whitney, Elspeth: *Paradise Restored. The Mechanical Arts from Antiquity through the Thirteenth Century.* Transactions of the American Philosophical Society, Bd. 80, 1. Teil. Philadelphia: American Philosophical Society, 1990.

Williman, Danel, Hrsg.: *The Black Death: The Impact of the Fourteenth-Century Plague.* Binghamton: Center for Medieval & Early Renaissance Studies, 1982.

Wilson, Curtis: *William Heytesbury: Medieval Logic and the Rise of Mathematical Physics.* Madison: University of Wisconsin Press, 1960.

Wilson, N. G.: *Scholars of Byzantium.* Baltimore: Johns Hopkins University Press, 1983.

Wippel, John F.: »The Condemnations of 1270 and 1277 at Paris«. Journal of Medieval and Renaissance Studies 7 (1977): 169–201.

Witelo: *Witelonis Perspectivae liber primus: Book I of Witelo's »Perspectiva«: An English Translation with Introduction and Commentary and Latin Edition of the Mathematical Book of Witelo's »Perspectiva«*, hrsg. u. ins Englische übers. v. Sabetai Unguru. Studia Copernicana, Nr. 15. Wrocław: Ossolineum, 1977.

-: *Witelonis Perspectivae liber quintus: Book V of Witelo's Perspectiva: An English Translation with Introduction and Commentary and Latin Edition of the First Catoptrical Book of Witelo's Perspectivae*, hrsg. u. ins Englische übers. v. A. Mark Smith. Studia Copernicana, Nr. 23. Wrocław: Ossolineum, 1983.

Wolff, Michael: »Philoponus and the Rise of Preclassical Dynamics«. In Sorabji, Richard, Hrsg.: *Philoponus and the Rejection of Aristotelian Science*, S. 84–120. London: Duckworth, 1987.

Wolfson, Harry Austryn: *Crescas' Critique of Aristotle: Problems of Aristotle's »Physics« in Jewish and Arabic Philosophy*. Cambridge, Massachussetts: Harvard University Press, 1929.

Woodward, David: »Medieval *Mappaemundi*«. In Harley, J.B. und Woodward, David, Hrsg.: *The History of Cartography*, Bd. 1: *Cartography in Prehistoric, Ancient, and Medieval Europe and the Mediterranean*, S. 286–370. Chicago: University of Chicago Press, 1987.

Wright, John Kirtland: *The Geographical Lore of the Time of the Crusades: A Study in the History of Medieval Science and Tradition in Western Europe*. New York: American Geographical Society, 1925.

Yates, Frances A.: *Giordano Bruno and the Hermetic Tradition*. London: Routledge & Kegan Paul, 1964.

-: »The Hermetic Tradition in Renaissance Science«. In Singleton, Charles S., Hrsg.: *Art, Science, and History in the Renaissance*, S. 255–274. Baltimore: Johns Hopkins University Press, 1968.

Zimmermann, Fritz: »Philoponus' Impetus Theory in the Arabic Tradition«. In Sorabji, Richard, Hrsg.: *Philoponus and the Rejection of Aristotelian Science*, S. 121–129. London: Duckworth, 1987.

Zinner, Ernst: »Die Tafeln von Toledo«. *Osiris* 1 (1936): 747–774.

# Ergänzende Literatur zur deutschen Ausgabe
## von D.C. Lindberg, The Beginnings of Western Science

zusammengestellt von Christian Hünemörder
Stand: März 1994

## 1. Neue Titel

Albertus Magnus: *De animalibus libri* XXVI. Nach der Cölner Urschrift hrsg. von Hermann Stadler, Bd. 2, Buch XIII–XXVI enthaltend. Münster: Aschendorff, 1920 (= Beiträge zur Geschichte der Philosophie des Mittelalters, Bd. 16).

Düring, Ingemar: *Aristoteles. Darstellung und Interpretation seines Denkens.* Heidelberg: Carl Winter, 1966.

Koch, Josef (Hrsg.): *Artes liberales. Von der antiken Bildung zur Wissenschaft des Mittelalters.* Leiden–Köln: E. J. Brill, 1959 (= Studien und Texte zur Geistesgeschichte des Mittelalters. Bd. 5).

Ludwig, Günter: *Cassiodor. Über den Ursprung der abendländischen Schule.* Frankfurt a. M.: Akademische Verlagsges., 1967.

Theiler, Willy: *Zur Geschichte der teleologischen Naturbetrachtung bis auf Aristoteles.* 2. Aufl. Berlin: Walter de Gruyter & Co., 1965.

Wolff, Michael: *Geschichte der Impetustheorie. Untersuchungen zum Ursprung der klassischen Mechanik.* Frankfurt a. M.: Suhrkamp, 1978.

## 2. Deutsche Ausgaben oder spätere Auflagen angeführter Werke

Aristoteles: Vom Himmel, von der Seele, von der Dichtkunst, eingeleitet u. neu übertragen von Olof Gigon. Zürich: Artemis, 1950.

Aristoteles: Die Lehrschriften, hrsg., übertragen und in ihrer Entstehung erläutert, Paderborn: Schöningh, Bd. 8: Metaphysik, 1951; Bd. 13: Tierkunde, 2. Aufl., 1957; Bd. 14: Über die Zeugung der Geschöpfe, 1959.

Bailey, Cyril: *The Greek Atomists and Epicurus.* Oxford: Clarendon Press, 1928, Reprint New York: Russel & Russel, 1964.

zu Celsus (Auswahlübersetzung): *Cornelius Celsus über Grundfragen der Medizin.* Hrsg. und mit einer Einleitung versehen von Theodor Meyer-Steineg. Leipzig: R. Voigtländer, 1912 (Voigtländers Quellenbücher, Bd. 3).

Chenu, Marie-Dominique: *Introduction à l'étude de saint Thomas d'Aquin.* Paris: J. Vrin, 1950, deutsch: *Das Werk des Hl. Thomas von Aquin,* vom Verfasser durchges. und verb. deutsche Ausgabe, Übersetzung, Verzeichnisse und Ergänzung der Arbeitshinweise von Otto M. Pesch OP. Heidelberg: F. H. Kerle/Graz–Wien–Köln: Verlag Styria, 1960 (= Die Deutsche Thomas-Ausgabe, 2. Ergänzungsband).

Cherniss, Harold: *Die Ältere Akademie. Ein historisches Rätsel und seine Lösung.* Übers. von Josef Derbolav. Heidelberg: Carl Winter, 1966.

Cicero: De re publica librorum sex quae manserunt omnia sextum recognovit K. Ziegler. Lipsiae: Teubner, 1964 (= Scripta quae manserunt omnia fasc. 39).

Crombie, Alistair Cameron: *Von Augustinus bis Galilei. Die Emanzipation der Naturwissenschaft.* Köln/Berlin: Kiepenheuer & Witsch, 1964, und München: Deutscher Taschenbuch Verlag, 1977 (= dtv, WR 4285).

Dicks, D. R.: *Early Greek Astronomy to Aristotle*. Ithaca: Cornell Univ. Press, 1970, und Bristol: Thames & Hudson, 1970 (europäische Ausgabe).

Dijksterhuis, Eduard Jan: *Die Mechanisierung des Weltbildes*. Ins Deutsche übertr. von Helga Habicht. Berlin/Göttingen/Heidelberg: Springer, 1956.

Diogenes Laertius: *Leben und Meinungen berühmter Philosophen* (Aus dem Griechischen übers. von Otto Apelt, neu hrsg. von Klaus Reich), 2 Bde. Hamburg: Felix Meiner, 2. Aufl. 1967 (= Philosophische Bibliothek, Bd. 53/54).

Euklid: Die Elemente. Nach Heibergs Text aus dem Griechischen übers. u. hrsg. von Clemens Thaer, 5 Teile. Leipzig: Akad. Verlagsges., 1933–1937 (= Ostwald's Klassiker der exakten Wissenschaften, Nr. 235, 236, 240, 241, 243).

Frankfort, Henry/Frankfort, H. A./Jacobsen, Thorkild: *Frühlicht des Geistes. Wandlungen des Weltbildes im alten Orient.* Stuttgart: W. Kohlhammer, 1954 (= Urban-Bücher, Bd. 9).

Galen: *Die Kräfte der Physis* (Über die natürlichen Kräfte), übers. und erl. von Erich Beintker und Wilhelm Kahlenberg. Stuttgart: Hippokrates Verlag Marquardt & Cie., 1954 (= Werke des Galenos, Bd. 5).

Galen: Galeni de usu partium libri XVII rec. Georgius Helmreich. Lipsiae: Teubner, vol. 1, 1907, vol. 2, 1909 (Reprint Amsterdam: Adolf M. Hakkert, 1968).

Gimpel, Jean: *Die industrielle Revolution des Mittelalters*. Zürich u. München: Artemis, 1980 (aus dem Französischen übers. von Isabelle und Hans Messmer).

Grant, Edward: *Physical Science in the Middle Ages*. Cambridge/London/New York/Melbourne: Cambridge Univ. Press, 1977 (= History of Science).

Grant, Edward: *Das physikalische Weltbild des Mittelalters*. Aus dem Amerikanischen übers. von Jan Prelog. Zürich u. München: Artemis, 1980.

Haskins, Charles Homer: *The Renaissance of the Twelfth Century*. Cambridge, Mass.: Harvard Univ. Press, 1927, und New York: Meridian Books, 1955.

Hesiod: Sämtliche Gedichte, Theogonie, Erga, Frauenkataloge. Übersetzt u. erläutert von Walter Marg. Zürich und Stuttgart: Artemis, 1970.

Hippokrates: Die hippokratische Schrift »Über die heilige Krankheit«. Hrsg., übers. u. erläutert von Hermann Grensemann. Berlin, Walter de Gruyter & Co. 1968 (= Ars Medica II.1).

Hippokrates: Sämmtliche Werke. Ins Deutsche übersetzt und ausführlich kommentiert von Robert Fuchs. München : Verl. Dr. H. Lüneburg, Bd. 1, 1895; Bd. 2, 1897.

Homer: Odyssee, in: Homers Werke in zwei Bänden, übers. von Johann Heinrich Voß. Stuttgart und Berlin: J. G. Cotta'sche Buchhandl. Nachfolger, o.J.

Kieckhefer, Richard: *Magie im Mittelalter*. Aus dem Englischen von Peter Knecht. München: C. H. Beck, 1992.

Kirk, Goffery S. und Raven, John E. und Schofield, Malcolm: Die vorsokratischen Philosophen. Einführung, Texte und Kommentare. Stuttgart: J. B. Metzler, 1994.

Kuhn, Thomas S.: *Die kopernikanische Revolution*. (Übersetzung: Helmut Kühnelt). Braunschweig: Friedr. Vieweg, 1981.

Kuhn, Thomas S.: *Die Struktur wissenschaftlicher Revolutionen*. Zweite revidierte und um das Postskriptum von 1969 ergänzte Auflage. Frankfurt: Suhrkamp, 1976 (stw., Bd. 25).

Leclercq, Jean OSB: *Wissenschaft und Gottverlangen. Zur Mönchstheologie des Mittelalters* (Aus dem Französischen übertr. von Johannes und Nicole Stöber). Düsseldorf: Patmos-Verlag, 1963.

Lewis, Bernard (Hrsg.): *Welt des Islam. Geschichte und Kultur im Zeichen des Propheten*

(Aus dem Englischen übertr. von Franz Allemann, Hartmut Fähndrich, Monika Nagel, Dorothee Rondorf). Braunschweig: Georg Westermann, 1976.

Lindberg, David C.: *Auge und Licht im Mittelalter. Die Entwicklung der Optik von Alkindi bis Kepler.* Übers. von Matthias Althoff. Frankfurt a. M.: Suhrkamp, 1987.

Lukrez: Titus Lucretius Carus, *Welt aus Atomen.* Lateinisch und deutsch. Textgestaltung, Einleitung und Übersetzung von Karl Büchner. Zürich: Artemis, 1956 (= Die Bibliothek der alten Welt).

Lukrez: *Von der Natur.* Übersetzt von Hermann Diels. Mit einer Einführung und Erläuterungen von Ernst Günther Schmidt (= Bibliothek der Antike). München: dtv/Artemis, 1991 (Nr. 2270).

Macrobius: *Commentary on the Dream of Scipio.* Translated with an Introduction and Notes by William Harris Stahl. New York u. London: Columbia University Press, 1952 und 1966 (= Number 48 of the Records of Civilisation, Sources and Studies) (Es gibt keine deutsche Übersetzung!).

Maier, Anneliese: *Studien zur Naturphilosophie der Spätscholastik.* Rom: Edizioni di Storia e Letteratura.

Bd. 1: *Die Vorläufer Galileis im 14. Jahrhundert,* 1949, 2. Aufl. 1966.

Bd. 2: *Zwei Grundprobleme der scholastischen Naturphilosophie.* (Enthält: Das Problem der intensiven Größe. Die Impetustheorie) 1. Aufl. 1939/40, 2. Aufl. 1951.

Bd. 3: *An der Grenze von Scholastik und Naturwissenschaft,* 1. Aufl. 1943, 2. Aufl. 1952.

Bd. 4: *Metaphysische Hintergründe der spätscholastischen Naturphilosophie,* 1955.

Bd. 5: *Zwischen Philosophie und Mechanik,* 1958.

Marrou, Henri J.: *Geschichte der Erziehung im klassischen Altertum.* Freiburg–München 1957.

Meyerhof, Max: »Science and Medicine«, in: Arnold, Thomas und Guillaume, Alfred (Hrsg.): *The Legacy of Islam.* London: Oxford University Press, 1. Aufl. 1931, 8. Aufl. 1960, S. 311-355.

Multhauf, Robert P.: *The Origins of Chemistry.* London: Oldbourne, 1966 (= Oldbourne History of Science Library) (Originalausgabe!).

Neugebauer, Otto: *The Exact Sciences in Antiquity.* Princeton: Princeton University Press, 1952, 2. Aufl. 1957.

O'Leary, De Lacy: *How Greek Science Passed to the Arabs.* London: Routledge & Kegan Paul, 1949, Reprint 1979/80.

Parmenides: Vom Wesen des Seienden. Die Fragmente, griechisch und deutsch, hrsg. übers. u. erläutert von Uvo Hölscher. Frankfurt a. M.: Suhrkamp, 1969 (= Theorie 1).

Pingree, David: »Hellenophilia versus the History of Science«, in: *Isis* 83 (1992), 554-563.

Platon: *Plato's Cosmology: The »Timaeus« of Plato,* trans. with commentary by Francis Macdonald Cornford. London: Rouledge & Kegan Paul, 1957, Reprint 1966.

Platon: Platons Dialoge Timaios und Kritias, übers. u. erläutert von Otto Apelt, 2. Aufl. Leipzig: F. Meiner, 1922 (= Philosophische Bibliothek, Bd. 179).

Plinius: *C. Plinius Secundus d. Ä.: Naturkunde,* lateinisch-deutsch. Hrsg. und übers. von Röderich König in Zus. mit Gerhard Winkler. München: Tusculum 1973 ff. (Es fehlen nur noch wenige Bände!).

Plinius d. J.: C. Plini Caecili Secundi Epistularum libri novem, epistularum ad Traianum Liber, Panegyricus recensuit Mauritius Schuster. Editionem tertiam curavit Rudolphus Hanslik. Lipsiae: Teubner, 1958.

Ptolemaios: Das Claudius Ptolemäus Handbuch der Astronomie. Aus dem Griechischen übers. u. mit erklärenden Anm. versehen von Karl Manitius. 2 Bde., Leipzig:

Teubner, 1912, Neudruck mit Vorwort und Berichtigungen von Otto Neugebauer, 1963.

Rashdall, Hastings: *The Universities of Europe in the Middle Ages*, ed. by F. M. Powicke and A. B. Emden, 3 vols. London: Oxford University Press, 1936, Reprint u. a. 1958.

Rothschuh, Karl Eduard: *Geschichte der Physiologie*. Berlin/Göttingen/Heidelberg: Springer, 1951 (= Lehrbuch der Physiologie in Einzeldarstellungen).

Russell, Bertrand: *Philosophie des Abendlandes. Ihr Zusammenhang mit der politischen und sozialen Entwicklung*. Darmstadt: Holle Verlag, 2. Aufl. 1951 (deutsche Lizenzausgabe; autorisierte Übersetzung von Elisabeth Fischer-Wernecke u. Ruth Gillischewski).

Sabra, Abdelhamid Ibrahim: »Philosophie und Naturwissenschaften. Der islamische Beitrag zur Entwicklung der Wissenschaft«, in: Lewis, Bernard (Hrsg.): *Welt des Islam*. Braunschweig: Georg Westermann, 1976, S. 181-200.

Sambursky, Samuel: *The Physical World of the Greeks*. Transl. from the Hebrew by Merton Dagut. London: Routledge and Kegan Paul, 1956 und 1960.

Sambursky, Samuel: *Das physikalische Weltbild der Antike*. Zürich u. Stuttgart 1965 (Die Bibliothek der alten Welt).

Sambursky, Samuel: *Physics of the Stoics*. London: Routledge & Kegan Paul, 1959, Reprint Westport, Connecticut: Greenwood Press, 1973.

Santillana, Giorgio de: *The Origins of Scientific Thought: From Anaximander to Proclus, 600 B. C. to A. D. 500*. Chicago: Univ. of Chicago Press, 1961.

Schabas, Margaret: *A World Ruled by Number: William Stanley Jevons and the Rise of Mathematical Economics*. Princeton: Princeton Univ. Press, 1990.

Seneca: *Lucius Annaeus Seneca: Naturwissenschaftliche Untersuchungen in acht Büchern*. Eingeleitet, übers. und erl. von Otto u. Eva Schönberger. Würzburg: Königshausen u. Neumann, 1990.

Sigerist, Henry E.: *Anfänge der Medizin. Von der primitiven Medizin bis zum Goldenen Zeitalter in Griechenland*. Vorwort von Erwin H. Ackerknecht. Zürich: Europa Verlag, 1963.

Taylor, F. Sherwood: *The Alchemists*. London: William Heinemann, 1952, und Frogmore, St. Albans: Paladin, 1976.

Toulmin, Stephen/ Goodfield, June: *Modelle des Kosmos*. München: Wilhelm Goldmann, 1970 (= Das Wissenschaftliche Taschenbuch, Abt. Naturwissenschaften).

Waerden, Bartel Leendert van der: *Erwachende Wissenschaftl. Ägyptische, babylonische und griechische Mathematik*. Aus dem Holländischen übers. von Helga Habicht. Mit Zusätzen vom Verfasser. Basel u. Stuttgart: Birkhäuser, 1956.

Waerden, Bartel Leendert van der: *Die Anfänge der Astronomie. Erwachende Wissenschaft* II. Groningen: P. Noordhoff, 1965.

White, Lynn Jr.: *Die mittelalterliche Technik und der Wandel der Gesellschaft*. München: Heinz Moos Verlag, 1968.

# BEGRIFFS- UND PERSONENREGISTER

465

466

467